Linguistic Atlas of the Gulf States

Volume Four
Regional Matrix for the Linguistic Atlas of the Gulf States

Lee Pederson, Editor
Susan Leas McDaniel, Associate Editor
Carol M. Adams, Assistant Editor
Michael Montgomery, Assistant Editor

Cartography by Borden D. Dent
Graphics Programming by William H. McDaniel

The University of Georgia Press
Athens and London

The work of the LAGS Project and the publication of this book
were made possible through the generous assistance of the
Research Tools Program of the National Endowment for the Humanities
and Emory University.

The editors and the publisher express their grateful appreciation.

The paper in this book meets the guidelines for permanence and durability
of the Committee on Production Guidelines for Book Longevity
of the Council on Library Resources.

Printed in the United States of America
94 93 92 91 90   5 4 3 2 1

Library of Congress Cataloging-in-Publication Data
(Revised for vol. 4)

Linguistic atlas of the Gulf States

   Vol. 2: Carol M. Adams, assistant editor.
   Includes index.
   Bibliography: v.1, p. [315]-363.
   Contents: v.1. Handbook for the Linguistic atlas of
the Gulf States - v.2. General index for the Linguistic
atlas of the Gulf States - v.3. Technical index for the
Linguistic atlas of the Gulf States - v.4. Regional
matrix for the Linguistic atlas of the Gulf States.
   1. English language - Dialects - Gulf States - Atlases.
I. Pederson, Lee, 1930 -
PE2970.G85L56 1986   912'.142'0976   83-24139
ISBN 0-8203-0715-7 (v.1: alk. paper)
ISBN 0-8203-0971-9 (v.2: alk. paper)
ISBN 0-8203-1182-0 (v.3: alk. paper)
ISBN 0-8203-1231-2 (v.4: alk. paper)

British Library Cataloging-in-Publication Data available

Linguistic Atlas of the Gulf States

Lee Pederson, Director

Editors

Lee Pederson
Susan Leas McDaniel
Carol M. Adams
Michael Montgomery

Computer Consultants

William A. Kretzschmar, University of Georgia
William H. McDaniel, BellSouth Services
John J. Nitti, University of Wisconsin

Contents

INTRODUCTION

This book organizes linguistic data for regional dialect description in the Gulf States. The information includes systematically contrastive linguistic forms and features recorded in the *General Index* (Volume 2) and the *Technical Index* (Volume 3). Seven thousand maps form the regional matrix. The maps have four functions in the study of Gulf States speech: 1) to illustrate regional distribution of lexical, grammatical, and phonological units; 2) to identify informant usage; 3) to outline a geographic context, summarized in the *Regional Pattern* (Volume 5); 4) to lay a foundation for a social context, analyzed in the *Social Matrix* (Volume 6). In those ways, the maps reorganize the evidence in a regional inventory of linguistic data. The *General Index* reports the linguistic content (the phonetic notations) of all 1121 protocols; it indexes the complete data base in a systematic orthography. The *Technical Index* reports the contents of 914 protocols: the evidence of primary informants, identified in the *Basic Materials* (1981). It indexes all systematically contrastive forms in 1297 data files. The matrix maps (volumes 4 and 6) include all linguistic features in the pattern maps (volumes 5 and 7). These collections are necessarily selective because data files and programs offer millions of mapping possibilities. The published matrix maps illustrate resources of the disk/text, an Automatic Atlas in Microform (AAM), a research tool for general dialect study.

The matrix maps are LAGS equivalents of earlier European and American folio maps. As such, this format transmits a cartographic data base as a general reference. The narrowly selective mapping of descriptive word geography, for example, can proceed from this collection; interpretive study cannot, however, replace this baseline information. The matrix maps give the reader a sample of patterns as an introduction to the resources of the atlas. They offer a geographic frame of reference for dialect study in the Gulf States. They redirect readers to the informational chain: the data bases of 1) the tape/text (the tape-recorded interviews with complete sets archived at Emory University and the University of Georgia), 2) the fiche/text (*Basic Materials* and *Concordance*), 3) the disk/text (sorting/mapping programs and data files currently at LAGS, Department of English, Emory University, Atlanta, GA 30322), and 4) the book/text (the volumes that precede and follow the matrix maps). The term *matrix* implies four characteristics of the design. First, these maps differ in form and function from other LAGS grid maps, such as the regional base map (Figure 2) and the land regions map (Figure 6) illustrated and explained below. Second, these maps resemble a basic format of descriptive computation, the mathematical matrix. Third, these maps form electronically produced impressions (ASCII files) that can be reproduced on screen (monitor/matrix) or in hard copy (print/matrix). Finally, these maps outline a cartographic source for the evidence, the cradle from which the explanation proceeds.

AN AUTOMATIC ATLAS IN MICROFORM

The LAGS disk/text, an Automatic Atlas in Microform, combines programs and files on a single optical disk, a dozen 3½" low-density diskettes, two dozen 5¼" high-density diskettes, or six dozen 5¼" low-density, double-sided diskettes. As an autonomous version of LAGS, AAM has four characteristics. This analogue of the tape/text 1) records intuitive (cognitively automatic) responses to language signals; 2) operates within the informational chain as a self-regulating mechanism, according to the rules of its programs; 3) performs tasks of phonological word geography, according to the prescribed limits of its files; and 4) provides automated maps to index the fiche/text and to illustrate the book/text. As a LAGS textual analogue, this format gives users a complete set of materials, all edited data as an immediately readable unit. These include 390 lexical, 209 grammatical, 423 phonological (ABC), and 74 systematic phonetic files, plus 201 lexical files from the Urban Supplement. The sorting and mapping programs include the SECTOR TOTAL and

LAGS MAP formats of this volume, the AREA TOTAL format of Volume 5, and the SOCIAL TOTAL and CODE MAP formats of Volume 6.

AAM offers a research tool for virtually instantaneous analysis of evidence recorded in a regional dialect survey. In a few seconds, programs will search files, tabulate incidence, and map findings in print, on screen, or in newly created files. This analogue sustains the transparency of LAGS description. As the protocols, concordance, and index identify all evidence observed in the field records (the tape-recorded interviews), the files and programs of AAM identify the full range of descriptive methods used in the interpretation. The analytical regional and social maps of volumes 4 and 6 lay the foundation for the synthetic interpretations that follow in the pattern maps of volumes 5 and 7. The terminal summaries of the Legendry (Volume 8) identify all observed regional and social characteristics projected through these maps. This transparent method conceals nothing; its operations keep the materials of inventory, analysis, and description available for immediate appraisal. In those ways, AAM gives users an electronic evaluation procedure, a tool that demonstrates the range, system, and economy of its own resources.

AAM FI ES

AAM files include lexical (L), urban (U), phonological (P [ABC]), grammatical (G), and systematic phonetic (S) sets. Each of these ASCII files is numbered according to the page and line on which the item occurs in the LAGS work sheets and reports appropriate responses of primary informants in a 914-line data base. For example, file {010.8L} *porch* represents the item investigated on page 10, line 8, of the work sheets, with responses recorded at the same page and line of the LAGS protocol, synonyms for *porch*, with L indicating that this is a lexical file. For each file, the disk/text list summarizes the contents as tabulated variants and multiple responses. Certain lexical, urban, and grammatical lists also contain inappropriate or substitute responses, which are not tabulated in the list or recorded in the file. Forming the text of the *Technical Index* (Volume 3), these lists give book/text readers an inventory of variants and disk/text (AAM) users a code book, an inventory of microcomputer codes and files.

LEXICAL FILES. In the 390 lexical files, variants are coded alphabetically. A simple lexical file, such as {010.8L} *porch*, records a set of variants, coded A-Z, aa-ec, and a set of combinations, indicating multiple responses from a single informant, not reproduced in the *Technical Index*.

URBAN FILES. The 201 lexical files of the Urban Supplement are coded in the same manner as those described above. However, the data base for the Urban Supplement consists of only 145 records. Its contributions to a regional matrix of the Gulf States are, therefore, merely suggestive of patterns that need to be investigated across the LAGS territory and, then, the rest of the English-speaking world.

PHONOLOGICAL (ABC) FILES. The 423 ABC files include all basic LAGS pronunciation items (underlined entries in the work sheets) and additional items identified in the course of the investigation. Recorded between carets as graphophonemic strings, ABC notation identifies vowels and consonants under four degrees of stress. Each polysyllabic string concludes with the designation (=) followed by numbers to indicate (1) primary, (2) secondary, (3) tertiary, and (4) weak stress. The code also includes twenty-four consonants:

<p>	pill	<ch>	chill	<s>	sue	<n>	sin
<b>	bill	<j>	pledger	<z>	zoo	<ng>	sing
<t>	till	<f>	fill	<sh>	shoe	<l>	lieu
<d>	dill	<v>	villa	<zh>	pleasure	<r>	rill
<k>	kill	<th>	ether	<h>	hill	<w>	will
<g>	gill	<dh>	either	<m>	mill	<y>	you

sixteen stressed vowels:

<a> pat	<u> putt	<ai> bait	<oe> boat
<e> pet	<oo> put	<aw> bought	<ow> bout
<i> pit	<ee> beet	<ew> butte	<oy> boy
<o> pot	<ue> boot	<ie> bite	<ui> buoy

two weakly stressed vowels and five syllabic consonants:

<A> coda <koedA=14>		<M> bottom	<botM=14>
<I> Cody <koedI=14>		<N> bacon	<baikN=14>
		<NG> baking	<baikNG=14>
		<L> bottle	<botL=14>
		<R> butter	<butR=14>

The code writes the phonic sequence of *wheat* <h> + <w> as <wh> (<wheet>) and of *drink* <ng> + <k> as <nk> (<drink>) to reflect rules of English spelling and phonotactics, respectively.

Parens identify deleted units. Deleted consonants and vowels appear between parens, as in *around* (<(A)rown(d)>). Square brackets identify vocalized resonant consonants. Any nasal consonant can appear between square brackets to indicate its realization in the nasality of the preceding vowel, as in *stream* <stree[m]>, *strain* <strai[n]>, and *string* <stri[ng]>. Any of the five resonants that occur as weakly stressed syllabic (<M, N, NG, L, R>) can appear between square brackets as vocalized units. For example, when realized as nasalized vowels and signifying vowel plus consonant, they occur in the weakly stressed syllables of *bottom*, <bot[M]=14>, *bacon* <baik[N]=14>, and *baking* <baik[NG]=14>, respectively. When realized as an unrounded high-back vowel, for example, the lateral <l> is bracketed, as in *bulk* <bu[l]k>, *help* <he[l]p>, *hospital* <hospit[L]=134>, and *milk* <mi[l]k>. When realized as a rounded or unrounded mid-central monophthong or diphthong, lateral <r> is bracketed, as in *spur* <spu[r]>, *hurry* <hu[r]I=14>, and *coder* (homophonous with *coda*) <coed[R]=14>. Finally, braces mark subphonemic distinctions in ABC files. Figure 1A records the first 15 lines of a LAGS Idiolect Synopsis, illustrating stressed vowels in five environments, before 1) voiceless consonants, 2) voiced consonants or open juncture, 3) nasals, 4) <l> laterals, and 5) <r> laterals. Figure 1B rewrites the narrow phonetics of Figure 1A as ABC strings, with braces marking these special designations:

{a}, {e}, {i}, {aw}, {ue} for nasalized vowels
{ie}, {ow}, {oy} for short glides or long monophthongs
{l} for "clear <l>" (front-vowel timbre)
{o} for a low-back unrounded vowel
{oo} for an unrounded vowel
{r} for devoiced retroflex laterals
{s} for a retracted fricative (palatalized)
{zh} for a devoiced fricative
{?} for glottal stops

A complete list of bracketed forms follows this introduction.

Figure 1A: Vowels of Idiolect Synopsis 548

/ɪ/	hwuˢᵊp	kᵣɪʌ·ᵊb	t·Ĩʌn	hɪʌᵊɬz	ɪʌᵋ
/ɛ/	nɛʌᵊk	lɛʌᶦgz	t·ᵋ̃ˢn	nᵉ́ʌᵊɬᶻ	mᵌ́ʌrᶻ
/æ/	glæʌᵋs	bæʌᵋʌg	hǽᵋmᵊ̌	p·ǽʌᵋɬᶻt	mǽʌrᶻd
/ʊ/	p·ɵʌʃ	wúˢᵊdræ̀ʌᵋk	wú‹ᵊmň̥	p·ʊˢɬ	ʃɵᵊ
/ʌ/	ʃʌ‹ᵊt	hʌ‹ᵊzbň̥	sʌ‹nʌ‹ᵊp	bɤˢᵊɬb	
/a/	kraᵊp	græʌᵋnfà›ð̃ᵊ̌	dʒá›·nᶻ	k·á·ɬᶻdʒ	k·a›·ᵊ
/i/	ʔi›·st	θᵣiˢi›	biˢi›nz	fi›·ᵊɬ	bĵɪʌ·ᵊd
/e/	ʔeᶦt	meˢᶦ	ṣtre›ɪn	re›ɪɬ	mᵉ́ʌ·rᶻʌ
/u/	t·ɵ̈ɵθ	bæ̀ʌᵋt›ň̥/rɵ̈ɵ̌ᶻ	wɵ̈ɵnᵈ	mjɵɵɬz	p·oᵛᵊ
/o/	k·ɢ·ɵt	ᵊgó‹ɵ	ho‹ɵm	k·o‹ɵɬ	hɔʌ·ᵊs
/ɔ/	dᵊ̃ˢɔʌt̥ᵊ̌	dɔᵛᵊˢg	gᵊ̃ᵛᵊ̃n	sɔᵛɔʌɬt	hɔʌᵊs
/ɜ/	tʃᵊ·tʃ	θᵊd	ᵊ̌θwᵊ̀mz	gᵊ·ᵊɬz	wᵌ́ᵉrᶻ
/aɪ/	ra›·ᵋt	ra›ᵋd	na›ᵋn	ma›ᵋɬz	wɒ‹ᵊ
/au/	haʌ·əs	k·aʌəz	daʌə̣n	aˢ·ɵɬ	fláʌ·wᵊ̌z
/ɔɪ/	ɔ́ʌɪstᵊ̌z	p·ɔ́ʌ·əzň̥	dʒɔʌə·nts	ɔʌ·əɬ	----

Figure 1B: Automatic Book Code Conversion of Synopsis 548

<i>	whoop	krib	t{i}n	hilz	ir
<e>	nek	legz	t{e}n	ne{l}I=14	murI=14
<a>	glas	bag	h{a}[m]mR=14	pa{l}It=14	marId=14
<oo>	poosh	woodrak=13	woomN=14	pool	shoo[r]
<u>	shut	huzbN(d)=14	sunup=13	b{oo}lb	---
<o>	krop	gran(d)fadhR=134	jonI=14	kolIj=14	kor
<ee>	{?}eest	th{r}ee	beenz	feel(d)	byird
<ai>	{?}ait	mai	{s}train	rail	merI=14
<ue>	tueth	batNr{ue}{zh}=141	w{ue}nd	myuelz	poer
<oe>	koet	Agoe=41	hoem	koel(d)	haw[r]s
<aw>	dawtR=14	dawg	g{aw}n	sawlt	haw[r]s
<ur>	church	thurd	urthwurmz=13	gurlz	wu[r]rI=14
<ie>	r{ie}t	r{ie}d	n{ie}n	m{ie}lz	w{o}r
<ow>	h{ow}s	k{ow}z	d{ow}n	owl	fl{ow}Rz=14
<oy>	oyst[R]z=14	p{oy}zN=14	j{oy}nts	{oy}l	----

GRAMMATICAL FILES. With the exception of 51 verb files that record principal parts in ABC notation, 158 grammatical files use the same alphabetic code as lexical files, but are identified in the header as G rather than L. Salutations, animal calls, and other syntactic structures are routinely classified as G files, although they often have lexical, as well as grammatical, meaning.

SYSTEMATIC PHONETICS FILES. These 74 files register the phonetic features of 15 stressed vowels in five environments, as recorded in the LAGS Idiolect Synopses, *Basic Materials* (1981, Fiche 6-16) and illustrated above in Figure 1A. The Systematic Phonetics Code (SPC) concentrates on the essential elements of notation – the features all LAGS scribes were trained to observe. SPC includes a consonantal and a syllabic code. Only the latter is included in the current files because ABC notation adequately reports phonetic contrasts among consonant sets. The syllabic code includes primary, secondary, and tertiary components, ordered to reflect a hierarchy of phonological signals and designed to resolve itself into ultimate units through mechanical deduction. Primary (positional) features include 20 components, each of which represents a point (or range) on the LAGS vowel quadrant:

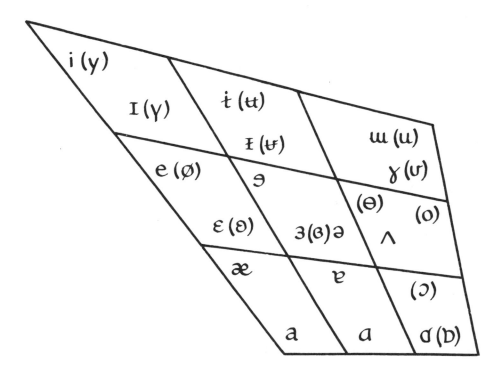

Each of those primary features is a complex, implying vocalization and indicating lingual and mandible actions. Secondary (conditional) features include six more considerations: unmarked, tense, long, nasal, retroflex and round, with the last five of these listed in all possible combinations within the code. All secondary features are phonologically, geographically, or socially contrastive within the data base of the Idiolect Synopses. Finally, tertiary (modificational) features include the narrowest markings of LAGS phonetic notation, indicating vowels in raised, lowered, retracted, or advanced positions (relative to the norms established on the quadrant), vowels weakly realized in articulation (transcribed above the baseline in the protocol/synopsis notation), and vowels distinguished by glottalization. Like secondary features, these also record all possible combinations. SPC includes:

I. Primary Features (Positional)

	Front	Central 1	Central 2	Back 1	Back 2
High 1	A		B		C
High 2	D		E		F
Mid 1	G	H		I	J
Mid 2	K	L	M	N	
Low 1	O		P		Q
Low 2	R		S		T

II. Secondary Features (Conditional):

A.	Unmarked	L.	C + E	W.	C + D + E
B.	Tense	M.	C + F	X.	C + D + F
C.	Long	N.	D + E	Y.	C + E + F
D.	Nasal	O.	D + F	Z.	D + E + F
E.	Retroflex	P.	E + F	1.	B + C + D + E
F.	Round	Q.	B + C + D	2.	B + C + D + F
G.	B + C	R.	B + C + E	3.	B + C + E + F
H.	B + D	S.	B + C + F	4.	B + D + E + F
I.	B + E	T.	B + D + E	5.	C + D + E + F
J.	B + F	U.	B + D + F	6.	B + C + D + E + F
K.	C + D	V.	B + E + F		

III. Tertiary Features (Modificational):

A.	Unmarked	M.	J + D	Y.	S + G
B.	Raised	N.	J + E	Z.	S + H
C.	Lowered	O.	J + F	1.	S + I
D.	Advanced	P.	J + G	2.	S + J
E.	Retracted	Q.	J + H	3.	S + K
F.	B + D	R.	J + I	4.	S + L
G.	B + E	S.	Glottal	5.	S + M
H.	C + D	T.	S + B	6.	S + N
I.	C + E	U.	S + C	7.	S + O
J.	Weak	V.	S + D	8.	S + P
K.	J + B	W.	S + E	9.	S + Q
L.	J + C	X.	S + F	0.	S + R

The same code records the incidence of diphthongs and triphthongs with the nuclear, core, or most prominent element in a syllabic complex written in uppercase letters and the non-nuclear, peripheral, or glide elements written in lowercase letters. Thus, the diphthong underlying <oo> in *whip* in Figure 1, a lower high-back (F), rounded (F), lowered and advanced (H) nucleus, followed by a mid-central (m), conditionally unmarked (a), in a weakly realized (j) offglide, yields the string |FFH-maj| [ʊˢə]. Figure 1C records the 73 syllabic nuclei of the texts of Figure 1A in SPC notation.

Figure 1C: Systematic Phonetics Conversion of Synopsis 548

<i>	FFH-maj	DCB-maj	DDB	DAB-maj	DAB-mea
<e>	KAB-maj	KAB-eaj	KDF	KAC-maj	LAD
<a>	OAB-maj	OAB-kak	ODB-kdj	OAB-kbj	OAB
<oo>	EFB	FFF-maj	FFD-maj	FFF	EFA-maj
<u>	NAD-maj	NAD-maj	NAD	FAH-maj	---
<o>	SAE-maj	SAE	SCE	SCA	SCE-mea
<ee>	AGW	abi-ABE	abi-ABE	AGE-maj	DCB-mea
<ai>	GBS-eaa	GBI-eaa	GBE-eaa	GBE-eaa	KCB
<ue>	eaa-BJA	eda-BUA	eda-BUA	efa-BJA	JJC-mea
<oe>	LMA-efa	JJD-efa	JJD-efa	JJD-efa	QMB-maj
<aw>	QAH-qfb	QFC-qaf	QOC-qoa	QFC-qfb	QFB-maa
<ur>	MLA	MEA	MEA	MLA-maj	LCA-maj
<ie>	RCE-kaj	RAE-kaj	RAE-kaj	RAE-kaj	TAD-mea
<ow>	RCB-maa	RAB-maa	RAB-mfa	RCF-efa	RCB
<oy>	QFB-eaa	QMB-maa	QFB-mab	QMB-mab	---

AAM SORTING AND MAPPING PROGRAMS

AAM programs sort data for several preliminary lists and map correlations in five formats. The latter includes five graphic charts: three summary matrix maps – SECTOR TOTALS, AREA TOTALS (land regions), and SOCIAL TOTALS – and two graphic plotter grids, the LAGS MAP and CODE MAP formats. AREA TOTALS reorganize the regional matrix in Volume 5 (Regional Patterns); SOCIAL TOTALS and CODE MAPS form the social matrix in Volume 6. This volume reports information through the SECTOR TOTALS and LAGS MAP programs.

The composition of regional matrix maps followed a deliberate procedure. After completing the *Technical Index*, we evaluated the contents of recurrent items in lexical, grammatical, phonic (ABC), and systematic phonetic (SP) files. This process yielded more than 10,000 maps in the SECTOR TOTAL format, too many for publication in a single volume. Because an exhaustive collection would include perhaps 30,000 regional matrix maps, we aimed to gather, within 500 pages, the most diagnostically useful information. This was accomplished in three ways. First, as a rule, we mapped lexical and grammatical items with 20 or more occurrences. Those guidelines were relaxed to include striking lexical and grammatical features of lower incidence, as, for example, 1) French, German, and Spanish loanwords with potential subregional significance and 2) urban supplement responses to additional work sheet items administered to only 145 primary informants. Second, we included only phonological items with 50 or more occurrences, with a few exceptions. Third, evidence in the phonetic files was limited to a pair of examples for each of the stressed vowels in each of the 73 syllabic environments of the Idiolect Synopsis, Figure 1A.

The inventory of 10,000 forms and features was thus condensed to include 6,578 sector totals, reported here in 275 pages. The second set of maps, those in the LAGS MAP format, represents a further condensation of the evidence. These include 844 features in 422 maps. The lexical/grammatical items in this format were remapped from the sector totals, sometimes in combinations. For instance, *Louisiana pink* and *pink worm*, reported separately in the first section, are shown as one item on a single LAGS MAP. Evidence in phonic files was combined to focus on a distinctive feature occurring in several strings, as, for example, a stressed vowel plus <r> in the same phonological word, irrespective of the consonant(s) that precede the string.

SECTOR TOTALS

This program reports incidence according to the 16 LAGS sectors of the regional base map (Figure 2), including East Tennessee (ET), Upper Georgia (UG), Lower Georgia (LG), East Florida (EF), Middle Tennessee (MT), Upper Alabama (UA), Lower Alabama (LA), Eastern Gulf sector of West Florida and Gulf Alabama (EG), West Tennessee (WT), Upper Mississippi (UM), Lower Mississippi (LM), Western Gulf sector of Gulf Mississippi and East Louisiana (WG), Arkansas (AR), West Louisiana (WL), Upper Texas (UT), and Lower Texas (LT):

AR	WT	MT	ET
WL	UM	UA	UG
UT	LM	LA	LG
LT	WG	EG	EF

The program maps three synonyms from lexical file {010.8L} porch (*Technical Index*, pp. 42-43) in this way:

010.8L (180) gallery				010.8L (50) piazza				010.8L (110) veranda			
9	4	1	0	0	0	0	0	5	2	5	5
33	10	3	1	0	1	4	9	2	2	10	20
20	28	12	1	1	1	15	7	5	1	13	11
16	24	17	1	1	0	6	5	9	9	6	5

From the phonological (ABC) file {010.8P} porch (TI, p. 43), the program maps four realizations of postvocalic "r" in the text <poe-ch> A: fully retroflex, B: weakly retroflex, C: vocalized, and D: deleted, or fully assimilated:

A 010.8P (367) <poerch>				B 010.8P (157) <poe{r}ch>				C 010.8P (382) <poe[r]ch>				D 010.8P (45) <poe(r)ch>			
53	11	23	49	11	9	5	3	16	14	15	7	4	1	0	1
23	11	22	23	13	12	10	12	27	29	27	52	4	2	1	4
27	12	16	19	13	5	7	23	13	27	37	41	3	6	4	8
19	15	14	30	7	9	5	13	10	31	13	24	0	6	1	0

From the grammatical file {021.5G} drag (TI, p. 81), the program maps these recurrent preterit (*) and past participial (#) forms:

021.5G (181) <*dragd>				021.5G (423) <*drug>				021.5G (138) <#dragd>				021.5G (223) <#drug>			
9	3	10	14	32	13	23	35	5	4	7	5	10	3	19	13
5	5	12	17	33	15	32	47	6	4	10	14	19	5	9	20
18	9	11	15	20	26	23	42	14	8	11	11	17	15	15	18
12	20	4	17	19	16	19	28	11	12	3	13	12	18	11	19

Figure 2: The Regional Base Map

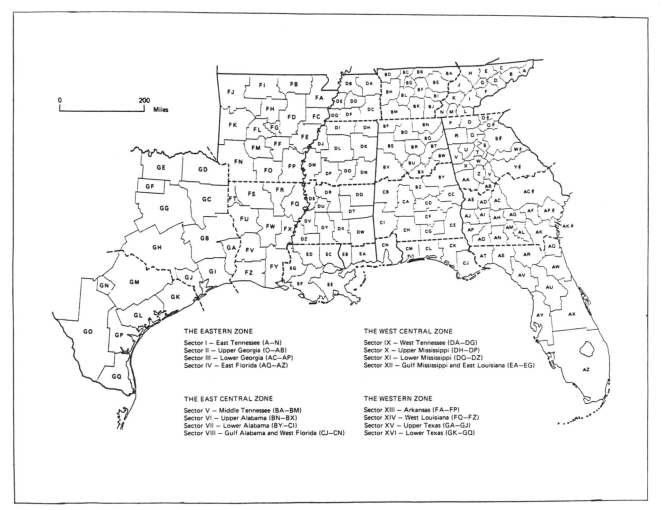

THE EASTERN ZONE

Sector I — East Tennessee (A—N)
Sector II — Upper Georgia (O—AB)
Sector III — Lower Georgia (AC—AP)
Sector IV — East Florida (AQ—AZ)

THE EAST CENTRAL ZONE

Sector V — Middle Tennessee (BA—BM)
Sector VI — Upper Alabama (BN—BX)
Sector VII — Lower Alabama (BY—CI)
Sector VIII — Gulf Alabama and West Florida (CJ—CN)

THE WEST CENTRAL ZONE

Sector IX — West Tennessee (DA—DG)
Sector X — Upper Mississippi (DH—DP)
Sector XI — Lower Mississippi (DQ—DZ)
Sector XII — Gulf Mississippi and East Louisiana (EA—EG)

THE WESTERN ZONE

Sector XIII — Arkansas (FA—FP)
Sector XIV — West Louisiana (FQ—FZ)
Sector XV — Upper Texas (GA—GJ)
Sector XVI — Lower Texas (GK—GQ)

From the phonetic (SPC) file {008.6S} *wood* (TI, pp. 34-35), the program maps the monophthong
|FFD| [ʊ‹] and the diphthong |FFD-maj| [ʊ‹ə]:

008.6S (255)				008.6S (229)			
|FFD| [ʊ‹]				|FFD-maj| [ʊ‹ə]			
28	9	10	28	17	8	15	20
13	12	10	28	15	11	17	21
10	12	8	14	10	12	19	26
14	24	8	27	8	10	8	12

The SECTOR TOTAL maps are arranged here according to LAGS work sheet page and
line number. Entries within these sets are listed alphabetically. Included in the table of informants
(pp. 489-506), sector designations illustrate the sources of linguistic information in the sector totals.

LAGS MAPS

Following the distribution of informants according to SECTOR TOTALS, the LAGS MAP
format identifies 914 positions on a graphic plotter grid. The sectors identify sixteen sets of
positions, within which the points form the matrix (Figure 3). The LAGS MAP format reflects an
effort to position informants as closely as possible to geographic points on the maps of localities
in the *Handbook* (1986), figures 5-7, pp. 7-9. A fixed point on the grid represents each informant
in every LAGS MAP projection. Grid coordinates A-AH/1-70 identify the informants in the table
of informants in the column immediately following sector designations.

Figure 4 illustrates the principle of arrangement as it applies to the positioning of 193
informants in the West Central zone. Identified according to grid unit designations of the base map
(Figure 2), West Tennessee informants are listed A-G for grid units DA-DG; Upper Mississippi
informants, h-p for grid units DH-DP; Lower Mississippi informants, Q-Z for grid units DQ-DZ;
Gulf Mississippi informants, a-b for grid units EA-EB; East Louisiana informants, c-g for grid units
EC-EG.

Figure 5 illustrates the principle of arrangement as it applies to the 110 informants in the
state of Mississippi. Because no map can distinguish multiple informants with a single symbol and
because each symbol on any map usually exceeds the geographical space it represents, all dialect
maps are at best rough approximations. The LAGS MAP format reflects an acceptance of the
general limitation and an extension of cartographic license to outline a land form that suggests the
shape of the Gulf States territory. Here, a six-slot box grid includes the grid coordinates in the first
line, e.g., F33 for F/33, and the informant number in the second, e.g., 528 for the speaker identified
in the table of informants by that number.

AREA TOTALS

In this volume LAGS MAP data are combined, two items to a map and two maps to a page.
They are arranged according to AREA TOTAL divisions (Figure 6), a further analysis of the
SECTOR TOTAL format. The AREA TOTAL program reorganizes LAGS MAP data with
tabulations of incidence in 33 subdivisions. These divide the territory according to physiographic
provinces – principal land and vegetation regions in the Gulf States, *Handbook* (1986), Figure 12,
p. 42.

Figure 3: LAGS MAP and Sectors

A East Tennessee   E Middle Tennessee   I West Tennessee   M Arkansas
B Upper Georgia   F Upper Alabama   J Upper Mississippi   N West Louisiana
C Lower Georgia   G Lower Alabama   K Lower Mississippi   O Upper Texas
D East Florida   H Eastern Gulf   L Western Gulf   P Lower Texas
                      (Gulf Alabama/   (Gulf Mississippi/
                      West Florida)   East Louisiana)

```
    1234567890123456789012345678901234567890123456789012345678901234567890
            1         2         3         4         5         6         7
  A                               EEEEEEEEEEEAAAAAAAAAAAAAAA                    A
  B                    MMMMMMMMMM IIIIIIIIEEEEEEEEEEEEAAAAAAAAAAAAAAA           B
  C                    MMMMMMMMM  IIIIIIIIIEEEEEEEEEEEAAAAAAAAAAAAAAAA          C
  D                    MMMMMMMMMMMIIIIIIIIIIEEEEEEEEEEEAAAAAAAAAAAAAA           D
  E                    MMMMMMMMMMMIIIIIIIIIIEEEEEEEEEEAAAAAA                    E
  F                    MMMMMMMMMMJJJJJJJFFFFFFFFFFFFBBBBBBBBBB                  F
  G                    MMMMMMMMMMJJJJJJJFFFFFFFFFFFFBBBBBBBBB                   G
  H          O     OO  MMMMMMMMMJJJJJJJJJFFFFFFFFFFFFBBBBBBBBBBBBB              H
  I       O           OMMMMMMMMJJJJJJJJJFFFFFFFFFFFFBBBBBBBBBBBBB              I
  J       O     O         O     OMMMMMMMMJJJJJJJGGFFFFFFFFFFBBBBBBBBBB         J
  K      O 000            OO NNNNNNNKKJJJJJJGGGGGGGGGGGGGBBBBBBBBBBBBCCC       K
  L       000    OO       OO NNNNNNNNKKKKKKKGGGGGGGGGGGGGBBBBBBBBBBCCCC        L
  M      O       O           NNNNNNNNKKKKKKKGGGGGGGGGGCBBBBBBBBBCCCCCC         M
  N          O               NNNNNNNKKKKKKKKGGGGGGGGGGCCCCCCCCCCCCCCCC         N
  O         O         O      NNNNNNNKKKKKKKKKGGGGGGGGGGCCCCCCCCCCCCCCCC        O
  P          O       000   O NNNNNNNKKKKKKKKHHGGGGGGGGCCCCCCCCCCCCCCCC         P
  Q     00       OO       OO NNNNNNLLLLLLLLLLHHHH HHH HCCCCCCCCCCCCCCC         Q
  R      O       OO          NNNNNNLLLLLLLLLLLHHHHHHHHH    DD    C D           R
  S                          NNNNNLLLLLLLLLLLLHHHHHHHHHH  H  DDDD    DD         S
  T          O        000  O NNNLLLLLLLL          HHHH D     DDD DDD          T
  U      PP    P    00             LLLLLLLLLL                D    DD           U
  V      PP         000             LLLLLLLLLLL           DDD D  D             V
  W      PPP  P     00                                    DD  D D              W
  X    P PPP      PPO                                     D D    D             X
  Y         PPPP                                          DD   D               Y
  Z    P        PPP                                      DDDD D D              Z
 AA         PP                                           DDD  D               AA
 AB  PP     PP                                          DD DD D               AB
 AC  PP     P                                            D   D D              AC
 AD      PP  P                                           D  D D               AD
 AE      PP                                              DDDD                 AE
 AF        PPP                                            DDD                  AF
 AG                                                                           AG
 AH                                                        D                  AH
            1         2         3         4         5         6         7
    1234567890123456789012345678901234567890123456789012345678901234567890
```

Figure 4: LAGS MAP Coordinates and Grid Units in the West Central Zone

West Tennessee A-G (DA-DG)   Lower Mississippi Q-Z (DQ-DZ)
Upper Mississippi h-p (DH-DP)   Gulf Mississippi a-b (EA-EB)
         East Louisiana c-g (EC-EG)

```
                    456789012
                       3    4

        B           BBBBBAAA
        C           EEEEDBAA
        D           GGGGDDDCC
        E           GGGGFFFCC
        F           jiiihhh
        G           jjlllkhh
        H           jlllllkkk
        I           mmplkkknn
        J           mmpppoonn
        K           SSoooonnn
        L           SSRRRQQQ
        M           SUURRTTQ
        N           VVVUUUTWT
        O           ZZZVUYXWWW
        P           ZZZZYYXXWW
        Q           gddccbbaaa
        R           ggdccbbaaa
        S           gddddccbaaa
        T         gggdddeeee
        U         fgdffeeeee
        V         ffffeeeeeee
```

Figure 5: LAGS MAP Coordinates for Mississippi Informants

```
                    F33 F34 F35 F36 F37 F38 F39
                    528 527 526 525 522 521 520

                G32 G33 G34 G35 G36 G37 G38 G39
                531 529 547 542 543 537 524 523

            H31 H32 H33 H34 H35 H36 H37 H38 H39
            530 541 542 546 544 543 538 534 535

            I31 I32 I33 I34 I35 I36 I37 I38 I39
            549 548 567 539 532 533 536 557 552

            J31 J32 J33 J34 J35 J36 J37 J38 J39
            551 550 568 565 566 559 560 558 553

            K31 K32 K33 K34 K35 K36 K37 K38 K39
            580 581 561 564 563 562 554 556 555

                L32 L33 L34 L35 L36 L37 L38 L39
                579 578 574 573 576 571 572 569

                M32 M33 M34 M35 M36 M37 M38 M39
                577 586 590 589 575 584 585 570

            N31 N32 N33 N34 N35 N36 N37 N38 N39
            593 594 595 587 591 592 583 600 582

        O30 O31 O32 O33 O34 O35 O36 O37 O38 O39
        612 613 614 596 588 608 605 602 601 599

        P30 P31 P32 P33 P34 P35 P36 P37 P38 P39
        609 610 611 615 607 606 603 604 597 598

                        Q35 Q36 Q37 Q38 Q39
                        627 628 624 621 615

                        R35 R36 R37 R38 R39
                        629 625 623 619 618

                            S36 S37 S38 S39
                            626 622 620 617
```

AREA TOTAL divisions identify 33 subregions, including A HIGHLANDS: 1) Upper Blue Ridge, 2) Lower Blue Ridge, 3) Upper Cumberland, 4) Lower Cumberland, 5) Interior Cumberland Plateaus, 6) Arkansas Ozarks; B PIEDMONT: 1) Eastern Piedmont, 2) Western Piedmont; C COASTAL: 1) Upper Atlantic, 2) Lower Atlantic, 3) Eastern Gulf, 4) East Central Gulf, 5) West Central Gulf, 6) Western Gulf; D PLAINS: 1) Atlantic Coastal, 2) Black Belt, 3) Upper Interior, 4) Middle Interior, 5) Lower Interior, 6) Upper Western, 7) Middle Western, 8) Lower Western; E PINEY WOODS: 1) Upper Eastern, 2) Lower Eastern, 3) East Central, 4) West Central, 5) Western; F DELTA: 1) St. Francis Basin, 2) Upper Mississippi Basin, 3) Yazoo Basin, 4) Lower Mississippi Basin, 5) Atchafalaya Basin, 6) Red River Basin.

The linguistic features in this format are tabulated and mapped in Volume 5, the *Regional Pattern*, as, for example, figures 7-8, Piney Woods Pattern 5, which show the lexical items *skeeter hawk* and *cow pen*, with the phonological features <ur> in *hearth* and <or> in *barrow*. The tabulated forms of Volume 5 mark land regions in which the incidence is equal to or above the average incidence for the entire LAGS territory. Those regions are shaded in the AREA TOTAL figure and darkened with the appropriate symbol in the pattern map.

Figure 6: Land Regions

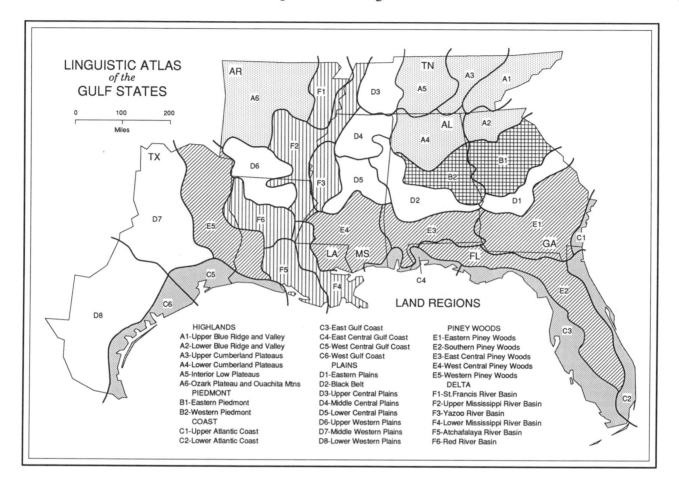

LINGUISTIC ATLAS
of the
GULF STATES

0   100   200
Miles

LAND REGIONS

HIGHLANDS	C3-East Gulf Coast	PINEY WOODS
A1-Upper Blue Ridge and Valley	C4-East Central Gulf Coast	E1-Eastern Piney Woods
A2-Lower Blue Ridge and Valley	C5-West Central Gulf Coast	E2-Southern Piney Woods
A3-Upper Cumberland Plateaus	C6-West Gulf Coast	E3-East Central Piney Woods
A4-Lower Cumberland Plateaus	PLAINS	E4-West Central Piney Woods
A5-Interior Low Plateaus	D1-Eastern Plains	E5-Western Piney Woods
A6-Ozark Plateau and Ouachita Mtns	D2-Black Belt	DELTA
PIEDMONT	D3-Upper Central Plains	F1-St.Francis River Basin
B1-Eastern Piedmont	D4-Middle Central Plains	F2-Upper Mississippi River Basin
B2-Western Piedmont	D5-Lower Central Plains	F3-Yazoo River Basin
COAST	D6-Upper Western Plains	F4-Lower Mississippi River Basin
C1-Upper Atlantic Coast	D7-Middle Western Plains	F5-Atchafalaya River Basin
C2-Lower Atlantic Coast	D8-Lower Western Plains	F6-Red River Basin

Figure 7: Area Totals for Piney Woods Pattern 5

PINEY WOODS 5

skeeter hawk [=dragonfly] {060A.4L} 58/914 6%

A	0/207	0%	B	1/84	1%	C	9/109	8%
A1	0/52	0%	B1	1/59	2%	C1	2/12	17%
A2	0/20	0%	B2	0/25	0%	C2	2/23	9%
A3	0/18	0%				C3	2/27	7%
A4	0/37	0%				C4	3/21	14%
A5	0/39	0%				C5	0/15	0%
A6	0/41	0%				C6	0/11	0%

D	6/176	3%	E	34/181	19%	F	8/157	5%
D1	2/19	11%	E1	15/55	27%	F1	1/15	7%
D2	1/30	3%	E2	6/29	21%	F2	2/49	4%
D3	0/17	0%	E3	3/33	9%	F3	1/15	7%
D4	1/22	5%	E4	6/37	16%	F4	3/31	10%
D5	0/19	0%	E5	4/27	15%	F5	0/24	0%
D6	2/17	12%				F6	1/23	4%
D7	0/23	0%						
D8	0/29	0%						

hearth <ur> {008.2P} 130/914 14%

A	13/207	6%	B	9/84	11%	C	17/109	16%
A1	2/52	4%	B1	4/59	7%	C1	0/12	0%
A2	2/20	10%	B2	5/25	20%	C2	3/23	13%
A3	1/18	6%				C3	4/27	15%
A4	2/37	5%				C4	7/21	33%
A5	2/39	5%				C5	2/15	13%
A6	4/41	10%				C6	1/11	9%

D	24/176	14%	E	54/181	30%	F	13/157	8%
D1	3/19	16%	E1	13/55	24%	F1	0/15	0%
D2	4/30	13%	E2	11/29	38%	F2	5/49	10%
D3	1/17	6%	E3	14/33	42%	F3	0/15	0%
D4	1/22	5%	E4	12/37	32%	F4	2/31	6%
D5	2/19	11%	E5	4/27	15%	F5	2/24	8%
D6	3/17	18%				F6	4/23	17%
D7	4/23	17%						
D8	6/29	21%						

cow pen {015.3L} 197/914 22%

A	16/207	8%	B	12/84	14%	C	32/109	29%
A1	5/52	10%	B1	7/59	12%	C1	3/12	25%
A2	2/20	10%	B2	5/25	20%	C2	5/23	22%
A3	0/18	0%				C3	6/27	22%
A4	6/37	16%				C4	4/21	19%
A5	2/39	5%				C5	9/15	60%
A6	1/41	2%				C6	5/11	45%

D	37/176	21%	E	60/181	33%	F	40/157	25%
D1	2/19	11%	E1	12/55	22%	F1	0/15	0%
D2	8/30	27%	E2	10/29	34%	F2	8/49	16%
D3	0/17	0%	E3	14/33	42%	F3	6/15	40%
D4	3/22	14%	E4	10/37	27%	F4	10/31	32%
D5	1/19	5%	E5	14/27	52%	F5	5/24	21%
D6	7/17	41%				F6	11/23	48%
D7	4/23	17%						
D8	12/29	41%						

barrow <-or-> {035.4P} 193/914 21%

A	63/207	30%	B	12/84	14%	C	11/109	10%
A1	17/52	33%	B1	8/59	14%	C1	2/12	17%
A2	5/20	25%	B2	4/25	16%	C2	1/23	4%
A3	7/18	39%				C3	4/27	15%
A4	6/37	16%				C4	1/21	5%
A5	12/39	31%				C5	2/15	13%
A6	16/41	39%				C6	1/11	9%

D	21/176	12%	E	54/181	30%	F	32/157	20%
D1	2/19	11%	E1	12/55	22%	F1	5/15	33%
D2	1/30	3%	E2	12/29	41%	F2	10/49	20%
D3	3/17	18%	E3	8/33	24%	F3	6/15	40%
D4	5/22	23%	E4	11/37	30%	F4	0/31	0%
D5	4/19	21%	E5	11/27	41%	F5	5/24	21%
D6	4/17	24%				F6	6/23	26%
D7	2/23	9%						
D8	0/29	0%						

Figure 8: Piney Woods Pattern 5

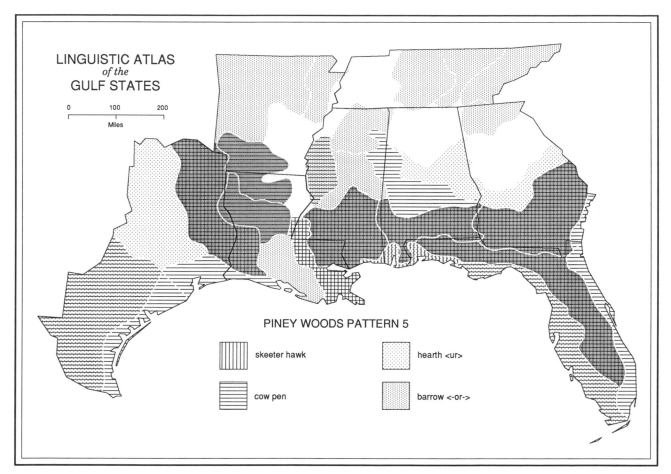

LINGUISTIC ATLAS
of the
GULF STATES

0   100   200
Miles

PINEY WOODS PATTERN 5

skeeter hawk   hearth <ur>

cow pen   barrow <-or->

LAGS MAP data illustrate incidence according to these geographic divisions:

INCLUSIVE PATTERNS:
1. Gulf States: A-F
2. Interior Gulf States: A-B; D-E; F 1-3, 6
3. Highlands/Piney Woods: A; E
4. Highlands/Piedmont: A-B
5. Piedmont/Eastern Plains/Piney Woods: B; D1-2; E
6. Piedmont/Eastern Plains: B; D1-2
7. Piedmont/Piney Woods: B; E
8. Piedmont/Nashville Basin/Interior Plains: B; A5; D3-5
9. Coastal/Piney Woods: C; E
10. Florida/East Central Gulf Coast: C2-3; E2
11. Texas/West Central Gulf Coast: C5-6; D7-8
12. West Central Gulf Coast/Lower Delta: C4-6; F4-6
13. Lower Delta/Western Plains: F4-6: D6-8

EXCLUSIVE PATTERNS:
1. Highlands: A
   A. Tennessee/Arkansas Highlands: A1, 3, 5-6
   B. Tennessee Highlands: A1, 3, 5
   C. East Highlands: A1-3
   D. West Highlands: A4-6
   E. Tennessee Blue Ridge: A1
2. Piedmont: B
3. Coastal: C
   A. Atlantic Coast: C1-2
4. Piney Woods: E
   A. Eastern Piney Woods: E1-3
   B. Western Piney Woods: E4-5
5. Delta: F
   A. Lower Delta: F4-5
   B. Lower Mississippi Delta: F4
   C. Atchafalaya Delta: F5

Accordingly, the 16 SECTOR TOTAL grid units include these subdivisions:

EASTERN ZONE:

East Tennessee: A1, A3
Upper Georgia: A2, B1, D1
Lower Georgia: C1, D1, E1
East Florida: C2, C3, E2

EAST CENTRAL ZONE:

Middle Tennessee: A3, A5
Upper Alabama: A4, A5, B2, D2
Lower Alabama: B2, D2, E3
East Gulf: C3, C4, E3

WEST CENTRAL ZONE:

West Tennessee: D3, F2
Upper Mississippi: D4, D5, F2, F3
Lower Mississippi: D5, E4, F3, F4
West Gulf: C4, E4, F4, F5

WESTERN ZONE:

Arkansas: A6, D6, F1, F2
West Louisiana: D6, E5, F5, F6, C5
Upper Texas: C5, D7, E5
Lower Texas: C6, D8

ENTRIES

SECTOR TOTAL and LAGS MAP entries form the regional data base for the book/text. SECTOR TOTAL entries tabulate incidence of 6,578 linguistic forms within the 16 sectors. LAGS MAP entries map incidence of 844 forms according to informant position, identified by grid coordinates. An index at the end of this volume identifies every linguistic feature mapped in these two formats.

The SECTOR TOTAL maps are arranged according to work sheet page and line number, the order used in the *Technical Index*. Each map has a two or three-line header, identifying the page and line (e.g., 019.7), the type of map (in the order G[rammatical], L[exical], P[honological], S[ystematic phonetic], U[rban supplement]), a lowercase alphabetic designation to distinguish variants in a set, the total number of occurrences (in parentheses), and the item itself. Where two or more files of the same type exist for the same page and line, they are distinguished by an uppercase letter (e.g., 011.1AP *shut* and 011.1BP *door*). The Systematic Phonetics file for the vowel of *shut* (011.1S) appears between these two ABC files so that the two maps of *shut* will be contiguous. A plus (+) sign following the designation of a lexical or grammatical item indicates that this sector total represents a combination of two or more forms. For instance, *Georgia buggy +*, at item 023.3 *wheelbarrow*, is a map of all instances of the term, regardless of definition. At item 046.3 *salt pork*, the map for *streak of fat/lean* + includes *streak of fat, streak of lean*, and all combinations and variants of those terms. The user should consult the *Technical Index* for the complete list of synonyms for each item. Combinations consistently report only one instance per informant, whereas some informants may have given multiple responses. Explanatory glosses are sometimes included as part of the header within square brackets: e.g., *home brew [beer]*. Parentheses in an entry word mark a form sometimes present and sometimes absent in the item as reported. For example, at 055A.4, types of string beans, informants sometimes omitted the word *beans* in their response: thus, the entries *bunch (beans), cornfield (beans)*, and so forth. Deleted syllables are usually represented in parentheses rather than by dialect spellings, as in 060A.4L *(mo)squito hawk* rather than *skeeter hawk*. In some instances, Systematic Phonetic maps represent combinations of features. Thus, the first entry at 027.1S, the vowel of *coat*, is |L..-[e/f]..|, indicating the lower advanced mid-central vowel (L) [ə] without regard to secondary and tertiary features, with an offglide beginning with either the lower high mid-central vowel (e) [ɵ] or lower high-back vowel (f) [ʊ]. A virgule followed by a dash (/-) within an SP entry indicates that the string includes both monophthongs and diphthongs (e.g., |GB./-| at 067.1S, the vowel of *Mary*). Principal parts of verbs recorded in ABC are coded <!> (infinitive), <&> (third person singular, present indicative), <@> (present participle), <*> (preterit), and <#> (past participle). The ABC qualifiers are listed at the end of this introduction.

The 422 maps in the LAGS MAP format each combine two separate items on a single map. The same items appear in the area totals and pattern maps of Volume 5. They are arranged according to the land regions in which the items show the most significant incidence, although many occur in several regions. The first 24 pages of LAGS MAPS are general Gulf States terms, which appear throughout the territory. In general, the first map on each page reports occurrences of two lexical items, while the second map shows grammatical, phonological, and systematic phonetic items. For example, GULF STATES 5A maps *hoot owl* and *screech owl*, both lexical, and GULF STATES 5B shows *drug* (preterit or past participle of *drag*), a grammatical form, plus <z> in *greasy*, a phonological item. The legends that identify the items are located in the bottom portion of each map. Forms that are not self-explanatory are followed by glosses in square brackets, with the total number of instances in parentheses at the end of each entry.

The LAGS MAPS are arranged in the following order, both here and in Volume 5: (1) Gulf States, (2) Interior, (3) Highlands, (4) Tennessee/Arkansas Highlands, (5) Tennessee Highlands, (6) East Highlands, (7) West Highlands, (8) Tennessee Blue Ridge, (9) Highlands/Piney Woods, (10) Highlands/Piedmont, (11) Piedmont, (12) Piedmont/Eastern Plains/Piney Woods, (13) Piedmont/Eastern Plains, (14) Piedmont/Nashville Basin/Mississippi Plains, (15) Piedmont/Piney Woods, (16) Piney Woods, (17) Eastern Piney Woods, (18) Western Piney Woods, (19) Piney Woods/Coastal, (20) Coastal, (21) Atlantic Coast, (22) Florida/East Central Gulf Coast, (23) Texas/West Central Gulf Coast, (24) West Central Gulf Coast/Lower Delta, (25) Delta, (26) Lower Delta, (27) Lower Mississippi Delta, (28) Atchafalaya Delta, (29) Lower Delta/Western Plains.

This volume also includes several internal references. Following the LAGS MAPS, a table of informants identifies each of the 914 primary informants according to protocol number, grid unit, informant number, sex (F[emale]/M[ale]), social class (I[ndigent]/L[ower]/M[iddle]/U[pper]/A[ristocratic]), race [X=black/Y=white], age, education level (1=elementary/2=secondary/3=college), speech type, locality and community, sector, grid coordinate, and land region designation. At the conclusion of the table is an alphabetical list of grid coordinates plus corresponding protocol numbers, to permit ready identification of any idiolect reported on the map. Eight overlays are provided in this volume so that the user may readily identify the sixteen sectors and each of the major land regions. Figures 9-20 show the form and content of these overlays.

Figure 9: OVERLAY FORM – SECTORS AND REGIONS

LAGS SECTORS

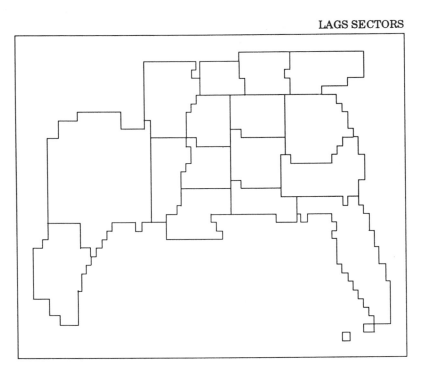

SIX LAND REGIONS

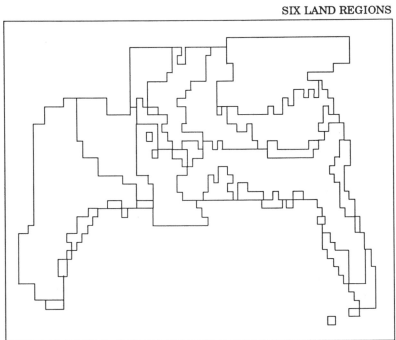

LINGUISTIC ATLAS OF THE GULF STATES

Figure 10: OVERLAY FORM – HIGHLANDS AND PIEDMONT

HIGHLANDS A1-6

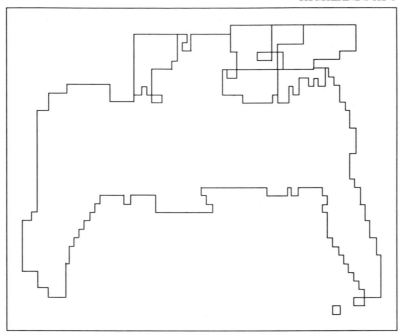

PIEDMONT B1-2

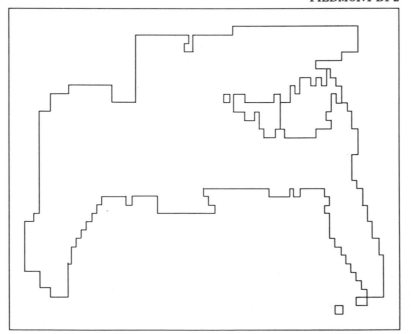

LINGUISTIC ATLAS OF THE GULF STATES

Figure 11: OVERLAY FORM – COASTAL AND PLAINS

COASTAL C1-6

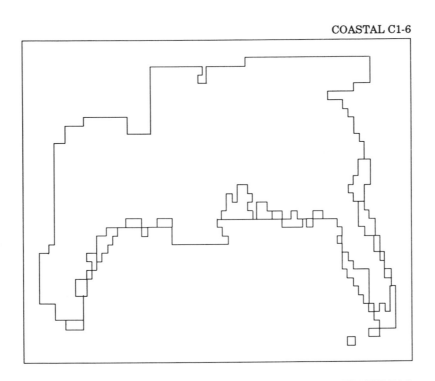

PLAINS D1-8

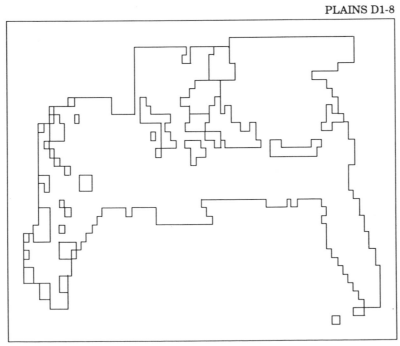

LINGUISTIC ATLAS OF THE GULF STATES

Figure 12: OVERLAY FORM – PINEY WOODS AND DELTA

PINEY WOODS E1-5

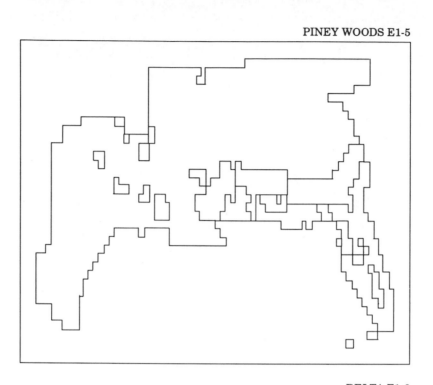

DELTA F1-6

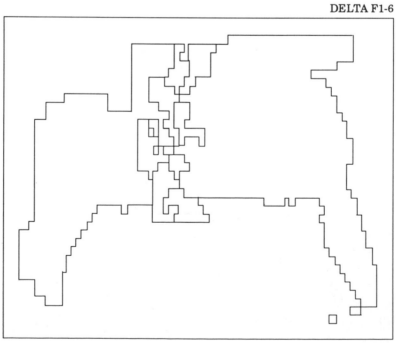

Figure 13: LAGS SECTORS

```
      1234567890123456789012345678901234567890123456789012345678901234567890
               1         2         3         4         5         6         7
A                                            EEEEEEEEEEAAAAAAAAAAAAAA              A
B              MMMMMMMMMM  IIIIIIIIIEEEEEEEEEEEAAAAAAAAAAAAAAA                     B
C              MMMMMMMMM   IIIIIIIIIEEEEEEEEEEEAAAAAAAAAAAAAAAAA                   C
D              MMMMMMMMMMMI IIIIIIIIIEEEEEEEEEEAAAAAAAAAAAAAAA                     D
E              MMMMMMMMMMMMI IIIIIIIIIIEEEEEEEEEEAAAAAA                            E
F              MMMMMMMMMMMJJJJJJJFFFFFFFFFFFBBBBBBBBBB                             F
G              MMMMMMMMMMJJJJJJJFFFFFFFFFFFFBBBBBBBBBB                             G
H         O    OO     MMMMMMMMJJJJJJJJJFFFFFFFFFFFFBBBBBBBBBBBB                    H
I      O              OMMMMMMMJJJJJJJJJJFFFFFFFFFFFFBBBBBBBBBBBB                   I
J       O   O    O    OMMMMMMMJJJJJJJJJJGGFFFFFFFFFFBBBBBBBBBBBBB                  J
K     O 000            OO NNNNNNNKKJJJJJJJGGGGGGGGGGGGBBBBBBBBBBBBCCC              K
L       000    OO      OO NNNNNNNNKKKKKKKKGGGGGGGGGGGGGBBBBBBBBBBBBCCCC            L
M       O      O          NNNNNNNNKKKKKKKKGGGGGGGGGGGGCCBBBBBBBBBBCCCCCC          M
N       O                 NNNNNNNKKKKKKKKKGGGGGGGGGGGGGCCCCCCCCCCCCCCCCCC         N
O          O      O       NNNNNNNKKKKKKKKKKGGGGGGGGGGGGCCCCCCCCCCCCCCCCCC         O
P          O    000   O   NNNNNNNKKKKKKKKKKHHGGGGGGGGGGGCCCCCCCCCCCCCCCCCC        P
Q     00      00      00  NNNNNNLLLLLLLLLLHHHH HHH HCCCCCCCCCCCCCCC               Q
R       O      00     00  NNNNNNLLLLLLLLLLLHHHHHHHHHH    DD     C D               R
S                        NNNNNLLLLLLLLLLLLLHHHHHHHHHH  H DDDD       DD            S
T          O      000  0  NNNLLLLLLLLLL        HHHH D   DDD DDD                   T
U     PP    P    00   0   LLLLLLLLLL                    D    DD                   U
V     PP       000        LLLLLLLLLLLL             DDD D  D                       V
W     PPP   P   00                                 DD  D  D                       W
X   P PPP      PPO                                  D D    D                      X
Y         PPPP        A = ET      I = WT           DD   D                         Y
Z    P       PPP      B = UG      J = UM         DDDD  D D                        Z
AA           PP       C = LG      K = LM         DDD  D                           AA
AB PP        PP       D = EF      L = WG          DD  DD D                         AB
AC PP        P        E = MT      M = AR           D   D D                         AC
AD    PP   P          F = UA      N = WL          D D D                            AD
AE    PP             G = LA      O = UT          DDDD                              AE
AF      PPP          H = EG      P = LT           DDD                              AF
AG                                                 D                               AG
AH                                             D                                   AH
               1         2         3         4         5         6         7
      1234567890123456789012345678901234567890123456789012345678901234567890
```

Figure 14: SIX LAND REGIONS

```
      1234567890123456789012345678901234567890123456789012345678901234567890
               1         2         3         4         5         6         7
A                                            AAAAAAAAAAAAAAAAAAAAAAAAA            A
B              AAAAAAAAFF FFFFDDDAAAAAAAAAAAAAAAAAAAAAAAAAAAA                      B
C              AAAAAAAAF  FFFFDDDDAAAAAAAAAAAAAAAAAAAAAAAAAAAA                     C
D              AAAAAAAAFFFFFFFDDDDDAAAAAAAAAAAAAAAAAAAAAAA                         D
E              AAAAAAAFFFFFFFFDDDDDAAAAAAAAAAAAAAAAA                               E
F              AAAFFFFFFFFFDDDDDAAAAAAAAAAAAAAAAAAAAAB                             F
G              AAAFFFFFFFFDDDDDAAAAAAAAAAAAAAAABBABABB                             G
H         D    EE     ADAFFFFFFDDDDDDDDDAAAAAAAAAAAAABABBBBBBBB                    H
I      D              EDDAAFFFFFFDDDDDDDBDBBAAAAAABAABBBBBBBBBDB                   I
J       D   D    E    EDDDDDDFFFFDDDDDBBBBBBBBBBBBBBBBBBBBBBDB                     J
K     D DDD            EE FFFFDFFFFDDDDDDDDDDDDBBDBBBBBBBBBBBBBBBDDEEE             K
L       DDD    EE      EE FFDFDDFFFFFFFDDDDDDDDDDDBBBBBBBBBBBBBBBEEEE             L
M       D      E          FFFFDDDDFFDDDFEEDEDDDDDDDBBDBBBBBBBBDDEEEECC            M
N       D                 FFFDFFFEEEDDDEEEEEEEEEEEEEDDDDDDDDDDDEEEECC             N
O          D      E       FFFFFFFFFEDEEEEEEEEEEEEEEEEEEEEEEEEEEEECCC             O
P          D    EEE   E   FFFFFFFFFFEEEEEECCEEEEEEEEEEEEEEEEEEEECCC              P
Q     DD      DD      EE  EEFFFFFFEEEEEEECECCCE EEE EEEEEEEEEEEEEECC              Q
R       D      DD         EEEFFFFEEEEEEECCCCEEECCEEEE    EE    E C               R
S                        EEEEFFFFFEEEECCCCCCECCCCC  C  CCEE                       S
T          D     CCC   C  CCCFFFFFFFFF        CCCC C   EE  CCC                     T
U     DD    D   CC   C    FFFFFFFFFF                    E    CC                    U
V     DD       CCC        FFFFFFFFFFF              CEE E  C                        V
W     DDD   D   CC                                 EE  E  C                        W
X   D DDD      CCC                                  C EE    C                      X
Y         DDDC                                     CC   E                         Y
Z    D       DDC      A = Highlands  D = Plains     CCCC E C                       Z
AA           CC       B = Piedmont   E = Piney Woods  CCC E                        AA
AB DD        CC       C = Coastal    F = Delta        CC EE C                      AB
AC DD        D                                         C  E C                      AC
AD    DD   D                                          C  C C                       AD
AE    DD                                             CCCC                          AE
AF      CCC                                           CCC                          AF
AG                                                     C                           AG
AH                                                 C                               AH
               1         2         3         4         5         6         7
      1234567890123456789012345678901234567890123456789012345678901234567890
```

Figure 15: HIGHLANDS A1-6

```
   1234567890123456789012345678901234567890123456789012345678901234567890
            1         2         3         4         5         6         7
                                              5555555553333331111111111
   A                                                                        A
   B                        66666666.. ........5555555553333331111111111   B
   C                        66666666.  .......5555555553311111111111111111  C
   D                        66666666.........55553333353111111111111111     D
   E                        6666666.........5555555553111111              E
   F                        666.............45544444444422222222222.        F
   G                        666............44444444442222..2.2..           G
   H            ..          6.6...........44444444444422.2.........        H
   I    .                .         66.........444444.22.........          I
   J        .            .                                                 J
   K       ...    ..    ..      ...............                          K
   L      ...  ..                ...................                       L
   M        .                    ....................                      M
   N       .                      .....................                     N
   O                .            ....................                      O
   P        ...    ..           ....................                       P
   Q       .      ..            ...................                      Q
   R       .      ..            .................          ..  ..        R
   S        .            ...   ............                    ..  ..      S
   T     ..    ..    ..               ..........           ...  ..       T
   U     ..         ...            .........  .           ...  .         U
   V    .  ..                                              ...  .        V
   W    .  .     ...                                         ..  ..       W
   X        ....                                             ..  .        X
   Y        ..                                               ..    .      Y
   Z        ...                                              ..    .      Z
   AA       ..                                               ...  .       AA
   AB  ..    ..                                              ...  ..      AB
   AC  ..    .                                               ..   ..      AC
   AD   ..   .                                               .  .  .      AD
   AE   ..                                                   .  ....      AE
   AF       ...                                              ...  .       AF
   AG                                                        .  .         AG
   AH                                                      .              AH
   1234567890123456789012345678901234567890123456789012345678901234567890
          1         2         3         4         5         6         7
```

Figure 16: PIEDMONT B1-2

```
   1234567890123456789012345678901234567890123456789012345678901234567890
            1         2         3         4         5         6         7
   A                                      ......................           A
   B                        ............................................  B
   C                        ..........................................    C
   D                        ..........................................    D
   E                        .........................................     E
   F                        ......................................1       F
   G            .       ...  .............................11.1.11         G
   H                        .............2.22......2..11111111.1          H
   I    .                .       ...2222222221111111111...              I
   J        ...          ..   .......22.2222111111111               J
   K      ...  ..           ..  .......2222111111111....             K
   L      .                     ....22221111111111....              L
   M        .                    .....22..111111.......              M
   N       .                      ....................              N
   O                .            ....................               O
   P        ..    ..            ....................               P
   Q       .      ..            ..................      ..  .       Q
   R                     ...   .............               ..  .     R
   S     ..    ..    ..               ..........          ...  ..    S
   T     ..         ...            ..........  .          ...  .     T
   U    .  ..                                             ...  .     U
   W    .  .     ...   ...                                 ..  . .    W
   X        ....                                           ..  .      X
   Y        ..                                             ..    .    Y
   Z        ...                                            ..    .    Z
   AA       ..                                             ...  .     AA
   AB  ..    ..                                            ..  . .    AB
   AC  ..    .                                             ..   ..    AC
   AD   ..   .                                             .  .  .    AD
   AE   ..                                                 .  ....    AE
   AF       ...                                            ...  .     AF
   AG                                                      .          AG
   AH                                                                 AH
   1234567890123456789012345678901234567890123456789012345678901234567890
          1         2         3         4         5         6         7
```

Figure 17: COASTAL C1-6

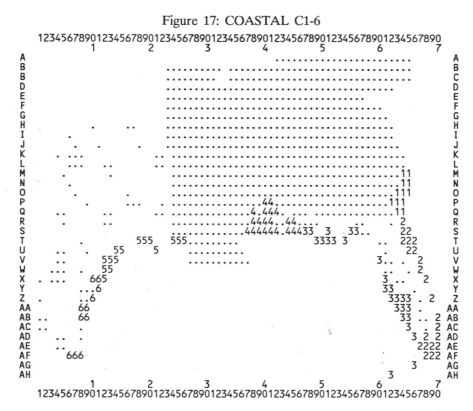

Figure 18: PLAINS D1-8

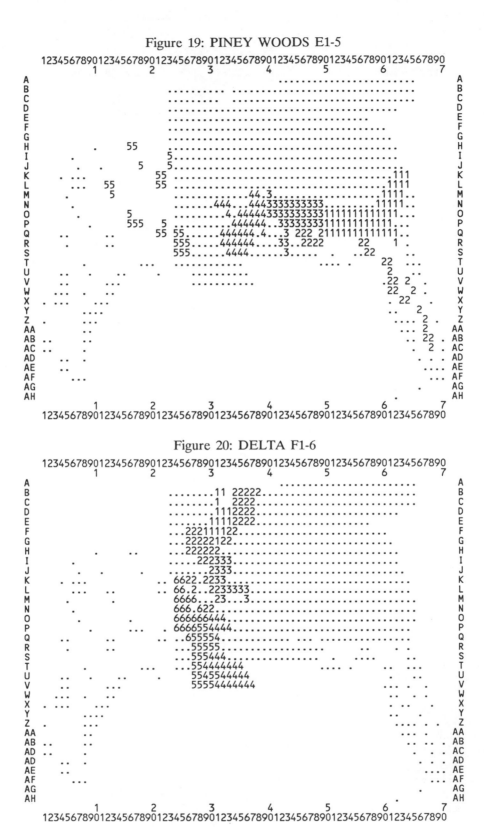

Figure 19: PINEY WOODS E1-5

Figure 20: DELTA F1-6

ABC QUALIFIERS

( )	deleted consonant or vowel
[ ]	vocalized consonant
{ }	qualified consonant or vowel
{A}	rounded 009.5; 060A.8
{a}	upglide, except
	inglide 059.1; 090.6
	long upglide 048.2A
	(lowered) low-front (monophthong) 005.3; 007.1; 067.9; 078.2
	raised low-front onset/glide 059.2
	raised onset/short glide 101.4
{ai}	lax (onset/upglide), except
	lowered onset (upglide) 015.7; 048.2A; 068.1
	lowered/lax onset 026.4; 028.3
	monophthong/short glide 089.2A
{ao}	raised onset/unrounded glide (<ow> variant) 033.6
{au}	inglide (<aw> variant) 033.1
{au}	raised onset (<ow> variant) 033.6
{aw}	unrounded (onset), except
	inglide 018.1; 071.9
	(lower) low-back 034.6; 041.3; 055.7; 057.2; 070.4; 094.4; 097.4
	unrounded onset/upglide 008.5; 068.2C
	upglide 027.1; 033.1; 060A.6; 073.1
	unrounded onset/rounded coda 024.5
	raised onset 011.1B
{b}	fricative, except
	devoiced 030.8B; 036.8; 071.9; 074.7; 084.5; 089.1; 093.4; 095.1
{d}	devoiced, except
	flap 001A.2D; 001A.6A-B, D, I-L; 002.1A, C-H; 003.5; 004.1; 004.5; 096.1
	palatal 070.3
	tense 084.4; 084.5; 089.6
{dh}	devoiced
{e}	upglide, except
	inglide 009.3; 033.7A; 071.5A; 071.7A; 072.4A; 072.6A; 077.2; 078.2; 088.5; 089.1; 093.1; 098.2
{ee}	lax 091.7A-B; 092.4
{f}	bilabial, except
	lax 017.7
	voiced 034.7
{g}	devoiced
{h}	velar 084.3
	weakly realized 099.3
{i}	central 026.3A-B; 070.3
{i}	high central 035.6
	inglide 072.4A; 072.6A; 077.2; 088.5; 089.1; 093.1
{ie}	centered onset 024.1; 077.4
{ie}	low-central onset 056.6
{ie}	monophthong/short glide 017.8B; 050.7; 071.5B; 084.1; 092.4; 093.4
{ie}	monophthong/short upglide 072.3

{ie}	monophthong/(centering) (in)glide 033.3; 078.3; 078.4; 104.5
{j}	devoiced
{k}	flap 077.1
{k}	fricative 041.3; 078.4
{k}	postvelar/fricative 074.7
{L}	labial, except
	clear 068.2A
	dark (velar) 064.9; 077.4
	devoiced 055A.8
{l}	devoiced 005.3; 021.6; 046.9; 078.2; 090.6
{l}	dark (velar) 030.8A; 035.2; 064.9; 077.4; 082.8; 084.3
{l}	clear 037.3; 045.7; 048.9A; 051.6; 067.3; 067.4; 068.2B; 083.6
{l}	flap 049.5
{l}	labial 072.6A
{m}	devoiced 071.9
{n}	(nasalized) flap 017.1A; 079.2
{n}	palatal 055.6; 068.2A
{ng}	devoiced 073.1
{o}	(lower) low-back, except
	advanced/monophthong/short glide 101.4
	inglide 018.1
	low-back onset 029.6; 030.8B
	lower high-front onset/glide 059.2
	raised 011.1B; 071.9
	unrounded onset 051.7; 053.2
	upglide 046.8A; 046.9; 048.8; 048.9B; 051.5; 073.1
{oe}	lowered (onset), except
	inglide 089.2A
	lowered monophthong 072.3
	monophthong/inglide 027.1
	upglide (<aw> variant) 035.4
{oi}	unrounded onset/upglide (<oy> variant) 089.2A
{oo}	unrounded, except
	(high) central 035.6; 070.3; 091.2
	inglide 009.3; 072.6B; 097.6; 097.7; 102.7
o{u}	unrounded offset (<ow> variant) 071.6
{ou}	upglide (<aw> variant>) 033.1
{ou}	low-central/inglide (<oy> variant) 089.2A
{ou}	unrounded glide (<ow> variant) 033.6
{ou}	inglide (<o> variant) 041.3
{ou}	raised onset/unrounded offset (<ow> variant) 071.6
{ou}	unrounded onset (<aw> variant) 033.1
{o}w	central onset 014.1
{ow}	raised onset, except
	inglide 005.3; 007.1; 078.2; 090.6
	inglide/unrounded offset 059.1
	monophthong/inglide 021.6
	raised (low-front) onset/rounded offset 059.2; 071.6
{oy}	(centering) inglide, except
	inglide/unrounded 077.4
	upglide/inglide 056.6
{p}	fricative, except
	voiced 084.5; 089.1;
{R}	weakly retroflex, except
	flap 055.9

{r}   weakly retroflex, except
         flap   001.2A; 017.6; 031.1
         devoiced 001A.6D; 005.3; 021.6; 035.8; 041.3; 042.1; 048.2A; 055.8; 055.9; 059.1; 073.1; 078.2; 090.6
         labial 009.3; 011.4; 026.3A; 026.3B <p{r})>; 028.3; 028.6; 035.6; 091.7A-B
{s}   palatal, except
         voiced 014.1; 089.1
{sh}   alveolar 060.1; 060.9
{t}   flap, except
         voiced 002.1H; 017.6; 055.3; 089.1
         glottal 031.1
{th}   voiced 060A.2; 063.4; 090.5
{tt}   trill 042.1
{u}   upglide 022.2; 056.6; 056.8
         advanced 083.5
         inglide 098.2
         inglide/upglide 071.9
         up/back glide 068.6
         central offlide 078.2
         unrounded/(lower) high-back 097.6; 097.7
{ue}   unrounded (onset) 009.3; 051.5
{ue}   central 024.4
{ue}   lax (onset) 067.5
{ue}   lowered/lax 066.2
{ui}   unrounded/upglide 068.6
{uu}   centered onset (<ow> variant) 033.6
{uw}   mid-central onset (<ow> variant) 071.6
{v}   bilabial, except
         devoiced 001.3A; 001.6B; 004.4; 017.8B; 033.8; 034.7; 035.8; 041.2; 060A.2; 085.6; 090.1
{w}   (dark) lateral 030.8A; 067.3; 067.4
{w}   devoiced 019.4; 074.7; 078.4
{w}   labial retroflex 078.2
{y}   palatal 004.7
{y}   devoiced 093.1
{z}   devoiced, except
         palatal 033.7B; 060.1
{zh}   devoiced, except
         alveolar 033.7B
{?}   glottal

The Regional Matrix

SECTOR TOTALS

001.1APa (105)
<won>

9	2	8	14
3	2	9	13
2	2	6	11
10	6	4	4

001.1APb (838)
<wun>

76	31	41	51
60	44	48	79
50	44	57	71
32	58	32	64

001.1BPa (164)
<tew>

16	7	12	14
5	4	14	25
5	8	9	16
8	6	7	8

001.1BPb (805)
<tue>

73	31	35	50
57	46	42	68
49	46	58	68
34	59	30	59

001.1Sa (442)
|efa-BJA| [ʊʉ]

45	23	15	27
26	20	28	41
30	16	32	41
18	27	23	30

001.1Sb (118)
|ffd-CJD| [ʊ‹u‹]

10	2	7	12
8	8	3	9
5	6	3	12
4	12	4	13

001.2APa (644)
<three>

71	26	31	31
48	31	44	60
47	27	43	60
18	37	22	48

001.2APb (304)
<th{r}ee>

16	9	15	31
21	19	14	32
11	24	20	17
23	22	12	18

001.2Sa (315)
|ABE| [i›]

26	8	19	5
20	17	23	32
15	16	28	34
11	30	11	20

001.2Sb (106)
|dae-ABE| [ɪ›i›]

8	3	6	15
1	6	9	13
5	7	6	12
4	1	2	8

001.2BPa (175)
<foe(r)>

7	4	7	3
11	8	8	21
7	16	17	30
1	12	12	11

001.2BPb (354)
<foe[r]>

13	15	15	8
27	25	21	54
14	21	36	36
11	29	12	17

001.2BPc (506)
<foer>

64	20	29	52
38	18	30	30
42	20	18	26
32	31	16	40

001.3APa (80)
<fie(v)>

4	2	2	1
5	4	5	10
9	3	4	13
3	8	3	4

001.3APb (838)
<fiev>

75	33	46	57
57	43	48	77
47	43	59	68
38	55	32	60

001.3Sa (517)
|-e..| [aɪ~a·ɪ]

47	20	22	17
40	22	30	47
34	29	28	44
33	38	23	43

001.3Sb (387)
|-[k/m]..|
[a·~aᵋ~aə]

34	14	25	42
22	27	22	39
20	18	34	31
6	23	11	19

001.3BPa (857)
<siks>

79	31	42	53
57	46	51	86
52	44	59	73
38	61	29	56

001.4APa (209)
<sebM=14>

24	4	9	15
16	14	11	19
14	20	16	12
6	15	5	9

001.4APb (720)
<sevN=14>

62	28	39	51
51	33	45	73
43	37	46	53
35	47	29	48

001.4APc (51)
<se{v}M=14>

10	1	2	0
4	3	0	6
2	2	5	4
1	5	3	3

001.4BPa (884)
<ait>

80	34	43	58
61	46	53	85
51	45	58	76
37	61	34	62

001.4Sa (235)
|G.[C/I]/-|
[e·ɪ~e?ɪ]

22	15	7	24
12	12	13	20
17	10	14	21
9	18	7	14

001.4Sb (444)
|G.E/-| [e›~e›ɪ]

40	13	26	16
32	22	29	51
20	23	38	39
19	28	17	31

001.5APa (866)
<nien>

```
78 34 42 58
61 44 50 87
51 43 60 74
36 60 33 55
```

001.5ASa (78)
|RD./-| [ã~ãɪ̃]

```
10  5  4  1
 6  2  5 10
 4  4  3  6
 5  5  3  5
```

001.5ASb (131)
|RK./-| [ã·~ã·ɪ̃]

```
 9  3 11  4
12  5 10  7
15  7 13  6
 4 10  5 10
```

001.5BPa (516)
<ten>

```
37 19 28 47
38 24 20 46
29 26 26 45
30 44 16 41
```

001.5BPb (428)
<tin>

```
49 15 18 15
25 26 37 43
24 27 39 35
 8 23 20 24
```

001.5BSa (64)
|-e..| [εɪ~ɪɪ]

```
7 2 3 3
5 3 3 7
7 2 6 4
3 5 1 3
```

001.5BSb (168)
|-m..| [εə~ɪə]

```
14  7  6 22
10  8 12 21
 8  7 16 10
 1 10  6 10
```

001.6APa (122)
<(i)lebM=14>

```
13  2  6  7
10  8  9  9
 4  7  8  9
 4 13  4  9
```

001.6APb (286)
<(i)levN=14>

```
23  9 17 30
21 14 17 28
20 18 18 24
 8 18  7 14
```

001.6APc (146)
<AlevN=414>

```
15  5  7  4
13  8  6 21
 8  7  5 12
 4  9  6 16
```

001.6APd (192)
<IlevN=414>

```
14 11  9  6
13 12 11 23
13  7 12 11
16 16  8 10
```

001.6BPa (357)
<twe[l]v>

```
34 15 21  9
24 19 26 49
23 23 29 26
 2 19 14 24
```

001.6BPb (73)
<twel(v)>

```
9 0 2 13
7 8 4  4
5 3 4  4
1 5 2  2
```

001.6BPc (411)
<twelv>

```
31 14 17 33
28 23 22 24
24 22 22 38
31 33 13 36
```

001.7APa (120)
<thu[r]teen=13>

```
6  4  4  1
8 11  0 19
6 11 13 16
3 12  4  2
```

001.7APb (82)
<thu[r]tteen=13>

```
0  2  0  0
7  5  6 13
6 11  8  8
2  9  4  1
```

001.7APc (235)
<thurteen=13>

```
20 11 13 50
12 10 12 19
13  6 15 14
10 14  2 14
```

001.7APd (225)
<thurtteen=13>

```
29  7 17  2
20 11 16 18
 9  8 15 16
10 14 11 22
```

001.7APe (56)
<thu{r}teen=13>

```
3 3 1  1
3 1 1  6
5 5 4 11
1 4 3  4
```

001.7BPa (144)
<foe(r)teen=13>

```
 7  7 7  2
16 11 1 22
 9 12 9 20
 2 11 4  4
```

001.7BPb (66)
<foe(r)tteen=13>

```
2  1 2 0
6  5 8 8
0  6 3 9
1 10 3 2
```

001.7BPc (79)
<foe[r]teen=13>

```
3  6 2 3
3 12 2 9
5  5 4 7
3  6 3 6
```

001.7BPd (101)
<foe[r]tteen=13>

```
6 3  5  0
6 6  8 15
2 3 13 14
3 9  2  6
```

001.7BPe (176)
<foerteen=13>

```
15  6 12 44
 8  4 11 11
11  5  6  9
12 10  1 11
```

001.7BPf (125)
<foertteen=13>

20	6	8	4
9	4	11	7
7	4	8	5
6	7	6	13

001.7BPg (59)
<foe{r}teen=13>

4	3	3	3
4	2	2	7
9	2	2	1
4	3	3	7

001.8APa (232)
<twen(t)I=14>

20	9	9	13
20	10	13	22
8	7	12	29
9	27	5	19

001.8APb (80)
<twennI=14>

5	3	8	8
9	5	0	7
7	4	6	8
3	0	2	5

001.8APc (116)
<twentI=14>

11	4	6	9
5	5	5	13
7	8	6	6
9	8	8	6

001.8APd (102)
<twen{t}I=14>

8	7	10	3
9	7	4	10
7	5	4	7
8	5	1	7

001.8APe (133)
<twin(t)I=14>

16	2	3	4
9	4	15	16
11	12	10	11
4	5	3	8

001.8APf (62)
<twinnI=14>

5	3	2	0
2	4	3	7
3	4	6	6
1	5	8	3

001.8APg (52)
<twintI=14>

6	2	1	1
3	2	4	4
6	4	6	3
3	1	3	3

001.8BPa (73)
<twen(t)IsevN
=3414>

5	0	1	1
10	1	3	8
1	1	8	9
3	13	1	8

001A.1APa (203)
<thu[r]tI=14>

7	5	4	0
14	14	8	26
12	18	20	21
8	25	11	10

001A.1APb (470)
<thurtI=14>

55	19	34	42
27	23	34	38
26	17	29	27
21	25	16	37

001A.1APc (56)
<thur{t}I=14>

4	1	6	4
7	2	4	6
3	0	5	2
3	3	1	5

001A.1APd (100)
<thu{r}tI=14>

5	3	3	0
11	9	5	11
9	12	2	12
6	3	3	6

001A.1BPa (110)
<faw(r)tI=14>

4	1	3	1
10	5	5	16
6	15	10	8
2	10	8	6

001A.1BPb (62)
<faw[r]tI=14>

2	2	2	1
8	5	1	9
6	3	6	3
2	8	3	1

001A.1BPc (88)
<fawrtI=14>

9	4	5	6
6	2	4	8
9	4	4	4
6	6	2	9

001A.1BPd (156)
<foe[r]tI=14>

8	6	3	1
12	16	8	19
5	8	15	22
4	15	3	11

001A.1BPe (245)
<foertI=14>

37	7	16	35
12	7	21	13
11	7	11	12
12	14	11	19

001A.1BPf (60)
<foe{r}tI=14>

2	2	5	2
4	3	2	5
7	2	7	6
2	3	3	5

001A.2APa (61)
<sebMdI=144>

6	4	5	4
5	2	1	4
2	4	4	4
3	5	2	6

001A.2APb (115)
<sebMtI=144>

12	0	5	4
11	7	6	9
11	8	3	14
4	10	9	2

001A.2APc (109)
<sevNdI=144>

8	2	9	9
6	4	8	15
4	3	5	11
1	5	7	12

001A.2APd (375)
<sevNtI=144>

32	18	16	25
25	10	27	36
22	21	32	25
20	26	11	29

001A.2BPa (66)
<hund(r)Ad=14>

```
3  3  2  0
4  4  3  8
5  8  2 10
3  3  3  5
```

001A.2BPb (69)
<hund(r)Id=14>

```
2  2  3  0
7  7  0 13
4  7  6  9
0  6  1  2
```

001A.2BPc (151)
<hundRd=14>

```
21  4 13 12
13  5 13 12
 6  6  8 10
 9  6  7  6
```

001A.2BPd (50)
<hundrAd=14>

```
3  1  5  2
1  2  1  5
2  5  5  6
2  2  2  6
```

001A.2BPe (292)
<hundrId=14>

```
22 10 10 20
19 15 23 35
22  9 19 18
13 31  8 18
```

001A.2BPf (75)
<hund{R}d=14>

```
7  4  4  0
5  6  3  8
5  3  6  8
2  7  4  3
```

001A.2CPa (693)
<thowzN(d)=14>

```
55 24 38 49
40 26 40 70
45 37 49 62
31 54 26 47
```

001A.2DPa (79)
<mi(l)yN=14>

```
7  4  2  1
4  3  6  2
6  5 13  3
0  7 11  5
```

001A.2DPb (473)
<milyN=14>

```
23 15 34 42
39 22 24 39
32 29 31 30
27 36 13 37
```

001A.3APa (107)
<fu[r]s(t)>

```
3  4  3  0
8  6  4 12
5 16  7  9
3 12  7  8
```

001A.3APb (99)
<fu[r]st>

```
3  4  2  1
9  9  5 15
2  7  9 10
4 10  7  2
```

001A.3APc (225)
<furs(t)>

```
27  7 15 11
17 12 19 17
12  9 17 11
13 15  5 18
```

001A.3APd (349)
<furst>

```
34 10 23 46
23 12 19 31
21 11 20 22
18 17 13 29
```

001A.3APe (66)
<fu{r}st>

```
6  7  0  0
4  4  5  5
3  5  1 12
5  6  2  1
```

001A.3BPa (387)
<sekN(d)=14>

```
27 15 22 33
29 29 19 34
22 21 25 26
22 25 17 21
```

001A.3BPb (53)
<sekNd=14>

```
4  1  4  6
2  0  3  6
5  3  5  1
4  4  1  4
```

001A.3BPc (332)
<sekNt=14>

```
35 12 16 18
17  8 20 40
21 18 23 29
 9 24 14 28
```

001A.3CPa (180)
<thu[r]d>

```
6  4  6  0
13 10  7 23
 7 16 23 19
 4 21 12  9
```

001A.3CPb (489)
<thurd>

```
50 18 33 55
30 22 33 40
29 15 28 28
21 30 15 42
```

001A.3CPc (93)
<thu{r}d>

```
6  5  4  1
10  5  3  7
 9 12  4  8
 7  5  3  4
```

001A.3Sa (104)
|-e..| [ɜɪ~əɪ]

```
4  0  3  0
6  7  5 15
3 11 15 10
3 12  5  5
```

001A.3Sb (216)
|-m..| [ɜ˞~ɝ]

```
18  6  6  6
17 16 10 24
15 13 15 19
 7 18  8 18
```

001A.3DPa (69)
<foe(r)th>

```
4  1  2  1
5  4  4  9
2  6  8  7
2  9  3  2
```

001A.3DPb (256)
<foe[r]th>

```
11 12 10  4
19 14 18 33
14 17 23 25
10 22  9 15
```

001A.3DPc (278)
<foerth>

```
41  8 23 44
18  7 15 15
22  6 11 12
14 12  8 22
```

001A.3DPd (94)
<foe{r}th>

```
6  5  7  4
6  8  7  6
6  6  7  3
3  5  5 10
```

001A.3EPa (361)
<fi(f)th>

```
30 12 18  7
24 22 21 40
27 22 33 30
 9 27 16 23
```

001A.3EPb (196)
<fif(th)>

```
14  5 13 24
18  4 12 20
 6 11 13 14
 6 14  8 14
```

001A.3EPc (79)
<fift>

```
3  4  5 19
6  2  6  6
2  4  5  2
6  5  1  3
```

001A.3EPd (98)
<fifth>

```
10  2  6  5
 5  4  4  8
10  3  6  4
11  5  1 14
```

001A.3FPa (429)
<siks(th)>

```
37 11 20 25
32 22 24 45
26 29 30 34
16 30 19 29
```

001A.3FPb (81)
<sixt>

```
5  2  6 11
6  3  8  8
3  1  7  7
4  2  3  5
```

001A.3FPc (197)
<siksth>

```
16  7 11 11
13  5 12 12
11 13 16  9
16 19  9 17
```

001A.3GPa (69)
<sebMth=14>

```
7  1  5  4
4  2  5  8
3  4  5  6
2  5  4  4
```

001A.3GPb (68)
<sevNt=14>

```
5  2  6  7
8  3  3  8
2  2  2  6
3  6  2  3
```

001A.3GPc (451)
<sevNth=14>

```
35 17 21 35
29 16 24 44
32 24 35 28
27 29 20 35
```

001A.3HPa (112)
<ait>

```
 8  2  7  7
12  5  5 11
 3  5 10  9
 5 14  3  6
```

001A.3HPb (633)
<aith>

```
59 21 36 49
42 31 39 57
44 34 44 34
30 38 27 48
```

001A.3IPa (59)
<nient>

```
 4  1  3  4
11  1  0  4
 1  2  5  5
 2  8  4  4
```

001A.3IPb (568)
<nienth>

```
51 20 33 45
36 20 36 55
41 26 40 34
31 34 24 42
```

001A.3JPa (342)
<tenth>

```
26 11 24 40
17 15 15 26
33 17 18 19
23 21 11 26
```

001A.3JPb (283)
<tinth>

```
30  8 11  9
22 16 20 31
13 16 29 17
 6 22 13 20
```

001A.4Pa (52)
<wuns>

```
 6  2  3  1
11  1  1  3
 5  5  1  2
 7  1  0  3
```

001A.4Pb (85)
<wunst>

```
 5  5  4  6
15  4  3  7
 7  9  3  9
 0  1  3  4
```

001A.4Pc (504)
<wunts>

```
46 16 27 31
36 22 34 36
35 26 38 33
27 42 19 36
```

001A.5Pa (615)
<twies>

```
52 22 33 37
42 23 38 58
38 31 47 46
31 48 19 50
```

001A.5Pb (166)
<twiest>

```
16  7 11 20
14 10 10 19
11  9 10 13
 0  5  4  7
```

001A.6APa (152)
<janyAwerI=1434>

```
11  6  5 11
 7  9  7 20
 9 10  6 13
 9 15  4 10
```

001A.6APb (246)
<janyIwerI=1434>

```
24  8 10 10
10 13 14 33
13  7 23 28
 7 17  9 20
```

001A.6APc (53)
<janyIwurI=1434>

```
10  2  4  0
 5  1  4  3
 5  4  2  5
 4  3  0  1
```

001A.6APd (52)
<janyuewerI=1324>

```
 8  4  3  2
 3  2  3  6
 2  1  4  3
 3  2  0  6
```

001A.6BPa (92)
<feb(r)AwerI=1434>

```
 6  6  3  6
 7  8  3  8
 5  4 10  5
 4  9  2  6
```

001A.6BPb (69)
<febyAwerI=1434>

```
 9  3  3  6
 3  7  4 10
 5  3  1  7
 1  4  1  2
```

001A.6BPc (93)
<febyIwerI=1434>

```
10  4  6  4
 5  6  6 11
 3  3  7  5
 3  9  3  8
```

001A.6BPd (59)
<febyuewerI=1324>

```
 9  2  5  1
 3  1  3  9
 0  4  7  3
 3  2  1  6
```

001A.6CPa (61)
<mawrch>

```
 5  0  2  3
 8  1  3  1
 8  1  2  7
 7  5  5  3
```

001A.6CPb (82)
<mo[r]ch>

```
 4  2  2  0
 4  7  7 17
 2  8 10  7
 2  4  3  3
```

001A.6CPc (295)
<morch>

```
41 14 27 27
13 12 23 31
13  6 17 16
 8 12  8 27
```

001A.6CPd (64)
<mo{r}ch>

```
 6  7  4  2
 2  5  4  1
 6  2  3  3
 7  4  2  6
```

001A.6CPe (65)
<m{o}[r]ch>

```
 1  2  3  1
 5  4  1 13
 1  3  7  9
 0  8  1  6
```

001A.6CPf (108)
<m{o}rch>

```
12  5  2 19
 8  3  3  8
 7  6  7 14
 5  5  1  3
```

001A.6DPa (92)
<aip(r)L=14>

```
 5  4  4  8
 7  5  6 13
 3 12  2  7
 2  5  4  5
```

001A.6DPb (365)
<aiprL=14>

```
32 17 18 35
20 15 17 33
26 12 25 25
19 22 21 28
```

001A.6DPc (275)
<aip{r}L=14>

```
32  9  8 14
22 17 19 32
13 11 24 29
10 18  2 15
```

001A.6EPa (784)
<mai>

```
73 32 38 56
54 41 41 80
44 37 53 64
35 55 28 53
```

001A.6Sa (193)
|GBE-eaa| [e˃ɪ]

```
15  5 11  9
12 12 16 25
10  9 18 17
 4  9  6 15
```

001A.6Sb (107)
|GGE-eaa| [e˃·ɪ]

```
 7  8  4  5
 8  5  9 20
 5  5  6  7
 4  4  5  5
```

001A.6FPa (130)
<jewn>

```
12  5  7  9
10  5  5 18
12  4  9 11
 7  4  7  5
```

001A.6FPb (643)
<juen>

```
58 28 33 48
37 34 34 61
34 35 42 55
28 46 22 48
```

001A.6GPa (88)
<jAlie=41>

```
 2  2  6  8
 7  0  6  4
 7  2  2  6
10 11  1 14
```

001A.6GPb (345)
<juelie=13>

```
33 13 15 37
19 17 17 45
17 22 22 34
 4 18 15 17
```

001A.6GPc (270)
<juelie=31>

```
30 11 17  8
15 19 15 18
14 15 23 19
13 20 12 21
```

001A.6HPa (280)
<awgAs(t)=14>

```
19 14 10 20
17 19 17 26
17 19 16 26
 9 23 14 14
```

001A.6HPb (167)
<awgAst=14>

```
20  4  9 11
10  5  7 14
11 10 16 10
 9 12  5 14
```

001A.6HPc (157)
<awgIs(t)=14>

```
11  6 14 17
 7  9  6 21
 7  3  9 19
 5  8  3 12
```

001A.6HPd (61)
<awgIst=14>

```
7  2  5  6
1  4  6  5
2  0  5  6
2  2  3  5
```

001A.6IPa (73)
<septembR=134>

```
9  2  3 25
4  2  3  6
3  1  2  6
0  2  2  3
```

001A.6IPb (98)
<septembR=314>

```
10  4  5 18
 3  1  6  5
 5  4  6  2
13  4  5  7
```

001A.6IPc (65)
<septemb[R]=134>

```
3  3  7  0
3  5  4 11
1  5  7  9
2  1  1  3
```

001A.6IPd (92)
<septemb[R]=314>

```
4  2  2  1
7  8  4  6
4  3  7 11
3 15  5 10
```

001A.6IPe (114)
<septimbR=314>

```
16  7  6  5
 7  7  9  5
12  4  3  6
 5  6  5 11
```

001A.6IPf (53)
<septimb[R]=314>

```
3  2  5  0
2  4  3  6
3  6  7  1
1  3  3  4
```

001A.6JPa (104)
<oktoebR=134>

```
19  4  8 22
 5  2  6  8
 6  2  5  9
 0  3  2  3
```

001A.6JPb (100)
<oktoeb[R]=134>

```
6  2  3  1
3  8  1 29
2  8  8 16
1  2  5  5
```

001A.6JPc (165)
<oktoeb[R]=314>

```
 3  7  4  3
17 10 10 11
11 10 18 15
 5 21  6 14
```

001A.6JPd (55)
<oktoeb{R}=314>

```
2  1  4  1
6  3  3  3
5  2  6  2
5  7  2  3
```

001A.6KPa (78)
<noevembR=134>

```
12  2  6 24
 2  2  2  5
 5  1  4  5
 0  2  2  4
```

001A.6KPb (128)
<noevembR=314>

```
 7  6  9 20
 5  1  8 12
 7  4  5  5
16  8  4 11
```

001A.6KPc (94)
<noevemb[R]=134>

```
0  3  5  0
4  8  3 17
2  8  8 22
2  4  3  5
```

001A.6KPd (109)
<noevemb[R]=314>

```
 7  5  4  4
12  4  3  6
 7  6  7  9
 5 17  5  8
```

001A.6KPe (79)
<noevimbR=314>

```
18  5  4  5
 5  3  3  3
 8  3  4  3
 5  2  3  5
```

001A.6LPa (120)
<deesembR=134>

```
12  4  9 31
 3  4  4 10
 8  3  6  8
 4  4  1  9
```

001A.6LPb (76)
<deesembR=314>

```
 7  4  6 10
 4  1  4  6
 1  2  3  2
10  6  3  7
```

001A.6LPc (122)
<deesemb[R]=134>

```
5  5  7  1
7  8  6 20
1 11 12 18
1 10  6  4
```

001A.6LPd (59)
<deesemb[R]=314>

```
3  2  1  2
6  4  2  5
4  2  4  8
1  7  3  5
```

001A.6LPe (61)
<deesimbR=314>

```
9  5  2  6
5  2  5  1
7  4  2  4
3  1  3  2
```

002.1APa (704)
<sundI=14>

```
67 28 36 34
51 38 41 72
43 38 53 62
26 48 25 42
```

002.1APb (81)
<sundai=13>

```
4  2  3   4
2  4  6   6
6  1  7   4
7  6  3  16
```

002.1BPa (196)
<sabAth=14>

```
16  4 11   9
24 12 10  17
11 14 19  11
 8 16  5   9
```

002.1BPb (101)
<sabIth=14>

```
10  0 10 10
 7  4  8  7
 6  4  4  8
 4  5  6  8
```

002.1CPa (634)
<mundI=14>

```
60 27 31 27
45 29 37 62
43 35 44 56
20 47 25 46
```

002.1CPb (91)
<mundai=13>

```
 5  5  6  7
 5  4  5  7
 6  3  5  6
10  6  4  7
```

002.1DPa (536)
<tewzdI=14>

```
39 21 32 31
34 30 38 62
24 31 41 48
18 38 19 30
```

002.1DPb (214)
<tuezdI=14>

```
28  9  7 25
13  4  6 18
18  4 15 15
 8  8 11 25
```

002.1EPa (400)
<wenzdI=14>

```
30 22 21 22
33 21 24 38
27 18 23 38
18 30 12 23
```

002.1EPb (55)
<wenzdai=13>

```
4  1  2  9
0  2  0  6
2  3  3  2
8  4  3  6
```

002.1EPc (193)
<winzdI=14>

```
25  6 12  5
10  7 19 25
13  8 18 10
 3 12  9 11
```

002.1FPa (162)
<thu[r]zdI=14>

```
 2  6  4  0
13  8 11 24
 7 19 18 18
 2 17  7  6
```

002.1FPb (403)
<thurzdI=14>

```
49 17 28 29
27 19 29 34
27 13 25 30
15 26 12 23
```

002.1FPc (67)
<thurzdai=13>

```
7  0  3  9
0  3  5  6
2  2  4  2
6  2  2 14
```

002.1FPd (87)
<thu{r}zdI=14>

```
4  7  2  3
9  6  1  9
6  5  4  9
2  7  6  7
```

002.1GPa (693)
<friedI=14>

```
64 29 37 33
50 32 43 74
43 37 50 55
27 48 25 46
```

002.1GPb (71)
<friedai=13>

```
5  3  1  7
2  6  4  5
3  3  4  4
6  5  4  9
```

002.1HPa (77)
<sa{d}RdI=144>

```
9  1  0 12
6  2  7  6
3  4  4  7
6  1  3  6
```

002.1HPb (209)
<sa{t}RdI=144>

```
28  9 15 15
16  5 14 21
17 10  5 12
 9 14  5 14
```

002.1HPc (51)
<sa{t}Rdai=143>

```
4  1  1  9
1  1  3  3
3  0  3  3
6  2  2  9
```

002.1HPd (101)
<sa{t}[R]dI=144>

```
 4  5  6  0
10  8  5 13
 3  7 13 10
 3  8  4  2
```

002.1HPe (58)
<sa{t}{R}dI=144>

```
4  1  4  0
2  2  2  8
8  2  6  4
0 10  1  4
```

002.2Pa (82)
<maw(r)nN=14>

```
4  0  1  0
9 10  3  8
5 11 10  7
1  4  3  6
```

002.2Pb (64)
<maw[r]nN=14>

```
2  5  3  1
6  5  4  5
3  4  6  7
1  7  3  2
```

002.2Pc (97)
<mawrnN=14>

10	4	7	12
9	3	2	10
4	3	4	6
4	11	3	5

002.2Pd (76)
<mawrnNG=14>

7	1	4	18
5	1	1	5
11	2	4	1
7	3	2	4

002.2Pe (104)
<moe[r]nN=14>

6	6	2	1
7	9	6	15
3	10	8	10
0	13	2	6

002.2Pf (158)
<moernN=14>

24	2	10	7
15	5	12	13
8	6	12	13
4	8	8	11

002.2Pg (134)
<moernNG=14>

22	6	7	15
1	3	11	10
10	2	6	4
9	5	3	20

002.3La (638)
afternoon

56	24	34	42
37	31	34	66
41	31	48	55
31	39	21	48

002.3Lb (244)
evening

24	6	9	18
25	15	8	23
15	17	15	20
3	24	9	13

002.4Ga (25)
bye

4	1	1	1
2	2	1	3
0	1	1	1
1	1	1	4

002.4Gb (223)
good-bye

9	6	13	6
11	12	19	21
16	11	21	20
11	17	8	22

002.4Gc (25)
good day [greeting]

2	3	2	1
3	0	1	1
2	1	1	0
2	4	0	2

002.4Gd (195)
good day [parting]

11	3	13	8
24	7	8	11
19	19	17	11
5	22	8	9

002.4Ge (29)
hello

2	4	1	1
0	1	4	6
3	0	1	1
0	3	0	2

002.4Gf (40)
(I'll/we'll) see you later

1	0	4	3
1	3	1	3
4	4	1	2
3	3	3	4

002.4Gg (24)
so long

3	1	2	2
0	1	0	0
4	1	0	3
3	2	1	1

002.5Pa (461)
<eevnN=14>

42	15	20	35
39	28	23	38
32	29	39	39
9	35	14	24

002.5Pb (288)
<eevnNG=14>

27	15	14	19
14	6	22	28
17	6	16	16
27	21	12	28

003.1Ga (485)
good night [parting]

31	20	25	29
37	28	23	39
38	22	43	28
28	38	17	39

003.2La (125)
dawn

7	8	2	8
8	0	12	16
5	6	9	12
5	9	2	16

003.2Lb (70)
daybreak

8	0	4	6
7	5	5	8
3	1	3	5
2	6	2	5

003.2Lc (162)
daylight

17	4	9	6
13	6	11	12
13	9	13	12
6	14	4	13

003.2Ld (343)
sunrise

27	6	23	25
17	13	21	43
19	19	18	28
15	29	8	32

003.2Le (406)
sunup

39	14	17	31
33	18	21	43
29	21	33	32
18	20	14	23

003.2Sa (37)
|-faj| [ɜˠ~ʌˠ]

4	1	1	1
3	4	3	0
0	3	5	0
1	1	5	5

003.2Sb (110)
|-m.j| [ɜə~ʌə]

10	7	3	9
9	5	8	9
5	8	9	10
3	5	3	7

003.3Ga (475)
<!riez>

30	17	29	36
39	16	21	35
39	31	30	32
26	37	21	36

003.3Gb (41)
<&riezIz=14>

1	0	2	3
2	1	5	7
0	4	4	7
1	3	0	1

003.3Gc (22)
<@riezN=14>

0	0	1	1
2	0	3	4
0	6	0	2
0	1	1	1

003.3Gd (51)
<*riz>

3	0	7	7
5	1	1	6
0	3	4	9
0	0	2	3

003.3Ge (467)
<*roez>

33	9	24	41
28	12	26	51
33	27	36	35
25	27	22	38

003.3Gf (37)
<#riz>

1	1	5	2
7	0	1	1
0	2	3	4
0	2	3	5

003.3Gg (354)
<#rizN=14>

26	12	25	37
20	13	17	31
28	19	27	23
18	19	14	25

003.3Gh (111)
<#roez>

5	1	1	3
12	1	4	14
9	10	9	14
3	10	7	8

003.4La (85)
dark

10	3	4	1
4	5	9	13
5	4	8	8
1	3	2	5

003.4Lb (35)
dusk

0	2	1	1
0	2	5	4
2	1	5	6
2	1	0	3

003.4Lc (497)
sundown

49	16	28	31
38	19	22	59
34	26	37	42
19	22	20	35

003.4Ld (253)
sunset

19	6	10	21
11	9	13	27
13	12	16	25
14	27	7	23

003.5Pa (81)
<yestRdI=144>

15	1	5	8
9	0	1	8
7	4	1	3
4	9	0	6

003.5Pb (170)
<yestRdai=143>

16	8	9	22
10	3	21	9
12	3	6	6
11	7	9	18

003.5Pc (148)
<yest[R]dI=144>

11	5	5	6
22	7	8	8
5	9	7	21
9	16	2	7

003.5Pd (226)
<yest[R]dai=143>

10	5	11	3
11	12	12	37
12	18	31	24
8	11	9	12

003.5Pe (60)
<yest{R}dai=143>

1	4	3	3
3	5	0	5
6	5	9	3
2	3	2	6

003.6Ga (50)
Sunday a/the week ago

1	1	3	1
4	0	3	5
5	1	5	5
2	7	2	5

003.6Gb (207)
Sunday before last

15	1	12	9
16	11	15	11
25	18	12	7
17	18	10	10

003.6Gc (33)
Sunday was a week ago

1	0	1	1
5	1	3	2
0	1	9	4
0	0	3	2

003.6Gd (28)
Sunday week

3	2	4	1
2	0	2	3
0	1	1	4
0	1	0	4

003.6Ge (27)
Sunday week ago

3	0	1	2
4	1	2	0
3	0	5	3
0	2	0	1

003.6Gf (20)
two weeks ago

0	1	2	1
2	0	2	0
0	3	2	3
0	1	0	3

003.6Gg (9)
week ago last Sunday

0	0	0	4
0	0	0	2
0	0	0	1
0	0	0	2

003.6Gh (33)
week ago Sunday

3	0	0	2
3	2	3	4
3	1	1	1
2	0	0	8

003.6Gi (52)
week before last

3	2	7	2
6	2	1	1
6	3	3	1
3	5	3	4

003.7Ga (17)
Sunday a week

0	0	1	1
1	0	0	1
1	0	0	2
4	6	0	0

003.7Gb (24)
Sunday a/two
week(s) +

0	0	1	1
3	0	1	1
1	1	1	3
4	6	0	1

003.7Gc (115)
Sunday after next

9	1	6	5
11	6	8	3
16	8	3	5
12	12	3	7

003.7Gd (301)
Sunday week

16	8	22	35
20	12	17	29
26	22	21	25
7	10	15	16

003.7Ge (24)
week after next

3	0	2	0
4	1	0	3
1	1	2	0
0	4	1	2

003.7Gf (51)
week from Sunday

3	4	5	9
3	1	0	4
2	2	2	1
5	3	2	5

003.8La (33)
couple of weeks

2	1	1	1
3	1	3	4
3	0	3	2
1	4	2	2

003.8Lb (73)
fifteen days

1	1	2	2
11	2	5	4
8	4	8	2
4	9	6	4

003.8Lc (32)
fortnight

1	1	2	0
2	1	2	6
2	2	5	1
0	2	2	3

003.8Ld (105)
half (of) a/the
month

3	5	10	7
7	2	13	7
8	6	11	6
3	12	2	3

003.8Le (270)
two weeks

20	7	11	8
23	15	20	16
28	12	26	15
24	15	14	16

003.8Pa (67)
<foertniet=13>

5	3	5	5
6	5	2	7
6	2	6	5
4	1	2	3

004.1Pa (315)
<tAmorA=414>

31	11	16	25
22	17	19	32
15	12	25	29
11	24	7	19

004.1Pb (51)
<tAmoroe=413>

6	2	0	11
1	2	2	2
4	1	2	3
4	4	3	4

004.1Pc (191)
<tImorA=414>

20	4	10	7
16	9	16	25
10	13	17	12
6	8	8	10

004.2Ga (23)
do you have the
time?

5	0	0	1
2	0	1	3
2	1	1	1
0	4	1	1

004.2Gb (40)
what time do you
have?

4	1	4	2
3	4	5	4
2	1	2	3
2	1	1	1

004.2Gc (397)
what time is it
(please)?

28	16	23	30
27	15	27	32
34	19	32	21
18	32	14	29

004.2Gd (20)
what time of day
is it?

2	0	2	5
2	0	0	2
0	2	3	1
0	0	1	0

004.3Pa (38)
<wawch>

4	2	4	3
4	3	0	4
2	0	3	3
1	3	2	0

004.3Pb (694)
<woch>

61	20	32	56
48	25	39	67
43	38	50	60
32	47	23	53

004.4Ga (34)
half after (seven) +

3	1	0	10
1	2	1	1
4	2	3	4
0	0	0	0

004.4Gb (150)
half past

13	2	7	16
11	5	10	15
10	5	11	7
3	13	9	13

004.4Gc (295)
half past (seven)

24	7	18	16
30	13	17	10
25	25	17	12
20	32	9	20

004.4Gd (633)
(seven)-thirty

56	24	32	49
40	26	36	58
45	33	47	42
31	45	21	48

004.4Ge (6)
thirty minutes till
(seven)

3	0	0	0
1	0	0	0
2	0	0	0
0	0	0	0

004.4Pa (65)
<ha(f)>

6	1	5	4
3	3	5	4
6	3	3	4
4	7	4	3

004.4Pb (332)
<haf>

34	7	10	21
23	18	18	18
18	20	25	18
18	34	16	34

004.4Pc (90)
<h{a}f>

6	1	9	15
15	3	5	8
7	7	4	2
2	2	2	2

004.5Ga (37)
fifteen minutes till

3	4	0	2
1	4	0	5
3	1	6	3
1	1	1	2

004.5Gb (33)
fifteen minutes to

3	1	4	0
3	3	0	3
4	0	0	3
1	4	0	4

004.5Gc (60)
fifteen till

7	3	4	10
3	2	8	4
2	1	7	5
0	1	0	3

004.5Gd (88)
of +

9	2	5	7
4	2	6	13
8	4	3	8
3	4	2	9

004.5Ge (68)
quarter of

7	1	4	7
4	2	5	10
6	2	2	6
3	1	2	6

004.5Gf (254)
quarter till

26	11	20	34
15	7	15	22
13	12	20	18
6	11	8	16

004.5Gg (41)
quarter till, a

5	0	2	3
5	0	1	6
3	2	5	4
1	2	0	2

004.5Gh (190)
quarter to

13	1	9	7
11	10	11	16
8	13	9	18
15	23	10	16

004.5Gi (32)
quarter to, a

2	0	1	0
6	0	1	0
2	2	2	7
3	2	2	2

004.5Gj (348)
till +

35	16	23	41
22	11	22	35
20	15	31	26
8	15	8	20

004.5Gk (250)
to +

20	3	11	7
20	13	12	18
14	16	11	26
18	29	12	20

004.5Pa (122)
<kwaw(r)t[R]=14>

4	2	10	4
7	5	4	16
5	12	12	20
2	5	4	10

004.5Pb (110)
<kwawrtR=14>

15	3	6	29
9	1	6	4
4	1	3	9
7	1	5	7

004.5Pc (67)
<kwoertR=14>

9	0	6	11
0	2	7	5
2	4	5	4
0	2	1	9

004.6La (27)
good while

3	2	0	0
1	4	4	2
3	3	2	0
1	2	0	0

004.6Lb (27)
little while

1	0	1	0
5	5	1	2
1	2	1	1
1	2	1	3

004.6Lc (31)
long time

1	4	2	2
1	2	3	4
2	0	2	0
1	3	2	2

004.6Ld (19)
pretty good while

```
1  1  0  0
3  1  0  0
0  4  4  4
0  0  0  1
```

004.6Le (73)
some time

```
12  3  4  7
 3  2  6  5
 3  1  8  3
 3  3  3  7
```

004.6Lf (44)
spell

```
4  2  1  1
5  2  1  6
2  4  3  3
3  6  0  1
```

004.6Lg (539)
while

```
40  22  31  29
44  21  33  39
36  32  38  41
28  33  23  49
```

004.6Lh (51)
while ago

```
6  4  0  2
2  6  4  5
5  4  2  4
2  2  1  2
```

004.7Pa (57)
<dhish(y)i[r]=13>

```
2  2  0  0
4  4  4  7
4  6 10  4
2  4  3  1
```

004.7Pb (72)
<dhis(y)ir=13>

```
15  2  2  6
 6  0  6  5
 8  3  4  4
 2  2  2  5
```

004.7Pc (88)
<dhisyi[r]=13>

```
2  1  6  0
4  8  6  9
5  7  6 11
1  7  7  8
```

004.7Pd (155)
<dhisyir=13>

```
12  4 11 22
 9  4 11 12
11  4  8 11
10  6  4 16
```

005.1Ga (99)
year[N-i]

```
12  7  8 14
12  2  5  9
 2  8  4  7
 0  5  2  2
```

005.1Gb (761)
years

```
67 24 39 44
51 42 42 69
51 39 54 60
37 58 26 58
```

005.2Pa (181)
<AyirAgoe=4143>

```
16  9 11 31
10  4 10 10
11  7 12 10
 6 15  4 15
```

005.2Pb (62)
<AyirAgoe=4241>

```
5  2  4  6
1  4  3  4
3  4  6  7
5  6  1  1
```

005.2Pc (89)
<AyirAgoe=4341>

```
12  0  6  2
 7  5  8  5
 5  6 10  5
 5  6  0  7
```

005.2Sa (359)
|JJD-efa| [oˁʊ]

```
37 15 13 17
26 23 24 50
19 18 28 32
 9 15 15 18
```

005.2Sb (79)
|JJD-efj| [oˁʊ]

```
1  3  6  2
3  3  5  3
6  5  8 12
3 12  2  5
```

005.3Pa (351)
<k{l}owdz>

```
33 14 25 27
23  9 16 28
25 16 24 22
19 31 14 25
```

005.3Pb (142)
<k{l}owd{z}>

```
15  1  6  9
11  7 14 13
 6  5 13 15
 4  8  4 11
```

005.4La (172)
beautiful (day)

```
13  3 11  9
 9  6 16 25
10 11 14 14
 2 17  5  7
```

005.4Lb (30)
bright (day)

```
0  1  4  2
2  0  2  4
4  0  1  1
2  4  0  3
```

005.4Lc (179)
clear (day)

```
23  7 11  8
11  4  8 14
23  7  8 10
13 10  7 15
```

005.4Ld (90)
fair (day)

```
 3  1  3  6
13  2  3  8
 5  6 15 12
 0  2  5  6
```

005.4Le (27)
fine (day)

```
2  2  2  4
1  3  0  4
0  0  5  3
0  1  0  0
```

005.4Lf (21)
good (day)

```
1  2  1  1
6  2  0  1
2  0  2  2
0  1  0  0
```

005.4Lg (89)
nice (day)

2	2	3	11
5	5	4	13
2	2	7	8
4	7	4	10

005.4Lh (34)
pleasant (day)

6	0	2	3
2	2	3	3
2	3	1	4
0	1	0	2

005.4Li (135)
pretty (day)

15	5	6	7
11	8	10	14
6	6	16	12
3	9	2	5

005.4Lj (49)
sunny (day)

2	3	3	2
1	2	1	2
3	3	1	4
6	4	2	10

005.4Lk (40)
sunshiny (day)

2	1	3	2
2	3	0	6
6	3	3	2
1	2	0	4

005.5La (101)
bad (day)

6	5	3	5
10	5	7	7
7	8	10	8
3	7	3	7

005.5Lb (11)
blustery (day)

1	0	1	0
0	0	1	5
0	0	1	0
0	0	1	1

005.5Lc (322)
cloudy (day)

28	13	13	20
25	5	18	24
23	15	27	29
18	21	14	29

005.5Ld (27)
dark (day)

1	0	2	5
3	0	3	2
5	1	0	0
1	1	2	1

005.5Le (128)
dreary (day)

15	3	10	8
11	4	7	8
16	4	9	7
7	10	4	5

005.5Lf (127)
gloomy (day)

15	6	11	11
6	9	8	10
5	7	12	5
4	5	3	10

005.5Lg (22)
hazy (day)

1	0	2	2
1	0	0	1
0	0	3	1
1	4	1	5

005.5Lh (32)
overcast (day)

1	2	2	2
2	0	1	2
2	2	2	2
3	3	1	5

005.5Li (78)
rainy (day)

10	2	2	4
2	3	6	7
4	4	7	8
4	6	1	8

005.5Lj (48)
stormy (day)

5	0	3	1
3	1	6	8
0	1	6	3
3	1	2	5

005.5Lk (20)
ugly (day)

1	0	1	1
2	0	2	4
0	0	4	2
0	1	0	2

005.6La (238)
changing +

28	7	16	17
21	9	15	13
15	10	16	16
15	15	7	18

005.6Lb (59)
clouding up +

6	1	1	1
5	8	2	3
6	1	9	3
4	4	1	4

005.6Lc (24)
gathering +

0	0	2	1
4	0	0	1
1	4	0	1
2	3	1	4

005.6Ld (39)
getting bad

1	1	2	1
9	0	1	2
2	1	1	1
2	6	5	4

005.6Le (20)
going to change

3	1	1	2
2	2	1	3
3	0	0	0
0	0	1	1

005.6Lf (31)
going to rain

2	1	2	0
3	1	4	2
1	2	2	2
0	3	1	5

005.6Lg (67)
threatening

2	3	1	7
5	3	7	4
5	7	5	2
2	6	5	3

005.6Lh (101)
threatening +

2	3	1	8
7	8	10	6
7	11	11	4
2	10	7	4

005.7La (42)
break

```
4  1  1  5
0  5  1  4
4  3  1  3
2  2  2  4
```

005.7Lb (47)
break off

```
4  2  1  1
6  2  2  4
5  4  4  4
0  5  1  2
```

005.7Lc (25)
break up

```
2  2  1  2
2  3  1  0
5  1  1  0
2  2  0  1
```

005.7Ld (121)
break(ing)
(+ prep.) +

```
13  6  4  9
 8 12  5  9
13  7  6  7
 4  9  2  7
```

005.7Le (31)
change

```
1  3  1  2
1  0  0  2
2  1  3  7
1  1  3  3
```

005.7Lf (91)
clear [v.]

```
6  4  4   7
2  3  2  13
5  2  6  14
4  4  4  11
```

005.7Lg (99)
clear off

```
12  9  9  12
 5  6  5  11
 9  5  4   3
 4  3  0   2
```

005.7Lh (300)
clear up

```
26   9  18  15
23  11  23  23
19  13  15  26
21  22  12  24
```

005.7Li (472)
clear (+ prep.) +

```
42  20  30  34
30  17  27  45
33  20  24  40
27  29  16  38
```

005.7Lj (90)
fair off

```
 2   3   3   0
10   9   3   9
 3  10  16  12
 0   3   4   3
```

005.7Lk (46)
fair up

```
3  4  2  3
4  2  5  2
2  2  5  6
0  1  2  3
```

005.7Ll (142)
fair (+ prep.) +

```
 6   7   5   4
14  11   9  13
 5  12  23  17
 0   4   6   6
```

006.1La (7)
chunk floater

```
0  0  0  0
0  3  0  1
1  1  0  0
0  1  0  0
```

006.1Lb (147)
cloudburst

```
 7  5  10  16
13  6   4  11
13  7  10   8
 9  8   6  14
```

006.1Lc (337)
downpour

```
29  11  20  23
19  18  18  33
23  19  24  26
17  22  14  21
```

006.1Ld (20)
flash flood

```
2  1  0  0
2  0  2  4
0  2  1  4
0  0  1  1
```

006.1Le (138)
flood

```
11   6   7   3
19  10   8   3
 9  12  15  14
 4  10   2   5
```

006.1Lf (14)
flood rain

```
1  0  1  0
2  2  0  0
0  0  0  0
0  8  0  0
```

006.1Lg (18)
frog strangler

```
0  1  0  1
1  1  2  0
2  0  5  1
1  1  1  1
```

006.1Lh (144)
gully washer

```
15  17   4  14
 7  12   9  10
15   3  11   8
 7   5   3   4
```

006.1Li (3)
lighter(d)-knot
floater

```
0  0  0  0
0  0  0  0
0  0  0  3
0  0  0  0
```

006.1Lj (5)
overflow

```
1  0  0  0
3  0  0  1
0  0  0  0
0  0  0  0
```

006.1Lk (33)
pourdown

```
6  0  1  5
4  0  2  2
1  1  0  2
2  3  3  1
```

006.1Ll (173)
rain

```
16   8  8  14
14   9  8  15
10  15  6  16
11   8  5  10
```

006.1Lm (31)
rainstorm

1	1	2	0
2	1	2	3
4	3	1	4
0	1	0	6

006.1Ln (143)
shower

12	4	14	18
8	2	12	22
3	6	6	14
6	2	0	14

006.1Lo (47)
storm

2	1	2	7
0	4	6	5
5	0	4	1
2	4	1	3

006.1Lp (19)
toad strangler

3	1	0	2
3	0	1	1
1	1	3	1
0	0	1	1

006.1Lq (11)
trash mover

0	1	0	2
0	1	0	5
0	0	2	0
0	0	0	0

006.1Lr (14)
washout

4	0	0	0
4	2	0	1
0	2	1	0
0	0	0	0

006.1Ls (18)
waterspout

4	2	1	1
3	0	1	1
3	1	1	0
0	0	0	0

006.2La (83)
electric storm

10	1	6	4
8	5	5	7
3	3	5	9
0	7	4	6

006.2Lb (166)
electrical storm

20	8	7	13
6	8	10	14
21	5	18	12
5	3	5	11

006.2Lc (31)
lightning storm

0	1	0	1
3	1	2	1
4	0	4	4
2	1	2	5

006.2Ld (17)
rainstorm

0	0	1	0
2	0	2	2
4	3	0	3
0	0	0	0

006.2Le (153)
storm

13	10	13	14
10	5	6	10
13	14	5	8
14	9	3	6

006.2Lf (43)
thundershower

4	2	1	6
4	0	1	2
3	5	3	4
1	0	1	6

006.2Lg (383)
thunderstorm

42	10	18	28
26	20	18	38
22	20	29	31
14	24	13	30

006.2Lh (14)
windstorm

2	2	1	1
1	0	0	2
2	1	0	2
0	0	0	0

006.3Ga (466)
<!bloe>

29	8	28	28
37	23	27	38
35	35	26	34
26	39	20	33

006.3Gb (28)
<&bloez>

3	0	1	3
0	1	2	2
1	3	2	2
3	2	0	3

006.3Gc (59)
<@bloeN=14>

3	0	2	2
9	1	3	3
5	4	8	7
1	6	2	3

006.3Gd (182)
<*bloed>

20	7	10	14
24	5	10	11
9	14	12	15
2	13	4	12

006.3Ge (488)
<*blue>

38	18	24	38
28	19	26	50
37	29	35	31
25	33	17	40

006.3Gf (99)
<#bloed>

8	2	7	2
11	4	5	4
10	16	2	6
1	4	7	10

006.3Gg (318)
<#bloen>

14	14	18	29
19	14	21	29
28	18	26	14
24	19	10	21

006.3Gh (24)
<#blue>

0	0	3	2
3	0	1	1
2	3	3	0
1	3	2	0

006.4Ga (359)
from

24	9	21	16
29	13	19	27
28	22	32	20
27	32	13	27

006.4Gb (91)
out of

11	0	3	6
11	2	2	8
9	6	3	4
3	9	6	8

006.4Gc (12)
out [P-0]

4	0	0	0
2	0	1	0
2	1	2	0
0	0	0	0

006.5La (13)
blue norther

0	0	0	0
2	0	0	0
6	0	0	0
4	1	0	0

006.5Lb (13)
cyclone

3	1	1	0
1	1	2	0
1	0	0	0
0	2	1	0

006.5Lc (33)
east (wind)

4	0	1	1
3	2	0	1
1	3	3	2
4	3	2	3

006.5Ld (23)
hurricane

0	1	0	0
4	1	1	0
1	1	1	1
1	4	2	5

006.5Le (48)
north (wind)

3	0	1	2
2	3	0	3
5	1	6	5
3	7	2	5

006.5Lf (343)
northeast (wind)

18	12	21	16
25	12	14	23
30	27	32	23
25	25	15	25

006.5Lg (13)
northeaster

0	1	0	0
0	0	0	1
3	0	0	1
0	0	0	7

006.5Lh (24)
northeasterly (wind)

1	0	2	1
1	1	3	1
3	0	1	1
1	3	0	5

006.5Li (24)
norther

0	0	0	0
6	0	0	0
3	0	0	0
8	4	2	1

006.5Lj (339)
northwest (wind)

13	11	17	11
26	10	17	24
30	27	34	24
26	24	16	29

006.5Lk (12)
northwester

0	1	0	0
1	0	0	0
3	0	0	0
2	2	0	3

006.5Ll (28)
northwesterly (wind)

1	0	3	1
1	2	3	2
4	0	2	2
0	4	0	3

006.5Lm (50)
south (wind)

4	0	1	2
4	4	1	6
4	1	4	5
3	6	0	5

006.5Ln (337)
southeast (wind)

17	9	19	13
29	11	16	27
29	24	37	19
23	25	13	26

006.5Lo (24)
southeasterly (wind)

1	0	2	1
1	2	3	0
2	0	2	1
1	4	0	4

006.5Lp (9)
southerly (wind)

0	1	0	2
0	1	0	2
0	0	0	3
0	0	0	0

006.5Lq (355)
southwest (wind)

19	10	22	16
27	13	17	27
30	23	38	22
23	24	14	30

006.5Lr (24)
southwesterly (wind)

1	0	2	1
2	1	2	1
2	0	3	0
1	3	0	5

006.5Ls (31)
tornado

7	2	0	0
2	2	0	1
1	3	4	1
0	5	3	0

006.5Lt (39)
west (wind)

1	0	1	5
2	3	0	3
3	5	4	4
1	5	0	2

006.6La (296)
drizzle [n.]

22	9	12	27
27	11	14	20
22	16	21	20
15	27	13	20

006.6Lb (77)
drizzle [v.]

7	2	5	1
5	2	3	6
5	2	6	8
7	8	3	7

006.6Lc (40)
light rain

```
1  1  2  2
3  0  1  5
2  4  2  3
3  4  1  6
```

006.6Ld (30)
light shower

```
5  0  1  1
5  1  1  3
2  4  2  3
0  1  0  1
```

006.6Le (228)
mist [n.]

```
27 10 11 21
19 10 10 14
18 16  9 16
17 14  4 12
```

006.6Lf (47)
mist [v.]

```
7  2  2  2
2  0  4  5
8  1  4  6
2  0  1  1
```

006.6Lg (21)
misting rain [n.]

```
2  1  1  1
2  0  2  1
1  4  3  0
0  2  0  1
```

006.6Lh (24)
misty [adj.]

```
2  0  0  3
1  2  1  4
1  2  1  1
2  2  0  2
```

006.6Li (54)
shower

```
3  1  7  2
7  5  1  2
7  2  2  6
1  2  4  2
```

006.6Lj (27)
slow rain

```
3  0  1  1
2  1  1  2
3  2  1  1
3  4  1  1
```

006.6Lk (282)
sprinkle [n.]

```
24 15 11 17
30 15 14 16
23 13 27 10
16 22  8 21
```

006.6Ll (131)
sprinkle [v.]

```
20  6  8  7
 8  0 12 13
10  2  8  9
11  2  4 11
```

006.7APa (313)
<fawg>

```
32  9 17 27
28 15 11 24
25 17 22 11
18 26  9 22
```

006.7APb (222)
<fog>

```
19 15  6 16
14 13 16 19
12 11 17 22
 7  9 10 16
```

006.7APc (159)
<f{o}g>

```
15  0 13 15
 6  3  9 18
11 11 11 15
 5 12  5 10
```

006.7BPa (294)
<fawgI=14>

```
31  8 16 28
25  8 12 14
20 15 22 16
22 28  8 21
```

006.7BPb (217)
<fogI=14>

```
18 11  8  8
16  9 19 17
12 16 25 20
 5 10 10 13
```

006.7BPc (108)
<f{o}gI=14>

```
12  0  7 11
 9  7  5 10
 7  7  2  8
 3  8  5  7
```

007.1La (678)
drought +

```
69 27 35 48
44 34 40 56
46 40 49 45
32 41 24 48
```

007.1Lb (406)
dry spell +

```
24 23 19 38
21 21 22 46
18 17 41 30
10 21 22 33
```

007.1Lc (45)
dry weather

```
3  1  0  9
2  1  2  2
4  2  5  6
1  2  3  2
```

007.1Pa (246)
<drowt>

```
20  9 12 17
12 10 13 17
17 11 20 15
16 22 12 23
```

007.1Pb (368)
<drowth>

```
44 19 17 26
32 20 21 33
28 22 21 22
16 18  9 20
```

007.2La (76)
blowing harder

```
6  4  4  4
8  2  5  6
5  6  4  5
4  4  3  6
```

007.2Lb (24)
coming up

```
6  0  2  2
2  1  4  3
1  2  0  0
1  0  0  0
```

007.2Lc (26)
getting high/
higher +

```
2  1  1  2
2  1  0  2
3  3  1  5
0  1  1  1
```

007.2Ld (34)
(getting) high/
higher +

```
3  1  1  2
3  1  0  3
4  4  2  5
0  1  3  1
```

007.2Le (52)
getting stronger

```
2  3  5  0
5  2  6  6
5  3  6  2
1  4  0  2
```

007.2Lf (30)
getting up

```
4  3  2  6
2  0  1  4
1  0  2  3
0  1  0  1
```

007.2Lg (51)
increasing

```
3  1  3  1
5  4  1  3
5  0  3  5
1  4  4  8
```

007.2Lh (175)
pick(ing) up +

```
16   3  11  10
 7   4   4   7
10   9  18  13
10  18  12  23
```

007.2Li (115)
rising

```
10   3   7   4
 4  10  14  13
 8   9  10   6
 3  10   3   1
```

007.2Lj (4)
stirring

```
0  0  0  1
0  0  0  3
0  0  0  0
0  0  0  0
```

007.3La (25)
calming

```
3  0  1  3
2  0  2  1
2  1  1  1
2  3  0  3
```

007.3Lb (128)
calming down

```
12   6   6   4
15   5   5  13
 6   7  13   7
 3  15   4   7
```

007.3Lc (61)
ceasing

```
4  3  4  6
3  3  8  9
6  8  3  1
0  1  1  1
```

007.3Ld (23)
decreasing

```
3  0  1  0
1  4  1  1
0  1  2  2
0  2  2  3
```

007.3Le (147)
dying down

```
19   7   6   9
 5   6   8  12
16   4   7  11
11  13   3  10
```

007.3Lf (75)
laying

```
14  4  7  9
 4  3  3  5
 6  2  3  2
 4  2  4  3
```

007.3Lg (33)
letting up

```
3  2  1  6
0  1  0  4
1  2  3  1
2  0  2  5
```

007.3Lh (35)
slowing down

```
3  0  2  1
4  0  2  4
1  1  5  2
1  3  1  5
```

007.4La (72)
airish

```
5   3  0  17
5  12  7   0
0   5  0   4
1   4  4   5
```

007.4Lb (39)
brisk

```
4  0  3  0
0  3  3  8
0  1  6  4
0  2  1  4
```

007.4Lc (437)
chilly

```
35  15  26  30
37  17  25  38
36  22  30  25
22  36  15  28
```

007.4Ld (202)
cool

```
12   2  15  19
14   8  13  17
14   9  20  20
 8  10   5  16
```

007.4Le (12)
cooler

```
0  0  1  2
0  0  0  4
0  0  0  3
0  1  0  1
```

007.4Lf (59)
nippy

```
6  4   1  4
1  3   5  3
1  2  14  4
1  3   2  5
```

007.4Lg (18)
pleasant

```
0  1  2  0
0  0  3  2
0  0  3  2
0  0  1  4
```

007.4Lh (19)
snappy

```
1  0  1  3
0  0  4  3
1  1  0  1
0  0  1  3
```

007.5La (21)
big frost

```
1  1  1  2
1  0  2  4
1  2  2  3
0  0  0  1
```

007.5Lb (6)
black frost

0	0	0	1
0	0	0	1
0	3	1	0
0	0	0	0

007.5Lc (226)
freeze [n.]

9	1	9	9
28	5	5	13
24	19	10	15
17	21	14	27

007.5Ld (610)
frost [n.]

57	27	32	51
39	35	35	56
38	33	46	40
22	37	21	41

007.5Le (53)
hard freeze

0	1	3	3
1	1	6	4
6	6	4	8
3	5	1	1

007.5Lf (53)
heavy frost

3	2	2	1
4	3	2	4
5	4	5	2
3	4	5	4

007.5Lg (21)
Jack Frost

0	3	0	0
1	3	4	2
0	1	2	1
0	1	3	0

007.5Lh (76)
killing frost

8	8	5	4
5	7	8	8
3	6	4	4
1	1	3	1

007.5Li (20)
light freeze

0	1	0	0
0	0	3	2
2	5	1	1
0	0	2	3

007.5Lj (55)
light frost

3	6	2	2
2	3	2	4
6	5	6	5
2	3	2	2

007.6La (283)
froze

28	11	19	17
12	11	21	18
12	17	19	20
15	23	8	32

007.6Lb (356)
froze over

33	14	25	32
20	12	29	47
19	21	29	22
11	18	10	14

007.6Lc (64)
froze up

9	1	5	3
7	1	2	2
8	2	3	5
2	6	1	7

007.6Ld (26)
iced over

2	0	0	1
3	0	2	6
3	0	3	1
0	1	0	4

007.6Le (8)
skimmed over

0	0	0	0
0	1	0	1
6	0	0	0
0	0	0	0

007.7Ga (612)
<!freez>

59	23	34	44
40	27	40	52
35	36	49	37
27	42	21	46

007.7Gb (32)
<&freezIz=14>

2	1	1	3
2	0	3	7
1	2	5	0
2	1	1	1

007.7Gc (30)
<@freezN=14>

3	1	0	5
0	4	2	1
2	2	2	3
0	1	2	2

007.7Gd (616)
<*froez>

56	22	35	47
40	20	40	55
44	37	44	38
29	38	24	47

007.7Ge (169)
<#froez>

13	5	12	13
17	5	7	12
15	15	10	13
2	17	6	7

007.7Gf (389)
<#froezN=14>

23	17	20	31
23	15	28	36
27	22	36	20
26	24	13	28

007.8La (83)
den

7	5	6	3
4	4	10	12
5	4	10	6
1	3	2	1

007.8Lb (32)
family room

1	0	1	4
0	1	5	4
2	1	2	1
2	1	3	4

007.8Lc (141)
front room

13	4	10	8
19	3	9	7
8	8	12	13
4	8	5	10

007.8Ld (669)
living room

61	22	37	40
37	30	43	68
42	40	55	50
26	42	27	49

007.8Le (298)
parlor

```
28 14 15 21
18 28 16 22
21 15 27 19
13 14 11 16
```

007.8Lf (97)
sitting room

```
10  6  3  7
 4  4  6 11
 8  7  5  4
 3  6  1 12
```

007.9Ga (577)
feet

```
32 22 28 30
46 26 39 59
39 30 45 41
31 43 19 47
```

007.9Gb (259)
foot[N-i]

```
29  9 12 18
23 13  8 16
17 19 12 21
 8 29  8 17
```

008.1La (16)
brick chimley/ney +

```
1 0 0 0
6 1 0 0
3 3 1 0
0 1 0 0
```

008.1Lb (419)
chimley +

```
41 16 23 32
39 29 19 31
30 26 27 32
 9 23 18 24
```

008.1Lc (531)
chimney +

```
47 18 27 31
36 29 34 44
29 29 40 38
31 39 18 41
```

008.1Ld (13)
dirt chimley/ney +

```
2 0 0 0
3 0 0 0
1 5 1 0
0 1 0 0
```

008.1Le (7)
mud chimley/ney +

```
2 0 0 0
3 0 0 0
0 1 0 0
0 1 0 0
```

008.1Lf (25)
stack chimley/ney +

```
0 1 2 1
1 6 1 5
0 1 3 3
0 0 1 0
```

008.1Lg (15)
stick-and-dirt
chimley/ney +

```
1 2 1 0
2 0 0 0
0 0 2 2
0 0 3 2
```

008.1Pa (322)
< chimlI = 14 >

```
29 16 20 23
26 17 16 26
23 25 24 24
 4 18 12 19
```

008.1Pb (470)
< chimnI = 14 >

```
44 17 25 30
30 25 30 39
27 25 37 34
22 33 14 38
```

008.2Pa (63)
< ho[r]th >

```
3 1 1  0
3 8 7 12
1 7 9  5
1 1 1  3
```

008.2Pb (287)
< horth >

```
43 13 26 36
11 11 26 26
22  8 11  8
 8  7  9 22
```

008.2Pc (57)
< ho{r}th >

```
4 6 4 0
4 7 4 1
3 4 2 4
3 3 4 4
```

008.2Pd (127)
< hurth >

```
7  3  3  2
9  3  4  5
7  6 18 16
7 13 12 12
```

008.2Pe (68)
< h{o}rth >

```
7 6 6 14
4 3 5  3
3 4 2  5
2 3 0  1
```

008.3La (322)
andirons

```
33 11 19 19
15 23 12 50
17 12 25 34
16 10  7 19
```

008.3Lb (283)
dog irons

```
29 22 31 39
29 22 24 13
13 25 16  3
 2 12  3  0
```

008.3Lc (43)
dogs

```
9 2 0 1
4 0 1 3
4 1 0 6
0 7 2 3
```

008.3Ld (52)
fire irons

```
2 0 3 3
4 2 3 6
4 4 5 5
2 1 2 6
```

008.3Le (210)
firedogs

```
 9  0  1  3
10  8 13 30
 8 12 26 45
 2  8 14 21
```

008.3Lf (33)
irons

```
2 0 1 2
3 3 3 2
2 1 1 0
2 5 3 3
```

008.4La (69)
fireboard

11	0	5	18
1	2	9	12
2	1	4	3
0	0	1	0

008.4Lb (570)
mantel

61	26	39	52
31	28	40	52
36	25	38	40
26	25	16	35

008.4Lc (51)
mantel board

4	1	2	0
9	4	0	2
3	6	11	4
0	0	3	2

008.4Ld (240)
mantelpiece

7	7	6	7
18	11	12	32
8	17	16	30
13	28	13	15

008.4Le (36)
mantelshelf

0	0	2	0
7	1	1	0
2	2	3	5
0	4	3	6

008.4Lf (59)
shelf

2	0	0	1
8	5	6	0
5	4	6	5
3	5	2	7

008.5La (326)
backlog

35	16	25	37
28	21	15	15
25	29	13	21
9	16	7	14

008.5Lb (129)
backstick

19	10	15	12
9	17	15	9
4	10	5	1
0	1	2	0

008.5Lc (20)
chunk of wood

1	0	1	0
2	0	1	2
4	2	0	0
2	3	1	1

008.5Ld (15)
fire log

0	0	1	1
0	0	1	2
0	0	1	4
1	1	0	3

008.5Le (14)
forestick

2	2	1	9
0	0	0	0
0	0	0	0
0	0	0	0

008.5Lf (448)
log

36	19	13	22
32	30	26	41
26	19	43	35
14	33	21	38

008.5Pa (464)
<lawg>

43	20	26	46
34	31	22	25
28	33	29	29
16	32	15	35

008.5Pb (55)
<lawgz>

8	4	0	0
10	6	1	0
5	2	2	0
5	7	3	2

008.5Pc (105)
<log>

5	3	4	8
4	2	9	21
4	2	8	12
5	2	5	11

008.5Pd (128)
<l{aw}g>

12	3	6	8
7	3	11	16
8	4	12	17
3	5	4	9

008.6La (47)
chips +

5	1	1	2
3	3	4	5
5	1	2	4
4	3	0	4

008.6Lb (143)
fat + [inc. fatwood]

2	0	0	2
9	2	1	10
2	11	23	34
0	12	15	20

008.6Lc (39)
fat lighterd

0	0	0	1
2	0	0	2
0	0	7	16
0	2	4	5

008.6Ld (41)
fat pine

1	0	0	1
6	2	0	4
2	9	5	2
0	6	1	2

008.6Le (37)
fatwood +

1	0	0	0
0	0	0	2
0	0	6	9
0	3	7	9

008.6Lf (22)
firewood

1	1	1	3
1	3	2	3
2	0	0	2
1	1	1	0

008.6Lg (574)
kindling

59	30	41	46
34	32	41	58
40	27	39	35
29	26	17	20

008.6Lh (648)
kindling +

66	30	44	48
40	35	43	64
43	31	44	43
31	39	21	26

008.6Li (52)
kindling wood

```
5  0  4  1
3  4  1  4
4  1  3  4
1  8  3  6
```

008.6Lj (123)
knot +

```
11   1   5  10
 7   8   4  15
 6  13   5  10
 0   8   9  11
```

008.6Lk (18)
lighter

```
0  0  0  0
3  0  2  3
1  0  5  0
0  2  2  0
```

008.6Ll (55)
lighter +

```
0  1  1  0
5  2  3  8
2  4  8  7
0  2  8  4
```

008.6Lm (102)
lighterd

```
2   0   1   1
6   1   1  15
1  10  23  17
0   7   7  10
```

008.6Ln (189)
lighterd +

```
 3   1   1   1
12   2   4  21
 2  18  31  39
 0  14  17  23
```

008.6Lo (43)
lighterd knots

```
0  0  0  0
0  1  0  5
0  8  4  7
0  6  6  6
```

008.6Lp (102)
lightwood +

```
2  1   3   1
0  1   3  18
2  3  15  22
1  6  13  11
```

008.6Lq (89)
pine

```
 6   0  1  11
13   4  3  14
 5  16  7   2
 2   4  0   1
```

008.6Lr (246)
pine + [inc. pinewood]

```
19   1   5  28
34  20  11  31
20  28  15   8
 3  13   2   8
```

008.6Ls (64)
pine knots

```
11  1  4  10
 7  6  3   8
 6  4  1   0
 0  2  0   1
```

008.6Lt (60)
rich +

```
7  0  2  13
7  4  5  12
3  5  0   0
0  1  0   1
```

008.6Lu (43)
rich-pine

```
4  0  2  12
3  3  4   8
2  5  0   0
0  0  0   0
```

008.6Lv (19)
shavings

```
3  0  0  6
5  0  0  1
2  0  0  0
0  2  0  0
```

008.6Lw (138)
splinter +

```
 7   2   3   1
15   2   3   8
 4  13  12  33
 1   9   9  16
```

008.6Lx (106)
splinters

```
 6   2  2   1
10   1  2   6
 4  11  8  28
 0   7  6  12
```

008.6Sa (255)
|FFD| [ʊˋ]

```
28   9  10  28
13  12  10  28
10  12   8  14
14  24   8  27
```

008.6Sb (229)
|FFD-maj| [ʊˋə]

```
17   8  15  20
15  11  17  21
10  12  19  26
 8  10   8  12
```

008.7APa (154)
<smut>

```
 3   3   2   1
10   4   3   7
 8  16  18  32
 2   7  15  23
```

008.7APb (390)
<soot>

```
36  12  32  39
23  18  22  40
21  23  29  27
14  13  15  26
```

008.7APc (380)
<sut>

```
49  18  16  21
34  14  21  29
26  18  25  26
12  38  15  18
```

008.7BPa (191)
<w(h)iet>

```
13   8   7  11
19   8   6  10
13   6   7  11
14  26  12  20
```

008.7BPb (733)
<whiet>

```
68  28  40  46
45  42  49  78
43  41  55  66
27  36  21  48
```

008.7CPa (570)
<ashIz=14>

```
50  21  25  35
52  32  31  42
41  34  42  36
23  45  28  33
```

008.7CPb (85)
<ashI{z}=14>

7	2	2	7
5	4	5	7
4	6	5	7
4	6	1	13

008.7CPc (93)
<{a}shIz=14>

12	5	9	19
5	9	4	7
3	2	4	2
5	2	2	3

008.8Pa (71)
<cha[r]>

2	1	3	1
3	6	4	14
2	5	11	5
4	5	3	2

008.8Pb (171)
<char>

9	6	17	13
13	5	10	15
17	8	9	7
9	14	3	16

008.8Pc (52)
<charz>

9	3	4	5
4	4	1	0
3	2	3	2
3	2	2	5

008.8Pd (119)
<che[r]>

1	2	2	1
6	8	5	20
6	9	15	16
2	12	6	8

008.8Pe (206)
<cher>

19	11	13	17
13	7	22	15
16	6	10	13
10	10	10	14

008.8Pf (97)
<cherz>

20	6	3	4
9	6	3	3
5	2	5	6
8	3	5	9

009.1La (509)
couch

38	21	38	34
35	25	39	31
46	31	38	27
23	24	18	41

009.1Lb (43)
davenette

7	2	5	6
2	2	5	4
1	4	3	0
0	1	0	1

009.1Lc (127)
davenport

10	3	8	4
10	8	8	14
7	5	12	10
8	5	9	6

009.1Ld (124)
divan

26	9	4	13
8	4	4	9
19	1	3	5
7	4	0	8

009.1Le (8)
do-for

0	0	0	0
4	0	0	0
0	2	0	0
1	1	0	0

009.1Lf (39)
lounge

1	1	1	4
0	1	0	8
2	1	5	7
1	0	2	5

009.1Lg (121)
love seat

11	4	3	9
5	7	5	11
11	4	11	7
7	11	6	9

009.1Lh (194)
settee

10	4	10	10
9	6	7	21
10	9	22	23
5	10	11	27

009.1Li (637)
sofa

50	17	37	45
47	30	32	54
43	37	53	41
33	43	28	47

009.1Pa (545)
<soefA=14>

35	15	30	40
37	28	30	52
35	28	47	39
25	34	28	42

009.2La (164)
bureau

7	4	18	17
13	7	3	14
7	15	4	14
3	13	4	21

009.2Lb (70)
chest

12	4	5	6
3	4	2	9
5	4	4	5
3	0	2	2

009.2Lc (450)
chest of drawers

35	14	33	32
27	20	32	39
34	19	38	31
23	22	20	31

009.2Ld (26)
chiffonier

9	0	0	0
0	1	0	1
4	0	1	1
5	0	1	3

009.2Le (101)
chifforobe

8	7	4	5
6	4	14	4
9	7	11	7
4	5	1	5

009.2Lf (575)
dresser

65	16	33	44
40	25	35	47
40	34	37	38
22	33	23	43

009.2Lg (22)
vanity

1	0	0	0
2	1	1	5
1	0	3	1
1	2	1	3

009.2Lh (47)
washstand

3	2	0	4
2	2	2	3
4	6	1	5
2	4	2	5

009.3La (728)
bedroom

63	25	41	48
48	39	48	66
43	38	56	55
29	49	32	48

009.3Lb (7)
sleeping porch

0	0	0	0
1	0	0	0
4	0	2	0
0	0	0	0

009.3Pa (383)
<bedruem=13>

34	14	28	24
22	18	31	35
27	14	35	26
18	16	10	31

009.3Pb (54)
<bedruemz=13>

9	3	3	1
4	5	0	8
0	4	2	4
1	4	4	2

009.3Pc (97)
<b{e}druem=13>

6	4	1	17
4	6	6	9
7	3	9	9
2	5	3	6

009.4La (20)
furnishing(s) +

1	2	0	0
1	0	0	1
2	9	0	1
0	1	0	2

009.4Lb (678)
furniture +

60	25	37	46
45	28	47	67
43	25	48	48
34	52	23	50

009.4Lc (31)
suite +

5	1	2	0
2	1	0	7
3	2	5	1
2	0	0	0

009.4Pa (96)
<fu[r]nIch[R]=144>

5	2	3	2
9	5	6	17
4	12	6	6
1	10	4	4

009.4Pb (159)
<furnIchR=144>

19	9	12	17
11	5	11	6
12	4	5	4
12	8	6	18

009.5La (105)
blinds +

6	2	3	11
5	6	5	12
5	10	9	5
6	10	3	7

009.5Lb (25)
curtains +

3	2	0	2
5	1	2	0
2	3	0	1
1	1	1	1

009.5Lc (516)
shades

38	24	29	42
36	22	34	50
32	31	41	32
23	35	21	26

009.5Ld (672)
shades +

55	29	42	49
45	29	43	62
45	39	52	39
33	45	27	38

009.5Le (15)
window blinds

3	1	2	5
1	0	0	1
1	0	0	0
0	0	0	1

009.5Lf (209)
window shades

23	7	19	12
15	7	10	14
19	12	14	9
12	14	8	14

009.5Pa (167)
<windA=14>

19	6	14	16
10	5	8	9
10	11	10	10
5	12	7	15

009.6La (742)
closet

70	28	44	47
43	35	46	76
43	44	55	59
35	39	24	54

009.6Lb (107)
clothes closet

8	2	3	8
9	3	1	14
8	2	5	18
5	4	5	12

009.6Lc (11)
locker +

0	0	0	0
0	0	0	0
0	0	0	0
0	9	0	2

009.6Ld (22)
wardrobe

0	0	0	17
0	0	1	0
0	0	0	0
0	1	2	1

009.7La (100)
armoire

1	1	1	1
22	1	2	1
5	12	2	3
2	41	4	1

009.7Lb (16)
cedarrobe

0	0	0	0
0	0	1	0
0	4	3	0
0	6	2	0

009.7Lc (324)
chifforobe

21	20	13	11
25	11	24	31
11	22	40	32
6	23	20	14

009.7Ld (34)
closet +

4	3	1	5
3	0	0	2
3	0	1	1
4	2	1	4

009.7Le (15)
clothespress

0	0	0	2
4	0	1	3
1	0	1	2
0	0	0	1

009.7Lf (447)
wardrobe

47	22	25	29
20	26	31	39
32	21	35	40
29	9	15	27

009.8La (643)
attic

56	26	39	45
34	28	42	54
46	25	50	43
34	42	28	51

009.8Lb (14)
garret (loft) +

1	0	1	7
0	0	1	0
0	0	0	1
2	0	0	1

009.8Lc (215)
loft

21	4	4	17
27	13	12	21
13	17	20	13
1	16	8	8

009.8Ld (44)
upstairs

2	3	7	2
5	2	2	4
0	4	3	4
0	5	0	1

009.9La (13)
cookroom

1	1	1	0
0	3	2	2
0	0	0	2
0	0	0	1

009.9Lb (689)
kitchen

67	25	36	52
42	38	51	62
40	30	45	45
28	49	28	51

009.9Lc (133)
kitchen [separate]

7	4	3	5
14	8	1	10
6	15	20	16
2	11	4	7

009.9Ld (13)
stove room

0	0	0	0
1	0	0	7
0	0	5	0
0	0	0	0

009.9Le (13)
summer kitchen

0	0	1	3
1	0	2	2
2	1	0	0
0	1	0	0

010.1La (6)
cabin(et) +

0	0	0	0
0	0	0	0
5	1	0	0
0	0	0	0

010.1Lb (26)
closet

2	0	3	2
2	0	3	2
1	1	2	2
2	0	0	4

010.1Lc (53)
closet +

3	0	5	4
3	1	6	5
5	3	3	3
2	2	0	8

010.1Ld (20)
kitchen closet

1	0	1	1
1	1	3	0
4	1	1	0
0	2	0	4

010.1Le (6)
meal room

0	0	0	6
0	0	0	0
0	0	0	0
0	0	0	0

010.1Lf (572)
pantry

33	19	34	39
34	21	31	55
41	33	54	43
27	40	26	42

010.1Lg (33)
storage room

3	3	0	3
1	2	2	5
2	1	2	3
0	4	1	1

010.1Lh (34)
storeroom

0	1	0	1
7	0	1	0
3	6	1	0
2	7	3	2

010.1Li (19)
utility room

1	1	1	2
2	1	2	2
2	2	0	0
0	0	0	3

010.2La (36)
antique(s)

3	1	6	4
2	0	2	3
3	0	2	1
1	1	1	6

010.2Lb (29)
garbage

```
0   0   2   1
1   0   4   5
2   4   3   2
0   1   2   2
```

010.2Lc (575)
junk

```
40  21  35  42
40  21  38  50
43  33  43  37
29  32  27  44
```

010.2Ld (57)
plunder

```
7   3   3   9
4   8   2   4
0   4   3   3
2   1   3   1
```

010.2Le (20)
rubbish

```
2   1   1   0
0   0   2   2
1   1   2   0
2   1   2   3
```

010.2Lf (83)
trash

```
4   1   1   1
9   1   7   8
10  4   8   3
6   7   3  10
```

010.3La (32)
attic

```
4   1   5   3
2   0   0   5
3   1   0   2
3   2   0   1
```

010.3Lb (49)
junk house

```
3   2   1   1
5   5   1   3
4   8   8   1
0   3   2   2
```

010.3Lc (295)
junk room

```
18  12  13  25
20  15  24  21
24  16  29  16
11  17  11  23
```

010.3Ld (40)
plunder room

```
4   3   3   2
0   5   4   3
1   4   4   4
0   0   0   3
```

010.3Le (25)
smokehouse

```
9   1   1   4
1   2   0   3
0   1   1   1
0   0   0   1
```

010.3Lf (124)
storage room

```
10  8   6   5
7   8   8  15
4   9   8  13
2   6   7   8
```

010.3Lg (109)
storeroom

```
10  5   4   2
9   2   3   6
16  8   7   3
16  6   4   8
```

010.3Lh (54)
utility room

```
3   3   3   4
4   1   1   6
2   3   3   3
2   3   5   8
```

010.4La (28)
chores +

```
3   2   0   3
1   1   4   2
0   1   0   4
0   1   2   4
```

010.4Lb (545)
clean +

```
31  22  40  34
40  18  40  35
38  38  41  34
27  33  28  46
```

010.4Lc (235)
clean (the house)

```
17   9  23  11
9   8  17  17
20  10  16  16
14  13   9  26
```

010.4Ld (317)
clean up (the house)

```
14  10  17  26
30  11  26  18
18  30  25  17
14  20  20  21
```

010.4Le (16)
dust (it)

```
4   0   1   3
0   1   3   2
2   0   0   0
0   0   0   0
```

010.4Lf (39)
houseclean(ing) +

```
3   0   6   2
0   2   3   7
1   0   3   4
2   3   1   2
```

010.4Lg (54)
housework +

```
3   1   1   2
2   3   2   5
5   2   7   4
2   3   7   5
```

010.4Lh (36)
housework(ed)

```
1   0   0   1
1   2   2   4
3   2   5   4
2   2   6   1
```

010.4Li (19)
keep (the) house

```
3   1   0   0
1   1   0   2
2   3   2   4
0   0   0   0
```

010.4Lj (76)
straighten +

```
9   1   0   7
2   6   4   3
13  3   6   5
6   1   3   7
```

010.4Lk (63)
straighten up
(the house)

```
7   1   0   6
2   4   4   3
11  2   6   5
4   0   2   6
```

010.4Ll (65)
sweep +

10	2	3	7
8	2	0	9
4	3	2	7
1	2	2	3

010.4Lm (46)
sweep (the house)

8	2	2	7
5	2	0	6
3	1	1	3
1	2	1	2

010.4Ln (10)
sweep (the house)
up

0	0	0	0
1	0	0	2
0	2	1	4
0	0	0	0

010.4Lo (31)
tidy up

3	0	0	5
0	3	3	3
1	0	1	2
0	1	4	5

010.5Ga (108)
back of

7	3	0	4
4	10	7	10
2	2	10	12
6	14	5	12

010.5Gb (623)
behind

48	27	43	36
45	30	37	46
50	41	42	36
31	39	29	43

010.5Pa (56)
<broom>

5	3	4	3
2	3	5	0
5	2	2	2
4	10	2	4

010.5Pb (643)
<bruem>

59	27	36	48
43	25	38	55
46	36	46	45
29	36	25	49

010.6La (280)
iron [v.]

38	12	15	17
22	14	14	29
16	17	22	14
13	10	13	14

010.6Lb (312)
ironing [n.]

9	10	18	31
24	6	22	22
28	21	21	16
17	25	17	25

010.6Lc (359)
laundry [process]

23	10	17	31
22	8	23	34
32	28	29	18
19	16	22	27

010.6Ld (111)
wash [n.]

5	3	6	10
4	3	7	10
11	6	7	9
12	8	1	9

010.6Le (178)
wash [v.]

23	4	9	12
19	13	7	14
14	11	12	10
7	4	7	12

010.6Lf (31)
wash (the) clothes

3	4	1	0
1	1	2	0
2	1	4	4
2	2	3	1

010.6Lg (408)
washing [n.]

23	14	24	32
31	16	29	41
26	31	30	24
14	29	18	26

010.6Lh (25)
cleaner(s) [place]

2	0	0	2
2	0	1	1
4	2	3	0
3	2	1	2

010.6Li (25)
Laundromat [place]

1	0	1	4
0	2	0	3
2	0	2	0
2	0	2	6

010.6Lj (106)
laundry [place]

5	2	4	4
12	4	6	11
10	6	3	11
9	8	6	5

010.7La (64)
doorstep(s)
[outside] +

3	2	3	0
6	5	3	6
6	9	6	5
0	3	3	4

010.7Lb (21)
outside stairs

1	1	1	1
1	0	0	4
2	0	4	1
2	1	2	0

010.7Lc (47)
staircase [inside] +

3	2	3	1
6	4	0	5
2	2	3	3
4	3	0	6

010.7Ld (51)
staircase +

3	2	3	1
7	4	0	5
3	2	3	3
4	3	1	7

010.7Le (393)
stairs [inside] +

36	12	20	21
20	17	25	31
20	22	32	36
18	28	19	36

010.7Lf (77)
stairs [outside] +

4	6	3	5
4	2	3	7
5	1	7	9
6	7	5	3

010.7Lg (409)
stairs +

36 13 23 21
22 17 26 34
21 22 33 36
19 30 19 37

010.7Lh (90)
stairsteps [inside] +

 7 5 8 9
12 6 3 9
 3 7 7 3
 1 1 4 5

010.7Li (99)
stairsteps +

 8 5 9 11
14 6 3 10
 4 7 7 4
 1 1 4 5

010.7Lj (252)
stairway [inside] +

27 12 15 24
15 6 13 18
23 16 15 17
16 15 5 15

010.7Lk (35)
stairway [outside] +

 3 3 2 2
 3 1 1 2
 3 2 3 3
 5 0 1 1

010.7Ll (256)
stairway +

27 12 16 24
15 7 13 18
23 17 15 17
17 15 5 15

010.7Lm (146)
steps [inside] +

11 6 9 4
14 9 9 13
10 7 8 9
 2 20 5 10

010.7Ln (440)
steps [outside] +

47 12 25 35
38 12 23 24
34 32 28 18
25 32 27 28

010.7Lo (522)
steps +

51 18 31 36
44 20 29 30
40 33 34 25
26 41 27 37

010.7Pa (80)
<starwai=13>

 9 6 3 15
 4 2 3 3
 8 5 5 2
 5 4 1 5

010.7Pb (147)
<starz>

19 4 15 9
 8 7 12 9
 7 5 12 9
 4 10 7 10

010.7Pc (56)
<sterz>

10 2 2 5
 0 0 5 1
 2 0 2 4
 5 3 3 12

010.8La (317)
back porch

36 15 15 16
12 19 16 29
20 19 27 30
13 18 12 20

010.8Lb (131)
balcony

12 9 11 6
 2 3 16 8
11 4 14 5
 4 3 8 15

010.8Lc (9)
front gallery

 0 0 0 0
 1 0 0 0
 2 2 0 0
 0 3 1 0

010.8Ld (315)
front porch

32 9 12 17
21 21 16 23
22 16 23 34
14 25 14 16

010.8Le (7)
galerie, la [F]

 0 0 0 0
 5 0 0 0
 0 0 0 0
 0 2 0 0

010.8Lf (180)
gallery

 9 4 1 0
33 10 3 1
20 28 12 1
16 24 17 1

010.8Lg (50)
piazza

 0 0 0 0
 0 1 4 9
 1 1 15 7
 1 0 6 5

010.8Lh (680)
porch

53 26 31 48
47 37 43 72
42 36 48 60
26 42 23 46

010.8Li (855)
porch +

77 33 41 58
59 45 51 81
51 44 60 78
34 54 32 57

010.8Lj (21)
portico

 1 1 7 4
 0 0 1 2
 0 1 1 1
 1 0 1 0

010.8Lk (28)
screen porch

 4 0 1 0
 3 2 0 1
 2 3 1 1
 3 4 0 3

010.8Ll (26)
screened-in porch

 4 0 2 0
 0 4 1 2
 1 2 1 3
 2 0 2 2

010.8Lm (23)
side porch

```
1   0   3   2
0   0   2   4
1   0   3   3
1   2   0   1
```

010.8Ln (23)
sleeping porch

```
3   0   0   0
3   0   1   2
7   1   3   1
1   1   0   0
```

010.8Lo (98)
stoop

```
8   4   2   7
3   6   5  15
2   1   7  20
0   1   6  11
```

010.8Lp (24)
sun porch

```
1   4   0   0
0   1   2   2
1   3   2   3
0   3   1   1
```

010.8Lq (29)
upstairs porch

```
2   0   0   1
2   2   1   3
3   1   5   3
2   0   1   3
```

010.8Lr (110)
veranda

```
5   2   5   5
2   2  10  20
5   1  13  11
9   9   6   5
```

010.8Pa (382)
<poe[r]ch>

```
16  14  15   7
27  29  27  52
13  26  37  41
10  31  13  24
```

010.8Pb (367)
<poerch>

```
53  11  23  49
23  11  22  23
27  12  16  19
19  15  14  30
```

010.8Pc (157)
<poe{r}ch>

```
11   9   5   3
13  12  10  12
13   5   7  23
 7   9   5  13
```

011.1La (487)
close (the door)

```
27  16  31  29
35  11  29  51
36  26  36  38
25  30  26  41
```

011.1Lb (565)
shut (the door)

```
33  16  39  47
41  20  38  40
48  35  43  39
32  27  23  44
```

011.1APa (77)
<shet>

```
4   2   4   4
9   2   2   4
5  11   8   5
2   4   6   5
```

011.1APb (531)
<shut>

```
38  15  35  41
37  18  38  39
41  29  38  37
30  31  23  41
```

011.1Sa (397)
|NAD| [ʌˋ]

```
36   9  24  33
20  21  28  47
16  12  28  29
18  24  18  34
```

011.1Sb (82)
|NAD-maj| [ʌˋə]

```
2   7   1   9
7   5   6   7
6   7   6   7
2   4   1   5
```

011.1BPa (67)
<doe(r)>

```
3   3   2   0
4   4   2   8
3   9   5  10
1   6   5   2
```

011.1BPb (160)
<doe[r]>

```
4   4   8   1
9   7  12  25
8  11  18  19
3  11   8  12
```

011.1BPc (235)
<doer>

```
27   9  13  33
17   8  24  11
18   6  13  10
14   5   8  19
```

011.1BPd (66)
<doe{r}>

```
4   7   7   3
6   3   3   7
6   3   3   5
5   1   0   3
```

011.2La (23)
aluminum siding

```
1   0   3   3
1   0   2   2
4   0   5   0
1   1   0   0
```

011.2Lb (29)
batten +

```
2   1   0   1
3   1   2   0
2   2   4   5
0   3   1   2
```

011.2Lc (18)
board-and-batten

```
0   0   0   1
1   1   2   0
2   1   2   5
0   1   1   1
```

011.2Ld (88)
clapboard +

```
15   7   5   2
 7   3   7   8
 5   1   5  11
 3   1   4   4
```

011.2Le (37)
drop side/siding +

```
5   0   2   1
7   0   1   0
1   4   3   0
0   9   3   1
```

011.2Lf (21)
lap(ping) +

0	0	1	0
1	1	2	1
3	4	3	3
0	0	0	2

011.2Lg (9)
novelty boarding/
siding +

0	0	0	0
0	0	0	0
0	0	1	3
1	0	0	4

011.2Lh (52)
shiplap +

8	0	0	2
12	0	0	0
7	1	3	3
6	6	1	3

011.2Li (208)
siding(s)

22	5	8	12
19	4	11	11
23	12	12	12
19	13	9	16

011.2Lj (20)
weatherboarded

5	3	2	3
0	0	1	1
0	2	1	2
0	0	0	0

011.2Lk (343)
weatherboarding

16	13	28	33
19	19	24	38
13	24	25	29
5	26	16	15

011.2Ll (479)
weatherboard(ing) +

23	19	31	44
28	24	32	54
16	35	37	47
7	39	22	21

011.2Lm (123)
weatherboard(s)

2	3	2	6
10	5	8	16
3	10	12	16
2	16	6	6

011.3Ga (685)
<!driev>

55	24	43	36
53	40	38	62
50	39	39	47
35	45	26	53

011.3Gb (49)
<@drievN=14>

1	2	4	3
2	4	4	8
3	1	3	5
1	4	0	4

011.3Gc (611)
<*droev>

48	19	36	34
44	31	37	55
45	41	36	43
32	40	22	48

011.3Gd (305)
<#drivN=14>

16	11	18	23
18	12	22	27
25	19	21	19
24	17	8	25

011.3Ge (142)
<#droev>

5	1	10	7
13	19	10	11
14	4	6	9
4	8	11	10

011.4Pa (102)
<roof>

22	4	4	18
3	2	7	4
9	2	5	2
7	7	3	3

011.4Pb (620)
<ruef>

49	23	40	34
49	28	37	56
37	33	45	44
33	48	23	41

011.5La (17)
guttering

2	0	1	7
0	1	0	3
0	0	1	0
0	1	1	0

011.5Lb (598)
gutters +

46	26	38	49
42	27	40	49
37	34	37	32
29	42	22	48

011.5Lc (27)
troughs

6	2	0	0
1	3	1	1
0	6	2	3
0	1	1	0

011.5Ld (49)
troughs +

9	5	1	0
2	5	3	2
1	7	5	3
0	1	2	3

011.5Le (6)
valleys

0	0	0	0
0	0	0	0
0	3	3	0
0	0	0	0

011.6La (308)
valley

20	13	15	21
27	18	18	23
24	23	29	22
9	22	10	14

011.6Sa (197)
|OAA-kaj| [æᵋ]

18	3	9	29
10	9	8	15
3	10	19	18
7	12	12	15

011.6Sb (129)
|OCA| [æ·]

12	3	12	4
13	6	4	15
12	3	8	15
6	3	4	9

011.7La (60)
garage

3	2	3	1
2	1	4	13
3	0	3	11
3	3	3	5

011.7Lb (16)
junk house/shed +

```
0  0  0  0
1  1  1  0
2  4  5  1
0  0  0  1
```

011.7Lc (38)
outhouse

```
4  4  1  3
1  4  2  6
2  3  1  4
2  1  0  0
```

011.7Ld (226)
shed

```
18   9  10  13
21  21  14  11
 7  13  12  17
 9  32   9  10
```

011.7Le (507)
shed +

```
48  21  35  37
40  26  32  27
34  25  32  32
22  45  20  31
```

011.7Lf (10)
shelter

```
0  0  0  0
0  0  0  4
0  0  0  5
0  0  0  1
```

011.7Lg (18)
shelter +

```
0  0  0  0
0  0  1  6
0  0  2  8
0  0  0  1
```

011.7Lh (25)
shop

```
4  2  1  0
2  1  0  6
2  2  0  1
2  2  0  0
```

011.7Li (267)
smokehouse

```
34  15  13  14
20  24  14  21
16  13  21  19
 7  15   7  14
```

011.7Lj (24)
storage house

```
0  1  1  4
0  0  4  1
0  0  5  5
1  0  1  1
```

011.7Lk (24)
storage room

```
0  1  0  1
1  0  4  4
1  1  4  2
0  1  3  1
```

011.7Ll (199)
tool shed

```
22   5  18  14
 9   5  13  13
23  11  16   9
12   3   8  18
```

011.7Lm (123)
toolhouse

```
3   2  10  12
7   2  12  13
8  14  10  14
4   1   3   8
```

011.7Ln (12)
wagon shed

```
1  1  1  0
5  0  0  0
0  0  1  0
1  1  0  1
```

011.7Lo (6)
well house

```
3  0  0  0
0  0  1  1
1  0  0  0
0  0  0  0
```

011.7Lp (4)
wood shack

```
0  0  0  0
1  0  0  0
3  0  0  0
0  0  0  0
```

011.7Lq (114)
woodhouse

```
 5   4  14   7
15   2   7  12
 6  12   6  11
 3   2   4   4
```

011.7Lr (197)
woodshed

```
13  7  19  18
19  3  14  13
21  6  13  14
 6  9   9  13
```

012.1La (37)
backhouse

```
2  0  3  5
2  2  1  2
1  4  5  1
4  2  1  2
```

012.1Lb (30)
bathroom +

```
3  2  0  1
3  0  0  2
0  4  3  5
1  0  3  3
```

012.1Lc (61)
closet +

```
3  1  1   4
1  2  2   4
7  5  6  12
2  6  4   1
```

012.1Ld (10)
commode +

```
0  0  0  0
4  1  0  0
1  0  0  0
1  3  0  0
```

012.1Le (13)
crapper/crap
house +

```
2  0  0  0
1  0  0  0
5  0  0  0
1  3  1  0
```

012.1Lf (53)
john

```
2  5  6  4
5  1  3  3
5  1  4  3
4  4  0  3
```

012.1Lg (129)
john(ny) +

```
9   5  7  12
8  10  4  16
6   8  8  12
6   5  6   7
```

012.1Lh (51)
johnny

4	0	1	2
3	5	2	10
1	3	3	8
1	0	4	4

012.1Li (22)
johnny house

3	0	1	6
0	2	0	2
0	4	1	1
0	1	1	0

012.1Lj (146)
outdoor toilet

18	7	13	5
9	7	7	11
6	12	10	9
8	10	3	11

012.1Lk (353)
outhouse

28	11	21	25
22	16	19	26
28	10	27	27
17	25	18	33

012.1Ll (52)
outside toilet

5	0	1	8
5	2	2	5
3	3	5	1
1	5	4	2

012.1Lm (307)
privy +

23	12	19	33
20	9	20	28
15	16	26	28
12	15	13	18

012.1Ln (25)
shit house

0	0	1	2
3	1	0	0
3	1	3	1
1	2	4	3

012.1Lo (254)
toilet

26	10	8	17
31	14	16	15
16	22	15	14
7	20	10	13

012.1Lp (423)
toilet +

46	18	20	29
38	22	23	30
26	32	26	23
15	34	17	24

012.1Lq (22)
two-holer

5	1	0	0
1	1	1	2
2	0	1	1
4	1	2	0

012.2Ga (42)
ain't/hain't got

6	2	2	5
4	4	1	4
1	4	0	4
0	1	3	1

012.2Gb (368)
got [deleted aux.]

29	11	9	10
32	23	16	35
18	27	29	34
11	40	17	27

012.2Gc (267)
have

15	6	12	14
13	18	24	32
20	11	18	26
12	16	11	19

012.2Gd (260)
have/has got

32	6	13	17
19	18	19	27
18	11	19	21
7	12	6	15

012.3Ga (317)
<!hir>

37	12	21	25
14	10	26	22
23	10	22	14
20	17	16	28

012.3Gb (174)
<!hi[r]>

5	5	2	2
7	8	14	25
10	20	18	18
5	17	7	11

012.3Gc (69)
<!hi{r}>

3	6	1	2
9	4	0	5
5	4	6	7
3	5	3	6

012.3Gd (27)
<!hyir>

4	2	1	7
3	1	2	1
2	0	0	1
0	1	1	1

012.3Ge (33)
<!hyi[r]>

0	1	2	1
3	5	1	5
1	0	3	2
3	3	1	2

012.3Gf (50)
<*hird>

8	2	2	5
6	1	2	3
2	3	5	5
2	4	0	0

012.3Gg (24)
<*hi[r]d>

0	0	1	0
4	0	0	3
2	3	2	3
1	2	2	1

012.3Gh (150)
<*hu[r]d>

2	6	3	0
12	12	3	25
6	19	13	15
5	13	10	6

012.3Gi (383)
<*hurd>

29	15	26	30
27	18	30	35
24	13	24	28
20	16	11	37

012.3Gj (80)
<*hu{r}d>

7	9	2	2
3	6	4	7
6	4	2	8
7	6	1	6

012.3Gk (42)
<#hird>

```
6   2   2   7
3   1   3   3
1   3   1   2
0   2   4   2
```

012.3Gl (22)
<#hi[r]d>

```
0   1   1   0
2   0   3   2
1   3   2   0
0   5   1   1
```

012.3Gm (169)
<#hu[r]d>

```
 5   5   5   0
11  14   6  22
 6  21  21  20
 4  11   9   9
```

012.3Gn (483)
<#hurd>

```
55  17  33  31
33  20  35  39
31  11  32  36
26  26  17  41
```

012.3Go (114)
<#hu{r}d>

```
5   8   4   0
8  13   9  12
7  10   5   8
6   9   4   6
```

012.3Gp (26)
<#hyird>

```
2   0   2  15
1   1   0   0
1   1   1   0
0   0   1   1
```

012.4Ga (26)
<#hu[r]dov=13>

```
1   0   2   0
2   0   1   3
1   4   3   4
0   3   1   1
```

012.4Gb (33)
<#hurdA(v)=14>

```
4   2   0   2
2   2   4   3
2   0   1   2
2   3   2   2
```

012.4Gc (89)
<#hurdAv=14>

```
 7   4   8   3
10   2   8   6
 7   0   4   7
 4   4   5  10
```

012.4Gd (132)
<#hurdov=13>

```
17   6  10   8
 5   2   6  13
10   6  16  10
 6   6   5   6
```

012.4Ge (43)
<#hurduv=13>

```
1   1   1   0
8   2   3   2
6   3   2   1
5   5   0   3
```

012.5Ga (281)
ain't

```
20   7  10  16
26  16   9  22
18  19  19  32
 5  26  17  19
```

012.5Gb (18)
hain't

```
1   0   2   5
2   1   0   0
0   0   2   1
0   3   0   1
```

012.6Ga (87)
ain't he/she/it?

```
5   1   5  11
9   1   2  10
5   5   5  12
2   5   6   3
```

012.6Gb (31)
don't you?

```
3   0   1   0
1   7   0   1
3   3   3   3
2   2   0   2
```

012.6Gc (98)
isn't it?

```
6   4   4   4
4   9  13  11
5   2   6  13
6   4   2   5
```

012.6Gd (32)
wasn't he/she/it?

```
6   0   0   3
0   4   0   1
4   3   4   2
2   1   0   2
```

012.7Ga (33)
does he/she/it

```
1   1   1   1
2   0   2   4
8   2   0   1
3   3   2   2
```

012.7Gb (77)
does he do

```
 0   0   1   3
13   3   2   5
10   8   3   2
 8  12   3   4
```

012.7Gc (20)
he/she/it do[V-p]

```
3   0   0   0
0   0   0   2
3   5   1   2
0   2   0   2
```

012.7Gd (99)
he/she/it does

```
3   4   6   4
7   2  14  13
3   2   6  10
5   4   7   9
```

012.7Ge (318)
I do

```
17  14  11  15
31  10  28  33
28  16  26  25
15  21   9  19
```

012.7Gf (23)
they do

```
0   2   2   1
1   1   2   3
2   1   2   1
0   1   2   2
```

012.8Ga (548)
does

```
31  21  27  34
32  22  35  60
41  27  37  53
30  34  20  44
```

012.8Gb (118)
do[V-p]

```
 8  3  2  1
10  6  4 12
 7 16  6 14
 3 13  6  7
```

013.1Ga (15)
does not

```
2 0 0 0
1 1 0 6
0 0 1 2
1 1 0 0
```

013.1Gb (353)
doesn't

```
28 18 20 22
10 17 25 44
17 19 30 33
21 14 10 25
```

013.1Gc (477)
don't[V-p]

```
44 14 18 28
43 28 24 49
23 29 36 45
12 38 18 28
```

013.2Ga (52)
do you?

```
2 1 1 6
3 2 3 7
2 2 4 7
2 3 1 6
```

013.2Gb (26)
is he/she/it?

```
2 0 0 2
2 1 3 3
2 2 2 3
0 2 0 2
```

013.3Ga (220)
(I) don't know

```
 9  7  9  9
16 15 16 26
10 12 15 24
 8 14  2 18
```

013.3Gb (29)
I know

```
2 1 1 2
1 0 3 5
6 0 2 4
1 0 0 1
```

013.4Ga (28)
(don't know) for sure

```
5 1 0 3
1 0 1 4
4 1 1 1
1 0 0 5
```

013.4Gb (28)
not for sure

```
4 0 4 1
1 0 0 3
4 2 7 0
0 1 0 1
```

013.4Gc (349)
not sure

```
21 11 21 27
21 15 22 31
25 23 18 28
20 28 11 27
```

013.4Sa (46)
|FFD-maa| [ʊ‹ə]

```
0 1 3 1
0 2 1 7
5 2 9 6
4 1 2 2
```

013.4Sb (154)
|FFD-mea| [ʊ‹ə]

```
18  5 14 24
10  8 10 14
 8  1  7  6
 5 12  4  8
```

013.5Ga (25)
he/she/it was

```
5 0 4 1
1 3 3 0
1 2 2 2
0 1 0 0
```

013.5Gb (14)
I have been

```
0 0 0 4
0 0 1 4
0 0 2 1
0 0 1 1
```

013.5Gc (120)
I was/wasn't

```
5  5  4  7
6  6 10 17
6  8 10 12
3 11  2  8
```

013.5Gd (57)
I [X-0] been

```
3 2 5  6
4 1 3 11
0 2 5  7
0 3 2  3
```

013.5Ge (82)
I'm

```
12 1 3 3
 7 6 2 6
11 5 6 3
 6 5 2 4
```

013.5Gf (21)
I've been

```
0 1 3 2
0 0 6 2
0 0 1 3
0 0 0 3
```

013.5Gg (14)
they was

```
3 0 0 0
2 1 1 0
0 0 0 0
1 5 0 1
```

013.5Gh (24)
we were

```
3 0 1 2
2 0 0 3
1 1 2 2
1 1 0 5
```

013.5Gi (24)
you was

```
0 1 0 0
4 0 0 4
0 2 3 4
0 3 2 1
```

013.5Gj (26)
you were

```
1 2 3 1
0 1 2 7
2 0 2 1
0 1 1 2
```

013.5Gk (99)
you [X-0]

```
 7 2 3  2
10 7 7  9
 8 9 3 12
 2 8 4  6
```

013.5Gl (47)
you're

3	1	2	6
4	2	5	7
5	1	0	4
2	2	1	2

013.6Ga (169)
make[V-p]/other
[V-p]

10	5	2	5
14	10	11	14
6	18	19	17
0	18	11	9

013.6Gb (56)
makes

0	0	1	5
5	2	4	7
4	1	9	4
2	2	1	9

013.7Ga (304)
3rd per. pl. subj.
+ pl. verb

13	7	10	23
20	10	18	35
27	23	23	28
20	15	9	23

013.7Gb (381)
3rd per. pl. subj.
+ sg. verb

38	10	14	29
31	20	18	42
13	23	23	48
5	29	12	26

014.1Pa (579)
<hows>

50	23	31	18
41	37	30	53
34	34	36	46
31	50	21	44

014.1Pb (321)
<howzIz=14>

27	15	9	8
25	21	14	23
20	26	25	26
13	31	16	22

014.1Pc (348)
<h{ow}s>

35	11	15	47
21	13	23	41
21	15	23	31
9	14	11	18

014.1Pd (200)
<h{ow}zIz=14>

16	6	14	21
14	6	19	23
13	7	12	15
5	11	7	11

014.1Sa (59)
|OAC-jjd| [æˇoˏ]

6	4	3	0
7	6	1	5
2	5	10	5
2	11	6	5

014.1Sb (78)
|RAB-efa| [aˆʊ]

8	2	7	4
7	3	2	7
1	4	3	4
0	2	2	3

014.2Pa (94)
<bawrn>

9	2	2	11
7	3	5	1
5	3	12	4
7	7	5	11

014.2Pb (77)
<bo[r]n>

2	5	3	3
7	5	2	11
6	6	7	8
1	3	3	5

014.2Pc (287)
<born>

40	10	23	22
16	12	29	26
16	9	15	14
12	10	9	24

014.2Pd (66)
<bo{r}n>

8	3	4	2
4	4	3	5
8	2	3	5
7	3	2	3

014.2Pe (72)
<b{o}[r]n>

1	4	2	1
5	8	2	10
1	8	6	10
3	6	2	3

014.2Pf (148)
<b{o}rn>

14	5	9	23
10	5	11	10
6	10	7	12
5	5	5	11

014.3La (33)
bin

3	1	0	0
2	2	2	5
1	1	5	3
1	3	0	4

014.3Lb (61)
bin +

5	2	0	1
3	3	4	5
4	2	6	8
1	4	1	12

014.3Lc (30)
corn bin

2	1	0	1
2	1	2	0
3	1	1	5
1	1	1	8

014.3Ld (299)
corncrib

28	12	15	22
22	19	18	25
19	17	18	21
10	23	11	19

014.3Le (11)
cornhouse

0	0	0	0
0	0	0	0
1	1	2	1
4	1	0	1

014.3Lf (406)
crib

34	14	29	33
29	24	31	45
21	32	36	26
8	18	14	12

014.3Lg (641)
crib +

57	25	40	53
46	37	44	62
37	38	50	46
16	39	22	29

014.3Sa (71)
|DAB-maj| [ɪ^ə]

```
7  1  2 12
7  9  2  7
2  4  7  5
1  0  3  2
```

014.3Sb (186)
|DAE-maj| [ɪ>ə]

```
 9  5  8 15
11 15 19 20
 6 11 13 25
 4 10  5 10
```

014.4Pa (57)
<grainArI=144>

```
3 1 4 0
2 3 8 0
3 2 7 7
4 3 4 6
```

014.4Pb (67)
<grainRI=144>

```
 1 1 2  8
 2 0 3 10
10 2 4  4
10 3 1  6
```

014.4Pc (86)
<grainrI=14>

```
10  3 18 13
 5  3  4  4
 4  4  4 11
 1  1  0  1
```

014.5La (37)
barn loft

```
4 0 4 9
2 1 8 4
1 0 2 0
0 1 1 0
```

014.5Lb (5)
hay house

```
0 0 0 0
1 0 0 1
0 3 0 0
0 0 0 0
```

014.5Lc (191)
hayloft

```
24  8  9 12
10  8  8 13
19  8 10 14
12 12  8 16
```

014.5Ld (10)
haymow

```
1 0 1 3
0 0 0 2
0 0 0 1
1 0 1 0
```

014.5Le (556)
loft

```
50 22 39 47
35 28 42 53
31 29 50 37
15 27 20 31
```

014.5Lf (708)
loft +

```
69 28 45 57
43 35 51 64
45 35 57 48
26 37 26 42
```

014.5Lg (17)
mow +

```
1 0 1 9
0 0 0 2
0 0 0 1
2 0 1 0
```

014.5Lh (26)
upstairs

```
2 0 0 0
4 2 1 3
4 4 2 0
1 0 2 1
```

014.6La (448)
haystack

```
42 13 24 34
30 20 29 42
29 23 36 28
17 26 21 34
```

014.6Lb (24)
pile +

```
1 0 0 1
5 6 2 0
0 2 3 0
2 2 0 0
```

014.6Lc (16)
rack +

```
1 0 1 0
1 0 3 0
0 4 2 0
0 0 3 1
```

014.6Ld (25)
rick +

```
2 1 5 6
0 2 0 0
2 1 1 0
5 0 0 0
```

014.6Le (30)
shock +

```
4 0 2 2
4 4 1 1
2 3 2 1
1 3 0 0
```

014.6Lf (146)
stack

```
12 10 12 20
 6  4  7 13
 9  4  9 11
11  9  5  4
```

014.6Lg (569)
stack +

```
51 20 36 51
35 24 36 55
37 27 43 38
23 30 24 39
```

014.7La (23)
hay shed

```
3 2 2 2
3 1 5 1
0 1 3 0
0 0 0 0
```

014.7Lb (29)
hayrack

```
1 0 2 0
2 4 1 2
1 4 3 4
1 2 1 1
```

014.7Lc (33)
rack +

```
1 0 2 0
2 4 2 3
1 5 4 4
1 2 1 1
```

014.7Ld (22)
shed

```
2 0 2 2
2 0 3 2
0 0 4 1
3 0 1 0
```

014.7Le (41)
shed +

5	2	4	4
5	1	6	2
0	1	6	1
3	0	1	0

014.8La (33)
pile

3	1	2	4
7	2	0	1
2	1	4	1
2	1	1	1

014.8Lb (59)
pile +

7	2	2	6
8	4	3	3
3	1	7	2
4	2	1	4

014.8Lc (17)
rick +

0	2	8	1
1	0	1	0
1	0	1	0
2	0	0	0

014.8Ld (141)
row +

20	4	7	12
13	9	11	7
9	12	16	4
6	3	3	5

014.8Le (78)
shock

4	4	10	18
4	2	9	6
1	4	3	0
3	6	1	3

014.8Lf (98)
shock +

5	6	15	20
6	2	11	7
1	5	3	0
3	8	1	5

014.8Lg (125)
windrow

20	4	6	11
13	9	7	6
8	9	13	4
6	2	2	5

015.1La (245)
barn

23	11	19	15
19	5	22	23
14	13	18	16
5	22	5	15

015.1Lb (81)
cow barn

8	1	4	6
5	8	5	7
9	5	11	8
1	1	1	1

015.1Lc (81)
cow shed

12	4	5	12
3	3	4	7
7	2	3	6
5	3	2	3

015.1Ld (23)
cow stall

2	1	0	0
0	1	2	5
2	1	2	2
0	1	1	3

015.1Le (131)
shed

7	3	13	23
11	4	8	11
6	14	8	8
5	4	2	4

015.1Lf (32)
stable

2	3	4	0
2	2	5	6
3	1	0	0
1	0	1	2

015.1Lg (93)
stall

8	2	3	6
4	11	8	11
6	6	8	8
2	3	1	6

015.2La (169)
barn +

19	10	13	3
13	8	10	18
8	9	14	16
9	9	3	7

015.2Lb (27)
horse barn

5	2	2	0
1	0	3	3
1	3	0	4
1	1	1	0

015.2Lc (22)
horse stable

1	1	1	1
0	0	1	3
0	2	3	1
0	4	1	3

015.2Ld (42)
shed +

2	0	2	4
5	2	1	1
7	2	1	1
6	3	1	4

015.2Le (400)
stable +

21	17	29	32
22	22	27	33
14	25	27	31
14	33	15	38

015.2Lf (193)
stall +

17	3	8	16
16	12	10	13
12	11	26	10
6	9	13	11

015.3La (12)
corral

1	0	0	0
3	0	0	0
1	0	0	2
3	0	0	2

015.3Lb (41)
cow lot

4	1	3	3
2	2	0	3
3	2	3	9
5	1	0	0

015.3Lc (197)
cow pen

3	2	2	5
31	8	8	9
22	11	20	17
17	16	10	16

015.3Ld (17)
gap +

1	0	0	14
0	0	0	0
0	0	0	0
0	0	0	2

015.3Le (45)
lot

3	0	3	1
2	2	4	9
5	2	3	6
2	2	0	1

015.3Lf (98)
lot +

8	1	7	6
7	5	4	13
9	5	7	15
7	3	0	1

015.3Lg (10)
milk gap

1	0	0	9
0	0	0	0
0	0	0	0
0	0	0	0

015.3Lh (47)
pen

1	1	1	1
10	2	2	4
3	5	1	5
5	3	1	2

015.3Li (246)
pen +

7	3	3	9
34	10	12	12
25	19	20	22
23	19	10	18

015.4La (10)
fattening pen

1	0	0	0
1	2	0	1
0	4	1	0
0	0	0	0

015.4Lb (19)
hog house

3	2	4	7
0	0	3	0
0	0	0	0
0	0	0	0

015.4Lc (63)
hog lot

5	4	6	8
0	4	8	13
2	3	4	4
0	1	0	1

015.4Ld (17)
hog parlor

0	0	0	0
1	2	6	0
0	2	4	1
0	1	0	0

015.4Le (20)
hog pasture

2	1	0	1
2	1	1	3
1	5	1	1
0	0	1	0

015.4Lf (10)
hog shed

5	0	0	0
0	1	0	1
1	0	0	0
1	0	0	1

015.4Lg (308)
hogpen

24	11	12	23
19	14	22	21
29	13	31	25
16	15	16	17

015.4Lh (35)
house +

4	5	5	7
1	1	4	3
1	0	0	2
1	1	0	0

015.4Li (46)
lot

7	1	0	6
2	8	1	8
1	3	6	2
0	1	0	0

015.4Lj (25)
parlor +

0	1	1	0
1	2	7	0
0	3	4	4
0	1	0	1

015.4Lk (273)
pen

22	5	8	15
25	14	11	23
19	23	13	18
14	30	11	22

015.4Ll (197)
pigpen

10	10	16	9
7	8	22	21
12	8	20	9
11	10	11	13

015.4Lm (43)
pigsty

1	3	2	7
2	0	5	4
1	2	3	3
3	2	2	3

015.4Ln (21)
shed

1	0	2	1
2	3	2	0
4	2	0	2
0	1	1	0

015.4Lo (26)
sty

3	0	1	5
0	0	0	2
1	1	5	4
0	1	1	2

015.5ALa (37)
cellar

2	5	8	13
0	2	0	4
0	1	0	1
0	0	0	1

015.5ALb (21)
cistern

2	4	0	0
3	6	1	0
1	3	0	0
1	0	0	0

015.5ALc (41)
dairy

1	1	1	14
2	3	0	1
0	5	0	7
1	4	1	0

015.5ALd (5)
dairy house

0	0	0	4
0	0	0	0
0	1	0	0
0	0	0	0

015.5ALe (47)
icebox

4	2	3	0
4	3	0	3
4	2	3	4
3	3	4	5

015.5ALf (24)
milk house

1	1	0	3
0	2	0	4
1	0	2	4
2	2	0	2

015.5ALg (22)
safe

0	0	0	0
0	2	0	0
0	6	0	4
2	2	3	3

015.5ALh (54)
spring

9	2	12	1
1	4	8	8
0	4	0	2
2	0	1	0

015.5ALi (67)
springhouse

6	2	9	21
1	2	2	7
7	2	0	1
0	1	2	4

015.5ALj (98)
well

8	7	1	0
4	5	9	16
10	5	13	8
2	4	2	4

015.5Pa (183)
<dairI=14>

6	4	10	3
7	8	16	24
2	21	27	26
2	4	8	15

015.5Pb (399)
<derI=14>

44	21	20	32
31	12	26	25
33	16	12	14
20	39	20	34

015.5BLa (24)
bank

0	0	0	0
4	0	0	2
3	4	1	4
0	2	2	2

015.5BLb (33)
cellar

2	3	4	1
2	5	3	2
2	3	1	0
3	1	0	1

015.5BLc (33)
potato bank +

0	0	0	0
4	0	1	0
5	5	6	2
0	7	1	2

015.5BLd (55)
(potato) bank +

0	0	0	0
7	0	1	2
8	8	7	6
0	9	3	4

015.5BLe (6)
potato bunk +

0	0	0	0
5	0	0	0
1	0	0	0
0	0	0	0

015.5BLf (17)
potato hill +

1	0	0	1
0	1	2	4
0	0	3	2
0	1	2	0

015.5BLg (23)
(potato) hill +

1	0	1	1
0	1	2	5
0	0	4	4
0	2	2	0

015.5BLh (4)
(potato) hole +

0	0	0	3
0	0	0	0
0	0	0	1
0	0	0	0

015.5BLi (39)
potato house

0	0	1	1
9	7	2	2
3	3	4	2
1	3	0	1

015.5BLj (45)
(potato) house +

0	0	1	1
9	8	2	2
3	4	5	2
1	4	1	2

015.5BLk (10)
(potato) kiln +

2	1	0	0
1	3	1	1
1	0	0	0
0	0	0	0

015.5BLl (11)
(potato) pump +

0	0	0	0
4	2	0	0
0	5	0	0
0	0	0	0

015.6La (73)
barn lot

8	1	9	22
1	3	6	5
3	3	3	4
0	1	1	3

015.6Lb (213)
barnyard

14	4	12	17
15	13	18	20
11	11	12	19
9	12	12	14

015.6Lc (42)
corral

3	1	3	3
3	0	2	1
6	2	2	1
13	2	0	0

015.6Ld (53)
cow lot

```
5  2  3  4
0  2  1  4
6  4  4  7
1  4  2  4
```

015.6Le (48)
horse lot

```
6  2  8  5
2  0  1  2
9  1  3  3
1  1  1  3
```

015.6Lf (398)
lot

```
36  16  19  15
32  29  26  39
21  31  36  33
12  17  15  21
```

015.6Lg (20)
pen

```
0  0  0  1
3  0  0  0
7  0  2  1
3  1  0  2
```

015.6Lh (73)
yard

```
5   3  1  0
9   5  4  7
2   3  4  4
5  10  3  8
```

015.7La (22)
field

```
0  0  3  0
2  0  1  2
1  1  1  3
0  2  4  2
```

015.7Lb (789)
pasture

```
69  32  42  45
56  43  49  74
51  45  59  56
38  48  28  54
```

015.7Lc (14)
pasture field

```
0  0  2  12
0  0  0   0
0  0  0   0
0  0  0   0
```

015.7Ld (11)
pastureland

```
4  0  0  1
2  0  1  0
0  0  1  0
0  1  0  1
```

015.7Le (12)
range

```
3  0  2  0
0  1  1  0
0  0  0  1
1  1  1  1
```

015.7Pa (222)
<paschR = 14>

```
33  12  17  20
13   8  18   9
15   5   8  15
17   7   8  17
```

015.7Pb (142)
<pasch[R] = 14>

```
4   1   9   4
8   9   9  22
6  10  15  15
6  13   3   8
```

015.7Pc (55)
<past(y)R = 14>

```
8  4  2  7
3  4  2  3
1  4  4  2
1  4  1  5
```

015.7Pd (97)
<past(y)[R] = 14>

```
7   2  1   1
8   8  6   9
7  13  9  10
2   5  5   4
```

015.8La (416)
chop +

```
37  16   6  11
36  34  32  29
36  34  47  36
20  14  15  13
```

015.8Lb (158)
chop (it)

```
16   3   3   1
18  13  15   8
 8  13  27  13
 9   5   5   1
```

015.8Lc (45)
chop (it) out

```
3  3  0  1
7  1  0  5
3  6  5  4
0  4  2  1
```

015.8Ld (231)
chop (the) cotton

```
21  11   1   7
17  21  18  17
24  17  22  18
12   5  10  10
```

015.8Le (227)
hoe +

```
21   7   7   5
21  20  16  21
16  19  22  17
 7  11   6  11
```

015.8Lf (133)
hoe (it)

```
12   4   5   4
16   8  12  12
 8  11  14  10
 3   7   1   6
```

015.8Lg (82)
hoe (the) cotton

```
8   2  2   2
5  10  3  11
5   8  5   7
3   4  4   3
```

015.8Lh (25)
scrape +

```
0  2  0  0
5  1  0  0
3  6  0  0
0  8  0  0
```

015.8Li (110)
thin +

```
 6   2  2   2
13  10  3  10
17   8  9   8
 6   8  3   3
```

015.8Lj (21)
thin it (down)

```
2  0  1  0
0  2  2  5
5  0  1  0
0  2  1  0
```

015.8Lk (61)
thin (it) out

3	2	1	2
6	5	1	6
8	5	6	7
3	4	0	2

015.8Ll (17)
thin (the) cotton

1	0	1	0
6	1	0	0
1	1	0	1
1	1	2	1

015.8Lm (12)
weed +

0	0	0	1
0	0	0	1
0	1	3	1
3	1	1	0

015.9La (78)
Bermuda (grass)

5	0	0	3
18	5	5	5
10	4	3	3
4	2	5	6

015.9Lb (19)
(Ber)muda grass

0	0	1	0
1	1	1	2
4	6	0	1
0	0	1	1

015.9Lc (6)
bull grass

0	0	0	0
0	0	0	0
0	2	0	0
0	4	0	0

015.9Ld (18)
careless weeds

7	1	0	0
1	1	0	0
1	2	0	0
4	1	0	0

015.9Le (93)
cockleburs

13	7	0	1
9	21	4	5
4	4	11	6
0	6	0	2

015.9Lf (20)
coco (grass)

0	0	0	0
7	1	0	0
1	8	0	0
1	2	0	0

015.9Lg (17)
coffeeweeds

0	0	0	0
2	0	1	2
0	0	4	2
0	2	1	3

015.9Lh (209)
crabgrass

18	8	6	7
22	14	12	22
15	23	19	9
2	8	11	13

015.9Li (9)
field grass

0	0	0	0
0	0	0	0
1	1	2	4
0	0	0	1

015.9Lj (9)
hogweeds

4	2	0	1
0	1	0	0
0	0	0	0
0	1	0	0

015.9Lk (158)
Johnson grass

15	7	4	10
13	16	10	5
21	10	16	5
14	10	2	0

015.9Ll (15)
morning glories

4	0	0	2
1	5	1	1
1	0	0	0
0	0	0	0

015.9Lm (28)
nut grass

1	1	0	0
0	1	3	4
0	0	8	3
1	0	4	2

015.9Ln (14)
pussley

1	0	0	0
1	0	0	0
1	0	3	1
0	0	7	0

015.9Lo (14)
ragweed

4	0	1	4
0	2	0	2
0	0	0	0
0	0	0	1

015.9Lp (15)
sandspur (grass/
weeds)

0	0	0	0
1	0	0	0
1	0	4	3
0	0	0	6

015.9Lq (13)
water grass

0	0	0	0
2	2	0	0
0	2	4	0
0	1	2	0

015.9Lr (14)
wire grass

0	0	0	0
1	0	0	1
0	3	0	3
0	5	0	1

016.1La (18)
cane patch

1	0	0	2
0	0	0	1
0	1	2	5
0	1	1	4

016.1Lb (43)
corn patch

2	1	4	4
4	1	2	8
2	3	2	2
2	2	1	3

016.1Lc (75)
cornfield

3	3	8	6
4	5	2	9
0	5	3	9
5	2	3	8

016.1Ld (95)
cotton field

7	1	3	3
8	5	6	9
10	6	11	4
8	5	5	4

016.1Le (98)
cotton patch

9	4	7	1
8	8	8	10
9	4	6	10
2	5	3	4

016.1Lf (721)
field

62	28	38	47
51	39	44	65
44	40	50	64
27	49	28	45

016.1Lg (817)
field +

69	30	44	52
58	46	47	76
52	43	56	70
35	54	30	55

016.1Lh (24)
garden

1	0	0	5
2	3	1	1
0	1	2	2
2	1	3	0

016.1Li (21)
lot +

0	0	2	10
0	0	1	0
2	0	2	1
0	2	0	1

016.1Lj (326)
patch

20	11	23	16
22	12	27	24
20	26	26	25
17	23	11	23

016.1Lk (589)
patch +

38	24	39	37
41	27	40	54
40	39	46	45
25	38	20	36

016.1Ll (43)
pea patch

2	7	5	0
1	7	0	2
1	1	12	2
0	1	1	1

016.1Lm (42)
potato patch

2	1	3	3
6	2	3	3
6	3	3	0
2	1	1	3

016.1Ln (32)
tobacco patch

1	2	8	8
2	0	2	6
0	0	0	1
0	0	0	2

016.1Lo (25)
truck patch

6	3	1	3
4	2	1	0
3	0	0	0
0	2	0	0

016.1Lp (20)
turnip patch

2	0	3	1
0	1	0	3
1	3	3	1
0	0	2	0

016.1Lq (26)
watermelon patch

0	0	1	2
1	2	1	6
0	1	2	2
2	3	0	3

016.1Pa (412)
<feel(d)>

24	17	21	16
34	24	26	38
25	27	39	37
11	32	19	22

016.1Pb (364)
<feeld>

40	14	26	33
19	11	24	33
25	15	21	30
20	16	10	27

016.1Sa (174)
|ABE-maj| [i˃ ə]

22	7	7	3
7	6	12	18
10	9	14	17
5	14	5	18

016.1Sb (289)
|AGE-maj| [i˃·ə]

18	11	12	10
25	19	12	26
16	14	28	34
9	23	12	20

016.2La (70)
fence

9	4	3	1
11	3	0	6
3	5	7	3
5	4	2	4

016.2Lb (23)
garden fence

1	1	0	0
0	2	7	3
1	1	3	0
0	2	0	2

016.2Lc (11)
pale fence

0	0	1	1
0	1	0	2
0	0	4	1
0	0	0	1

016.2Ld (121)
paling fence

18	7	14	14
2	11	6	19
7	1	8	6
2	0	0	6

016.2Le (113)
paling(s)

15	10	8	12
5	11	13	4
3	2	14	6
1	0	4	5

016.2Lf (497)
picket fence

42	12	16	29
36	19	22	40
40	32	34	36
30	46	26	37

016.2Lg (97)
picket(s)

```
 9   1   2   5
11   3   1   3
 5  15   1   7
 5  13   6  10
```

016.2Lh (9)
pieu +

```
0   0   0   0
7   0   0   0
1   0   0   0
0   1   0   0
```

016.2Li (10)
slat fence

```
0   0   4   0
0   0   0   1
1   0   0   2
0   0   1   1
```

016.2Lj (37)
wooden fence

```
4   2   1   1
3   1   4   2
1   0   1   8
0   4   1   4
```

016.2Lk (38)
yard fence

```
1   5   1   1
4   0   4   3
2   3   4   2
1   3   3   1
```

016.3La (152)
barbed(-)wire
(fence)

```
 8   3   9  16
 5   6   9  15
10   7  11  12
13   6   6  16
```

016.3Lb (671)
barbwire (fence)

```
57  29  35  41
52  35  40  56
44  38  48  49
27  48  25  47
```

016.3Lc (33)
chain link (fence)

```
0   0   2   0
2   0   3   3
7   1   1   1
2   3   3   5
```

016.3Ld (101)
chicken(-)wire
(fence)

```
 5   3   2  12
 4   6   9   8
11   8  12   4
 6   4   3   4
```

016.3Le (20)
Cyclone (fence)

```
0   1   1   1
1   0   2   2
2   1   1   2
1   4   0   1
```

016.3Lf (64)
electric (fence)

```
3   1   5  10
3   0   6  11
1   0  10   6
0   2   1   5
```

016.3Lg (13)
garden (wire)

```
1   0   1   0
2   1   2   5
0   1   0   0
0   0   0   0
```

016.3Lh (110)
hog(-)wire (fence)

```
 6   1   0   2
10   5  11  17
11   8  13   7
 5  10   1   3
```

016.3Li (58)
net(-)wire (fence)

```
 8   0   2   0
12   1   4   0
 4  10  12   0
 1   3   0   1
```

016.3Lj (13)
Page(-)wire (fence)

```
1   1   1   7
0   0   0   3
0   0   0   0
0   0   0   0
```

016.3Lk (12)
web(-)wire (fence)

```
4   0   0   0
1   0   3   0
0   0   1   1
0   0   1   1
```

016.3Ll (346)
wire (fence)

```
36  10  15  29
29  16  16  28
11  21  19  46
 8  22  14  26
```

016.3Lm (54)
woven(-)wire
(fence)

```
10   2   8  12
 1   0   3   3
 0   2   0   4
 1   5   1   2
```

016.3Sa (729)
|R../-| [aɪ~aᴱ]|

```
62  29  31  32
41  43  50  78
43  32  55  67
34  51  27  54
```

016.3Sb (169)
[S/T]../-| [aɪ~ɑɪ]

```
17   5  16  28
20   6   2   9
11  15   4   8
 5   9   7   7
```

016.4La (23)
log fence

```
0   0   0   1
2   3   4   1
2   0   4   0
0   1   1   4
```

016.4Lb (101)
rail(s)

```
15   1   5   8
 5   9   5   7
 3   6   9  13
 2   4   3   6
```

016.4Lc (517)
rail fence

```
49  20  36  41
37  25  32  57
23  29  38  51
12  23  17  27
```

016.4Ld (46)
split rail(s)

```
1   1   0   2
3   3   5   2
2   1   2   8
2   2   5   7
```

016.4Le (49)
split-rail fence

```
2  2  2   3
2  2  1   2
4  2  4   5
2  2  3  11
```

016.4Lf (14)
stake-and-rider(s)

```
1  0  0  5
4  0  0  0
0  0  0  1
0  1  1  1
```

016.4Lg (15)
worm(s)

```
2  0  0  6
0  1  1  1
1  1  0  2
0  0  0  0
```

016.4Lh (11)
worm fence

```
0  2  0  3
0  3  0  1
0  1  0  1
0  0  0  0
```

016.4Li (24)
zigzag

```
3  0  0  2
2  3  0  2
0  3  0  5
1  2  1  0
```

016.5Pa (140)
<poes(t)>

```
 9   4  5   4
16   5  4   6
15  15  7   8
 3  19  8  12
```

016.5Pb (245)
<poes(ts)>

```
27   8  14  29
23   7   6  14
17  11  16  13
19  19   5  17
```

016.5Pc (568)
<poest>

```
56  21  33  42
39  30  36  42
34  30  36  46
32  35  21  35
```

016.5Pd (373)
<poest(s)>

```
39  12  23  20
23  20  28  35
27  20  23  38
10  21  10  24
```

016.5Pe (95)
<poestIz=14>

```
3   4  5   1
8   6  6  12
9  10  5   3
1   8  6   8
```

016.5Pf (85)
<poests>

```
 6  3  1   4
 5  0  6   7
 5  3  4   4
14  9  2  12
```

016.6La (264)
fence +

```
22   4  26  28
10   7  21  19
21  13  21  20
17   5   8  22
```

016.6Lb (294)
rock +

```
31  3  33  41
10  3  22  38
20  7  23  20
15  2   6  20
```

016.6Lc (184)
rock fence

```
21  2  23  24
 4  1  12  14
16  6  15  14
13  1   4  14
```

016.6Ld (121)
rock wall

```
11  2  11  18
 6  3  10  26
 4  1   8   7
 3  1   2   8
```

016.6Le (161)
stone +

```
 5  3   8  13
10  6  14  17
11  8  12  16
 7  7   7  17
```

016.6Lf (71)
stone fence

```
1  2  4  5
4  4  7  5
5  5  5  6
2  4  5  7
```

016.6Lg (98)
stone wall

```
4  1  4  11
7  3  8  12
6  3  7  10
5  4  2  11
```

016.6Lh (38)
wall

```
1  0  1  4
0  1  4  9
1  4  1  3
1  1  2  5
```

016.6Li (231)
wall +

```
15  3  15  27
12  6  21  40
13  7  15  20
 8  5   6  18
```

017.1APa (637)
<chienA=14>

```
57  21  33  42
37  30  42  51
48  36  48  46
30  45  24  47
```

017.1APb (93)
<chienI=14>

```
 5  5  8  12
12  2  4   6
 2  8  4   4
 1  9  4   7
```

017.1La (52)
artificial egg

```
3  1  0  4
7  1  4  7
3  3  5  5
3  4  1  1
```

017.1Lb (313)
china egg

```
18   8  17  19
26   7  21  18
27  17  20  22
21  22  15  35
```

017.1Lc (8)
cymling

2	0	2	3
0	1	0	0
0	0	0	0
0	0	0	0

017.1Ld (42)
egg

3	2	1	2
3	2	4	6
2	4	4	3
0	4	1	1

017.1Le (21)
false egg

0	0	0	0
2	0	0	1
0	4	4	2
3	1	2	2

017.1Lf (85)
glass egg

8	1	1	6
13	4	2	3
11	4	5	2
7	11	3	4

017.1Lg (23)
gourd

5	2	1	5
1	2	1	3
0	3	0	0
0	0	0	0

017.1Lh (249)
nest egg

24	12	14	30
16	9	12	17
15	16	17	21
9	12	8	17

017.1BPa (83)
<chienAeg=143>

6	1	4	3
5	2	3	5
10	7	5	5
6	8	4	9

017.1BPb (23)
<chienAeg=241>

1	0	1	0
2	1	3	3
3	2	2	2
0	1	1	1

017.1BPc (68)
<chienAeg=341>

3	3	3	2
4	1	2	4
7	5	6	4
6	8	3	7

017.2La (562)
bucket

50	21	31	42
39	34	34	54
35	27	41	47
21	32	23	31

017.2Lb (20)
bucket of water

0	1	0	1
0	2	0	3
2	4	0	3
0	4	0	0

017.2Lc (70)
cedar bucket

6	5	6	3
3	7	7	9
3	8	4	3
0	5	0	1

017.2Ld (118)
pail

8	4	8	10
6	1	7	14
5	4	6	10
6	9	7	13

017.2Le (133)
water bucket

13	4	7	8
11	6	11	15
8	10	9	15
3	5	2	6

017.2Lf (26)
water pail

3	2	3	2
0	2	2	1
1	3	3	1
0	2	0	1

017.2Lg (73)
wooden bucket

9	2	1	4
4	0	3	3
9	5	6	2
6	9	2	8

017.3La (23)
aluminum bucket

5	1	1	2
1	1	1	1
2	1	0	0
0	4	0	3

017.3Lb (388)
bucket

32	18	19	28
20	17	23	31
26	24	23	29
23	34	13	28

017.3Lc (591)
bucket +

55	23	28	41
38	32	34	48
38	34	42	46
30	46	20	36

017.3Ld (16)
galvanized bucket

1	1	1	4
0	2	0	1
0	1	1	0
0	4	0	0

017.3Le (23)
metal bucket

0	1	0	1
2	3	0	5
3	1	1	1
2	3	0	0

017.3Lf (130)
milk bucket

12	6	4	2
15	7	12	9
6	11	17	12
3	5	5	4

017.3Lg (117)
milk pail

11	3	5	2
6	4	17	10
3	3	14	13
2	6	5	13

017.3Lh (345)
pail

31	15	26	25
20	11	21	32
23	16	20	28
19	16	15	27

017.3Li (456)
pail +

```
41 19 30 28
25 18 36 42
26 21 36 37
21 24 18 34
```

017.3Lj (72)
tin bucket

```
5 5 4 4
8 6 2 4
5 3 2 7
2 5 4 6
```

017.3Lk (28)
water bucket

```
5 1 1 2
0 1 2 2
3 1 6 2
0 1 0 1
```

017.4La (100)
bucket

```
 7 4 6  5
11 3 4 13
 3 0 7  7
 3 8 6 13
```

017.4Lb (69)
garbage can

```
3 6 2  4
4 1 8 15
0 6 4 11
1 2 2  0
```

017.4Lc (22)
pail

```
1 1 1 2
1 0 2 3
1 1 1 1
1 2 1 3
```

017.4Ld (531)
slop bucket

```
52 22 31 46
39 23 38 40
37 31 45 32
16 30 21 28
```

017.4Le (34)
slop can

```
2 0 2 0
2 2 1 1
5 7 2 3
4 1 1 1
```

017.4Lf (20)
slop pail

```
0 1 2 3
0 0 2 1
3 0 0 2
3 2 0 1
```

017.5La (47)
baker +

```
4 0 4 19
3 6 0  2
0 0 5  3
0 0 0  1
```

017.5Lb (108)
Dutch oven

```
11 9 4 6
 8 10 7 7
 3 4 8 7
 6 6 4 8
```

017.5Lc (21)
fryer +

```
0 0 0 0
1 0 0 3
1 1 9 2
0 1 3 0
```

017.5Ld (442)
frying pan +

```
22  9 12 17
24  7 27 51
27 20 38 55
29 37 19 48
```

017.5Le (40)
frypan

```
1 2 2 3
0 1 1 4
4 3 5 3
1 2 2 6
```

017.5Lf (22)
griddle +

```
0 1 1 0
0 1 0 1
2 0 1 8
1 0 2 4
```

017.5Lg (70)
iron skillet

```
17 3 4 4
 4 2 2 5
 7 5 5 2
 3 1 3 3
```

017.5Lh (58)
oven

```
2 3 6 9
2 8 4 7
0 6 3 1
0 2 2 3
```

017.5Li (168)
oven +

```
13 13 12 15
10 18 11 14
 3 10 10  8
 6  8  6 11
```

017.5Lj (53)
pan + [exc. frying pan]

```
4 2 0  2
3 3 6 10
2 3 1  8
3 2 0  4
```

017.5Lk (631)
skillet

```
62 31 35 48
49 35 46 44
44 40 43 35
27 41 19 32
```

017.5Ll (699)
skillet +

```
76 34 40 53
51 41 47 49
48 44 49 36
29 44 22 36
```

017.5Lm (81)
spider +

```
2 2 1  6
2 2 1  6
0 1 9 25
1 0 9 14
```

017.6La (42)
black pot

```
4 1 1 4
4 4 3 8
0 5 4 2
0 1 0 1
```

017.6Lb (20)
boiler

```
1 0 0 2
0 1 0 2
2 1 3 1
1 4 1 1
```

017.6Lc (14)
boiling pot

0	0	1	1
0	0	0	0
3	1	0	2
2	1	2	1

017.6Ld (17)
dinner pot

5	0	1	1
1	1	2	2
1	1	0	0
0	0	0	2

017.6Le (38)
iron kettle

2	4	0	7
3	4	2	0
2	1	2	3
0	3	3	2

017.6Lf (88)
iron pot

11	3	1	7
8	6	4	4
4	7	7	7
0	9	2	8

017.6Lg (355)
kettle

28	12	30	33
19	9	20	25
24	19	28	18
19	27	17	27

017.6Lh (265)
pot

23	15	9	22
21	15	14	20
14	18	17	22
15	14	4	22

017.6Li (22)
syrup kettle

0	0	0	0
1	1	0	1
0	0	8	3
0	2	3	3

017.6Lj (32)
tub

5	1	0	0
5	1	0	1
2	2	4	2
4	1	2	2

017.6Lk (57)
wash kettle

13	8	10	6
3	1	1	1
1	3	1	3
3	3	0	0

017.6Ll (397)
washpot

30	13	2	9
36	19	31	39
34	29	41	40
9	19	17	29

017.6Lm (32)
washtub

3	1	2	2
2	2	0	6
2	0	3	2
2	2	0	3

017.6Pa (123)
<ke{r}L=14>

7	3	6	8
12	7	6	9
10	10	9	7
8	8	7	6

017.6Pb (279)
<ke{t}L=14>

28	10	19	22
15	8	14	21
25	11	23	16
21	22	10	14

017.6Pc (64)
<ki{r}L=14>

5	2	6	7
8	2	12	3
2	5	2	2
1	2	1	4

017.6Pd (119)
<ki{t}L=14>

17	9	4	12
10	3	2	2
11	10	6	6
5	10	8	4

017.7La (41)
flower vase

3	4	3	6
5	1	1	2
2	1	2	4
0	4	1	2

017.7Lb (257)
flowerpot

18	19	21	11
13	12	19	29
9	9	28	24
5	15	11	14

017.7Lc (15)
jar

1	1	0	0
2	0	0	0
2	3	0	0
0	3	2	1

017.7Ld (25)
planter

3	0	3	4
2	0	2	5
0	0	1	0
2	1	0	2

017.7Le (89)
pot

7	3	6	5
5	6	6	6
2	2	5	8
11	2	6	9

017.7Lf (687)
vase

62	22	39	49
39	24	43	58
45	40	56	50
34	49	28	49

017.7Pa (560)
<vais>

45	21	37	48
29	18	37	53
35	32	45	42
25	34	20	39

017.7Pb (82)
<vaisIz=14>

16	1	2	5
3	8	3	5
4	4	10	6
3	6	4	2

017.8APa (594)
<spuen>

49	20	36	40
39	18	38	51
45	38	41	44
31	44	23	37

017.8APb (120)
<spuenz>

```
18   9   5   3
 5   7   9  10
 5   3  13   8
 5   5   2  13
```

017.8BPa (505)
<nief>

```
42  20  29  17
30  29  29  44
31  32  40  31
33  46  20  32
```

017.8BPb (219)
<nievz>

```
23  14  16  12
13   7   8  15
18  13  14   9
13  18   8  18
```

017.8BPc (85)
<niev{z}>

```
 5   0   1   4
 9   2   7  10
 5   4   8   7
 5   5   8   5
```

017.8BPd (252)
<n{ie}f>

```
23   6  12  36
19  11  14  25
19  17  16  17
 4  11   9  13
```

017.8BPe (211)
<n{ie}vz>

```
17  11  13  20
13  12  11  15
14  12  20  12
 5  15   6  15
```

017.8CPa (53)
<faw(r)k>

```
 2   1   4   0
 6   3   2   6
 4   4   4   7
 0   2   4   4
```

017.8CPb (82)
<fawrk>

```
 8   4   6   6
 9   1   7   7
 5   3   5   3
 2  10   1   5
```

017.8CPc (85)
<foe[r]k>

```
 2   3   1   1
 5   1   5  10
 4   6   9  12
 3  12   4   7
```

017.8CPd (249)
<foerk>

```
31   3  18  43
10  10  17  16
14  11  11  17
13   6   9  20
```

017.8CPe (57)
<foerks>

```
 9   4   4   0
 1   2   9   4
 5   1   5   1
 3   1   3   5
```

018.1Pa (97)
<wawsh>

```
 6   3   4  11
10   1   3   9
10   2   3   7
 8  16   1   3
```

018.1Pb (435)
<wosh>

```
32  17  24  15
26  22  24  43
22  27  43  33
20  24  21  42
```

018.1Pc (192)
<w{o}sh>

```
 7   5   4   5
12  10  23  27
 6  17  18  28
 4  14   2  10
```

018.2Pa (73)
<rench>

```
 4   4   3   5
 7   8   3   7
 3   6   4   4
 2   6   1   6
```

018.2Pb (157)
<rinch>

```
21   8  10  10
13   5   7  11
 8  13   9  15
 1  13   7   6
```

018.2Pc (209)
<rints>

```
23   9  11  12
10   7  14  20
14   3  19  16
 9  15  10  17
```

018.2Pd (134)
<rintsIz=14>

```
 2   0  11  11
 8   5   9  14
 7   7   9   7
12  12   5  15
```

018.3La (32)
dish towel

```
 2   2   1   1
 4   1   1   3
 4   0   2   1
 0   8   2   0
```

018.3Lb (208)
dishcloth

```
11   3   7  13
10   6  15  25
 7  18  21  15
12  15  11  19
```

018.3Lc (494)
dishrag

```
48  15  35  39
32  21  32  34
33  30  44  32
18  27  20  34
```

018.3Ld (36)
rag

```
 6   5   1   0
 3   4   0   2
 4   3   1   1
 0   3   1   2
```

018.3Le (48)
washcloth

```
 5   4   1   4
 4   2   3   4
 3   1   3   3
 1   4   1   5
```

018.3Lf (43)
washrag

```
 6   1   0   2
 2   2   1   4
 2   3   2   0
 7   4   3   4
```

018.4La (16)
cloth

```
3  0  1  2
0  3  0  4
0  1  0  0
2  0  0  0
```

018.4Lb (279)
cloth +

```
20  11  16  12
19  11  29  40
11  18  27  23
 9  10  12  11
```

018.4Lc (49)
cup towel

```
 2  3  7  0
 3  2  3  4
10  2  1  0
 9  0  2  1
```

018.4Ld (250)
dish towel

```
20  12  11  18
10   9  19  13
19   8  23  14
13  21   9  31
```

018.4Le (60)
dishcloth

```
7  1  2  1
4  1  6  5
6  5  7  2
3  4  3  3
```

018.4Lf (40)
dishrag

```
2  0  1  3
4  0  2  3
1  2  3  6
2  5  1  5
```

018.4Lg (52)
dry cloth

```
3  1  3  2
3  1  3  8
1  4  7  7
1  0  3  5
```

018.4Lh (29)
dry rag

```
2  1  1  2
1  0  1  0
2  2  3  3
0  4  2  5
```

018.4Li (154)
drying cloth

```
11   8  10   6
12   6  20  25
 4   9  14  13
 2   5   6   3
```

018.4Lj (203)
dry(ing) cloth +

```
13   9  13   8
14   7  23  33
 5  13  20  20
 3   5   9   8
```

018.4Lk (86)
drying rag

```
13  2  8  8
 7  6  4  4
 5  8  6  1
 0  5  4  5
```

018.4Ll (114)
dry(ing) rag +

```
15   3   9  10
 8   6   5   4
 7  10   9   4
 0   9   6   9
```

018.4Lm (47)
dry(ing) towel +

```
5  4  7  7
1  1  4  6
1  5  5  0
0  0  0  1
```

018.4Ln (175)
rag +

```
19   4  11  15
14   9   8   8
 9  13  12  11
 3  16   9  14
```

018.4Lo (13)
tea towel

```
9  1  0  0
0  0  0  0
0  0  0  0
1  0  1  1
```

018.4Lp (73)
towel

```
2  2  4  5
6  2  5  6
2  7  4  6
3  8  3  8
```

018.4Lq (399)
towel +

```
34  20  25  29
19  14  29  27
31  20  29  19
25  27  12  39
```

018.5La (71)
bath cloth

```
3  3   1   1
2  4   4  10
3  5  19  11
0  1   3   1
```

018.5Lb (25)
bath rag

```
1  0  1  0
1  6  3  3
3  4  2  0
1  0  0  0
```

018.5Lc (374)
cloth +

```
33  13  25  27
15  12  22  31
24  16  31  28
14  26  18  39
```

018.5Ld (23)
face rag

```
2  1  1  0
2  0  2  1
2  1  1  2
1  5  1  1
```

018.5Le (27)
face towel

```
0  0  0  1
6  1  1  1
4  4  0  0
2  5  0  2
```

018.5Lf (44)
facecloth

```
2  1  6  0
1  3  5  2
2  3  4  1
2  6  3  3
```

018.5Lg (379)
rag +

```
32   7  21  27
29  16  23  27
30  27  26  24
20  23  19  28
```

018.5Lh (41)
towel +

```
0  2  0  1
6  1  2  2
6  6  2  0
3  7  1  2
```

018.5Li (275)
washcloth

```
29 10 17 26
11  6 16 22
20  9 11 17
11 20 12 38
```

018.5Lj (324)
washrag

```
29  6 19 26
27 11 18 22
23 21 23 22
17 17 17 26
```

018.6La (179)
bath towel

```
16  7 10 12
18  8 15 17
13 10 12  9
 8  8  5 11
```

018.6Lb (42)
hand towel

```
3  0  3  5
2  2  4 10
2  0  4  3
0  2  0  2
```

018.6Lc (579)
towel

```
49 18 29 40
36 18 36 55
31 34 47 44
30 45 21 46
```

018.6Pa (269)
<towL=14>

```
 9  4  9  3
15 11 25 35
14  9 33 27
11 27 10 27
```

018.6Pb (68)
<tow[l]>

```
11  3  3  2
 3  3  3  2
 4  6  1  3
 5  8  4  7
```

018.6Pc (325)
<towl>

```
31 14 30 43
28  5 18 20
25 20 17 14
18 12 10 20
```

018.7La (664)
faucet [at sink]

```
66 27 41 45
44 28 41 53
39 40 51 42
33 52 22 40
```

018.7Lb (217)
faucet [on container]

```
 8  7  6 11
24 12  5 20
15 21 16 25
11 25  4  7
```

018.7Lc (303)
faucet [outside]

```
18  8 15 18
32 11 13 15
26 22 18 12
22 46 11 16
```

018.7Ld (739)
faucet +

```
70 29 42 48
49 35 44 64
44 43 53 60
35 57 22 44
```

018.7Le (48)
hydrant [at sink]

```
 4  1  0  0
 5  3  1  3
10  6  3  1
 2  4  4  1
```

018.7Lf (219)
hydrant [outside]

```
38 13 11 10
13 24 16  8
22 21 18  1
13  8  2  1
```

018.7Lg (242)
hydrant +

```
41 13 11 10
14 25 17 10
26 23 20  3
14  8  5  2
```

018.7Lh (10)
outside faucet

```
0  0  4  1
0  0  1  1
1  0  0  1
1  0  0  0
```

018.7Li (125)
spicket [at sink]

```
3  4  0 19
0  2  7 18
3  2 13 22
1  3  8 20
```

018.7Lj (110)
spicket [on container]

```
5  3  2 15
4  5  8  7
5  2 13 11
8  3  7 12
```

018.7Lk (157)
spicket [outside]

```
2  1  3 27
2  0  6 16
2  1 16 36
0  2 13 30
```

018.7Ll (269)
spicket +

```
9  5  3 39
5  7 15 35
5  6 25 45
9  7 16 38
```

018.7Lm (38)
spigot [at sink]

```
3  1  0  5
0  0  4 11
0  0  1  7
0  2  1  3
```

018.7Ln (58)
spigot [on container]

```
10  5  1  1
 4  6  0  6
 9  1  1  4
 4  5  0  1
```

018.7Lo (33)
spigot [outside]

```
3  0  1  5
0  1  0  4
0  2  2  9
0  2  1  3
```

018.7Lp (104)
spigot +

14	6	2	10
4	6	4	14
9	2	4	10
4	8	1	6

018.7Lq (60)
spout [on container]

10	1	0	2
5	5	2	0
8	4	3	2
8	5	3	2

018.7Lr (69)
spout +

10	2	0	2
6	5	3	0
8	6	5	3
8	5	3	3

018.7Ls (23)
tap [at sink]

2	1	2	2
0	0	3	0
1	2	3	3
1	1	1	1

018.7Lt (24)
tap [on container]

3	0	1	5
0	1	1	0
2	0	5	0
0	3	1	2

018.7Lu (47)
tap +

5	1	3	7
0	1	3	0
3	2	7	5
1	4	2	3

018.7Lv (26)
water faucet +

2	1	1	0
3	1	2	1
3	1	1	4
5	0	0	1

018.8Ga (197)
<!burst>

14	5	17	15
12	4	19	16
16	7	13	9
13	10	7	20

018.8Gb (57)
<!bus(t)>

6	0	1	1
14	3	2	5
4	7	2	2
0	3	4	3

018.8Gc (183)
<!bust>

16	7	10	11
17	10	6	10
10	13	13	16
9	16	10	9

018.8Gd (43)
<!bu[r]st>

1	2	0	1
2	4	3	8
2	7	5	1
1	2	3	1

018.8Ge (39)
<!bu{r}st>

2	3	2	1
0	2	5	4
4	3	2	2
4	2	1	2

018.8Gf (19)
<*bu[r]st>

0	0	1	1
2	0	1	2
2	3	2	2
0	1	2	0

018.8Gg (100)
<*burst>

5	4	5	7
6	4	8	10
9	3	6	5
8	8	3	9

018.8Gh (82)
<*burstId=14>

4	4	11	8
9	1	8	7
3	2	4	4
2	5	3	7

018.8Gi (175)
<*bustId=14>

13	4	13	7
14	5	3	13
10	15	13	14
11	19	8	13

018.8Gj (33)
<#burst>

0	0	0	0
4	0	0	3
6	1	1	0
7	7	1	3

018.8Gk (38)
<#burstId=14>

0	2	2	3
7	0	2	2
5	2	2	2
3	1	2	3

018.8Gl (97)
<#bustId=14>

8	1	4	1
10	2	1	7
10	7	5	4
6	13	11	7

019.1Pa (429)
<barL=14>

30	19	17	28
28	23	28	37
22	19	33	42
22	29	18	34

019.1Pb (112)
<barLz=14>

12	1	8	6
5	6	9	12
6	3	12	7
4	10	0	11

019.1Pc (71)
<berL=14>

14	2	4	10
4	2	2	1
5	2	5	4
5	3	3	5

019.2La (95)
barrel

5	6	4	4
4	4	12	10
2	9	9	8
5	7	2	4

019.2Lb (141)
bucket

20	7	8	3
11	14	10	10
15	12	7	6
4	5	6	3

019.2Lc (221)
can

13	9	9	9
13	12	15	17
10	23	21	20
11	21	10	8

019.2Ld (25)
jar

0	1	2	1
1	1	2	2
5	0	0	0
4	3	0	3

019.2Le (55)
jug

3	4	1	1
5	3	5	11
4	3	5	2
0	5	0	3

019.2Lf (21)
keg

2	1	0	2
1	0	1	3
3	0	1	1
0	2	1	3

019.2Lg (20)
pitcher

1	2	1	0
1	5	0	3
1	2	1	1
0	2	0	0

019.2Lh (122)
stand

18	17	32	7
4	9	13	2
3	6	2	3
0	3	0	3

019.2Li (18)
tub

1	0	0	1
1	0	1	6
0	2	0	2
1	2	0	1

019.3La (723)
funnel

48	27	40	56
44	27	51	68
47	40	56	52
37	48	30	52

019.4La (124)
buggy whip

21	5	4	4
9	9	6	6
7	6	12	11
5	6	6	7

019.4Lb (10)
crop

0	0	0	0
0	1	0	2
0	0	1	3
0	1	0	2

019.4Lc (13)
quirt

2	0	0	0
3	0	0	0
5	0	0	0
3	0	0	0

019.4Ld (35)
switch

1	1	4	1
6	1	4	2
1	4	3	3
1	3	0	0

019.4Le (666)
whip

48	19	41	53
40	27	48	59
43	33	54	45
33	43	29	51

019.4Pa (133)
<w(h)ip>

9	4	8	6
8	4	6	7
12	2	4	10
11	20	7	15

019.4Pb (578)
<whip>

55	19	31	47
35	29	43	59
36	32	49	36
23	22	23	39

019.4Pc (54)
<whoop>

5	1	0	4
5	6	5	3
3	3	6	6
0	4	2	1

019.4Sa (223)
|DAE| [ɪ ˒]

23	5	11	5
15	13	13	26
8	10	12	18
13	20	11	20

019.4Sb (149)
|DAE-maj| [ɪ ˒ ə]

10	11	5	8
6	3	11	16
8	9	16	19
4	9	3	11

019.5La (340)
bag

16	5	15	22
21	11	24	35
18	20	35	25
21	29	14	29

019.5Lb (625)
bag +

44	16	26	38
44	22	39	61
28	35	55	62
26	53	25	51

019.5Lc (25)
grocery bag

0	1	0	1
1	1	5	3
0	1	2	7
1	0	1	1

019.5Ld (354)
paper bag

31	12	13	23
26	16	14	34
13	20	30	38
10	37	12	25

019.5Le (33)
paper poke

6	0	5	15
0	0	3	3
0	0	0	0
0	0	1	0

019.5Lf (220)
paper sack

30	10	13	11
11	14	17	21
13	12	13	16
13	8	8	10

019.5Lg (81)
poke

14	2	7	32
2	1	3	12
0	0	2	2
0	0	0	4

019.5Lh (109)
poke +

19	2	12	43
2	1	6	15
0	0	2	2
0	0	1	4

019.5Li (193)
sack

24	8	16	11
4	7	21	20
19	7	15	16
5	6	4	10

019.5Lj (387)
sack +

51	17	27	21
14	21	35	39
30	18	25	28
17	13	12	19

019.5Pa (349)
<paipR=14>

46	11	25	47
18	11	30	20
21	13	18	17
21	16	11	24

019.5Pb (356)
<paip[R]=14>

14	8	14	2
26	25	17	45
13	29	35	41
14	36	13	24

019.5Pc (107)
<paip{R}=14>

9	8	6	3
9	5	5	6
10	4	10	9
6	8	5	4

019.5Sa (250)
|O..-e..| [æɪ~æ^{ɪ}]

24	13	14	27
20	12	13	23
14	11	15	21
13	10	6	14

019.5Sb (548)
|O..-k..| [æ^{ɛ}~æ·^{ɛ}]

51	16	23	27
30	31	36	55
34	32	40	47
21	45	23	37

019.6La (77)
bag

3	3	7	7
3	5	7	8
3	1	6	7
0	4	5	8

019.6Lb (210)
bag +

9	10	16	21
13	10	13	27
9	6	14	17
6	12	9	18

019.6Lc (80)
cloth bag

4	5	8	8
5	6	6	10
3	3	4	6
2	2	2	6

019.6Ld (110)
cloth sack

9	2	4	4
10	6	5	15
7	9	9	8
5	9	2	6

019.6Le (37)
cotton sack

3	4	2	0
4	4	1	1
5	2	1	4
1	4	0	1

019.6Lf (146)
flour sack

18	3	3	4
19	4	8	16
11	9	6	12
11	8	7	7

019.6Lg (14)
hundred-pound
sack

4	0	0	1
2	3	1	0
0	0	2	0
0	1	0	0

019.6Lh (9)
poke +

1	1	2	4
0	0	0	1
0	0	0	0
0	0	0	0

019.6Li (358)
sack

30	13	16	21
29	18	22	17
22	25	28	28
16	32	16	25

019.6Lj (641)
sack +

63	22	25	30
55	38	38	49
42	40	47	47
32	51	25	37

019.6Lk (56)
sack of flour

4	2	2	2
3	6	2	0
6	5	4	5
3	8	2	2

019.6Ll (21)
sugar sack

3	2	1	0
0	1	2	4
1	2	2	1
1	0	1	0

019.7La (95)
burlap [n.]

7	3	3	8
4	3	8	8
7	6	6	13
4	9	0	6

019.7Lb (109)
burlap bag

8	4	5	9
5	2	4	13
4	4	7	13
7	4	5	15

019.7Lc (93)
burlap sack

5	0	5	7
10	1	7	10
5	1	7	7
8	13	3	4

019.7Ld (32)
cornsack

```
 2   0   0   0
 0   0   1   1
 1   5   2   0
 1   6  11   2
```

019.7Le (22)
crocus bag

```
 0   0   0   0
 0   0   0   6
 0   1   2  10
 0   0   0   3
```

019.7Lf (235)
crocus sack

```
 9   5   2   3
15  23  12  28
 7  25  30  26
 4  14  12  20
```

019.7Lg (36)
croker bag

```
 0   0   0   0
 0   0   1   3
 0   0   3  13
 0   0   1  15
```

019.7Lh (120)
croker sack

```
 5   3   0   1
14   7   8   5
 8  11  18  12
 0   7  11  10
```

019.7Li (44)
feed sack

```
 4   1   1   4
 4   2   3   0
 2   3   6   0
 5   6   1   2
```

019.7Lj (74)
grass sack

```
 2   3   3   7
29   2   0   0
 2  12   0   0
 3  11   0   0
```

019.7Lk (12)
guano sack

```
 0   0   0   0
 0   0   0   5
 0   0   1   5
 0   0   1   0
```

019.7Ll (108)
gunnysack

```
19   0   2   5
 8   1   1   4
 9   8   1   5
14  15   5  11
```

019.7Lm (8)
jute sack

```
 0   1   0   0
 0   0   1   4
 0   0   1   1
 0   0   0   0
```

019.7Ln (25)
potato sack

```
 0   1   2   4
 0   0   2   2
 1   1   1   1
 1   2   4   3
```

019.7Lo (52)
sack

```
 1   3   2   9
 0   4   2   4
 3   2   3   5
 4   5   1   4
```

019.7Lp (315)
tow sack

```
60  22  36  40
28  21  21  15
33   6   4   1
17   7   0   4
```

019.8La (108)
armful

```
 5   2   8  12
 5   0   2  14
11   8   9   5
 9   6   1  11
```

019.8Lb (255)
armful +

```
12   7  17  22
16   5  12  24
22  18  17  17
19  26   7  14
```

019.8Lc (140)
armful (of wood)

```
 6   5   9  10
11   4  10  10
 9  10   9  12
 7  20   6   2
```

019.8Ld (75)
armload

```
 6   0   5  12
 7   1   2   7
 4   4   5   4
 5   8   1   4
```

019.8Le (186)
armload +

```
14   4   9  20
18   5   9  14
15  14  10   9
10  18   6  11
```

019.8Lf (111)
armload (of wood)

```
 8   4   4   8
11   4   7   7
11  10   5   5
 5  10   5   7
```

019.8Lg (79)
bushel

```
 3   2   5  17
 6   5   5   9
 7   4   8   6
 1   0   1   0
```

019.8Lh (195)
bushel +

```
13   6   8  21
15  15  20  25
14  13  15  12
 7   4   3   4
```

019.8Li (117)
bushel (of corn)

```
10   4   4   4
 9  10  15  16
 7   9   7   6
 6   4   2   4
```

019.8Lj (39)
half a bushel +

```
 2   3   1   5
 2   2   0   3
 5   4   4   3
 1   0   2   2
```

019.8Lk (30)
half a bushel
(of corn)

```
 2   3   1   1
 2   1   0   2
 4   4   3   3
 1   0   2   1
```

019.8Ll (86)
half a load +

```
 0  0  1  8
11  0  2  3
15  5  5  2
13  8  5  8
```

019.8Lm (22)
half load

```
0  0  1  1
1  0  0  2
2  2  2  1
4  0  2  4
```

019.8Ln (34)
jag +

```
 0  1  2  7
 4  0  1  0
14  0  0  0
 3  1  0  1
```

019.8Lo (43)
load

```
1  1  1  5
3  0  2  3
5  2  2  5
3  4  3  3
```

019.8Lp (136)
load +

```
 8   3  8  13
12   7  9  15
 8   7  6   9
 6  12  6   7
```

019.8Lq (17)
load (of corn)

```
1  1  0  0
1  0  1  4
0  0  1  1
2  2  2  1
```

019.8Lr (83)
load (of wood)

```
6  1  7  8
9  7  6  9
4  5  4  3
1  7  2  4
```

019.8Ls (36)
part load +

```
0  0  1  3
7  0  2  1
5  4  5  0
3  5  0  0
```

019.8Lt (21)
part of a load

```
0  0  1  0
4  0  1  1
3  3  3  0
3  2  0  0
```

019.8Lu (42)
peck

```
3  3  1  4
4  2  2  2
4  7  2  4
0  0  2  2
```

019.8Lv (68)
peck +

```
4  4  1  4
5  4  5  4
9  9  5  5
1  1  3  4
```

019.8Lw (27)
peck (of corn)

```
1  1  0  0
2  2  3  2
5  2  3  1
1  1  1  2
```

019.8Lx (23)
piece (of a) load

```
1  0  0  0
4  0  0  2
4  2  1  2
0  2  0  5
```

019.8Ly (15)
rick +

```
4  0  4  1
1  1  0  0
3  0  0  0
1  0  0  0
```

019.8Lz (10)
rick (of wood)

```
3  0  3  0
0  1  0  0
3  0  0  0
0  0  0  0
```

019.8Laa (21)
sack +

```
1  1  2  1
1  2  4  1
1  1  1  1
0  3  0  1
```

019.8Lab (46)
turn

```
1  3  3  3
2  3  2  8
0  3  9  1
1  2  1  4
```

019.8Lac (239)
turn +

```
20  12  26  26
 8  15  18  18
 4  16  34  11
 1   6  11  13
```

019.8Lad (139)
turn (of corn)

```
18   9  24  17
 4  11  15   6
 4   8  10   2
 0   2   5   4
```

019.8Lae (13)
turn (of meal)

```
1  0  1  6
0  0  3  0
1  0  0  0
0  0  0  1
```

019.8Laf (83)
turn (of wood)

```
2   0   2  1
5   2   3  5
0  10  24  9
0   3  10  7
```

019.8Lag (17)
wagonload

```
4  0  0  4
4  0  0  1
0  0  1  1
0  0  1  1
```

019.8Lah (33)
wagonload +

```
5  0  0  4
5  2  0  1
2  2  1  4
3  0  2  2
```

019.9La (526)
bulb

```
46  21  32  34
37  17  36  47
31  33  38  37
20  35  25  37
```

019.9Lb (20)
electric bulb

```
1  2  5  1
1  0  0  1
1  1  0  2
2  1  0  2
```

019.9Lc (27)
globe

```
4  1  0  1
2  1  0  1
5  1  0  1
3  5  0  2
```

019.9Ld (421)
light bulb

```
28  13  30  43
28  22  30  29
36  19  30  29
24  18  16  26
```

019.9Pa (59)
<boo[l]b>

```
2  2  4  3
4  1  1  9
3  6  7  9
1  0  3  4
```

019.9Pb (59)
<bu(l)b>

```
10  1  2  1
 5  2  8  7
 4  3  2  4
 2  3  2  3
```

019.9Pc (346)
<bu[l]b>

```
27  15  22  32
20  13  28  27
18  26  30  21
 6  20  15  26
```

019.9Pd (274)
<bulb>

```
25   9  18  22
15   8  18  18
21  10  14  16
23  25  12  20
```

019.9Sa (99)
|NAD| [ʌ‹]

```
9   3  6   2
5   9  4   6
5   4  4  11
5  10  6  10
```

019.9Sb (43)
|NAD-faj| [ʌ‹ɤ]

```
4  1  1  0
3  2  3  3
2  5  1  6
2  4  5  1
```

020.1La (519)
basket

```
41  20  30  34
37  18  37  41
40  32  33  34
24  43  23  32
```

020.1Lb (195)
clothes basket

```
20   4   9  19
 9   7  12  18
 7  12  24  18
 7   6   7  16
```

020.1Lc (55)
laundry basket

```
8  2  4  5
1  2  5  7
3  2  2  2
1  3  2  6
```

020.1Ld (29)
tub

```
4  1  1  3
2  0  2  2
1  1  2  4
1  1  0  4
```

020.1Pa (673)
<basklt=14>

```
57  20  37  53
37  27  46  58
42  38  56  45
31  51  26  49
```

020.2Pa (192)
<kag>

```
 7   6   5  16
18   6  11  16
13  16  14  18
 5  14  10  17
```

020.2Pb (77)
<kagz>

```
11  5  6  6
 9  2  3  4
 2  7  5  6
 2  2  1  6
```

020.2Pc (61)
<kaig>

```
6  1  3  6
0  0  7  9
4  0  7  5
2  4  3  4
```

020.2Pd (380)
<keg>

```
28  11  19  25
22  21  29  37
27  20  24  24
24  32  15  22
```

020.2Pe (89)
<kegz>

```
16  5   8  6
 6  4   2  8
 5  0  12  6
 3  4   2  2
```

020.3Pa (207)
<hoop>

```
23   8  18  14
14   5  15  17
19  10  13  13
 9  15   5   9
```

020.3Pb (318)
<hoops>

```
34   5  16  32
23  14  18  29
19  23  25  22
 9  17  12  20
```

020.3Pc (116)
<huep>

```
 4   5  8   8
11   3  8   5
 7   5  8   5
 9  10  6  14
```

020.3Pd (83)
<hueps>

```
5  6  5  5
1  6  3  6
8  1  8  3
9  6  4  7
```

020.4La (612)
cork

```
60  19  35  56
41  28  37  48
39  30  34  35
34  43  20  53
```

020.4Lb (92)
cork stopper

```
 3  3  3  0
 3  4  3 13
 3  9 12 15
 1 11  5  4
```

020.4Lc (495)
stopper +

```
37 15 20 24
43 27 33 44
31 26 44 38
25 29 24 35
```

020.4Ld (36)
top +

```
 3  1  3  1
 4  2  1  4
 3  2  1  2
 2  0  3  4
```

020.4Pa (84)
<kawrk>

```
 6  6 10  5
 9  3  5  4
 4  2  4  2
 6  9  3  6
```

020.4Pb (118)
<koe[r]k>

```
 2  4  4  1
 7 12  6 10
 2  9 17 14
 4 14  6  6
```

020.4Pc (315)
<koerk>

```
45  4 19 43
17  9 26 22
21 11 17 15
14  9 12 31
```

020.4Pd (53)
<koe{r}k>

```
 3  2  1  0
 2  5  3  6
 3  2  5  4
 4  7  0  6
```

020.5La (292)
French harp

```
48 12 31 41
27 18 25 17
26 18  3  0
14 12  0  0
```

020.5Lb (430)
harmonica

```
34 18 23 21
21 15 31 45
26 14 37 29
30 36 15 35
```

020.5Lc (334)
harp

```
19 12  6 11
19 24 19 44
10 27 49 37
 6 10 22 19
```

020.5Ld (72)
mouth harp

```
 3  0  2  2
 3  1  0  6
 4  3  1 14
 3  8  6 16
```

020.5Le (87)
mouth organ

```
 4  2  3  2
 1  4  2  7
 3  0  3 19
 6  5  4 22
```

020.6La (14)
harp

```
 1  0  0  0
 1  0  0  0
 2  1  2  1
 1  3  0  2
```

020.6Lb (419)
Jew's harp

```
43 21 29 38
26 18 26 44
22 17 27 35
20 20 11 22
```

020.6Lc (276)
juice harp

```
27 10 10 20
23 16 20 29
11 17 28 24
 2 11 11 17
```

020.7Pa (57)
<ha[m]mR=14>

```
 7  1  0 12
 3  1  8  5
 3  2  2  1
 3  2  3  4
```

020.7Pb (93)
<ha[m]m[R]=14>

```
 2  2  5  0
11  4  6  9
 6 13  7  7
 1 10  4  6
```

020.7Pc (103)
<hamR=14>

```
11  3  6 18
 3  2 10 11
 5  2  7  6
 5  2  2 10
```

020.7Pd (75)
<ham[R]=14>

```
 1  3  4  1
 5 10  2 12
 1  6  4 12
 0  9  2  3
```

020.7Pe (199)
<hammR=14>

```
33  8 14 19
16  4 11 11
16  4  9 10
15  6  9 14
```

020.7Pf (147)
<hamm[R]=14>

```
 5  3  4  1
12 10  7 20
 9  8 18 17
 7 13  6  7
```

020.7Sa (154)
|OAA-kaj| [æᵋ]

```
14  2  7 20
 7  6 11 21
 2  8 13 15
 5  7  8  8
```

020.7Sb (149)
|OAB/-k.j|
[æ^~æ^ᵋ]

```
21  9  8  4
 9  7  5  8
12  6 11  9
 7 13  4 16
```

020.8La (15)
pole

```
 1  1  0  0
 1  1  1  2
 0  0  3  1
 0  2  1  1
```

020.8Lb (23)
pole +

```
3  1  0  0
2  2  3  3
0  0  4  1
0  2  1  1
```

020.8Lc (17)
shaft

```
0  0  0  0
2  0  2  0
1  1  0  3
0  5  1  2
```

020.8Ld (674)
tongue +

```
67  29  36  53
51  38  43  60
41  40  54  45
26  36  22  33
```

020.8Le (103)
wagon tongue

```
9  4  6  4
5  6  11  14
8  5  7  9
4  3  2  6
```

020.9La (22)
buggy shafts

```
1  2  1  0
1  1  3  3
2  3  2  1
1  0  1  0
```

020.9Lb (531)
shafts

```
43  21  31  43
36  26  31  50
31  36  45  43
13  30  18  34
```

021.1La (18)
band

```
4  1  1  1
2  1  0  1
1  0  3  2
1  0  0  0
```

021.1Lb (49)
felly

```
8  3  2  7
3  4  0  4
2  7  4  1
1  1  0  2
```

021.1Lc (16)
felly [=rim]

```
3  1  3  0
2  1  0  2
1  0  1  2
0  0  0  0
```

021.1Ld (73)
felly [=section of
wheel]

```
10  5  4  11
10  7  1  1
 3  4  4  2
 4  4  3  0
```

021.1Le (144)
felly +

```
24  9  10  18
15  12  1  7
 7  12  9  5
 5  5  3  2
```

021.1Lf (226)
rim

```
19  12  11  11
 9  18  14  20
 7   8  23  21
 7  10  12  24
```

021.1Lg (161)
rim [metal]

```
 8   6  5  14
19   7  9   8
15  12  9  10
10  10  8  11
```

021.1Lh (132)
rim [wooden]

```
 9   2  11  18
15   2   5   9
 9  13   6   6
 8  12   2   5
```

021.1Li (537)
rim +

```
40  22  30  43
40  30  29  39
30  33  39  38
25  37  22  40
```

021.1Lj (213)
tire [metal]

```
25   7  15  20
18  13  10  16
11  17  14  14
 6  11   6  10
```

021.1Lk (257)
tire +

```
33   7  21  23
23  14  14  19
11  17  18  18
 7  13   6  13
```

021.1Ll (27)
wagon tire

```
4  0  4  3
2  2  3  2
0  0  3  2
0  0  0  2
```

021.2La (549)
singletree

```
59  23  32  33
43  36  31  45
33  37  41  41
16  36  14  29
```

021.2Lb (55)
swingletree

```
3  1  6  16
1  0  3   0
0  0  7   6
0  1  3   8
```

021.3La (38)
double singletree

```
1  1  1  2
6  0  4  4
0  5  1  4
0  3  2  4
```

021.3Lb (418)
doubletree

```
42  19  30  35
35  31  31  28
23  32  31  25
12  21   8  15
```

021.4La (45)
carry(ing) +

```
3  5  3  4
2  0  2  7
1  1  3  3
3  4  0  4
```

021.4Lb (735)
haul(ed/ing) +

```
60  25  41  52
54  42  44  65
41  43  55  56
36  46  28  47
```

021.5Ga (494)
<!drag>

26	20	21	37
39	19	26	44
38	29	36	37
29	35	20	38

021.5Gb (43)
<@dragN=14>

3	2	3	5
1	2	2	5
1	1	1	5
3	4	1	4

021.5Gc (181)
<*dragd>

9	3	10	14
5	5	12	17
18	9	11	15
12	20	4	17

021.5Gd (423)
<*drug>

32	13	23	35
33	15	32	47
20	26	23	42
19	16	19	28

021.5Ge (138)
<#dragd>

5	4	7	5
6	4	10	14
14	8	11	11
11	12	3	13

021.5Gf (223)
<#drug>

10	3	19	13
19	5	9	20
17	15	15	18
12	18	11	19

021.6La (11)
bottom plow

0	0	0	0
1	0	0	1
0	0	2	2
1	0	1	3

021.6Lb (35)
break(er/ing) plow

7	3	2	1
1	4	5	0
5	0	4	0
0	2	0	1

021.6Lc (46)
bull tongue (plow)

2	3	12	13
1	2	3	2
0	2	0	0
0	3	0	3

021.6Ld (13)
buster (plow)

1	0	0	0
1	6	0	0
2	0	1	0
2	0	0	0

021.6Le (49)
cultivator (plow)

9	2	0	2
3	4	8	0
3	4	1	2
4	4	0	3

021.6Lf (34)
disc (plow)

3	1	4	1
1	2	2	2
3	1	3	2
7	0	2	0

021.6Lg (20)
double plow (stock)

0	0	3	2
4	1	2	1
0	2	3	0
0	2	0	0

021.6Lh (67)
double shovel (plow)

21	2	15	13
6	4	2	0
1	2	0	0
0	1	0	0

021.6Li (16)
half shovel (plow)

0	0	0	0
4	1	0	1
2	4	1	0
0	2	0	1

021.6Lj (18)
hillside (plow)

3	0	2	11
0	0	0	2
0	0	0	0
0	0	0	0

021.6Lk (143)
middlebuster

15	6	0	0
29	17	5	2
7	20	9	6
5	16	4	2

021.6Ll (11)
moldboard (plow)

0	1	0	0
0	0	1	2
1	0	4	0
0	1	1	0

021.6Lm (574)
plow (stock)

48	14	34	40
34	20	35	59
36	31	41	40
26	46	27	43

021.6Ln (42)
scooter (plow)

0	0	0	0
2	1	4	7
1	4	10	6
0	0	3	4

021.6Lo (20)
scrape(r)

3	2	0	1
0	1	2	2
0	0	6	2
0	0	1	0

021.6Lp (31)
shovel (plow)

3	4	0	0
3	2	3	2
0	4	3	0
0	2	1	4

021.6Lq (28)
single (plow) (stock)

1	0	3	4
6	0	3	3
0	3	2	0
0	2	0	1

021.6Lr (21)
single stock (plow)

10	0	0	1
1	1	2	1
3	0	1	1
0	0	0	0

021.6Ls (15)
steel(-)beam (plow)

```
0   0   0   0
1   0   1   0
1   0   4   2
0   2   4   0
```

021.6Lt (60)
sweep (plow)

```
 4   0   0   0
10   6   3   2
 4   9   5   5
 1   4   3   4
```

021.6Lu (54)
turn (plow)

```
3   0   2   1
0   1   1   6
0   4  14  10
0   2   2   8
```

021.6Lv (11)
turner (plow)

```
0   0   0   3
0   1   1   5
0   0   1   0
0   0   0   0
```

021.6Lw (264)
turning (plow)

```
37   9  19  28
27  19  21  14
15  19  12  13
 6  14   4   7
```

021.6Lx (20)
two-horse (plow)

```
2   3   0   1
0   0   0   2
0   3   0   5
0   1   0   3
```

02l.6Pa (211)
<plow>

```
21  12  16  11
14  10  13  23
17  12  10  14
 4  13   7  14
```

02l.6Pb (61)
<pl{ow}>

```
0   2   8   8
6   4   2   8
2   3   8   4
2   1   2   1
```

02l.6Pc (469)
<p{l}ow>

```
47  13  24  33
36  18  35  32
30  25  33  28
26  31  18  40
```

02l.6Pd (99)
<p{l}{ow}>

```
9   2   3  17
2   2   6   8
3   7  10  13
1   8   2   6
```

021.7La (47)
cultivator (harrow)

```
5   1   1   4
3   1   3   0
4   9   1   2
4   7   1   1
```

021.7Lb (12)
cutaway (harrow)

```
0   0   0   0
0   0   0   8
0   0   1   2
0   0   0   1
```

021.7Lc (220)
disc (harrow)

```
21  14  27  18
19   8  14  11
13  10  21  10
 7   9   8  10
```

021.7Ld (62)
drag (harrow)

```
5   1   7  18
4   2   4  12
0   0   3   5
0   1   0   0
```

021.7Le (41)
gee whiz (harrow)

```
 4   1   2   2
11   1   3   3
 2   6   1   3
 0   2   0   0
```

021.7Lf (481)
harrow

```
45  15  29  35
26  28  31  49
29  30  40  35
17  30  15  27
```

021.7Lg (15)
Joe (harrow)

```
0   0   0   0
0   0   1   0
0   3   3   4
0   1   3   0
```

021.7Lh (45)
section harrow

```
5   4   1   5
4   3   6   1
3  11   0   1
0   1   0   0
```

021.7Li (29)
side harrow

```
 0   2   0   0
10   1   0   0
 1   5   0   0
 0  10   0   0
```

021.7Lj (39)
spring(-)tooth
(harrow)

```
3   0   0   5
4   1   1   4
1   3   6   4
1   2   2   2
```

021.7Pa (334)
<harA=14>

```
22   8  22  23
19  25  18  47
14  25  34  30
 6  17   9  15
```

021.7Pb (61)
<horA=14>

```
8   2   3   9
5   4   5   2
1   6   0   2
1  10   2   1
```

021.8La (631)
axle

```
47  24  39  43
45  32  33  48
43  32  55  36
31  47  26  50
```

022.1La (31)
bench +

```
0   0   0   3
2   3   3   6
0   0   5   5
0   1   0   3
```

022.1Lb (37)
block +

0	2	2	1
1	0	5	13
1	1	2	5
2	0	0	2

022.1Lc (59)
buck +

9	3	2	5
1	1	2	4
4	2	5	3
7	6	2	3

022.1Ld (10)
chop block +

0	1	0	0
0	0	1	6
1	0	0	1
0	0	0	0

022.1Le (30)
chop(ping) block +

0	1	1	1
1	0	5	12
1	1	1	3
1	0	0	2

022.1Lf (20)
chopping block +

0	0	1	1
1	0	4	6
0	1	1	2
1	0	0	2

022.1Lg (38)
frame +

0	2	4	2
3	0	1	8
0	5	2	3
0	5	1	2

022.1Lh (187)
horse [A-frame]

11	11	4	15
8	16	11	14
11	19	15	12
6	17	7	10

022.1Li (49)
horse [X-frame]

2	2	2	4
2	4	4	3
4	4	3	2
1	9	1	2

022.1Lj (301)
horse +

19	16	9	23
15	20	21	25
18	25	25	23
9	27	11	15

022.1Lk (63)
rack [X-frame]

4	4	2	6
4	10	4	3
0	3	7	7
1	2	4	2

022.1Ll (81)
rack + [exc. compounds]

5	5	4	6
4	10	6	4
2	7	9	7
1	4	4	3

022.1Lm (171)
rack + [inc. compounds]

14	8	9	19
8	17	15	10
9	12	15	12
2	6	11	4

022.1Ln (12)
saw bench +

0	0	0	0
0	0	0	3
0	0	2	4
0	0	0	3

022.1Lo (39)
saw rack +

5	2	4	6
1	4	3	4
3	1	3	3
0	0	0	0

022.1Lp (50)
sawbuck +

8	3	2	5
1	1	1	4
4	0	5	1
6	4	2	3

022.1Lq (236)
sawhorse [A-frame]

19	6	8	14
20	12	10	20
22	7	16	23
15	14	11	19

022.1Lr (108)
sawhorse [X-frame]

6	3	9	11
7	0	3	13
7	2	11	15
3	3	4	11

022.1Ls (382)
sawhorse +

31	12	16	25
33	15	19	35
29	11	28	42
19	20	17	30

022.1Lt (20)
trestle +

4	1	2	6
1	0	0	0
1	0	0	0
1	4	0	0

022.1Lu (26)
wooden horse/ woodhorse +

6	2	1	3
2	0	2	3
1	0	2	2
0	2	0	0

022.1Lv (76)
woodrack +

7	3	4	12
4	5	8	3
5	5	7	1
0	3	7	2

022.1Lw (18)
workhorse +

1	0	0	1
4	2	4	0
1	0	2	2
0	0	1	0

022.2Pa (67)
<bresh>

5	0	3	9
4	5	3	5
3	9	5	6
1	4	2	3

022.2Pb (666)
<brush>

57	23	37	46
42	24	42	53
45	34	48	59
34	47	25	50

022.2Pc (70)
<br{u}sh>

```
6  4  4  3
4  3  6 11
3  3  6  2
3  7  4  1
```

022.3Pa (547)
<strap>

```
59 22 29 32
43 26 32 51
36 22 38 31
25 44 20 37
```

022.3Pb (243)
<strop>

```
19  7 16 24
11 12 19 18
13 19 21 18
 8 12  9 17
```

022.4Pa (80)
<kortrIj=14>

```
9  3  6 13
3  5  6  6
3  1  4  4
4  2  1 10
```

022.5La (29)
ridy-horse

```
1  1  1  4
2  0  3  3
0  2  2  7
0  0  1  2
```

022.5Lb (771)
seesaw

```
69 32 43 52
47 40 46 73
48 41 57 57
36 50 29 51
```

022.5Lc (44)
teeter-totter

```
11  1  0  1
 2  1  3  1
 7  0  1  1
 5  3  1  6
```

022.6La (13)
joggling board

```
0  0  0  0
1  0  0  5
0  2  1  3
0  0  0  1
```

022.6Lb (27)
jump board

```
2  0  0  0
1  0  0  1
0  6  2  9
0  0  4  2
```

022.6Lc (51)
jump(ing) board +

```
2  2  0  1
3  1  1  5
1 11  3 11
1  0  5  4
```

022.6Ld (24)
jumping board

```
0  2  0  1
2  1  1  4
1  5  1  2
1  0  1  2
```

022.6Le (47)
springboard

```
2  1  1  4
1  2  2  8
4  1  3 10
0  3  1  4
```

022.7La (300)
flying jenny

```
31 14 15 12
23 20 30 36
11 24 28 25
 3  6 11 11
```

022.7Lb (313)
jenny +

```
31 14 16 12
24 20 30 38
12 25 31 26
 3  6 13 12
```

022.7Lc (400)
merry-go-round

```
40 12 21 32
19 16 22 34
31 18 27 33
22 24 18 31
```

022.7Ld (21)
whirligig

```
0  1  0  8
0  1  1  1
1  2  1  3
1  0  0  1
```

022.8La (20)
playing (on) +

```
0  1  0  1
3  1  0  0
3  1  2  1
0  6  1  0
```

022.8Lb (25)
riding +

```
1  0  1  4
1  2  2  2
2  1  3  0
2  0  1  3
```

022.8Lc (493)
seesawing

```
22 16 35 35
32 16 35 40
39 35 36 30
31 27 24 40
```

022.9La (9)
bag swing

```
8  0  0  0
0  0  0  0
0  0  0  0
0  0  0  1
```

022.9Lb (692)
swing

```
60 23 41 45
48 37 42 54
44 37 56 46
29 46 29 55
```

023.1La (135)
bucket

```
4  7  9  6
6  1  7 15
9  8  9 15
8 15  4 12
```

023.1Lb (349)
bucket +

```
29  9 21 41
24  5 21 24
19 17 26 33
21 28 12 19
```

023.1Lc (221)
coal bucket

```
24  3 12 36
18  4 14 10
10 10 16 17
14 16  9  8
```

023.1Ld (139)
coal scuttle

4	10	14	15
0	11	14	24
6	4	16	10
1	6	2	2

023.1Le (28)
hod +

3	0	3	5
0	1	1	3
1	3	2	3
0	1	2	0

023.1Lf (175)
scuttle

8	13	11	12
4	11	30	26
8	9	22	10
1	2	6	2

023.1Lg (291)
scuttle +

12	22	24	26
4	19	41	46
13	12	32	18
2	8	8	4

023.2La (133)
flue

18	6	10	13
16	11	7	11
7	6	3	5
4	8	2	6

023.2Lb (44)
flue [=chimney]

3	1	3	3
2	3	2	4
8	0	7	2
1	3	1	1

023.2Lc (30)
flue [=stovepipe]

4	0	0	1
1	1	3	1
0	1	5	2
2	4	2	3

023.2Ld (101)
flue [pipe goes into]

10	8	11	3
6	6	2	5
11	5	10	4
6	4	7	3

023.2Le (220)
pipe

20	7	12	20
13	9	20	22
16	10	15	13
10	14	6	13

023.2Lf (16)
stove flue

1	0	0	1
0	3	0	2
0	1	2	5
0	1	0	0

023.2Lg (462)
stovepipe

37	16	23	31
30	16	26	41
34	29	50	31
17	32	20	29

023.3La (34)
Georgia buggy +

0	2	2	2
4	1	0	3
3	1	6	3
0	0	2	5

023.3Lb (25)
wheel

2	1	0	0
1	3	0	6
1	0	0	9
0	1	0	1

023.3Lc (184)
wheelbar(row)

22	6	13	10
18	10	13	11
9	13	17	18
4	6	6	8

023.3Ld (632)
wheelbarrow

56	22	31	49
34	26	38	64
40	30	45	42
33	49	27	46

023.3Pa (254)
<wheelbarA=134>

23	8	14	13
10	11	19	37
12	12	28	19
10	17	11	10

023.3Pb (59)
<wheelberA=134>

3	5	1	12
3	2	3	1
6	5	4	2
3	0	2	7

023.3Pc (102)
<wheelbor(A)=13>

15	4	10	7
6	4	10	4
6	6	8	9
1	3	3	6

023.3Pd (104)
<wheelborA=134>

15	4	3	13
11	3	3	7
7	10	6	6
4	1	2	9

023.4La (37)
emery +

6	2	4	2
1	2	2	5
1	2	2	5
2	0	0	1

023.4Lb (55)
hone

9	4	2	8
2	4	3	3
2	5	3	2
2	1	0	5

023.4Lc (12)
oilstone

2	0	0	2
0	0	0	0
1	0	1	1
0	5	0	0

023.4Ld (13)
razor rock/etc. +

0	0	0	0
3	1	0	2
0	3	1	0
0	0	0	3

023.4Le (46)
rock

8	3	0	1
9	3	1	3
0	6	1	5
3	2	0	1

023.4Lf (454)
rock +

47	18	31	41
35	29	21	35
24	32	32	37
13	17	19	23

023.4Lg (23)
sharpener +

1	3	0	0
0	1	1	1
3	0	0	2
3	0	3	5

023.4Lh (60)
stone

0	2	1	5
6	0	0	2
2	7	4	6
4	12	2	7

023.4Li (331)
stone +

29	8	12	20
22	11	26	30
19	14	28	23
19	33	12	25

023.4Lj (398)
whetrock

44	13	31	37
26	24	16	30
24	29	29	33
7	16	18	21

023.4Lk (259)
whetstone

26	6	10	14
17	11	24	27
16	9	25	16
14	15	10	19

023.5La (58)
emery +

2	2	4	7
3	2	5	6
3	4	4	4
2	6	1	3

023.5Lb (38)
emery wheel

1	1	3	3
2	2	4	4
2	2	2	3
2	4	1	2

023.5Lc (103)
grind rock

16	4	5	3
8	11	7	3
5	10	14	5
0	2	7	3

023.5Ld (39)
grinder +

3	0	1	2
2	3	2	1
4	1	2	2
6	8	2	0

023.5Le (92)
grinding rock

7	0	2	2
9	8	5	9
2	13	13	12
0	1	3	6

023.5Lf (103)
grinding stone

5	3	7	6
9	1	5	21
4	5	8	11
1	6	3	8

023.5Lg (25)
grinding wheel

3	2	2	3
1	0	2	2
2	0	1	1
1	2	0	3

023.5Lh (206)
grinding rock/stone/
wheel +

16	3	10	11
17	8	11	30
7	17	21	23
2	8	6	16

023.5Li (374)
grindstone

37	16	26	37
24	20	32	33
24	10	14	18
13	30	15	25

023.5Lj (207)
rock +

23	5	8	6
18	19	12	13
9	23	30	18
0	4	10	9

023.5Lk (19)
stone

0	2	0	0
1	1	2	0
3	3	0	0
1	4	0	2

023.5Ll (487)
stone +

43	20	33	44
32	22	38	50
30	18	22	29
16	38	18	34

023.5Lm (79)
wheel +

4	3	5	7
3	3	6	9
4	4	4	4
4	10	2	7

023.6La (22)
auto

2	1	0	1
1	2	0	0
1	4	0	4
3	0	1	2

023.6Lb (355)
automobile

17	11	16	11
26	19	11	40
24	26	35	20
19	36	14	30

023.6Lc (833)
car

72	27	45	56
59	44	47	79
51	44	58	65
38	58	33	57

023.6Ld (21)
vehicle

1	0	2	0
2	0	1	1
1	3	1	3
1	1	0	4

023.6Pa (83)
<ko[r]>

4	0	4	2
4	5	8	17
5	7	10	7
1	4	2	3

023.6Pb (289)
<kor>

35	10	21	28
18	10	22	23
14	12	19	14
13	16	9	25

023.6Pc (51)
<korz>

11	4	6	3
5	3	1	4
2	1	1	1
2	3	1	3

023.6Pd (76)
<ko{r}>

8	6	5	1
5	5	5	6
7	3	4	4
6	2	4	5

023.6Pe (88)
<k{o}[r]>

2	4	2	0
8	8	1	12
3	12	5	15
1	10	2	3

023.6Pf (112)
<k{o}r>

6	3	8	19
6	2	8	8
9	5	5	10
5	5	2	11

023.6Sa (588)
|S../-| [ɑ~ɑˋ]

64	26	33	37
35	31	43	56
36	27	46	39
22	26	25	42

023.6Sb (303)
|T../-| [ɑ~ɒ]

16	6	9	23
26	16	10	28
17	19	15	38
17	33	9	21

023.7Ga (53)
<!grees>

3	1	4	3
2	0	5	3
5	1	3	4
8	2	1	8

023.7Gb (527)
<!greez>

49	18	29	43
38	35	25	28
42	37	36	33
23	40	24	27

023.7Gc (27)
<*greest>

1	0	0	2
1	0	1	2
0	0	0	2
8	3	1	6

023.7Gd (22)
<*greez>

1	0	1	1
3	1	2	1
2	0	1	2
0	1	2	4

023.7Ge (346)
<*greezd>

23	6	22	32
35	18	13	18
30	32	22	11
24	31	12	17

023.7Gf (55)
<#greezd>

4	0	1	1
4	1	4	6
4	7	5	3
1	7	2	5

023.8Pa (128)
<greesI=14>

15	5	7	7
4	3	9	11
8	4	6	6
10	10	6	17

023.8Pb (628)
<greezI=14>

55	24	36	49
49	24	39	51
38	37	51	46
26	45	21	37

024.1Pa (331)
<oyl>

24	11	18	11
24	17	14	29
27	25	17	25
23	27	14	25

024.1Pb (536)
<{oy}l>

56	26	28	49
40	29	35	45
28	21	42	43
15	32	19	28

024.1Sa (369)
|-e..| [oɪ~ɔɪ]

29	11	17	11
24	20	18	33
25	25	24	27
24	33	17	31

024.1Sb (525)
|-m..| [oə~ɔə]

47	24	29	48
34	30	33	52
30	22	40	45
13	25	18	35

024.2La (457)
coal oil

57	21	38	31
46	33	30	10
34	36	26	13
23	38	10	11

024.2Lb (4)
K oil

0	0	0	0
0	0	0	0
0	0	0	3
0	0	1	0

024.2Lc (630)
kerosene

44	23	29	46
36	17	43	66
32	26	54	68
29	40	25	52

024.2Ld (49)
kerosene oil

0	0	2	5
1	0	2	9
6	7	5	3
5	1	1	2

024.2Le (31)
lamp oil

0	0	1	9
0	1	0	12
1	0	3	4
0	0	0	0

024.2Lf (47)
oil

```
1  2  3  4
1  0  7  4
2  1  1  4
3  3  2  9
```

024.3La (25)
bottle +

```
1  1  0  1
5  1  2  0
2  5  1  1
0  2  0  3
```

024.3Lb (151)
flambeau

```
0   1   0   1
5   0   9  17
3   2  27  27
0  19  16  24
```

024.3Lc (20)
grease lamp

```
3  2  14  1
0  0   0  0
0  0   0  0
0  0   0  0
```

024.3Ld (23)
grease lamp/light +

```
4  2  15  1
0  0   0  0
0  1   0  0
0  0   0  0
```

024.3Le (44)
lamp

```
1  3  3  4
9  1  3  3
2  2  1  1
1  3  3  4
```

024.3Lf (37)
lantern

```
3  0  1  4
4  2  4  1
2  1  1  6
0  3  2  3
```

024.3Lg (32)
light +

```
4  0  2  1
6  0  2  2
4  7  0  0
1  2  1  0
```

024.3Lh (26)
pot +

```
6  2  0  0
1  0  0  2
3  1  1  4
2  1  0  3
```

024.3Li (22)
smudge pot

```
6  2  0  0
1  0  0  2
3  1  0  3
2  1  0  1
```

024.3Lj (175)
torch +

```
9   4   8  21
25  12  11  15
11  11  10   6
6   12   6   8
```

024.4Pa (311)
<tewb>

```
23   9  18  29
19  15  25  31
21  14  25  21
17  17  10  17
```

024.4Pb (200)
<ty{ue}b>

```
14   7  17   6
20  13  16  21
11  13  14  13
6   11  11   7
```

024.4Pc (136)
<t{uc}b>

```
16   4   5  17
9   2   7   5
6   4  10   9
10  12   6  14
```

024.5Pa (255)
<lawnch>

```
15   7  13  25
16   9  21  28
16  10  18  24
14  18   8  13
```

024.5Pb (145)
<lonch>

```
12  5   8  14
7  5   8  13
6  7  17   8
6  7   5  17
```

024.5Pc (54)
<l{aw}nch>

```
4  0  3  5
2  4  3  4
3  2  4  3
4  3  6  4
```

024.6La (118)
bateau

```
3  2   0   0
6  3   6  25
2  5  17  27
0  9   8   5
```

024.6Lb (206)
boat

```
20   8   8  15
21  16   3  19
8  15  13  27
9  14   2   8
```

024.6Lc (220)
canoe

```
16   8  22  31
13   7  16  16
15  10  16  18
10  14   3   5
```

024.6Ld (9)
dinghy

```
0  1  0  1
0  0  0  0
0  0  0  2
1  0  1  3
```

024.6Le (17)
dugout

```
3  0  0  0
4  3  0  0
1  2  0  0
0  4  0  0
```

024.6Lf (111)
fishing boat

```
9  4  10   6
6  3  12  10
8  1  10   8
7  3   5   9
```

024.6Lg (45)
flat-bottom boat

```
9  4  0  3
0  1  2  6
3  0  4  7
1  3  1  1
```

024.6Lh (22)
flatboat

6	4	0	0
0	1	1	0
1	0	1	1
1	5	0	1

024.6Li (43)
johnboat

9	3	2	0
2	3	0	0
3	1	2	1
1	3	4	9

024.6Lj (34)
paddle boat

2	0	1	7
2	1	1	5
6	1	2	2
0	2	1	1

024.6Lk (80)
pirogue

0	0	0	0
27	2	0	0
4	4	0	0
1	41	1	0

024.6Ll (269)
rowboat

19	10	16	22
5	11	18	32
19	10	24	20
18	5	10	30

024.6Lm (139)
skiff

7	3	3	8
20	9	7	0
5	12	9	1
8	27	10	10

024.6Ln (24)
wooden boat

2	1	1	1
4	0	0	5
2	4	0	1
0	0	1	2

024.7Ga (51)
he was(n't) going

7	0	1	2
2	9	4	5
2	3	3	6
0	4	1	2

024.7Gb (43)
he [X-0] going

3	1	0	0
7	3	2	2
2	3	8	5
0	4	0	3

024.7Gc (99)
he's going

10	3	1	2
6	9	7	10
10	3	11	9
5	6	1	6

024.7Gd (29)
I am going

1	0	2	3
0	1	4	8
1	0	1	1
2	1	0	4

024.7Ge (50)
I was(n't) going

7	4	0	2
5	7	1	3
5	4	1	4
2	1	1	3

024.7Gf (246)
I'm going

20	5	14	13
11	16	20	27
13	13	20	21
10	12	8	23

024.7Gg (30)
they are(n't) going

1	2	3	4
1	0	3	1
4	0	4	1
2	2	0	2

024.7Gh (50)
they [X-0] going

3	1	2	0
9	4	1	5
5	6	6	1
1	2	2	2

024.7Gi (44)
we are(n't) going

0	2	4	6
0	0	5	10
2	1	3	3
4	1	0	3

024.7Gj (39)
we [X-0] going

6	1	2	1
5	3	0	1
0	5	3	4
0	6	0	2

024.7Gk (33)
we're going

1	0	3	2
2	2	0	7
3	0	2	3
5	0	0	3

024.7Gl (67)
you [X-0] going

6	2	0	1
12	3	7	2
6	11	4	4
0	6	3	0

024.8Ga (57)
am I

1	0	4	7
3	0	2	14
3	1	6	4
7	1	0	4

024.8Gb (24)
are they

0	0	4	4
0	1	1	5
0	0	4	2
2	0	0	1

024.8Gc (22)
are you

3	0	1	1
1	1	1	1
5	0	1	3
0	2	0	2

024.9Ga (85)
get to [+ v.]

15	5	2	3
6	11	3	5
9	4	5	5
2	3	2	5

024.9Gb (207)
go to [+ v.]

20	11	12	11
24	16	8	13
14	16	13	18
3	11	10	7

024.9Gc (20)
start to [+ v.]

```
2   2   0   0
2   4   1   2
0   1   1   2
1   0   0   2
```

025.1Ga (180)
here are

```
 1    3   13   11
14    7   13   22
16   13    9   12
17   10    5   14
```

025.1Gb (21)
here is

```
1   0   4   1
2   1   1   1
1   1   1   2
1   1   0   3
```

025.1Gc (27)
here [C-0]

```
0   0   4   1
4   0   1   3
2   3   2   2
4   0   0   1
```

025.1Gd (126)
here's

```
 4    0    8   8
13    1    8   8
11   11   16   7
 2   14    7   8
```

025.2Ga (160)
there are/were

```
12   6    7   14
 3   7   13   21
10   8   15   15
 9   4    7    9
```

025.2Gb (142)
there is/was

```
21   1   3   14
12   7   6   19
 7   5   8   14
 3   8   5    9
```

025.2Gc (21)
there [C-0]

```
0   1   0   0
1   0   1   4
0   1   3   6
2   0   0   2
```

025.2Gd (178)
there's

```
15    7    8   17
 9    7   14   16
12   10   10   23
 7    4    3   16
```

025.3Ga (231)
I ain't

```
17    5    4   14
30   12   12   17
21   18    9   17
 9   23    9   14
```

025.3Gb (23)
I am not

```
1   2   1   0
1   1   0   7
0   1   1   1
2   2   2   1
```

025.3Gc (227)
I'm not

```
 2    5   14   16
14   10   14   31
19    8   16   28
15   14    8   13
```

025.4Ga (33)
ain't I?

```
1   0   1   3
3   0   4   7
3   0   3   2
3   1   2   0
```

025.4Gb (39)
am I not?

```
0   2   3    3
2   3   3   11
1   2   2    3
2   1   1    0
```

025.4Gc (82)
aren't I?

```
5   2   2   13
3   2   8    8
6   3   5    2
9   2   3    9
```

025.5Ga (104)
we was(n't)/is(n't)

```
 9   0    2    1
12   9    6   13
 6   4   11   10
 3   9    4    5
```

025.5Gb (219)
we were(n't)/are(n't)

```
8   12   10   16
5    5   19   42
8    8   22   27
8    4    6   19
```

025.6Gc (21)
them was

```
2   2   1   0
0   1   0   5
1   2   0   4
0   2   0   1
```

025.6Gd (32)
those are

```
2   0   0   1
1   3   3   3
4   1   2   3
3   3   1   2
```

025.6Ge (109)
those were

```
9   3    3    6
1   6   10   17
2   3   12    4
8   4    6   15
```

025.7Ga (49)
(it wasn't) I

```
1   2   1    4
4   0   7   14
4   2   1    3
2   3   0    1
```

025.7Gb (245)
(it wasn't) me

```
 7   11    9   17
24    5   12   32
25   13   15   14
24   16    6   15
```

025.8Ga (413)
deleted copula

```
22   14   17   22
33   24   20   38
25   30   35   44
12   33   13   31
```

025.8Gb (447)
deleted article

```
46   22   21   34
34   21   17   34
30   28   42   35
12   26   15   30
```

025.8Gc (354)
deleted conjunction

35 9 12 21
34 17 11 31
29 18 27 37
12 26 12 23

025.8Gd (205)
deleted pronoun

11 9 11 12
16 9 10 19
16 18 14 23
 6 14 6 11

025.8Ge (627)
deleted preposition

63 20 26 27
50 38 35 60
41 40 49 50
17 48 23 40

025.8Gf (257)
deleted relative
pronoun
28 8 11 14
27 13 13 24
12 21 13 19
11 20 4 19

025.8Gg (33)
deleted dummy
subject
6 1 4 3
2 3 1 1
1 1 4 1
0 1 1 3

025.8Gh (29)
deleted verb

1 3 1 2
1 0 1 2
2 3 3 5
2 1 0 2

025.8Gi (696)
deleted auxiliary

62 21 34 41
53 39 37 58
44 41 52 65
23 53 25 48

026.1Ga (56)
be[V-p]

1 1 0 0
4 4 2 3
2 10 3 9
2 6 6 3

026.1Gb (70)
be[V-q]

2 2 1 0
7 2 2 4
5 6 5 13
1 7 7 6

026.1Gc (28)
bees

2 1 0 0
3 4 0 2
1 3 3 3
0 2 2 2

026.2La (9)
patch

2 3 0 0
0 1 0 0
2 0 0 0
0 0 0 1

026.2Lb (592)
sample

53 24 37 41
39 28 40 50
37 37 42 38
28 41 18 39

026.2Lc (56)
scrap

5 1 2 7
1 2 4 5
1 3 11 7
1 2 1 3

026.2Ld (42)
swatch

4 0 0 0
3 3 5 2
5 0 4 3
2 4 3 4

026.2Pa (516)
<sampL=14>

52 17 34 27
38 24 38 45
36 31 33 29
25 36 18 33

026.3APb (229)
<pritI=14>

22 7 10 15
15 15 14 16
12 12 16 12
 8 24 12 19

026.3APc (134)
<purtI=14>

17 4 6 11
 6 5 6 9
 7 5 18 14
 4 8 5 9

026.3BPa (58)
<pritIR=144>

8 1 5 6
6 2 3 2
7 2 4 2
3 3 1 3

026.4La (794)
apron

75 30 43 59
50 37 52 68
45 44 61 55
37 50 29 59

026.4Lb (15)
housecoat

0 1 0 0
0 0 1 4
0 1 3 3
1 0 1 0

026.4Lc (19)
smock

1 1 3 3
1 1 0 2
0 1 0 1
2 1 1 1

026.4Pa (67)
<aip(r)N=14>

3 5 1 0
7 3 3 14
3 10 4 5
1 2 2 4

026.4Pb (157)
<aipRn=14>

25 6 12 25
 9 3 9 6
 9 8 10 9
 5 7 3 11

026.4Pc (406)
<aiprN=14>

29 17 23 28
20 20 28 39
25 20 32 22
22 28 17 36

026.5APa (346)
<pen>

30	10	25	39
22	9	16	23
24	18	21	25
19	21	13	31

026.5APb (341)
<pin>

29	13	17	19
29	17	25	34
26	20	33	24
11	15	12	17

026.5BPa (105)
<pen>

10	4	6	11
7	3	2	13
7	9	6	5
4	5	3	10

026.5BPb (522)
<pin>

46	16	30	39
43	20	37	38
24	27	42	42
28	28	23	39

026.6APa (73)
<tensents=31>

3	3	9	0
4	1	1	5
9	4	5	1
8	8	4	8

026.6APb (53)
<tinsints=31>

3	4	5	0
6	2	3	1
3	2	4	2
4	8	1	5

026.6BPa (641)
<tin>

57	32	38	42
46	33	35	47
40	38	51	40
34	37	24	47

026.6Sa (225)
|D.B/-| [ɪʌ~ɪʌɨ]

29	4	6	20
23	16	11	18
8	15	16	17
14	8	6	14

026.6Sb (235)
|D.E/-| [ɪˀ~ɪˀɪ]

11	13	16	7
9	10	15	30
11	11	17	23
9	19	13	21

027.1Pa (683)
<koet>

55	25	38	46
51	36	42	58
47	44	56	41
29	44	26	45

027.1Sa (475)
|JJD/-[e/f]..|
[oˀʊ~oˀuˀ]

41	17	23	29
33	29	27	52
26	27	42	40
17	26	18	28

027.1Sb (91)
|L..-[e/f]..|
[ɢʊ~ɢuˀ]

10	1	5	5
4	4	6	5
5	2	7	15
1	5	3	13

027.2Ga (392)
on (it)

27	17	16	37
19	21	25	49
21	18	32	41
16	18	12	23

027.3La (45)
jacket

2	3	5	19
2	0	1	8
0	1	1	1
1	0	0	1

027.3Lb (773)
vest

74	30	40	51
51	38	49	66
50	43	58	52
36	52	29	54

027.3Lc (30)
waistcoat

1	1	1	2
1	0	1	3
1	3	3	4
2	0	2	5

027.4La (80)
blue jeans

6	4	3	4
6	7	2	7
9	5	4	5
9	7	0	2

027.4Lb (216)
breeches +

16	4	16	19
17	14	8	24
5	15	21	13
4	10	13	17

027.4Lc (105)
coveralls

4	4	7	6
7	5	1	10
10	8	5	10
8	7	3	10

027.4Ld (18)
dungarees

0	2	0	0
0	0	0	2
1	0	1	3
0	2	1	6

027.4Le (80)
jeans

11	6	4	4
6	5	1	6
6	4	6	5
1	3	3	9

027.4Lf (153)
jeans +

17	9	7	7
11	11	3	13
13	9	10	10
10	10	3	10

027.4Lg (15)
jump suit

1	0	0	0
0	2	0	1
1	0	1	0
1	3	0	5

027.4Lh (9)
jumper(s)

0	1	0	0
0	1	0	0
0	1	0	2
0	0	1	3

027.4Li (13)
khaki pants

```
3  1  0  0
1  1  0  0
0  3  0  0
2  1  0  1
```

027.4Lj (21)
khaki(s)

```
5  2  0  0
3  2  1  0
2  0  2  0
2  1  0  1
```

027.4Lk (451)
overalls

```
31 20 22 14
34 24 27 28
37 28 36 29
27 33 20 41
```

027.4Ll (98)
overhauls

```
16  1  5  3
11  7  2  8
 8  9  4  7
 2  9  3  3
```

027.4Lm (34)
pair of pants

```
6  3  2  0
5  2  0  3
2  2  2  1
0  3  2  1
```

027.4Ln (744)
pants +

```
59 21 40 50
53 37 48 61
48 44 60 53
32 54 28 56
```

027.4Lo (104)
slacks

```
10  1  6  4
 8  4  6 11
 8  4  5  7
 6  5  3 16
```

027.4Lp (441)
trousers +

```
33 14 25 27
23 19 32 46
37 28 36 28
21 26 14 32
```

027.4Pa (56)
<oevArawlz=143>

```
1  3  5  0
4  5  2  6
1  6  6  1
2  7  0  7
```

027.4Pb (162)
<oevRawlz=143>

```
16  4  9  6
10 10  6  9
16  7 12  7
15 12  7 16
```

027.4Pc (52)
<oev{R}awlz=143>

```
3  4  1  3
6  1  3  2
5  3  1  2
5  5  4  4
```

027.5Ga (22)
<!brang>

```
4  2  0  1
3  0  1  3
2  1  1  2
0  1  1  0
```

027.5Gb (26)
<!breeng>

```
0  2  5  1
1  0  1  2
3  1  1  1
4  1  2  1
```

027.5Gc (210)
<!breng>

```
18  9  9 10
18 13 10 20
13 20 15 14
 5 11 12 13
```

027.5Gd (465)
<!bring>

```
36 19 26 27
33 29 30 35
31 26 23 36
25 38 15 36
```

027.5Ge (577)
<*brawt>

```
42 23 34 32
47 27 32 53
39 33 40 38
29 44 24 40
```

027.5Gf (25)
<*brot>

```
2  1  1  0
3  1  0  2
2  0  1  1
1  4  1  5
```

027.5Gg (403)
<#brawt>

```
17  9 23 24
33 14 24 43
33 32 34 25
26 21 16 29
```

027.5Gh (24)
<#brot>

```
2  0  0  3
4  0  1  2
0  4  2  5
0  0  1  0
```

027.6Ga (64)
<!fit>

```
3  2  1  3
8  5  6  7
2  4  3  9
2  5  1  3
```

027.6Gb (495)
<*fit>

```
36 15 34 38
38 19 37 42
33 29 30 29
22 35 21 37
```

027.7Pa (84)
<newsuet=13>

```
2  2  5 13
4  3  4  4
7  6  6  4
4  6  6  8
```

027.7Pb (66)
<newsuet=21>

```
3  0  3 10
4  4  5  7
3  5  4  4
3  4  1  6
```

027.7Pc (65)
<nyuesuet=31>

```
1  3  7  0
10  1  3  4
3  6  4  1
3 10  6  3
```

027.8La (470)
bulge

```
38 14 25 38
24 17 32 44
39 23 37 31
25 29 20 34
```

027.8Lb (159)
bulge out

```
21  3 10 10
19  8  7 11
 5 17 17  7
 4 10  3  7
```

027.8Lc (15)
pooch out

```
0 0 0 2
0 1 0 0
1 2 3 0
1 1 2 2
```

027.8Ld (22)
puff out

```
2 0 1 1
4 0 2 1
0 2 1 2
1 3 1 1
```

027.8Le (41)
stick out

```
4 2 2 4
5 0 2 2
2 4 5 1
2 2 2 2
```

027.8Pa (208)
<boolj>

```
25  8 14 10
18 10 15 21
17 17 17 10
 4  8  6  8
```

027.8Pb (217)
<bulj>

```
19  4 11 16
13  7 20 17
17  6 11 13
18 20  7 18
```

027.9Ga (44)
<!shreenk>

```
2 0 8 4
2 2 3 3
4 1 1 4
4 1 2 3
```

027.9Gb (53)
<!shrenk>

```
8 2 2 2
6 1 3 2
6 3 3 5
2 2 3 3
```

027.9Gc (349)
<!shrink>

```
26  9 19 22
19 14 20 33
22 17 29 26
19 32 13 29
```

027.9Gd (132)
<!srink>

```
7 10 10 10
9  8  6 14
8  5 13 12
4  6  4  6
```

027.9Ge (19)
<!swink>

```
2 1 1 0
4 2 0 1
1 3 1 1
0 0 2 0
```

027.9Gf (105)
<*shrank>

```
9 2 3 13
4 3 9  8
7 8 7  6
8 6 4  8
```

027.9Gg (253)
<*shrunk>

```
12  8 21 30
20  9 14 16
22  8 17 16
14 21 11 14
```

027.9Gh (82)
<*srunk>

```
3 1 9  2
5 3 5 12
6 5 8  5
5 5 3  5
```

027.9Gi (250)
<#shrunk>

```
13  6 17 22
19  5 18 19
20 15 15 10
20 17 14 20
```

027.9Gj (22)
<#shrunkN=14>

```
2 0 2 2
2 0 0 0
2 0 1 3
2 1 0 5
```

027.9Gk (74)
<#srunk>

```
2 2 11 5
5 1  3 9
4 6  9 5
2 3  3 4
```

028.1La (57)
doll up [women]

```
6 0 6 4
3 3 3 7
5 6 5 3
1 1 3 1
```

028.1Lb (27)
dress (nice/well)
[men]

```
0 0 1 1
3 1 1 2
5 2 2 0
2 5 1 1
```

028.1Lc (99)
dress (nice/well)
[women]

```
 3 4 1  6
 9 0 3 12
13 8 5  5
10 6 5  9
```

028.1Ld (123)
dress up [men]

```
 4  1 7  3
15  3 2  9
15 11 6 10
12 12 6  7
```

028.1Le (315)
dress up [women]

```
24  2 12 28
23  8 17 36
23 17 20 30
17 24 14 20
```

028.1Lf (21)
fix up (nice/pretty)
[women]

```
0 0 2 2
1 1 1 2
1 2 3 3
0 1 1 1
```

028.1Lg (141)
primp [men]

11	7	8	4
12	13	3	3
15	16	11	5
8	9	6	10

028.1Lh (411)
primp [women]

55	14	21	25
29	29	18	33
26	28	37	16
13	23	12	32

028.1Li (67)
primp up [women]

2	2	7	5
8	4	3	6
1	4	3	5
0	11	1	5

028.2La (25)
bag

1	1	0	1
0	2	2	1
2	3	2	2
1	0	3	4

028.2Lb (52)
bag +

5	2	2	2
1	3	2	3
3	4	6	4
2	1	4	8

028.2Lc (80)
billfold

8	7	6	4
4	3	9	6
10	6	6	2
3	1	2	3

028.2Ld (118)
change purse

7	4	3	9
3	5	6	15
6	8	17	13
3	1	8	10

028.2Le (155)
coin purse

20	3	10	3
9	9	8	8
14	6	17	5
19	10	7	7

028.2Lf (113)
handbag

10	3	3	10
8	4	2	12
10	2	14	11
3	6	3	12

028.2Lg (51)
pocketbook [=change purse]

4	2	2	2
3	5	1	7
3	4	6	6
1	0	2	3

028.2Lh (37)
pocketbook [=handbag]

4	1	4	6
0	1	2	3
0	1	3	5
0	1	3	3

028.2Li (237)
pocketbook [unglossed]

13	6	19	25
5	1	14	30
8	13	21	28
4	14	10	26

028.2Lj (326)
pocketbook +

21	9	26	32
9	8	17	40
11	18	31	38
5	15	14	32

028.2Lk (44)
purse [=change purse]

5	3	1	5
3	0	2	9
1	3	1	4
2	0	2	3

028.2Ll (71)
purse [=handbag]

6	6	2	5
4	7	6	6
3	4	7	4
1	1	2	7

028.2Lm (517)
purse [unglossed]

47	14	30	37
36	20	35	44
35	31	29	41
28	36	19	35

028.2Ln (771)
purse +

70	23	42	55
51	30	49	75
48	45	54	63
37	48	28	53

028.2Lo (49)
wallet

2	3	2	1
2	1	2	4
3	5	2	3
4	4	2	9

028.2Pa (147)
<pu[r]s>

5	3	3	1
9	9	5	26
4	20	16	14
6	15	7	4

028.2Pb (486)
<purs>

56	15	35	46
30	18	39	35
28	17	31	35
19	24	16	42

028.2Pc (92)
<pu{r}s>

5	4	2	2
9	2	5	11
9	5	6	14
6	8	2	2

028.3Pa (567)
<braisllt=14>

52	18	36	34
41	29	37	41
37	37	40	36
26	43	21	39

028.4La (347)
beads

34	16	19	20
22	18	24	35
22	23	26	26
14	11	9	28

028.4Lb (584)
beads +

37	20	35	44
41	27	31	60
42	34	44	53
28	30	18	40

028.4Lc (403)
necklace +

```
33 13 24 28
27 20 24 34
26 17 41 31
24 17 15 29
```

028.4Ld (58)
pair +

```
2  3  2  4
4  7  2  2
0  3  4 14
0  2  2  7
```

028.4Le (53)
pair of beads

```
2  2  2  4
4  7  2  1
0  3  4 11
0  2  2  7
```

028.4Lf (40)
pearls

```
7  2  4  2
2  2  2  2
2  2  2  6
0  3  0  2
```

028.4Lg (67)
pearls +

```
8  3  6  3
4  3  5  5
2  4  6 10
1  3  1  3
```

028.4Lh (29)
strand +

```
0  1  1  5
0  2  3  4
3  3  1  1
2  1  0  2
```

028.4Li (20)
strand of beads

```
0  1  1  5
0  0  0  3
3  3  1  1
1  0  0  1
```

028.4Lj (20)
string

```
0  0  3  0
2  2  1  2
1  1  2  3
1  0  0  2
```

028.4Lk (374)
string +

```
 9  5 30 32
31 10 19 35
33 23 30 29
25 21 14 28
```

028.4Ll (338)
string of beads

```
 7  4 25 31
28  7 17 33
32 21 26 25
23 21 14 24
```

028.4Lm (27)
string of pearls

```
3  1  2  1
2  2  3  1
0  3  4  3
1  0  1  0
```

028.5La (21)
gallus

```
3  1  1  2
2  3  1  2
1  3  0  1
1  0  0  0
```

028.5Lb (396)
galluses +

```
34 14 29 41
23 19 25 43
26 21 41 38
 5 11 12 14
```

028.5Lc (688)
suspenders

```
60 25 31 46
44 35 42 65
44 33 54 57
31 46 27 48
```

028.5Ld (773)
suspenders +

```
69 28 33 55
51 38 48 70
51 42 60 66
32 52 28 50
```

028.5Le (78)
(su)spenders

```
10  3  3  8
 6  1  6  5
 8  7  6  9
 1  2  0  3
```

028.6La (6)
bumbershoot

```
3  0  1  0
0  0  0  0
1  0  0  0
0  1  0  0
```

028.6Lb (271)
parasol

```
29  9  9 14
24 20 14 21
13 21 34 17
 7 13 15 11
```

028.6Lc (41)
parasol [for sun]

```
2  5  0  2
0  7  1  2
2  4  4  1
3  1  1  6
```

028.6Ld (312)
parasol +

```
31 14  9 16
24 27 15 23
15 25 38 18
10 14 16 17
```

028.6Le (781)
umbrella +

```
69 29 41 58
48 35 52 69
51 42 59 54
37 53 28 56
```

028.6Pa (102)
<umbArelA=1434>

```
15  2  6  8
 8  3  6  4
 4  7 10  5
 3 10  7  4
```

028.6Pb (272)
<umbrelA=134>

```
22  8 14 22
11 21 22 23
19 10 22 23
 6 16  8 25
```

028.6Pc (127)
<umbrelA=314>

```
10  4  7 10
 7  1  6 12
 8  4  9  8
18  8  6  9
```

028.7La (479)
bedspread

52 17 36 35
30 19 27 38
37 21 33 31
30 23 16 34

028.7Lb (231)
counterpane

40 10 19 31
12 14 12 22
13 13 15 12
 4 2 7 5

028.7Lc (26)
cover

3 0 1 4
2 1 0 1
0 1 3 3
3 2 2 0

028.7Ld (78)
coverlet

 8 1 3 11
 5 0 9 12
 7 2 4 4
 3 3 5 1

028.7Le (298)
spread

13 9 8 16
18 13 24 36
14 24 33 27
 6 25 14 18

028.8Pa (528)
<pilA=14>

44 16 26 40
34 24 30 60
28 32 44 52
21 36 12 29

028.8Pb (79)
<pilAz=14>

7 6 7 4
3 8 4 7
4 2 8 5
3 4 3 4

028.8Pc (105)
<piloe=13>

 7 5 4 7
 3 2 5 8
10 6 3 6
17 9 4 9

028.9Ga (420)
all the way

34 11 25 24
36 28 22 29
26 28 32 24
21 36 18 26

028.9Gb (20)
all [D-0] way

0 2 2 2
2 0 1 0
1 2 2 1
0 3 0 2

028.9Gc (84)
clean

 7 1 1 2
15 6 1 7
 6 6 5 7
 4 8 3 5

028.9Gd (92)
clear

13 3 12 7
 5 7 2 5
11 0 5 5
 6 2 1 8

028.9Ge (170)
plumb

24 5 13 24
17 8 5 12
13 17 3 10
 3 9 3 4

028.9Gf (22)
right

3 1 1 0
3 2 1 0
2 0 0 1
1 3 1 3

028.9Gg (18)
slam

0 0 0 0
3 2 0 0
1 6 3 2
0 0 0 1

029.1La (121)
comfort

16 1 1 9
 3 4 7 17
 7 16 11 17
 6 4 1 1

029.1Lb (73)
comforter

8 1 5 4
2 1 8 11
3 2 6 6
4 5 3 4

029.1Lc (766)
quilt

69 32 41 52
52 39 49 65
48 43 58 59
35 46 28 50

029.2La (6)
Baptist pallet

3 0 0 1
0 1 0 0
0 0 0 0
0 0 0 1

029.2Lb (3)
Methodist pallet

3 0 0 0
0 0 0 0
0 0 0 0
0 0 0 0

029.2Lc (700)
pallet

67 28 36 51
37 36 50 77
44 39 52 58
25 34 30 36

029.2Ld (24)
sleeping bag

1 1 1 1
2 0 2 2
2 1 1 1
2 1 1 5

029.3Pa (60)
<fu[r]tL=14>

3 0 2 0
5 4 1 11
4 5 9 4
3 3 3 3

029.3Pb (280)
<furtL=14>

33 9 20 29
12 14 15 23
16 11 15 13
12 22 8 28

029.4La (403)
bottomland(s)

```
40 17 26 37
29 22 22 46
24 22 35 26
15 18 10 14
```

029.4Lb (213)
bottom(s)

```
28 15 12 14
15 13 16 34
15 11 10 12
 3 10  1  4
```

029.4Lc (596)
bottom(s)/bottom-
land +

```
67 27 38 50
43 31 36 71
40 33 45 38
21 25 12 19
```

029.4Ld (42)
creek(-)bottom
(land)

```
7  3  3  4
6  4  4  1
4  1  1  1
2  1  0  0
```

029.4Le (28)
delta (land)

```
5  2  0  0
3  7  0  1
1  3  1  2
1  1  0  1
```

029.4Lf (31)
flatland

```
7  0  0  1
2  2  1  1
1  2  3  3
1  2  1  4
```

029.4Lg (49)
flat(s)/flatland +

```
8  0  0  1
4  2  1  3
3  3  5  5
3  5  1  5
```

029.4Lh (145)
lowland(s)

```
10  1  2  8
14  6  9 11
12 10  9  9
 8 18  6 12
```

029.4Li (83)
river/river-bottom +

```
15  1  7  9
 4  0  2  5
12  3  1  6
 7  5  1  5
```

029.4Lj (60)
river(-)bottom
(land)

```
13  1  6  6
 2  0  2  3
10  3  1  3
 4  4  1  1
```

029.4Lk (21)
valley(s)

```
0  1  1  0
2  0  0  2
4  2  0  4
3  1  0  1
```

029.5La (19)
hay meadow

```
4  1  0  0
7  0  0  0
2  3  0  0
2  0  0  0
```

029.5Lb (30)
hayfield(s)

```
1  1  2  2
6  2  1  2
6  1  3  0
2  1  0  0
```

029.5Lc (20)
lowland (field)

```
0  0  1  4
3  0  2  1
1  1  1  4
0  1  0  1
```

029.5Ld (261)
meadow +

```
20 11 10 38
20 13 20 22
20 26  9 10
11 11 11  9
```

029.5Le (177)
pasture +

```
15 11 13  6
 7  5 11 18
18 13 17 12
 4  9  8 10
```

029.5Lf (43)
pastureland

```
4  1  5  2
1  0  1  6
7  2  3  3
0  2  2  4
```

029.5Lg (85)
prairie +

```
 4  0  0  1
 9  5  0  2
17  3  2  2
16  7  3 14
```

029.6La (31)
bog

```
2  1  1  1
1  1  1  1
5  2  7  1
0  3  1  3
```

029.6Lb (40)
bog/boggy +

```
2  1  1  1
2  1  1  2
5  5  7  2
1  3  1  5
```

029.6Lc (8)
brake +

```
1  0  0  0
1  2  0  0
0  4  0  0
0  0  0  0
```

029.6Ld (21)
lowland(s)

```
3  1  2  1
2  1  2  2
1  1  1  2
1  1  0  0
```

029.6Le (35)
marsh

```
2  2  1  1
0  3  4  2
4  3  3  4
0  3  2  1
```

029.6Lf (51)
marsh/marshy +

```
3  2  1  4
1  4  6  4
4  5  4  4
1  3  2  3
```

029.6Lg (36)
pond +

2	0	2	1
3	1	3	2
0	3	3	8
2	2	0	4

029.6Lh (4)
reed brakes

0	0	0	0
0	1	0	0
0	3	0	0
0	0	0	0

029.6Li (41)
slough(s)

16	1	1	0
3	3	2	0
6	5	2	0
0	0	0	2

029.6Lj (585)
swamp

44	18	28	44
47	31	35	46
34	34	40	42
25	48	22	47

029.6Lk (711)
swamp/swampy +

57	27	39	51
54	38	40	58
38	40	50	53
30	53	30	53

029.6Ll (117)
swampland

10	5	6	7
9	8	4	9
2	11	16	9
1	9	4	7

029.6Lm (45)
swampy land

7	2	6	6
2	1	3	5
3	1	0	1
4	1	2	1

029.6Ln (13)
wetland

4	0	1	1
0	0	1	1
0	0	2	0
0	0	1	2

029.6Pa (294)
<swawmp>

16	9	10	13
31	18	14	27
14	24	29	17
11	33	14	14

029.6Pb (185)
<swomp>

16	4	15	19
6	8	15	9
20	7	8	8
13	8	9	20

029.6Pc (80)
<sw{o}mp>

4	4	6	9
5	2	5	10
4	3	4	7
4	4	2	7

029.7La (272)
marsh

6	6	4	24
26	11	16	21
14	6	22	40
10	27	11	28

029.7Lb (82)
marshland

1	3	1	0
12	3	2	15
4	2	7	7
2	10	7	6

029.7Lc (25)
marshy land

1	0	1	2
1	1	2	1
1	3	3	0
4	2	1	2

029.8La (5)
Black Belt (soil)

0	0	0	0
0	1	0	0
0	0	4	0
0	0	0	0

029.8Lb (11)
black gumbo (land)

3	1	0	0
2	1	0	0
3	0	0	0
1	0	0	0

029.8Lc (4)
blackjack (land)

0	0	0	0
1	0	0	0
0	0	0	0
0	3	0	0

029.8Ld (79)
blackland (prairie/
soil)

7	2	1	2
13	5	2	2
19	1	3	4
13	4	1	0

029.8Le (86)
buckshot +

15	7	1	1
14	21	1	0
4	12	0	0
0	10	0	0

029.8Lf (5)
caliche (dirt)

0	0	0	0
0	0	0	0
0	0	0	0
5	0	0	0

029.8Lg (296)
clay (land/soil)

24	12	14	16
24	17	20	22
17	14	27	32
9	22	12	14

029.8Lh (43)
crawfish +

4	2	2	13
3	3	3	1
0	3	4	1
0	3	0	1

029.8Li (22)
crawfish (land/soil)

2	1	1	4
2	2	2	1
0	1	3	1
0	1	0	1

029.8Lj (23)
crawfishy (land)

2	2	1	10
1	1	1	0
0	2	1	0
0	2	0	0

029.8Lk (116)
gumbo +

28	5	0	0
24	15	1	0
12	8	5	2
3	10	0	3

029.8Ll (217)
loam (land/soil)

15	5	10	30
14	12	15	25
14	14	22	14
7	6	6	8

029.8Lm (60)
loamy (land/soil)

4	2	2	5
4	7	2	8
1	4	3	7
2	5	3	1

029.8Ln (5)
marl (soil)

0	0	0	0
0	0	0	0
0	0	0	1
0	0	0	4

029.8Lo (48)
muck +

1	0	0	1
0	1	1	1
0	0	6	8
0	4	7	18

029.8Lp (22)
muck (soil)

1	0	0	0
0	0	0	1
0	0	3	5
0	0	4	8

029.8Lq (11)
muckland(s)

0	0	0	1
0	0	0	0
0	0	1	1
0	0	1	7

029.8Lr (11)
mucky (black)
(land/soil)

0	0	0	0
0	0	0	0
0	0	2	2
0	2	1	4

029.8Ls (10)
prairie (land/mud/
soil)

0	0	0	0
1	1	0	0
0	3	5	0
0	0	0	0

029.8Lt (79)
red clay

7	2	5	5
3	3	9	18
1	5	8	4
2	5	1	1

029.8Lu (4)
redbud land

0	0	0	4
0	0	0	0
0	0	0	0
0	0	0	0

029.8Lv (100)
sand (land/soil)

8	1	0	0
6	6	7	3
11	4	8	5
7	10	10	14

029.8Lw (278)
sandy (land/soil)

25	6	9	11
35	18	13	22
20	13	23	20
19	22	6	16

029.8Lx (122)
sandy loam (land/
soil)

26	2	4	2
9	4	10	4
19	4	9	8
15	2	1	3

029.8Ly (8)
stiff land

1	0	0	0
4	1	0	0
0	0	0	1
0	0	1	0

029.8Pa (298)
<loem>

37	10	19	27
15	14	20	30
23	17	19	21
17	8	9	12

030.1Pa (383)
<drain>

35	19	16	27
28	21	17	35
31	22	28	16
26	29	13	20

030.1Pb (100)
<drainN=14>

4	3	8	9
4	5	10	9
0	5	15	11
2	5	5	5

030.1Pc (78)
<drainNG=14>

5	1	8	4
2	1	7	9
4	2	4	4
3	7	4	13

030.1Pd (122)
<dreen>

11	5	6	12
13	7	7	6
9	8	8	9
1	6	4	10

030.2La (212)
canal

7	10	2	2
23	4	11	11
18	6	17	20
16	29	8	28

030.2Lb (33)
channel

1	1	2	4
1	2	1	1
6	0	0	2
6	4	0	2

030.2Lc (586)
ditch

42	18	27	43
47	31	33	56
35	37	42	54
22	41	20	38

030.2Ld (27)
drain [n.]

1	0	2	2
4	0	4	1
1	4	3	0
2	1	0	2

030.2Le (22)
drain ditch

0	1	0	1
4	2	0	6
0	1	2	3
0	0	2	0

030.2Lf (75)
drainage ditch

11	4	4	3
2	7	1	4
4	6	2	5
7	2	3	10

030.2Lg (8)
dredge ditch

5	1	0	0
1	0	0	0
0	1	0	0
0	0	0	0

030.2Lh (106)
trench

2	5	7	10
6	3	11	11
15	7	6	4
8	3	3	5

030.3La (51)
bay

1	0	2	0
3	0	2	4
8	1	1	1
8	6	8	6

030.3Lb (105)
bayou

7	2	0	0
28	9	0	2
9	3	2	2
8	18	8	7

030.3Lc (100)
creek

11	6	4	1
10	6	4	7
10	6	4	12
3	9	2	5

030.3Ld (31)
inlet

0	1	2	3
1	0	3	2
1	0	5	1
4	4	2	2

030.3Le (34)
slough

2	1	0	0
9	5	2	0
3	1	1	2
1	5	1	1

030.4La (8)
arroyo [S]

0	0	0	0
0	0	0	0
1	0	0	0
7	0	0	0

030.4Lb (36)
canyon

4	1	1	1
3	0	5	2
5	2	1	3
4	1	1	2

030.4Lc (3)
coulee

0	0	0	0
3	0	0	0
0	0	0	0
0	0	0	0

030.4Ld (78)
ditch

7	3	4	6
6	2	7	7
4	5	8	4
1	8	2	4

030.4Le (8)
draw

2	0	0	0
1	0	0	0
2	0	0	0
3	0	0	0

030.4Lf (40)
gorge

1	1	4	6
1	2	5	9
1	1	1	2
0	1	2	3

030.4Lg (194)
gully

22	9	7	4
15	10	8	16
16	13	22	10
10	10	10	12

030.4Lh (49)
hollow

14	4	2	7
0	7	3	1
0	4	4	0
0	3	0	0

030.4Li (193)
ravine

31	5	9	12
10	15	15	14
22	12	12	5
9	7	5	10

030.4Lj (22)
valley

6	0	1	1
2	4	2	1
0	0	0	1
1	1	1	1

030.4Lk (34)
wash [n.]

3	2	1	1
0	0	1	5
1	5	4	6
0	3	1	1

030.5La (152)
ditch

16	4	12	8
11	2	15	11
10	12	13	10
6	8	4	10

030.5Lb (448)
gully

35	21	30	43
36	22	29	42
25	28	35	37
13	15	16	21

030.5Lc (30)
trench

4	0	2	2
3	0	1	0
4	3	1	0
1	5	3	1

030.5Ld (38)
wash

5	0	0	2
3	0	4	5
6	1	2	7
2	1	0	0

030.5Le (73)
washout

```
10   4   1   0
 6   0   6   8
 2   3   6   3
 1   6   6  11
```

030.6La (67)
bayou +

```
 6   0   0   0
21   4   0   0
10   6   0   0
 2  14   3   1
```

030.6Lb (475)
branch +

```
34  11  36  49
25  21  37  67
24  26  43  43
 5  16  16  22
```

030.6Lc (110)
brook

```
 9   7   8   5
 6   4  12  13
 1   6   9   8
 5   3   4  10
```

030.6Ld (11)
coulee +

```
 0   0   0   0
 7   0   0   0
 0   0   0   0
 0   4   0   0
```

030.6Le (751)
creek +

```
65  26  44  51
47  38  47  72
46  44  58  65
34  40  28  46
```

030.6Lf (24)
ditch

```
 3   2   1   0
 0   3   1   2
 2   5   0   0
 0   2   0   3
```

030.6Lg (7)
ravine

```
 2   0   0   0
 1   0   0   0
 3   1   0   0
 0   0   0   0
```

030.6Lh (14)
slough

```
 1   0   0   0
 2   3   0   0
 1   2   0   0
 3   0   1   1
```

030.6Li (208)
spring +

```
21  10  13  26
15  13  11  26
 7  15  14  12
 7  10   6   2
```

030.6Lj (35)
spring branch

```
 6   0   6   7
 5   1   3   3
 1   1   0   1
 0   1   0   0
```

030.6Lk (382)
stream +

```
26   8  25  17
23  18  23  36
22  27  33  31
15  28  16  34
```

030.6Ll (9)
wet-weather branch/
creek/etc. +

```
 0   1   3   2
 0   0   2   0
 0   0   0   0
 0   0   1   0
```

030.6Pa (707)
<kreek>

```
60  24  41  57
40  34  49  72
43  43  51  53
31  33  26  50
```

030.6Pb (59)
<kreeks>

```
 6   3   2   0
 6   3   0   1
 4   2   5  12
 5   5   4   1
```

030.8La (791)
hill

```
73  29  44  57
55  41  47  64
51  43  55  57
34  56  28  57
```

030.8Lb (17)
hill land

```
 3   0   0   0
 4   4   1   0
 0   4   1   0
 0   0   0   0
```

030.8Lc (33)
hillside

```
 3   4   2   2
 1   0   3   3
 3   5   5   0
 0   0   0   2
```

030.8Ld (10)
incline

```
 5   0   0   0
 0   0   0   0
 1   0   2   0
 1   1   0   0
```

030.8Le (131)
knob

```
11   8  21  35
 4   2   6   8
 3   2  10   5
 3   4   3   6
```

030.8Lf (106)
knoll

```
13   2  10   7
12   2   8   7
 4   5   9   4
 8   5   3   7
```

030.8Lg (85)
mound

```
 6   2   5   3
 6   3   5   7
 4   8  11   9
 4   3   4   5
```

030.8Lh (33)
ridge

```
 6   1   1   9
 4   0   2   2
 0   3   1   1
 1   1   0   1
```

030.8Li (44)
rise

```
 3   1   1   1
 2   6   6   5
 4   2   3   4
 1   3   1   1
```

030.8Lj (20)
slope

```
3 1 1 3
1 1 1 3
2 0 1 1
1 1 0 0
```

030.8APa (55)
<hi[l]>

```
5 2 1 1
6 2 7 3
1 4 1 5
2 5 3 7
```

030.8APb (290)
<hil>

```
28 13 18 34
17  8 10 25
17 17 21 15
15 19  9 24
```

030.8APc (67)
<hilz>

```
10 3 2 5
 4 8 3 4
 3 5 2 2
 2 9 2 3
```

030.8APd (338)
<hi{l}>

```
29 11 17 12
22 18 26 35
22 14 31 31
17 21 15 17
```

030.8Sa (185)
|DAB-maj| [ɪ^ə]

```
17  5  7 34
14 14 10 14
11 10  7 11
 7 13  4  7
```

030.8Sb (95)
|DCB-maj| [ɪ^·ə]

```
11 5 4  2
 9 7 4 12
 4 6 8  5
 1 7 3  7
```

030.8BPa (274)
<nob>

```
24 13 21 26
19  7 13 20
19 13 22 11
17 20 13 16
```

030.9Pa (47)
<gu[l]f>

```
3 2 0 1
3 5 2 0
5 5 4 2
1 7 4 3
```

030.9Pb (41)
<gulf>

```
4 0 0 1
6 3 2 2
5 2 2 0
4 6 2 2
```

031.1Pa (153)
<mowntN=14>

```
 9  4  4  7
11  8 10 14
10 12 11 13
 9 15 10  6
```

031.1Pb (432)
<mown{t}N=14>

```
44 11 28 44
28 14 29 44
31 17 25 20
20 30 19 28
```

031.1Pc (103)
<mown{t}Nz=14>

```
19 11 3 6
 5  9 5 6
 2  5 8 7
 4  4 0 9
```

031.2La (92)
bluff

```
17 6 16 8
 2 3 13 4
 6 4  5 0
 3 4  1 0
```

031.2Lb (576)
cliff

```
46 16 39 49
39 18 42 55
42 32 47 31
32 29 19 40
```

031.2Lc (39)
ledge

```
2 0 4 2
3 0 1 9
1 3 1 1
1 4 3 4
```

031.2Pa (511)
<klif>

```
43 18 31 41
32 11 37 51
33 32 43 35
28 25 16 35
```

031.2Pb (279)
<klifs>

```
15  9 18 18
24 10 17 15
31 14 25 10
25 18 12 18
```

031.2Pc (54)
<klift>

```
3 1 8 9
5 5 3 3
2 3 1 1
3 2 3 2
```

031.3La (125)
gap

```
17 2  9 33
 4 2 13 12
 7 1  4  7
 2 3  2  7
```

031.3Lb (59)
notch

```
1 2 6 5
5 0 7 2
1 4 8 6
6 2 1 3
```

031.3Lc (110)
pass

```
 7 0  3  9
 6 3  7 14
11 5 11  8
 9 8  2  7
```

031.3Pa (274)
<noch>

```
10 10 16 15
29  9 12 11
28 24 20 15
23 27 10 15
```

031.4La (56)
boat dock

```
6 2 10 16
4 0  4  1
0 4  3  1
1 1  2  1
```

031.4Lb (36)
boat landing

2	1	7	2
5	3	2	2
1	3	5	2
0	1	0	0

031.4Lc (384)
dock

36	10	20	28
22	11	24	39
30	12	30	25
13	27	19	38

031.4Ld (437)
dock +

40	12	29	43
26	11	28	40
30	15	32	25
15	28	22	41

031.4Le (43)
harbor

4	0	0	0
2	3	2	2
6	4	2	2
6	5	1	4

031.4Lf (64)
landing

3	2	5	1
7	2	3	4
5	11	7	2
0	7	4	1

031.4Lg (107)
landing +

5	3	11	3
13	4	6	7
8	13	12	5
0	11	4	2

031.4Lh (11)
levee

2	0	0	0
1	0	0	0
1	2	0	0
0	5	0	0

031.4Li (87)
pier

4	4	4	1
2	1	6	7
5	7	16	5
7	3	7	8

031.4Lj (57)
port +

4	2	0	3
5	1	0	1
5	7	4	3
4	8	3	7

031.4Lk (130)
wharf

3	3	1	13
4	4	4	7
9	6	15	8
9	23	13	8

031.5La (149)
fall(s)

7	3	11	21
4	3	13	20
7	8	9	7
9	6	5	16

031.5Lb (11)
rapid(s)

1	0	1	5
0	0	0	1
0	0	2	0
0	0	0	1

031.5Lc (6)
shoals

0	0	0	3
0	0	0	3
0	0	0	0
0	0	0	0

031.5Ld (488)
waterfall(s)

44	17	25	21
34	23	25	45
38	27	45	32
25	32	18	37

031.6La (426)
asphalt (road)

25	16	23	28
27	15	29	40
29	22	33	46
21	21	19	32

031.6Lb (352)
blacktop (road/
street)

37	15	18	20
47	21	19	19
17	33	29	15
6	42	6	8

031.6Lc (26)
brick (road/street)

3	0	0	0
0	0	0	1
2	1	4	3
2	2	0	8

031.6Ld (19)
caliche (road)

0	0	0	0
0	0	0	0
2	0	0	0
17	0	0	0

031.6Le (264)
cement (road)

12	6	10	10
19	4	18	34
16	12	25	41
14	13	9	21

031.6Lf (20)
chert (road)

2	0	2	1
0	0	8	3
1	0	3	0
0	0	0	0

031.6Lg (45)
clay (road)

3	0	0	0
1	0	0	5
2	0	2	9
2	3	6	12

031.6Lh (418)
concrete (road)

36	21	30	22
24	28	30	40
32	23	24	33
15	28	11	21

031.6Li (654)
dirt (road/street)

54	19	29	42
55	34	31	59
43	42	52	53
29	42	18	52

031.6Lj (13)
graded (road)

2	0	0	0
0	0	0	2
0	0	1	1
1	0	1	5

031.6Lk (589)
gravel (road)

```
59 21 34 39
52 39 32 45
39 43 41 29
26 43 14 33
```

031.6Ll (10)
hardtop (road)

```
0  0  0  5
0  0  0  0
1  0  1  0
3  0  0  0
```

031.6Lm (22)
macadam (road)

```
1  1  1  3
0  1  0  3
2  1  0  4
0  0  1  4
```

031.6Ln (19)
mud (road/street)

```
1  1  0  4
2  2  1  1
0  0  1  0
0  6  0  0
```

031.6Lo (15)
oil (road)

```
0  0  1  3
4  0  0  0
2  0  1  0
0  0  1  3
```

031.6Lp (50)
pave (road)

```
0  1  0  1
4  0  2  5
4  2  2 13
0  9  2  5
```

031.6Lq (140)
paved (road/street)

```
 4  0 10  6
10  8  7 22
 7  8  9 20
 7  6  3 13
```

031.6Lr (57)
pavement (road)

```
8  2  2  5
3  2  1  8
5  1  4  4
4  1  5  2
```

031.6Ls (7)
pike (road)

```
0  0  0  6
0  0  0  1
0  0  0  0
0  0  0  0
```

031.6Lt (80)
rock (road)

```
3  3  7  8
4  5  2  1
7  3  2 12
3  1  2 17
```

031.6Lu (40)
sand (road)

```
2  1  0  0
2  1  1  1
4  4  2  7
1  1  1 12
```

031.6Lv (49)
shell (road)

```
0  0  0  1
8  1  0  2
4  0  0  7
3 13  2  8
```

031.6Lw (23)
slag (road)

```
0  0  0  0
0  0  5  0
0  0  9  1
0  0  4  4
```

031.6Lx (384)
tar (road/street)

```
12 12 21 26
22 20 21 43
24 27 34 33
22 25 13 29
```

031.6APa (142)
<tor>

```
 5  7 13  8
 7  7  0 14
10  4 13 10
 7 12  7 18
```

031.6APb (50)
<t{o}r>

```
2  1  2 11
0  1  0  4
3  5  5  6
5  2  1  2
```

031.6BPa (158)
<du[r]t>

```
 3  2  1  2
15 14  6 22
10 18 16 14
 5 18  4  8
```

031.6BPb (377)
<durt>

```
43 12 24 38
30 14 23 30
24 15 22 23
15 19 11 34
```

031.6BPc (76)
<du{r}t>

```
7  3  2  0
7  1  1  6
7  7 11  8
6  4  1  5
```

031.6CPa (548)
<gravL=14>

```
52 17 32 37
53 39 30 35
39 39 44 23
21 41 14 32
```

031.7La (26)
back road/street

```
1  0  1  5
1  2  3  0
0  0  3  4
1  4  0  1
```

031.7Lb (25)
byroad

```
4  1  7  2
0  1  4  2
1  0  1  2
0  0  0  0
```

031.7Lc (6)
caliche road

```
0  0  0  0
0  0  0  0
0  0  0  0
6  0  0  0
```

031.7Ld (22)
clay road

```
1  0  0  0
0  0  0  1
0  0  2  6
0  1  4  7
```

031.7Le (128)
country road/highway

20	1	12	10
8	2	5	8
13	7	5	6
6	9	6	10

031.7Lf (41)
county road

5	2	1	5
0	0	4	5
5	0	3	4
0	1	1	5

031.7Lg (20)
crossroad(s)

0	0	0	0
1	2	0	1
2	2	1	1
1	1	0	8

031.7Lh (464)
dirt road/street

34	14	23	34
34	18	21	45
31	28	39	39
21	31	13	39

031.7Li (19)
farm road

4	0	0	0
1	1	2	0
1	1	0	0
8	1	0	0

031.7Lj (53)
farm-to-market road

2	0	0	0
4	6	4	0
16	4	9	0
3	4	1	0

031.7Lk (196)
gravel road/street

15	10	21	16
24	15	2	10
10	21	13	6
4	20	4	5

031.7Ll (35)
lane

4	2	3	1
4	1	1	1
5	1	2	3
4	3	0	0

031.7Lm (10)
parish road

0	0	0	0
6	0	0	0
0	0	0	0
0	4	0	0

031.7Ln (5)
pike road

0	0	0	4
0	0	0	1
0	0	0	0
0	0	0	0

031.7Lo (30)
public road

1	2	0	2
5	3	2	2
1	3	2	3
1	2	1	0

031.7Lp (21)
rock road

0	1	1	4
1	4	1	0
1	0	1	0
1	1	1	4

031.7Lq (12)
sand road

0	0	0	0
0	0	0	0
1	1	0	2
0	0	1	7

031.7Lr (10)
secondary (road)

3	0	1	4
0	0	0	1
0	1	0	0
0	0	0	0

031.7Ls (7)
service road

0	0	0	0
2	0	0	0
1	1	0	0
0	3	0	0

031.7Lt (24)
shell road

0	0	0	0
2	0	0	0
3	0	0	2
2	10	1	4

031.7Lu (202)
side road/street

15	10	9	6
11	12	17	19
7	9	22	17
7	11	10	20

031.7Lv (18)
state road/street

1	0	1	1
5	1	0	1
0	0	2	0
0	3	1	2

031.7Lw (6)
three-path road

0	0	0	0
0	0	0	0
0	0	0	5
0	1	0	0

031.7Lx (28)
trail (road)

3	3	0	2
3	2	3	4
2	0	0	0
1	1	2	2

031.8La (20)
alley

1	0	0	0
0	1	1	2
3	3	0	0
1	1	2	5

031.8Lb (19)
cow trail

6	0	0	0
4	1	1	1
2	1	3	0
0	0	0	0

031.8Lc (30)
cow(s') path

3	2	0	2
1	2	3	4
1	2	1	4
1	3	1	0

031.8Ld (30)
dirt road

1	1	4	1
2	1	1	1
6	1	1	3
4	0	1	2

031.8Le (52)
drive

4	1	3	4
1	3	7	4
3	3	8	2
2	0	1	6

031.8Lf (351)
driveway

18	12	19	31
26	21	20	34
26	23	29	13
12	22	17	28

031.8Lg (328)
lane

36	9	22	22
29	9	18	18
22	21	26	28
11	20	14	23

031.8Lh (174)
path

12	3	7	25
6	16	15	25
5	10	14	14
4	6	4	8

031.8Li (70)
private road

6	1	2	5
9	2	0	4
5	6	5	3
11	5	0	6

031.8Lj (23)
road (to the farm/house)

2	1	0	1
1	0	3	4
2	1	1	2
1	1	2	1

031.8Lk (80)
trail

11	2	0	4
7	6	5	10
5	2	9	3
3	4	6	3

031.9ALa (30)
banquette

0	0	0	0
7	0	0	0
0	1	0	0
1	21	0	0

031.9ALb (11)
boardwalk

1	0	0	0
4	0	0	0
1	2	0	0
1	1	0	1

031.9ALc (24)
pavement

2	0	3	2
1	0	1	2
0	7	2	1
0	2	1	0

031.9ALd (686)
sidewalk

61	21	40	53
47	22	47	55
45	35	50	45
33	49	26	57

031.9ALe (13)
walk

5	0	0	0
0	1	0	0
1	2	2	0
0	0	1	1

031.9ALf (34)
walk + [inc. board-walk]

8	0	0	0
6	4	0	0
3	4	2	0
1	3	1	2

031.9BLa (25)
grass strip +

0	2	0	5
3	0	1	2
1	1	2	4
1	2	0	1

031.9BLb (13)
lawn

1	0	0	1
0	0	0	1
1	0	1	1
1	4	2	0

031.9BLc (16)
median

3	0	0	1
0	0	0	0
0	1	3	2
1	0	3	2

031.9BLd (13)
parkway

2	0	1	0
0	0	0	0
6	0	0	0
1	0	0	3

032.1Ga (99)
<!th(r)oe>

8	5	5	6
9	14	7	6
4	12	5	7
0	3	4	4

032.1Gb (246)
<!throe>

30	16	10	21
11	15	14	25
13	8	21	19
10	11	7	15

032.1Gc (87)
<*th(r)oed>

7	3	4	9
5	3	3	10
5	7	5	12
0	4	4	6

032.1Gd (21)
<*th(r)ue>

2	1	3	2
3	1	2	2
2	2	0	0
0	0	0	1

032.1Ge (122)
<*throed>

14	5	8	6
15	8	5	10
9	7	7	9
2	7	6	4

032.1Gf (379)
<*thrue>

18	8	28	35
22	9	28	42
31	21	28	21
23	25	16	24

032.1Gg (28)
<#throen>

1	0	2	4
0	2	3	7
1	1	4	0
1	2	0	0

032.1ALa (613)
rock

```
54 20 39 46
46 25 45 70
44 28 43 39
33 26 15 40
```

032.1ALb (95)
stone

```
5  4 10 19
3  1  5 14
2  2  6  8
0  9  2  5
```

032.1BLa (187)
chunk(ed) +

```
 9  8  2  0
25 15  6  2
12 25 17 13
 7 15 14 17
```

032.1BLb (16)
chunk(ed) (dog
with rock)

```
1 1 0 0
2 4 0 0
2 3 0 0
1 1 1 0
```

032.1BLc (161)
chunk(ed) (rock
at dog)

```
 8  7  2  0
21 12  6  2
 9 21 14 11
 6 13 13 16
```

032.1BLd (17)
chunk(ed) at
(the dog)

```
1 0 0 0
3 0 0 0
2 3 3 2
0 2 0 1
```

032.1BLe (59)
pitch(ed)

```
7 3 5 3
6 0 5 4
3 0 4 1
5 6 1 6
```

032.1BLf (767)
threw/throwed

```
71 27 44 54
51 39 45 73
46 42 54 57
33 50 30 51
```

032.2Ga (199)
(not) at home

```
11  3 18 13
14  5 14 24
 9  8 19 13
 7 14 10 17
```

032.2Gb (168)
(not) home

```
 8  0  9 21
11  3  5 11
12 13  4 17
11 15  8 20
```

032.2Sa (188)
|JJD-efa| [oᵘᵛ]

```
19 13  7  6
14  8 14 22
12  7 17 17
 5  8  8 11
```

032.2Sb (131)
|JU.-[e/f]..|
[ō‹ṻ~ōṻ]

```
 3  1  7 22
 5 10  9 14
 3  5  5 12
10 13  4  8
```

032.3La (47)
barefoot(ed)
(coffce) +

```
2 3 1 12
3 2 2  0
2 1 5  2
0 1 6  5
```

032.3Lb (559)
black (coffee)

```
58 19 26 25
36 25 32 37
43 35 50 38
30 40 22 43
```

032.3Lc (71)
plain (coffee)

```
2 3 3  7
2 3 8 14
4 1 7  6
3 4 2  2
```

032.3Ld (230)
straight (coffee)

```
34 12 17 11
17 15 14 15
16 12 15  9
 9 11 12 11
```

032.3Le (214)
without cream/milk

```
 6  7 17 24
17 10 15 21
 8 16 17 17
10  6  7 16
```

032.3Pa (362)
<widhowt=31>

```
29 12 22 32
27 18 26 35
25 22 30 19
14 18 14 19
```

032.3Pb (126)
<withowt=31>

```
 4 1 9  8
 8 4 8 13
16 9 9 10
11 3 4  9
```

032.4Pa (50)
<wi(th)>

```
7 5 4 2
2 4 1 3
3 1 2 4
0 4 1 7
```

032.4Pb (84)
<wid>

```
5  1 0 2
9  5 6 5
1 11 7 6
5 13 4 4
```

032.4Pc (362)
<widh>

```
39 12 12 21
26 25 20 36
19 18 23 39
10 19 18 25
```

032.4Pd (63)
<wit>

```
 3  2 2  0
11  2 2  4
 0  5 4 12
 0 13 1  2
```

032.4Pe (349)
<with>

```
40 18 24 27
21 14 21 34
31 14 14 21
24 19  9 18
```

032.5Ga (33)
at

```
5  1  2  0
1  2  3  4
3  0  1  3
5  2  1  0
```

032.5Gb (128)
to

```
14  5  7  5
 8  4 10 12
 8  5 17 11
 3  5  6  8
```

032.5Gc (368)
toward

```
32 15 22 34
20 15 23 36
26 14 31 24
14 22 16 24
```

032.5Gd (314)
towards

```
32  7 22 12
28 16 16 19
20 22 15 23
22 21 10 29
```

032.5Pa (56)
<toe[r]d>

```
1  1  3  1
2  4  5 12
2  3  8  5
0  4  2  3
```

032.5Pb (136)
<toerd>

```
18  5 10 16
 6  7 14 11
10  3  7  6
 5  5  4  9
```

032.6Ga (11)
met up with

```
0  0  0  1
1  1  0  0
1  0  0  1
0  0  3  3
```

032.6Gb (65)
(ran) across

```
4  2  2  2
6  3  1  4
5  4  5  7
5  8  4  3
```

032.6Gc (560)
(ran) into

```
56 10 35 50
37 21 34 47
37 31 39 35
24 35 25 44
```

032.6Gd (34)
(ran) up on

```
4  1  0  1
7  1  1  1
1  4  4  2
0  3  3  1
```

032.7Ga (624)
(named) after

```
58 18 39 48
41 25 43 53
38 37 45 43
25 38 23 50
```

032.7Gb (139)
(named) for

```
10  5  9 11
 5  8  6 19
13  5 13  9
 3  8  5 10
```

033.1Pa (560)
<d{aw}g>

```
46 16 36 35
29 23 37 65
32 33 39 50
25 38 19 37
```

033.1Pb (92)
<d{aw}gz>

```
 8  7  2  3
10 14  2  1
 7  3  7  9
 3  7  3  6
```

033.1Pc (105)
<d{ou}g>

```
9  4  1  9
10  2  9 12
 9  5 10  8
 4  7  3  3
```

033.1Sa (204)
|QFC-qfb| [ɔˇɔˆ]

```
23  9 11 14
10 10 12 25
11  8 10 19
 4 15 10 13
```

033.1Sb (60)
|QMC-qfb| [ɔˇ·ɔˆ]

```
4  3  1  0
3  4  2  7
4  2  7  4
3  3  8  5
```

033.2Ga (83)
catch him/it/them

```
 2  1  2  2
13  2  0  1
 4 13  8 15
 0  7  5  8
```

033.2Gb (222)
get +

```
30  5 13 13
17  5 15 20
16 11 21 14
 6 19  5 12
```

033.2Gc (170)
get him/it/them

```
27  3  9  8
14  4 12 14
13  7 14 12
 6 15  5  7
```

033.2Gd (43)
go get him/them

```
2  3  3  3
2  1  3  4
4  4  5  3
0  2  0  4
```

033.2Ge (454)
sic +

```
37 18 28 40
23 17 34 49
29 22 30 27
24 27 16 33
```

033.3La (16)
Catahoula +

```
 0  0  0  0
10  0  0  0
 0  1  0  0
 0  4  0  1
```

033.3Lb (8)
Catahoula cur

```
0  0  0  0
7  0  0  0
0  0  0  0
0  1  0  0
```

033.3Lc (230)
cur +

```
21  8 16 12
31 15 12  9
14 17 17 18
11  9  7 13
```

033.3Ld (26)
dog

```
0  1  2  4
2  1  2  0
2  2  1  5
0  4  0  0
```

033.3Le (348)
feist +

```
41 13 20 25
33 27 15 14
24 34 25 15
 8 22 15 17
```

033.3Lf (17)
feisty (little) dog

```
4  0  0  1
1  1  0  0
2  2  1  0
3  0  1  1
```

033.3Lg (31)
half-breed

```
1  3  1  2
0  0  4  4
2  0  3  2
3  0  2  4
```

033.3Lh (39)
Heinz Fifty-Seven

```
7  2  1  1
1  2  4  0
3  1  2  3
5  0  3  4
```

033.3Li (62)
Heinz Fifty-Seven/
etc. +

```
 8  2  1  2
 1  2  6  1
10  1  4  4
 5  5  4  6
```

033.3Lj (128)
hound +

```
12  2  8  3
15  8  6 12
10 15 10  4
 6  8  3  6
```

033.3Lk (17)
house dog

```
3  1  1  1
3  0  0  1
1  3  1  0
1  1  0  0
```

033.3Ll (11)
kyoodle

```
0  0  0  0
0  0  0  0
0  0  0  0
1 10  0  0
```

033.3Lm (80)
mix breed

```
5  3  5  5
6  3  5  9
4  3 10  6
1  4  3  8
```

033.3Ln (30)
mixed breed

```
6  2  4  3
1  0  4  2
1  0  1  4
1  1  0  0
```

033.3Lo (130)
mix(ed)(-)(up)
breed +

```
11  7 12 12
 7  4 11 12
 6  5 12 11
 2  7  3  8
```

033.3Lp (189)
mongrel +

```
20  7  8 13
 2  7 16 25
17  4 15 15
10  8 10 12
```

033.3Lq (132)
mutt

```
11  3  8  9
 6  8  6  8
 7  2 12  7
 9 12  5 19
```

033.3Lr (19)
potlicker (hound)

```
1  0  0  0
2  0  0  0
0  9  1  0
1  4  1  0
```

033.3Ls (37)
sooner (dog)

```
1  2  4  2
1  1  3  4
1  5  1  3
0  1  3  5
```

033.3Lt (8)
sorry (dog)

```
0  0  0  0
0  0  0  0
1  0  1  4
0  0  0  2
```

033.3Lu (39)
stray (dog)

```
2  3  3  4
2  3  2  4
0  2  6  5
1  2  0  0
```

033.3Pa (95)
<fies(t)>

```
 9  6  2  1
15 14  0  1
 4 12 11  3
 0  9  4  4
```

033.3Pb (130)
<fiest>

```
21  6  7  5
 7  8  7  4
 9 11  9  8
 5 12  7  4
```

033.3Pc (54)
<f{ie}st>

```
5  0  8 15
7  1  5  2
1  3  1  1
1  0  0  4
```

033.4Ga (594)
<!biet>

```
43 23 36 25
49 23 34 48
44 37 44 37
30 44 24 53
```

033.4Gb (512)
<*bit>

```
24 17 37 35
43 16 32 50
40 33 35 26
27 30 22 45
```

033.4Gc (303)
<#bit>

```
32   9  20  13
30   7  19  25
18  23  20  20
 9  24  15  19
```

033.4Gd (369)
<#bitN=14>

```
18  12  21  35
15  16  31  35
28  17  30  27
19  24  12  29
```

033.4Ge (203)
<#dawgbit=13>

```
16   4  12  25
25   6   6   9
13  21  16  13
 6  15   7   9
```

033.4Gf (26)
<#dawgbitN=134>

```
1   0   1   2
1   1   1   5
2   4   3   1
1   2   0   1
```

033.4Gg (26)
<#snaikbit=13>

```
1   0   0   2
5   1   0   1
4   1   7   0
2   0   0   2
```

033.5La (9)
beast +

```
0   0   0   0
0   0   0   0
0   1   4   2
0   0   2   0
```

033.5Lb (548)
bull

```
40  16  24  30
44  23  34  51
48  22  39  41
27  40  22  47
```

033.5Lc (241)
bull [taboo]

```
26  11  20  29
11  13  15  19
 4  25  19  17
 3  14   7   8
```

033.5Ld (792)
bull +

```
67  27  44  59
55  36  50  70
52  47  59  58
30  54  29  55
```

033.5Le (122)
cow [male] +

```
13   3  15   9
 6   0   9  13
 5   9  10  12
 0   4   6   8
```

033.5Lf (132)
male

```
7   5  13  21
8   6   5  12
4  11  12  14
1   7   4   2
```

033.5Lg (214)
male +

```
16   8  26  30
11   8  13  22
 6  17  16  20
 1   9   6   5
```

033.5Lh (86)
male cow

```
8   3  15   7
4   0   8  12
3   7   5   7
0   2   3   2
```

033.5Li (70)
steer +

```
4   1   2   4
5   4   6  13
5   6   5   6
4   1   2   2
```

033.5Lj (14)
stock cow

```
0   0   0   1
3   0   0   1
0   1   4   4
0   0   0   0
```

033.6Pa (260)
<kow>

```
20  10  18   4
22  14  14  22
20  13  10  20
12  25  13  23
```

033.6Pb (122)
<kowz>

```
 9   6   5   3
 7  10   4   3
12   8  12   2
11  15   4  11
```

033.6Pc (69)
<k{ao}>

```
3   1   4  14
4   1   8  12
2   2   5   7
1   1   1   3
```

033.6Pd (216)
<k{au}>

```
27   8  14  28
11   7  19  21
 8   9  11  21
 9   6   5  12
```

033.6Pe (112)
<k{au}z>

```
15   5   3   5
12  10   4   6
 9   4  10   5
 5   5   7   7
```

033.6Pf (93)
<k{ou}>

```
5   3   2   1
6   7   4  21
2  11   9  11
1   5   1   4
```

033.6Sa (56)
|OAC-jjd| [æˇoˇ]

```
8   3   8   3
5   1   1   8
2   1   4   6
0   2   2   2
```

033.6Sb (69)
|RAB-efa| [aˆʊ]

```
8   4   2   0
8   4   4   4
6   1   4   3
1   8   5   7
```

033.7La (47)
double +

```
3   0   2   0
7   3   2   2
1   9   2   1
2   4   2   7
```

033.7Lb (20)
double team [mules]

```
1  0  1  0
3  1  0  0
1  6  0  0
2  3  1  1
```

033.7Lc (20)
mule team

```
2  0  1  1
1  1  2  0
3  1  1  1
1  1  1  3
```

033.7Ld (21)
oxteam

```
2  1  1  2
2  1  0  0
1  3  0  1
1  4  0  2
```

033.7Le (92)
pair

```
7  4  5  11
4  2  9  14
1  3  7  5
3  4  4  9
```

033.7Lf (362)
pair +

```
21  18  20  27
29  22  28  30
19  21  36  23
 9  18  13  28
```

033.7Lg (26)
pair (of horses)

```
1  2  1  2
5  3  1  0
3  4  2  0
1  0  1  0
```

033.7Lh (249)
pair (of mules)

```
13  13  16  14
22  17  17  15
16  17  29  16
 5  14   9  16
```

033.7Li (43)
pair (of oxen)

```
1  1  3  2
2  2  4  3
6  2  6  3
2  2  1  3
```

033.7Lj (20)
span +

```
6  0  1  3
0  1  0  0
1  0  3  1
2  0  0  2
```

033.7Lk (11)
span (of mules)

```
5  0  1  2
0  0  0  0
0  0  1  0
2  0  0  0
```

033.7Ll (184)
team

```
20  4  11  15
17  4  12  15
19  7  11  10
13  9   7  10
```

033.7Lm (500)
team +

```
56  17  30  38
43  22  29  35
37  24  34  22
30  37  18  28
```

033.7Ln (67)
team (of horses)

```
7  3  3  8
6  3  4  5
7  4  1  3
3  3  2  5
```

033.7Lo (213)
team (of mules)

```
29  10  16  19
11  13  11  14
18   7  18   2
12  17   6  10
```

033.7Lp (77)
team (of oxen)

```
2  4   4  3
4  7   2  7
4  3  10  5
5  9   5  3
```

033.7Lq (147)
yoke +

```
14  13   9  16
12  13   5   9
 5   6  16   3
 3   7   7   9
```

033.7Lr (112)
yoke (of oxen)

```
8  11   8  12
7  11   4   7
4   4  10   2
3   5   7   9
```

033.7APa (70)
<pa[r]>

```
1  1   1   3
4  3   4  11
3  6  14   8
1  3   2   5
```

033.7APb (145)
<par>

```
7  4  12  20
9  6  17  11
6  7  10   6
5  6   7  12
```

033.7BPa (52)
<mewlz>

```
7  3  4  1
3  4  2  4
7  5  2  1
3  1  1  4
```

033.7BPb (150)
<myuel>

```
12   3   3   9
10   4  11  18
10   8   9  16
 5  11  11  10
```

033.7BPc (342)
<myuelz>

```
37  21  24  17
27  24  16  26
20  19  26  19
12  24   9  21
```

033.7BPd (63)
<myuel{z}>

```
6  1  2  11
8  2  2   2
3  3  4   4
7  3  1   4
```

033.7Sa (116)
|BJA| [ʉ]

```
 7  1   5  20
13  7   6  13
 5  2  10  11
 2  5   4   5
```

033.7Sb (196)
|efa-BJA| [ʊʉ]

17	12	12	18
8	12	10	21
9	10	12	22
7	5	8	13

033.8Pa (545)
\<kaf>

48	17	28	41
35	25	28	50
32	29	41	38
27	40	24	42

033.8Pb (172)
\<k{a}f>

15	8	11	13
18	8	9	17
16	12	10	10
4	10	5	6

033.9La (29)
be fresh

6	0	6	12
1	1	0	1
1	0	1	0
0	0	0	0

033.9Lb (72)
bring +

7	5	9	6
9	0	2	6
5	9	2	2
1	4	1	4

033.9Lc (69)
bring (a) calf

7	5	9	5
9	0	2	5
5	8	2	2
1	4	1	4

033.9Ld (124)
calve

13	5	10	12
3	4	7	13
12	5	7	9
7	6	4	7

033.9Le (17)
come fresh

3	0	1	2
0	0	0	1
1	0	2	1
0	0	4	2

033.9Lf (66)
come in

6	1	1	1
1	7	6	15
3	6	10	2
1	3	2	1

033.9Lg (11)
come in fresh

0	0	0	3
0	1	2	1
0	0	0	1
0	2	0	1

033.9Lh (93)
come in/to +

7	1	1	4
6	9	10	15
4	10	12	3
1	6	2	2

033.9Li (15)
deliver +

0	2	1	0
1	0	0	1
0	1	1	1
0	3	0	4

033.9Lj (127)
drop +

8	3	10	8
8	6	11	5
9	9	11	8
10	7	5	9

033.9Lk (110)
drop (a) calf

7	3	9	6
6	6	9	3
7	9	11	7
9	6	4	8

033.9Ll (86)
find +

3	3	7	5
9	0	4	5
8	10	8	10
2	4	5	3

033.9Lm (82)
find a calf

3	2	7	5
8	0	4	4
8	10	8	10
2	4	5	2

033.9Ln (149)
fresh/freshen +

20	2	11	25
8	8	11	19
3	7	10	7
0	6	6	6

033.9Lo (94)
freshen

11	2	6	7
7	6	9	17
1	7	7	5
0	4	2	3

033.9Lp (33)
give birth +

2	0	0	0
2	2	2	1
1	2	1	4
4	4	2	6

033.9Lq (282)
have a calf/cow

21	8	23	18
19	14	23	27
20	9	22	21
10	20	10	17

033.9Lr (21)
spring [v.]

4	0	2	0
3	3	0	0
2	2	2	2
1	0	0	0

034.1La (67)
horse

2	3	14	2
3	3	4	5
5	9	3	5
3	3	2	1

034.1Lb (19)
male

1	1	1	2
2	0	0	1
0	1	1	5
1	2	0	1

034.1Lc (68)
male +

4	2	5	5
4	1	6	3
4	6	6	9
3	6	1	3

034.1Ld (50)
male horse

```
3  1  4  3
2  1  6  2
4  5  5  5
2  4  1  2
```

034.1Le (386)
stallion

```
40 12 23 25
26 18 22 28
27 24 28 22
20 27 14 30
```

034.1Lf (15)
stallion [taboo]

```
1  0  3  2
1  2  1  0
0  0  2  0
0  2  1  0
```

034.1Lg (403)
stallion +

```
42 12 26 27
27 21 23 28
27 24 30 22
20 29 15 30
```

034.1Lh (315)
stud

```
29 16 15 24
21 17 16 31
23 10 28 19
16 17  9 24
```

034.1Li (40)
stud [taboo]

```
4  1  3  3
2  4  3  3
1  2  3  2
1  5  2  1
```

034.1Lj (356)
stud + [exc.
studhorse]

```
33 17 18 27
24 21 19 34
23 12 31 21
17 23 11 25
```

034.1Lk (449)
stud + [inc.
studhorse]

```
45 20 22 34
31 26 25 37
32 22 36 30
18 26 14 31
```

034.1Ll (108)
studhorse

```
12  4  4 10
 9  6  6  5
10  9  8  9
 1  5  5  5
```

034.1Lm (11)
studhorse [taboo]

```
4  0  0  0
1  1  1  0
0  2  0  1
0  0  0  1
```

034.1Ln (119)
studhorse +

```
16  4  4 10
10  7  7  5
10 11  8 10
 1  5  5  6
```

034.2APa (104)
<haw(r)s>

```
3  2  2  0
9  7  6 15
6 10 15 10
4  6  4  5
```

034.2APb (81)
<haw(r)sIz=14>

```
 3  3  7  1
10  7  3  9
 4  9  7  5
 1  5  4  3
```

034.2APc (121)
<haw[r]s>

```
 6  8  5  3
11  9  4 10
 9 11  9  8
 1 14  5  8
```

034.2APd (58)
<haw[r]sIz=14>

```
3  3  2  3
8  4  3  3
2  5  5  4
1  9  2  1
```

034.2APe (138)
<hawrs>

```
18  7  9 18
10  2  5  8
11  4  7  5
 9 11  6  8
```

034.2APf (134)
<hawrsIz=14>

```
12  8  6 19
 5  2  4 10
17  5  5  4
13  9  6  9
```

034.2APg (72)
<haw{r}s>

```
 5  4  5  1
10  5  1  5
10  3  5  5
 6  4  1  2
```

034.2APh (57)
<haw{r}sIz=14>

```
 5  5  5  2
 3  4  2  1
12  3  3  2
 6  1  2  1
```

034.2APi (143)
<h{oe}[r]s>

```
8  6  4  4
7 12  9 24
1  9 12 24
3 12  3  5
```

034.2APj (107)
<h{oe}[r]sIz=14>

```
1  4  4  1
6 12  4 12
5 10 10 13
2 13  2  8
```

034.2APk (287)
<h{oe}rs>

```
39  6 19 33
19 11 23 23
16 11 13 18
11 14  9 22
```

034.2APl (255)
<h{oe}rsIz=14>

```
32  5 19 28
17 10 25 17
 8  7 17 17
 7 12  8 26
```

034.2APm (59)
<h{oe}{r}s>

```
1  2  5  1
5  3  8  5
2  2  4 10
2  5  1  3
```

034.2Sa (557)
|QF./-| [ɔ~ɔˇɔˆ]

53 19 32 47
36 33 33 50
26 31 41 39
20 34 19 44

034.2Sb (278)
|QM./-| [ɔ·~
ɔˇ·ɔˆ]

22 14 12 10
19 14 17 33
21 10 18 32
11 19 12 14

034.2BPa (119)
<ma[r]>

3 1 3 1
11 8 6 15
4 19 17 11
2 7 5 6

034.2BPb (296)
<mar>

41 12 26 31
18 9 25 14
21 12 18 20
12 20 8 9

034.2BPc (73)
<ma{r}>

4 5 3 1
6 7 5 4
9 5 3 3
6 5 3 4

034.2BPd (89)
<mer>

9 3 3 16
5 2 3 1
4 3 4 4
8 5 1 18

034.3Ga (681)
<!ried>

55 22 41 36
48 36 37 63
46 38 46 51
34 50 26 52

034.3Gb (44)
<@riedN=14>

7 4 1 2
4 4 2 2
1 5 4 5
0 3 0 0

034.3Gc (591)
<*roed>

48 20 34 35
46 27 29 53
44 33 44 45
29 36 23 45

034.3Gd (355)
<#ridN=14>

29 3 25 28
18 11 25 39
26 15 29 25
22 22 10 28

034.3Ge (211)
<#roed>

16 2 12 13
22 7 11 19
10 19 17 22
6 11 9 15

034.4Ga (372)
(fell) off

37 15 25 27
28 10 20 28
25 22 33 27
13 20 15 27

034.4Gb (219)
(fell) off (the horse)

11 7 13 16
12 9 13 22
18 11 15 19
15 14 6 18

034.4Gc (59)
(fell) off of (the horse)

4 1 6 2
7 1 4 5
3 4 4 2
6 3 3 4

034.4Gd (582)
off +

49 20 36 45
38 21 33 50
39 32 49 45
24 34 21 46

034.4Ge (61)
off of +

4 1 6 2
8 1 4 6
3 4 4 2
6 3 3 4

034.5AGa (72)
(fell) off

8 2 5 0
3 2 10 9
7 6 5 5
3 2 1 4

034.5AGb (196)
(fell) off (the bed)

13 11 13 7
14 6 19 16
10 7 23 15
5 6 9 22

034.5AGc (34)
(fell) off of (the bed)

5 2 2 0
1 0 2 7
1 0 3 3
1 0 4 3

034.5AGd (156)
(fell) out of (bed)

10 1 14 22
9 5 6 14
13 6 5 8
11 17 7 8

034.5AGe (69)
(fell) out of (the bed)

6 3 1 12
1 3 4 1
6 12 7 2
3 3 2 3

034.5AGf (35)
(fell) out [P-0] (the bed)

2 0 2 1
5 1 2 6
2 3 2 3
2 2 1 1

034.5AGg (294)
off +

24 13 20 8
19 8 31 26
17 15 28 25
10 9 14 27

034.5AGh (38)
off of +

6 2 2 0
2 1 2 8
1 0 3 3
1 0 4 3

034.5AGi (54)
out +

```
3   0   3   3
8   1   2   9
3   4   2   5
2   4   1   4
```

034.5AGj (234)
out of +

```
16   4  16  36
10   8  10  15
20  18  14  10
14  21   9  13
```

034.5AGk (26)
rolled off (the bed)

```
4   1   3   0
1   0   3   0
0   1   0   5
1   1   3   3
```

034.5BGa (72)
<!fawl>

```
17   2   1   7
5   1   2   6
3   7   5   8
0   3   1   4
```

034.5BGb (418)
<*fel>

```
26  18  26  28
39  18  27  27
28  28  32  33
16  26  15  31
```

034.5BGc (163)
<#fawlN=14>

```
11   7  13   5
11   6  16  15
12   8  14   9
11  10   3  12
```

034.5BGd (105)
<#fel>

```
9   4   5   5
11   7   4  10
7   5   9   8
1   6   8   6
```

034.6Pa (58)
<hawr(s)shuez=13>

```
5   2   3  19
4   1   4   1
6   0   1   0
5   4   3   0
```

034.6Pb (51)
<h{oe}[r](s)shuez
=13>

```
3   0   6   2
3   4   2   3
1   4   7   8
0   4   1   3
```

034.6Pc (104)
<h{oe}r(s)shuez
=13>

```
20   6   6  13
4   3   8   4
4   4   5   3
4   3   5  12
```

034.7Pa (457)
<hoof>

```
51  11  28  41
29  15  21  25
31  29  24  29
24  38  17  44
```

034.7Pb (255)
<hoofs>

```
21   7  13  27
18   8  14  17
17  18  16  15
9  20  11  24
```

034.7Pc (79)
<hoovz>

```
7   0   2   9
5   1   2   2
11   2   4   5
11   7   5   6
```

034.7Pd (196)
<huef>

```
15  15  17   9
14  16  14  22
13   8  22  16
6   5   3   1
```

034.7Pe (130)
<huefs>

```
5   4   8  12
12   7  17  13
10   7  14   6
6   2   5   2
```

034.8La (398)
horseshoe(s)

```
28  12  28  21
21  14  24  32
29  21  31  35
17  31  22  32
```

034.8Lb (56)
horseshoe(s) game

```
4   0   2   3
1   3   0  12
5   6   5   5
3   4   0   3
```

034.8Lc (123)
pitch(ing) horse-
shoes

```
16  11  15   3
5   8  12   5
13   6   8   3
6   4   3   5
```

034.8Ld (21)
play(ing) horse-
shoe(s)

```
3   1   1   0
3   2   1   3
0   1   3   2
0   1   0   0
```

034.9La (104)
buck +

```
16   4  23  22
4   2   5   3
7   3   2   2
7   3   0   1
```

034.9Lb (6)
buck [taboo]

```
0   0   4   2
0   0   0   0
0   0   0   0
0   0   0   0
```

034.9Lc (31)
male +

```
0   1   1   3
5   0   1   3
2   2   3   5
1   1   1   2
```

034.9Ld (20)
male sheep

```
0   1   1   1
3   0   0   2
2   1   2   3
1   1   0   2
```

034.9Le (498)
ram

```
37  19  24  31
35  23  36  55
24  32  46  35
20  34  18  29
```

034.9Lf (5)
ram [taboo]

```
0   0   3   1
0   0   0   0
0   0   0   0
0   0   0   1
```

034.9Lg (503)
ram +

```
37  19  27  32
35  23  36  55
24  32  46  35
20  34  18  30
```

035.1Pa (144)
<yew>

```
17   5   6  13
10   5  18  17
 9   3  12  10
 8   2   4   5
```

035.1Pb (96)
<yoe>

```
11   4  14  12
 9   3   8   4
 1   6   3   6
 0   8   4   3
```

035.1Pc (256)
<yue>

```
21  11  18  19
14  12  11  25
18  10  26  14
15   9  10  23
```

035.2Pa (77)
<woo[l]>

```
 3   0   4   5
 0   5  12   8
 2   4   5   9
 2   6   3   9
```

035.2Pb (199)
<wool>

```
16   7   9  30
12  12   8  14
12  15   4  14
11  16   6  13
```

035.2Pc (507)
<woo{l}>

```
53  19  30  24
39  19  30  45
35  26  46  34
19  33  20  35
```

035.3La (552)
boar

```
51  15  35  48
34  23  34  57
37  27  42  39
19  31  18  42
```

035.3Lb (62)
boar [taboo]

```
 6   6   4   6
 4   7   3   2
 1   2   3   5
 2   5   4   2
```

035.3Lc (678)
boar +

```
61  22  41  54
46  33  40  63
43  36  51  50
21  43  25  49
```

035.3Ld (89)
boar hog

```
 2   2   3   0
10   5   4   7
10   5   7   9
 2  10   4   9
```

035.3Le (18)
boar hog [taboo]

```
 0   2   0   0
 1   1   0   0
 1   3   3   3
 0   1   1   2
```

035.3Lf (107)
boar hog +

```
 2   4   3   0
11   6   4   7
11   8  10  12
 2  11   5  11
```

035.3Lg (27)
hog

```
 0   0   1   2
 2   2   3   2
 1   1   3   3
 2   0   4   1
```

035.3Lh (64)
male

```
 6   3   3   3
 7   9   1   0
 0   7   4   5
 1   6   4   5
```

035.3Li (153)
male +

```
13   7   8  10
14  13   6   8
 4  16  11  12
 3   8   7  13
```

035.3Lj (88)
male hog

```
 7   3   6   6
 7   3   5   7
 4  11   6   7
 1   2   4   9
```

035.3Lk (20)
stock hog

```
 2   0   0   0
 2   1   0   4
 0   2   1   4
 1   2   0   1
```

035.4La (134)
bar(row) +

```
18   6  14  20
 7   3  10   3
 4   9   8  10
 0   6   5  11
```

035.4Lb (298)
barrow +

```
27  10  11   9
29  22  12  20
17  25  28  28
10  21  10  19
```

035.4Lc (418)
bar(row)/barrow +

```
42  16  24  29
36  24  22  23
20  33  35  37
10  24  14  29
```

035.4Ld (21)
hog

```
 2   0   1   2
 0   1   1   2
 3   1   1   0
 4   3   0   0
```

035.4Le (9)
meat hog

```
 1   0   0   0
 1   0   0   0
 1   1   4   0
 0   0   1   0
```

035.4Lf (40)
stag

1	2	9	5
5	0	1	0
2	3	6	3
1	1	0	1

035.4Pa (116)
<barA = 14>

8	5	7	3
4	7	11	10
8	7	12	15
4	7	2	6

035.4Pb (70)
<bor(A)>

13	3	11	15
2	1	4	3
2	1	1	4
0	3	2	5

035.4Pc (103)
<borA = 14>

8	4	3	2
13	9	4	9
8	9	7	10
1	7	3	6

035.5Pa (146)
<hawg>

15	6	9	8
8	3	9	14
9	8	9	14
9	9	5	11

035.5Pb (297)
<hawgz>

29	13	14	22
25	23	9	20
20	17	18	19
11	25	13	19

035.5Pc (70)
<hawg{z}>

7	1	1	3
12	4	4	6
2	7	5	5
2	2	3	6

035.5Pd (58)
<hog>

2	0	0	5
0	3	7	13
1	2	3	8
3	1	2	8

035.5Pe (108)
<hogz>

7	3	6	9
4	5	3	16
6	8	12	10
5	4	6	4

035.5Pf (50)
<h{aw}g>

4	6	1	4
3	2	8	5
1	1	5	5
1	1	1	2

035.5Pg (93)
<h{aw}gz>

6	1	5	10
8	3	2	3
7	5	11	9
3	10	4	6

035.6Pa (68)
<brisL = 14>

9	4	3	6
6	2	6	4
1	2	3	4
3	8	3	4

035.6Pb (230)
<brisLz = 14>

27	7	19	15
16	6	15	17
22	13	15	9
14	12	8	15

035.6Pc (63)
<brisL{z} = 14>

9	1	3	4
7	4	3	5
3	1	3	4
5	5	1	5

035.6Pd (117)
<br{i}sLz = 14>

5	6	8	17
4	8	4	12
5	8	10	10
2	6	2	10

035.6Pe (55)
<br{i}sL{z} = 14>

2	2	1	8
3	3	6	5
5	3	2	4
3	3	1	4

035.7Pa (222)
<tushIz = 14>

26	8	18	21
19	9	20	17
10	11	18	15
3	8	6	13

035.7Pb (155)
<tusk(s)>

13	3	7	9
7	7	12	18
15	7	13	13
9	7	7	8

035.7Pc (68)
<tusk>

7	5	4	1
5	3	3	3
3	1	5	3
4	8	6	7

035.7Pd (112)
<tusks>

8	5	5	10
5	3	5	10
9	3	8	6
9	7	1	18

035.8Pa (303)
<trawf>

17	11	27	29
19	16	14	30
14	14	18	33
12	15	11	23

035.8Pb (132)
<trawfs>

6	4	10	23
10	3	6	12
6	2	6	9
8	9	6	12

035.8Pc (103)
<trawft>

11	6	12	15
4	6	5	9
6	5	4	6
0	1	7	6

035.8Pd (75)
<trawvz>

4	3	12	10
3	5	2	5
4	8	3	3
2	1	4	6

035.8Pe (219)
<t{r}awf>

17	5	3	3
21	16	10	17
17	19	25	10
10	26	6	14

035.8Pf (69)
<t{r}awfs>

4	2	1	1
8	4	4	3
8	3	6	0
4	8	6	7

035.8Pg (55)
<t{r}awvz>

4	2	1	1
6	7	2	4
2	4	7	4
2	4	2	3

035.9La (74)
boar

8	3	5	3
5	1	4	9
1	2	5	8
6	3	1	10

035.9Lb (23)
jabalina [S]

0	0	0	0
3	0	0	0
4	0	0	0
16	0	0	0

035.9Lc (14)
pine rooter

4	0	0	0
2	3	0	3
0	1	0	0
0	1	0	0

035.9Ld (106)
pine(y) +

5	0	0	0
8	4	5	10
7	12	10	24
1	8	6	6

035.9Le (22)
piney-wood rooter

0	0	0	0
1	0	2	1
2	4	2	4
1	2	0	3

035.9Lf (82)
piney-wood(s) +

0	0	0	0
4	0	4	4
5	11	10	24
1	7	6	6

035.9Lg (54)
piney-woods rooter

0	0	0	0
2	0	2	3
3	7	7	16
0	5	6	3

035.9Lh (76)
piney-wood(s)
rooter +

0	0	0	0
3	0	4	4
5	11	9	20
1	7	6	6

035.9Li (117)
razorback +

22	2	1	3
10	10	8	5
12	8	3	11
4	6	7	5

035.9Lj (15)
razorback hog

4	0	0	1
0	0	0	0
3	0	0	3
1	0	2	1

035.9Lk (107)
rooter +

5	0	0	1
7	5	5	10
10	12	9	20
1	10	6	6

035.9Ll (587)
wild +

50	19	35	38
44	29	38	49
39	36	50	39
22	41	23	35

035.9Lm (170)
wild boar

13	6	13	16
12	7	17	14
10	5	14	12
6	8	7	10

035.9Ln (457)
wild hog

42	10	27	22
35	26	26	39
31	31	43	29
17	31	20	28

035.9Lo (30)
wild pig

1	3	1	2
2	0	0	2
2	1	2	3
4	4	2	1

035.9Lp (9)
wood(s) hog/
rooter +

0	0	0	0
5	0	0	0
1	0	0	1
0	1	0	1

036.1La (46)
alter

3	2	5	6
2	1	1	4
1	1	3	7
3	1	1	5

036.1Lb (12)
casterize

1	0	1	0
1	1	1	4
0	0	0	1
1	0	0	1

036.1Lc (508)
castrate

50	16	32	39
34	24	33	42
32	27	45	32
18	33	18	33

036.1Ld (20)
change

1	0	1	2
8	0	0	1
1	2	0	2
0	2	0	0

036.1Le (202)
cut

18	5	15	5
17	11	7	5
12	16	19	15
7	22	8	20

036.1Lf (25)
fix

```
0   0   2   2
1   1   1   4
2   1   1   1
3   2   0   4
```

036.1Lg (18)
geld

```
1   1   0   1
2   1   1   1
5   1   0   0
1   2   0   1
```

036.1Lh (42)
mark

```
3   1   3   0
6   1   2   0
1   7   8   3
1   4   0   2
```

036.1Li (30)
neuter

```
5   1   0   3
0   2   1   3
3   2   2   3
1   2   1   1
```

036.1Lj (22)
operate on

```
0   0   1   1
2   0   2   2
3   4   3   1
1   2   0   0
```

036.1Lk (23)
spade

```
2   1   3   1
2   0   1   3
2   1   0   0
1   2   1   3
```

036.1Ll (75)
spay

```
11   2   3   5
 2   5   7   4
 7   3   6   6
 0   3   3   8
```

036.1Lm (16)
trim

```
0   0   4   4
1   0   0   1
1   2   1   0
0   0   2   0
```

036.1Ln (51)
work on

```
5   2   3   4
4   5   2   3
2   5   4   3
0   3   0   6
```

036.2La (17)
baa

```
1   1   0   3
1   0   0   2
1   2   2   3
1   0   0   0
```

036.2Lb (210)
bawl

```
37  10  31  39
 6   6  22  20
17   2   2   3
 5   4   3   3
```

036.2Lc (96)
bellow

```
 4   2   6   3
12   3   2   7
12   6   8   5
 6   5   5  10
```

036.2Ld (236)
bleat <blait>

```
12   5   1   7
21  18  14  21
11  22  33  25
 5  14  10  17
```

036.2Le (35)
cry

```
4   0   2   2
3   1   2   5
2   2   3   2
3   3   0   1
```

036.2Lf (32)
holler

```
1   1   0   0
5   4   1   2
0   3   0   3
0   8   1   3
```

036.2Lg (43)
low

```
1   2   0   2
2   3   1   6
2   7   6   5
0   4   1   1
```

036.2Lh (43)
moo

```
3   1   2   3
2   5   4   4
1   1   2   6
1   2   3   3
```

036.3La (77)
bawl

```
20   2  11  13
 3   4   6   7
 5   1   0   0
 2   1   1   1
```

036.3Lb (61)
bellow

```
3   0   3   2
9   1   2   6
7   8   4   4
4   4   2   2
```

036.3Lc (277)
low

```
17  10   8   8
21  18  15  32
13  22  40  29
 3  15  10  16
```

036.3Ld (347)
moo

```
33  12  24  32
15  14  27  32
27  14  22  22
15  18  12  28
```

036.4La (57)
bray

```
2   2   2   2
2   0   6  12
0   3  13   7
0   1   3   2
```

036.4Lb (219)
neigh [n./v.] +

```
19   8  16  15
11  14   9  17
17  11  10  18
13  18   6  17
```

036.4Lc (245)
nicker [n./v.] +

```
30  12  24  26
28  22  16  22
25  15   5   2
 7   8   1   2
```

036.4Ld (18)
snort [v.]

0	0	0	1
0	0	4	3
2	0	2	3
0	0	1	2

036.4Le (79)
whicker [n./v.] +

1	0	0	2
0	0	0	8
0	7	17	23
0	2	7	12

036.4Lf (13)
whinker [v.]

1	0	0	0
1	0	0	1
0	0	4	1
0	2	1	2

036.4Lg (207)
whinny [n./v.] +

16	6	6	16
8	6	13	21
12	8	16	22
16	9	9	23

036.5La (160)
animals

8	6	4	4
10	7	12	21
13	8	13	8
13	20	3	10

036.5Lb (286)
cattle

25	11	13	20
24	9	11	24
18	25	15	18
17	26	8	22

036.5Lc (118)
livestock

13	6	4	3
5	8	10	12
11	4	12	8
6	6	2	8

036.5Ld (399)
stock(s)

36	15	29	22
35	17	18	35
31	25	30	32
13	19	12	30

036.6La (35)
birds

1	1	0	2
1	3	1	3
3	1	4	1
4	3	3	4

036.6Lb (161)
chicken(s)

6	7	8	11
11	7	8	20
9	13	16	16
7	9	3	10

036.6Lc (60)
flock(s)

5	4	3	2
5	0	3	12
6	2	9	0
3	1	1	4

036.6Ld (248)
fowl(s)

20	9	14	15
14	12	18	26
15	17	27	20
5	13	10	13

036.6Le (85)
poultry

6	6	6	6
6	5	0	10
6	5	3	3
6	5	4	8

036.7La (25)
brood +

3	1	1	2
2	0	1	3
2	3	1	1
3	0	0	2

036.7Lb (8)
cluck +

0	0	0	0
1	0	0	0
1	0	0	0
5	0	0	1

036.7Lc (38)
hen

3	0	0	6
2	2	3	5
2	0	1	7
0	2	2	3

036.7Ld (68)
lay +

4	2	3	6
4	2	5	4
6	1	5	7
4	1	1	13

036.7Le (50)
laying hen

2	1	2	4
3	1	5	3
5	1	4	6
3	1	0	9

036.7Lf (20)
mother +

2	0	1	1
0	0	0	2
2	1	1	1
2	5	2	0

036.7Lg (20)
nest +

2	1	0	2
1	0	1	2
1	1	2	1
3	2	1	0

036.7Lh (561)
set +

47	18	32	40
42	23	45	54
39	33	41	40
19	31	21	36

036.7Li (61)
setting [v.]

8	0	0	3
8	5	7	6
4	1	4	5
1	5	1	3

036.7Lj (23)
setting (hen)

3	0	3	1
0	1	1	1
1	2	2	3
1	2	1	1

036.7Lk (475)
setting hen

37	17	27	36
35	17	35	49
36	30	34	31
17	24	19	31

036.7Ll (86)
sit +

```
 4   1   7  10
 6   1   4   9
 2   5  12   7
 3   4   3   8
```

036.7Lm (70)
sitting hen

```
 4   1   5  10
 5   1   2   6
 1   5   9   6
 3   3   2   7
```

036.8La (51)
brooder

```
 0   1   4   3
 9   1   1   6
 2   2   6   4
 1   5   2   4
```

036.8Lb (310)
chicken coop

```
28   8  16  16
24  20  24  29
25   9  20  20
15  21  13  22
```

036.8Lc (390)
chicken house

```
32  11  18  20
34  14  24  36
29  15  42  33
17  25  17  23
```

036.8Ld (39)
chicken pen

```
 1   2   2   0
 1   0   3   4
 3   2   4   2
 3   1   1  10
```

036.8Le (20)
chicken roost

```
 1   0   0   1
 0   0   2   7
 2   0   1   1
 0   1   3   1
```

036.8Lf (74)
chicken yard

```
 3   4   0   3
 9   4   2   2
 9   3   8   6
 1   8   6   6
```

036.8Lg (447)
coop

```
40  14  31  38
31  18  24  33
31  34  35  26
16  30  16  30
```

036.8Lh (688)
coop +

```
62  21  43  52
50  35  43  57
48  40  50  42
29  44  28  44
```

036.8Li (12)
crate +

```
 4   0   0   0
 0   0   0   1
 0   1   1   1
 0   0   4   0
```

036.8Lj (237)
hen house

```
16  15  29  13
15  14  19  26
16  15  14  18
 7   6   7   7
```

036.8Lk (576)
house +

```
44  21  41  31
48  27  38  58
39  29  49  45
24  29  23  30
```

036.8Ll (48)
pen

```
 4   2   1   3
 2   3   2   1
 3   5   4   5
 2   4   3   4
```

036.8Lm (88)
pen +

```
 5   4   3   3
 4   3   5   5
 6   7   8   7
 5   5   4  14
```

036.8Ln (11)
poultry house

```
 1   0   4   1
 0   0   0   2
 0   0   0   3
 0   0   0   0
```

036.8Lo (28)
roost

```
 2   0   4   1
 1   3   5   2
 2   1   0   2
 1   1   1   2
```

036.8Lp (47)
roost +

```
 3   0   4   2
 1   3   6   9
 4   1   1   3
 1   2   4   3
```

036.8Lq (19)
shed +

```
 0   0   0   0
 0   0   0   5
 4   1   2   1
 2   2   0   2
```

036.8Lr (8)
shelter +

```
 0   0   0   0
 0   0   0   4
 0   0   2   1
 0   0   0   1
```

036.8Ls (86)
yard +

```
 4   4   1   3
10   7   2   2
 9   3   9   9
 2   8   6   7
```

036.8Pa (328)
<koop>

```
28   8  25  33
16  21  26  33
28  23  18  16
 9  17  10  17
```

036.8Pb (50)
<koops>

```
 9   4   6   3
 7   3   3   2
 3   6   3   0
 1   0   0   0
```

036.8Pc (252)
<kuep>

```
23  11  13  16
13  11  15  20
15   6  24  12
18  22  11  22
```

037.1La (36) breastbone	037.1Lb (23) pull bone	037.1Lc (463) pulley bone	037.1Ld (408) wishbone
5 0 3 3	0 0 0 0	55 18 32 43	29 19 21 23
3 0 0 3	4 0 0 5	23 23 37 46	21 16 23 42
1 4 3 3	2 4 1 2	32 24 45 41	24 15 25 29
0 4 2 2	1 2 0 2	5 7 16 16	31 35 18 37

037.2La (93) entrail(s)	037.2Lb (64) giblet(s)	037.2Lc (53) gut(s)	037.2Ld (22) hash +
4 5 10 17	1 1 3 3	3 3 1 6	3 0 0 0
5 1 4 13	2 1 6 13	5 2 1 4	4 3 0 2
7 3 8 8	4 1 8 7	4 1 2 7	0 5 3 1
1 2 0 5	3 3 2 6	3 5 0 6	0 1 0 0

037.2Le (100) haslet +	037.2Lf (26) innards	037.2Lg (100) lights +	037.2Lh (97) liver and lights +
4 6 0 2	2 0 2 4	4 8 9 5	4 7 9 5
7 13 3 7	0 0 3 0	9 8 2 8	9 7 2 8
3 13 11 6	2 0 1 3	4 7 13 8	4 7 13 7
0 5 10 10	0 3 2 4	0 1 5 9	0 1 5 9

037.3La (22) casings	037.3Lb (643) chitlins +	037.3Lc (138) chitterling(s)	037.3Ld (107) entrails +
0 0 0 1	63 28 36 46	8 8 7 4	11 4 12 7
0 1 0 4	32 33 37 67	15 11 9 17	9 6 9 14
0 0 5 2	35 35 49 65	5 13 13 7	5 5 5 6
3 3 3 0	12 35 27 43	3 6 6 6	5 2 3 4

037.3Le (77) guts +	037.3Lf (139) intestines +	037.3Pa (417) <chitlNz=14>	037.3Pb (113) <chitlN{z}=14>
4 2 7 7	14 2 5 4	39 19 26 32	10 6 9 10
12 3 4 3	8 3 9 11	20 23 19 43	6 9 9 7
2 5 5 5	17 7 21 8	22 23 31 39	6 6 13 11
8 6 1 3	9 8 1 12	7 20 21 33	0 3 1 7

037.4La (29) chore(s) time	037.4Lb (41) feed time	037.4Lc (409) feeding time	037.4Ld (22) milking time
1 0 4 1	6 2 4 2	25 13 26 39	3 3 0 4
2 0 1 3	5 1 0 6	23 22 29 41	1 2 0 2
4 3 3 0	3 1 2 4	29 30 32 27	2 1 1 1
1 5 0 1	1 0 3 1	16 23 15 19	1 0 0 1

037.4Le (36)
(time to) do (the) chores

5	4	2	2
1	0	2	3
2	1	3	1
2	1	0	7

037.4Lf (11)
(time to) do up +

4	1	2	0
2	0	1	0
1	0	0	0
0	0	0	0

037.4Lg (22)
(time to) feed

2	0	2	0
3	2	3	2
1	2	1	0
2	1	0	1

037.4Lh (63)
(time to) feed +

4	3	3	1
6	3	5	9
2	7	2	2
4	2	3	7

037.4Li (41)
(time to) feed the stock/etc.

2	3	1	1
3	1	2	7
1	5	1	2
2	1	3	6

037.4Lj (19)
(time to) feed up +

0	0	0	0
0	0	0	0
1	2	1	8
0	3	1	3

037.5Ga (64)
co +

1	0	0	1
0	0	0	2
0	1	16	21
0	2	7	13

037.5Gb (16)
co (boss/cow)

0	0	0	1
0	0	0	0
0	1	2	1
0	1	4	6

037.5Gc (11)
co-ench/inch

0	0	0	0
0	0	0	0
0	0	1	6
0	0	2	2

037.5Gd (7)
co-et/it

0	0	0	0
0	0	0	0
0	0	5	2
0	0	0	0

037.5Ge (3)
co-up

0	0	0	0
0	0	0	0
0	0	3	0
0	0	0	0

037.5Gf (17)
coey (co/cow)

1	0	0	0
0	0	0	1
0	0	4	7
0	1	0	3

037.5Gg (67)
come +

4	1	3	1
10	1	2	5
4	7	2	7
1	6	4	9

037.5Gh (15)
come here (cow)

1	0	1	0
1	1	0	1
0	1	0	3
0	1	1	4

037.5Gi (46)
come on (cow)

1	1	2	1
8	0	2	4
4	6	2	4
1	5	1	4

037.5Gj (13)
coo +

0	0	0	0
0	0	0	2
0	1	4	4
0	1	1	0

037.5Gk (11)
cooey/cuey/coy (cow)

0	0	0	0
0	0	0	2
0	0	4	3
0	1	1	0

037.5Gl (21)
here (boss/cow)

2	0	1	2
4	2	0	2
1	0	1	2
1	0	1	2

037.5Gm (46)
ho/hoo +

4	2	1	2
10	0	2	3
3	3	3	1
3	3	1	5

037.5Gn (21)
hoo (cow)

2	1	0	0
5	0	0	3
2	2	2	0
1	2	0	1

037.5Go (8)
kwo/kwu +

0	0	0	0
0	0	0	3
1	0	3	1
0	0	0	0

037.5Gp (237)
saw (boss/cow)

13	1	23	29
20	5	19	25
16	25	32	9
3	7	7	3

037.5Gq (36)
so (cow)

1	0	0	3
1	0	1	0
0	5	2	6
1	1	4	11

037.5Gr (207)
so/soo +

15	8	5	14
13	12	15	24
19	22	12	11
8	9	7	13

037.5Gs (160)
soo (boss/cow)

```
13   8   5  11
12  11  13  21
17  17  10   3
 6   9   3   1
```

037.5Gt (194)
sook (boss/cow)

```
29  10  29  26
10  17  18  19
10  10   2   2
 5   4   3   0
```

037.5Gu (14)
sooky (cow)

```
 2   0   1   0
 0   1   0   1
 2   1   0   5
 0   1   0   0
```

037.5Gv (207)
sook(y)/soke/suck +

```
30  10  29  26
10  18  18  20
13  12   2   6
 5   5   3   0
```

037.5Gw (46)
who/wo +

```
 5   2   3   1
 5   2   3   3
 4   3   7   1
 5   1   1   0
```

037.5Gx (21)
whoa/wo (cow)

```
 2   2   1   1
 2   1   2   1
 1   1   3   0
 3   0   1   0
```

037.6Ga (171)
calf +

```
10   3  19  21
17   5  16  14
10  18  12  14
 1   5   3   3
```

037.6Gb (32)
come +

```
 0   0   3   1
 6   2   4   2
 3   3   3   1
 0   1   1   2
```

037.6Gc (98)
soo +

```
 3   2   5  11
 8   0  10  10
 5  15  10   9
 1   5   3   1
```

037.6Gd (185)
soo/sook +

```
10   3  20  25
13   4  16  19
 9  21  16  15
 1   7   4   2
```

037.6Ge (90)
soo calf(y)

```
 3   2   5  10
 8   0  10   9
 5  11   9   9
 0   5   3   1
```

037.6Gf (17)
sook

```
 0   0   4   4
 0   0   1   3
 0   1   2   1
 0   1   0   0
```

037.6Gg (92)
sook +

```
 7   1  17  15
 5   4   7   9
 4   7   6   6
 0   2   1   1
```

037.6Gh (65)
sook calf(y)

```
 7   1  13  10
 5   4   6   3
 3   6   2   4
 0   0   0   1
```

037.7Ga (221)
gee

```
20   6  10  30
10  11  11  21
10   9  14  21
 4  20   9  15
```

037.7Gb (47)
gee [left]

```
 3   1   6   2
 3   0   8   3
 3   2   5   4
 1   3   2   1
```

037.7Gc (275)
gee [right]

```
22   8   8  17
23  14  16  37
20  22  28  21
 3  13   9  14
```

037.7Gd (545)
gee +

```
45  15  24  49
36  25  35  61
33  35  47  46
 8  36  20  30
```

037.7Ge (221)
haw

```
23   7  11  30
10  10  10  21
11   8  17  20
 3  18   8  14
```

037.7Gf (279)
haw [left]

```
23   8  12  17
24  14  18  37
20  21  28  21
 3  13   8  12
```

037.7Gg (45)
haw [right]

```
 3   1   7   2
 3   0   8   3
 2   2   5   4
 2   3   0   0
```

037.7Gh (547)
haw +

```
49  16  30  49
37  24  36  61
33  33  50  45
 8  34  16  26
```

037.7Gi (14)
yea

```
 1   5   5   0
 1   0   1   0
 1   0   0   0
 0   0   0   0
```

037.7Gj (27)
yea +

```
 3   6  10   0
 1   0   4   0
 1   1   1   0
 0   0   0   0
```

037.7Gk (12)
yea [right]

```
2  1  5  0
0  0  3  0
0  0  1  0
0  0  0  0
```

037.8Ga (61)
co-/ko- +

```
9  2  1 12
9  5  2  4
0  4  1  3
1  6  0  2
```

037.8Gb (73)
come +

```
 6  4  0  4
11  2  7  2
 3  6  5  7
 0  8  4  4
```

037.8Gc (32)
come here (boy)

```
3  3  0  2
2  2  0  1
0  4  4  4
0  2  3  2
```

037.8Gd (31)
come on (boy)

```
3  0  0  0
9  0  5  1
2  1  1  2
0  5  0  2
```

037.8Ge (46)
kope +

```
8  0  1 10
7  4  2  3
0  1  1  2
1  4  0  2
```

037.8Gf (42)
kope (horsey)

```
8  0  1  9
6  3  2  3
0  1  1  2
1  4  0  1
```

037.8Gg (19)
kw- +

```
2  1  4  7
2  0  0  0
1  1  0  0
0  1  0  0
```

037.8Gh (14)
kwope

```
2  1  1  6
1  0  0  0
1  1  0  0
0  1  0  0
```

037.8Gi (71)
k(w)-p +

```
10  2  5 19
 8  6  3  3
 1  2  2  2
 1  5  0  2
```

037.8Gj (113)
whistle/whistling

```
12  6  5 13
 8  7 13 11
 3 11 10  4
 2  3  1  4
```

038.1Ga (42)
click (to him)

```
4  3  0  3
4  1  0  5
2  0  8  3
1  6  1  1
```

038.1Gb (17)
cluck (to him)

```
2  0  2  0
0  0  0  4
1  0  3  3
0  0  1  1
```

038.1Gc (103)
come +

```
4  1  8  1
9  9  6  8
3 12 14 15
1 10  0  2
```

038.1Gd (84)
come up

```
4  1  7  0
7  7  6  7
2 11 10 13
1  6  0  2
```

038.1Ge (501)
get up +

```
45 15 28 44
32 20 31 54
28 30 39 32
16 31 19 37
```

038.1Gf (20)
get up here/there

```
2  0  2  2
1  0  0  3
1  2  0  1
0  2  1  3
```

038.1Gg (165)
giddyup (horse)

```
14  9  9 11
 6  7 12 10
19  4  9  7
 9 10  7 22
```

038.1Gh (28)
go +

```
4  1  3  1
2  2  0  3
0  2  3  2
1  2  0  2
```

038.2AGa (27)
ho

```
3  0  0  1
3  1  0  1
2  0  1  1
3  3  0  8
```

038.2AGb (694)
whoa (boy/horse)

```
55 20 38 53
45 24 49 72
46 38 55 56
22 47 28 46
```

038.2BGa (88)
back +

```
3  0 10  9
2  2  3  9
8  7  6  9
4  4  4  8
```

038.2BGb (165)
back up +

```
12  1  8 12
25  2  9 10
 8 17 10 14
 8 16  5  8
```

038.2BGc (22)
whoa back (here)

```
2  0  2  2
2  0  1  2
1  6  1  1
0  1  0  1
```

038.2BGd (12)
yea +

1	0	2	2
3	0	0	0
3	0	1	0
0	0	0	0

038.3Ga (8)
cho/choo- +

0	0	0	0
5	0	0	0
0	0	0	0
0	3	0	0

038.3Gb (22)
come on (pig/piggy)

0	0	2	1
3	3	2	0
0	1	5	2
0	0	1	2

038.3Gc (20)
here (pig/piggy)

3	0	1	3
0	2	2	1
0	0	5	0
0	1	1	1

038.3Gd (60)
ho/hoo- +

7	4	7	1
5	3	2	2
6	4	1	8
1	6	0	3

038.3Ge (21)
hoo, pig/piggy

4	1	2	0
2	2	1	0
3	1	0	2
0	1	0	2

038.3Gf (89)
pig/pigs

3	1	1	7
7	5	4	5
6	11	9	12
0	6	5	7

038.3Gg (146)
piggy +

11	3	7	21
12	11	12	29
6	11	6	7
3	6	1	0

038.3Gh (15)
pigoo +

2	1	0	6
0	1	1	1
0	0	2	1
0	0	0	0

038.3Gi (37)
soo +

4	0	3	3
1	2	0	5
4	1	3	1
1	4	2	3

038.3Gj (238)
soo/sooey +

22	9	13	14
18	14	14	19
18	9	23	10
10	14	12	19

038.3Gk (248)
soo-/sow- +

22	9	13	14
18	14	14	20
19	10	23	10
10	17	13	22

038.3Gl (29)
soo, pig/piggy

4	0	3	2
1	2	0	3
4	0	1	1
1	3	1	3

038.3Gm (209)
sooey +

18	9	11	11
17	13	14	14
14	8	21	9
10	11	11	18

038.3Gn (14)
sooey, pig/piggy

3	1	1	0
3	1	0	1
1	0	1	1
0	1	0	0

038.3Go (84)
whoa/w(h)oo +

17	8	8	0
5	5	7	2
3	6	10	6
1	3	0	3

038.3Gp (100)
whoa/w(h)oo/
w(h)oop +

18	9	10	0
5	6	7	4
4	8	12	8
1	3	1	4

038.3Gq (76)
w(h)oo +

17	8	8	0
3	5	6	2
2	6	8	6
0	3	0	2

038.3Gr (54)
w(h)oo, pig/piggy

13	5	6	0
1	3	6	0
2	5	5	5
0	1	0	2

038.4Ga (39)
coo +

6	2	10	8
1	1	2	6
0	2	0	1
0	0	0	0

038.4Gb (21)
coo, sheep

3	2	7	3
1	1	0	3
0	1	0	0
0	0	0	0

038.4Gc (17)
coo, sheepy

3	0	3	4
0	0	2	3
0	1	0	1
0	0	0	0

038.4Gd (17)
sheepy

1	0	2	9
1	1	2	0
0	0	0	0
0	1	0	0

038.5Ga (12)
biddy +

1	0	0	0
0	0	1	1
0	0	3	4
0	1	0	1

038.5Gb (298)
chick(s)

```
23 14 16 16
26 17 21 15
18 18 23 18
14 20 13 26
```

038.5Gc (48)
chick chicky (chick)

```
2 0 5  2
0 1 1 13
4 6 6  1
2 4 1  0
```

038.5Gd (26)
chicko/chickoo +

```
1 0 0 0
0 1 1 3
2 4 3 5
0 2 2 2
```

038.5Ge (19)
chickoo +

```
0 0 0 0
0 0 0 2
2 4 3 4
0 1 1 2
```

038.5Gf (128)
chicky

```
12  2 10 21
 6  5  9 26
 8  7  6  8
 3  0  5  0
```

038.5Gg (24)
chicky chick (chicky)

```
3 1 2 3
0 1 1 3
3 1 1 2
0 2 0 1
```

038.5Gh (8)
chitty/kitty +

```
0 0 0 0
5 0 0 0
0 0 0 0
0 3 0 0
```

038.5Gi (71)
here, chick (chicky)

```
7 3 6 3
1 2 6 5
7 0 6 1
6 6 4 8
```

038.5Gj (9)
kee-/ki- +

```
0 0 0 0
7 0 0 0
0 0 0 0
0 2 0 0
```

038.5Gk (5)
kiddy/kitty

```
0 0 0 0
4 0 0 0
0 0 0 0
0 1 0 0
```

038.5Gl (5)
pee/pi- +

```
0 0 0 0
0 1 0 0
0 0 0 0
1 3 0 0
```

038.5Gm (40)
sh- +

```
1 1  1 0
5 1  4 2
0 1 12 1
0 2  4 5
```

038.5Gn (36)
shoo (chicken)

```
1 0  1 0
5 1  2 2
0 1 12 1
0 2  4 4
```

038.6La (44)
gear +

```
0 0 3 12
2 0 7  5
1 8 3  2
0 1 0  0
```

038.6Lb (25)
gear (the horse) up

```
0 0 1 6
2 0 2 2
1 7 3 1
0 0 0 0
```

038.6Lc (12)
gear up (the horse)

```
0 0 1 2
0 0 4 3
0 1 0 1
0 0 0 0
```

038.6Ld (385)
harness +

```
40  7 28 29
28 23 26 29
29 23 25 28
15 17 13 25
```

038.6Le (306)
harness (the horse)

```
33  4 17 22
20 20 22 24
28 13 18 22
12 17 13 21
```

038.6Lf (58)
harness (the horse) up

```
5 2 7 5
7 3 4 3
1 7 7 4
1 0 0 2
```

038.6Lg (23)
harness up (the horse)

```
2 1 4 2
1 0 0 2
0 3 1 3
2 0 0 2
```

038.6Lh (257)
hitch +

```
22  6 13 11
10 15 12 30
 9 15 29 27
 7 16 16 19
```

038.6Li (69)
hitch (the horse)

```
4 4 6 1
3 8 2 5
2 5 7 5
4 3 3 7
```

038.6Lj (134)
hitch (the horse) up

```
11  1  5  9
 5  5  4 16
 6  8 12 18
 2 12 11  9
```

038.6Lk (63)
hitch up (the horse)

```
7 2  4  1
3 3  6 11
1 2 10  4
1 1  2  5
```

038.6Ll (35)
hook +

8	0	0	4
3	1	1	0
2	1	3	4
1	4	2	1

038.6Pa (72)
<ho(r)nIs=14>

2	1	8	0
7	11	6	8
4	7	7	4
0	1	4	2

038.6Pb (244)
<hornIs=14>

33	10	16	17
13	12	14	22
16	8	21	10
13	15	8	16

038.6Pc (61)
<h{aw}rnIs=14>

5	1	4	7
9	3	5	3
2	2	2	5
4	3	1	5

039.1La (29)
checklines

10	0	3	13
0	0	1	1
1	0	0	0
0	0	0	0

039.1Lb (392)
line(s)

34	18	23	27
29	17	26	46
26	25	30	34
10	19	9	19

039.1Lc (479)
lines +

45	19	30	38
35	24	31	55
26	28	42	39
11	20	13	23

039.1Ld (109)
plowline(s)

9	1	7	7
7	7	10	13
2	9	14	9
0	3	5	6

039.1Le (332)
reins +

27	9	22	20
16	9	23	26
27	16	22	24
22	27	15	27

039.2La (102)
bridle +

1	2	11	10
9	8	7	9
9	7	7	2
5	6	8	1

039.2Lb (98)
bridle rein(s)

8	3	8	15
10	7	4	9
5	6	8	6
1	2	0	6

039.2Lc (51)
lines +

4	0	2	0
5	1	2	3
5	4	4	6
3	6	3	3

039.2Ld (500)
rein(s)

48	18	25	24
29	25	36	43
37	29	37	30
27	38	20	34

039.2Le (580)
reins +

55	19	32	39
38	30	39	49
40	33	44	36
28	38	20	40

039.3Pa (84)
<stur(I)ps>

12	4	9	3
10	2	7	5
5	0	7	4
2	8	2	4

039.3Pb (188)
<sturAps=14>

18	10	13	16
6	8	12	12
12	10	14	12
7	11	8	19

039.3Pc (84)
<sturIps=14>

10	1	3	12
5	3	3	11
5	4	5	4
4	2	4	8

039.4La (185)
lead +

22	13	14	30
10	12	18	19
6	5	7	10
3	7	5	4

039.4Lb (23)
lead, the

1	2	1	5
0	0	4	5
0	1	1	0
0	2	1	0

039.4Lc (153)
lead horse

20	10	11	27
5	9	15	15
6	4	5	10
3	5	4	4

039.4Ld (12)
lead mule

1	1	3	0
3	3	0	0
0	0	0	0
0	0	0	1

039.5Ga (38)
little bit (away/etc.)

2	1	5	2
4	0	3	1
3	1	3	3
1	2	2	5

039.5Gb (33)
little distance (away)

1	0	3	2
4	0	2	3
2	7	0	1
1	2	2	3

039.5Gc (206)
little piece (away/
etc.)

23	8	15	16
18	11	16	16
8	24	14	16
4	8	1	8

039.5Gd (74)
little way (off/over)

```
 5  3  5  2
 3  2  5  8
10  4  4  4
 3  8  3  5
```

039.5Ge (198)
little ways (away/
etc.)

```
24  4 10 15
18  3  8 17
14  8 11 12
12 15  8 19
```

039.5Gf (47)
piece (away), a

```
3  1  1  2
5  3  3  2
4  6  5  3
2  1  3  3
```

039.5Gg (62)
short distance
(away)

```
6  2  4 10
3  2  5  4
7  2  5  2
3  4  1  2
```

039.5Gh (18)
short piece

```
2  0  0  1
1  0  0  0
3  2  3  2
0  2  1  1
```

040.1Ga (43)
far piece

```
2  2  2  4
4  3  2  4
2  3  6  0
2  3  2  2
```

040.1Gb (39)
good piece

```
3  1  3  3
2  5  1  1
1  7  4  3
0  5  0  0
```

040.1Gc (27)
good ways

```
3  0  0  2
0  0  0  3
2  2  0  4
1  7  0  3
```

040.1Gd (38)
long distance

```
3  1  4  4
3  1  2  2
2  4  2  2
1  2  0  5
```

040.1Ge (174)
long way

```
 9  2  5 13
14  8 15 24
14 11 15  4
 6  9  9 16
```

040.1Gf (210)
long ways

```
14  3  6  7
24  8 11 21
16 13 14 16
 9 20 12 16
```

040.1Gg (29)
quite a distance

```
7  1  1  1
1  0  1  4
1  1  1  0
3  4  0  3
```

040.1Gh (20)
quite a ways

```
11  1  0  3
 0  0  0  0
 2  0  1  1
 0  0  1  0
```

040.1Gi (29)
ways, a

```
6  1  4  2
1  2  2  0
2  1  1  1
1  1  0  4
```

040.2Ga (93)
anyplace

```
12  3  5  4
 7  1  5 11
 8  6  8  4
 7  6  4  2
```

040.2Gb (595)
anywhere

```
53 16 39 44
39 26 34 54
36 37 49 41
23 37 24 43
```

040.2Gc (35)
anywheres

```
7  0  1  0
3  2  1  1
3  1  1  2
1  7  2  3
```

040.3Pa (61)
<bakwRd=14>

```
8  3  5  9
3  0  1  5
4  1  3  1
1  4  2 11
```

040.3Pb (70)
<bakwRdz=14>

```
6  2  7  8
7  2  6  5
8  1  5  1
4  3  2  3
```

040.3Pc (63)
<bakwRd{z}=14>

```
5  3  2  2
6  1  7  3
2  3  6  5
3  2  4  9
```

040.3Pd (66)
<bakw[R]d=14>

```
1  2  6  3
5  5  4  8
3  3  5  8
5  4  1  3
```

040.3Pe (77)
<bakw[R]dz=14>

```
4  3  3  1
3  9  3 13
2  6  7  6
2  7  5  3
```

040.3Pf (62)
<bakw[R]d{z}=14>

```
2  1  0  0
5  3  3  9
4  8  4  8
4  6  4  1
```

040.4Pa (34)
<f{oe}rwRd=14>

```
5  1  1  4
0  0  2  1
0  2  2  1
4  2  2  7
```

040.5Ga (30)
nary (a one)

```
2   2   1   3
2   2   1   4
3   2   1   1
3   1   1   1
```

040.5Gb (51)
ne'er a (one)

```
 3   1   1   2
10   1   2   3
 4   4   5   3
 2   3   4   3
```

040.5Gc (45)
ne'er [D-0] (one)

```
1   2   2   1
6   2   1   2
5   5   4   5
1   1   3   4
```

040.5Gd (144)
not a (one)

```
 3   4  16   5
 7   0  15  25
14   8   9  11
 4   7   2  14
```

040.5Pa (21)
<narI=14>

```
2   0   1   2
3   1   1   4
1   1   1   1
0   1   1   1
```

040.5Pb (26)
<nerI=14>

```
0   0   2   3
2   0   3   3
2   1   1   1
2   0   0   6
```

040.6Ga (139)
anything

```
9  10  14  14
1   8   9  19
6   2  15   8
8   5   3   8
```

040.6Gb (219)
nothing

```
22  10   9   3
25  15  10  13
13  18  16  19
 3  16  11  16
```

040.7Ga (77)
anyhow

```
9   7   3   1
4   7   2   5
5   4   6  10
4   3   0   7
```

040.7Gb (314)
anyway

```
30  17  20  17
 9  12  25  39
18  10  30  26
14  15   8  24
```

040.7Gc (211)
at all

```
22   7   7   8
16  20  11  16
19  14  10  20
 9  13   3  16
```

040.7Gd (37)
nohow

```
3   2   2   2
2   2   2   6
1   2   4   6
0   1   1   1
```

040.7Ge (39)
noway

```
3   2   2   0
2   1   1   6
1   6   2   9
0   2   1   1
```

040.8Ga (341)
any

```
32  14  22  19
20  15  21  47
17   9  29  22
18  19   8  29
```

040.8Gb (173)
none

```
13   4   7   3
21  12   7  15
 8  18  15  19
 3  15   6   7
```

040.9Ga (151)
at night

```
15   2   3   2
15  12  11  14
16  10  11   8
 5  14   3  10
```

040.9Gb (89)
of a +

```
18   5   9  17
 5   3   3   6
 4   2   3   5
 1   1   1   6
```

040.9Gc (12)
of a evening

```
5   1   1   1
1   0   0   0
0   0   1   2
0   0   0   0
```

040.9Gd (50)
of a morning

```
7   2   7   5
2   3   1   5
3   2   1   4
1   1   0   6
```

040.9Ge (35)
of a night

```
9   2   5   9
3   0   1   2
1   0   1   1
0   0   1   0
```

041.1Ga (25)
apt (to)

```
3   0   0   2
2   0   1   5
2   1   3   1
3   2   0   0
```

041.1Gb (17)
apt as not

```
1   0   1   6
4   0   0   3
0   0   1   1
0   0   0   0
```

041.1Gc (32)
liable (to)

```
1   3   0   1
4   5   0   2
4   0   4   4
1   1   1   1
```

041.1Gd (27)
like as not

```
3   0   1   7
1   0   2   6
2   0   2   1
2   0   0   0
```

041.1Ge (36)
probably

```
3  0  1  4
0  1  6  7
1  1  2  4
2  0  2  2
```

041.2Pa (197)
<furA=14>

```
23  3  5  18
18  9  11  18
 8  11  12  17
 7  17  7  13
```

041.2Pb (130)
<furAz=14>

```
7  4  9  11
4  11  12  16
4  6  19  6
1  7  5  8
```

041.3Pa (207)
<krop>

```
17  10  20  12
18  9  12  20
24  7  11  14
 8  13  4  8
```

041.3Pb (79)
<kr{ou}p>

```
5  2  0  3
6  6  3  10
4  6  7  14
4  4  2  3
```

041.3Pc (305)
<k{r}op>

```
31  10  13  27
17  17  23  28
14  16  23  22
17  21  9  17
```

041.3Pd (117)
<k{r}{ou}p>

```
 9  5  5  9
10  3  8  12
 3  9  10  11
 3  10  3  7
```

041.3Sa (263)
|SAE| [ɑ›]

```
23  6  14  21
12  21  19  17
15  16  20  21
 5  27  14  12
```

041.3Sb (108)
|SAE-maj| [ɑ›ə]

```
8  4  0  7
8  7  6  15
3  8  11  9
5  7  3  7
```

041.4La (26)
cleaned

```
4  0  2  2
2  1  0  2
3  0  1  3
2  1  1  2
```

041.4Lb (23)
cleaned off

```
1  0  0  2
3  2  1  5
0  0  1  0
1  2  4  1
```

041.4Lc (114)
cleaned up

```
 6  2  8  10
15  10  5  8
 4  14  5  9
 2  13  1  2
```

041.4Ld (526)
cleared

```
56  20  29  43
30  25  37  49
33  24  40  30
22  33  18  37
```

041.4Le (31)
cleared off

```
3  0  0  1
3  2  1  2
4  3  4  1
4  1  0  2
```

041.4Lf (88)
cleared up

```
7  4  10  3
9  2  5  5
7  8  7  8
0  5  3  5
```

041.4Lg (19)
grubbed

```
0  0  0  16
0  0  0  1
0  0  0  0
2  0  0  0
```

041.5La (34)
hay (meadow)

```
1  2  2  1
1  0  1  10
0  0  3  7
0  2  0  4
```

041.5Lb (96)
second crop

```
 5  5  3  13
11  6  5  9
 6  5  6  4
 8  5  2  3
```

041.5Lc (169)
second cutting

```
18  6  5  14
23  7  8  12
17  11  11  7
10  8  3  9
```

041.5Ld (39)
second growth

```
2  4  0  1
0  5  3  5
2  3  5  4
0  3  2  0
```

041.5Le (21)
stubble [n.]

```
0  1  1  2
1  0  3  4
0  1  2  1
0  2  0  3
```

041.5Lf (196)
volunteer

```
29  5  6  20
17  12  3  5
14  19  22  9
 3  16  6  10
```

041.5Lg (22)
volunteer [adj.]

```
1  1  1  1
2  2  4  0
0  1  4  1
1  2  0  1
```

041.5Lh (242)
volunteer +

```
33  5  8  23
18  14  8  7
17  21  29  11
 6  18  9  15
```

041.5Li (38)
volunteer crop

```
4   0   2   3
1   1   1   2
4   4   4   1
3   2   2   4
```

041.6La (17)
bale

```
0   1   1   1
0   0   1   5
1   1   1   1
0   2   1   1
```

041.6Lb (494)
bundle

```
38  15  30  36
33  17  34  54
34  27  44  34
27  23  21  27
```

041.6Lc (87)
sheaf

```
4   3   3  13
2   5   3   8
8   3   6  11
3   6   2   7
```

041.6Ld (32)
shock

```
4   4   2   4
3   0   0   5
3   1   0   1
1   1   0   3
```

041.6Le (14)
stack

```
0   0   0   0
2   2   0   0
3   0   1   0
1   2   0   3
```

041.7La (19)
bale

```
0   1   0   1
2   3   0   0
3   5   1   0
1   0   2   0
```

041.7Lb (34)
bundle

```
3   2   3   2
1   2   1   3
2   3   3   3
1   2   2   1
```

041.7Lc (14)
cap(ped) +

```
0   0   0  13
0   0   0   1
0   0   0   0
0   0   0   0
```

041.7Ld (20)
pile

```
0   0   1   0
2   0   0   4
2   1   5   2
0   1   2   0
```

041.7Le (207)
shock

```
20   6  22  23
12  10  19  31
12  10  16   8
 5   7   3   3
```

041.7Lf (126)
stack

```
3   3   7   6
7   4   6  19
10   4  12   5
9   8   7  16
```

041.8Ga (131)
bushel[N-i]

```
14   3  11  25
 7   8  12  12
 4   6   8   8
 1   7   0   5
```

041.8Gb (498)
bushels

```
30  12  28  26
36  20  35  53
34  30  41  38
26  32  22  35
```

042.1Ga (76)
oats [pl./count noun]

```
8   0   2  15
4   8   5   6
1   5   7   8
1   1   1   4
```

042.1Gb (62)
oats [sing./mass noun]

```
3   2   1   3
7   5   5   6
6   4   7   5
1   2   2   3
```

042.1Gc (115)
oats are/were

```
4   0   9  26
5   0  11  17
9   5   8   4
7   4   2   4
```

042.1Gd (33)
oats is/was

```
6   0   2   4
3   0   1   3
1   4   5   1
1   2   0   0
```

042.1Pa (94)
<thrash>

```
16   6   5   7
 6   3   6   9
 6   6   3  10
 2   3   2   4
```

042.1Pb (59)
<thrasht>

```
3   3   9  11
3   2   3   9
1   1   4   5
1   0   1   3
```

042.1Pc (62)
<th{r}ash>

```
5   1   5   2
8   3   5   6
3   6   8   2
1   3   1   3
```

042.1Pd (50)
<th{t}ash>

```
4   3   5   1
3   3   1   4
3   5   2   8
3   2   2   1
```

042.1Pe (50)
<th{t}asht>

```
0   2   4   6
2   3   4   8
3   3   5   2
5   1   2   0
```

042.2Ga (91)
me and you

```
2   0   0   5
16   4   4   5
12   8   6   4
2  11   5   7
```

042.2Gb (301)
you and I

```
15 14 11 13
24 16 21 29
30 17 23 12
23 25  8 20
```

042.2Gc (88)
you and me

```
8 3  3  9
5 2  5 11
6 5 13  9
2 3  1  3
```

042.3Ga (300)
both of us

```
13  9 16 16
24 13 11 23
33 22 20 23
21 22 11 23
```

042.3Gb (28)
two of us

```
5 0 0 1
1 1 0 3
1 3 3 1
2 2 0 5
```

042.4Ga (208)
he and I

```
10  8 10  8
16 14 13 19
20 15 14 11
18 14  5 13
```

042.4Gb (22)
him and I

```
2 0 0 1
2 2 3 1
3 1 1 1
2 2 0 1
```

042.4Gc (188)
me and [noun]

```
25 10  9 13
18  9  7 12
 9 10 10 17
 5 14  7 13
```

042.4Gd (51)
me and her

```
5 2 2 1
3 7 5 3
5 4 3 6
0 1 2 2
```

042.4Ge (103)
me and him

```
 6  1  6  4
13  5  1  9
 7 12  9  7
 3  7  7  6
```

042.4Gf (61)
she and I

```
4 7 1 1
1 3 4 7
7 1 8 0
7 1 2 7
```

042.4Gg (146)
[noun] and I

```
13  4  4  6
10  6 11 17
12  9 11  6
 8  9  5 15
```

042.4Gh (21)
[noun] and me

```
3 1 1 0
1 1 0 3
5 0 1 0
0 1 2 2
```

042.5AGa (77)
I

```
2 3 1  8
4 1 7 17
7 8 5  3
3 1 3  4
```

042.5AGb (376)
me

```
18 12 13 16
29 16 21 28
39 21 30 27
24 30 14 38
```

042.5BGa (85)
he

```
 1 2 1  7
11 2 6 13
 8 9 5  2
 7 3 0  8
```

042.5BGb (260)
him

```
11 10  9  9
22 11 13 23
29 18 22 10
17 18 13 25
```

042.5CGa (240)
her

```
 7  9  8  8
20 10 13 19
26 16 24 11
17 17 13 22
```

042.5CGb (100)
she

```
 0 4  2  6
12 5 13 15
 8 8  4  3
 6 4  1  9
```

042.5DGa (250)
them

```
 8  9  9  4
22 10 18 16
28 17 24 14
21 17  9 24
```

042.5DGb (46)
they

```
1 1 2  4
5 0 5 12
2 4 2  2
3 1 0  2
```

042.6Ga (83)
as I

```
2 7 4  8
4 1 5 13
6 7 5  7
2 6 3  3
```

042.6Gb (388)
as I am/was

```
27  9 26 25
26 20 20 32
31 20 33 27
21 20 17 34
```

042.6Gc (55)
as me

```
2 3 5 3
4 1 4 4
5 4 3 5
3 4 3 2
```

043.1Ga (110)
as he/she

```
 4 9  4  8
 5 3 10 15
11 9  8  4
 2 3  5 10
```

043.1Gb (318)
as he/she is/was

14 9 22 24
25 8 19 27
23 16 32 21
22 16 12 28

043.1Gc (47)
as him/her

3 2 2 2
3 1 2 3
7 3 0 3
1 9 2 4

043.2Ga (140)
than I

8 9 8 7
11 1 13 16
12 8 14 10
7 2 6 8

043.2Gb (261)
than I can

17 6 20 22
16 9 11 23
21 16 21 17
15 14 12 21

043.2Gc (68)
than me

1 3 0 2
5 1 4 4
7 7 8 3
3 9 2 9

043.3Ga (253)
(as) far (as)

11 9 12 27
19 8 18 30
24 9 17 17
12 13 7 20

043.3Gb (41)
farther

3 0 3 4
3 2 0 6
4 2 2 6
1 1 1 3

043.3Gc (34)
fartherest

2 2 1 5
6 1 2 2
2 0 1 4
4 0 0 2

043.3Gd (71)
farthest

3 4 1 7
3 3 4 8
10 4 7 1
6 3 3 4

043.3Ge (197)
further

18 4 13 13
18 12 5 20
10 13 7 26
8 12 4 14

043.3Gf (32)
furtherest

4 2 0 3
2 1 3 0
5 1 3 1
1 2 2 2

043.3Gg (45)
furthest

4 0 1 2
7 0 2 5
7 2 1 1
5 4 2 2

043.4AGa (23)
yourn

0 1 1 1
1 0 0 1
2 3 2 4
0 1 2 4

043.4AGb (480)
yours

31 9 35 34
37 19 29 49
34 32 32 33
24 30 17 35

043.4BGa (544)
ours

34 19 38 38
38 19 37 55
41 30 36 38
27 36 20 38

043.4CGa (454)
theirs

22 17 34 34
32 17 29 43
33 27 33 28
21 26 23 35

043.4DGa (485)
his

22 19 34 40
29 18 30 43
35 33 37 32
24 31 21 37

043.4DGb (42)
hisn

3 0 2 2
7 3 2 3
2 3 4 4
0 1 3 3

043.4EGa (483)
hers

25 20 34 35
31 14 28 39
38 34 39 37
27 29 18 35

043.5Ga (376)
y'all

28 11 13 8
34 24 23 29
27 26 37 29
18 30 16 23

043.5Gb (92)
you

2 3 7 18
6 1 4 14
2 7 2 7
1 7 3 8

043.5Gc (380)
you-all

21 9 22 33
27 18 22 42
28 25 23 30
14 30 12 24

043.6Ga (118)
y'all's

5 3 6 3
13 8 6 6
16 11 12 3
4 9 6 7

043.6Gb (60)
you-all's

2 0 3 2
4 3 2 6
6 6 4 7
2 4 7 2

043.6Gc (298)
your

```
11 13 26 16
25  4 15 34
27 20 18 17
20 22  6 24
```

043.6Gd (10)
your-all's

```
1 1 1 5
0 0 0 0
1 0 0 0
1 0 0 0
```

043.7AGa (265)
who

```
12  7 18 10
23 13 18 28
22 16 12 18
15 23 10 20
```

043.7AGb (307)
who-all

```
19  5 21 22
26 10 19 24
23 26 24 19
14 20 15 20
```

043.7BGa (11)
who-all[M-k]

```
0 0 0 0
0 0 1 0
4 4 0 1
0 1 0 0
```

043.7BGb (61)
who-all's

```
0  0 7 2
8  0 3 4
3 10 8 2
1  3 3 7
```

043.7BGc (192)
whose

```
 5  9 11 10
22  1 15 20
21  8 12  7
19 19  1 12
```

043.8Ga (331)
what

```
17 13 21 14
23 10 22 45
20 19 25 24
18 23  8 29
```

043.8Gb (348)
what-all

```
25  5 25 28
31 13 17 22
28 32 31 24
16 17 13 21
```

044.1Ga (125)
theirself[M-i]

```
16  3 8  4
10  7 6  9
 5  8 7 12
 3 11 7  9
```

044.1Gb (135)
theirselves

```
13  2 11 12
16  6  6 13
12 10  8  6
 1  6  7  6
```

044.1Gc (63)
themself[M-i]

```
2 1 3  2
6 2 5  3
7 4 2 11
1 8 3  3
```

044.1Gd (423)
themselves

```
30 15 22 20
28 17 25 38
34 19 36 31
27 27 13 41
```

044.2Ga (464)
himself

```
34 17 27 31
31 20 31 43
31 20 41 29
29 34 14 32
```

044.2Gb (309)
hisself

```
28 11 17 17
25 15 15 25
22 24 20 30
 3 21 14 22
```

044.3La (403)
bread

```
25 15 24  8
34 18 25 34
32 24 27 23
22 37 18 37
```

044.3Lb (22)
brown bread

```
3 1 0 0
0 1 2 2
3 1 0 1
2 0 1 5
```

044.3Lc (15)
flour bread

```
0 1 0 0
3 1 0 1
0 1 2 1
0 3 1 1
```

044.3Ld (8)
graham (bread)

```
0 0 0 1
0 0 0 4
2 0 0 1
0 0 0 0
```

044.3Le (40)
homemade bread

```
3 0 0 3
2 1 2 2
2 0 2 6
6 8 0 3
```

044.3Lf (497)
light bread +

```
55 14 29 42
39 27 26 31
32 36 38 44
 9 24 21 30
```

044.3Lg (23)
loaf

```
2 0 1 5
1 0 2 3
0 2 1 2
0 2 1 1
```

044.3Lh (137)
loaf bread

```
5 3 13  9
3 7 24 30
0 6 13 14
1 3  3  3
```

044.3Li (70)
loaf of bread

```
15 2 3 8
 3 4 0 6
 1 3 1 6
 2 8 3 5
```

044.3Lj (18)
pone +

2	0	1	4
1	2	2	2
0	2	0	1
0	0	1	0

044.3Lk (17)
salt-rising (bread)

0	0	1	5
1	0	0	5
2	0	0	1
1	0	0	1

044.3Ll (16)
sourdough (bread)

3	2	0	0
0	2	1	1
4	0	0	1
0	1	0	1

044.3Lm (166)
wheat (bread)

12	7	9	25
3	7	11	17
10	9	9	13
7	12	5	10

044.3Ln (144)
white bread

16	3	5	7
10	2	6	9
18	8	9	5
12	6	7	21

044.3Lo (93)
whole(-)wheat
(bread)

6	4	5	3
7	3	8	7
10	0	6	4
8	5	6	11

044.3Lp (75)
yeast bread

5	2	2	8
2	2	6	14
2	1	9	9
0	2	5	6

044.4La (23)
biscuit bread

2	2	1	3
1	1	1	4
2	1	1	0
0	3	0	1

044.4Lb (646)
biscuits

56	25	35	40
47	36	44	66
36	40	52	50
23	39	20	37

044.4Lc (42)
buns

3	1	6	2
5	1	6	4
2	2	2	0
0	2	0	6

044.4Ld (30)
dumplings

2	3	1	2
1	4	2	2
1	2	0	3
0	3	0	4

044.4Le (51)
French bread

2	1	0	1
8	1	1	3
4	3	3	4
4	10	3	3

044.4Lf (5)
galette [F]

0	0	0	0
0	0	0	0
0	0	0	0
0	5	0	0

044.4Lg (52)
hoecakes

2	2	1	4
7	1	2	8
3	5	0	6
1	4	2	4

044.4Lh (66)
muffins

4	1	2	3
4	7	5	11
2	3	11	3
2	3	3	2

044.4Li (231)
rolls

21	14	12	13
11	12	21	30
12	12	23	16
5	7	8	14

044.5La (12)
ash bread

1	1	0	3
0	0	1	3
0	1	1	1
0	0	0	0

044.5Lb (86)
ash bread/cake/
etc. +

5	6	3	6
2	7	4	18
1	8	12	11
0	0	1	2

044.5Lc (72)
ashcake

4	5	3	4
2	7	3	13
1	7	11	9
0	0	1	2

044.5Ld (8)
batter bread +

0	0	0	0
0	1	1	3
1	0	0	2
0	0	0	0

044.5Le (27)
battercake +

1	4	0	1
0	2	2	4
0	5	2	2
1	1	2	0

044.5Lf (808)
corn bread +

69	31	41	52
54	43	48	78
49	45	58	66
34	53	28	59

044.5Lg (33)
corn-bread muffins

3	0	0	0
2	5	1	4
3	4	3	4
0	1	1	2

044.5Lh (14)
corn-bread sticks

4	0	0	1
1	4	0	1
0	2	0	0
1	0	0	0

044.5Li (46)
corn cake(s) +

7	1	3	3
1	3	2	2
3	8	2	3
2	2	4	0

044.5Lj (78)
corn dodger

7	4	6	7
14	6	1	5
6	3	3	3
1	2	4	6

044.5Lk (36)
corn dodger [=pone]

5	0	7	10
3	2	3	1
0	0	4	0
0	0	1	0

044.5Ll (57)
corn dodger [=corn bread]

5	2	1	5
6	4	3	2
5	9	3	2
0	7	2	1

044.5Lm (33)
corn dodger [=dumplings]

1	2	1	0
0	0	0	5
0	0	11	9
0	0	0	4

044.5Ln (28)
corn dodger [=hush puppy]

3	0	2	0
0	0	0	1
1	1	2	13
1	0	1	3

044.5Lo (295)
corn dodger +

26	11	22	30
28	16	9	17
15	18	25	35
6	9	11	17

044.5Lp (11)
corn dog

3	0	0	0
3	0	0	0
1	0	0	0
2	2	0	0

044.5Lq (34)
corn dog +

4	0	2	0
6	1	1	0
8	1	1	0
3	3	1	3

044.5Lr (40)
corn dumpling

1	3	2	0
2	5	2	8
1	1	3	6
0	0	1	5

044.5Ls (39)
corn fritters

2	2	1	4
1	3	3	4
2	2	2	7
1	1	0	4

044.5Lt (103)
corn muffins

7	3	7	13
3	3	5	15
4	3	5	9
3	4	4	15

044.5Lu (92)
corn pone

11	3	4	11
7	2	9	15
3	0	4	7
2	1	5	8

044.5Lv (170)
corn pone +

17	6	9	18
12	10	12	24
9	1	10	14
5	3	7	13

044.5Lw (134)
corn sticks

9	6	13	7
4	3	13	18
3	5	11	15
5	6	9	7

044.5Lx (22)
cornmeal dumplings

4	1	3	0
1	2	1	1
1	3	2	2
0	0	1	0

044.5Ly (14)
cornmeal muffins

1	0	0	0
3	0	0	2
2	2	1	3
0	0	0	0

044.5Lz (8)
corny dog +

0	0	1	0
1	0	1	0
5	0	0	0
0	0	0	0

044.5Laa (131)
crackling bread

19	3	7	7
10	7	7	9
7	14	10	12
1	5	5	8

044.5Lab (19)
crackling corn bread

2	0	0	0
1	0	1	3
2	0	0	1
1	1	0	7

044.5Lac (149)
crackling (corn) bread +

20	3	7	8
11	7	7	13
9	14	10	13
2	6	5	14

044.5Lad (9)
cush-cush +

0	0	0	0
4	0	0	0
2	0	0	0
0	2	1	0

044.5Lae (325)
dodger +

29	13	25	38
29	19	10	18
17	18	26	37
6	10	11	19

044.5Laf (40)
dog +

4	0	2	0
6	5	1	0
8	1	1	0
3	4	2	3

044.5Lag (5)
dog bread +

```
0  0  0  0
0  4  0  0
0  0  0  0
0  0  1  0
```

044.5Lah (46)
dressing +

```
4  1  1  0
4  3  4  3
4  5  6  6
1  2  0  2
```

044.5Lai (50)
dumpling(s)

```
3  6  4  2
3  2  1  6
2  0  6  6
0  1  4  4
```

044.5Laj (125)
dumplings +

```
7  12  10   2
5  10   6  13
4   6  15  16
1   2   7   9
```

044.5Lak (76)
egg bread +

```
2  1   6   3
1  5   5  12
1  3  20  13
0  1   2   1
```

044.5Lal (18)
fried corn bread +

```
4  0  1  3
1  0  1  2
1  2  1  1
0  0  1  0
```

044.5Lam (27)
fritter(s) +

```
2  2  2  2
0  1  2  5
1  2  1  3
0  2  2  0
```

044.5Lan (22)
hoecake bread

```
0  1  1  0
0  1  1  4
0  2  1  7
0  2  0  2
```

044.5Lao (239)
hoecake(s)

```
11  10  12  28
 8  19  18  22
 6  14  30  27
 1   9  12  12
```

044.5Lap (270)
hoecake(s) +

```
11  12  14  28
 8  21  20  30
 6  15  32  35
 1  11  13  13
```

044.5Laq (26)
hot-water bread

```
4  2  1  0
8  6  0  0
5  0  0  0
0  0  0  0
```

044.5Lar (21)
hot-water corn
bread +

```
4  1  3  1
2  1  0  0
7  0  0  0
2  0  0  0
```

044.5Las (46)
hot-water bread/
cakes +

```
 8  3  5  1
10  7  0  0
10  0  0  0
 2  0  0  0
```

044.5Lat (17)
hush puppies
[=corn dodgers]

```
2  0  0  0
1  0  0  1
1  0  2  6
0  0  1  3
```

044.5Lau (499)
hush puppies +

```
49  20  25  30
21  26  27  50
26  34  50  38
15  25  22  41
```

044.5Lav (31)
johnnycakes +

```
2  3  2  2
0  3  6  2
2  0  4  1
2  0  0  2
```

044.5Law (12)
Mexican bread +

```
1  2  1  0
1  1  0  0
3  1  0  0
1  1  0  0
```

044.5Lax (120)
muffins

```
9  5   6   7
2  7  13  15
7  4  12   9
2  8   7   7
```

044.5Lay (276)
muffins +

```
19   9  13  19
 9  15  19  35
17  14  22  30
 5  13  13  24
```

044.5Laz (384)
pone +

```
33   8  23  39
29  19  23  47
17  16  40  34
 6  14  14  22
```

044.5Lba (47)
pone bread

```
1  0   2   1
1  0   2   4
1  4  16  11
0  1   2   1
```

044.5Lbb (24)
pone of bread

```
1  0  1  4
1  2  3  2
0  7  2  0
0  0  1  0
```

044.5Lbc (21)
pone of corn
bread

```
4  1  3  1
4  1  0  2
1  1  0  0
0  2  1  0
```

044.5Lbd (115)
pone(s)

```
10  0   5  18
 8  9   8  10
 6  3  14   9
 1  8   1   5
```

044.5Lbe (45)
spoon bread

```
3  0  3  4
2  3  3  9
2  1  4  3
1  1  5  1
```

044.5Lbf (31)
spoon bread [eaten
with spoon]

```
4  0  2  2
0  2  4  4
2  2  4  2
1  0  0  2
```

044.5Lbg (82)
spoon bread +

```
7  0  5  7
2  6  7  13
4  3  9  6
2  2  6  3
```

044.5Lbh (151)
sticks +

```
12  7  13   8
 5  6  13  20
 5  7  11  15
 6  6   9   8
```

044.5Lbi (9)
tortilla

```
1  0  0  0
0  0  0  0
2  0  0  0
4  0  1  1
```

045.1La (41)
baker('s) bread

```
1  0  1  3
7  1  1  4
5  1  0  2
7  6  1  1
```

045.1Lb (90)
bakery (bread)

```
10  2  4  10
 6  1  5   8
12  5  6   5
 6  3  3   4
```

045.1Lc (115)
bought (bread)

```
7   0   7  5
7   4  14  9
9  11  10  9
7   7   5  4
```

045.1Ld (158)
light bread

```
 9   9  12  11
12   6   8  15
 7  16  17  12
 1   6   8   9
```

045.1Le (94)
loaf bread

```
3  7  14   5
3  1  15  28
0  4   7   4
0  1   1   1
```

045.1Lf (21)
loaf of bread

```
6  1  0  3
0  2  1  1
0  1  0  3
2  1  0  0
```

045.1Lg (20)
store bread

```
5  0  1  5
1  1  1  0
1  1  1  1
0  1  0  1
```

045.1Lh (210)
store-bought (bread)

```
24  10   8  17
13  10   9  10
12   5  30   7
 9  12  10  24
```

045.2La (15)
beignet [F]

```
0  0  0  0
3  0  0  0
2  0  0  0
1  9  0  0
```

045.2Lb (9)
croquignole [F]

```
0  0  0  0
7  0  0  0
0  0  0  0
0  2  0  0
```

045.2Lc (762)
doughnut

```
57  28  43  57
50  27  45  75
47  42  57  66
31  48  32  57
```

045.2Ld (17)
tea cake

```
0  1  0  0
3  2  1  3
0  0  2  3
0  0  2  0
```

045.3La (150)
battercakes

```
 6   3   3   6
11  15   6  27
 4  19  10  24
 3   6   7   0
```

045.3Lb (6)
beignets [F]

```
0  0  0  0
3  0  0  0
0  0  0  0
0  3  0  0
```

045.3Lc (12)
buckwheat cakes

```
1  0  1  4
0  0  0  1
2  0  1  1
0  1  0  0
```

045.3Ld (30)
corn (bread/meal) +

```
4  2  2  2
0  2  1  0
0  8  3  1
0  1  3  1
```

045.3Le (13)
corn cakes

```
3  0  1  0
0  0  0  0
0  4  2  1
0  0  2  0
```

045.3Lf (4)
crepes

```
0  0  0  0
1  0  0  0
0  0  0  0
0  3  0  0
```

045.3Lg (221)
flapjacks

```
14  11  10  11
25   9  17  23
14  12  22  12
 2  14   8  17
```

045.3Lh (80)
flitters +

```
3   1  10  13
9   2   3   4
0  10   3   6
0   7   3   6
```

045.3Li (54)
fritters +

```
1   3   8   3
2   5   1   1
1   4   5   8
1   3   1   7
```

045.3Lj (29)
griddle cakes

```
2   1   2   4
0   1   0   5
0   1   3   4
1   0   2   3
```

045.3Lk (28)
hoecakes

```
3   2   1   2
4   3   1   2
1   0   3   3
0   0   1   2
```

045.3Ll (213)
hotcakes

```
22  10  11   6
14  13  18  14
21  10  20  11
17   7   8  11
```

045.3Lm (230)
jacks +

```
15  11  10  11
25   9  18  26
14  12  23  12
 2  15   8  19
```

045.3Ln (642)
pancakes

```
58  22  33  49
30  23  44  56
40  40  45  55
31  40  24  52
```

045.4Ga (215)
pound[N-i]

```
20   5  16  23
17   7  11  21
 9  19  15  20
 4  18   4   6
```

045.4Gb (592)
pounds

```
43  19  28  31
38  33  32  55
39  38  45  47
31  40  22  51
```

045.5Pa (78)
<(y)ees(t)>

```
8   0   4   3
5   2   4   3
6   9   8   8
1  10   4   3
```

045.5Pb (120)
<(y)eest>

```
15   4   8  16
12   3   4   8
10   7   7   7
 3   6   4   6
```

045.5Pc (85)
<yees(t)>

```
10   4   1   0
 4   1   5  10
 6   5   6   9
 3   7   2  12
```

045.5Pd (481)
<yeest>

```
43  17  30  39
27  21  33  52
29  16  36  34
24  26  21  33
```

045.5Sa (107)
|ABE| [i›]

```
11   3   3   2
 8   9   5  11
 8   4   5   7
 3  12  10   6
```

045.5Sb (153)
|AGE| [i›·]

```
10   4   5   5
13   7   2  23
11   5  15  21
 4  12   1  15
```

045.6La (249)
yellow +

```
26  12  16  20
14  15   9  26
16  17  17  26
 3  15   7  10
```

045.6Lb (21)
yolk [=egg white]

```
1   2   1   3
1   1   1   3
1   2   1   2
0   1   1   0
```

045.6Lc (694)
yolk +

```
53  26  38  55
40  28  49  67
42  35  53  58
31  37  27  55
```

045.7Pa (466)
<yelA=14>

```
37  16  25  39
32  21  31  46
24  29  32  46
13  30  14  31
```

045.7Pb (102)
<yeloe=13>

```
7   0   2   8
4   3   9   7
6   4   5   6
14  10   4  13
```

045.7Pc (115)
<ye{l}A=14>

```
6   3   8   1
3   7   7  17
6   9  15  13
4   7   6   3
```

046.1Pa (134)
<aigz>

```
10   5  18  22
 7   7   4   5
 7   6   4  15
 3   9   5   7
```

046.1Pb (155)
<egz>

```
15   1   2   2
 6   7  10  18
15   8   9  16
 9  20   2  15
```

046.1Pc (81)
<eg{z}>

```
6   1   7   4
7   3  12  11
4   1   8   4
3   2   1   7
```

046.1Pd (65)
<{e}g>

```
2   6   4   1
5   3   5  12
4   4   3   8
2   2   3   1
```

046.1Pe (234)
<{e}gz>

```
27  10  18  15
11  12   9  18
19  12  17  12
12  15  13  14
```

046.2La (155)
poach [v.]

```
22   7   7  10
 8  11  10   9
 9   9  15  11
 6   8   7   6
```

046.2Lb (24)
poach (egg)

```
1   1   0   0
3   0   2   2
0   3   2   5
1   3   0   1
```

046.2Lc (500)
poached (egg)

```
46  18  34  48
26  16  32  48
36  20  39  30
24  25  17  41
```

046.2Ld (656)
poach(ed) +

```
65  26  41  56
35  25  44  59
42  31  54  44
29  36  24  45
```

046.2Le (4)
toasted egg

```
0   0   0   0
0   0   0   0
0   4   0   0
0   0   0   0
```

046.3La (92)
bacon

```
6   0  12   3
7   4   8   5
9   9   7   3
6   4   0   9
```

046.3Lb (138)
belly +

```
18   0   7  11
 9   8   8  10
 6  19  11   4
 5   4   9   9
```

046.3Lc (44)
boiling (meat/etc.) +

```
2   2   5   0
4   4   3   8
1   2   6   5
0   0   2   0
```

046.3Ld (17)
dry salt (meat/
etc.) +

```
3   0   0   0
8   0   0   0
5   1   0   0
0   0   0   0
```

046.3Le (85)
fat (meat/pork/
etc.) +

```
8   3   8   5
8   4   2   6
3   6   4   5
1  12   3   7
```

046.3Lf (335)
fatback

```
23   7  15  37
13  20  31  55
11  17  33  34
 4   9  10  16
```

046.3Lg (31)
middling

```
1   0   3   2
3   3   1   3
3   2   3   2
0   2   0   3
```

046.3Lh (50)
middling +

```
1   0   5   3
5   5   4   7
3   2   4   5
0   2   0   4
```

046.3Li (12)
middling meat

```
0   0   1   1
1   2   2   3
0   0   0   1
0   0   0   1
```

046.3Lj (31)
pork

```
2   1   0   3
4   0   2   1
3   3   1   2
0   2   2   5
```

046.3Lk (296)
salt (meat/pork/
etc.) +

```
37  11   4  12
19  12  11  17
24  27  15  13
18  35  18  23
```

046.3Ll (27)
salt bacon

```
0   0   0   2
2   0   0   2
7   0   0   0
5   2   0   7
```

046.3Lm (121)
salt meat

```
19   4   0   1
 9   8   2   4
 2  19   5   4
 0  30  12   2
```

046.3Ln (153)
salt pork

```
21   5   2   7
 9   4   8  10
18  11   9   7
14   7   5  16
```

046.3Lo (15)
seasoning (meat/
etc.) +

```
1   1   1   7
1   0   0   0
0   1   0   0
0   1   1   1
```

046.3Lp (85)
side meat

```
3   2   7  11
0   8   4  17
2   1   5  11
1   6   4   3
```

046.3Lq (127)
sowbelly

```
17   0   7  10
 9   7   8   9
 6  15   9   3
 5   4   9   9
```

046.3Lr (122)
streak of fat/lean +

```
0  7  1  3
4 14  7 31
1  8 22 21
1  2  0  0
```

046.3Ls (85)
streak of lean

```
0  6  0  2
3 12  6 23
1  5 13 13
0  1  0  0
```

046.3Lt (27)
streak of lean,
streak of fat

```
0  1  0  1
1  1  0  5
0  1  9  7
0  1  0  0
```

046.3Lu (18)
streaked meat

```
0  0  1  6
0  3  6  2
0  0  0  0
0  0  0  0
```

046.3Lv (30)
streak(ed) meat/
etc. +

```
0  0  3 10
0  3  9  4
0  0  0  0
0  1  0  0
```

046.3Lw (25)
white bacon

```
0  0  2  0
0  0  0  0
0  0  0  7
1  1  0 14
```

046.3Lx (91)
white (bacon/meat/
etc.) +

```
3  0  4  0
0  0 14  3
1  1 17 18
1  1  9 19
```

046.3Ly (54)
white meat

```
1  0  2  0
0  0 14  2
1  1 15  6
0  0  6  6
```

046.4La (64)
bacon

```
1  0  4  4
4  2  3  4
7  3  5  5
5  7  1  9
```

046.4Lb (196)
bacon +

```
11  2 12 13
19  8  8  7
25 11 12 12
12 15 10 19
```

046.4Lc (321)
middling +

```
38 17 20 34
27 21 20 33
13 23 23 20
 5  8  8 11
```

046.4Ld (31)
middling meat

```
4  3  1  5
4  1  2  5
0  2  2  1
0  0  1  0
```

046.4Le (293)
middling(s)

```
36 13 19 30
24 21 19 29
12 21 20 19
 4  8  7 11
```

046.4Lf (404)
side +

```
40 17 24 26
25 15 18 36
33 25 30 38
14 24 14 25
```

046.4Lg (104)
side meat

```
11  5  7 12
 0  5  4 25
 5  4  7 13
 0  4  0  2
```

046.4Lh (110)
side of bacon

```
 6  2  6  4
14  1  5  2
15  8  6  3
10  7  7 14
```

046.4Li (181)
side(s)

```
18 10 14 12
12  8  5  6
13 14 16 17
 4 14  6 12
```

046.4Lj (51)
slab

```
3  3  2  8
3  3  5  3
5  2  1  5
2  3  2  1
```

046.4Lk (95)
slab +

```
8  4  5 12
7  8  6  4
9  6  5  8
3  4  4  2
```

046.4Ll (35)
slab of bacon

```
3  0  2  3
2  5  1  1
4  3  3  3
1  1  2  1
```

046.4Lm (3)
streaked meat

```
0  0  0  3
0  0  0  0
0  0  0  0
0  0  0  0
```

046.5La (353)
bacon

```
29 13 23 21
24 16 20 35
24 24 30 21
18 19 15 21
```

046.5Lb (31)
cured (bacon/meat/
etc.) +

```
1  1  2  4
0  2  1  0
2  2  1 10
1  1  2  1
```

046.5Lc (104)
ham

```
 8  6  5  6
13  6  5  6
 5  9  8  8
 5  2  4  8
```

046.5Ld (10)
middling

```
2  0  1  1
0  0  2  3
0  0  0  1
0  0  0  0
```

046.5Le (13)
salt meat

```
0  2  0  0
0  2  0  0
1  4  0  1
0  2  1  0
```

046.5Lf (41)
salt(ed) (pork/etc.) +

```
4  2  0  3
2  2  0  5
4  6  0  4
4  3  1  1
```

046.5Lg (31)
side [n./adj.] +

```
3  1  6  1
1  1  2  2
0  3  3  5
0  1  1  1
```

046.5Lh (16)
slab bacon

```
1  0  0  0
3  0  1  1
3  2  2  0
1  2  0  0
```

046.5Li (48)
slab (bacon/etc.) +

```
4  0  1  2
4  4  3  5
4  4  6  2
2  4  1  2
```

046.5Lj (30)
smoke(d) bacon

```
1  1  0  1
4  0  1  2
1  1  1  10
0  0  2  5
```

046.5Lk (77)
smoked (ham/meat/etc.) +

```
5  3  3  7
4  2  4  7
2  4  6  18
0  2  4  6
```

046.5Ll (16)
streak of lean

```
0  1  0  1
1  2  1  1
0  1  7  1
0  0  0  0
```

046.5Lm (23)
streak(ed) +

```
0  1  1  3
1  3  3  2
0  1  7  1
0  0  0  0
```

046.6La (38)
bacon rind

```
2  0  3  2
4  0  4  2
4  0  1  4
5  3  1  3
```

046.6Lb (369)
rind +

```
43  5  22  27
15  11  29  32
32  23  38  21
19  13  14  25
```

046.6Lc (397)
skin +

```
35  10  23  35
28  21  25  36
19  27  30  30
11  27  12  28
```

046.7La (575)
bacon

```
54  21  24  36
40  32  35  44
30  37  47  34
29  42  20  50
```

046.7Lb (93)
breakfast bacon

```
1  2  7  18
5  3  1  19
6  1  3  16
0  0  0  11
```

046.7Lc (51)
slice(d) bacon

```
0  0  1  3
11  1  3  4
4  7  2  4
4  4  0  3
```

046.8APa (307)
<sawsIj=14>

```
32  17  25  37
14  20  13  29
19  13  18  21
11  14   7  17
```

046.8APb (106)
<sawsI{j}=14>

```
16  3  9  9
4  6  6  7
8  4  6  8
6  2  6  6
```

046.8APc (127)
<sosIj=14>

```
5   4   1   6
16  6   7  11
5   5  13   3
6  22   7  10
```

046.8APd (78)
<s{o}sIj=14>

```
9  3  4  4
4  4  3  6
4  5  7  8
4  7  3  3
```

046.8BPa (322)
<boochR=14>

```
36  8  26  48
24  9  27  19
24  9  14  11
18  12  11  26
```

046.8BPb (233)
<booch[R]=14>

```
7  5  5  5
18  14  9  26
9  28  25  23
9  30  8  12
```

046.8BPc (95)
<booch{R}=14>

```
6  5  4  3
7  6  7  4
7  4  7  11
1  12  5  6
```

046.9La (20)
bad

```
2  1  1  0
0  0  0  1
3  2  2  1
1  1  1  4
```

046.9Lb (33)
old

```
 7  2  1  3
 3  3  1  2
 5  1  2  1
 0  2  0  0
```

046.9Lc (124)
rancid

```
11  2  2  6
12  5  7 13
 8  2 11 11
 7 13  5  9
```

046.9Ld (59)
rank

```
 7  1  1  1
 2  4  7  6
 3  4  8  4
 0  8  2  1
```

046.9Le (30)
rotten +

```
 3  0  1  1
 1  2  1  1
 4  3  3  3
 0  3  1  3
```

046.9Lf (44)
ruined [adj./v.] +

```
 5  2  4  2
 1  3  5  4
 3  4  4  3
 0  0  3  1
```

046.9Lg (28)
soured [adj./v.] +

```
 2  0  4  0
 2  2  2  3
 4  2  2  3
 0  0  2  0
```

046.9Lh (102)
spoil(s)

```
 9  2  1 16
 9  2  5  7
 3  6  9 10
 6 11  2  4
```

046.9Li (56)
spoil[V-p/r/t]

```
 3  1  3  1
 7  1  2  7
 3  6  3  3
 1  4  2  9
```

046.9Lj (480)
spoiled

```
44 18 31 27
30 15 34 44
35 28 35 34
25 28 16 36
```

046.9Lk (676)
spoiled [adj./v.] +

```
62 24 40 54
44 19 46 62
44 37 53 47
30 42 22 50
```

046.9Ll (76)
spoilt

```
 7  3  5 15
 2  3  6  7
 3  2  8  4
 1  3  3  4
```

046.9Lm (25)
stale

```
 1  1  0  2
 1  2  0  4
 2  4  4  1
 0  0  2  1
```

046.9Ln (52)
strong

```
11  5  4  5
 1  5  1  0
 2  6  5  2
 0  3  0  2
```

046.9Lo (96)
tainted [adj./v.] +

```
 9  4  0  8
10  5  7  4
 4 11  6  7
 1  6  5  9
```

046.9Pa (166)
<spoyld>

```
11  3  9  7
 5  5 12 11
14 13 10 10
18 13  8 17
```

046.9Pb (235)
<sp{oy}ld>

```
26 12 17 19
11 10 21 24
14 10 20 17
 3 13  6 12
```

047.1La (86)
headcheese

```
24  2  2  8
 0  3  2  6
 6  0  8  3
11  2  1  8
```

047.1Lb (53)
hog's head cheese

```
 3  0  0  0
 7  1  0  0
 6  4  2  5
 4 11  5  5
```

047.1Lc (312)
hog's head/hoghead
cheese +

```
16  6  2  5
42 10  2  7
22 21 25 36
14 49 23 32
```

047.1Ld (260)
hoghead cheese

```
13  6  2  5
35  9  2  7
17 17 23 31
10 38 18 27
```

047.1Le (44)
hoghead souse

```
 7  0  0  0
10  3  1  0
 4  9  4  1
 0  1  1  3
```

047.1Lf (55)
press meat

```
 1  4  5  1
 0  0  7 30
 0  0  4  2
 0  0  1  0
```

047.1Lg (64)
press(ed) meat +

```
 1  4  5  1
 0  0  8 35
 0  0  5  3
 0  1  1  0
```

047.1Lh (11)
pressed meat

```
 0  1  0  0
 0  0  2  5
 0  0  1  1
 0  1  0  0
```

047.1Li (296)
souse

```
35 20 26 13
13 30 14 15
13 23 38 24
 3  5 15  9
```

047.1Lj (519)
souse +

```
53 27 39 50
23 39 42 50
22 32 55 49
 3  5 16 14
```

047.1Lk (201)
souse meat

```
11 10 13 39
 2  9 30 39
 4  1 15 25
 0  0  1  2
```

047.2La (48)
hash

```
4 2 6 1
5 6 3 2
1 4 9 2
0 1 1 1
```

047.2Lb (42)
liver cheese

```
6 3 4 1
0 3 1 5
2 5 2 3
0 4 1 2
```

047.2Lc (23)
liver hash

```
1 0 2 2
1 2 1 4
0 2 4 4
0 0 0 0
```

047.2Ld (17)
liver loaf

```
1 1 0 6
0 0 4 3
1 0 0 1
0 0 0 0
```

047.2Le (17)
liver mush

```
0 1 0 4
0 0 2 10
0 0 0 0
0 0 0 0
```

047.2Lf (103)
liver pudding

```
0 0 1 13
0 6 3 20
0 5 9 26
1 1 4 14
```

047.2Lg (40)
liver sausage

```
3 2 2 1
0 1 7 0
3 0 3 3
9 2 1 3
```

047.2Lh (60)
liverwurst

```
2 4 6 5
2 0 2 4
8 1 4 3
6 1 3 9
```

047.3La (11)
blood pie

```
3 0 1 0
1 1 1 0
1 2 1 0
0 0 0 0
```

047.3Lb (98)
blood pudding

```
 6  3 3  6
15  3 4  4
 3  6 6  7
 1 11 8 12
```

047.3Lc (55)
blood sausage

```
 6  2 0 0
 0  0 1 0
 8  0 1 1
14 21 0 1
```

047.3Ld (32)
boudin +

```
 0  0 0 0
14  0 0 0
 0  0 0 0
 0 17 1 0
```

047.3Le (102)
pudding +

```
 6  3 3  6
15  3 4  5
 3  6 7  7
 2 11 9 12
```

047.3Lf (9)
red boudin

```
0 0 0 0
4 0 0 0
0 0 0 0
0 5 0 0
```

047.3Lg (60)
sausage +

```
 6  2 0 1
 0  0 1 0
 8  0 1 1
16 23 0 1
```

047.4La (50)
scrapple

```
5 0 2 12
3 1 2  4
4 2 2  5
3 1 2  2
```

047.5La (20)
bad

```
3 0 2 1
0 0 1 0
1 0 2 4
1 1 1 3
```

047.5Lb (35)
funky

```
8 1 0 0
2 5 0 0
0 6 5 1
0 4 3 0
```

047.5Lc (89)
old

```
13 8 8 11
 3 4 6 10
 6 6 8  3
 0 0 1  2
```

047.5Ld (11)
rance [F]/ranc(id) +

```
0 0 0 0
4 0 0 0
0 0 1 0
0 5 1 0
```

047.5Le (348)
rancid

```
20 11 15 17
22 17 19 30
24 15 33 30
23 25 17 30
```

047.5Lf (138)
rank

8	3	1	5
9	4	12	16
7	17	18	15
0	7	8	8

047.5Lg (23)
ruined

3	0	4	0
2	2	3	1
2	3	1	0
0	0	2	0

047.5Lh (51)
sour

9	2	0	2
4	2	6	1
6	2	1	8
3	1	1	3

047.5Li (25)
soured

1	1	4	0
1	2	4	1
2	1	2	0
3	0	1	2

047.5Lj (76)
sour/soured +

10	3	4	2
5	4	10	2
8	3	3	8
6	1	2	5

047.5Lk (118)
spoiled/spoilt

4	3	9	22
7	5	6	13
4	11	7	5
3	8	2	9

047.5Ll (40)
stale

3	1	3	5
5	2	3	5
0	1	3	1
3	2	1	2

047.5Lm (13)
stout

1	0	1	0
4	0	0	0
3	1	0	1
0	2	0	0

047.5Ln (78)
strong

9	0	8	19
6	4	3	3
2	6	6	5
0	3	1	3

047.5Lo (20)
tainted

0	0	2	2
1	1	2	2
2	2	1	0
0	1	2	2

047.6La (27)
blink +

3	0	1	18
0	1	2	0
2	0	0	0
0	0	0	0

047.6Lb (11)
blinky

3	0	1	4
0	0	1	0
2	0	0	0
0	0	0	0

047.6Lc (151)
buttermilk +

10	13	11	2
7	10	11	24
7	3	9	14
5	5	9	11

047.6Ld (463)
clabber [n.]

31	11	16	16
39	25	20	31
36	36	43	41
21	40	23	34

047.6Le (36)
clabber [v.]

3	2	3	1
5	2	3	4
1	3	3	3
1	0	1	1

047.6Lf (658)
clabber +

60	19	39	45
42	32	44	52
45	46	52	48
23	44	28	39

047.6Lg (76)
clabber milk

12	4	9	2
4	4	7	7
5	7	5	3
0	4	1	2

047.6Lh (64)
clabbered [adj./v.]

4	5	7	16
1	2	9	7
1	2	1	1
1	1	4	2

047.6Li (65)
clabbered milk

13	2	9	9
1	3	10	3
4	1	1	0
1	1	3	4

047.6Lj (23)
clabbers [v.]

0	0	0	4
1	1	2	4
3	2	2	2
1	0	0	1

047.6Lk (24)
curd +

4	3	1	1
1	1	0	2
0	0	1	2
4	1	0	3

047.6Ll (58)
curdle +

6	2	3	8
3	0	4	13
5	1	2	1
1	3	0	6

047.6Lm (25)
curdled

5	1	1	5
2	0	2	4
0	0	2	0
1	1	0	1

047.6Ln (19)
sour [adj.]

0	0	1	4
5	0	1	1
1	0	2	0
1	0	1	2

047.6Lo (106)
sour +

```
 8  3  6  9
11  3  7  9
 7  3  5 11
 8  5  3  8
```

047.6Lp (63)
sour milk

```
6  0  3  3
5  3  3  5
4  1  3  8
7  4  2  6
```

048.1La (54)
cheese

```
 4  1  1  3
 7  3  1  3
 3  5  3  4
12  0  1  3
```

048.1Lb (50)
clabber(ed) cheese +

```
4  0  1 10
5  0  2  1
1  7  0  6
1  8  4  0
```

048.1Lc (468)
cottage cheese

```
54 14 34 38
17 23 35 46
28 20 36 30
21 16 23 33
```

048.1Ld (62)
cream cheese

```
0  0  0  0
9  0  2  3
3  5  2  0
6 26  6  0
```

048.1Le (24)
curd(s) +

```
0  0  0  1
5  1  0  0
0  0  2  3
2  1  1  8
```

048.1Lf (8)
white cheese

```
0  0  0  0
0  0  0  0
2  0  1  0
3  1  1  0
```

048.2APa (278)
<strain>

```
16 14 12 18
19 12 24 22
14 17 20 22
15 14 13 26
```

048.2APb (131)
<st{r}ain>

```
12  7  8  2
 7  7 14 12
 5 10 14  5
 4 12  7  5
```

048.2APc (126)
<{s}train>

```
 6  3 13 12
10  8  3 12
 5 10 12  9
 4  8  7  4
```

048.2Sa (442)
|G.E/-| [eˑ~eˑɪ]

```
35 15 25 26
23 27 33 52
20 22 31 51
17 22 14 29
```

048.2Sb (78)
|GBI-ea[a/j]|
[eˀɪ~eˀɪ]

```
10  3  4  7
 8  5  3  4
 4  5  3  4
 3  6  3  6
```

048.2BPa (129)
<mi[l]k>

```
7  5  7  4
4  8 11 17
4 13 11 14
3  8  4  9
```

048.2BPb (275)
<milk>

```
21  8 13 24
25 13 15 21
17 18 20 19
14 20  8 19
```

048.3La (535)
cobbler

```
58 26 30 28
32 25 35 37
44 34 39 32
26 32 21 36
```

048.3Lb (59)
cobbler pie

```
3  3  7  4
3  4  9 14
0  2  6  0
0  2  1  1
```

048.3Lc (63)
deep-dish (pie)

```
2  2  1  6
6  3  5 13
5  0  3  6
1  1  4  5
```

048.3Ld (15)
deep pie

```
0  0  1  0
1  0  0  1
6  1  1  2
1  0  1  0
```

048.3Le (30)
dumpling

```
1  1  3  3
2  0  1  1
0  4  2  2
1  5  2  2
```

048.3Lf (19)
family pie +

```
0  2  0 13
3  0  0  0
0  0  0  1
0  0  0  0
```

048.3Lg (255)
pie

```
11  9 14  7
19 11 16 36
10 17 24 29
 6 16  9 21
```

048.3Lh (5)
stack pie

```
0  0  0  3
0  0  1  1
0  0  0  0
0  0  0  0
```

048.4La (15)
eats

```
2  1  1  5
1  1  0  1
1  0  0  0
1  0  0  1
```

048.4Lb (641)
food

52 23 39 32
42 29 38 54
51 37 54 43
34 45 21 47

048.4Lc (34)
groceries

4 0 0 0
4 2 0 2
4 2 3 4
1 0 5 3

048.4Ld (35)
grub

5 4 3 1
3 2 0 3
4 3 3 1
1 1 0 1

048.4Le (166)
victuals

15 14 13 13
18 12 6 11
 4 12 16 13
 1 8 5 5

048.5La (32)
dip

7 0 3 12
0 1 1 6
0 0 0 0
0 2 0 0

048.5Lb (16)
dressing

0 0 3 6
1 1 0 1
0 0 1 0
0 0 1 2

048.5Lc (283)
sauce

18 12 19 25
11 16 23 29
22 18 26 12
12 14 7 19

048.5Ld (76)
syrup

5 3 4 12
2 0 4 10
2 6 5 8
3 4 2 6

048.5Le (30)
topping

2 1 0 1
6 1 0 2
3 1 3 4
1 2 0 3

048.6La (36)
bite +

6 2 0 1
0 1 0 3
2 2 8 4
0 1 1 5

048.6Lb (21)
knack/knickknack +

1 0 0 1
6 0 2 1
2 1 4 0
0 1 0 2

048.6Lc (65)
lunch +

2 2 4 3
6 5 1 3
3 15 4 5
4 3 3 2

048.6Ld (657)
snack +

55 20 41 48
41 22 50 60
41 35 51 46
29 44 26 48

048.7Ga (813)
<!eet>

72 28 44 49
55 42 48 77
50 45 59 62
37 55 31 59

048.7Gb (561)
<*ait>

51 18 29 38
32 23 33 60
39 27 42 43
31 33 23 39

048.7Gc (160)
<*eet>

19 8 10 5
16 6 7 18
 6 10 10 19
 2 10 3 11

048.7Gd (68)
<*et>

5 0 2 3
7 4 4 9
4 5 5 5
0 8 3 4

048.7Ge (81)
<#ait>

 5 1 1 5
10 1 4 8
 5 4 9 7
 5 8 6 2

048.7Gf (206)
<#eet>

20 10 14 20
24 8 13 10
11 21 13 22
 2 4 3 11

048.7Gg (484)
<#eetN=14>

36 16 30 36
20 17 34 57
33 23 40 38
26 27 15 36

048.7Gh (38)
<#et>

3 0 1 0
5 3 0 2
3 6 2 4
0 5 0 4

048.8La (93)
boil

10 6 11 8
 3 5 10 8
 4 5 5 11
 1 0 1 5

048.8Lb (37)
brew

2 3 6 3
2 0 3 4
3 0 0 2
5 1 1 2

048.8Lc (31)
fix

2 1 1 1
0 1 3 3
4 6 1 1
2 3 1 1

048.8Ld (279)
make

16	9	7	25
29	9	13	23
30	29	12	8
18	20	11	20

048.8Le (33)
percolate

3	4	4	2
0	1	5	3
0	2	2	3
1	1	1	1

048.8Lf (87)
perk

6	2	12	9
2	1	7	15
5	1	10	8
1	2	1	5

048.8Pa (666)
<kawfI=14>

59	25	36	43
47	31	44	60
37	42	48	53
25	52	23	41

048.8Pb (87)
<k{o}fI=14>

6	4	5	5
4	7	6	8
8	5	7	5
5	3	5	4

048.9Ga (634)
<!braik>

49	24	39	28
51	30	38	54
43	41	53	49
32	40	22	41

048.9Gb (631)
<*broek>

42	20	37	33
48	35	37	50
43	44	51	37
30	48	26	50

048.9Gc (217)
<#broek>

27	8	14	9
24	12	7	15
13	15	13	14
5	16	9	16

048.9Gd (401)
<#broekN=14>

22	14	22	28
20	15	29	34
32	25	35	29
26	27	12	31

048.9APa (493)
<glas>

40	18	30	31
27	18	36	39
27	30	43	34
23	35	23	39

048.9APb (151)
<gl{a}s>

12	8	10	16
15	6	7	14
13	9	10	12
5	6	3	5

048.9Sa (182)
|O..-e..| [æɪ~æ·ɪ]

17	11	11	18
18	12	9	17
13	9	10	13
7	8	3	6

048.9Sb (597)
|O..-k..| [æᴱ~æ·ᴱ]

56	18	28	34
34	30	41	58
33	32	41	54
26	43	24	45

048.9BPa (170)
<wawtR=14>

16	3	12	29
8	4	12	7
5	6	10	18
7	11	4	18

048.9BPb (220)
<wawt[R]=14>

3	6	6	2
16	12	7	26
6	20	24	34
7	24	14	13

048.9BPc (58)
<wawt{R}=14>

3	2	3	0
6	0	1	3
3	1	8	10
2	7	3	6

048.9BPd (50)
<waw{t}[R]=14>

1	1	1	0
6	3	2	11
2	5	2	5
4	3	0	4

048.9BPe (170)
<wotR=14>

30	9	12	20
10	6	15	9
15	6	4	3
11	9	5	6

048.9BPf (64)
<wot[R]=14>

4	3	4	0
2	15	1	6
5	4	2	4
1	7	2	4

049.1Ga (167)
<!drenk>

15	8	9	7
17	6	9	14
10	13	15	10
6	11	10	7

049.1Gb (517)
<!drink>

36	23	24	38
32	26	29	45
36	30	37	39
27	38	18	39

049.1Gc (25)
<*draink>

4	0	1	0
2	2	0	2
2	0	3	2
2	1	1	3

049.1Gd (410)
<*drank>

25	6	22	27
24	17	27	48
29	25	28	40
21	20	13	38

049.1Ge (79)
<*drenk>

11	1	3	5
4	1	3	8
7	8	6	8
2	7	3	2

049.1Gf (24)
<*drink>

```
2  4  1  0
4  0  2  3
1  2  0  1
0  2  2  0
```

049.1Gg (23)
<*drinkt>

```
4  1  1  2
2  1  0  0
0  1  4  3
0  1  1  2
```

049.1Gh (60)
<*drunk>

```
6  1  5 10
1  3  2  7
1  2  7  4
1  5  1  4
```

049.1Gi (195)
<#drank>

```
 8  4 14 10
17  4 12 22
13  9 11 21
14 13  4 19
```

049.1Gj (42)
<#drenk>

```
0  2  3  1
3  0  5  4
1  4  1  6
3  5  2  2
```

049.1Gk (23)
<#drink>

```
2  0  3  1
3  0  0  2
0  3  0  2
1  3  0  3
```

049.1Gl (22)
<#drinkt>

```
1  0  3  2
3  0  0  2
0  2  2  4
0  0  1  2
```

049.1Gm (237)
<#drunk>

```
16  5 15 26
14  6 15 29
16 13 16 21
 8 10 11 16
```

049.2Ga (83)
be seated

```
6  2  9  6
2  1  6  9
5  9  4  9
3  3  4  5
```

049.2Gb (128)
have a seat

```
7  7  8 12
8  4  8 19
3  3 17 12
1  2 11  6
```

049.2Gc (71)
set down

```
 4  0  9  2
11  1  5  1
 6  5  3  2
 2  9  4  7
```

049.2Gd (353)
sit down

```
24  7 21 27
25 14 22 26
31 18 22 26
21 30  7 32
```

049.3Ga (56)
<!se(t)>

```
5  0  5  1
9  1  4  1
5  4  3  2
1  9  3  3
```

049.3Gb (134)
<!set>

```
21  3 11  3
17 10  5  9
 9  8  3  9
 3 10  4  9
```

049.3Gc (233)
<!si(t)>

```
14  9 15 22
21 12 11 14
21 12 10 20
10 20  7 15
```

049.3Gd (402)
<!sit>

```
31 13 21 19
16 19 24 48
23 26 35 32
21 29 15 30
```

049.3Ge (22)
<&sits>

```
1  3  3  0
0  0  2  4
0  0  3  4
0  1  0  1
```

049.3Gf (40)
<@setN=14>

```
2  0  2  0
6  3  5  2
2  3  2  4
0  4  1  4
```

049.3Gg (31)
<@sitN=14>

```
1  1  0  0
8  5  0  1
0  1  5  4
1  2  0  2
```

049.3Gh (30)
<*sa(t)>

```
3  0  2  4
3  0  1  2
2  2  3  4
0  2  0  2
```

049.3Gi (279)
<*sat>

```
25  7 12 15
17 16 14 23
23  9 26 15
18 19 12 28
```

049.3Gj (49)
<*se(t)>

```
3  3  4  3
4  0  1  2
5  6  0  1
1 11  2  3
```

049.3Gk (115)
<*set>

```
10 11  9  4
14  6  8 11
 6  7  3  9
 3  7  4  3
```

049.3Gl (35)
<*si(t)>

```
2  1  3  3
2  2  1  1
3  6  2  3
2  3  0  1
```

049.3Gm (46)
<*sit>

```
1  3  2  1
4  1  2  6
3  3  6  7
2  1  2  2
```

049.3Gn (186)
<#sat>

```
12   4   8  13
 9   8  13  19
18   8   9  11
13  16   6  19
```

049.3Go (23)
<#se(t)>

```
0  2  4  0
4  0  1  1
3  2  0  0
1  3  1  1
```

049.3Gp (72)
<#set>

```
1  3  8  4
5  1  6  5
7  2  8  1
7  3  4  7
```

049.3Gq (30)
<#si(t)>

```
2  0  5  3
2  0  0  3
2  2  4  2
1  2  0  2
```

049.3Gr (43)
<#sit>

```
2  0  4  0
5  1  3  3
3  7  7  2
2  0  2  2
```

049.4Ga (45)
have some

```
1  2  2  7
0  0  7  9
2  2  4  3
1  1  2  2
```

049.4Gb (485)
help yourself

```
43  13  36  32
32  18  40  40
27  29  36  35
24  32  16  32
```

049.4Gc (57)
serve yourself

```
6  3  1  0
3  6  1  4
2  4  2  1
9  9  2  4
```

049.5Ga (248)
<!he(l)p>

```
22  13  15   5
20  16  23  24
17  20  19  15
 2  14  14   9
```

049.5Gb (261)
<!he[l]p>

```
27   8  16  29
15   5  15  28
11  12  26  28
 4   8  12  17
```

049.5Gc (335)
<!help>

```
33   8  13  25
20  14  14  25
22  13  18  30
27  35   8  30
```

049.5Gd (21)
<*he(l)p>

```
5  0  2  0
0  1  1  1
0  8  0  1
0  2  0  0
```

049.5Ge (115)
<*he(l)pt>

```
 7  6  12   0
14  3   8   9
11  9  10   5
 1  6   6   8
```

049.5Gf (198)
<*he[l]pt>

```
15   5  15  25
13  11  10  27
15   6  14  12
 3  10   5  12
```

049.5Gg (21)
<*help>

```
1  1  0  1
1  1  0  0
2  2  1  2
3  3  2  1
```

049.5Gh (239)
<*helpt>

```
21   9  12  18
14   5  13  18
16  11  15  17
22  17   5  26
```

049.5Gi (26)
<*hoe(l)p>

```
2  0  0  5
3  1  1  1
0  2  3  3
1  1  2  1
```

049.5Gj (59)
<#he(l)pt>

```
4  1  5  0
7  2  6  5
7  4  3  3
2  3  5  2
```

049.5Gk (100)
<#he[l]pt>

```
 9  2   8   7
11  6   7  11
 7  4  10   6
 1  3   2   6
```

049.5Gl (159)
<#helpt>

```
11   1  10  10
11   4  12   7
13   5  14  11
18  12   5  15
```

049.6Ga (384)
I don't care for
(any)

```
28  12  24  30
20   9  20  41
29  20  33  31
21  23  13  30
```

049.6Gb (25)
I don't eat (that)

```
0  0  2  1
2  1  3  1
1  2  4  2
0  4  1  1
```

049.6Gc (47)
I don't like (that)

```
0  2  5  1
3  2  5  8
1  5  2  3
2  2  3  3
```

049.6Gd (138)
I don't want (any)

7	5	7	8
8	4	14	9
14	8	10	8
5	9	3	19

049.6Ge (49)
I wouldn't care for (any)

6	0	4	5
4	1	7	4
1	5	4	4
0	0	2	2

049.6Gf (95)
no, thank you

5	2	4	11
4	5	13	11
3	10	5	11
2	2	4	3

049.6Gg (27)
thank you (very much)

3	1	4	4
2	0	2	1
1	3	2	4
0	0	0	0

050.1La (393)
leftover(s) [n./adj.] +

30	16	18	36
16	23	29	33
27	14	35	30
18	20	16	32

050.1Lb (35)
warmed(-)over(s) +

3	5	2	3
2	1	0	4
1	4	2	1
1	2	2	2

50.2Pa (183)
<chew>

15	7	9	13
9	12	18	23
11	11	14	17
6	5	4	9

050.2Pb (529)
<chue>

48	14	30	40
37	15	31	46
35	30	40	34
23	38	23	45

050.3La (28)
corn mush

1	0	4	2
3	0	1	4
2	1	2	2
2	1	1	2

050.3Lb (59)
cornmeal mush

6	1	2	2
1	1	3	7
5	3	5	4
2	7	5	5

050.3Lc (85)
corn(meal) mush +

7	1	4	4
5	1	4	11
7	4	7	6
4	7	5	8

050.3Ld (65)
cush

2	3	1	1
14	6	2	6
2	10	5	7
0	3	3	0

050.3Le (28)
cush-cush

0	0	0	0
9	0	0	0
3	0	0	0
0	14	1	1

050.3Lf (93)
cush/cush-cush +

2	3	1	1
23	6	2	6
5	10	5	7
0	17	4	1

050.3Lg (58)
gruel +

2	0	0	0
5	1	2	4
3	4	9	14
0	4	5	5

050.3Lh (459)
mush

49	20	28	49
23	23	30	53
26	31	29	23
15	26	13	21

050.3Li (510)
mush +

53	21	30	53
27	23	30	57
31	33	34	29
19	29	16	25

050.4Pa (99)
<vejtAbLz=144>

3	0	14	2
5	7	3	15
2	3	3	8
4	13	3	14

050.4Pb (134)
<vejtIbLz=144>

10	5	10	7
12	7	15	14
11	7	12	7
3	6	4	4

050.5La (819)
garden

70	30	45	55
54	41	49	81
47	45	57	73
35	52	29	56

050.5Lb (13)
garden spot

1	0	0	1
0	3	0	4
0	0	1	1
0	0	2	0

050.5Lc (29)
truck patch

6	4	0	3
5	1	1	1
1	5	0	0
1	1	0	0

050.5Ld (45)
vegetable garden

8	1	0	4
1	1	5	2
1	2	4	4
5	2	2	3

050.5Pa (63)
<gawrdN=14>

9	0	2	4
6	2	3	1
7	1	0	6
5	7	4	6

050.5Pb (61)
<go(r)dN=14>

1	3	3	1
4	6	2	10
3	8	0	5
1	5	3	6

050.5Pc (59)
<go[r]dN=14>

2	2	3	0
3	8	3	13
0	6	0	8
2	2	3	4

050.5Pd (418)
<gordN=14>

46	16	26	26
23	14	37	37
19	14	62	24
11	19	12	32

050.5Pe (77)
<go{r}dN=14>

7	6	6	2
9	4	1	5
7	5	0	8
7	4	3	3

050.5Pf (115)
<g{o}rdN=14>

8	5	6	22
10	4	3	6
8	9	0	13
7	5	3	6

050.6ALa (661)
grits

41	22	41	42
48	31	39	57
42	39	54	57
23	52	29	44

050.6ALb (6)
hominy

0	0	0	0
0	0	0	1
0	0	0	0
0	1	0	4

050.6ALc (48)
hominy grits

9	0	0	4
1	1	4	6
5	0	1	4
2	4	3	4

050.6BLa (16)
big hominy

0	0	0	0
0	0	0	2
0	1	1	5
0	0	0	7

050.6BLb (25)
homily

1	1	0	1
1	4	1	0
4	4	4	1
0	1	0	2

050.6BLc (523)
hominy

58	22	35	52
32	27	41	42
37	23	38	30
17	26	18	25

050.6BLd (59)
lye hominy

1	0	1	0
13	1	0	2
1	11	7	8
1	6	3	4

050.6BLe (13)
lye(d) corn +

0	0	0	0
3	0	0	0
0	0	1	1
1	2	1	4

050.6BLf (68)
lye(d) homily/
hominy +

1	0	1	0
14	1	0	2
2	13	8	9
1	7	5	4

050.6BLg (80)
lye/lyed +

1	0	1	0
17	1	0	2
2	13	9	10
2	8	6	8

050.7Pa (603)
<ries>

55	21	28	19
38	27	36	61
38	36	47	51
32	48	24	42

050.7Pb (215)
<r{ie}s>

21	4	16	39
17	8	16	18
10	9	11	22
2	5	6	11

050.8La (12)
bathtub gin

1	1	0	0
0	1	0	0
1	0	0	1
4	0	0	3

050.8Lb (47)
beer

2	2	0	4
8	4	1	3
2	4	3	4
1	3	1	5

050.8Lc (100)
bootleg

8	4	5	6
10	2	5	12
12	6	7	1
9	9	1	3

050.8Ld (48)
bootleg whiskey

2	3	3	1
3	2	2	4
6	3	3	0
4	9	0	3

050.8Le (30)
booze

1	0	2	2
2	0	1	6
2	2	2	4
0	2	1	3

050.8Lf (9)
buck [beer]

0	0	0	0
0	0	0	0
0	0	0	3
0	1	0	5

050.8Lg (14)
buck +

0	0	0	0
1	0	0	0
0	0	1	5
0	1	1	5

050.8Lh (40)
corn liquor

```
5  2  2  4
1  1  0  4
3  4  2  2
2  1  0  7
```

050.8Li (49)
corn whiskey

```
4  7  0  4
2  4  1  7
4  5  2  3
1  3  1  1
```

050.8Lj (239)
home brew [beer]

```
18   7  12  10
24   7  14  19
24  27  11   8
15  22  11  10
```

050.8Lk (38)
liquor

```
3  1  1  5
1  2  2  8
2  1  2  4
0  1  1  4
```

050.8Ll (4)
low wine

```
0  0  0  0
0  0  0  0
0  0  0  1
0  0  3  0
```

050.8Lm (19)
mash (whiskey)

```
6  0  1  0
0  2  0  3
0  1  2  0
0  2  0  2
```

050.8Ln (514)
moonshine +

```
45  14  29  42
39  25  27  43
27  30  37  53
13  22  17  51
```

050.8Lo (26)
moonshine whiskey

```
2  0  2  1
3  2  2  1
3  0  3  2
0  4  0  1
```

050.8Lp (15)
mountain dew

```
1  0  1  1
0  2  0  4
0  0  2  1
0  1  0  2
```

050.8Lq (16)
popskull

```
0  0  0  2
0  0  1  9
0  0  1  3
0  0  0  0
```

050.8Lr (67)
rotgut (whiskey)

```
7  0  2  9
9  2  2  5
9  2  5  8
0  3  3  1
```

050.8Ls (15)
shine

```
0  0  0  0
1  0  0  1
0  0  1  7
0  0  1  4
```

050.8Lt (30)
shinny (whiskey)

```
0  0   0  0
6  0   0  0
3  2   7  0
0  2  10  0
```

050.8Lu (10)
splo (whiskey)

```
0  1  1  6
0  0  0  0
0  0  1  0
0  0  0  1
```

050.8Lv (24)
stump +

```
1  0  0  0
0  2  1  7
1  2  4  6
0  0  0  0
```

050.8Lw (159)
whiskey

```
13   8   9  12
16  15   9  16
 3   7  14  14
 4  10   2   7
```

050.8Lx (298)
white lightning

```
14  16  15  17
22  21  17  24
11  25  30  29
 4  20  15  18
```

050.8Ly (12)
white mule
(whiskey)

```
2  5  3  0
0  1  0  0
0  0  0  1
0  0  0  0
```

050.8Lz (32)
wildcat +

```
4  1   6  2
1  5  10  0
2  0   0  0
0  0   0  1
```

051.1Ga (357)
smell

```
27   8  26  20
24  12  16  42
33  20  24  22
22  25   7  29
```

051.1Gb (43)
smell of

```
 4  2  2  0
10  2  6  0
 3  2  3  0
 1  1  3  4
```

051.2Ga (42)
molasses are/were

```
5  4  3  10
1  4  1   5
2  0  1   2
3  0  0   1
```

051.2Gb (238)
molasses is/was

```
16  10  19  17
 9   5  12  31
16   8  18  16
14  19   8  20
```

051.2Gc (46)
molasses [pl.]

```
6  4  7  11
4  5  2   2
0  2  0   0
2  1  0   0
```

051.2Gd (83)
molasses [pl.] +

9	8	10	19
5	9	3	7
2	2	1	2
4	1	0	1

051.2Ge (43)
molasses [sing.]

6	1	0	4
2	1	2	3
5	3	3	2
2	1	5	3

051.2Gf (278)
molasses [sing.] +

22	11	19	21
11	6	14	33
21	11	21	18
16	20	13	21

051.2La (31)
blackstrap
(molasses) +

4	0	1	0
3	2	0	1
3	0	4	1
1	7	3	1

051.2Lb (20)
(mo)lasses

1	1	0	0
2	2	3	1
1	2	3	1
0	1	2	0

051.2Lc (693)
molasses

63	27	41	50
45	40	42	60
43	39	46	43
35	48	25	46

051.2Ld (135)
sorghum

19	12	11	5
5	13	8	16
8	7	5	5
7	6	5	3

051.2Le (194)
sorghum +

37	16	21	6
9	19	11	17
12	9	7	7
7	7	6	3

051.2Lf (61)
sorghum molasses

22	6	11	2
2	8	2	0
4	3	1	0
0	0	0	0

051.2Lg (62)
syrup +

3	4	1	0
8	1	5	4
4	11	6	3
2	4	4	2

051.2Pa (55)
$<$mAlasIs$=414>$

4	2	5	3
1	5	7	2
1	4	5	5
1	3	2	5

051.2Pb (449)
$<$mAlasIz$=414>$

49	16	26	31
26	27	22	40
31	18	34	24
18	40	14	33

051.2Pc (72)
$<$mAlasI{z}$=414>$

7	5	2	5
4	6	4	6
4	7	5	5
3	5	1	3

051.2Pd (64)
$<$mAl{a}sIz$=414>$

8	4	1	11
9	5	6	3
6	3	1	1
3	2	1	0

051.3La (47)
cane syrup

1	1	0	1
4	2	1	4
6	3	6	9
1	4	1	3

051.3Lb (79)
cane syrup +

6	1	0	1
5	4	1	10
9	4	9	17
2	4	2	4

051.3Lc (110)
maple syrup

8	6	8	11
1	6	9	12
9	4	6	11
6	5	0	8

051.3Ld (39)
sorghum (syrup) +

4	1	0	0
2	2	5	8
4	2	5	4
0	2	0	0

051.3Le (765)
syrup

67	20	43	49
55	30	48	71
46	45	58	60
35	52	29	57

051.3Pa (93)
$<$sirAp$=14>$

8	4	7	9
5	2	6	5
6	2	7	7
10	9	1	5

051.3Pb (50)
$<$su[r](A)p$>$

2	3	3	0
7	4	1	2
5	11	4	3
1	2	2	0

051.3Pc (143)
$<$sur(A)p$>$

15	6	14	12
8	5	13	12
9	3	11	5
7	6	7	10

051.3Pd (390)
$<$surAp$=14>$

30	8	21	29
27	12	23	47
14	21	33	39
13	20	17	36

051.3Pe (70)
$<$surIp$=14>$

6	0	1	4
4	6	2	6
2	2	7	14
4	5	2	5

051.4Pa (49)
<jenyAwN=144>

5 2 3 5
0 3 5 4
1 4 6 1
1 5 1 3

051.4Pb (48)
<jenyAwien=143>

1 2 5 4
5 2 4 3
3 0 1 5
1 7 1 4

051.4Pc (47)
<jinyuewN=134>

2 2 2 1
2 2 4 8
3 1 6 3
2 3 1 5

051.5Pa (225)
<boolk>

26 8 14 9
17 13 14 29
20 21 23 13
7 4 4 3

051.5Pb (163)
<bulk>

12 7 6 16
9 9 10 7
5 1 6 21
14 15 7 18

051.6Pa (136)
<jelI=14>

28 4 9 0
16 8 10 1
7 8 9 4
8 12 1 11

051.6Pb (510)
<je{l}I=14>

27 19 26 45
23 27 33 62
28 30 38 39
24 25 26 38

051.7Pa (108)
<pepR=14>

18 6 6 7
12 1 10 5
8 4 5 4
4 7 5 6

051.7Pb (105)
<pep[R]=14>

4 3 4 0
7 6 7 9
3 13 13 9
3 12 7 5

051.7Pc (58)
<saw(l)t>

7 3 0 1
7 5 3 2
4 6 4 2
1 6 4 3

051.7Pd (192)
<sawlt>

21 9 14 8
14 9 11 17
15 13 10 16
7 8 8 12

051.7Sa (99)
|.A./-| [ɑ›~ɑ]

11 3 5 8
4 7 10 11
6 3 14 6
5 3 1 2

051.7Sb (667)
|.F./-| [ɒ~ɔ]

57 25 34 48
45 34 32 64
37 38 39 58
29 46 30 51

051.8Ga (370)
a (apple/etc.)

34 11 14 21
42 21 19 29
23 31 28 35
6 26 11 19

051.8Gb (439)
an (apple/etc.)

30 15 29 29
24 15 32 47
28 19 35 31
23 32 15 35

052.1Ga (415)
them (boys)

37 13 23 33
36 26 20 31
18 26 28 38
5 34 18 29

052.1Gb (454)
those (boys)

37 16 24 32
20 29 32 54
21 16 37 32
26 32 14 32

052.2Ga (41)
back yonder (way)

3 2 1 5
3 3 1 1
0 4 0 8
1 2 1 6

052.2Gb (74)
down yonder

6 4 5 1
8 4 3 5
9 8 4 7
2 4 1 3

052.2Gc (33)
in yonder

5 1 2 1
2 3 3 4
0 4 4 2
0 2 0 0

052.2Gd (50)
out there/here

0 1 0 0
5 3 2 6
4 6 5 6
1 6 2 3

052.2Ge (95)
out yonder

9 3 6 4
6 7 2 9
7 8 11 8
2 6 3 4

052.2Gf (563)
over there/here

42 16 26 39
37 27 34 52
36 29 42 47
27 38 25 46

052.2Gg (234)
over yonder

15 7 21 22
23 10 11 18
16 14 23 20
9 12 4 9

052.2Gh (51)
there/here

```
4   4   4   4
3   2   4   5
2   2   2   4
2   1   2   6
```

052.2Gi (63)
up yonder

```
5   2   5   3
8   5   4   3
4   6   6   8
1   1   2   0
```

052.2Gj (108)
yonder

```
5   5   3   8
7  11   5  14
4  12  11   6
0   8   1   8
```

052.3Ga (78)
that way

```
10   2   1   5
 0   8   5  10
 2   1   9   8
 5   2   5   5
```

052.3Gb (228)
thataway

```
27  11   9  14
23  18   9  14
13  17  15  19
11  14   7   7
```

052.3Gc (456)
this way

```
30  19  30  23
26  20  25  46
39  19  38  32
23  31  14  41
```

052.3Gd (237)
thisaway

```
18  10   9  13
31  19   9  17
14  16  16  22
 5  17   9  12
```

052.3Ge (22)
whichaway

```
1   0   2   1
4   0   2   3
0   1   1   3
0   3   1   0
```

052.4Ga (78)
beg (your) pardon,
(I)

```
 5   5   2   3
 1   4   5  11
11   1   8  12
 3   0   1   6
```

052.4Gb (45)
do/does/done what
(now)?

```
2   3   4   0
2   3   2   5
4   2   1   6
3   2   2   4
```

052.4Gc (227)
GRUNT(R)

```
10   4  12  10
26  10  11  21
18  15  17  18
12  20   8  15
```

052.4Gd (42)
how's that (again)?

```
2   3   6   4
2   4   2   3
1   3   0   5
0   5   1   1
```

052.4Ge (22)
I didn't hear (you)

```
1   0   1   2
0   1   3   4
0   0   5   1
1   0   0   3
```

052.4Gf (33)
I didn't understand
(you)

```
2   1   2   0
1   0   5   8
2   0   8   3
0   0   0   1
```

052.4Gg (37)
ma'am?

```
3   0   2   2
3   0   2   6
3   2   3   5
3   1   1   1
```

052.4Gh (53)
pardon (me)

```
1   4   3   5
2   2   4   9
3   0   2   3
5   5   0   5
```

052.4Gi (19)
repeat it/that
(again)

```
1   1   1   0
0   0   1   3
2   0   1   4
1   0   0   4
```

052.4Gj (20)
say it/that again/
over

```
1   0   0   1
0   2   2   0
3   1   0   3
0   1   0   6
```

052.4Gk (34)
say/said what,
(now)?

```
1   1   2   1
2   1   2   3
3   3   4   5
1   2   2   1
```

052.4Gl (25)
sir?

```
3   2   0   2
2   3   0   0
0   3   4   0
4   0   1   1
```

052.4Gm (197)
what, (now)?

```
13  12   9  10
21   7   8  27
13  12  12  19
 3  10   6  15
```

052.4Gn (67)
what do/did you
say, (now)?

```
1   3   3   4
3   1   5  15
1   0   3  12
2   2   0  12
```

052.4Go (18)
which, (now)?

```
1   1   3   0
2   0   1   5
2   2   1   0
0   0   0   0
```

053.1Pa (70)
<poe(r)>

```
 3   2   3   2
10   2   5   4
 2   5   4  13
 2   6   4   3
```

053.1Pb (73)
<poe[r]>

3	4	4	0
5	3	0	6
5	10	2	7
2	11	3	8

053.1Pc (61)
<poer>

6	1	4	4
2	3	2	4
6	0	1	4
2	7	2	13

053.1Pd (137)
<poo[r]>

8	2	6	3
4	10	6	25
9	6	11	17
1	13	9	7

053.1Pe (236)
<poor>

34	10	19	31
12	4	16	13
23	8	10	10
19	9	2	16

053.1Pf (56)
<poo{r}>

3	3	5	1
4	4	2	4
3	2	8	7
3	1	3	3

053.1Sa (135)
|JJ./-| [o~o^]

7	4	3	3
15	11	6	12
4	14	7	11
5	9	11	13

053.1Sb (67)
|JS./-| [o·~o^·]

4	3	4	3
5	1	2	8
6	4	3	6
3	7	2	6

053.2Pa (50)
<awrchRd=14>

7	2	2	1
4	2	2	3
5	1	2	0
5	5	5	4

053.2Pb (59)
<{oe}[r]ch[R]d=14>

2	2	3	0
4	5	4	10
0	2	9	5
1	5	2	5

053.2Pc (104)
<{oe}rchRd=14>

15	3	7	11
6	1	12	5
7	4	3	5
2	4	4	15

053.3Ga (24)
that his father

2	1	0	2
4	1	1	1
2	2	1	0
0	5	0	2

053.3Gb (189)
whose father

4	11	13	12
10	9	11	21
23	7	13	9
17	15	4	10

054.1La (18)
cherry seed

2	0	1	4
1	2	3	1
0	2	2	0
0	0	0	0

054.1Lb (22)
core

2	1	0	2
1	3	2	0
0	2	5	1
0	1	1	1

054.1Lc (30)
kernel

3	2	2	1
5	1	2	2
0	3	1	6
0	1	1	0

054.1Ld (287)
pit

29	11	16	15
14	14	18	27
23	7	25	20
16	15	10	27

054.1Le (460)
seed

32	14	28	44
27	15	37	54
25	33	23	39
13	24	20	32

054.1Lf (51)
stone

4	1	3	6
2	3	2	5
6	3	0	3
2	7	3	1

054.2La (96)
kernel

3	2	1	3
5	4	4	19
1	8	9	21
1	4	7	4

054.2Lb (84)
kernel [inside seed]

1	0	2	0
12	1	3	5
14	9	12	4
3	4	7	7

054.2Lc (188)
kernel +

4	2	5	3
17	6	9	27
15	16	21	25
5	8	14	11

054.2Ld (115)
peach seed

5	3	8	11
8	3	7	13
12	6	8	12
5	4	2	8

054.2Le (115)
pit +

11	2	7	5
10	3	4	7
11	3	11	10
4	9	2	16

054.2Lf (482)
seed

50	16	25	34
22	24	37	46
32	27	40	39
20	19	20	31

054.2Lg (586)
seed +

```
52 19 33 44
28 27 43 58
41 33 49 51
22 23 22 41
```

054.2Lh (93)
stone +

```
6  3  5 11
9  1  5  5
6  5  1  8
6 14  3  5
```

054.3La (131)
cling

```
25  5  2 20
 1  5  8 11
 8  7  6  7
 9  5  4  8
```

054.3Lb (108)
cling peach

```
17  1  8  6
 5  4  4 13
13  4  7  5
 3  4  4 10
```

054.3Lc (24)
cling seed

```
4 1 0 1
1 2 1 7
1 0 2 2
0 1 0 1
```

054.3Ld (264)
cling(er/ing) +

```
34 11 17 33
 8 11 12 28
15 14 12 16
17 14  8 14
```

054.3Le (131)
clingstone +

```
8 6 13 14
6 5  6 17
8 8  4 10
8 9  4  5
```

054.3Lf (40)
Indian peach +

```
13 3 2 2
 2 4 4 4
 3 1 1 1
 0 0 0 0
```

054.3Lg (38)
peach

```
3 2 0 0
2 6 2 4
0 1 6 4
2 2 0 4
```

054.3Lh (12)
pickle peach +

```
2 1 0 0
1 0 1 1
1 3 1 1
0 0 0 0
```

054.3Li (118)
plum +

```
11 11 13 12
 3 16 19 23
 1  3  4  0
 0  0  0  2
```

054.3Lj (90)
plum peach

```
10 10 13 10
 0 10 17 15
 1  0  3  0
 0  0  0  1
```

054.3Lk (44)
press

```
0 0  0  0
3 0  0  1
1 4 14 10
0 3  4  4
```

054.3Ll (130)
press +

```
 0  2  0  0
22  0  1  5
 2 15 28 32
 0  7  8  8
```

054.3Lm (78)
press peach

```
 0 2  0  0
18 0  1  4
 1 10 15 19
 0 2  1  5
```

054.4La (270)
clear +

```
 6  5  3  1
26 19 26 40
 7 30 39 39
 1  7 10 11
```

054.4Lb (180)
clear seed

```
 3  2  2  1
17 12 17 22
 6 18 31 32
 0  4  7  6
```

054.4Lc (226)
clear seed +

```
 4  4  2  1
22 16 21 31
 6 21 35 38
 0  5 10 10
```

054.4Ld (43)
clear seed peach

```
1 2 0 0
5 4 3 8
0 3 4 5
0 1 3 4
```

054.4Le (39)
clear stone +

```
2 1 1 0
4 3 3 8
0 9 4 0
1 2 0 1
```

054.4Lf (338)
free +

```
46 20 26 39
15 14 20 25
25 10 10 21
15 24  9 19
```

054.4Lg (323)
freestone +

```
43 20 26 39
13 14 19 25
23  9  9 20
15 21  9 18
```

054.4Lh (35)
freestone peach

```
9 2 2 1
3 2 1 2
4 0 2 1
0 3 0 3
```

054.4Li (35)
open +

```
1 2 6 18
1 0 0  5
0 0 0  0
1 1 0  0
```

054.4Lj (29)
open stone

0	1	5	18
0	0	0	4
0	0	0	0
1	0	0	0

054.5La (701)
core

62	26	44	58
39	28	51	68
45	39	51	46
26	44	28	46

054.5Lb (17)
kernel

0	0	1	0
2	0	0	1
1	2	2	5
0	0	1	2

054.5Lc (21)
seed(s)

0	0	0	0
7	0	1	2
1	2	1	2
1	0	1	3

054.6La (296)
dried apples

20	10	19	16
22	10	13	26
27	27	30	19
14	19	6	18

054.6Lb (105)
dried fruit

15	4	6	10
4	4	13	21
3	2	5	4
6	1	4	3

054.6Lc (54)
dried peaches

11	4	1	0
3	6	0	4
6	3	5	7
1	2	0	1

054.7La (30)
goober peas

0	6	7	10
0	0	2	0
0	1	1	0
0	0	0	3

054.7Lb (390)
goobers

41	19	17	25
27	27	30	38
30	23	41	25
11	9	10	17

054.7Lc (73)
ground peas

2	0	0	0
1	0	8	17
0	0	25	17
0	0	3	0

054.7Ld (790)
peanuts

71	28	40	56
48	38	49	82
48	41	57	69
34	47	28	54

054.7Le (96)
pinders

1	0	0	0
13	3	2	6
1	15	20	13
0	6	8	8

054.7Lf (5)
pistache [F]

0	0	0	0
3	0	0	0
0	0	0	0
0	2	0	0

054.8ALa (31)
hull

5	0	3	2
6	2	0	1
3	0	3	3
1	0	0	2

054.8ALb (9)
nut

0	0	0	3
4	0	0	0
0	1	0	0
1	0	0	0

054.8ALc (313)
shell

29	9	13	31
19	6	24	28
32	14	23	15
23	18	10	19

054.8BLa (291)
hull +

32	11	23	40
28	7	14	25
21	18	25	14
10	9	5	9

054.8BLb (22)
husk

0	2	0	1
2	0	2	2
4	1	1	2
1	1	2	1

054.8BLc (53)
shell +

4	1	1	5
3	0	4	8
7	0	5	2
5	2	2	4

054.8Pa (95)
<wawlnAt=14>

13	2	5	7
4	6	3	13
6	5	10	10
3	4	2	2

054.8Pb (242)
<wawlnAts=14>

24	10	16	21
14	13	28	33
8	9	22	14
6	7	6	11

054.8Pc (107)
<wawlnuts=13>

9	4	6	2
10	4	3	1
8	7	3	5
10	14	7	14

054.9APa (49)
<olmN(d)z=14>

3	4	2	8
0	1	2	7
0	1	9	3
1	3	3	2

054.9APb (46)
<omN(d)=14>

5	1	4	5
1	1	3	2
3	6	4	4
1	3	2	1

054.9BPa (85)
<pAkonz=41>

```
 8  5  4  5
10  6  7  6
10  7  5  1
 5  2  2  2
```

054.9BPb (208)
<pIkonz=41>

```
24  9 14  9
12 13 17 16
19 11 13 11
13  9  9  9
```

054.9BPc (32)
<peekonz=13>

```
1  1  1  2
0  0  0  4
0  0  8  7
1  0  2  5
```

055.1APa (53)
<orNj=14>

```
2  4  3  3
1  2  6 11
2  3  3  5
1  2  2  3
```

055.1APb (53)
<orNjIz=144>

```
3  4  4  0
4  0  4  8
0  1  8  5
1  1  6  4
```

055.1APc (64)
<ornjIz=14>

```
6  2  6  9
4  5  6  2
3  5  3  2
1  2  2  6
```

055.1BPa (51)
<awlgawn=21>

```
7  0  3  0
5  1  5  7
3  2  6  4
0  6  1  1
```

055.1BPb (152)
<awlgawn=31>

```
 6  2 15 10
19  4 10 15
10 11  9 13
 9 10  3  6
```

055.1BPc (224)
<gawn>

```
22  8 12 17
 8 14 16 19
10 16 12 23
 7  8 14 18
```

055.1Sa (368)
|QF./-| [ɔ~ɔˇɔˆ]

```
29  9 23 21
25 20 19 43
20 22 25 36
10 23 15 28
```

055.1Sb (177)
|QO./-| [ɔ̃~ɔ̃ˇɔ̃ˆ]

```
22 10  5  6
15 13  9 13
 6  9 14 16
 7 14  7 11
```

055.2Pa (156)
<radIsh=14>

```
13  4  8 12
10  6  6 15
11 12  7 11
 7 14  8 12
```

055.2Pb (146)
<radIshIz=144>

```
10  5  9  7
 4 13 13 12
10  5 18 10
10  6  5  9
```

055.2Pc (74)
<radishIz=134>

```
5  5  3  9
5  1  5 10
3  2  6  3
5  2  4  6
```

055.2Pd (100)
<redIsh=14>

```
5  2  5  8
6  2  7 11
4  7  6 13
2 11  2  9
```

055.2Pe (70)
<redIshIz=144>

```
8  6 10  8
5  1  4  6
4  4  3  6
0  2  1  2
```

055.3La (192)
cherry (tomato)

```
14  4 17  9
 7  8  8  5
22  7 12 12
15 17  9 26
```

055.3Lb (31)
pear (tomato)

```
4  0  2  1
7  0  1  1
1  1  0  3
4  1  2  3
```

055.3Lc (48)
plum tomato

```
1  2  2  0
4  3  0  0
6  5  3  4
2 12  0  4
```

055.3Ld (91)
salad tomato +

```
7  4  7  3
5  3  6 16
9  4  7  8
2  1  4  5
```

055.3Le (183)
tommyto

```
25 10 16 37
11  7  9  9
 3 13 18  5
 0  6 12  2
```

055.3Lf (10)
tommyto tomato

```
5  1  0  0
0  0  1  1
0  0  1  1
0  0  0  0
```

055.3Pa (102)
<tAmaidAz=414>

```
5  3  9 21
5  2  2  5
5  4  6 10
6  3  7  9
```

055.3Pb (283)
<tAmai{t}Az=414>

```
24 11 17 16
16 18 18 32
19 16 22 24
 7 20  7 16
```

055.3Pc (83)
\<tImai{t}Az=414\>

8	4	4	1
6	6	8	7
6	3	8	4
1	5	6	6

055.4La (16)
cobblers +

0	1	5	7
0	0	0	3
0	0	0	0
0	0	0	0

055.4Lb (68)
Idaho +

0	6	8	10
0	1	5	8
4	1	7	3
7	3	1	4

055.4Lc (43)
Idaho potatoes

0	2	4	4
0	0	3	5
2	0	5	3
7	3	1	4

055.4Ld (19)
Idahoes

0	3	4	4
0	1	1	2
2	1	1	0
0	0	0	0

055.4Le (18)
Irish

2	2	3	0
2	2	3	1
1	0	0	0
0	1	1	0

055.4Lf (589)
Irish +

54	28	32	34
44	32	33	52
42	40	40	40
17	39	25	37

055.4Lg (8)
Irish cobblers

0	0	1	5
0	0	0	2
0	0	0	0
0	0	0	0

055.4Lh (559)
Irish potatoes

51	26	28	28
43	30	31	49
38	40	40	40
17	37	24	37

055.4Li (45)
new potatoes

2	2	3	3
3	0	1	3
7	0	3	2
8	1	5	2

055.4Lj (542)
potatoes

54	24	28	39
28	18	30	53
36	29	41	44
30	36	15	37

055.4Lk (75)
(po)tatoes

9	0	4	7
5	5	6	5
2	8	3	8
0	2	5	6

055.4Ll (38)
red potatoes

4	4	1	1
2	2	1	3
4	4	1	1
4	3	1	2

055.4Lm (25)
spuds

1	1	1	1
2	1	0	3
5	2	5	2
1	0	0	0

055.4Ln (73)
white potatoes

4	3	1	3
5	6	5	7
3	4	10	7
1	6	3	5

055.5La (19)
Nancy Hall

4	0	3	1
1	3	0	0
0	3	0	1
0	2	0	1

055.5Lb (31)
Porto Rico

1	0	0	0
6	2	3	3
0	5	1	0
0	6	1	3

055.5Lc (56)
Porto Rico/Rican +

2	2	0	3
8	4	3	7
0	7	2	4
0	9	1	4

055.5Ld (737)
sweet potatoes

61	27	40	47
53	42	44	70
46	43	58	54
29	48	27	48

055.5Le (398)
yams

27	12	17	15
33	22	23	33
32	28	34	21
25	31	21	24

055.5Lf (31)
yellow yams

4	1	3	0
1	2	0	5
4	4	0	3
0	0	2	2

055.6Pa (172)
\<unyN=14\>

14	2	10	9
11	9	13	21
9	14	12	13
4	13	5	13

055.6Pb (439)
\<unyNz=14\>

38	19	28	32
23	21	28	44
24	18	34	35
19	28	17	31

055.6Pc (162)
\<unyN{z}=14\>

16	6	6	11
10	5	10	9
14	11	10	22
9	4	5	14

055.7La (12)
evergreen +

0	0	0	0
4	0	0	0
1	5	0	0
0	2	0	0

055.7Lb (298)
green onions

41	12	26	30
16	8	20	15
22	14	19	6
10	24	18	17

055.7Lc (49)
multiplying onions

9	2	0	0
9	3	0	2
2	8	4	3
0	3	2	2

055.7Ld (72)
multiplying onion +

11	2	1	1
11	6	1	4
4	9	5	3
1	6	3	4

055.7Le (31)
nest onions

0	0	0	0
1	1	3	6
0	1	3	12
0	0	2	2

055.7Lf (18)
onion sets

3	0	3	5
0	0	1	1
0	0	3	1
0	0	1	0

055.7Lg (52)
scallions

0	0	2	4
2	1	6	11
2	0	0	7
3	1	3	10

055.7Lh (15)
sets

1	0	0	10
0	0	2	0
0	0	1	0
0	0	1	0

055.7Li (31)
sets +

4	0	3	14
0	0	3	1
0	0	3	1
0	0	2	0

055.7Lj (188)
shallots +

13	7	4	1
23	8	5	34
18	5	17	6
14	29	1	3

055.7Lk (91)
spring onions

5	2	4	6
2	2	4	21
0	7	10	18
0	0	5	5

055.7Pa (30)
<shalAts=14>

0	3	0	0
1	0	1	4
4	0	2	0
4	10	0	1

055.7Pb (22)
<shelAts=14>

2	0	1	0
0	2	1	10
3	0	1	0
2	0	0	0

055.8Pa (252)
<oekrA=14>

25	8	13	14
9	9	16	21
16	10	11	24
26	17	15	18

055.8Pb (209)
<oekrI=14>

13	7	12	13
24	17	11	9
12	24	18	13
3	15	5	13

055.8Pc (91)
<oek{r}A=14>

10	7	0	2
6	6	3	10
13	4	9	5
3	2	4	7

055.8Pd (79)
<oek{r}I=14>

11	4	2	0
13	3	4	5
5	4	8	2
2	12	2	2

055.9Pa (135)
<shrivL=14>

14	6	8	4
6	8	12	13
4	7	14	6
10	10	1	12

055.9Pb (58)
<shrivLd=14>

7	2	2	4
4	2	4	5
7	1	4	1
5	5	2	3

055.9Pc (78)
<swivL=14>

9	3	11	4
6	5	4	8
3	2	9	5
0	4	2	3

055A.1Ga (542)
cabbage

51	30	25	23
36	24	28	43
35	32	42	40
26	47	17	43

055A.1Gb (147)
cabbage[N-i]

12	1	14	15
14	4	7	17
9	7	13	4
4	12	2	12

055A.1Gc (108)
cabbages

7	2	3	8
5	4	8	16
9	7	7	9
8	3	2	10

055A.2La (63)
hull +

7	0	7	15
4	2	2	5
2	2	4	3
2	3	3	2

055A.2Lb (11)
peel +

```
1  0  0  0
3  0  0  0
2  0  0  0
1  0  1  3
```

055A.2Lc (584)
shell

```
52  20  31  37
37  22  39  62
40  39  43  41
21  32  26  42
```

055A.2Ld (626)
shell +

```
56  21  35  40
40  23  41  70
41  39  45  51
21  32  27  44
```

055A.2Le (32)
shelling

```
4  0  3  3
3  1  2  6
1  0  1  5
0  1  0  2
```

055A.2Lf (11)
shuck +

```
2  0  0  0
0  0  0  0
1  0  0  1
1  4  0  2
```

055A.3La (16)
baby lima +

```
1  0  0  1
2  0  1  1
1  0  0  1
1  2  0  5
```

055A.3Lb (37)
bean

```
3  2  3  4
3  0  3  4
2  2  3  2
1  1  2  2
```

055A.3Lc (101)
bean +

```
7  4  9  23
8  0  6  12
2  3  5   8
2  6  3   3
```

055A.3Ld (26)
bunch +

```
2  0  2  2
4  2  0  3
0  3  5  1
0  2  0  0
```

055A.3Le (12)
bunch butter bean

```
0  0  0  0
3  2  0  1
0  3  3  0
0  0  0  0
```

055A.3Lf (705)
butter bean +

```
44  24  41  34
51  31  50  73
44  45  57  71
19  41  29  51
```

055A.3Lg (17)
Fordhook +

```
0  0  0  1
0  0  2  1
0  1  1  6
0  0  0  5
```

055A.3Lh (75)
lima +

```
7  3  7  5
6  2  5  6
4  2  3  3
3  7  3  9
```

055A.3Li (389)
lima bean +

```
25  11  31  27
36   8  20  26
31  16  29  25
18  25  19  42
```

055A.3Lj (13)
October +

```
0  0  0  10
0  0  1   2
0  0  0   0
0  0  0   0
```

055A.3Lk (24)
shelly +

```
2  2  0  17
0  0  0   2
0  0  0   1
0  0  0   0
```

055A.3Ll (21)
speckle(d) +

```
2  1  0  0
2  0  2  1
2  1  2  4
0  1  2  1
```

055A.3Lm (16)
white bean

```
0  0  5  2
0  0  2  1
0  0  0  1
0  4  0  1
```

055A.3Sa (381)
|A[B/G]E|
[i›~i›·]

```
33  13  17   9
28  20  24  43
22  19  29  35
18  28  15  28
```

055A.3Sb (256)
|-A..| [ɪi~ɪ^i]

```
16   7  13  48
12  12  13  26
 8  14  14  25
 9  10   9  20
```

055A.4La (153)
beans

```
15  10   6   3
14   9   6  14
12  10   3   6
 8  17   4  16
```

055A.4Lb (96)
bunch (beans)

```
9  5  11   8
8  6   8  13
4  6  10   3
0  2   1   2
```

055A.4Lc (21)
bush (beans)

```
4  1  1  1
2  2  0  2
2  2  0  0
1  1  2  0
```

055A.4Ld (32)
cornfield (beans)

```
1  1  6  11
0  1  4   8
0  0  0   0
0  0  0   0
```

055A.4Le (328)
green (beans)

```
40 13 31 43
15  7 22 30
33  5 12  9
22 21  9 16
```

055A.4Lf (22)
half runner (beans)

```
0  0  3 13
0  0  3  2
0  0  0  0
0  0  0  1
```

055A.4Lg (193)
pole (beans)

```
10 10 13 15
 9 10 15 23
 5 13 11 13
 2 16 12 16
```

055A.4Lh (30)
running (beans)

```
4 1 0 0
4 2 2 6
0 0 6 1
0 1 3 0
```

055A.4Li (402)
snap (beans)

```
23  5  8  9
39 20 17 32
23 31 35 58
13 44 25 20
```

055A.4Lj (18)
stick beans

```
3 1 6 6
0 0 2 0
0 0 0 0
0 0 0 0
```

055A.4Lk (361)
string (beans)

```
22 11 10 16
27 16 25 45
25 25 34 24
17 16 11 37
```

055A.5La (115)
collard greens

```
 1  0  6  1
 8  2  3  4
11  8 11 13
 7 14  7 19
```

055A.5Lb (229)
collards

```
11  5  2  3
15 14 15 24
 9 28 26 23
 4 15 20 15
```

055A.5Lc (337)
greens

```
30 13 13 33
24 19 15 21
27 21 23 27
12 19 17 23
```

055A.5Ld (38)
kale

```
3 0 5 11
2 2 4  1
1 4 0  2
0 2 1  0
```

055A.5Le (205)
mustard

```
13  7 12 14
19 15  9 10
13 22  8 12
 3 21 12 15
```

055A.5Lf (138)
mustard greens

```
 7  8 6 1
22  6 7 4
16  7 1 7
15 19 3 9
```

055A.5Lg (21)
poke

```
3 0 5 3
2 0 1 0
1 1 0 1
1 0 1 2
```

055A.5Lh (64)
poke salad

```
 8 1 5 0
12 9 6 1
 4 6 4 1
 1 4 0 2
```

055A.5Li (53)
poke sallet

```
6 3 12 2
2 4  3 4
4 6  2 2
0 0  2 1
```

055A.5Lj (45)
salad

```
4 0 4  3
2 2 1  9
0 2 2 10
1 1 2  2
```

055A.5Lk (48)
sallet

```
6 10 6 1
3  2 2 8
2  1 2 3
1  0 1 0
```

055A.5Ll (106)
spinach

```
 6  4 8 5
13  3 6 4
12 11 6 3
 8  7 7 3
```

055A.5Lm (439)
turnip greens

```
38 19 31 22
30 22 33 48
26 25 30 34
15 27 15 24
```

055A.5Ln (34)
turnip salad

```
3 3 0 1
0 3 1 8
0 0 8 6
0 0 1 0
```

055A.5Lo (18)
turnip sallet

```
1 3 2 0
0 3 2 3
0 1 0 1
1 0 1 0
```

055A.6Pa (70)
<hed>

```
14 7 3 1
 5 6 3 6
 2 3 3 4
 0 1 4 8
```

055A.6Pb (109)
<hed(z)>

```
 4  5 4  5
10  2 2  5
 8 11 8 12
 7 13 2 11
```

055A.6Pc (282)
<hedz>

20	6	20	22
24	10	17	21
24	17	22	22
14	19	8	16

055A.6Pd (63)
<h{e}dz>

5	3	4	1
4	0	4	9
3	3	6	3
3	3	6	6

055A.7Ga (126)
head [livestock]

16	3	3	4
15	8	5	6
12	5	8	7
10	10	4	10

055A.7Gb (68)
head[N-i] [children]

1	1	1	3
6	3	0	3
3	10	7	14
2	5	2	7

055A.7Gc (181)
head [children/
stock] +

16	4	4	7
18	11	5	9
14	15	13	19
11	13	6	16

055A.7Gd (110)
head/heads
[children] +

3	1	3	5
11	4	3	6
6	12	9	17
4	10	4	12

055A.7Ge (140)
head/heads
[livestock] +

18	3	3	4
16	9	7	8
13	7	9	7
11	10	4	11

055A.7Gf (47)
heads [children]

2	0	2	3
6	1	3	3
3	4	3	3
2	5	2	5

055A.7Gg (61)
heads [children/
stock] +

4	0	2	3
7	2	5	5
4	5	4	3
4	5	2	6

055A.8Pa (235)
<pasL=14>

13	9	18	13
19	14	16	24
14	7	22	22
5	9	10	20

055A.8Pb (53)
<passL=14>

2	6	4	1
3	3	2	2
4	3	7	1
2	5	6	2

056.1La (23)
corn shuck

1	1	0	1
4	0	0	3
2	2	0	2
2	3	1	1

056.1Lb (130)
husk [n.]

7	3	5	15
7	8	8	7
7	6	6	7
5	11	9	19

056.1Lc (671)
shuck [n.]

69	22	42	49
46	33	46	65
36	40	53	54
25	35	21	35

056.1Ld (60)
shuck [v.]

8	3	1	2
4	5	0	11
1	4	6	5
1	3	1	5

056.2La (25)
boil corn

1	0	3	1
0	1	3	7
1	0	3	4
0	1	0	0

056.2Lb (35)
boiled corn

1	0	4	4
0	0	3	14
1	2	2	1
0	2	0	1

056.2Lc (258)
corn

21	10	8	7
24	25	10	22
20	18	22	20
12	15	7	17

056.2Ld (205)
corn on the cob

25	11	6	21
5	5	10	27
15	3	13	20
13	8	5	18

056.2Le (10)
early corn

0	0	0	0
0	0	0	1
0	1	4	3
0	0	1	0

056.2Lf (64)
field corn

11	4	1	1
5	3	2	3
11	0	4	7
2	3	3	4

056.2Lg (532)
roasting ear(s)

38	18	32	40
44	27	30	49
36	40	38	33
21	34	20	32

056.2Lh (20)
roasting-ear corn

5	0	2	1
2	1	3	1
1	1	1	2
0	0	0	0

056.2Li (226)
sweet corn

28	7	14	6
19	9	17	15
21	11	14	16
6	18	7	18

056.2Lj (33)
white corn

```
1  1  4  2
0  0  0  5
5  0  1  2
1  4  2  5
```

056.2Lk (39)
yellow corn

```
3  1  6  3
1  0  0  3
5  2  1  4
2  2  2  4
```

056.3Pa (296)
<tasL=14>

```
22 13 20 30
 9 17 19 31
21 15 20 25
13 13  9 19
```

056.3Pb (70)
<tassL=14>

```
5  5  6  0
3  4  4  8
8  2  6  3
3  5  6  2
```

056.3Pc (171)
<tawsL=14>

```
19  7  8 14
16  5 10  8
 6 11 11 17
 7 10  3 19
```

056.3Pd (98)
<tosL=14>

```
10  5  4 10
 7  4  9  9
 7  4  6  5
 3  9  2  4
```

056.4La (8)
beard(s) +

```
0  0  0  0
1  0  0  0
0  0  0  1
1  5  0  0
```

056.4Lb (60)
corn silk

```
4  2  9  5
5  2  2  7
4  3  0  2
5  4  1  5
```

056.4Lc (74)
corn silk(s) +

```
7  2  9  6
5  2  4 10
6  3  1  3
6  4  1  5
```

056.4Ld (35)
hair(s) +

```
1  0  0  3
3  3  2  2
0  1  5  0
6  6  2  1
```

056.4Le (402)
silk

```
32 19 18 24
30 23 28 27
26 26 37 25
18 25 15 29
```

056.4Lf (256)
silks

```
30  8 20 28
13  6 17 31
14 16 19 22
 2  9  9 12
```

056.4Lg (707)
silk(s) +

```
67 27 45 57
45 31 48 68
44 43 57 48
24 36 25 42
```

056.5Pa (58)
<pum(p)kN=14>

```
7  1  8  3
4  4  1  4
2  5  3  1
4  4  3  4
```

056.5Pb (230)
<pumpkN=14>

```
22 13 14 17
15  3 19 18
20  4 21 12
13 10 10 19
```

056.5Pc (66)
<pumpkNz=14>

```
5  3  3  5
2  7  7 10
5  5  2  5
3  1  0  3
```

056.5Pd (231)
<punkN=14>

```
17 10 11 16
16  8  9 15
18 15 15 16
 9 24 11 21
```

056.5Pe (82)
<punkNz=14>

```
10  1  5  4
 5  9  2  4
 5  5  6 10
 3  4  4  5
```

056.6Pa (130)
<skwawsh>

```
 9  2  6 14
11  3  3  6
13  7  5 10
 6 22  7  6
```

056.6Pb (486)
<skwosh>

```
39 18 25 31
30 23 36 58
31 24 36 37
24 19 14 41
```

056.6Pc (93)
<skw{o}sh>

```
6  7  5  3
9  4  7  3
6  5  9  8
2  7  3  9
```

056.7La (9)
breakfast melon

```
2  0  0  0
1  2  0  0
0  4  0  0
0  0  0  0
```

056.7Lb (719)
cantaloupe

```
61 24 42 47
47 33 44 66
48 43 55 52
29 44 30 54
```

056.7Lc (340)
mushmelon

```
33 12 20 40
29 13 22 28
19 24 19 20
 9 32  5 15
```

056.7Ld (91)
muskmelon

8	4	11	6
4	3	6	7
11	3	6	4
4	7	3	4

056.8La (6)
champignon [F]

0	0	0	0
2	0	0	0
0	0	0	0
0	4	0	0

056.8Lb (5)
dry-land fish

0	0	4	1
0	0	0	0
0	0	0	0
0	0	0	0

056.8Lc (734)
mushroom

64	26	42	55
45	29	45	69
47	38	57	54
28	53	30	52

056.8Pa (24)
<mushIruem = 143>

0	0	1	0
5	0	0	2
0	2	4	3
0	1	2	4

056.8Pb (261)
<mushruem = 13>

22	9	14	12
13	10	22	23
18	18	21	16
11	28	6	18

056.9La (21)
Black Diamond

3	0	0	1
7	0	0	0
4	1	2	0
2	0	1	0

056.9Lb (11)
Cannonball

0	0	0	0
0	0	0	1
0	0	0	6
0	0	0	4

056.9Lc (22)
Congo

1	0	1	1
1	1	0	1
0	2	4	2
0	3	1	4

056.9Ld (22)
Dixie Queen

3	0	1	1
3	0	0	0
0	3	3	1
0	4	1	2

056.9Le (23)
Georgia Rattlesnake

4	0	3	1
2	1	4	0
0	3	1	0
0	0	2	2

056.9Lf (33)
icebox (water)-
melon

4	0	1	0
5	1	1	0
1	1	3	1
0	8	2	5

056.9Lg (13)
Kleckley Sweet

1	0	1	2
3	1	0	0
0	4	1	0
0	0	0	0

056.9Lh (70)
Rattlesnake
(water)melon

5	0	3	6
5	1	5	11
5	5	7	4
2	8	1	2

056.9Li (27)
red(-)meat(ed)
(water)melon

2	1	0	0
1	0	3	1
10	1	4	3
1	0	0	0

056.9Lj (48)
Stone Mountain
(melon)

2	0	3	3
3	0	6	5
1	4	8	5
0	3	1	4

056.9Lk (36)
stripe(d) (water)-
melon

1	2	1	7
3	0	0	2
3	1	5	3
3	2	0	3

056.9Ll (35)
Tom Watson

2	0	4	2
5	0	1	4
3	2	2	3
0	4	1	2

056.9Lm (783)
watermelon

71	29	44	55
53	37	50	66
51	45	58	50
32	53	29	60

056.9Ln (64)
yellow-meat(ed)
(water)melon

8	0	0	2
3	2	6	6
13	2	8	8
1	3	0	2

057.1La (86)
frogstool

6	2	6	7
6	3	3	7
7	6	7	11
2	3	6	4

057.1Lb (31)
mushroom

1	0	3	3
1	1	2	3
0	4	7	2
1	1	1	1

057.1Lc (503)
toadstool

48	17	27	38
30	27	27	50
39	23	41	32
24	25	18	37

057.2Pa (57)
<swol(A)It = 14>

4	1	10	0
7	0	3	3
5	9	1	3
1	4	4	2

057.2Pb (189)
<swolA=14>

```
18   9   4  23
 5   8  19  27
 4   3  25  15
 3  12   5   9
```

057.2Pc (76)
<swolRIt=144>

```
 8   0   5   1
 9   1   6   8
 6   3   6   8
 3   6   1   5
```

057.3APa (54)
<sigorz=13>

```
 7   2   9   2
 2   1   1   4
 2   5   5   3
 1   2   3   5
```

057.3APb (78)
<sigorz=31>

```
 9   4   9   7
 5   1   8  11
 5   2   3   0
 3   6   2   3
```

057.3BPa (97)
<sigAret=143>

```
 7   0   0   3
 6   4   8  10
 6   4   9  12
 2   8   9   9
```

057.3BPb (287)
<sigArets=143>

```
30   3  20  21
11  14  16  32
14  19  16  16
15  17  14  29
```

057.3BPc (130)
<sigArets=341>

```
 7   5  11   7
 7   6   8  18
10   6  17   9
 4  11   2   2
```

057.3BPd (50)
<sigRets=143>

```
 7   5   4   1
 9   0   2   1
 4   1   3   2
 4   4   1   2
```

057.4Ga (356)
a-[+ pres. part.]

```
42   8  19  34
32  23  13  34
23  20  22  25
 3  28  12  18
```

057.5La (47)
beholden

```
 5   1   2   7
 6   3   3   5
 1   3   2   5
 0   0   3   1
```

057.5Lb (17)
in debt (to you)

```
 1   2   1   3
 0   1   1   4
 0   0   0   2
 0   0   1   1
```

057.5Lc (24)
indebted (to)

```
 2   0   0   2
 1   0   1   5
 2   0   0   1
 2   2   2   4
```

057.5Ld (229)
obligated

```
11   6  27  11
23  10  13  22
12  15  25  11
11  10   8  14
```

057.6Pa (211)
<kan>

```
14  12  11  23
11  11  15  24
 9  13  15  21
 8   9   6   9
```

057.6Pb (61)
<ken>

```
 2   1   1   5
 5   2   4   2
 3   5   7   7
 3   6   4   4
```

057.6Pc (98)
<kin>

```
 6   5   3  16
 5   4   5   9
 3   6   7   5
 4   2   4  14
```

057.7Pa (133)
<kain(t)>

```
12   4  10   8
12  13   7  12
 6   8  13  10
 3   8   2   5
```

057.7Pb (418)
<kaint>

```
39  11  16  43
28  27  26  47
25  31  25  33
12  23  17  15
```

057.7Pc (319)
<kant>

```
21   8  20  20
18  14  17  37
15  10  16  35
18  24  11  35
```

057.7Pd (71)
<kent>

```
 6   6   4   4
 2   4   2  10
 2   2   7   6
 4   3   2   7
```

057.7Pe (67)
<k{a}nt>

```
 5   8   1   6
 7   1   2   5
 7   1   4   5
 5   5   3   2
```

057.8Ga (371)
done[+V]

```
30  10  17  17
32  20  17  38
23  25  30  37
 6  34  15  20
```

057.9Ga (41)
done[+A] [adj.]

```
 2   0   4   6
 3   0   2   4
 2   1   5   5
 0   2   3   2
```

058.1Ga (240)
ought to

```
16   5  13  16
21  16  13  18
27  15  14  11
 7  21   8  19
```

058.1Gb (372)
should

```
22  8 21 19
23 20 30 42
28 16 26 28
20 25 14 30
```

058.1Gc (207)
supposed to

```
18  6 12  5
23 13 12 13
19 10 12 19
 9 16  8 12
```

058.2Ga (42)
dare not

```
2 1 1 2
8 5 0 6
1 1 3 2
3 5 0 2
```

058.2Gb (30)
don't/didn't dare

```
3 1 3 4
1 2 2 1
0 1 2 1
2 4 1 2
```

058.2Gc (34)
wouldn't dare

```
3 0 1 2
3 4 1 1
5 2 2 3
3 2 1 1
```

058.3Ga (416)
ought to

```
30 13 20 30
38 23 17 44
31 27 32 31
17 30 11 22
```

058.3Gb (63)
ought to [X-0]

```
3 0 4 2
8 6 3 5
5 5 3 8
1 7 1 2
```

058.3Gc (135)
should

```
 7  3  6  4
 9 11 12 16
 8  5  7 10
12 10  4 11
```

058.3Gd (124)
should have

```
13  6  2  5
 7  7  6 12
 9  4  9 11
 7 16  4  6
```

058.3Ge (104)
supposed to

```
12  7  7  4
 7  6  8  5
 9  4  8 10
 6  4  4  3
```

058.4Ga (109)
ought not (to)

```
3  1  8  4
9  2  9 10
5  9  9 14
4 12  2  8
```

058.4Gb (64)
ought not to have

```
 2 1 5 2
 5 5 3 8
10 5 3 0
 4 5 2 4
```

058.4Gc (21)
ought not to [X-0]

```
2 1 1 0
2 0 1 2
3 1 2 0
0 2 3 1
```

058.4Gd (26)
ought not [P-0] have

```
0 0 3 0
4 3 1 1
3 2 0 2
1 1 4 1
```

058.4Ge (35)
oughtn't (to)

```
3 2 2 4
1 3 1 1
2 2 2 2
2 3 0 5
```

058.4Gf (26)
oughtn't [P-0] have

```
3 0 4 1
2 3 3 2
3 1 0 0
1 2 0 1
```

058.4Gg (17)
should not

```
0 1 0 0
1 0 1 5
1 1 1 3
0 1 1 1
```

058.4Gh (27)
should not have

```
1 2 1 1
1 2 4 5
3 1 1 2
1 0 1 1
```

058.4Gi (111)
shouldn't

```
10 4 4  7
 4 4 4 12
 8 1 7 18
 7 8 4  9
```

058.4Gj (244)
shouldn't have

```
15  8 22 10
14 10 14 31
18 11 16 18
18 14  8 17
```

058.5Pa (90)
<woen(t)>

```
6 4 7 13
9 3 6  5
8 6 4  7
3 2 2  5
```

058.5Pb (289)
<woent>

```
20  9 17 30
21 15 14 32
22 14 19 20
14 11 12 19
```

058.5Pc (162)
<w{oe}nt>

```
15  4 10  0
 9  6 12 21
10  4 12 13
 9 14  5 18
```

058.6Ga (86)
could have

```
7  5 8  8
6  1 4  8
1  3 4 12
4 10 0  5
```

058.6Gb (119)
might

11	2	7	12
7	8	8	10
7	5	10	16
3	3	3	7

058.6Gc (351)
might have

29	11	16	18
30	19	12	32
33	24	32	29
9	22	8	27

058.6Gd (30)
might've

2	1	4	0
3	0	1	5
6	0	2	1
1	1	1	2

058.6Ge (21)
should have

0	1	2	4
1	1	4	0
1	0	2	2
2	0	0	1

058.7Ga (20)
could

1	0	1	5
0	2	4	2
0	1	0	0
1	1	1	1

058.7Gb (294)
double modal

24	5	12	14
32	14	9	23
23	23	20	40
9	21	9	16

058.7Gc (376)
might

31	10	14	24
25	18	26	41
32	16	24	34
17	29	7	28

058.7Gd (48)
might can

1	1	0	1
3	3	1	8
5	1	0	13
1	7	0	3

058.7Ge (264)
might (can/could/
etc.) +

19	4	10	13
31	11	9	21
22	23	16	35
8	20	8	14

058.7Gf (193)
might could (have)

16	3	9	10
27	7	8	13
18	17	10	20
7	11	7	10

058.7Gg (37)
might would (have)

4	0	0	1
3	1	0	2
2	7	6	4
0	3	1	3

058.7Gh (23)
used to could

3	0	0	1
1	2	1	3
1	0	2	3
1	2	1	2

058.7Gi (34)
used to (could/
etc.) +

4	1	2	1
3	3	1	3
2	0	4	3
1	2	2	2

059.1La (31)
barn owl

5	1	1	4
2	1	2	0
2	1	4	3
4	0	1	0

059.1Lb (394)
owl

37	10	22	17
26	16	24	30
24	19	30	39
19	27	17	37

059.1Lc (456)
screech owl

51	15	26	39
34	25	26	42
29	22	35	24
21	27	17	23

059.1Ld (23)
scrinch owl

1	1	1	1
1	1	2	3
0	3	1	2
0	2	1	3

059.1Le (87)
scrooch owl

7	4	9	10
7	2	8	6
5	5	3	6
0	1	3	11

059.1Lf (17)
shivering owl

0	0	0	0
0	1	0	0
0	6	2	2
0	4	2	0

059.1Lg (36)
squinch owl

2	2	0	1
3	2	3	3
2	6	4	3
1	4	0	0

059.1Pa (165)
<skreechowl=13>

15	5	11	14
8	9	11	18
12	6	12	9
8	7	8	12

059.1Pb (60)
<skreech{ow}l=13>

7	3	2	14
4	5	5	5
1	2	3	3
1	2	2	1

059.1Pc (73)
<sk{r}eechowl=13>

13	2	4	2
7	4	3	5
3	3	4	5
4	10	1	3

059.2La (48)
barn owl

2	4	3	3
3	6	2	4
7	1	1	3
4	2	0	3

059.2Lb (70)
hoo owl

```
 4   8   2   0
10   9   6   1
 2  10   5   1
 0   9   3   0
```

059.2Lc (482)
hoot owl

```
58  20  38  51
20  17  32  40
36  17  37  27
20  21  17  31
```

059.2Ld (84)
hooting owl

```
 4   3   2   2
 2   6   7  24
 2   4   9  11
 0   2   3   3
```

059.2Le (84)
horn owl

```
 5   4   2   0
23   2   0   0
 8   7   8   7
 1   7   1   9
```

059.2Lf (44)
horned owl

```
 5   0   2   3
 1   3   2   1
 5   3   4   2
 4   2   2   5
```

059.2Lg (163)
owl

```
12   8  13   9
10   8  10   9
13   8  11   9
12  12   8  11
```

059.2Lh (14)
swamp owl

```
 0   0   0   0
 5   0   1   0
 1   1   1   2
 0   1   1   1
```

059.2Pa (232)
< owl >

```
17  12  17   4
16  12   9  26
13   8  15  20
13  17  12  21
```

059.2Pb (80)
<{a}l>

```
 8   4   4  21
 3   2   5   8
 1   3   4   9
 2   2   2   2
```

059.2Pc (261)
<{ow}l>

```
30   4  15  39
12   6  26  19
16  18  15  19
11  10   8  13
```

059.2Sa (378)
|-j..| [ao~æo]

```
41   9  22  37
27  20  22  27
28  23  25  22
20  21  11  23
```

059.2Sb (171)
|-m..| [aə~æə]

```
19   7   7  17
13   9  11  24
10   9  11  13
 0   7   2  12
```

059.3La (3)
Cham-Chak

```
 0   0   0   0
 0   0   0   0
 0   0   0   0
 0   0   0   3
```

059.3Lb (32)
god + [inc. lord god]

```
 2   0   0   0
 8   3   1   0
 2   6   3   1
 0   4   1   1
```

059.3Lc (5)
good god

```
 0   0   0   0
 3   1   0   0
 1   0   0   0
 0   0   0   0
```

059.3Ld (13)
Indian hen

```
 2   1   0   0
 4   0   0   1
 1   4   0   0
 0   0   0   0
```

059.3Le (26)
lord god

```
 2   0   0   0
 5   2   1   0
 1   5   3   1
 0   4   1   1
```

059.3Lf (377)
peckerwood +

```
56  17  26  36
29  30  24  33
20  26  22  18
 9  11   9  11
```

059.3Lg (64)
redhead [n.]

```
 6   0   0   2
 8   4   3   1
 1   9   5   9
 0   9   4   3
```

059.3Lh (22)
redheaded peckerwood

```
 5   1   2   1
 4   4   1   2
 2   0   0   0
 0   0   0   0
```

059.3Li (48)
redheaded woodpecker

```
 1   0   1   1
 3   3   2   8
 3   1   2   6
 2   3   0  12
```

059.3Lj (99)
sapsuck(er) +

```
13   4   3   4
 9   6   2  15
 7   7   8   4
 1   7   3   6
```

059.3Lk (18)
wood hen

```
 3   0   1   2
 4   0   1   0
 3   1   1   0
 0   0   0   2
```

059.3Ll (48)
woodchuck

```
 4   0   7   4
 7   1   0   1
 5   3   1   1
 3   2   3   6
```

059.3Lm (27)
woodcock/wood
hen +

```
5   0   1   2
5   0   1   0
3   3   1   0
0   1   0   5
```

059.3Ln (621)
woodpecker

```
46  22  27  35
35  21  34  55
45  28  44  67
34  47  29  52
```

059.3Lo (61)
yellowhammer

```
6   2   1   1
5   1   6   9
4   8   5   6
0   4   1   2
```

059.4La (48)
civet cat

```
6   0   0   1
0   0   2   3
4  10   5   1
6   3   3   4
```

059.4Lb (534)
polecat

```
30  11  32  37
34  26  36  61
32  37  55  49
17  26  20  31
```

059.4Lc (653)
skunk

```
68  28  32  42
43  27  44  62
43  34  45  50
32  36  23  44
```

059.5La (27)
pest

```
3   1   2   0
1   1   3   4
1   1   1   2
2   4   0   1
```

059.5Lb (28)
rodent

```
3   2   1   4
3   0   0   4
0   1   0   0
2   1   3   4
```

059.5Lc (670)
varmint

```
59  26  39  44
46  28  44  62
40  44  51  51
27  40  26  43
```

059.5Pa (63)
<vormNt = 14>

```
7   3   4   8
3   3   4   9
3   1   3   1
1   4   4   5
```

059.5Pb (100)
<vormNts = 14>

```
16   4  10  16
 4   1   4   7
 4   2   8   5
 4   5   3   7
```

059.6La (16)
black squirrel

```
4   0   0   0
3   0   1   2
0   2   0   1
1   2   0   0
```

059.6Lb (160)
cat squirrel

```
 4   0   0   0
28   5   1   5
16  16  18  22
 3  11  11  20
```

059.6Lc (394)
gray squirrel

```
48  19  30  39
25  30  34  34
14  26  29  14
 5  24   8  15
```

059.6Ld (638)
squirrel

```
54  23  39  40
46  23  41  58
44  32  49  47
29  43  24  46
```

059.7La (8)
black fox squirrel

```
0   0   0   0
3   0   0   0
0   1   1   0
0   3   0   0
```

059.7Lb (32)
black squirrel

```
4   0   0   0
6   3   2   4
4   4   0   0
0   5   0   0
```

059.7Lc (11)
boomer

```
0   0   0  11
0   0   0   0
0   0   0   0
0   0   0   0
```

059.7Ld (27)
brown squirrel

```
3   1   0   3
2   1   5   1
1   2   4   1
1   0   0   2
```

059.7Le (416)
fox squirrel

```
47  15  23  25
38  25  24  22
20  28  40  31
 4  27  20  27
```

059.7Lf (20)
red fox squirrel

```
2   0   1   0
1   1   3   0
2   3   3   0
0   4   0   0
```

059.7Lg (144)
red squirrel

```
13  10  10  15
 8   9   9   2
 5  18   7   3
 5  16   5   9
```

059.8La (271)
chipmunk

```
20  11  18  23
 5   7  30  47
14  12  23  12
 6  15  11  17
```

059.8Lb (241)
ground squirrel

```
21   5  28  39
 7   3  20  37
17  17  17   6
15   3   5   1
```

059.8Lc (22) groundhog			
5	1	1	6
0	0	1	3
1	1	1	0
1	1	0	0

059.9La (377) bass (fish)			
42	15	24	19
30	14	29	29
27	21	34	23
12	14	13	31

059.9Lb (19) black bass			
5	0	0	1
0	0	0	1
2	1	0	0
5	1	0	3

059.9Lc (13) black(fish)			
0	0	0	0
1	0	0	0
0	0	2	6
0	1	1	2

059.9Ld (30) blue cat(fish)			
4	0	2	3
1	2	3	1
3	3	1	2
2	3	0	0

059.9Le (43) bluegill			
5	0	5	8
4	1	0	3
0	1	7	2
0	2	2	3

059.9Lf (277) bream (fish)			
25	15	10	3
21	14	18	29
9	22	36	25
1	4	17	28

059.9Lg (90) buffalo (fish)			
23	9	2	0
19	6	2	0
11	4	3	0
6	5	0	0

059.9Lh (85) carp (fish)			
13	9	7	10
2	4	3	11
4	0	9	8
3	1	0	1

059.9Li (529) cat(fish)			
61	25	33	18
41	29	31	36
39	31	49	29
29	35	13	30

059.9Lj (34) channel cat			
2	3	2	1
1	3	2	4
3	1	1	3
3	3	2	0

059.9Lk (7) choupique			
0	0	0	0
1	0	0	0
0	0	0	0
0	6	0	0

059.9Ll (158) crappie (fish)			
30	13	15	17
2	7	14	10
14	3	19	4
4	0	4	2

059.9Lm (35) croaker (fish)			
0	0	0	1
0	0	2	3
5	0	1	4
3	6	5	5

059.9Ln (37) drum(fish)			
5	1	1	3
0	0	3	0
4	0	7	3
5	3	0	2

059.9Lo (75) flounder			
0	1	2	0
4	2	3	2
11	2	5	4
12	15	6	6

059.9Lp (90) gar(fish)			
9	4	0	1
22	3	3	1
5	4	6	4
7	13	1	7

059.9Lq (22) gaspergou			
0	0	0	0
9	0	0	0
3	3	0	0
2	5	0	0

059.9Lr (15) goggle-eye (fish)			
5	0	0	0
4	0	1	0
0	3	1	0
0	0	1	0

059.9Ls (12) goggle-eye(d) perch			
3	0	0	0
1	0	0	0
2	1	0	0
0	5	0	0

059.9Lt (12) goo (fish)/(gasper)-gou			
0	0	0	0
3	0	0	0
0	2	0	0
0	7	0	0

059.9Lu (19) grindle (fish)			
3	1	0	0
4	1	0	1
1	2	5	0
0	1	0	0

059.9Lv (10) grinner			
2	1	0	0
3	2	0	0
0	2	0	0
0	0	0	0

059.9Lw (22) grouper (fish)			
0	0	0	0
1	0	0	0
0	1	0	2
0	1	2	15

059.9Lx (12)
hornyhead

0	0	0	8
0	0	0	4
0	0	0	0
0	0	0	0

059.9Ly (43)
jack(fish)

3	0	1	5
6	0	1	1
0	3	5	11
0	1	3	3

059.9Lz (8)
kingfish

0	0	0	0
0	0	0	0
1	0	0	0
2	0	0	5

059.9Laa (38)
mackerel (fish)

0	2	0	0
4	1	2	3
4	2	0	3
2	1	6	8

059.9Lab (24)
mud cat(fish)

1	0	2	1
2	0	1	4
0	3	0	2
1	5	2	0

059.9Lac (89)
mullet (fish)

0	0	0	1
1	0	0	5
0	0	6	13
5	9	15	34

059.9Lad (226)
perch (fish)

31	8	13	8
16	10	13	6
24	17	9	14
13	32	3	9

059.9Lae (19)
pike (fish)

0	0	1	0
1	1	0	1
1	0	4	7
1	0	0	2

059.9Laf (16)
rainbow (trout)

2	0	1	7
0	0	1	2
0	0	0	1
1	1	0	0

059.9Lag (57)
red snapper

1	1	0	0
4	1	2	3
11	2	5	2
5	5	5	10

059.9Lah (10)
redeye

0	0	1	5
0	0	0	1
0	0	0	2
0	0	0	1

059.9Lai (64)
red(fish)

0	0	0	0
9	0	0	0
9	2	0	2
15	14	4	9

059.9Laj (11)
rock bass

6	0	1	2
0	0	0	0
0	0	0	0
0	0	0	2

059.9Lak (16)
sacalait

0	0	0	0
4	0	0	0
1	1	0	0
0	10	0	0

059.9Lal (24)
shad

1	1	0	1
0	2	0	1
3	1	4	6
1	1	0	2

059.9Lam (26)
sheepshead

0	0	0	0
1	0	0	0
2	0	0	4
4	6	2	7

059.9Lan (22)
shellcracker

1	0	0	0
0	1	2	1
0	1	8	2
0	0	2	4

059.9Lao (30)
snapper

0	0	1	0
0	0	1	1
1	1	4	1
1	0	8	11

059.9Lap (17)
speckle(d) perch

1	0	0	0
3	0	0	0
0	1	0	4
0	0	0	8

059.9Laq (34)
speckle(d) trout

0	0	0	3
5	0	1	0
5	0	3	0
2	8	6	1

059.9Lar (18)
stripe(d) bass

4	2	0	2
3	0	1	1
1	2	1	1
0	0	0	0

059.9Las (8)
stumpknocker

0	0	0	0
0	0	0	0
0	0	0	2
0	0	1	5

059.9Lat (41)
sucker(fish)

4	0	4	3
1	0	4	6
0	1	9	6
0	1	0	2

059.9Lau (19)
sun perch

5	0	2	0
2	0	2	1
3	2	0	1
0	1	0	0

059.9Lav (13)
tarpon

```
 0  0  0  0
 1  0  0  0
 0  0  0  0
 0  2  2  8
```

059.9Law (290)
trout (fish)

```
16   2  10  17
14   9  18  15
18  14  23  32
21  31  13  37
```

059.9Lax (5)
warmouth

```
 0  0  0  0
 1  0  0  0
 0  0  0  0
 0  0  0  4
```

059.9Lay (9)
warmouth perch

```
 0  0  0  0
 1  0  0  1
 0  0  1  3
 0  0  0  3
```

059.9Laz (58)
white perch

```
 3  1  0  0
21  2  1  1
 9  9  5  3
 0  3  0  0
```

059.9Lba (16)
whiting

```
 0  1  0  0
 0  1  0  0
 1  0  0  6
 0  0  1  6
```

059.9Lbb (24)
yellow cat(fish)

```
 3  1  3  3
 0  2  1  1
 2  2  0  1
 3  1  1  0
```

059.9Lbc (5)
yellowtail

```
 0  0  0  0
 0  0  0  0
 0  0  0  1
 0  0  0  4
```

060.1Pa (89)
<oystRz=14>

```
12   2  10   8
 5   2   7   5
 4   2   2   0
 6   7   3  14
```

060.1Pb (89)
<oyst[R]z=14>

```
 4   1   2   3
 6   4   6  11
 3   8   7   9
 3  12   3   7
```

060.1Sa (504)
|QF./-| [ɔɪ~ɔə]

```
42  16  26  47
32  23  27  47
33  21  38  39
22  39  22  30
```

060.1Sb (164)
|QM./-| [ɔ·ɪ~ɔ·ə]

```
12   5   5   8
10   9  17  14
 9  16  14  10
 8   8   7  12
```

060.2La (754)
bullfrog

```
63  23  42  57
47  37  48  76
48  42  55  63
29  46  28  50
```

060.2Lb (445)
frog

```
31  13  22  29
24  17  26  37
23  30  37  37
24  34  18  43
```

060.3La (22)
frog

```
 1  1  0  2
 0  0  2  3
 1  0  0  1
 3  2  2  4
```

060.3Lb (71)
green frog

```
 4  0   0   0
 8  3   1   5
 4  4  11  12
 3  9   3   4
```

060.3Lc (130)
rainfrog

```
 3  0   1   4
11  2   5  12
 5  4  14  29
 2  9  13  16
```

060.3Ld (137)
spring frog

```
16   2  0   2
27   5  2   2
 0  10  2  23
 2  18  7  19
```

060.3Le (400)
tree frog

```
46  17  33  43
22  26  41  36
25  29  30  11
 9  11   5  16
```

060.4La (42)
frog

```
 3  2  3  0
 0  5  3  6
 2  2  3  4
 3  3  2  1
```

060.4Lb (256)
toad

```
20   8  13  24
13  19  13  24
12  11  17  16
18  17   9  22
```

060.4Lc (538)
toad-frog

```
51  22  29  35
39  22  37  58
34  33  40  47
10  31  20  30
```

060.4Ld (15)
toady-frog

```
 1  0  0  1
 1  0  1  0
 1  1  2  6
 0  0  1  0
```

060.5La (121)
bait

```
 5  2   7   3
 5  4   7  25
10  9  16  17
 2  5   2   2
```

060.5Lb (144)
bait/fish bait +

```
 6   2  10   4
 9   4   8  30
10  10  19  19
 2   5   4   2
```

060.5Lc (13)
bait worm

```
 0   0   3   1
 0   0   1   4
 0   1   0   3
 0   0   0   0
```

060.5Ld (130)
bait (worm) +

```
 5   2   9   4
 5   4   8  29
10  10  16  17
 2   5   2   2
```

060.5Le (60)
catalpa/catawba +

```
 9   2   1   2
 4   5   2   8
 1   3   3  11
 0   3   6   0
```

060.5Lf (50)
catawba worm

```
 8   2   0   2
 4   4   2   7
 1   2   2   9
 0   2   5   0
```

060.5Lg (385)
earthworm

```
22   9  10   8
34  21  19  36
29  28  34  37
18  25  22  33
```

060.5Lh (8)
eelworm

```
 0   0   0   0
 0   0   0   1
 0   0   0   4
 0   0   1   2
```

060.5Li (4)
fiddle(r)/fiddling +

```
 0   0   0   0
 0   0   3   0
 0   0   1   0
 0   0   0   0
```

060.5Lj (41)
fishing worm

```
 1   6   7   2
 0   2   3   2
 2   1   3   2
 2   2   3   3
```

060.5Lk (26)
fishworm

```
 3   0   1  10
 1   1   1   5
 1   0   0   1
 0   0   0   2
```

060.5Ll (110)
grubworm

```
14   2   5   7
10   5   6  11
11   7   8   3
 5   8   4   4
```

060.5Lm (4)
jumper/jumping +

```
 0   0   0   0
 0   0   0   0
 0   3   0   0
 0   1   0   0
```

060.5Ln (8)
Louisiana pink

```
 0   0   0   0
 0   0   0   6
 0   0   0   2
 0   0   0   0
```

060.5Lo (80)
night crawler

```
 8   7   4  11
 8   8   5   6
 1   5   4   5
 2   3   3   0
```

060.5Lp (5)
pink worm

```
 0   0   0   0
 0   0   1   0
 0   0   3   1
 0   0   0   0
```

060.5Lq (31)
red wiggler

```
 1   0   0   0
 2   1   0  10
 0   3   0   9
 0   2   0   3
```

060.5Lr (234)
redworm

```
30   9  20  37
10  18  26  22
 8   8  24   7
 0   6   7   2
```

060.5Ls (10)
sawyer

```
 0   0   0   0
 0   1   0   0
 0   1   0   2
 0   3   0   3
```

060.5Lt (7)
slop worm

```
 0   0   0   0
 0   0   0   1
 0   0   3   3
 0   0   0   0
```

060.5Lu (4)
swamp worm/etc. +

```
 0   0   0   0
 0   0   0   3
 0   0   0   1
 0   0   0   0
```

060.5Lv (12)
wiggle worm

```
 1   0   0   1
 0   0   2   2
 0   0   0   1
 1   1   0   3
```

060.5Lw (135)
wiggler +

```
 2   1   0   0
 8   4   4  25
 6   5  24  25
 2   6  10  13
```

060.5Lx (561)
worm

```
48  19  29  30
40  27  32  57
38  30  38  42
27  35  25  44
```

060.5Sa (143)
|-e..| [ɜˀ~ʌˀ]

```
 5   2   3   1
 7  14   6  29
 7  16  14   9
 5  12   9   4
```

060.5Sb (221)
|-m..| [ɜᵊ~ʌᵊ]

```
22 10  9  4
16 11 13 19
14 12 15 23
 5 15  9 24
```

060.6La (25)
alligator +

```
0 0 0  0
2 0 0  0
0 0 0  4
0 2 2 15
```

060.6Lb (19)
alligator turtle

```
0 0 0  0
2 0 0  0
0 0 0  3
0 0 1 13
```

060.6Lc (3)
caouaine [F]

```
0 0 0 0
0 0 0 0
0 0 0 0
0 3 0 0
```

060.6Ld (67)
cooter +

```
 1 0 0  0
10 3 0  1
 1 6 3 15
 1 7 4 15
```

060.6Le (9)
diamondback +

```
0 0 0 0
1 0 0 0
2 0 0 1
0 4 0 1
```

060.6Lf (42)
hard-shell +

```
5 1 3 0
5 4 2 2
2 1 2 4
3 2 0 6
```

060.6Lg (23)
hard-shell turtle

```
3 1 2 0
2 2 1 1
2 1 0 1
2 1 0 4
```

060.6Lh (57)
loggerhead

```
9  1 0 0
9  2 2 2
2  1 4 6
0 13 4 2
```

060.6Li (91)
loggerhead +

```
11  1 0  0
15  5 3  4
 4  4 7 11
 0 17 6  3
```

060.6Lj (31)
loggerhead turtle

```
2 0 0 0
5 3 0 2
2 3 4 4
0 3 2 1
```

060.6Lk (42)
mud turtle

```
5 1 7 19
0 4 1  1
0 1 1  1
0 0 0  1
```

060.6Ll (51)
sea turtle

```
0  1 0  1
0  0 1  1
1  2 1  9
3 11 7 13
```

060.6Lm (89)
snapping +

```
6  3 1  2
9  7 5  3
7  3 6  7
2 13 5 10
```

060.6Ln (42)
soft-shell

```
1 1 1 0
7 4 1 3
2 2 4 7
0 3 1 5
```

060.6Lo (132)
soft-shell +

```
 7  3  4  0
16  9  6  6
 7  8 10 13
 6 13  3 21
```

060.6Lp (84)
soft-shell turtle

```
6 2 3  0
8 5 5  2
5 5 7  6
6 8 2 14
```

060.6Lq (56)
terrapin +

```
0 3 2  1
2 3 1  6
2 3 8 17
0 3 2  3
```

060.6Lr (714)
turtle

```
55 30 40 42
43 35 51 80
45 39 53 56
28 40 28 49
```

060.6Ls (790)
turtle +

```
62 31 45 54
48 41 52 81
48 43 57 64
30 49 30 55
```

060.6Lt (15)
water turtle

```
1 0 0 1
1 0 2 0
0 1 0 2
6 1 0 0
```

060.7La (26)
box +

```
0 0 1 0
0 0 0 0
2 1 0 7
0 3 3 9
```

060.7Lb (39)
cooter +

```
2 0 0  0
1 3 0  1
0 8 2  6
3 0 3 10
```

060.7Lc (53)
dry-land +

```
6 1 7 12
2 1 4  4
1 8 1  1
1 3 1  0
```

060.7Ld (26)
dry-land terrapin

```
3   0   6   6
0   0   1   3
0   6   0   0
0   1   0   0
```

060.7Le (28)
dry-land turtle

```
3   1   1   6
2   1   3   2
1   3   1   1
0   2   1   0
```

060.7Lf (166)
gopher +

```
0   0   0   0
1   2   0   7
0   8  23  47
0   9  22  47
```

060.7Lg (20)
hard-shell +

```
1   0   1   1
1   0   3   2
2   3   0   1
1   0   0   4
```

060.7Lh (20)
highland +

```
0   1   0   0
4   0   2   3
1   1   3   0
0   2   1   2
```

060.7Li (41)
land +

```
2   1   1   2
8   1   4   1
2   0   1   1
4   3   1   9
```

060.7Lj (36)
land turtle

```
2   1   0   1
7   1   4   1
2   0   1   1
4   3   1   7
```

060.7Lk (487)
terrapin +

```
53  24  35  44
29  35  36  70
27  31  28  27
11  15  11  11
```

060.7Ll (114)
tortoise +

```
7   4   8   8
4   3  11  12
10  4   4   7
9   7   6  10
```

060.7Lm (178)
turtle +

```
12  4   8  16
17  4  14  10
18 10   4  13
10 15   7  16
```

060.8La (8)
crawdab

```
0   0   0   6
0   1   0   0
0   0   0   0
0   0   0   1
```

060.8Lb (160)
crawdad

```
42  5  11  16
3   8   7   5
18  3  10   5
7   5   5  10
```

060.8Lc (632)
crawfish

```
42  21  37  44
51  32  46  53
38  42  49  39
21  50  28  39
```

060.8Ld (106)
crayfish

```
13  6   4  15
3   5   5  10
5   3   5   8
5   3   5  11
```

060.9Pa (303)
<shrimp>

```
30  9  19  18
22  7  11  22
21 13  22  17
24 27  11  30
```

060.9Pb (127)
<srimp>

```
10  8   6   4
9   6   6  20
5   2  15   7
4   5   7  13
```

060.9Pc (25)
<swimp>

```
2   0   1   0
1   1   1   4
2   3   2   4
0   2   2   0
```

060.9Pd (182)
<{sh}rimp>

```
9   2   7  10
15  8  16  21
14 11  16  23
4  12   4  10
```

060.9Pe (91)
<{s}rimp>

```
10  4  10   5
8   5   4   7
3   3   9   8
4   3   3   5
```

060A.1La (22)
candle bug

```
4   1   0   0
3   2   1   1
0   1   1   2
2   1   1   2
```

060A.1Lb (284)
candle fly

```
24  16  23  17
10  19  30  35
8   23  24  20
1    6  11  17
```

060A.1Lc (36)
light bug

```
4   1   0   0
6   0   1   0
3   4   2   4
2   4   1   4
```

060A.1Ld (42)
miller

```
13  0   6  12
0   0   2   6
2   0   0   0
0   0   0   1
```

060A.1Le (363)
moth

```
24  11  17  26
24  12  24  30
20  13  28  30
22  32  19  31
```

060A.2Pa (79)
<maw(dh)s>

7	2	3	7
7	5	7	7
6	3	7	2
3	3	6	4

060A.2Pb (100)
<maw(dh)z>

10	3	7	19
2	2	5	7
9	12	5	6
3	3	1	6

060A.2Pc (62)
<mawdhz>

9	2	5	4
2	6	2	3
2	3	4	4
2	5	2	7

060A.2Pd (395)
<mawth>

33	9	29	37
38	12	16	27
20	24	20	36
15	29	14	36

060A.2Pe (116)
<mawths>

13	4	9	4
12	1	7	11
6	8	7	9
2	10	6	7

060A.2Pf (100)
<moth>

5	5	5	4
4	6	16	16
4	3	10	1
9	5	3	4

060A.2Pg (90)
<m{o}th>

10	2	8	4
6	5	7	4
11	5	7	5
5	6	1	4

060A.3La (149)
firefly

9	6	7	13
8	2	12	20
13	4	12	11
5	11	5	11

060A.3Lb (7)
glowworm

0	0	0	0
0	0	0	0
4	0	0	3
0	0	0	0

060A.3Lc (760)
lightning bug

69	30	45	55
50	39	53	78
44	41	55	67
27	41	26	40

060A.4La (277)
dragonfly

21	6	13	15
17	12	21	29
21	7	20	21
18	13	11	32

060A.4Lb (242)
mosquito hawk

13	2	0	1
36	1	2	4
12	13	19	39
9	40	21	30

060A.4Lc (58)
(mo)squito hawk

2	0	0	0
6	3	0	2
1	6	4	18
0	3	6	7

060A.4Ld (292)
mosquito hawk +

15	2	0	2
41	3	2	6
13	17	23	54
9	43	26	36

060A.4Le (276)
snake doctor

42	20	23	6
11	33	34	39
13	24	21	5
4	0	1	0

060A.4Lf (55)
snake feeder

2	1	6	41
0	0	0	5
0	0	0	0
0	0	0	0

060A.5La (199)
bee

21	4	9	16
13	8	14	23
8	12	11	14
12	11	6	17

060A.5Lb (203)
bumblebee

34	9	9	23
18	10	9	14
8	7	16	13
6	10	5	12

060A.5Lc (114)
honeybee

17	6	9	14
10	4	8	9
1	5	9	8
1	5	3	5

060A.5Ld (677)
hornet

51	25	40	52
48	38	46	60
38	40	55	50
23	40	28	43

060A.5Le (38)
sweat bee

4	7	6	9
0	5	4	2
0	0	1	0
0	0	0	0

060A.6La (27)
black wasp

1	1	1	2
4	2	5	0
5	2	0	2
1	1	0	0

060A.6Lb (498)
dirt dauber

52	15	32	31
46	23	28	42
36	38	34	45
8	24	21	23

060A.6Lc (47)
guinea (wasp)

2	0	0	0
8	1	2	4
1	7	6	5
0	4	3	4

060A.6Ld (70)
mud dauber

```
 7   0   2  12
 5   1   3   1
 8   0   0   0
14  11   3   3
```

060A.6Le (74)
red wasp

```
 9   1   4   1
13   5   4   5
 7   6   6   3
 4   5   0   1
```

060A.6Lf (806)
wasp

```
73  29  44  51
55  40  51  76
49  43  58  69
33  49  30  56
```

060A.6Lg (13)
wasper

```
 0   1   4   6
 1   0   0   1
 0   0   0   0
 0   0   0   0
```

060A.6Pa (64)
<waws(ps)>

```
 2   0   3   1
 8   5   5   5
 5   6   5   5
 2   7   1   4
```

060A.6Pb (58)
<wawsp>

```
10   4   3   3
 0   4   5   7
 2   3   2   5
 3   2   2   3
```

060A.6Pc (100)
<wawsp(s)>

```
10   1   5  10
 9   5   1  10
11   3   6   4
 3   9   5   8
```

060A.6Pd (82)
<wosp>

```
10   4   4   7
 1   6  11  12
 2   3   5   7
 2   2   1   5
```

060A.6Pe (102)
<wosp(s)>

```
 9   6   7   5
 3   5   7  10
10   6   8   9
 4   6   3   4
```

060A.6Pf (94)
<wosps>

```
 6   2   3  12
 4   2   7   5
 8   1   4   6
12   8   2  12
```

060A.7La (7)
yellow fly

```
 0   0   0   0
 0   0   0   0
 0   0   0   1
 0   1   3   2
```

060A.7Lb (688)
yellow jacket

```
53  23  44  48
50  34  48  61
45  40  53  50
24  45  29  41
```

060A.8Pa (163)
<mAskeetA=414>

```
11   7   6   7
12  11  11  12
10   8  13  14
 7  15   9  10
```

060A.8Pb (219)
<mAskeetAz=414>

```
19   9  12  10
13  15  14  15
13   7  17  25
 9  15  10  16
```

060A.9La (407)
chigger

```
60  25  43  48
18  22  33  44
29  11  16   7
21   6  10  14
```

060A.9Lb (429)
red bug

```
14   1   0   5
49  26  23  29
34  42  50  36
16  36  27  41
```

061.1La (7)
Georgia thumper

```
 0   0   0   0
 0   0   0   0
 0   0   0   0
 0   0   3   4
```

061.1Lb (755)
grasshopper

```
55  27  45  60
48  34  50  75
46  40  55  65
31  43  29  52
```

061.1Lc (145)
hoppergrass

```
 5   5   4   4
13  10   9  11
 9  13  14  11
 3   9  12  13
```

061.2La (662)
minnow

```
63  26  40  54
35  36  49  63
36  36  57  44
28  34  21  40
```

061.2Lb (86)
shiner

```
 6   1   1   0
15   1   3   2
 3   4   6   7
 0   9   9  19
```

061.3La (372)
cobweb

```
29  16  23  18
25  23  27  30
22  19  29  24
21  25  11  30
```

061.3Lb (556)
spider web

```
38  19  40  32
37  24  32  52
38  36  43  43
20  35  23  44
```

061.3Lc (213)
web

```
35   5   6  36
13   7  20  16
 6  10  15  13
 5  12   5   9
```

061.3Ld (684)
web +

58 23 43 55
45 27 45 63
40 41 52 49
23 42 27 51

061.4Pa (32)
<rewts>

0 0 1 4
3 2 2 6
1 3 2 3
1 0 2 2

061.4Pb (37)
<roots>

7 0 2 5
1 1 3 2
4 3 3 0
2 3 1 0

061.4Pc (554)
<ruets>

45 20 31 40
37 26 34 61
36 27 35 50
20 36 13 43

061.5La (328)
maple

28 18 19 28
19 12 28 43
21 8 24 17
13 13 9 28

061.5Lb (96)
sugar maple

12 6 15 14
 6 2 6 13
 4 2 6 4
 0 0 2 4

061.5Lc (28)
sugar tree

2 0 16 8
0 0 0 1
0 0 1 0
0 0 0 0

061.6La (23)
forest

0 3 2 2
2 0 0 3
1 1 4 1
2 0 0 2

061.6Lb (164)
grove

15 4 7 11
 8 11 7 18
11 7 11 9
10 9 8 18

061.6Lc (213)
grove +

17 4 11 15
 9 14 12 25
12 8 16 14
11 11 9 25

061.6Ld (26)
maple grove

1 0 4 2
0 1 4 8
0 1 2 1
0 0 1 1

061.6Le (23)
maple orchard

0 0 2 4
1 0 1 2
3 2 2 1
0 0 1 4

061.6Lf (44)
orchard

3 0 0 1
2 0 4 6
4 1 10 2
3 2 3 3

061.6Lg (77)
orchard +

4 0 4 8
5 0 5 10
7 3 13 3
3 2 4 6

061.7La (651)
sycamore (tree)

61 25 40 51
51 37 43 48
37 38 45 46
19 47 28 35

061.7Pa (59)
<sikAmoe[r]=143>

1 4 1 0
4 6 2 7
1 9 10 5
0 7 1 1

061.7Pb (58)
<sikAmoer=143>

9 3 2 2
3 1 10 3
8 3 1 1
1 5 1 5

061.7Pc (84)
<sikAm{oe}r=143>

16 5 4 2
 8 1 3 3
 9 2 3 3
 6 7 4 8

061.7Pd (67)
<sikIm{oe}[r]=143>

2 2 2 3
4 10 3 5
2 4 9 9
0 7 2 3

061.7Pe (92)
<sikIm{oe}r=143>

8 0 9 32
4 1 8 3
3 2 5 2
6 3 2 4

061.8La (69)
apple

4 3 3 7
4 5 8 8
4 3 9 5
1 3 0 2

061.8Lb (84)
ash

13 5 8 2
 6 5 5 0
 7 4 6 0
11 11 1 0

061.8Lc (26)
bay

2 0 0 0
4 0 0 1
0 2 3 4
0 2 2 6

061.8Ld (34)
beech

3 3 4 1
4 1 2 4
1 4 3 1
0 3 0 0

061.8Le (44)
birch

```
 4   4   2   5
 3   1   2   5
 4   0   1   2
 2   5   1   3
```

061.8Lf (21)
blackjack

```
 3   1   1   0
 0   2   2   1
 4   0   2   1
 1   1   1   1
```

061.8Lg (18)
bodock

```
 2   1   2   0
 2   5   0   0
 5   0   0   0
 1   0   0   0
```

061.8Lh (27)
catawba

```
 4   0   1   1
 6   2   1   3
 2   0   1   3
 0   1   2   0
```

061.8Li (176)
cedar

```
22   7  15  10
 9  10  12  13
12  14  15   6
 6  10   6   9
```

061.8Lj (52)
chestnut

```
 0   5   8  13
 0   5   4   5
 0   2   3   2
 0   1   3   1
```

061.8Lk (54)
chinaberry

```
 3   0   0   1
 3   3   2   1
11   0   7   8
 5   3   4   3
```

061.8Ll (21)
chinquapin

```
 4   0   1   2
 0   1   1   0
 2   2   2   3
 0   2   1   0
```

061.8Lm (97)
cottonwood

```
15   1   1   2
14   8   0   3
15   9   9   1
10   7   1   1
```

061.8Ln (22)
crape myrtle

```
 1   2   1   0
 2   1   1   0
 3   2   1   6
 0   2   0   0
```

061.8Lo (131)
cypress

```
10   7   0   0
23   9   1   2
 3   7   5  14
 3  23   6  18
```

061.8Lp (164)
dogwood

```
12   6  13  16
16   7  16  20
 8   9  10  13
 0   7   6   5
```

061.8Lq (177)
elm

```
38  12   7  15
10  12  12   7
18  11  11   3
12   8   0   1
```

061.8Lr (45)
fig

```
 0   1   0   0
 4   3   0   3
 6   3   3   4
 4   7   5   2
```

061.8Ls (76)
gum

```
12   6   0   0
10   4   2   2
 2  12   8   7
 0   7   3   1
```

061.8Lt (70)
gum, black

```
10   6   2   1
 6   1   4   9
 2   6   3   6
 0   3   6   5
```

061.8Lu (162)
gum, sweet

```
26   7   5   3
14   8  14  19
 9  12  20   7
 0   4   6   8
```

061.8Lv (55)
hackberry

```
 5   1   6   1
 5   2   0   0
12   2   5   0
13   3   0   0
```

061.8Lw (200)
hickory

```
24  11  22  19
15  11  14  20
13  10  18  10
 0   3   0  10
```

061.8Lx (46)
hickory nut

```
 6   3   5   1
 4   2   7   0
 1   6   4   4
 0   1   1   1
```

061.8Ly (25)
holly

```
 4   2   4   0
 4   1   0   3
 2   1   0   1
 0   0   0   3
```

061.8Lz (23)
locust

```
 3   1   2   4
 0   2   2   1
 3   3   0   0
 0   2   0   0
```

061.8Laa (79)
maple

```
10   5  12   9
 2   0   6   7
 3   3   9   5
 0   1   2   5
```

061.8Lab (35)
mesquite

```
 1   0   0   0
 2   0   0   0
 6   0   0   0
26   0   0   0
```

061.8Lac (57)
mimosa

9	1	1	7
3	1	2	3
12	2	6	2
2	5	0	1

061.8Lad (53)
mulberry

3	2	4	3
5	4	2	4
5	1	3	4
4	6	2	1

061.8Lae (551)
oak

52	19	23	35
43	23	38	40
37	39	45	39
17	40	23	38

061.8Laf (30)
oak, black

6	2	4	8
0	4	0	4
0	0	0	1
0	0	1	0

061.8Lag (55)
oak, live

1	0	0	0
7	0	0	0
1	3	1	7
10	11	4	10

061.8Lah (52)
oak, pin

11	3	0	1
14	2	1	0
8	3	1	0
2	6	0	0

061.8Lai (71)
oak, post

13	4	4	4
3	5	1	7
9	3	6	4
3	2	2	1

061.8Laj (120)
oak, red

18	8	8	6
13	4	9	13
7	7	9	8
0	6	3	1

061.8Lak (96)
oak, water

2	0	0	5
4	3	11	14
2	5	16	11
0	8	6	9

061.8Lal (132)
oak, white

18	7	7	13
10	8	8	13
5	8	13	6
2	8	2	4

061.8Lam (21)
orange

0	0	0	0
0	0	0	0
1	0	0	1
3	2	0	14

061.8Lan (27)
palm

2	0	0	0
0	0	0	0
2	1	0	3
3	2	2	12

061.8Lao (96)
peach

6	4	1	4
3	4	5	10
10	4	11	10
7	9	5	3

061.8Lap (70)
pear

1	1	1	4
6	8	4	4
10	2	10	5
1	4	4	5

061.8Laq (180)
pecan

10	6	2	1
20	10	13	10
19	13	15	14
12	15	10	10

061.8Lar (55)
persimmon

7	2	0	1
9	1	7	5
3	2	5	2
2	4	2	3

061.8Las (480)
pine

30	14	12	26
36	20	34	47
32	37	48	41
5	38	20	40

061.8Lat (28)
pine, longleaf(ed)

1	0	0	1
1	2	2	2
2	3	4	4
0	3	0	3

061.8Lau (52)
plum

0	3	0	1
4	6	3	2
5	4	6	6
2	4	4	2

061.8Lav (134)
poplar

4	13	16	17
2	8	9	26
2	13	14	5
0	5	0	0

061.8Law (36)
redbud

3	3	5	4
4	1	1	0
1	5	1	5
1	1	1	0

061.8Lax (26)
sassafras

5	1	2	1
7	0	0	0
0	3	1	0
0	4	1	1

061.8Lay (20)
sycamore

3	1	0	6
0	0	0	0
1	2	1	0
0	0	2	4

061.8Laz (68)
walnut

9	7	8	8
1	4	8	3
8	3	3	4
0	0	0	2

061.8Lba (110)
willow

16	2	3	3
15	6	9	7
6	10	7	2
5	18	0	1

061.8Lbb (30)
willow, weeping

5	0	2	2
0	2	3	0
4	1	1	0
3	5	0	2

062.1Pa (608)
<cherI=14>

49	24	32	42
38	25	46	55
41	32	46	45
24	42	23	44

062.2La (32)
poison sumac

2	1	0	1
1	1	5	2
5	0	0	4
1	1	3	5

062.2Lb (379)
sumac

46	16	27	49
24	22	26	37
16	24	18	20
10	16	11	17

062.2Pa (210)
<shuemaik=13>

31	12	18	26
15	11	11	14
7	22	16	5
3	9	5	5

062.2Pb (147)
<suemak=13>

7	6	10	14
9	10	10	16
10	2	8	10
7	10	4	14

062.3La (13)
bull nettle

2	0	0	0
0	0	1	0
7	0	0	0
3	0	0	0

062.3Lb (27)
ivy

1	2	2	0
0	1	2	5
3	2	2	3
0	2	0	2

062.3Lc (52)
poison ivory

0	2	2	7
2	1	1	6
3	4	3	3
2	7	4	5

062.3Ld (545)
poison ivy

45	20	32	37
33	24	37	51
36	22	46	41
22	37	22	40

062.3Le (496)
poison oak

39	19	34	39
33	28	39	54
29	29	41	31
10	30	19	22

062.3Lf (33)
poison sumac

1	1	0	1
1	2	6	2
5	0	0	4
1	1	3	5

062.3Lg (28)
poison vine

1	0	5	16
2	0	0	3
0	0	0	0
0	1	0	0

062.3Lh (29)
sumac

2	0	2	0
1	3	4	5
3	1	2	1
0	2	2	1

062.3Li (17)
thunderwood

0	0	0	0
0	0	1	9
0	0	4	3
0	0	0	0

062.3Sa (489)
|Q[F/M]B-|
[ɔʌɨ~ɔʌ•ə]

46	13	23	38
30	25	37	50
21	28	41	48
20	22	14	33

062.3Sb (125)
|Q[F/M]C-|
[ɔvɨ~ɔv•ə]

11	9	5	5
7	4	4	14
5	6	10	10
4	19	8	4

062.4Pa (119)
<strawberI=134>

10	5	5	6
9	2	10	7
5	8	8	8
5	11	10	10

062.4Pb (393)
<strawberIz=134>

30	14	20	30
26	24	20	41
21	22	30	28
14	28	15	30

062.5Pa (112)
<razberI=134>

3	1	4	6
14	3	7	9
9	6	9	4
7	12	9	9

062.5Pb (275)
<razberIz=134>

24	13	24	30
19	14	17	29
12	20	14	13
6	14	9	17

062.6Pa (63)
<poyz(A)nAs=14>

6	6	2	4
2	0	10	5
5	1	8	1
4	1	4	4

062.6Pb (326)
<poyzN(As)=14>

26	10	11	12
28	15	19	27
23	30	20	25
13	30	15	22

062.6Pc (116)
<poyzNAs=144>

15	7	5	4
4	7	3	15
9	4	2	5
12	9	1	14

062.6Pd (160)
<p{oy}zN(As)=14>

11	4	15	28
12	7	12	14
6	6	12	10
1	7	6	9

062.7La (20)
ivy

0	0	5	10
0	0	1	3
0	0	0	1
0	0	0	0

062.7Lb (74)
laurel

3	1	4	28
1	5	4	9
3	1	2	7
2	2	1	1

062.7Lc (144)
mountain laurel

3	3	13	18
1	2	17	27
4	3	14	11
7	4	9	8

062.8La (27)
azalea

0	0	0	2
3	1	1	3
3	3	3	1
1	2	1	3

062.8Lb (171)
rhododendron

4	5	12	33
4	7	10	31
6	6	10	13
2	9	7	12

062.9La (14)
bay +

1	0	0	0
3	0	0	0
0	4	3	1
0	1	1	0

062.9Lb (36)
cucumber +

3	1	6	10
2	2	3	0
0	7	2	0
0	0	0	0

062.9Lc (553)
magnolia

37	16	24	35
42	29	38	52
37	37	41	41
23	35	25	41

062.9Ld (644)
magnolia +

48	20	29	42
45	30	44	61
43	40	52	48
26	42	30	44

062.9Le (83)
magnolia tree

10	4	6	6
3	1	5	8
6	2	9	5
3	7	5	3

063.1La (28)
better half

1	0	1	0
2	2	2	1
3	1	5	1
1	4	2	2

063.1Lb (24)
boss

1	0	2	0
3	1	3	2
3	2	1	0
1	1	2	2

063.1Lc (793)
husband

62	26	45	57
50	35	50	76
51	43	56	66
35	50	32	59

063.1Ld (25)
man

3	1	1	4
2	1	3	3
1	1	0	2
1	0	2	0

063.1Le (186)
old man

9	0	17	5
19	6	14	10
10	12	14	17
12	18	10	13

063.1Lf (34)
spouse

1	0	2	1
2	0	6	7
0	0	4	3
3	2	1	2

063.1Sa (149)
|-f..| [ə$^{\delta}$~ʌ$^{\delta}$]

18	4	10	11
14	2	9	21
8	9	9	11
4	6	5	8

063.1Sb (259)
|-m..| [ɝ^{ə}~ʌ^{ə}]

16	9	5	14
19	20	16	28
13	18	21	38
5	16	6	15

063.2La (38)
better half

0	0	1	2
2	2	6	5
3	2	3	2
3	1	1	5

063.2Lb (20)
boss

0	0	3	0
2	0	1	1
7	1	0	1
2	0	0	2

063.2Lc (125)
housewife

12	3	9	3
8	7	7	12
7	3	11	11
7	6	5	14

063.2Ld (196)
old lady

14	1	9	6
23	5	12	17
12	12	13	16
14	19	11	12

063.2Le (37)
old woman

```
1  0  5  3
4  1  5  0
2  3  2  2
2  5  0  2
```

063.2Lf (25)
spouse

```
1  0  2  1
1  1  3  2
4  0  5  3
2  0  0  0
```

063.2Lg (816)
wife

```
66  32  46  51
56  45  47  75
49  45  59  62
34  59  31  59
```

063.2Lh (28)
woman

```
1  1  0  1
0  1  4  7
0  0  3  2
3  0  1  4
```

063.3La (724)
widow

```
63  22  40  58
48  29  48  62
42  39  57  53
32  50  28  53
```

063.3Lb (60)
widow woman

```
13  2  4  4
 5  3  2  1
 6  5  2  6
 1  1  2  3
```

063.3Pa (411)
<widA=14>

```
43  10  26  38
25  19  26  41
22  17  40  30
11  31  14  18
```

063.3Pb (60)
<widR=14>

```
 7  4  0  7
11  2  2  2
 3  4  2  4
 0  3  3  6
```

063.3Pc (178)
<widoe=13>

```
13   9   9  12
 9   7  11  12
15   8   7   5
21  11   7  22
```

063.3Sa (195)
|FF./-| [ʊ‹~ʊ‹ə]

```
17   6  13  16
18  11   8  12
18  14  12  14
10  11   2  13
```

063.3Sb (58)
|J../-| [o‹~o‹ʉ]

```
7  2  2  1
1  4  7  5
2  2  3  7
1  7  3  4
```

063.4La (72)
dad

```
20  1  1  3
 4  2  1  5
 6  3  1  7
 5  3  2  8
```

063.4Lb (239)
Dad

```
20  12  19  13
11   3  17  26
18   5  15  14
16  17  13  20
```

063.4Lc (283)
daddy

```
20  12  13  15
32  19  18  26
13  22  19  19
 9  24  10  12
```

063.4Ld (530)
Daddy

```
44  21  30  33
27  24  31  48
41  24  39  53
18  36  23  38
```

063.4Le (809)
father

```
59  28  43  57
49  39  47  81
46  43  61  72
38  55  32  59
```

063.4Lf (62)
Father

```
5  2  5  6
6  1  3  4
7  2  0  7
6  2  2  4
```

063.4Lg (32)
old man

```
0  0  3  1
0  2  1  1
2  2  3  2
2  5  5  3
```

063.4Lh (81)
Pa

```
 9  0  6   6
 1  2  6  12
10  3  2   9
 0  5  2   8
```

063.4Li (351)
Papa

```
22  10  14  11
29  17  21  36
21  28  26  33
22  29  11  21
```

063.4Lj (19)
Pappy

```
3  2  8  0
0  1  2  1
1  1  0  0
0  0  0  0
```

063.4Lk (47)
Pop

```
2  1  1  2
4  0  3  6
3  0  5  6
3  2  6  3
```

063.4Pa (293)
<fodhR=14>

```
34  10  17  44
18   5  27  22
18   8  11  14
18  12  11  24
```

063.4Pb (312)
<fodh[R]=14>

```
16  15  19   3
22  21  18  38
16  23  34  32
13  17   9  16
```

063.4Pc (107)
<fodh{R}=14>

```
8   4   7   6
1   8   4  11
8   4   7  13
5   8   5   8
```

063.4Pd (77)
<f{o}dh[R]=14>

```
0   1   2   0
7   3   1  11
4   7   6   9
2  13   6   5
```

063.4Sa (412)
|SA./-| [a~a˃ ə]

```
36  17  21  33
20  26  31  41
23  23  25  29
18  25  13  31
```

063.4Sb (311)
|SC./-| [a·~a˃·ə]

```
33  10  16  23
22  16  19  33
17  10  25  32
15  10  11  19
```

063.6La (97)
Ma

```
9   1   7   8
4   1   8  19
5   4   7  11
1   4   2   6
```

063.6Lb (552)
Mamma

```
39  13  27  23
40  23  31  55
32  37  41  52
28  47  27  37
```

063.6Lc (72)
mamma

```
4   3   2   1
6   3   3   8
2   7   6   9
2   7   4   5
```

063.6Ld (28)
Mammy

```
0   0  11   4
2   2   0   1
2   1   1   1
0   0   1   2
```

063.6Le (124)
Mom

```
6   3  10  10
9   1   9   6
10   2  10   4
12   8   6  18
```

063.6Lf (29)
mom

```
1   0   0   2
3   0   2   2
6   1   0   2
4   1   1   4
```

063.6Lg (25)
Mommy

```
3   1   1   4
0   0   1   2
2   0   2   1
0   3   1   4
```

063.6Lh (853)
mother

```
73  32  45  52
55  42  51  81
53  45  59  75
39  59  32  60
```

063.6Li (221)
Mother

```
29  10  13  18
11   7  17  26
16   6   8  13
9  18  11   9
```

063.6Pa (364)
<mudhR=14>

```
48  12  24  48
26  12  28  27
25   8  12  17
23  16   9  29
```

063.6Pb (390)
<mudh[R]=14>

```
16  14  15   3
27  30  18  48
18  31  38  45
12  34  20  21
```

063.6Pc (155)
<mudh{R}=14>

```
14   7  11   7
8   4   8  12
15  11  11  13
5  13   4  12
```

063.8Pa (417)
<parNts=14>

```
24  12  23  17
25  20  36  47
22  19  41  36
18  30  17  30
```

063.8Pb (160)
<perNts=14>

```
15  10   5  13
9   3   9  11
15   8   6  16
11   4   8  17
```

064.1La (15)
Big Daddy

```
0   0   2   1
0   0   1   1
0   1   6   2
0   0   0   1
```

064.1Lb (17)
granddaddy

```
0   0   0   0
1   2   1   3
1   2   3   1
0   1   1   1
```

064.1Lc (21)
Grandfather

```
4   1   0   1
0   1   3   1
2   0   1   2
3   1   0   1
```

064.1Ld (669)
grandfather

```
51  23  39  40
44  34  43  67
45  29  51  41
35  51  23  53
```

064.1Le (385)
Grandpa

```
31   9  19  32
34  18  24  30
24  17  28  30
20  29  10  30
```

064.1Lf (19)
Grandpapa

```
1   0   1   2
0   1   0   2
4   0   4   2
0   1   0   1
```

064.1Lg (107)
Papa

10	2	4	4
12	3	10	10
12	7	5	6
3	10	2	7

064.2La (20)
Big Mamma

0	0	2	1
2	0	0	4
3	2	4	2
0	0	0	0

064.2Lb (378)
Grandma

26	7	18	29
32	15	30	29
25	18	26	21
20	31	15	36

064.2Lc (49)
Grandmamma

1	1	4	1
0	1	0	8
5	2	6	10
1	2	1	6

064.2Ld (722)
grandmother

58	26	43	42
49	37	41	64
50	36	52	54
37	51	29	53

064.2Le (32)
Grandmother

7	1	2	4
4	1	1	2
4	1	0	3
2	0	0	0

064.2Lf (133)
Granny

8	2	7	11
4	3	11	21
6	6	9	15
4	8	7	11

064.2Lg (22)
Ma

3	0	5	1
3	0	3	0
0	2	3	0
0	1	0	1

064.2Lh (78)
Mamma

4	1	4	5
8	3	7	4
5	8	5	7
4	4	6	3

064.3La (21)
chaps

0	0	0	1
4	2	1	3
0	5	1	2
0	2	0	0

064.3Lb (804)
children

72	32	44	49
50	45	49	78
47	41	60	67
36	56	24	54

064.3Lc (30)
grandchildren

0	3	1	1
1	4	2	3
1	0	2	4
2	2	2	2

064.3Ld (518)
kids

58	23	30	30
44	27	26	31
41	18	33	30
28	43	16	40

064.3Le (160)
young ones

8	2	10	13
13	7	9	10
3	14	19	19
2	9	9	13

064.3Lf (35)
youngsters

5	3	3	0
0	2	3	2
4	2	2	0
2	2	3	2

064.4La (341)
nickname

26	17	11	24
27	20	24	30
22	16	30	25
18	22	10	19

064.4Lb (89)
pet name

7	0	4	5
10	3	5	5
10	6	9	5
6	6	4	4

064.5La (202)
baby buggy

39	10	16	16
15	8	21	5
15	12	11	4
10	15	4	1

064.5Lb (227)
baby carriage

12	9	11	22
11	6	14	34
10	9	22	23
6	15	5	18

064.5Lc (119)
buggy

12	4	4	9
16	9	14	6
13	10	6	2
5	3	2	4

064.5Ld (306)
buggy +

50	13	20	23
29	17	33	11
26	20	16	7
14	16	7	4

064.5Le (284)
carriage

12	6	15	16
6	8	12	43
15	7	23	45
9	19	16	32

064.5Lf (482)
carriage +

23	14	25	37
17	13	24	70
23	16	43	63
15	31	19	49

064.5Lg (20)
cart +

4	0	0	1
2	0	1	5
0	0	1	1
1	2	1	1

064.6La (188)
push

10	8	13	6
15	8	7	23
19	7	13	13
17	11	8	10

064.6Lb (227)
push +

14	8	18	8
16	11	9	28
20	8	18	17
17	13	11	11

064.6Lc (31)
ride [n.] +

3	0	0	3
0	3	4	7
0	2	2	4
0	0	1	2

064.6Ld (65)
ride [v.] +

1	1	6	6
4	3	7	13
0	1	5	11
0	3	0	4

064.6Le (93)
ride [v./n.] +

4	1	6	9
4	6	10	18
0	3	7	15
0	3	1	6

064.6Lf (119)
roll

5	1	12	14
10	2	8	11
7	7	6	12
2	7	7	8

064.6Lg (156)
roll +

9	3	15	15
12	3	10	14
9	9	10	17
3	8	7	12

064.6Lh (22)
roll around

1	2	1	0
1	0	1	2
1	2	2	4
1	1	0	3

064.6Li (35)
stroll [n.] +

3	2	2	1
2	4	2	4
0	0	3	4
0	1	3	4

064.6Lj (152)
stroll [v.] +

12	4	11	10
11	8	13	12
6	10	12	8
5	12	5	13

064.6Lk (185)
stroll [v./n.] +

15	6	13	11
13	12	15	16
6	10	14	11
5	13	8	17

064.6Ll (87)
take +

5	1	6	8
3	7	8	11
3	5	5	13
2	1	5	4

064.6Lm (34)
walk [n.] +

2	0	4	4
2	2	3	1
1	1	3	1
1	2	2	5

064.6Ln (92)
walk [v.] +

11	4	5	7
3	2	5	9
8	2	4	7
6	9	1	9

064.6Lo (123)
walk [v./n.] +

13	4	9	11
4	4	8	9
8	3	7	8
7	11	3	14

064.6Lp (27)
wheel +

3	1	0	6
0	1	4	2
2	0	1	3
1	0	1	2

064.7Ga (50)
most grown-up

1	0	6	13
1	0	2	7
1	2	9	2
0	3	2	1

064.7Gb (148)
oldest

10	10	3	3
7	8	10	24
5	9	12	18
6	5	1	17

064.8Pa (213)
<dawtR=14>

21	4	15	28
14	11	17	17
15	5	7	12
12	12	10	13

064.8Pb (58)
<dawtRz=14>

6	4	2	12
3	2	6	5
2	2	3	1
4	0	2	4

064.8Pc (212)
<dawt[R]=14>

4	8	10	3
19	14	7	29
14	20	17	21
7	22	7	10

064.8Pd (52)
<dawt[R]z=14>

4	1	0	0
2	3	3	7
0	3	7	8
0	4	5	5

064.8Pe (62)
<dawt{R}=14>

4	3	2	3
6	1	1	1
7	3	1	8
3	8	7	4

064.8Sa (87)
|Q..| [ɔ~ɔˇ]

6	2	8	4
11	3	2	7
2	3	3	9
9	7	4	7

064.8Sb (627)
|Q..-| [ɔɔ~ɔˇɔ^]

56	25	28	21
38	40	46	69
36	34	46	59
20	42	27	40

064.9Pa (60)
<gu[r]l>

4	2	1	0
3	3	4	10
3	4	7	7
2	5	2	3

064.9Pb (66)
<gu[r]{l}>

1	2	1	0
4	3	3	8
4	9	7	8
2	6	4	4

064.9Pc (156)
<gurl>

13	3	16	30
9	6	7	14
5	7	4	15
4	9	5	9

064.9Pd (83)
<gurlz>

11	4	8	6
4	4	3	4
2	2	9	6
5	5	3	7

064.9Pe (193)
<gur{l}>

16	10	7	13
20	9	11	14
19	6	13	12
11	13	6	13

064.9Pf (58)
<gur{l}z>

11	3	2	3
1	4	8	6
1	2	4	5
0	2	1	5

064.9Sa (177)
|L[F/M]./-|
[ɐˠ~ɐ·ˠ]

9	3	1	2
10	15	5	26
7	17	19	21
7	18	8	9

064.9Sb (466)
|M[E/L]./-| [ɚ~ɚ·]

45	24	34	56
28	21	35	39
27	10	23	29
23	26	12	34

065.1La (81)
big +

3	4	5	7
8	3	4	6
8	8	3	5
2	3	4	8

065.1Lb (20)
broke her leg

2	0	0	0
1	3	0	1
2	2	5	3
0	0	1	0

065.1Lc (25)
broken foot/leg +

3	0	0	0
2	3	0	2
2	3	5	3
0	1	1	0

065.1Ld (201)
expecting

22	9	12	9
10	7	11	15
18	9	18	9
15	13	10	14

065.1Le (161)
family way, in
a/the

17	6	6	5
13	12	11	11
13	12	14	8
7	13	6	7

065.1Lf (79)
have a baby,
going to

7	2	9	6
12	5	2	7
3	2	4	4
3	3	2	8

065.1Lg (44)
knocked up, (got)

7	1	3	2
5	2	0	1
4	2	2	0
5	3	1	6

065.1Lh (525)
pregnant

45	19	30	43
30	19	31	43
38	22	39	41
20	39	22	44

065.1Li (18)
pregnant [taboo/
crude]

0	1	3	0
1	1	0	1
3	1	1	0
2	2	1	1

065.1Lj (91)
pregnant [formerly
taboo]

5	1	6	1
15	6	3	3
6	14	3	2
7	7	6	6

065.1Lk (635)
pregnant +

50	21	39	44
46	26	34	47
47	37	44	43
29	48	29	51

065.1Ll (52)
pumpkin/water-
melon +

3	1	6	3
3	1	3	1
4	2	7	2
4	3	3	6

065.1Lm (30)
swallowed a pump-
kinseed

2	1	5	2
3	0	3	0
1	0	2	1
2	2	2	4

065.1Ln (52)
with child

5	1	3	3
1	0	3	5
5	3	9	3
1	4	1	5

065.2La (120)
granny

7	6	4	9
7	12	6	5
4	10	17	15
1	5	5	7

065.2Lb (192)
granny +

```
14 10  7 21
13 16  9 16
 5 13 21 22
 2  7  6 10
```

065.2Lc (77)
granny woman

```
 9  5  3 11
 6  7  2  9
 1  3  4 10
 1  2  2  2
```

065.2Ld (718)
midwife

```
53 24 31 51
42 33 43 73
45 37 53 71
31 49 30 52
```

065.3La (114)
acts (just) like

```
10  2  3 14
 6  4  7 14
 8  8  5  6
 9  3  6  9
```

065.3Lb (47)
chip off the old
block

```
 3  2  3  1
 4  1  1  2
 4  4  3  7
 2  6  1  3
```

065.3Lc (303)
favors

```
30 12 18 23
25 11 26 28
14 19 25 24
 6 14 13 15
```

065.3Ld (33)
image of

```
 2  0  1  5
 1  0  0  7
 3  1  2  3
 3  2  1  2
```

065.3Le (115)
just like

```
12  0  8  5
 7  7  6 10
10 11  5 14
 3 12  1  4
```

065.3Lf (70)
like

```
 4  2  4  3
 5  2  9  9
 6  7  5  8
 3  1  1  1
```

065.3Lg (230)
looks like

```
24  7 11 18
16  8  9 18
17 11 13 18
11 19  9 21
```

065.3Lh (217)
resembles

```
17  7 10 17
14  3 15 32
12 11 18 16
10 13  5 17
```

065.3Li (60)
spitting image

```
11  1  2  3
 2  0  4  2
 9  0  4  5
 3  6  2  6
```

065.3Lj (189)
takes after

```
35  3 19 12
18 11 10  9
 3  9  6 15
 9 11 10  9
```

065.3Lk (34)
way(s), his father's

```
 2  0  1  3
 4  1  1  5
 2  3  2  4
 0  3  2  1
```

065.4La (38)
born and raise(d)

```
 6  3  1  1
 5  1  1  3
 1  3  2  0
 1  3  3  4
```

065.4Lb (12)
born and rear(ed)

```
 0  1  1  1
 0  2  3  0
 0  0  2  1
 0  0  0  1
```

065.4Lc (74)
bring/brought up

```
 7  2  7  3
 3  5  2  5
 5  2  4 11
 4  6  2  6
```

065.4Ld (7)
mother(ed)

```
 0  0  1  0
 0  0  1  3
 0  0  0  0
 0  0  2  0
```

065.4Le (729)
raise(d) +

```
73 28 39 52
55 39 41 60
45 35 50 52
26 53 28 53
```

065.4Lf (64)
raise(d) up

```
10  2  5  6
 4  4  0  3
 6  3  0  9
 1  6  2  3
```

065.4Lg (180)
rear(ed) +

```
11  9 13  9
 6 11 19 25
11  6 19 17
 4  4  9  7
```

065.4Lh (17)
take/took care of

```
 4  1  2  0
 1  0  2  1
 2  0  1  0
 3  0  0  0
```

065.5La (57)
beating [n.]

```
 2  1  2  1
 4  1  7  5
 6  1  2  6
 5  2  3  9
```

065.5Lb (53)
licking [n.]

```
 6  3  4  5
 2  0  2  5
 1  2  3  2
 1  4  3 10
```

065.5Lc (33)
paddling [n.]

```
2  0  1  4
2  3  2  4
3  0  4  2
3  0  1  2
```

065.5Ld (38)
spank [v.]

```
2  0  2  0
1  2  4  5
5  4  3  3
3  3  0  1
```

065.5Le (408)
spanking [n.]

```
34  14  29  20
31  13  31  32
25  20  32  26
20  24  19  38
```

065.5Lf (31)
switching [n.]

```
3  1  0  1
3  1  3  5
3  0  5  2
0  0  3  1
```

065.5Lg (20)
thrashing [n.]

```
3  0  1  2
0  0  2  3
2  2  1  1
0  1  0  2
```

065.5Lh (135)
whip [v.]

```
13   8   9   8
10  11   7  12
 7   6  13  15
 0   7   4   5
```

065.5Li (476)
whipping [n.]

```
38   9  30  35
36  16  28  42
35  23  37  40
25  28  22  32
```

065.6Ga (542)
<!groe>

```
39  20  27  29
40  28  29  54
32  33  42  41
29  37  20  42
```

065.6Gb (57)
<&groez>

```
3  1  3  2
4  5  6  4
1  4  3  8
3  3  3  4
```

065.6Gc (51)
<@groeN=14>

```
6  1  1  1
8  4  2  4
2  1  7  3
3  5  0  3
```

065.6Gd (24)
<*grew>

```
1  0  1  2
1  1  2  2
4  0  1  5
1  1  1  1
```

065.6Ge (209)
<*groed>

```
20   9   9  13
27  10   8  16
17  10  10  23
 2  13   9  13
```

065.6Gf (480)
<*grue>

```
44  19  23  27
29  23  25  53
35  21  34  35
29  34  15  34
```

065.6Gg (23)
<#grawn>

```
1  0  0  2
2  2  3  2
2  1  0  2
1  0  0  5
```

065.6Gh (154)
<#groed>

```
12   3  13  13
15   4   8  12
 8  12  11  19
 1   9   6   8
```

065.6Gi (587)
<#groen>

```
48  23  28  28
38  27  35  65
38  26  47  54
31  34  21  44
```

065.7La (500)
bastard +

```
27  19  36  35
38  27  33  52
26  26  31  36
16  37  19  42
```

065.7Lb (40)
bastard child

```
3  4  2  0
2  1  2  5
2  5  2  2
1  6  0  3
```

065.7Lc (21)
born out of wedlock

```
0  1  0  2
2  1  1  2
1  0  2  3
1  3  1  1
```

065.7Ld (227)
illegitimate

```
15   6  12  13
13   7  14  25
14  12  13  31
 7  14  13  18
```

065.7Le (321)
illegitimate +

```
23   9  19  20
19  12  21  31
24  18  23  36
 9  18  14  25
```

065.7Lf (28)
(il)legitimate +

```
3  0  2  3
0  1  0  2
0  3  3  4
1  2  0  4
```

065.7Lg (84)
illegitimate child

```
6  2   7  6
5  5   6  7
8  6  10  3
2  3   1  7
```

065.7Lh (57)
out of wedlock +

```
2  3  3  3
5  3  3  6
3  2  3  4
5  5  2  5
```

065.7Li (11)
outside child

1	0	0	0
1	2	0	0
0	3	2	0
1	0	1	0

065.7Lj (100)
wood(s) colt +

11	6	13	14
9	6	4	4
6	6	3	4
1	4	4	5

066.1Ga (18)
lovinger

0	0	1	1
1	0	1	4
2	2	2	3
0	0	0	1

066.1Gb (148)
more loving

2	4	20	11
11	2	7	22
7	2	15	17
9	5	4	10

066.2Pa (175)
<nefew=13>

20	6	9	6
12	4	16	16
13	13	11	10
8	10	8	13

066.2Pb (397)
<nefyue=13>

37	15	29	41
26	11	26	28
21	21	30	31
21	19	14	27

066.3La (24)
motherless child

0	0	1	1
1	1	1	2
1	2	3	6
1	2	0	2

066.3Lb (681)
orphan

67	22	40	57
41	32	40	60
46	31	52	40
31	39	28	55

066.3Lc (72)
orphan child

6	3	1	1
8	7	6	1
2	10	8	6
0	8	2	3

066.3Pa (109)
<aw(r)fN=14>

5	2	6	5
4	5	8	14
6	11	12	14
2	3	8	4

066.3Pb (52)
<aw[r]fN=14>

1	1	0	7
1	0	5	3
1	5	7	7
0	11	1	2

066.3Pc (86)
<awrfN=14>

16	5	7	8
4	1	2	6
8	0	3	2
8	6	2	8

066.3Pd (77)
<{oe}[r]fN=14>

2	2	6	1
4	8	3	10
0	3	11	6
0	7	5	9

066.3Pe (182)
<{oe}rfN=14>

25	3	12	23
10	7	15	9
9	9	10	7
9	9	7	18

066.4La (74)
foster (parent) +

8	6	3	6
1	3	8	13
3	2	3	5
3	3	1	6

066.4Lb (29)
god(parent) +

2	0	1	0
3	0	2	3
3	1	3	0
2	4	3	2

066.4Lc (710)
guardian +

66	28	41	59
42	29	48	61
43	42	54	45
30	43	28	51

066.4Pa (151)
<gordIN=144>

20	3	12	2
9	4	12	14
11	3	13	8
8	6	5	21

066.5La (126)
family

13	4	8	3
12	6	9	19
11	1	9	8
5	4	6	8

066.5Lb (101)
folks

19	5	9	4
8	7	5	3
6	5	5	3
4	5	6	7

066.5Lc (63)
kin

7	2	5	4
4	1	5	7
4	5	5	2
3	1	3	5

066.5Ld (54)
kin people

5	2	2	0
6	2	3	4
3	4	5	8
0	6	1	3

066.5Le (372)
kinfolks

39	13	18	20
36	17	21	26
24	26	36	19
20	20	17	20

066.5Lf (185)
people

14	6	5	7
13	11	9	16
12	15	15	10
7	19	13	13

066.5Lg (38)
relations

```
2  0  2  3
5  0  3  4
4  1  2  1
1  5  0  5
```

066.5Lh (468)
relatives

```
39 19 34 37
22 20 32 38
28 29 34 31
21 33 14 37
```

066.6La (413)
no kin

```
37 12 32 34
32 18 26 27
32 27 27 25
18 24 23 19
```

066.6Lb (209)
no relation(s)

```
29  6 11 15
16  7 13 15
12 10 14 12
 5 19  9 16
```

066.6Lc (26)
not any kin

```
3  1  1  2
2  1  4  4
0  2  1  3
0  1  0  1
```

066.6Ld (22)
not kin

```
2  2  1  1
4  0  2  2
0  2  4  0
1  0  0  1
```

066.6Le (129)
not related

```
8  6 10  4
5  5  8 15
5  2 12 11
9 13  2 14
```

066.7La (149)
foreigner

```
15  1 13  5
 9  5  9  8
12  6 11 13
12 12 10  8
```

066.7Lb (54)
newcomer

```
16  0  5  1
 2  2  3  5
 2  0  4  2
 3  0  2  7
```

066.7Lc (605)
stranger

```
50 19 33 39
45 25 30 51
43 33 52 42
26 45 21 51
```

066.7Ld (55)
Yankee +

```
4  0  3  3
3  3  4  4
4  1  5  6
5  5  2  3
```

067.1Pa (301)
<mairI=14>

```
16  9 19  3
16 14 23 52
 7 29 41 43
 2 11  7  9
```

067.1Pb (410)
<merI=14>

```
52  9 22 29
29 13 22 32
29 14 14 26
23 36 21 39
```

067.1Sa (208)
|GB./-| [eɪ~eˇ]

```
14 10 12  6
 8 10 17 34
 7 20 20 27
 2 10  3  8
```

067.1Sb (135)
|GG./-| [e·ɪ~eˇ·]

```
 5  2  7  1
10  7 11 21
 2 13 25 20
 1  1  6  3
```

067.2Pa (80)
<mo(r)thA=14>

```
4  1  7  0
3  3  7 13
6  7 10  9
1  1  3  5
```

067.2Pb (76)
<mo[r]thA=14>

```
1  2  6  5
4  4  6 11
2  2 15  6
0  5  1  6
```

067.2Pc (226)
<morthA=14>

```
31 10 19 23
10  6 18 19
11  5  6 14
13 10  7 24
```

067.2Pd (58)
<mo{r}thA=14>

```
7  5  1  2
2  4  4  3
8  3  3  2
4  3  4  3
```

067.2Pe (51)
<m{o}thA=14>

```
6  0  3 12
5  0  2  0
6  3  2  4
4  0  1  3
```

067.3Pa (96)
<nelI=14>

```
18  2  7  2
 5  3  5  4
 7  1  4 11
 3  6  5 13
```

067.3Pb (458)
<ne{l}I=14>

```
42 16 30 37
23 18 37 51
22 26 37 33
17 26 19 24
```

067.3Sa (280)
|KAE/-| [ɛ>~ɛ>ə]

```
22 10 15  8
19 16 17 30
12 16 19 31
11 28  5 21
```

067.3Sb (194)
|K.[B/F]/-|
[ɛ^~ɛˢ]

```
20  6  6 17
12 13 16 13
 8  8 22 21
 4 12  7  9
```

067.4Pa (139)
<billI=14>

11	4	9	2
16	5	9	8
14	5	10	9
7	12	3	15

067.4Pb (496)
<bi{l}I=14>

42	9	29	29
31	20	28	51
31	35	41	50
23	28	25	24

067.5Pa (71)
<math(y)ue=13>

4	2	8	8
2	5	7	15
7	2	9	1
1	0	0	0

067.5Pb (171)
<mathew=13>

17	7	10	8
10	8	15	21
11	8	11	11
3	10	11	10

067.5Pc (337)
<mathyue=13>

30	7	17	34
20	10	21	25
21	17	27	30
16	20	15	27

067.6La (15)
schoolma'am

0	1	0	2
2	2	2	3
1	0	1	1
0	0	0	0

067.6Lb (180)
schoolmarm

14	7	17	18
8	8	9	18
12	7	16	10
9	7	6	14

067.6Lc (22)
schoolmistress

2	0	1	0
3	1	2	2
1	0	2	5
1	0	1	1

067.6Ld (310)
schoolteacher

25	7	18	13
23	17	14	27
17	17	28	29
13	23	11	28

067.6Le (409)
teacher

27	23	26	15
30	24	27	37
34	19	30	24
20	25	14	34

067.7APa (213)
<mi(sI)z>

17	4	11	4
16	15	12	21
15	13	24	25
10	8	6	12

067.7APb (63)
<mis(Iz)>

7	3	2	3
7	1	7	1
2	2	5	4
3	5	2	9

067.7APc (53)
<misIz=14>

1	1	2	4
2	0	5	5
5	0	1	5
5	8	2	7

067.7APd (284)
<mizIz=14>

23	13	19	15
18	9	22	29
18	21	20	15
15	16	13	18

067.7BPa (145)
<koopR=14>

17	7	11	21
10	1	17	7
13	2	6	5
6	7	6	9

067.7BPb (117)
<koop[R]=14>

1	3	9	0
8	6	10	14
5	18	11	12
2	7	6	5

067.7BPc (51)
<koop{R}=14>

2	3	3	0
5	2	1	5
6	2	3	5
1	6	3	4

067.7BPd (153)
<kuepR=14>

15	5	13	7
8	6	11	8
9	6	10	8
13	7	6	21

067.7BPe (90)
<kuep[R]=14>

1	1	3	1
5	4	5	10
5	6	18	8
1	9	6	7

067.7BPf (54)
<kuep{R}=14>

2	1	7	1
4	1	3	2
4	0	4	3
5	6	6	5

067.8La (35)
jack-of-all-trades

4	1	1	0
3	1	2	3
2	1	2	4
2	2	3	4

067.8Lb (116)
jackleg

13	4	5	5
7	6	6	11
7	12	9	4
2	11	6	8

067.8Lc (531)
jackleg(ged) +

46	19	29	45
39	31	35	45
27	37	48	34
10	39	24	23

067.8Ld (221)
jackleg carpenter

20	6	3	19
31	18	13	7
18	10	16	15
4	26	7	8

067.8Le (32)
jackleg doctor

```
2  2  6  1
1  2  0  2
0  4  6  2
1  2  0  1
```

067.8Lf (91)
jackleg lawyer

```
5  7  8 16
5  9  3 11
1  4 10  9
1  2  0  0
```

067.8Lg (38)
jackleg mechanic

```
6  1  6  2
1  1  3  1
3  1  0  1
2  4  5  1
```

067.8Lh (286)
jackleg preacher

```
20 15 20 37
15 15 23 28
10 24 30 19
 3  7 11  9
```

067.8Li (23)
lay preacher

```
1  1  1  1
1  1  1  3
3  1  0  2
2  1  2  2
```

067.8Lj (21)
layman

```
1  0  0  5
0  0  3  5
1  1  2  0
0  1  0  2
```

067.8Lk (51)
shade-tree +

```
6  2  5  2
4  1  4  0
8  4  4  1
0  3  5  2
```

067.8Ll (42)
shade-tree mechanic

```
6  2  4  2
4  1  2  0
6  2  4  1
0  3  5  0
```

067.8Lm (6)
stumpknocker
(preacher)

```
0  0  0  0
0  0  0  1
0  0  0  3
0  0  0  2
```

067.8Sa (59)
|-e..| [oɪ~ɔɪ]

```
4  3  1  6
4  3  3  8
2  1  2 14
2  2  0  4
```

067.8Sb (27)
|-m..| [oə~ɔə]

```
0  1  0  5
3  2  2  3
0  1  1  3
0  2  1  3
```

067.9Pa (178)
<ant>

```
25  9  8  8
 4 12 11 22
 9  5  8 18
12 12  6  9
```

067.9Pb (60)
<ont>

```
1  4  4  1
1  2  3  5
2  3  6 11
2  4  3  8
```

067.9Pc (59)
<yoorant=31>

```
5  0  3  3
0  1  7  4
7  0  4  3
3  4  4 11
```

067.9Pd (85)
<{a}nt>

```
11  4  3 12
 5  6  5  8
 2  5  5  8
 4  5  2  0
```

068.1Pa (295)
<sairA=14>

```
18 10 25  6
14 18 27 50
 8 21 35 29
 1 11  9 13
```

068.1Pb (231)
<serA=14>

```
25  8 10 17
20  4 12 11
20  8 11  8
18 16 13 30
```

068.2APa (457)
<unkL=14>

```
40 16 28 10
34 24 31 41
33 25 39 36
23 26 15 36
```

068.2APb (119)
<unk[L]=14>

```
13  5  2  0
 7  9  6 10
 6 12 13  8
 3  8  3 14
```

068.2APc (172)
<unk{L}=14>

```
 9 10 11 21
14  9  2  9
11  9 16  8
 9 16  8 10
```

068.2BPa (87)
<wi(l)yM=14>

```
5  3  3  2
5  3  5  4
4  8  8  6
0  9  7 15
```

068.2BPb (292)
<wi{l}yM=14>

```
19  2 19 23
27 20 17 21
26 18 19 17
12 24  9 19
```

068.2CPa (461)
<jon>

```
39 14 31 27
31 22 30 40
41 25 34 28
20 28 16 35
```

068.2CPb (63)
<j{o}n>

```
2  0  2  8
9  1  1  3
3  7  5  9
2  7  2  2
```

068.2Sa (601)
|S[A/C]./-| [a~a·]

57 25 33 44
30 36 38 49
37 31 43 48
26 33 26 45

068.2Sb (177)
|.[D/K/O/X]./-|
[ã~ã·]

13 4 8 9
18 10 10 21
10 8 10 10
10 18 4 14

068.3Pa (56)
<jen(r)L=14>

4 1 3 4
6 3 3 6
3 5 6 2
2 3 1 4

068.3Pb (62)
<jenArL=144>

5 0 2 5
3 2 6 11
3 4 4 5
1 4 0 7

068.3Pc (233)
<jenrL=14>

15 6 18 24
13 8 13 19
11 14 15 21
15 14 9 18

068.3Pd (121)
<jinrL=14>

13 5 8 8
9 4 10 11
5 3 10 7
5 11 4 8

068.4Pa (136)
<ku[r]nL=14>

6 3 5 3
7 5 6 20
5 20 18 11
2 11 8 6

068.4Pb (404)
<kurnL=14>

48 16 29 47
27 13 28 23
26 12 23 23
20 21 14 34

068.4Pc (95)
<ku{r}nL=14>

7 4 4 3
11 7 3 7
7 5 6 10
6 8 2 5

068.5Pa (85)
<kap(t)M=14>

6 2 0 5
9 5 3 5
1 10 4 5
2 8 9 11

068.5Pb (615)
<kaptN=14>

59 17 38 51
43 22 40 42
41 32 44 40
28 45 24 49

068.6Pa (487)
<juj>

42 12 33 43
29 15 35 46
32 18 30 43
20 35 21 33

068.6Pb (91)
<ju{j}>

10 2 2 6
10 5 9 5
4 4 4 12
4 5 2 7

068.6Pc (88)
<j{u}j>

7 5 5 6
5 2 0 12
6 9 11 2
6 7 1 4

068.7La (26)
college student

2 2 3 1
3 0 0 1
1 1 3 1
2 1 0 5

068.7Lb (194)
pupil

19 7 13 23
8 6 14 22
12 9 17 16
5 7 2 14

068.7Lc (92)
scholar

2 2 5 0
8 10 6 12
5 5 13 12
4 4 0 4

068.7Ld (19)
schoolchild

1 0 2 1
0 0 0 2
1 0 5 0
2 1 1 3

068.7Le (679)
student

51 21 39 56
41 28 50 65
44 37 49 38
31 51 32 46

068.7Pa (169)
<stewdNt=14>

9 5 7 21
9 5 19 22
7 11 20 8
5 9 6 6

068.7Pb (277)
<stuedNt=14>

28 8 12 23
14 7 15 19
15 13 18 18
22 18 15 32

068.7Pc (99)
<styuedNt=14>

5 5 9 6
8 6 7 12
7 8 8 4
2 9 3 0

068.8Pa (113)
<sek(r)AterI=1434>

6 2 3 1
9 7 5 18
5 7 13 11
3 11 4 8

068.8Pb (118)
<sek(r)IterI=1434>

9 5 9 15
6 7 8 11
5 6 7 11
1 3 6 9

068.8Pc (75)
<sekrAterI = 1434>

2	1	7	2
5	3	4	6
3	3	8	4
4	8	4	11

068.8Pd (219)
<sekrIterI = 1434>

23	5	13	22
10	7	23	18
13	8	14	19
11	12	8	13

069.1La (48)
actor [female]

3	0	4	5
8	2	0	4
1	6	4	3
2	3	1	2

069.1Lb (562)
actress

54	18	30	32
34	17	41	58
41	23	45	39
27	38	19	46

069.1Lc (30)
movie star

1	2	1	1
3	1	2	4
0	1	3	6
0	1	1	3

069.1Ld (19)
star

2	1	0	1
0	1	1	2
0	3	1	1
0	1	0	5

069.1Pa (441)
<aktrIs = 14>

44	12	24	21
26	15	34	43
33	18	34	31
23	31	18	34

069.2Pa (55)
<(A)merIkN = 144>

4	1	4	7
4	3	3	13
1	1	7	3
0	2	0	2

069.2Pb (64)
<AmerAkN = 4144>

4	2	4	0
3	1	5	9
7	4	4	5
4	8	0	4

069.2Pc (328)
<AmerIkN = 4144>

36	6	22	41
19	7	17	29
18	15	21	24
15	16	9	33

069.3La (29)
African

1	1	1	3
5	0	3	4
1	4	2	1
1	1	1	0

069.3Lb (17)
Afro-American

0	0	3	3
1	0	1	0
4	0	1	0
2	0	1	1

069.3Lc (350)
black

28	16	22	17
19	15	20	23
28	14	25	25
21	27	17	33

069.3Ld (48)
black man

7	4	4	4
2	1	1	6
4	3	3	2
1	4	2	0

069.3Le (120)
black person/people

6	2	7	8
13	3	8	12
12	8	7	7
3	13	4	7

069.3Lf (21)
black race

2	1	0	0
2	1	0	3
1	3	0	4
0	0	2	2

069.3Lg (247)
colored(s)

28	8	5	16
18	8	13	18
20	11	17	20
14	19	15	17

069.3Lh (55)
colored folk(s)

8	1	2	2
3	5	3	4
3	3	5	6
1	5	2	2

069.3Li (59)
colored man

1	4	3	6
2	2	4	4
5	2	3	5
1	8	4	5

069.3Lj (261)
colored person/people

23	11	13	14
25	13	7	28
12	14	21	22
7	23	8	20

069.3Lk (25)
colored woman

3	1	2	0
2	0	0	0
2	3	3	2
0	3	1	3

069.3Ll (69)
coon

2	0	4	7
3	1	7	4
7	5	4	2
2	7	8	6

069.3Lm (79)
darky

6	2	9	8
4	2	4	5
5	5	7	5
4	6	3	4

069.3Ln (16)
jigaboo

2	0	0	1
1	0	1	1
4	1	0	0
0	3	0	2

069.3Lo (18)
jungle bunny

0	0	1	3
1	0	1	0
3	1	3	1
1	0	2	1

069.3Lp (632)
Negro

46	24	36	46
38	34	38	67
41	32	49	52
32	36	20	41

069.3Lq (667)
nigger

60	23	35	45
51	37	33	56
50	37	42	48
32	51	26	41

069.3Lr (27)
nigger woman

3	1	4	3
0	3	1	1
2	3	2	0
2	1	0	1

069.3Ls (32)
spade

1	2	3	3
1	2	0	0
3	1	1	2
1	4	4	4

069.3Lt (11)
spook

1	0	0	1
1	0	0	0
3	0	0	1
1	1	1	1

069.3Lu (19)
Uncle

0	3	1	0
0	4	0	0
0	3	1	1
1	2	0	3

069.3Pa (157)
<neegroe=13>

14	7	4	24
9	2	8	17
7	5	13	6
10	12	4	15

069.3Pb (50)
<neegroez=13>

2	1	9	5
4	0	1	7
4	1	2	4
4	4	2	0

069.3Pc (100)
<nigrA=14>

6	1	3	3
5	13	13	11
3	6	10	11
3	5	3	4

069.3Pd (59)
<nigrAz=14>

2	1	2	2
4	6	4	10
5	3	2	11
3	1	2	1

069.3Pe (165)
<nigroe=13>

11	7	5	8
6	6	13	17
20	8	13	12
11	9	7	12

069.3Pf (56)
<nigroez=13>

5	2	6	1
1	0	4	7
4	4	5	7
2	2	3	3

069.4La (10)
Anglo-Saxon

3	0	0	0
2	0	1	0
2	0	0	1
0	0	0	1

069.4Lb (21)
Anglos

0	0	0	0
0	0	0	0
5	0	0	0
16	0	0	0

069.4Lc (169)
Caucasian

10	6	12	10
6	6	15	20
17	4	12	9
9	12	3	18

069.4Ld (43)
cracker

0	0	0	1
1	3	0	7
3	3	5	4
2	3	5	6

069.4Le (61)
cracker +

1	1	1	1
2	3	1	9
3	5	6	6
2	5	6	9

069.4Lf (11)
gringo/gringa [S]

0	0	0	0
0	0	0	0
1	0	0	0
10	0	0	0

069.4Lg (10)
peck

0	2	0	0
0	0	2	1
0	0	3	0
0	0	2	0

069.4Lh (56)
peckerwood

8	4	2	0
6	11	0	1
7	5	1	1
2	4	2	2

069.4Li (46)
red-neck

0	1	5	0
3	7	1	4
0	1	6	5
1	4	3	5

069.4Lj (401)
white [adj.]

34	15	22	13
30	17	28	27
31	24	30	34
22	29	14	31

069.4Lk (74)
white folk(s)

3	3	2	1
7	10	1	8
5	7	4	8
2	7	2	4

069.4Ll (82)
white man

4	4	2	5
4	13	2	4
4	7	7	8
1	7	3	7

069.4Lm (218)
white person/people

16	6	13	3
23	15	10	23
16	13	15	18
4	17	12	14

069.4Ln (43)
white race

2	2	2	3
7	1	1	4
5	2	2	5
1	3	2	1

069.4Lo (85)
whites

3	4	8	3
7	3	7	9
3	2	5	8
5	5	6	7

069.4Lp (41)
Whitey

1	1	3	1
1	2	2	0
3	1	5	3
4	1	5	8

069.5La (21)
bright +

1	2	0	0
3	1	1	2
3	2	2	1
0	1	2	0

069.5Lb (12)
Cajun

0	0	0	1
3	0	0	0
3	0	2	0
0	0	3	0

069.5Lc (27)
Creole

1	0	1	0
7	0	0	1
5	1	0	1
0	4	5	1

069.5Ld (11)
free jack

0	0	0	0
0	0	0	0
0	0	0	0
0	11	0	0

069.5Le (89)
half-breed

5	3	3	4
5	5	5	7
9	3	7	5
12	7	6	3

069.5Lf (64)
high yellow

5	2	5	3
2	4	7	4
7	2	4	5
0	5	6	3

069.5Lg (44)
mix breed

1	2	3	0
4	0	1	3
6	3	2	5
0	8	3	3

069.5Lh (37)
mixed [adj.]

2	1	4	1
3	1	4	3
4	2	3	2
1	1	2	3

069.5Li (24)
mixed breed

1	2	0	1
1	0	0	5
2	2	3	2
2	1	2	0

069.5Lj (241)
mulatto +

9	7	10	12
26	11	15	20
17	11	20	15
13	28	9	18

069.5Lk (28)
octoroon

0	1	0	1
4	0	2	0
5	2	2	2
1	6	2	0

069.5Ll (21)
quadroon

0	1	0	0
3	0	1	0
4	1	2	3
0	6	0	0

069.5Lm (29)
yellow +

6	0	2	0
2	0	1	2
1	2	4	0
2	4	1	2

069.6La (23)
Boss

2	1	1	0
5	0	1	0
2	3	1	3
0	3	1	0

069.6Lb (245)
boss

15	13	15	7
20	15	14	25
18	16	23	11
10	21	5	17

069.6Lc (80)
boss man

5	1	2	2
8	3	4	7
3	9	11	10
0	4	3	8

069.6Ld (18)
Cap

1	1	1	1
2	1	0	1
2	4	0	0
0	3	0	1

069.6Le (25)
Captain

0	1	1	1
2	3	0	1
2	2	4	4
0	1	0	3

069.6Lf (43)
captain

2	0	0	0
4	0	1	3
6	10	5	1
1	6	2	2

069.6Lg (21)
employer

```
1  0  0  2
1  1  4  1
2  0  2  3
0  2  0  2
```

069.6Lh (98)
master

```
 5  1 13  4
10  7  7  8
 8  7  4  6
 5  7  0  6
```

069.6Li (130)
Mister

```
13  8  7  3
 7 13  6  7
 8  5 17 11
 9 10  0  6
```

069.7La (24)
bums

```
1  1  2  3
5  0  0  2
1  0  2  0
1  3  1  2
```

069.7Lb (39)
crackers +

```
0  1  2  2
0  1  2  9
0  2  3  7
1  0  3  6
```

069.7Lc (16)
Georgia Crackers

```
0  0  1  2
0  0  1  5
0  0  1  4
0  0  0  2
```

069.7Ld (46)
lazy

```
8  1  1  3
0  0  2  8
2  1  2 12
2  1  1  2
```

069.7Le (26)
no-(ac)count +

```
1  0  4  2
4  3  0  1
0  1  2  1
2  3  0  2
```

069.7Lf (25)
no-good

```
4  3  2  1
2  0  3  1
0  0  0  2
1  3  2  1
```

069.7Lg (19)
peckerwoods

```
2  1  2  1
4  3  0  0
1  3  0  0
1  1  0  0
```

069.7Lh (22)
poor people

```
3  0  3  1
2  0  0  3
2  1  2  3
0  2  0  0
```

069.7Li (120)
poor white trash

```
10  5  5  8
10  3 13 13
 8  4  4  7
 9  4  5 12
```

069.7Lj (30)
poor whites

```
1  1  4  4
0  2  2  3
2  1  1  4
2  3  0  0
```

069.7Lk (36)
red-necks

```
2  1  0  4
2  2  4  3
4  3  1  3
0  2  1  4
```

069.7Ll (22)
sorry

```
1  0  1  4
0  1  1  3
1  1  3  2
0  1  1  2
```

069.7Lm (88)
trash

```
12  3  7 12
 9  2  2  4
 7  6  4  6
 4  5  3  2
```

069.7Ln (19)
trifling +

```
3  1  2  4
1  1  0  1
0  2  0  0
1  1  1  1
```

069.7Lo (162)
white trash

```
17  4 12  6
 8  5 11 14
16  8 11  7
16 13  3 11
```

069.8La (42)
cracker +

```
0  1  0  1
2  1  1  6
4  4  5  6
0  3  1  7
```

069.8Lb (41)
peckerwood

```
2  1  1  3
5  3  2  2
3 11  2  1
1  3  1  0
```

069.8Lc (59)
poor white trash

```
5  2  3  1
5  3  7  6
6  3  2  2
3  4  3  4
```

069.8Ld (29)
red-neck

```
1  2  0  1
3  2  2  0
0  7  2  2
1  4  0  2
```

069.8Le (32)
trash

```
2  0  1  2
5  1  0  2
2  2  3  1
0  5  4  2
```

069.8Lf (71)
white trash

```
2  2  6  0
4  5  5  8
6  1  7  2
5 12  5  1
```

069.9La (9)
backwoods

4	1	0	0
2	0	0	0
1	0	0	0
0	0	0	1

069.9Lb (20)
backwood(s) +

4	1	1	1
3	0	0	0
2	0	0	2
0	1	0	5

069.9Lc (33)
bumpkin +

2	1	1	0
0	0	0	5
3	1	4	4
3	4	3	2

069.9Ld (24)
Cajun

1	0	0	0
4	0	0	0
0	8	1	0
0	8	1	1

069.9Le (8)
clodhopper

4	1	1	0
0	1	0	1
0	0	0	0
0	0	0	0

069.9Lf (20)
coonass

0	0	0	0
3	0	0	0
1	4	1	0
0	9	1	1

069.9Lg (39)
country

4	3	0	2
2	2	6	2
3	3	2	3
2	3	0	2

069.9Lh (105)
country boy +

8	3	2	0
12	3	9	15
5	5	8	11
2	7	7	8

069.9Li (27)
country bumpkin

1	1	1	0
0	0	0	4
3	1	3	2
2	4	3	2

069.9Lj (31)
country cracker

0	0	0	0
0	0	0	9
0	0	0	17
0	0	0	5

069.9Lk (85)
country hick

6	3	8	0
5	1	8	7
11	3	5	6
9	6	1	6

069.9Ll (51)
country hoosier

6	4	2	3
4	2	5	0
2	4	4	1
3	6	4	1

069.9Lm (21)
country man

0	0	2	1
1	2	3	1
3	1	4	1
0	1	1	0

069.9Ln (48)
country man/
countryman +

0	0	2	2
1	2	5	11
3	1	11	6
0	1	3	0

069.9Lo (58)
country person

4	4	3	5
4	3	3	3
7	2	3	1
2	5	2	7

069.9Lp (37)
countryfolks

3	1	1	1
1	5	3	9
0	0	4	4
0	1	1	3

069.9Lq (20)
countryman

0	0	0	0
0	1	2	8
0	0	6	2
0	0	1	0

069.9Lr (25)
cracker

0	1	0	0
4	0	0	0
0	3	1	6
0	0	3	7

069.9Ls (75)
cracker +

0	1	0	1
4	1	0	11
0	4	3	25
1	0	4	20

069.9Lt (28)
hermit

3	0	0	10
2	0	3	4
1	3	0	0
1	0	0	1

069.9Lu (76)
hick

2	3	4	6
4	8	6	4
3	1	4	3
8	7	4	9

069.9Lv (156)
hick +

8	5	11	6
9	9	14	11
14	4	9	10
14	12	5	15

069.9Lw (202)
hillbilly

35	10	24	14
14	7	14	14
12	5	16	13
3	7	3	11

069.9Lx (89)
hoosier

6	4	4	12
6	8	5	3
2	8	6	3
2	9	11	0

069.9Ly (172)
hoosier +

17 7 7 32
12 11 9 9
 5 13 11 5
 5 14 14 1

069.9Lz (32)
mountain hoosier

3 0 4 18
0 0 0 7
0 0 0 0
0 0 0 0

069.9Laa (44)
mountaineer

2 2 9 10
0 0 7 8
0 0 0 3
0 0 1 2

069.9Lab (12)
peckerwood

0 1 2 1
0 3 0 0
0 1 1 0
1 2 0 0

069.9Lac (79)
red-neck

5 2 5 0
4 11 8 2
1 9 6 2
0 12 4 8

069.9Lad (7)
ridge runner

1 0 1 3
0 0 0 1
0 0 0 1
0 0 0 0

069.9Lae (9)
river rat

5 0 0 0
0 2 0 0
0 1 0 1
0 0 0 0

070.1Ga (374)
(al)most

29 18 24 20
32 16 20 38
26 14 28 22
24 21 14 28

070.1Gb (43)
close (to)

1 1 3 3
2 3 1 8
4 1 0 3
1 3 3 6

070.1Gc (26)
just (a)bout

0 1 1 1
2 1 0 3
1 0 2 5
0 2 2 5

070.1Gd (24)
might near

4 0 2 1
5 3 0 1
1 3 1 2
0 1 0 0

070.1Ge (44)
near

2 1 1 2
3 1 1 3
6 2 3 4
4 6 2 3

070.1Gf (35)
nearabout

1 4 0 0
6 3 2 1
1 6 3 3
0 0 1 4

070.1Gg (141)
nearly

20 3 8 2
12 13 7 13
16 10 7 13
 3 5 2 7

070.1Gh (31)
pret(ty) near

2 1 2 1
5 1 1 1
4 1 1 3
0 2 1 5

070.2Ga (324)
(al)most

21 14 19 17
22 12 15 41
22 10 25 29
19 17 11 30

070.2Gb (261)
like to

25 7 13 12
32 18 9 20
18 19 13 25
 6 23 9 12

070.2Gc (80)
like to have

 2 0 14 2
 6 1 1 4
11 7 4 4
 4 8 5 7

070.2Gd (22)
might near

8 1 1 0
3 3 0 1
0 4 1 0
0 0 0 0

070.2Ge (18)
nearabout

0 0 0 0
1 1 0 1
1 2 2 6
0 0 3 1

070.2Gf (79)
nearly

8 1 3 1
9 3 3 9
8 2 6 9
4 7 4 2

070.3Pa (66)
<jus(t)>

4 4 1 2
5 4 2 14
3 7 4 5
2 5 0 4

070.3Pb (245)
<just>

17 6 15 13
18 9 12 34
15 16 14 20
14 15 10 17

070.3Pc (117)
<j{i}s(t)>

7 3 5 10
8 6 9 12
4 11 9 14
2 8 3 6

070.3Pd (113)
<j{i}st>

11	4	7	19
7	6	7	7
6	5	3	5
10	5	4	7

070.4Pa (230)
<for>

27	8	20	13
18	11	24	25
8	5	13	14
5	11	5	23

070.4Pb (87)
<fur>

10	4	5	15
7	6	2	4
2	6	3	9
2	5	3	4

070.4Pc (55)
<f{aw}r>

4	2	6	7
3	0	6	1
4	1	5	6
4	1	0	5

070.4Pd (122)
<f{o}r>

11	4	10	20
6	2	11	9
8	6	6	15
4	5	2	3

070.5Ga (81)
look

5	4	0	3
3	4	7	14
4	1	7	6
6	7	3	7

070.5Gb (53)
look at (this)

0	1	0	2
4	1	4	6
4	0	10	6
2	5	1	7

070.5Gc (79)
look here

3	0	3	9
5	2	8	16
4	0	8	11
3	3	0	4

070.5Gd (25)
look over there

2	0	3	2
2	0	1	1
2	0	0	5
0	4	0	3

070.5Ge (47)
look-a-here

1	2	2	4
6	2	1	2
3	4	7	6
2	3	1	1

071.1Pa (255)
<awfN=14>

26	8	10	23
12	13	14	32
16	9	15	18
17	14	8	20

071.1Pb (369)
<awftN=14>

30	14	22	29
34	11	23	38
17	18	28	27
9	27	15	27

071.2Pa (129)
<eedhR=14>

28	5	6	29
4	2	13	7
10	1	0	4
7	5	4	4

071.2Pb (221)
<eedh[R]=14>

12	8	14	1
15	18	11	27
15	16	22	26
5	15	6	10

071.2Pc (57)
<eedh{R}=14>

2	4	4	5
10	1	4	7
2	3	1	5
1	2	1	5

071.2Pd (138)
<needhR=14>

17	4	12	14
9	8	6	11
6	2	11	6
9	3	6	14

071.2Pe (153)
<needh[R]=14>

8	5	6	3
9	6	9	25
8	9	11	19
3	13	8	11

071.3Pa (77)
<foe[r]hed=13>

1	3	8	2
4	5	5	11
2	4	8	9
4	6	2	3

071.3Pb (152)
<foerhed=13>

16	3	13	23
3	4	13	12
9	5	9	4
11	4	3	20

071.3Pc (116)
<for(h)Id=14>

9	3	7	6
5	5	7	18
9	4	11	14
1	7	5	5

071.4APa (176)
<ha[r]>

5	1	3	2
10	15	8	32
7	22	24	20
0	13	9	5

071.4APb (342)
<har>

43	11	20	36
25	13	33	28
18	13	20	15
14	22	13	18

071.4APc (99)
<ha{r}>

8	6	9	3
8	5	5	7
11	7	3	7
6	6	5	3

071.4APd (117)
<her>

10	3	9	15
6	1	2	2
11	1	2	13
13	3	3	23

071.4BPa (81)
<bi[r]d>

2	3	3	1
6	4	3	12
7	9	9	8
1	5	4	4

071.4BPb (313)
<bird>

39	9	20	34
15	11	27	20
21	6	21	14
18	20	13	25

071.4BPc (72)
<bi{r}d>

3	4	4	2
6	6	8	4
3	4	2	5
7	6	4	4

071.4BPd (50)
<byird>

1	1	3	11
6	1	6	7
2	2	2	2
0	2	3	1

071.4Sa (318)
|D.B/-| [ɪ˄~ɪ˄ᵊ]

36	12	17	30
28	18	16	26
16	12	22	26
13	18	13	15

071.4Sb (205)
|D.E/-| [ɪ˃~ɪ˃ᵊ]

18	8	8	8
10	10	13	25
10	12	12	25
10	11	9	16

071.5APa (63)
<lefti[r]=13>

2	2	2	0
2	3	3	8
0	9	12	6
2	7	3	2

071.5APb (180)
<leftir=13>

23	6	16	10
9	4	19	8
13	6	7	5
14	14	7	19

071.5BPa (66)
<riet>

6	5	4	0
4	5	5	12
3	1	4	8
3	1	2	3

071.5BPb (108)
<rieti[r]=13>

1	3	3	0
4	3	5	16
6	15	13	12
3	12	5	7

071.5BPc (200)
<rietir=13>

23	6	16	9
15	8	14	15
11	7	13	9
10	16	10	18

071.5BPd (77)
<r{ie}tir=13>

11	2	6	21
3	1	11	4
2	1	2	3
1	3	0	6

071.5Sa (174)
|DAB-mea| [ɪ˄ɚ]

25	2	8	25
11	8	11	10
10	4	9	11
9	9	6	16

071.5Sb (115)
|DAE-mea| [ɪ˃ɚ]

8	7	8	7
6	5	9	8
7	6	6	5
5	14	7	7

071.6Pa (347)
<mowth>

20	12	24	17
19	12	18	36
27	12	24	28
21	29	17	31

071.6Pb (80)
<mo{u}th>

7	2	2	1
5	6	9	12
2	9	7	9
2	2	4	1

071.6Pc (288)
<m{ow}th>

30	10	14	28
23	13	20	30
18	15	20	22
6	10	9	20

071.7APa (462)
<nek>

41	13	29	24
34	16	31	40
32	26	28	36
25	33	19	35

071.7APb (96)
<n{ai}k>

12	5	6	4
12	2	3	8
6	4	6	6
4	8	4	6

071.7APc (173)
<n{e}k>

16	4	4	27
7	11	13	16
8	8	19	19
1	8	5	7

071.7Sa (40)
|K[B/G]./-|
[ɛ̞~ɛ̞ᶤ]

4	0	2	1
2	2	4	8
4	2	2	5
0	1	2	1

071.7Sb (104)
|-e..| [ɛ̞ᶤ~ɛᶤ]

13	5	6	4
13	4	4	8
6	4	8	8
4	7	6	4

071.7BPa (63)
<th(r)oet>

5	4	2	4
6	3	1	8
0	7	6	6
0	6	3	2

071.7BPb (203)
<throet>

19	8	13	6
10	10	12	17
21	4	19	16
7	13	11	17

071.7BPc (209)
<th{r}oet>

```
32   2  14   9
12  15  17  19
15  11   9  18
 6  12   3  15
```

071.7BPd (305)
<th{t}oet>

```
13   9  14  37
24   9  21  32
14  21  25  25
18  17  11  15
```

071.7CPa (320)
<guezL=14>

```
28   8  28  30
26  15  26  22
22  22  23  22
 6  15  10  17
```

071.8Pa (774)
<teeth>

```
66  21  44  56
51  34  45  81
49  40  56  66
31  50  31  53
```

071.8Pb (58)
<tewth>

```
 2   0   3   7
 3   4   3   3
 3   1   5  10
 5   3   2   4
```

071.8Pc (609)
<tueth>

```
47  15  36  52
39  26  40  66
40  31  46  45
20  37  24  45
```

071.8Sa (680)
|-B..| [ʊ‹ʉ~ʉʉ]

```
64  30  31  41
45  37  40  70
40  32  50  60
27  36  32  45
```

071.8Sb (196)
|-C..| [ʊ‹u‹~ʊu]

```
13   4  15  17
13  10  11  17
11  12  10  16
 9  20   2  16
```

071.9Pa (64)
<gum>

```
 3   2   2   0
 2   3   2   4
 4   6   7   8
 6   6   5   4
```

071.9Pb (160)
<gumz>

```
15   7  15  14
11   6   5  15
13   7   5   4
 5  18  10  10
```

071.9Pc (75)
<gum{z}>

```
 6   2   0   3
 7   1   7   7
 6   3   4   8
 6   8   0   7
```

071.9Pd (110)
<g{u}m>

```
 6   5   9   3
 6   6   6  11
 6   4  15  15
 4   3   3   8
```

071.9Pe (190)
<g{u}mz>

```
19   4  10  15
12   7  18  21
12   9  13  16
 6   6   7  15
```

071.9Pf (55)
<g{u}m{z}>

```
 8   0   2   2
 5   1   2  10
 5   6   1   5
 0   1   4   3
```

072.1Pa (266)
<po[l]m>

```
21   6  14  26
10  14  17  33
17  12  20  23
 7  15  10  21
```

072.1Pb (212)
<pom>

```
22   9  22  12
17   4  15  18
18   7  16  11
12   9   8  12
```

072.1Pc (50)
<p{o}[l]m>

```
 1   0   2   6
 3   3   2   5
 2   4   2  10
 3   3   0   4
```

072.1Pd (61)
<p{o}m>

```
 8   1   2   4
 7   3   2   4
 3   5   4   7
 2   5   2   2
```

072.2Pa (132)
<fis(t)>

```
 9   4   8   8
11   4   9  10
 6   8  11   8
 2  19   8   7
```

072.2Pb (216)
<fis(ts)>

```
13   6  12  24
13  10  12  19
11  13  14  13
11  20  10  15
```

072.2Pc (336)
<fist(s)>

```
31  12  26  19
28  13  23  33
19  15  26  33
11  15  13  19
```

072.2Pd (578)
<fist>

```
59  17  35  50
39  27  36  54
40  34  39  36
29  25  20  38
```

072.2Pe (109)
<fists>

```
11   3   1   8
 3   3   7   7
11   5   9   7
10   7   3  14
```

072.3Pa (219)
<joynt>

```
10  11  13   5
13   8  26  15
 5  17  15  15
 9  24  10  23
```

072.3Pb (330)
<joynts>

43 7 15 23
19 12 14 38
30 11 22 24
15 22 10 25

072.3Pc (61)
<j{oy}nt>

0 2 10 8
2 2 4 7
2 4 7 5
4 0 2 2

072.3Pd (104)
<j{oy}nts>

12 4 4 20
12 5 5 7
 7 4 6 5
 3 2 5 3

072.3Sa (95)
|J../-| [o˅~o˅ɨ]

4 2 4 7
6 5 7 6
3 6 9 12
3 4 3 14

072.3Sb (148)
|Q[O/X]./-|
[ɔɨ~ɔ·ɨ]
14 9 7 5
13 8 9 15
10 9 7 17
 8 13 4 10

072.4APa (62)
<ches(t)>

3 0 3 0
7 3 4 5
7 2 4 3
3 10 2 6

072.4APb (289)
<chest>

19 8 19 16
20 11 19 29
22 16 15 20
22 15 12 26

072.4APc (101)
<ch{ai}st>

12 5 10 1
 5 2 5 14
 5 4 7 10
 2 4 10 5

072.4APd (213)
<ch{e}st>

23 4 9 32
11 11 16 20
 8 9 20 23
 5 6 4 12

072.4BPa (186)
<shoeldRz=14>

22 8 9 33
 8 4 13 14
15 6 5 8
12 5 8 16

072.4BPb (69)
<shoeldR{z}=14>

11 2 5 3
10 2 6 5
 4 1 2 5
 5 2 1 5

072.4BPc (66)
<shoeld[R]=14>

3 1 0 0
6 2 4 15
4 2 9 7
1 6 1 5

072.4BPd (166)
<shoeld[R]z=14>

 5 3 10 5
13 7 9 17
 4 19 17 23
 2 14 10 8

072.4BPe (68)
<shoeld{R}z=14>

3 1 6 1
5 5 4 5
7 4 5 6
5 6 2 3

072.5Pa (467)
<han(d)>

32 8 23 42
26 27 26 52
21 26 41 45
13 37 17 31

072.5Pb (409)
<han(d)z>

28 13 24 29
28 24 34 37
24 22 29 30
18 27 16 26

072.5Pc (143)
<han(d){z}>

13 1 8 10
 5 6 10 13
 9 7 15 19
 5 7 5 10

072.5Pd (211)
<hand>

23 8 13 15
11 8 14 17
14 10 12 17
16 12 5 16

072.5Pe (67)
<han{d}>

9 0 3 4
5 1 8 4
8 3 2 3
5 2 3 7

072.5Pf (58)
<h{a}n(d)>

 8 2 2 1
10 3 2 4
 7 5 5 1
 1 2 3 2

072.6APa (88)
<laig>

5 1 7 13
6 6 2 5
4 7 8 5
3 6 2 8

072.6APb (139)
<leg>

13 6 4 7
10 6 13 13
13 4 10 6
 5 13 2 14

072.6APc (353)
<l{ai}g>

20 15 19 22
25 20 20 40
19 24 24 39
17 15 16 18

072.6APd (73)
<l{e}g>

5 0 3 2
5 5 5 5
4 5 9 6
3 8 3 5

072.6Sa (558)
|-e..| [ε ᴵ~ɛ ˄ ᴵ]

```
45  22  31  48
38  33  29  56
34  33  37  50
22  28  25  27
```

072.6Sb (103)
|-m..| [ε ᵊ~ɛ ˄ ᵊ]

```
 9   2   3   2
 8   6   5   8
 3   7  12   8
 4  14   3   9
```

072.6BPa (740)
<feet>

```
67  24  43  58
47  31  43  71
45  44  53  59
36  45  27  47
```

072.6BPb (506)
<foot>

```
45  14  36  35
34  25  29  36
34  30  31  36
31  32  21  37
```

072.6BPc (267)
<f{oo}t>

```
18  10   9  23
15  12  24  39
10  11  24  32
 3  14   6  17
```

072.7La (44)
shank(s)

```
 5   0   3   1
 5   5   1   3
 1   7   3   3
 1   2   2   2
```

072.7Lb (521)
shin(s)

```
53  20  30  50
27  22  36  49
30  18  39  41
19  31  18  38
```

072.7Lc (120)
shinbone

```
 5   4   5   7
13   3   2   8
12   8  11  12
 7   3   9  11
```

072.8La (33)
calf (of the leg)

```
 1   1   2   1
 1   1   2   5
 1   2   1  13
 0   0   1   1
```

072.8Lb (222)
haunches

```
19   5   8  16
18   5  13  28
15  12  16  21
12  10   8  16
```

072.8Lc (27)
hips

```
 3   3   0   0
 0   3   2   7
 0   3   2   2
 0   0   1   1
```

072.8Ld (173)
hunkers

```
29   2  12  14
10   8   8  11
11  16   8  17
 0  12   4  11
```

072.8Le (142)
thigh(s)

```
10   9   8   8
 7  10   8  20
 5   2  12  16
 5   6   6  10
```

072.9La (103)
bad

```
 4   4   6   8
 7   8   5  10
 7   9   6   8
 4   6   3   8
```

072.9Lb (21)
ill

```
 0   0   0   1
 0   1   0   3
 1   2   1   0
 2   6   2   2
```

072.9Lc (204)
pale

```
26   6  15  16
 9   8  13  23
12  10  14  18
 6   7   7  14
```

072.9Ld (341)
peaked

```
30  12  24  26
24  19  29  26
24  18  31  16
13  20   7  22
```

072.9Le (25)
poorly

```
 1   1   1   0
 4   2   2   1
 2   0   3   4
 1   2   0   1
```

072.9Lf (177)
puny

```
13   7   6  18
13   5   8  16
13   6  20  12
 8  10  11  11
```

072.9Lg (47)
sick

```
 0   2   2   6
 2   1   2   5
 4   2   3   2
 4   1   3   8
```

072.9Lh (60)
sickly

```
 5   1   4   5
 4   2   2   9
 2   3   4   2
 3   3   2   9
```

072.9Li (103)
weak

```
 6   5   8   6
 6   5   7   8
12   9   8   6
 6   5   2   4
```

073.1La (25)
big

```
 1   1   0   0
 4   1   0   4
 7   2   0   0
 1   2   0   2
```

073.1Lb (90)
husky

```
 5   4   3   6
 7   3   3   5
10   4   1   5
 7  10   4  13
```

073.1Lc (40)
muscular

```
4   0   2   3
0   0   3   6
4   0   6   3
2   1   1   5
```

073.1Ld (49)
robust

```
3   2   2   3
5   0   2   9
4   1   4   3
3   2   2   4
```

073.1Le (324)
stout

```
37    5  28  34
32   13  18  19
24   22  25  13
14   18  11  11
```

073.1Lf (642)
strong

```
50  18  33  48
38  28  45  65
43  37  48  49
28  35  29  48
```

073.1Pa (51)
<strawng>

```
2   0   4   7
3   1   5   7
0   2   5   4
4   1   1   5
```

073.1Pb (251)
<str{aw}ng>

```
19    6   9  29
20    9  13  20
19   16  17  21
12    8  11  22
```

073.1Pc (121)
<st{r}{aw}ng>

```
10   3   9   2
10   4   5  15
9    5   9   9
7    8   9   7
```

073.1Pd (52)
<{s}tr{aw}ng>

```
7   0   2   4
2   5   3   5
3   1   3   6
0   4   3   4
```

073.2La (20)
agreeable

```
3   0   1   3
0   0   1   3
3   0   1   1
0   0   3   1
```

073.2Lb (26)
congenial

```
4   0   2   1
0   0   1   5
0   1   3   2
2   1   1   3
```

073.2Lc (25)
easy to get along
with

```
4   0   3   4
1   1   0   3
1   1   0   2
1   2   0   2
```

073.2Ld (86)
easygoing

```
10   2   3   6
2    2   4   8
4    7   4   7
6    5   2  14
```

073.2Le (94)
friendly

```
5   3   3   5
8   7   6  10
5   3   8   9
0   8   3  11
```

073.2Lf (29)
good

```
3   0   3   1
1   0   2   0
0   3   6   4
0   2   0   4
```

073.2Lg (181)
good-natured

```
11    2  14  15
13    9  11  17
9    11  20  10
9     8   8  14
```

073.2Lh (43)
happy

```
3   3   1   1
2   2   2   4
4   4   3   2
5   3   0   4
```

073.2Li (36)
jolly

```
3   3   0   1
2   1   3   5
3   1   3   2
3   4   0   2
```

073.2Lj (34)
kind

```
3   1   2   1
1   1   2   6
1   3   4   0
0   2   3   4
```

073.2Lk (15)
likable

```
0   0   0   2
0   1   1   7
0   1   1   1
0   1   0   0
```

073.2Ll (54)
nice

```
5   2   3   2
6   1   7   3
4   1   6   3
1   3   1   6
```

073.2Lm (116)
pleasant

```
9    6  11   1
11   1   6   8
17   3  14   7
3    6   5   8
```

073.3La (192)
awkward +

```
20    3  25  12
11    4  14  15
14   14  15  12
6    13   7   7
```

073.3Lb (447)
clumsy +

```
34  15  15  23
37  19  28  43
29  26  33  42
20  27  16  40
```

073.3Lc (19)
gangling

```
1   1   1   4
1   0   0   1
2   2   3   0
1   1   1   0
```

073.3Ld (32)
gangly

0	2	0	2
4	0	1	2
4	1	6	1
6	0	0	3

073.3Le (58)
gawky

6	3	5	2
2	2	3	9
5	0	2	3
2	3	3	8

073.3Lf (28)
lanky

0	1	0	1
3	2	0	0
3	0	2	2
3	6	3	2

073.4La (40)
dummy

1	2	1	2
2	1	3	4
4	4	5	1
4	0	2	4

073.4Lb (429)
fool

36	12	20	11
39	23	20	34
34	30	37	21
19	39	18	36

073.4Lc (106)
idiot

7	3	8	7
5	5	13	5
10	5	8	3
9	6	1	11

073.4Ld (70)
nut

5	4	3	2
6	3	1	9
9	2	8	3
3	3	3	6

073.5La (31)
close +

3	0	2	2
2	1	0	4
1	3	2	6
0	2	2	1

073.5Lb (282)
miser

24	14	16	13
19	16	13	26
24	10	21	16
15	25	7	23

073.5Lc (40)
penny pincher

3	1	4	0
2	1	3	4
5	2	1	2
2	5	2	3

073.5Ld (44)
skinflint

3	3	1	4
5	1	0	7
5	2	2	7
1	0	3	0

073.5Le (314)
stingy +

18	12	18	20
16	9	18	45
15	17	30	43
7	13	13	20

073.5Lf (109)
tight +

11	3	5	8
8	3	4	8
10	8	7	7
3	13	2	9

073.5Lg (364)
tightwad

48	14	29	22
23	18	22	25
21	19	24	19
15	23	12	30

073.6La (77)
common [complimentary]

1	5	4	13
5	2	5	4
3	5	7	11
2	2	2	6

073.6Lb (297)
common [derogatory]

24	12	23	17
19	12	17	28
22	12	16	25
13	24	13	20

073.6Lc (334)
common [neutral]

36	9	10	32
27	17	14	31
19	22	30	24
13	17	13	20

073.6Ld (148)
common [=widespread]

18	8	2	8
5	8	12	21
12	3	8	12
6	12	5	8

074.1La (294)
active

24	5	25	24
14	5	18	38
14	22	19	21
12	19	14	20

074.1Lb (30)
agile

4	0	1	1
0	1	2	5
1	0	3	4
2	1	3	2

074.1Lc (25)
alert

1	1	1	1
2	0	8	3
2	0	1	3
0	1	0	1

074.1Ld (30)
energetic

0	2	2	2
2	1	0	8
1	0	3	3
1	1	1	3

074.1Le (11)
glib

1	0	3	5
0	1	0	0
0	0	1	0
0	0	0	0

074.1Lf (79)
lively

2	3	8	8
1	3	10	11
0	3	7	9
3	3	3	5

074.1Lg (33)
peppy

1	0	2	1
4	0	3	2
5	3	1	1
2	2	2	4

074.1Lh (43)
pert

0	0	5	15
2	2	4	7
1	1	2	2
0	1	0	1

074.1Li (348)
spry

38	10	22	26
30	12	16	29
25	22	24	30
8	18	16	22

074.1Lj (20)
strong

1	0	2	2
0	0	4	1
0	1	3	2
1	1	1	1

074.1Lk (27)
young

0	0	1	0
1	1	3	3
1	1	4	5
2	0	0	5

074.1Pa (18)
<pirt>

0	0	0	8
1	1	3	3
1	0	0	1
0	0	0	0

074.1Pb (9)
<purt>

0	0	5	0
0	1	1	1
0	0	0	0
0	1	0	0

074.1Pc (8)
<pyirt>

0	0	0	7
1	0	0	0
0	0	0	0
0	0	0	0

074.2Pa (481)
<un->

39	20	32	30
29	20	32	49
32	27	35	33
21	26	22	34

074.3La (163)
(a)fraid

21	8	12	18
13	5	11	16
14	9	5	10
3	10	4	4

074.3Lb (493)
afraid

43	16	29	39
24	19	37	55
33	21	41	38
23	24	16	35

074.3Lc (20)
ascared

3	0	0	2
1	2	2	2
0	1	1	3
0	1	1	1

074.3Ld (50)
frightened

1	3	4	3
0	2	3	8
3	2	4	4
3	3	3	4

074.3Le (542)
scared

42	19	28	21
44	32	27	44
32	39	44	49
23	42	18	38

074.4Pa (62)
<yewstAbee=143>

3	5	1	4
3	1	5	15
5	0	2	5
2	3	1	7

074.4Pb (341)
<yuestAbee=143>

25	10	25	31
29	17	16	28
17	19	24	29
19	24	9	19

074.4Pc (57)
<yue{z}tIbee=143>

7	0	1	1
3	2	6	4
3	1	6	6
4	6	6	1

074.5Ga (215)
didn't use to

8	5	19	26
15	8	10	23
17	14	18	11
10	14	8	9

074.5Gb (21)
used not to

0	0	1	1
2	1	2	3
2	3	1	0
0	4	0	1

074.5Gc (80)
used to didn't

13	2	3	0
10	1	1	5
3	8	6	8
1	3	4	12

074.5Gd (63)
used to not

1	1	2	2
7	4	6	1
9	3	6	4
10	2	2	3

074.6Pa (131)
<karlIs=14>

14	5	13	14
5	7	11	9
10	3	11	4
5	7	5	8

074.6Pb (60)
<ke[r]lIs=14>

1	3	1	1
3	1	3	9
1	5	10	9
1	6	2	4

074.6Pc (208)
<kerlIs=14>

22	9	16	16
13	5	15	16
14	8	13	11
8	15	6	21

074.7La (132)
crazy

```
 6   4  14   4
 7   2  10  10
12   6   6  13
 5  10  11  12
```

074.7Lb (22)
curious

```
0  1  1  1
5  1  1  5
0  2  2  3
0  0  0  0
```

074.7Lc (29)
foolish

```
0  0  3  2
3  0  4  2
0  5  4  1
1  1  1  2
```

074.7Ld (133)
funny

```
11   6   5   3
18   2   5  15
10  13  12   7
 7   6   6   7
```

074.7Le (31)
goofy

```
0  2  2  1
2  0  1  5
2  3  2  2
1  1  4  3
```

074.7Lf (20)
nutty

```
0  1  1  0
0  2  2  1
2  3  3  2
1  2  0  0
```

074.7Lg (70)
odd

```
6  0  8  12
2  3  1   7
5  1  4   5
6  2  2   6
```

074.7Lh (69)
off +

```
6  4  2  6
6  4  2  6
5  4  7  5
2  3  3  4
```

074.7Li (90)
peculiar

```
12  1  4  9
 7  4  5  9
 6  4  9  5
 1  4  3  7
```

074.7Lj (589)
queer +

```
55  15  39  54
41  25  35  53
36  32  42  35
24  41  26  36
```

074.7Lk (49)
queer [=different]

```
1  0  1  13
5  1  1   2
4  4  3   1
2  7  3   1
```

074.7Ll (22)
queer [=funny]

```
1  1  2  1
3  0  0  2
5  3  0  0
2  1  0  1
```

074.7Lm (24)
queer [=a little off]

```
1  0  1  0
1  3  0  0
2  7  3  0
2  1  0  3
```

074.7Ln (125)
queer [=odd/peculiar]

```
22   5   6   4
11   4   2  11
 7   4  10   9
 4  12   5   9
```

074.7Lo (65)
queer [=strange]

```
6  0  7  7
2  5  7  9
4  2  5  5
1  1  0  4
```

074.7Lp (345)
queer [=odd] +

```
36   8  20  29
24  13  20  29
25  22  23  23
14  25  11  23
```

074.7Lq (174)
queer [adj.] [=homosexual]

```
13   6  10  14
11   8   9  11
14   7   8  13
11  17   8  14
```

074.7Lr (74)
queer [n.] [=homosexual]

```
1  2  3  4
7  2  8  7
9  1  3  2
9  7  4  5
```

074.7Ls (242)
queer + [=homosexual]

```
14   8  13  17
18  10  16  18
21   8  11  15
19  24  12  18
```

074.7Lt (44)
silly

```
4  2  6  2
1  1  3  0
6  4  1  3
1  2  4  4
```

074.7Lu (113)
strange

```
7  7  5  10
6  1  7  10
9  7  9   8
7  7  6   7
```

074.7Lv (85)
weird

```
 3  5  2   4
 5  4  3   4
13  4  5   3
 6  6  6  12
```

074.7Pa (101)
<kwi[r]>

```
4   0   3   0
4   6   4  18
4  16  16   7
3   9   4   3
```

074.7Pb (258)
<kwir>

```
29   8  20  29
18   6  18  19
16   8  10   9
13  19  14  22
```

074.7Pc (79)
\<kwi{r}\>

```
 8  4  3  4
11  4  2  5
 7  5  6  5
 4  5  1  5
```

074.8La (140)
bullheaded

```
13  3 11  7
10  4  6 10
10  7 20  7
 3  8  9 12
```

074.8Lb (32)
contrary

```
3  0  2  5
2  1  3  2
1  4  0  3
1  4  0  1
```

074.8Lc (183)
hardhead(ed) +

```
14  5  7  9
17  9 10 15
14  7  9 18
12 16  8 13
```

074.8Ld (18)
headstrong

```
2  0  2  0
4  0  0  2
1  2  3  0
0  1  0  1
```

074.8Le (49)
muleheaded

```
4  2  2  1
1  4  1  2
5  2  9  3
1  3  2  7
```

074.8Lf (26)
obstinate

```
4  0  1  4
1  2  1  3
0  1  2  2
1  2  0  2
```

074.8Lg (21)
ornery

```
3  0  1  2
1  0  2  4
2  0  2  4
0  0  0  0
```

074.8Lh (135)
set (in his ways) +

```
11  5 15 14
 5  3  8 15
 3  4 18 11
 2  6  4 11
```

074.8Li (392)
stubborn +

```
35 15 21 25
23 14 33 33
26 26 29 26
14 25 19 28
```

075.1La (28)
fractious

```
3  1  0  2
2  3  4  2
1  1  4  0
0  2  1  2
```

075.1Lb (24)
high-strung

```
6  2  0  1
1  0  4  2
0  3  2  2
0  0  0  1
```

075.1Lc (103)
high-temper(ed)

```
11  7 13  4
 8  6  9 14
 2  7  8  2
 3  2  3  4
```

075.1Ld (26)
hotheaded

```
2  0  2  2
2  0  1  1
3  0  6  1
1  1  3  1
```

075.1Le (15)
mean

```
0  0  0  0
0  1  1  3
0  2  1  4
0  0  1  2
```

075.1Lf (50)
quick-temper(ed)

```
5  3  1  1
2  4  4  3
3  2  2  5
2  6  4  3
```

075.1Lg (80)
sensitive

```
 3  4  5  3
 4  4  2 11
10  5  4  9
 3  6  3  4
```

075.1Lh (76)
touchous

```
3  4  7 17
5  7  2  5
4  8  3  1
0  3  3  4
```

075.1Li (321)
touchy

```
28  9 21 27
20 10 23 24
30 17 25 13
18 19 10 27
```

075.2La (231)
angry

```
12  8 11 11
16  8 20 29
16 13 17 21
 6 18  7 18
```

075.2Lb (593)
mad +

```
56 19 32 40
39 25 37 62
37 31 40 57
25 38 17 38
```

075.2Lc (25)
riled (up) +

```
3  0  1  1
0  3  0  0
3  0  3  2
1  2  1  5
```

075.2Ld (131)
upset

```
7  3  9 13
8  4  4 10
8  4 13 11
8  8  6 15
```

075.3Pa (128)
\<ko(l)m\>

```
14  8 10  7
 5  5  8 13
11  3  8  7
 8  4  8  9
```

075.3Pb (251)
<ko[l]m>

21	4	13	25
11	11	26	24
15	11	21	23
10	14	5	17

075.3Pc (57)
<k{o}[l]m>

2	0	5	6
2	2	5	8
3	5	5	3
1	6	0	4

075.4La (21)
beat +

4	0	1	2
1	0	0	1
2	2	2	2
1	1	1	1

075.4Lb (18)
bushed

1	0	0	2
0	0	1	2
2	0	3	2
0	1	1	3

075.4Lc (102)
exhausted

8	2	5	6
5	1	5	15
5	4	11	7
6	9	4	9

075.4Ld (74)
gave/give(n) out

7	4	6	3
10	1	6	7
2	5	6	7
0	3	2	5

075.4Le (60)
pooped

10	2	2	3
4	1	1	5
7	2	5	0
3	5	3	7

075.4Lf (13)
pooped out

4	1	0	0
2	1	1	0
2	0	0	0
1	1	0	0

075.4Lg (72)
pooped (out) +

14	3	2	3
6	2	2	5
8	2	5	0
4	6	3	7

075.4Lh (734)
tired

64	22	44	44
46	33	48	67
47	41	48	67
32	50	30	51

075.4Li (21)
tuckered out

3	1	1	2
0	1	1	2
1	1	3	2
1	0	0	2

075.4Lj (21)
weary

0	1	0	0
0	1	0	2
4	2	2	3
1	1	1	3

075.5Ga (23)
<#waw[r]>

0	0	1	1
5	2	1	3
2	1	1	2
0	2	1	1

075.5Gb (48)
<#waw[r]n>

1	0	1	1
2	3	3	8
1	3	5	6
1	6	2	5

075.5Gc (29)
<#wawr>

3	0	2	4
2	1	1	1
4	2	0	2
0	3	1	3

075.5Gd (115)
<#wawrn>

9	6	8	13
9	2	3	9
6	5	7	7
6	10	4	11

075.5Ge (19)
<#waw{r}n>

0	2	1	1
1	1	1	4
0	2	3	0
0	0	0	3

075.5Gf (39)
<#woe(r)>

1	0	1	0
4	1	2	4
1	6	3	6
3	3	1	3

075.5Gg (24)
<#woe[r]>

1	1	0	2
4	1	1	2
1	2	1	4
0	2	1	1

075.5Gh (78)
<#woe[r]n>

0	2	5	2
2	5	4	10
4	9	11	10
2	6	2	4

075.5Gi (63)
<#woer>

9	1	7	7
8	2	4	2
2	3	1	2
2	7	3	3

075.5Gj (145)
<#woern>

19	3	12	22
4	5	17	11
12	2	8	4
6	4	4	12

075.5Gk (19)
<#woe{r}>

0	1	4	0
2	0	2	0
3	1	0	0
2	1	2	1

075.5Gl (31)
<#woe{r}n>

2	1	2	1
4	3	2	3
5	2	1	2
1	1	1	0

076.1Ga (50)
became ill

```
4   1   5   2
2   2   6   6
3   1   4   4
1   2   1   6
```

076.1Gb (22)
became sick

```
1   1   1   3
1   0   3   1
1   2   0   3
1   1   1   2
```

076.1Gc (453)
got sick

```
42  10  29  32
29  21  27  32
39  27  32  35
18  29  16  35
```

076.1Gd (207)
took sick

```
22   4  13  17
18  10   8  19
10  13  17  14
 3  17  13   9
```

076.2Ga (96)
by and by

```
14   3   2  11
 9   1   4  12
 3   2  12  12
 2   2   2   5
```

076.2Gb (84)
soon

```
 4  11   2   9
 1   0   5  15
 3   1  13   6
 3   2   0   9
```

076.3Ga (293)
caught a cold

```
23   7  16  14
24  10  18  21
20   7  24  22
17  26  12  32
```

076.3Gb (111)
caught cold

```
18   0   6  16
 5   3   3  12
 7   7   3  10
 4   6   4   7
```

076.3Gc (51)
got a cold

```
3   1   6   3
4   2   3   2
4   1   4   5
2   2   5   4
```

076.3Gd (140)
took a cold

```
10   1  12  10
 9   4  11  12
10  18  12  10
 4   8   2   7
```

076.3Ge (95)
took cold

```
10   1   7  13
 5   2   9  15
 4   1   8   7
 1   3   3   6
```

076.3Sa (266)
|JJD-efa| [oᐸʊ]

```
21  10  10   9
14  17  18  34
20  15  29  26
 5  14  13  11
```

076.3Sb (256)
|JS./-|
[oᐸ·~oᐸ·ʊ]

```
30   8  15   8
26  10  17  21
16  17  14  20
 8  17   8  21
```

076.4Pa (96)
<hoe[r]s>

```
3   2   8   1
2   2   8  12
4  10   9  13
3  10   6   3
```

076.4Pb (153)
<hoers>

```
22   8   8   3
11   5  13  15
11   6  12   9
 7  10   5   8
```

076.4Pc (60)
<hoe{r}s>

```
3   4   3   0
4   2   3   9
7   2   3   4
5   4   1   6
```

076.4Pd (95)
<h{oe}[r]s>

```
5   4   2   5
4   6   5  17
1   7  13  14
0   4   4   4
```

076.4Pe (247)
<h{oe}rs>

```
28   4  18  49
14   3  19  16
14   9   8  16
10   8   9  22
```

076.4Pf (55)
<h{oe}{r}s>

```
0   0   2   0
2   7   1   6
6   4   5   7
1   6   2   6
```

076.4Sa (408)
|JJ./-| [o~oʊ]

```
42  18  20  24
32  29  21  37
22  16  18  31
19  30  16  33
```

076.4Sb (375)
|JS./-| [o·~o·ʊ]

```
28   9  19  27
26  16  26  38
21  25  35  39
15  23  14  14
```

076.5Pa (484)
<kawf>

```
45  18  28  43
35  19  27  45
31  26  31  25
24  35  17  35
```

076.5Pb (105)
<k{aw}f>

```
6   2   6   8
5   4  11  11
9   4  12   7
2   6   5   7
```

076.5Pc (55)
<k{oe}f>

```
5   1   1   2
5   3   5   3
2   7   4   3
0   4   4   6
```

076.6La (103)
drowsy

```
12   2   8  13
 7   4   7   5
 5   3   8   8
 4   4   2  11
```

076.6Lb (400)
sleepy

```
40   9  21  28
33  13  27  41
19  13  40  37
16  24  10  29
```

076.6Lc (26)
tired

```
 1   0   2   2
 0   3   0   4
 2   1   0   2
 2   5   2   0
```

076.7La (203)
get up

```
25   8  18  12
18   4   9  25
 9   3  20  19
 9   8   0  16
```

076.7Lb (284)
wake up

```
27   7  20  17
27  11  16  25
19  16  28  19
15  14   5  18
```

076.8La (27)
get him up

```
 4   1   3   2
 1   3   2   1
 1   0   3   1
 0   0   1   4
```

076.8Lb (94)
wake him

```
 6   3   5  11
 4   3   9  12
 6   1   9   7
 7   2   1   8
```

076.8Lc (281)
wake him up

```
21   8  19  20
25  12  18  28
14  15  23  31
10  13   6  18
```

077.1Ga (775)
<!taik>

```
69  29  40  45
57  43  44  74
50  41  52  64
33  50  31  53
```

077.1Gb (38)
<!tek>

```
 4   1   4   5
 2   2   0   2
 1   1   3   3
 4   2   1   3
```

077.1Gc (21)
<&taiks>

```
 1   2   0   2
 3   1   3   0
 1   0   1   2
 2   1   1   1
```

077.1Gd (106)
<*taikN=14>

```
11   4   4   1
 9   4   6   8
 7  11   9   7
 1   8   4  12
```

077.1Ge (665)
<*took>

```
61  24  33  47
46  34  37  57
40  34  47  52
35  51  21  46
```

077.1Gf (64)
<*tuk>

```
 6   4   6  12
 4   3   2   7
 4   0   3   1
 1   4   2   5
```

077.1Gg (536)
<#taikN=14>

```
37  19  34  42
33  23  34  51
39  30  43  29
28  33  21  40
```

077.1Gh (123)
<#took>

```
 6   4   6  13
 9   4   9  10
 5  12   9  17
 2   7   6   4
```

077.2La (748)
deaf +

```
65  22  43  60
54  25  52  70
46  42  53  51
32  48  30  55
```

077.2Lb (86)
hard of hearing

```
11   2   3   4
 8   1   3   6
 6   7  11   5
 7   7   1   4
```

077.2Lc (18)
stone-deaf

```
 5   1   0   0
 0   2   0   2
 1   0   1   3
 1   1   1   0
```

077.2Pa (149)
<deef>

```
17   2   6   6
21   6   7  13
 7  12   7  17
 4   7   7  10
```

077.2Pb (159)
<def>

```
18   4  10  12
10   3   8  12
15   5   8  11
14  10   5  14
```

077.2Pc (421)
<d{e}f>

```
33  13  24  40
25  18  32  43
24  24  36  27
14  31  13  24
```

077.3Ga (97)
<!swet>

```
11   5   2   6
 3   4   5  10
 5   2  10  10
 6   7   6   5
```

077.3Gb (50)
<@swetN=14>

```
 3   2   0   1
 7   6   4   5
 3   4   1   7
 0   4   1   2
```

077.3Gc (53)
<*swedId=14>

5	1	2	0
6	1	1	4
6	4	1	4
2	6	5	5

077.3Gd (136)
<*swet>

9	3	11	13
9	3	4	13
5	7	11	7
11	16	1	13

077.3Ge (292)
<*swetId=14>

21	7	18	28
24	14	12	29
20	21	24	16
9	11	12	26

077.3Gf (53)
<#swetId=14>

4	1	5	4
5	0	6	6
0	1	6	10
0	2	2	1

077.3La (154)
perspired

16	4	11	15
11	3	6	17
12	11	9	9
7	11	2	10

077.3Lb (138)
sweat

8	3	8	12
9	2	5	10
8	10	11	9
12	18	2	11

077.3Lc (403)
sweated

31	10	23	32
33	15	19	38
27	28	31	31
13	17	19	36

077.4La (627)
boil +

60	17	38	57
50	23	33	56
35	32	45	40
24	47	24	46

077.4Lb (142)
carbuncle

7	1	6	4
16	11	10	14
11	15	12	10
7	8	3	7

077.4Lc (58)
pimple

8	1	4	1
4	3	3	2
8	1	6	2
4	4	1	6

077.4Ld (354)
rising

29	13	22	9
22	19	31	34
17	25	33	36
5	18	16	25

077.4Le (25)
sore

0	2	1	0
2	2	3	0
1	3	0	1
0	4	2	4

077.4Pa (118)
<boyl>

7	5	9	16
8	7	4	11
9	2	7	4
9	13	3	4

077.4Pb (162)
<boy{l}>

14	3	6	8
10	0	9	19
10	11	7	11
11	17	7	19

077.4Pc (103)
<b{oy}l>

5	3	7	26
6	4	3	9
2	9	4	8
1	4	3	9

077.4Pd (161)
<b{oy}{l}>

19	4	9	5
14	7	15	12
11	6	25	10
2	10	5	7

077.5La (80)
core

10	3	6	2
2	4	5	10
3	2	11	6
1	7	3	5

077.5Lb (206)
corruption

22	6	20	19
17	10	15	20
9	8	15	19
2	9	7	8

077.5Lc (27)
matter

0	0	3	4
1	1	2	2
3	0	1	0
4	4	0	2

077.5Ld (543)
pus

45	18	20	34
40	25	35	53
37	29	40	41
26	38	22	40

077.6Ga (395)
<!swel>

22	13	29	15
34	18	22	27
37	21	31	25
25	33	20	23

077.6Gb (20)
<&swelz>

2	0	2	0
1	5	2	1
2	0	0	0
1	2	0	2

077.6Gc (27)
<@swelN=14>

2	0	2	3
2	1	3	2
1	2	2	4
0	1	0	2

077.6Gd (276)
<*sweld>

20	4	21	21
23	11	14	30
20	17	16	13
13	16	10	27

077.6Ge (107)
<*swoel>

```
 6  3  3  2
14  2  5  8
10  7  9  5
 4 22  3  4
```

077.6Gf (24)
<*swoelN=14>

```
2 0 3 1
2 0 2 1
2 1 4 1
2 2 1 0
```

077.6Gg (73)
<#sweld>

```
7 3 3  2
9 3 3  7
4 5 3 10
1 6 4  3
```

077.6Gh (24)
<#swoel>

```
3 0 2 0
2 1 0 1
0 5 1 2
0 5 2 0
```

077.6Gi (444)
<#swoelN=14>

```
38 13 28 30
29 13 28 43
33 18 39 28
22 32 13 37
```

077.7La (36)
fluid +

```
2 0 3 2
3 1 4 4
1 2 4 1
1 4 1 3
```

077.7Lb (33)
pus

```
1 1 2 4
4 1 3 2
5 1 1 1
0 3 0 4
```

077.7Lc (415)
water +

```
26 13 26 24
35 13 28 38
31 20 37 25
23 27 19 30
```

078.1Pa (337)
<wuen(d)>

```
29  9 14 26
23 13 18 32
22 22 27 33
 7 28 13 21
```

078.1Pb (317)
<wuend>

```
24 10 27 30
19  8 21 23
18 18 21 20
19 22 12 25
```

078.1Sa (318)
|-[B/C]J.| [ʊʉ~ʊʊ]

```
33 15 17 27
20 20 18 25
19 14 17 26
16 16 13 22
```

078.1Sb (332)
|-[B/C]U.| [ʊ̆ʉ̆~ʊ̆ʊ̆]

```
25 12 13 24
25 20 18 33
20 18 24 27
12 25  9 27
```

078.2La (28)
plowed flesh

```
0 1 3 0
2 3 1 1
1 5 4 2
1 2 1 1
```

078.2Lb (15)
plowed fresh

```
2 0 0 1
0 1 1 4
0 2 1 1
0 2 0 0
```

078.2Lc (493)
proud flesh

```
42 14 31 41
41 23 28 50
28 24 34 37
11 32 22 35
```

078.2Ld (23)
proud fresh

```
2 0 0 3
3 1 1 3
1 1 2 2
0 1 1 2
```

078.2Pa (55)
<p{r}owdf{l}esh=13>

```
2 2 2 2
4 2 6 5
5 4 4 4
1 3 4 5
```

078.3Pa (50)
<ie(A)dien=13>

```
8 2 1 6
0 1 3 2
2 2 4 2
3 8 3 3
```

078.3Pb (106)
<ieAdien=143>

```
 9  6 5  4
 6  2 4  7
 5  3 7  5
11 14 6 12
```

078.3Pc (54)
<{ie}(A)deen=13>

```
2 1 8  1
4 3 2 11
7 3 2  5
1 2 2  0
```

078.3Pd (75)
<{ie}(A)d{ie}n=13>

```
9 2 6 15
6 3 6  6
7 2 4  3
1 1 2  2
```

078.3Pe (55)
<{ie}Adien=143>

```
7 0 2 2
5 2 4 3
6 6 5 4
1 3 0 5
```

078.3Pf (122)
<{ie}Ad{ie}n=143>

```
14 2 6 12
12 7 9  6
 5 7 9  5
 3 8 5 12
```

078.4Pa (174)
<kwienien=13>

```
26  8 11  9
16 12  7  4
13  4  6  2
14 20 10 12
```

078.4Pb (83)
<kwinien=13>

0	1	0	0
2	0	9	16
2	8	11	14
2	6	4	8

078.4Pc (104)
<kwin{ie}n=13>

2	0	0	1
6	3	8	15
1	8	20	14
0	3	7	16

078.4Pd (190)
<kw{ie}n{ie}n=13>

17	7	24	24
13	15	9	17
15	5	6	8
8	15	1	6

078.5La (67)
(de)cease(d)

2	3	2	1
1	2	9	10
4	1	7	5
2	5	4	9

078.5Lb (822)
died

71	31	41	58
59	41	47	72
52	43	56	67
38	60	28	58

078.5Lc (56)
(e)xpired

6	4	3	4
3	0	3	5
8	0	5	4
3	2	2	4

078.5Ld (37)
gone

2	2	3	5
1	1	0	4
2	2	0	6
0	2	3	4

078.5Le (116)
pass(ed)

11	4	5	2
5	8	6	10
8	16	11	10
4	5	5	6

078.5Lf (462)
passed away

39	21	31	42
34	14	28	37
31	19	32	31
27	34	18	24

078.5Lg (108)
passed on

17	4	6	5
3	1	5	9
8	6	11	8
7	4	4	10

078.5Lh (24)
passed out

2	1	2	2
2	1	0	4
1	2	2	3
0	0	2	0

078.6La (58)
croaked (out)

3	3	2	0
2	3	6	0
7	3	9	2
2	8	2	6

078.6Lb (15)
kicked (off)

1	0	0	1
1	0	0	0
1	0	1	0
5	3	1	1

078.6Lc (389)
kicked the bucket
(over)

30	13	30	23
27	16	20	34
30	22	37	25
23	21	17	21

078.6Ld (10)
pegged out

1	0	0	0
1	0	1	0
1	1	0	5
0	0	0	0

078.7Ga (188)
(died) from

20	6	10	9
17	5	13	9
11	9	16	5
8	18	13	19

078.7Gb (273)
(died) of

18	7	14	22
16	14	20	26
15	11	16	19
23	19	8	25

078.7Gc (294)
(died) with

26	7	22	26
24	14	16	27
19	27	22	26
2	14	9	13

078.8La (6)
boot hill

0	0	0	0
1	0	0	0
3	1	0	0
0	0	0	1

078.8Lb (28)
burying ground

4	0	3	1
2	0	0	4
2	4	2	4
0	0	1	1

078.8Lc (768)
cemetery +

74	26	43	53
47	33	48	75
48	37	56	69
32	46	27	54

078.8Ld (16)
churchyard

0	0	0	0
1	1	1	4
0	2	2	3
1	0	0	1

078.8Le (29)
family cemetery

1	0	0	5
2	2	1	4
2	1	1	5
3	1	1	0

078.8Lf (19)
family graveyard

3	5	2	1
1	1	0	1
0	2	2	1
0	0	0	0

078.8Lg (25)
family plot

```
3  1  2  3
0  0  0  2
2  5  1  2
2  1  0  1
```

078.8Lh (528)
graveyard +

```
38  16  35  35
43  23  33  42
37  34  38  37
15  45  18  39
```

078.8Li (18)
plot

```
3  0  0  1
2  0  0  2
0  1  2  1
3  0  1  2
```

078.8Lj (47)
plot +

```
6  1  2  4
2  0  0  5
3  6  3  3
6  1  1  4
```

079.1La (45)
box

```
2  2  1  4
4  2  1  4
1  6  5  3
2  1  4  3
```

079.1Lb (88)
box +

```
5   5  2  4
6   5  2  6
10  8  9  4
5   4  7  6
```

079.1Lc (576)
casket +

```
48  18  38  44
34  23  38  64
37  31  41  48
17  32  24  39
```

079.1Ld (547)
coffin +

```
43  19  37  40
39  19  25  48
34  33  39  49
21  42  19  40
```

079.1Le (25)
pine box

```
2  2  0  0
1  4  0  2
4  1  3  0
1  2  1  2
```

079.2La (46)
burial +

```
4  3  3  1
2  3  2  3
2  3  3  3
5  2  2  5
```

079.2Lb (755)
funeral +

```
69  26  41  53
50  38  44  68
47  34  58  56
31  54  31  55
```

079.2Lc (33)
funeral service

```
6  1  2  2
0  1  2  5
3  1  1  3
1  0  3  2
```

079.2Ld (10)
graveside service(s)

```
0  0  0  1
0  0  2  2
0  0  2  3
0  0  0  0
```

079.2Pa (111)
<fyuen(r)L=14>

```
6   2  6  10
6   7  8  14
4  11  6  12
1   6  5   7
```

079.2Pb (53)
<fyuenArL=144>

```
2  0  4   9
1  2  2  11
4  2  4   0
2  4  3   3
```

079.2Pc (274)
<fyuenrL=14>

```
28   8  17  18
12  15  13  21
12  14  19  23
16  29   6  23
```

079.3La (27)
carrying on

```
1  1  4  1
1  1  1  0
3  5  1  0
0  4  2  2
```

079.3Lb (684)
(in) mourning

```
60  26  39  54
43  28  47  62
47  31  54  47
31  46  22  47
```

079.3Lc (15)
taking it hard

```
4  0  1  0
3  0  0  2
0  0  0  3
1  1  0  0
```

079.3Ld (25)
taking on

```
0  0  5  2
6  0  2  1
0  3  1  0
0  1  2  2
```

079.3Pa (58)
<moernNG=14>

```
10  5  3  3
3   1  5  2
8   1  5  1
3   3  0  5
```

079.3Pb (67)
<m{oe}[r]nN=14>

```
3  2  2  4
4  3  4  8
1  7  8  4
1  8  2  6
```

079.3Pc (50)
<m{oe}[r]nNG=14>

```
1  0  3  3
1  5  4  7
1  3  5  9
0  2  3  3
```

079.3Pd (84)
<m{oe}rnN=14>

```
8   1  5  6
6   2  6  9
6   2  5  7
2  10  3  6
```

079.3Pe (168)
<m{oe}rnNG=14>

```
24  4 10 32
 6  3  9 14
11  5  5  4
12  8  5 16
```

079.4Ga (76)
all right

```
6 0  8 3
8 3  4 5
6 4 10 2
3 6  2 6
```

079.4Gb (31)
fair +

```
2 2 2 1
3 2 1 5
4 2 2 3
0 1 0 1
```

079.4Gc (287)
fine +

```
19 12 17 10
15 15 20 29
20 18 30 13
14 21 11 23
```

079.4Gd (13)
good

```
0 0 0 1
5 0 0 1
1 0 1 3
1 0 0 0
```

079.4Ge (20)
just fine

```
1 0 0 1
1 4 1 2
5 1 1 2
0 1 0 0
```

079.4Gf (13)
middling +

```
2 0 1 1
1 1 0 4
0 0 1 1
0 0 1 0
```

079.4Gg (73)
OK

```
8 3 7  5
4 3 6  8
4 0 8  2
2 2 1 10
```

079.4Gh (152)
pretty good

```
13  7  7  8
 9  3  5 13
10 13 15 14
 7 11  4 13
```

079.4Gi (42)
pretty well

```
4 2 4 1
2 4 3 9
1 3 2 3
0 3 0 1
```

079.4Gj (35)
so-so +

```
2 1 1 4
0 2 1 3
5 0 2 3
1 3 2 5
```

079.4Gk (26)
tolerable +

```
2 0 1 3
4 1 0 4
0 1 3 2
2 0 1 2
```

079.4Gl (43)
very well

```
2 2 5 1
4 0 6 5
1 3 4 7
0 1 0 2
```

079.5Pa (462)
<wurI=14>

```
35 13 27 30
30 23 28 45
24 27 38 40
22 30 19 31
```

079.5Pb (105)
<wurrI=14>

```
9 4 11 11
5 1  7 12
8 1  7  4
5 7  3 10
```

079.5Sa (82)
|L[A/C].| [ɝ~ɝ·]

```
6 2 5 0
6 5 9 6
5 4 7 9
2 7 4 5
```

079.5Sb(328)
|M[E/L]A| [ɚ~ɚ·]

```
40 14 22 31
23 11 21 25
24  9 11 17
22 19 13 26
```

079.6La (591)
arthritis

```
55 17 33 40
40 22 31 59
33 34 48 43
25 42 24 45
```

079.6Lb (42)
bursitis

```
2 2 6 0
4 0 5 6
1 3 3 4
1 1 1 3
```

079.6Lc (17)
rheumatis(m)

```
5 1 3 2
0 1 0 0
3 0 0 0
1 1 0 0
```

079.6Ld (506)
rheumatism(s)

```
29 11 34 35
34 21 42 56
34 34 45 40
17 26 19 29
```

079.7Pa (89)
<dipthirI(A)=314>

```
5 2 6  1
8 6 5 11
4 5 9 13
0 8 2  4
```

079.7Pb (201)
<dipthirIA=3144>

```
16  4  7 13
14  6  7 35
10  5 15 11
14 19  6 19
```

079.8La (52)
hepatitis

```
4 1 4 5
5 2 2 5
0 1 3 3
7 5 3 2
```

079.8Lb (228)
jaundice

```
15   8  14  14
11  15  14  25
13   8  17  15
11  13  12  23
```

079.8Lc (21)
malaria

```
 2   0   1   0
 2   1   4   1
 3   2   0   3
 1   0   0   1
```

079.8Ld (40)
yellow fever

```
 2   1   1   2
 1   1   4   0
 3   6   2   3
 5   5   2   2
```

079.8Le (523)
yellow jaundice

```
48  12  32  43
44  14  35  47
32  32  42  36
16  40  22  28
```

079.8Pa (138)
<jawndIs=14>

```
 9   3  11  12
 7   6  10  17
 4   6  10   9
 6  11   5  12
```

079.8Pb (59)
<jondAs=14>

```
 5   2   1   3
 7   1   5   8
10   3   3   1
 2   4   2   2
```

079.8Pc (139)
<jondIs=14>

```
14   5   5  11
 5   9  15   9
 7   5  10  10
 7  11   4  12
```

080.1La (364)
(ap)pendicitis

```
37  10  24  39
31  22  21  32
24  23  24  22
 4  22  13  16
```

080.1Lb (339)
appendicitis

```
30  13  18  20
18  11  25  37
19  11  27  23
26  17  13  31
```

080.1Lc (696)
appendicitis +

```
68  23  42  58
47  32  45  68
42  33  52  45
29  39  26  47
```

080.1Ld (26)
(ap)pendix

```
 0   0   0   0
 1   1   2   0
 2   7   1   7
 0   2   2   1
```

080.1Le (20)
appendix

```
 0   0   0   1
 2   1   3   1
 0   1   1   3
 3   3   0   1
```

080.1Lf (50)
appendix +

```
 0   0   1   1
 3   2   5   1
 3   8   2   9
 3   7   2   3
```

080.1Lg (20)
cramp colic

```
 2   0   1   0
 4   1   1   2
 0   6   0   1
 0   2   0   0
```

080.1Ph (51)
<ApindIsietAs
 =43424>

```
 4   3   2   1
 4   1   7   5
 5   2   8   2
 2   0   2   3
```

080.2La (27)
heave (up) +

```
 1   1   0   1
 4   2   1   1
 1   8   1   1
 0   1   0   4
```

080.2Lb (23)
puke

```
 2   0   0   1
 2   1   1   1
 1   3   1   0
 1   3   1   5
```

080.2Lc (51)
regurgitate

```
 7   1   4   4
 1   4   4   4
 4   2   6   1
 0   3   3   3
```

080.2Ld (26)
spit up

```
 2   0   1   0
 1   1   1   5
 2   2   4   3
 0   2   0   2
```

080.2Le (38)
throw it up

```
 2   1   2   3
 2   0   3   2
 3   2   2   6
 1   3   0   6
```

080.2Lf (399)
throw up +

```
39   9  22  18
24  16  25  29
27  21  29  34
21  31  19  35
```

080.2Lg (20)
urp (up) +

```
 2   0   0   1
 1   0   0   2
 6   1   1   1
 4   1   0   0
```

080.2Lh (70)
upchuck

```
 7   7   2   2
 3   3   4   8
 3   2   9   6
 4   2   4   4
```

080.2Li (655)
vomit (up) +

```
64  11  35  54
46  28  42  64
42  36  53  45
28  39  24  44
```

080.3La (23)
barf

1	0	0	1
1	2	0	1
3	0	4	3
1	1	2	3

080.3Lb (19)
heave

1	0	0	2
1	0	1	1
2	1	0	2
0	2	2	4

080.3Lc (334)
puke +

24	11	25	17
27	16	25	18
16	27	26	12
14	29	20	27

080.3Ld (105)
throw up +

6	5	5	21
14	2	5	8
8	3	6	4
2	9	1	6

080.3Le (7)
toss (one's) cookies

0	0	0	1
0	0	0	0
3	0	0	0
2	0	1	0

080.3Lf (51)
upchuck

7	0	0	3
5	1	0	5
5	2	3	3
5	3	3	6

080.3Lg (13)
urp

0	0	0	0
1	0	0	0
3	0	2	2
2	1	1	1

080.3Lh (44)
vomit

5	3	4	4
5	0	3	3
1	1	0	2
1	5	4	3

080.4Ga (400)
at +

38	16	33	39
27	16	31	45
23	15	29	23
16	23	10	16

080.4Gb (211)
at his stomach

7	5	23	25
14	7	18	29
11	5	17	14
9	9	7	11

080.4Gc (47)
at my stomach

10	5	4	1
1	1	5	4
4	1	2	4
3	2	0	0

080.4Gd (102)
at the stomach

8	6	6	7
9	7	3	10
6	6	9	5
4	11	3	2

080.4Ge (23)
at your stomach

6	1	1	4
1	1	2	1
1	1	0	1
0	1	0	2

080.4Gf (189)
in +

15	3	5	5
17	7	16	22
14	12	10	20
10	17	4	12

080.4Gg (79)
in his stomach

1	2	2	1
8	1	10	15
2	5	6	9
4	3	1	9

080.4Gh (77)
in the stomach

8	1	1	3
4	4	4	6
11	4	4	8
4	11	2	2

080.4Gi (16)
of +

1	1	0	0
4	1	0	0
1	1	1	1
2	2	0	1

080.4Gj (82)
on +

2	0	2	4
1	1	1	5
0	8	6	23
1	4	13	11

080.4Gk (54)
on his stomach

0	0	1	3
1	0	0	4
0	6	5	15
0	2	9	8

080.4Gl (21)
on the stomach

1	0	0	1
0	1	0	1
0	2	1	8
0	2	3	1

080.4Gm (76)
to +

9	3	2	7
1	2	6	3
7	4	1	2
3	7	3	16

080.4Gn (46)
to his stomach

2	1	2	3
1	1	5	3
7	3	0	1
1	3	2	11

080.5Ga (31)
for to [+ inf.]

3	1	0	0
8	3	0	1
2	6	1	0
0	4	2	0

080.5Gb (197)
to [+ inf.]

7	5	18	24
15	7	7	29
17	4	19	10
13	7	3	12

081.1Ga (41)
I shall

```
1  2  6  2
2  0  6  6
3  0  2  2
3  2  1  3
```

081.1Gb (228)
I will

```
15 10 11 11
11  9 15 31
13  9 20 20
 9 13  7 24
```

081.1Gc (22)
I [X-0]

```
2  1  4  3
1  0  1  1
0  0  2  5
0  2  0  0
```

081.1Gd (188)
I'll

```
12  6  8  9
 9  5 15 28
 9 10 24 10
10 21  4  8
```

081.2AGa (66)
we will

```
2  3  3  7
3  0  2 11
2  0  6  6
1  6  1 13
```

081.2AGb (72)
we'll

```
7  1  5  4
5  2  5 16
1  3  5  3
4  6  1  4
```

081.2BGa (192)
glad

```
 7  9 19 10
10  6 11 31
 4 10 23 17
 4 11  6 14
```

081.2BGb (20)
happy

```
0  3  2  2
0  0  0  3
0  0  2  2
1  0  1  4
```

081.2BGc (96)
proud

```
10  4 14  8
10  0  5  7
 3  5  9  7
 2  4  3  5
```

081.3Ga (94)
go and

```
11  1  1  6
11  6  3  4
 8  9  3  5
 4 10  6  6
```

081.3Gb (42)
take and

```
7  1  1  4
3  1  5  3
2  2  2  5
1  1  0  4
```

081.4La (591)
courting +

```
43 24 36 42
43 31 37 47
41 36 45 39
19 45 22 41
```

081.4Lb (173)
dating +

```
16  5 11  9
 5  4 17 21
11  7 17  9
11 11  5 14
```

081.4Lc (153)
going steady (with)

```
15  5 13  7
 9  4 11 16
 9  7 10  8
10  3 11 15
```

081.4Ld (51)
going together

```
5  3  4  1
4  1  3  3
5  6  3  1
2  5  2  3
```

081.4Le (61)
going with

```
8  3  2  6
2  2  5  6
4  2  4  3
4  2  1  7
```

081.4Lf (154)
sparking +

```
13  5  5 15
16  8  7  8
11  7 18  9
 1  9  8 14
```

081.5La (167)
beau

```
19  3  7  5
 7  9 15 25
10  8 15 11
 8  9  6 10
```

081.5Lb (561)
boyfriend

```
47 20 35 31
39 22 38 42
38 32 45 42
25 41 25 39
```

081.5Lc (62)
fellow

```
7  5  4  2
5  1  3  8
3  2  8  6
0  1  2  5
```

081.5Ld (70)
fiance

```
10  2  4  8
 4  1  7  8
 2  2  3  3
 4  4  3  5
```

081.5Le (24)
lover

```
3  0  3  2
1  0  1  2
4  3  1  1
0  0  0  3
```

081.5Lf (43)
steady +

```
4  3  1  2
1  0  2  7
5  2  1  2
2  5  0  6
```

081.5Lg (176)
sweetheart

```
12  7 21 16
14  6 11 18
 7  8 14 16
 4 12  4  6
```

081.6La (33)
fiancee

```
3   0   2   4
0   0   2   4
4   0   3   4
2   2   1   2
```

081.6Lb (11)
gal

```
0   0   1   0
0   0   2   1
0   0   3   1
0   1   0   2
```

081.6Lc (103)
girl

```
8   4   5   7
7   5   7  12
6   5   9   8
2  12   2   4
```

081.6Ld (518)
girl friend

```
41  20  29  25
34  21  38  43
34  30  47  37
26  34  19  40
```

081.6Le (198)
sweetheart

```
21   7  14  16
14   8   8  23
10  10  19  14
 3  13   5  13
```

081.6Lf (24)
steady +

```
4   2   1   1
1   1   2   3
3   0   1   1
0   1   1   2
```

081.6Lg (11)
woman

```
0   0   1   1
0   0   0   0
5   0   1   0
0   1   0   2
```

081.7La (22)
bussing

```
0   1  10   5
1   1   0   3
0   0   0   0
0   0   1   0
```

081.7Lb (379)
kissing

```
11  10  31  20
25  19  19  44
25  21  34  33
20  23  11  33
```

081.7Lc (37)
making out

```
3   1   3   4
1   1   1   2
6   0   5   2
3   1   0   4
```

081.7Ld (131)
necking

```
17   2   4   9
13   5   6  12
12   3  13   5
 9   7   4  10
```

081.7Le (21)
petting

```
0   1   2   1
1   0   0   4
2   0   2   3
2   2   0   1
```

081.7Lf (220)
smooching

```
13   8  17  13
10   7   7  26
12   8  21  24
11  14   9  20
```

081.7Lg (23)
spooning

```
2   0   3   2
1   0   1   2
1   1   5   2
0   1   0   2
```

082.1La (17)
backed out +

```
1   0   0   8
1   0   1   1
1   0   3   0
0   0   1   0
```

082.1Lb (34)
broke it off

```
2   2   2   0
2   0   1   2
7   2   1   4
3   5   1   0
```

082.1Lc (24)
broke off (the
engagement)

```
0   1   0   0
5   1   4   0
1   1   1   1
3   3   1   2
```

082.1Ld (66)
broke off +

```
2   2   2   0
7   1   7   2
8   5   4   6
7   9   2   2
```

082.1Le (68)
broke the engage-
ment

```
3   4   1   8
5   0   1   4
11   1   5   5
9   6   1   4
```

082.1Lf (109)
broke up +

```
0   4   5   2
17   2   5   5
12   9   7   4
13  11   3  10
```

082.1Lg (32)
dropped him +

```
0   2   3   1
0   3   1   3
2   4   2   3
1   2   3   2
```

082.1Lh (161)
jilted him

```
22   6  12  13
 8   8   7  16
12   7  12  10
 4  12   4   8
```

082.1Li (14)
kicked him

```
1   0   0   0
0   0   0   1
0   0   1   7
0   0   3   1
```

082.1Lj (67)
quit him

```
5   3   2   2
5   3   7   6
10   8   2   3
2   4   1   4
```

082.1Lk (195)
refused +

```
 7 11 14  3
16  4 12 14
23 10 17  5
13 17 11 18
```

082.1Ll (48)
rejected him

```
5 1 3 3
2 0 7 4
2 2 3 4
1 4 1 6
```

082.1Lm (20)
said no

```
0 1 2 1
2 1 1 2
3 0 1 2
0 1 1 2
```

082.1Ln (302)
turned him down

```
12  6 27 16
14 16 19 29
16 18 32 21
12 21 15 28
```

082.2La (8)
broke her/the neck

```
0 0 0 0
2 0 0 0
1 0 0 0
0 4 1 0
```

082.2Lb (187)
hitched

```
 8 11 15  5
13  4  9 14
18 10 19 13
15 12  5 16
```

082.2Lc (13)
hitched up

```
2 0 0 0
3 0 0 1
1 0 1 0
0 3 1 1
```

082.2Ld (200)
hitched (up) +

```
10 11 15  5
16  4  9 15
19 10 20 13
15 15  6 17
```

082.2Le (30)
hooked (up) +

```
2 1 3 0
4 1 2 2
2 0 2 0
3 3 3 2
```

082.2Lf (25)
jumped the broom

```
1 0 2 1
2 0 6 5
0 0 0 0
0 8 0 0
```

082.2Lg (18)
jumped the broom-
stick

```
3 0 3 1
7 2 0 0
1 0 0 0
0 1 0 0
```

082.2Lh (44)
jumped the broom-
(stick) +

```
4 0 6 2
9 2 6 5
1 0 0 0
0 9 0 0
```

082.2Li (891)
married

```
80 33 46 58
59 49 53 86
53 44 62 77
39 60 28 64
```

082.2Lj (40)
tied the knot

```
1 0 4 0
5 0 1 4
2 3 7 2
0 5 2 4
```

082.2Pa (590)
<marId=14>

```
45 20 33 24
41 32 44 65
33 30 39 52
26 50 19 37
```

082.2Pb (84)
<marI{d}=14>

```
4 0 4 7
5 2 2 9
4 2 7 12
6 7 3 10
```

082.2Pc (161)
<merId=14>

```
24  8 11 17
 9  6  7  7
14  9 12 10
 6  5  5 11
```

082.2Sa (51)
|KC./-| [ɛ·~ɛ·ə]

```
9 2 4 2
3 3 1 2
6 2 4 4
2 3 2 2
```

082.2Sb (401)
|OC./-| [æ·~æ·ɛ]

```
30 10 19 24
31 20 31 49
23 24 26 43
15 22 11 23
```

082.3La (568)
best man

```
49 23 34 43
27 26 34 51
42 28 48 35
29 32 19 48
```

082.3Lb (29)
groomsman

```
4 0 3 0
3 2 1 4
2 0 4 2
1 0 0 3
```

082.3Lc (16)
waiter

```
0 1 2 1
3 2 0 1
1 2 1 1
0 0 0 1
```

082.4La (30)
bridemaid

```
0 2 2 4
2 1 1 2
3 1 3 5
0 2 1 1
```

082.4Lb (360)
bridesmaid

```
34 11 25 20
23 11 22 40
29 12 33 23
20 17 11 29
```

082.4Lc (211)
maid of honor +

```
12   6  11  18
 8  13  15  17
15  10  19  13
14  11   7  22
```

082.4Ld (103)
matron of honor +

```
5   3   3   4
5   9   7  10
9   3  12   8
7   4   7   7
```

082.5La (16)
celebrating

```
1   1   2   0
0   2   2   3
0   1   1   1
0   0   0   2
```

082.5Lb (13)
charivari [F]

```
0   0   0   0
5   0   0   0
0   0   0   0
0   8   0   0
```

082.5Lc (102)
serenade [n.]

```
4   6  10  16
4   4   4   8
3   8   8  13
2   1   5   6
```

082.5Ld (112)
serenade [v.]

```
6   7   7  18
3   3   6  16
1   6   7  15
1   3   2  11
```

082.5Le (194)
serenade [n./v.] +

```
10  11  16  28
 5   6   9  23
 4  12  15  26
 3   4   6  16
```

082.5Lf (181)
shivaree [n.]

```
42   7  13  16
22   1   1   5
15   4   4   3
 8  23   6  11
```

082.5Lg (72)
shivaree [v.]

```
15   2   8   5
13   1   0   0
 8   3   1   1
 1   9   2   3
```

082.5Lh (229)
shivaree [n./v.] +

```
50   8  17  18
31   2   2   5
22   6   5   5
 9  28   7  14
```

082.6Ga (20)
below

```
2   1   1   2
2   0   2   3
0   0   3   1
0   2   0   1
```

082.6Gb (30)
down at

```
3   1   0   1
3   2   2   1
3   6   2   1
0   3   1   1
```

082.6Gc (128)
down in

```
 6   4   9  11
 9   1   5   9
14   6  11  11
 9  10   4   9
```

082.6Gd (104)
down to

```
 3   5   9  10
 6   4   3   6
13   8   4   8
 7   3   3  12
```

082.6Ge (26)
out in

```
5   0   0   2
1   0   0   0
2   3   4   0
5   2   2   0
```

082.6Gf (24)
over at

```
4   2   3   1
2   1   0   3
3   1   3   1
0   0   0   0
```

082.6Gg (104)
over in

```
 3   2   1   8
15   1   8   6
10   6  13   5
 7   8   2   9
```

082.6Gh (84)
over to

```
 0   1  10   7
 1   1   5   4
11   9   2   7
 9   4   3  1C
```

082.6Gi (27)
up at

```
1   0   1   1
2   2   2   2
4   2   3   1
0   4   0   2
```

082.6Gj (121)
up in

```
 6   5   7  15
 7   3   3   7
10   3  11   7
11   9   6  11
```

082.6Gk (104)
up to

```
 5   3  10   9
 8   0   4   9
11   5   3   8
 9   7   3  10
```

082.6Sa (289)
|O..-| [æʊ~æo]

```
28   9  10  40
21  12  24  29
15  12  17  28
 9  10  10  15
```

082.6Sb (617)
|R..-| [aʊ~ao]

```
54  25  35  20
41  37  29  57
39  35  44  48
31  51  24  47
```

082.7Ga (15)
at

```
0   0   2   2
0   0   3   2
0   0   2   2
0   0   0   2
```

082.7Gb (11)
down at

1	0	1	0
0	0	0	5
0	0	0	2
2	0	0	0

082.7Gc (38)
over at

2	0	3	6
0	1	5	3
2	1	2	5
3	0	1	4

082.7Gd (12)
over to

1	1	1	2
0	0	1	4
1	0	0	0
0	0	0	1

082.7Ge (15)
up at

0	0	1	2
1	0	0	1
0	0	4	3
0	1	0	2

082.7Gf (24)
with

1	0	3	0
0	0	2	2
1	0	2	9
0	0	0	4

082.8La (374)
bunch

26	10	21	18
41	16	19	19
26	19	32	26
19	35	15	32

082.8Lb (174)
crowd

4	8	6	10
9	12	14	34
7	11	18	15
2	8	2	14

082.8Lc (134)
gang

6	5	5	14
11	4	7	17
14	9	7	6
8	12	3	6

082.8Ld (118)
group

9	8	5	8
6	2	9	12
14	3	10	8
8	5	1	10

082.8Le (35)
lot

1	1	2	1
2	1	1	4
3	1	0	3
7	1	2	5

082.8Lf (20)
mob

0	1	1	6
0	0	1	4
1	1	0	2
1	0	1	1

082.8Lg (18)
thing

1	0	1	0
0	3	0	2
0	1	0	4
0	1	2	3

082.8Pa (101)
<hoe[l]>

9	2	6	9
3	4	5	4
10	5	13	9
4	7	3	8

082.8Pb (236)
<hoel>

12	5	17	17
17	9	7	30
17	10	15	15
15	23	10	17

082.8Pc (328)
<hoe{l}>

21	12	16	15
32	12	28	32
23	22	21	27
13	15	11	28

083.1La (27)
ball

0	0	1	2
2	0	1	4
1	1	6	2
0	3	1	3

083.1Lb (7)
candy pulling

0	0	0	0
0	0	0	1
0	0	0	3
0	2	1	0

083.1Lc (6)
corn shucking

0	0	0	5
0	0	0	1
0	0	0	0
0	0	0	0

083.1Ld (586)
dance

49	15	30	46
41	30	38	59
32	29	44	39
29	46	20	39

083.1Le (8)
fais-dodo [F]

0	0	0	0
4	0	0	0
0	0	0	0
0	4	0	0

083.1Lf (20)
frolic

0	0	0	3
1	0	0	4
0	1	4	4
0	0	3	0

083.1Lg (26)
hoedown

1	0	2	4
1	0	4	5
0	0	1	2
2	0	1	3

083.1Lh (39)
party

1	3	3	4
4	1	4	1
3	5	3	3
1	1	1	1

083.1Li (14)
prom

1	0	0	1
0	0	0	0
2	0	1	1
1	2	2	3

083.1Lj (36)
round dance

```
3   1   5   3
2   2   2   2
3   1   4   2
0   0   3   3
```

083.1Lk (36)
shindig

```
3   0   0   3
4   2   3   7
0   1   3   2
1   2   2   3
```

083.1Ll (143)
square dance

```
14   5  11  15
 9   6   8  13
 5  10  13   7
 3  10   4  10
```

083.1Pa (75)
<dans>

```
7   2   6  14
4   0   3   6
3   5   8   3
3   1   1   9
```

083.1Pb (334)
<dants>

```
26   5  15  17
15  13  26  36
20  15  29  34
19  24  15  25
```

083.1Pc (111)
<d{a}nts>

```
6   5   9   5
6   9   9  12
9  12   9   3
7   4   3   3
```

083.2La (68)
close(s/ed)

```
4   0   6   8
3   2   5   7
5   5   5   6
0   6   5   1
```

083.2Lb (43)
dismiss(es/ed)

```
6   3   0   4
2   1   3   4
3   2   5   0
3   0   2   5
```

083.2Lc (22)
end(s/ed)

```
0   0   0   0
0   0   5   1
0   1   3   2
0   4   1   5
```

083.2Ld (50)
get(s/ing)/got out

```
3   4   4   2
2   0   3   4
2   6   4   4
2   3   1   6
```

083.2Le (233)
is/was/will be out

```
30   4  15  13
21   8   9  14
24   6  17  15
17   7  12  21
```

083.2Lf (141)
let(s/ing) out

```
15   7   6   8
10   3   9   4
 9   8  10   9
 5  15   6  17
```

083.2Lg (166)
turn(s/ing/ed) out

```
5   7  12  15
9   9   8  18
8  13  16  15
3  11   5  12
```

083.3La (145)
begin

```
8   8  12  13
4   4   7  14
8   7  19   6
5   9   6  15
```

083.3Lb (71)
open (up) +

```
9   1   2   4
4   5   1  14
1   4   7   4
2   6   3   4
```

083.3Lc (8)
start in

```
0   0   0   2
0   0   0   1
0   0   0   0
0   0   0   5
```

083.3Ld (398)
start (in/up) +

```
39  12  26  26
35  16  23  23
28  25  22  24
23  25  15  36
```

083.3Le (32)
take in

```
0   0   0   0
1   2   3   3
0   1   4   7
0   6   1   4
```

083.3Lf (33)
take up

```
9   2   1   4
3   2   4   1
6   1   0   0
0   0   0   0
```

083.4La (89)
cut +

```
0   4   4   6
1   2  11  13
8   8  10   3
7   5   3   4
```

083.4Lb (21)
cut(ting)

```
0   0   1   2
1   0   4   2
0   2   3   1
2   0   2   1
```

083.4Lc (56)
cut(ting) (his)
class(es)

```
0   4   2   4
0   2   6   7
6   6   6   2
4   4   1   2
```

083.4Ld (59)
laid out +

```
4   0   7  23
2   1   2  12
2   0   3   2
0   0   1   0
```

083.4Le (39)
lay(s/ed/ing) out

```
3   0   5  19
1   0   1   5
1   0   2   1
0   0   1   0
```

083.4Lf (564)
played hooky +

```
60 25 30 27
44 28 37 37
30 32 49 40
23 40 23 39
```

083.4Lg (47)
skip(ed/ing)

```
2  2  1  3
2  3  3  5
2  1  5  1
3  2  3  9
```

083.4Lh (159)
skipped +

```
11  6   9  11
11  7   9  15
 9  5  18   8
 8  8   3  21
```

083.4Li (56)
skip(ed/ing) (his)
class(es)

```
2  1  3  8
6  1  5  5
2  1  5  5
3  2  0  7
```

083.4Lj (60)
skip(ed/ing) school

```
8  1  8  1
3  3  1  4
4  3  8  3
1  4  0  8
```

083.5La (782)
education +

```
64 28 44 58
53 29 52 73
49 45 57 61
35 54 30 50
```

083.5Lb (47)
learning +

```
6  2  0  1
3  3  0  5
2  6  5  4
1  6  1  2
```

083.5Lc (45)
schooling +

```
6  0  1  0
8  3  3  3
2  3  2  0
1  5  3  5
```

083.5Pa (140)
<ejAkaishN=3414>

```
11  7   7   3
 8  4   7  20
 9  5  12   8
 4 15   8  12
```

083.5Pb (381)
<ejIkaishN=3414>

```
27 14 27 40
23 17 25 29
18 23 29 32
13 24 16 24
```

083.6Pa (404)
<kolIj=14>

```
37 12 24 28
27 24 28 33
27 22 30 28
15 34 16 19
```

083.6Pb (221)
<kolI{j}=14>

```
17  9 12 16
12  7 14 13
18 10 20 19
11 16  8 19
```

083.6Sa (456)
|SA./-| [a›~a³]

```
43 15 16 32
35 29 28 38
24 23 36 40
16 33 20 28
```

083.6Sb (248)
|SC./-| [a›·~
a›·³]

```
20  7 16 20
12 14 17 31
13  9 17 21
 9 18  7 17
```

083.7La (35)
elementary

```
3  1  3  3
3  0  1  6
2  1  3  2
2  1  1  3
```

083.7Lb (71)
elementary +

```
4  3  4  6
8  1  4  7
6  4  5  6
4  4  1  4
```

083.7Lc (35)
elementary school

```
1  2  1  3
5  1  3  1
4  3  2  3
2  3  0  1
```

083.7Ld (542)
first grade

```
47 15 33 46
38 20 30 43
33 32 39 43
20 39 26 38
```

083.7Le (28)
first reader

```
9  3  3  2
1  1  1  1
0  2  2  1
0  0  0  2
```

083.7Lf (52)
grade school

```
9  0  4  6
5  0  2  7
4  1  3  1
4  2  1  3
```

083.7Lg (51)
grammar school

```
3  5  2  6
4  4  5  5
0  0  5  4
0  3  2  3
```

083.7Lh (44)
primary

```
3  1  2  4
2  1  4  6
3  4  4  1
1  3  1  4
```

083.7Li (78)
primary +

```
5  2  5  5
3  2  6 12
8  5  6  4
2  6  1  6
```

083.7Lj (105)
primer

```
 8  4  7  5
10  4  3  5
 4 10  5  7
 1 18  5  9
```

083.7Lk (26)
primer [before 1st]

```
3  1  0  1
2  1  0  0
0  4  1  5
0  5  2  1
```

083.7Ll (136)
primer +

```
10   5   8   6
14   5   3   6
 4  14   7  12
 1  23   8  10
```

083.8Pa (84)
<des(k)>

```
2   2   4   4
5   7   5  10
5   6   9   6
1  10   1   7
```

083.8Pb (84)
<des(ks)>

```
9  4  4   6
3  3  4  11
4  3  9   5
3  9  1   6
```

083.8Pc (448)
<desk>

```
39  13  29  44
28  18  26  37
34  18  27  30
28  29  12  36
```

083.8Pd (243)
<desk(s)>

```
16   6  19  25
13  10  23  23
15  10  14  18
10  18   4  19
```

083.8Pe (115)
<desks>

```
9  2  5  11
7  3  5   7
9  5  6  11
15  4  3  13
```

083.8Pf (114)
<d{ai}sk>

```
14  5  7   3
 9  4  8  14
 5  6  8  10
 3  6  9   3
```

083.8Pg (67)
<d{ai}sk(s)>

```
6  5  6   2
7  1  3   6
3  2  4  11
0  4  7   0
```

084.1Pa (99)
<lieb(r)erI=134>

```
9   4  4   3
7   4  5  11
6  10  6   8
4   9  3   6
```

084.1Pb (148)
<liebrerI=134>

```
13   6   9  10
 9   5  10  11
12   7   5   4
11  10   7  19
```

084.1Pc (85)
<l{ie}b(r)erI=134>

```
8  1  3   6
7  7  5  10
4  4  8   6
2  7  3   4
```

084.1Pd (135)
<l{ie}brerI=134>

```
18  2  10  15
 2  7  12   8
 6  8   7   8
 6  9   6  11
```

084.2Pa (366)
<poestawfIs=134>

```
29  16  21  30
26  21  17  31
24  14  23  27
15  26  20  26
```

084.2Pb (97)
<poestoefIs=134>

```
10  1   3   4
 9  3  10   6
 5  7   4  14
 6  3   4   8
```

084.2Pc (159)
<poestofIs=134>

```
12  4   8  11
 8  9  15  21
 8  8  16   9
10  9   4   7
```

084.2Pd (65)
<poest{aw}fIs=134>

```
8  0  10  3
4  2   4  5
7  3   5  3
3  4   1  3
```

084.3Pa (68)
<hoete[l]=13>

```
5  3  3  10
4  3  6   4
1  5  4   7
2  5  2   4
```

084.3Pb (188)
<hoetel=13>

```
16   7   8  20
14   5   9  13
16  12  12  10
 9  13   5  19
```

084.3Pc (70)
<hoetel=31>

```
7  3  2  4
2  5  3  2
5  4  6  1
7  8  6  5
```

084.3Pd (252)
<hoete{l}=13>

```
23  3  19  17
19  5  25  35
17  8  18  19
11  9  11  13
```

084.3Pe (91)
<hoete{l}=31>

```
2   4  2   4
6   7  4   8
6   5  5   5
3  15  5  10
```

084.4La (40)
movie

```
3  1  3  10
3  1  4   4
1  2  1   1
2  3  1   0
```

084.4Lb (34)
movie house

```
7  1  2  3
3  2  0  1
3  1  2  3
3  1  1  1
```

084.4Lc (23)
movies

```
1  1  1  3
3  2  0  0
1  1  0  3
1  1  0  5
```

084.4Ld (15)
moving-picture show

```
4  0  0  3
1  1  0  1
2  1  1  0
0  0  0  1
```

084.4Le (24)
opera house

```
2  1  0  1
3  3  1  2
0  1  2  5
3  0  0  0
```

084.4Lf (133)
picture show

```
13   2   2   7
16   6   6  10
12  14  11   9
 8  10   1   6
```

084.4Lg (53)
show

```
5  2  2  3
6  6  3  1
5  3  6  3
2  4  1  1
```

084.4Lh (700)
theater

```
65  22  42  55
45  28  46  62
42  39  46  49
31  48  28  52
```

084.4Pa (180)
<theeai{d}R=134>

```
27   5  14  25
13   5  16  14
11   5   7   6
 5  13   2  12
```

084.4Pb (121)
<theeai{d}[R]=134>

```
4   2   4   3
8  10   7  25
1  13  17   8
4   5   8   2
```

084.5Pa (57)
<hosbi{d}L=134>

```
5  2  4  2
3  1  8  6
1  3  3  5
3  7  3  1
```

084.5Pb (184)
<hospI{d}L=144>

```
16   3   6  14
11  12  12  19
14   5  13  16
10  16   5  12
```

084.5Pc (62)
<hospI{t}L=144>

```
4  1  2  8
3  4  2  5
0  7  6  5
6  7  1  1
```

084.5Pd (173)
<hospi{d}L=134>

```
18  12  15   2
13   5   7   9
21   8  14   9
 8  12   7  13
```

084.6Pa (123)
<nu[r]s>

```
4   2   2   0
5   2   5  22
7  18  15  10
2  15   9   5
```

084.6Pb (458)
<nurs>

```
48  15  33  51
24  18  34  34
38  13  26  30
20  21  13  40
```

084.6Pc (50)
<nursIz=14>

```
6  2  0  6
6  2  3  7
1  1  3  3
1  4  2  3
```

084.6Pd (83)
<nu{r}s>

```
5  3  7  0
8  7  5  4
6  4  4  8
7  8  2  5
```

084.7La (524)
depot

```
49  20  26  35
35  23  31  42
32  28  47  34
27  39  19  37
```

084.7Lb (19)
railroad depot

```
1  1  1  0
5  0  1  1
1  2  1  0
0  4  0  1
```

084.7Lc (281)
railroad (station) +

```
29  13  20  21
25  10  13   8
26  17  27  13
22  14   9  14
```

084.7Ld (54)
railway (station) +

```
2  3  2  10
0  1  4   3
6  2  5   0
5  5  4   2
```

084.7Le (175)
station

```
12   4  11  12
11   5  11  14
18  10  13   7
10  15   5  17
```

084.7Lf (10)
terminal

```
0  1  0  0
0  0  4  4
1  0  0  0
0  0  0  0
```

084.7Lg (145)
train station

```
13   3  10   5
 7   7  10  10
 9   6  12  11
 5  10   8  19
```

084.7Sa (523)
|GB./-| [e>~eɪ]

```
47  17  23  49
35  30  26  48
25  30  30  41
20  33  22  47
```

084.7Sb (322)
|GG./-| [e>·~e·ɪ]

29 14 22 7
21 16 25 36
21 14 28 31
15 18 11 14

085.1La (34)
court square

7 9 1 0
1 5 0 0
1 3 4 1
0 1 1 0

085.1Lb (71)
courthouse

10 0 2 5
7 2 4 3
5 4 7 7
6 6 1 2

085.1Lc (26)
courthouse lawn

4 2 4 7
4 1 1 0
0 0 2 0
1 0 0 0

085.1Ld (79)
courthouse square

 4 3 0 2
15 2 6 9
 6 3 8 8
 3 2 4 4

085.1Le (14)
courthouse yard

0 0 5 2
2 1 2 1
0 1 0 0
0 0 0 0

085.1Lf (36)
courtyard

11 0 2 3
 5 0 0 3
 4 0 0 4
 0 2 1 1

085.1Lg (31)
lawn

6 0 3 5
2 0 1 3
1 1 1 4
1 2 0 1

085.1Lh (180)
park

12 6 7 8
 6 1 6 30
 2 2 21 23
 8 14 3 31

085.1Li (10)
plaza

0 0 0 0
0 0 0 0
1 0 2 1
5 0 0 1

085.1Lj (155)
square

16 5 9 6
 4 11 14 13
16 2 18 11
10 6 7 7

085.1Lk (24)
town square

3 1 2 3
1 1 1 1
0 2 2 0
4 2 0 1

085.2La (30)
angled/angling +

5 0 0 4
2 1 2 2
4 6 2 0
0 1 0 1

085.2Lb (79)
antigodlin

20 2 4 8
 8 7 2 2
 3 4 4 5
 1 2 4 3

085.2Lc (52)
catawampus(ed)

3 4 3 11
4 1 1 4
3 2 2 10
2 0 1 1

085.2Ld (548)
cater-corner(ed)

49 18 30 26
40 23 34 50
39 29 37 48
29 38 23 35

085.2Le (31)
crossway(s)

3 0 1 3
6 2 3 5
0 1 1 3
0 1 1 1

085.2Lf (23)
cut (a)cross

5 3 2 3
0 0 0 5
0 0 2 0
1 2 0 0

085.2Lg (78)
diagonal(ly) (across)

7 6 5 7
0 3 7 8
4 5 7 5
1 5 2 6

085.2Lh (106)
jaywalk

10 3 10 6
 2 3 12 12
 1 4 13 12
 1 11 1 5

085.2Li (8)
near cut

1 0 0 7
0 0 0 0
0 0 0 0
0 0 0 0

085.2Lj (28)
shortcut

1 1 1 13
1 0 1 4
1 0 1 1
0 0 0 3

085.3La (20)
cable car

2 1 2 0
1 1 3 2
1 1 2 0
2 0 0 2

085.3Lb (519)
streetcar

43 15 30 48
31 16 33 44
34 32 47 33
18 46 18 31

085.3Lc (144)
trolley

```
13   3   8   5
16   6  11  21
 8   3   9  11
 8   6   3  13
```

085.3Ld (107)
trolley car

```
10   6   6   3
 4   3   8   5
 6   6  11   5
 6   6   7  15
```

085.4La (112)
want off

```
14   7   9  28
 3   2  14   8
 5   5   6   2
 3   0   1   5
```

085.4Lb (330)
want to get off

```
24  10  20  17
14  10  16  43
12  20  33  29
11  23  15  33
```

085.4Lc (180)
where I get/got off

```
 9   4   8   6
23   6  10  18
24  10  11  11
10  15   4  11
```

085.4Ld (45)
(cat) wants out

```
 3   0   4   6
 1   1   4   1
 6   0   5   3
 6   2   1   2
```

085.4Le (20)
(cat) wants to get
out

```
 0   0   0   0
 1   0   1   2
 0   1   3   2
 1   6   1   2
```

085.5La (23)
capital

```
 2   0   2   1
 1   0   0   2
 2   3   0   6
 0   2   0   2
```

085.5Lb (551)
county seat

```
44  16  34  50
32  23  43  48
38  25  54  41
20  22  20  41
```

085.5Lc (7)
county site

```
 0   0   0   0
 0   0   0   2
 0   0   2   3
 0   0   0   0
```

085.5Ld (31)
parish seat

```
 0   0   0   0
16   0   0   0
 0   0   0   0
 0  15   0   0
```

085.5Le (41)
seat

```
 8   1   1   2
 1   0   1   9
 1   2   1   3
 5   2   1   3
```

085.6Pa (138)
<guv(Rn)mNt=14>

```
16   1  12  11
10   9  10   6
10   5  13   8
 3  13   7   4
```

085.6Pb (69)
<guvR(n)mNt=144>

```
 5   5   3  11
 2   1  12   3
 3   3   2   2
 5   3   2   7
```

085.6Pc (184)
<guv[R](n)mNt
=144>

```
17   4   3  11
16   9   7  20
 9   7  16  18
10  21   6  10
```

085.6Pd (50)
<guv[R](n)mint
=143>

```
 2   3   2   0
 4   1   4   5
 1   4   7   3
 2   6   3   3
```

085.7Pa (78)
<lawN(d)oerdR
=3414>

```
 9   2   6  18
 1   5   8   2
 1   1   3   6
 4   5   2   5
```

085.8La (704)
Civil War

```
67  24  40  57
49  40  46  63
43  33  44  40
32  51  24  51
```

085.8Lb (66)
Confederate War

```
 1   0   0   2
 6   1   3   5
 0   4  12  10
 2  10   6   4
```

085.8Lc (21)
War between North
and South

```
 1   1   4   2
 1   0   2   3
 1   0   1   1
 1   2   0   1
```

085.8Ld (253)
War between the
States

```
14  13   9  18
17   9  15  28
17  10  23  28
11  18  10  13
```

085.8Pa (58)
<sivLwaw[r]=143>

```
 2   3   1   1
 6   5   4   8
 2   8   7   3
 2   5   0   1
```

085.8Pb (116)
<sivLwawr=143>

```
12   7   3  25
 5   2   6   5
 8   4   5   2
 4   9   3  16
```

085.8Pc (56)
<sivLwawr=341>

```
 8   0   8   6
 6   1   4   3
 5   2   1   2
 2   4   0   4
```

085.9Ga (78)
<!hang>

8	2	6	4
10	3	2	8
4	2	8	8
2	6	0	5

085.9Gb (121)
<*hangd>

5	1	9	14
11	4	10	8
10	6	9	7
4	9	6	8

085.9Gc (317)
<*hung>

22	5	20	21
31	12	13	18
26	22	26	20
19	24	9	29

085.9Gd (175)
<#hangd>

10	6	10	23
7	4	9	21
12	7	15	13
11	6	8	13

085.9Ge (332)
<#hung>

34	10	19	13
26	19	18	16
24	18	24	22
15	33	17	24

086.1APa (67)
<newyawrk=31>

7	2	8	2
7	0	6	5
7	4	0	2
3	7	3	4

086.1APb (50)
<newyoerk=21>

6	0	6	6
2	0	7	8
1	3	1	6
0	0	2	2

086.1APc (123)
<newyoerk=31>

10	2	10	12
8	7	13	10
6	2	9	5
6	7	3	13

086.1BPa (93)
<merAlN(d)=144>

6	6	5	1
7	3	7	10
8	1	6	6
4	12	4	7

086.1BPb (231)
<merIlN(d)=144>

18	5	10	21
18	15	21	27
7	11	22	18
5	12	8	13

086.1BPc (99)
<merIlNd=144>

10	1	7	17
4	1	6	7
8	4	5	2
7	6	3	11

086.2APa (114)
<vRjinyA=414>

15	5	6	6
6	5	10	5
12	5	5	6
8	8	3	9

086.2APb (266)
<v[R]jinyA=414>

16	11	20	6
22	18	19	25
15	9	25	25
9	16	13	17

086.2APc (119)
<vurjinyA=314>

9	2	8	25
5	3	4	11
6	6	5	5
9	5	4	12

086.2BPa (29)
<noerthkerAlienA=23414>

4	1	2	1
0	0	1	4
0	2	2	3
2	1	0	6

086.3APa (82)
<sowthk[R](A)-lienA=1434>

5	0	8	10
5	5	9	6
3	6	8	4
2	1	4	6

086.3APb (51)
<sowthkerAlienA=13424>

6	1	4	2
2	0	4	2
3	3	5	3
4	5	1	6

086.3BPa (53)
<jaw[r]jA=14>

0	3	4	1
4	6	2	4
0	7	2	4
4	6	3	3

086.3BPb (58)
<jawrjA=14>

9	6	0	2
8	2	1	10
7	0	0	2
2	3	3	3

086.3BPc (159)
<joe[r]jA=14>

5	1	6	3
6	12	8	25
6	8	16	26
4	15	6	12

086.3BPd (213)
<joerjA=14>

28	5	14	26
14	5	15	12
10	5	8	16
12	10	7	26

086.3BPe (80)
<joerjI=14>

10	1	5	19
3	2	6	5
3	2	6	3
0	3	4	8

086.4APa (66)
<flawrIdA=144>

8	3	0	9
6	4	4	6
2	0	6	3
2	5	3	5

086.4APb (98)
<floerIdA=144>

14	2	4	17
6	5	6	6
6	5	4	7
5	2	0	9

086.4APc (64)
<flor(I)dA=14>

7	5	5	1
2	2	2	10
4	3	1	5
1	3	4	9

086.4APd (61)
<florAdA=144>

3	2	2	0
5	2	4	8
4	4	4	4
6	6	1	6

086.4APe (261)
<florIdA=144>

20	2	17	27
12	14	23	23
11	13	21	22
10	15	10	21

086.4BPa (426)
<alAbamA=3414>

34	13	22	30
27	20	26	48
22	22	31	30
18	36	16	31

086.4BPb (237)
<allbamA=3414>

21	6	13	11
16	10	22	18
13	13	19	20
10	15	13	17

086.5APa (296)
<lue(ee)zIanA =3414>

38	10	9	3
25	20	18	28
20	27	26	15
15	23	11	8

086.5BPa (386)
<kNtukI=414>

38	12	17	12
18	17	30	35
31	20	28	28
21	35	17	27

086.5BPb (184)
<kintukI=314>

8	12	18	19
10	9	11	15
12	10	14	14
5	6	8	13

086.6APa (59)
<tenAsee=143>

9	0	3	6
6	1	1	2
5	1	4	2
4	7	4	4

086.6APb (98)
<tenAsee=341>

9	4	5	4
5	5	2	7
6	4	5	8
4	18	3	9

086.6APc (143)
<tenIsee=143>

17	7	7	24
7	5	8	20
8	7	7	11
1	4	2	8

086.6APd (171)
<tenIsee=341>

9	5	13	20
13	11	11	17
9	9	5	14
9	7	6	13

086.6APe (54)
<tinIsee=143>

9	1	4	3
6	4	3	1
2	4	9	4
1	2	0	1

086.6APf (79)
<tinIsee=341>

5	9	3	4
5	4	9	11
4	3	5	8
2	3	0	4

086.6BPa (109)
<mAzoorA=414>

19	5	4	3
11	5	8	8
11	7	10	5
2	5	2	4

086.6BPb (183)
<mAzoorI=414>

13	7	15	6
14	10	14	16
9	9	15	9
4	17	9	16

086.6BPc (77)
<mIzoorI=414>

11	4	3	3
3	3	4	5
4	5	4	7
5	7	2	7

086.6BPd (93)
<mizoorA=314>

14	0	9	15
5	7	6	4
7	6	6	3
2	2	4	3

086.6BPe (111)
<mizoorI=314>

9	3	4	9
9	1	4	12
4	4	8	11
10	9	5	9

086.7APa (84)
<o(r)kNsaw=143>

5	3	4	4
6	7	2	13
5	8	6	4
1	10	4	2

086.7APb (446)
<orkNsaw=143>

58	18	27	42
36	23	33	27
26	16	28	22
23	27	12	28

086.7BPa (117)
<mi(sI)sipI=314>

16	8	6	2
14	11	9	4
8	9	9	1
3	13	1	3

086.7BPb (124)
<mis(I)sipI=314>

14	5	8	4
14	11	12	8
5	12	8	4
1	9	4	5

086.7BPc (83)
<misAsipI=3414>

3	5	3	1
3	6	3	7
7	2	10	8
7	10	3	5

086.7BPd (214)
<misIsipI=3414>

```
15  8 12 15
16 14 10 20
15 14 12 15
 7 17 12 12
```

086.8APa (492)
<teksIs=14>

```
44 17 32 48
34 22 37 33
27 27 33 31
24 27 20 36
```

086.8APb (201)
<teksIz=14>

```
15  9  8  3
16 11 11 21
16 11 19 15
 8 22  5 11
```

086.8BPa (289)
<oeklAhoemA
=3414>

```
26 11 17 24
18  9 16 23
22 16 19 14
16 22 10 26
```

086.8BPb (263)
<oeklIhoemA
=3414>

```
32  9 18 13
20 15 20 24
17  8 20 18
 7 18 10 14
```

086.9APa (34)
<masAchuesIts
=3414>

```
5 2 1 1
2 3 0 4
0 0 3 3
1 0 2 7
```

086.9APb (33)
<masAtewsIts
=3414>

```
3 3 2 0
1 2 4 3
1 3 2 2
2 2 2 1
```

086.9APc (34)
<massAchuesIts
=3414>

```
3 2 2 0
0 3 2 2
3 2 4 0
1 5 0 5
```

086.9BPa (52)
<newinglN(d)=314>

```
3 0 5 4
4 7 6 3
1 1 2 6
1 1 2 6
```

086.9BPb (65)
<newinglN(d)staits
=2143>

```
4  0 6 1
4  4 7 2
1  4 4 6
2 10 6 4
```

086.9BPc (51)
<newinglN(d)staits
=3141>

```
2 2 7 6
2 2 3 8
4 3 3 3
2 1 1 2
```

087.1APa (64)
<bawltAmoer=143>

```
9 5 4 1
8 1 2 6
6 4 1 1
7 2 3 4
```

087.1APb (123)
<bawltImoe[r]=143>

```
 2  2  5  4
11  8  7 19
 3 14 11 16
 1  9  6  5
```

087.1APc (229)
<bawltImoer=143>

```
15  5 22 32
15 10 19 18
 9  3 12 18
10 14  8 19
```

087.1BPa (111)
<woshNGtN=144>

```
7 3  6  2
3 9  5 18
5 9 10 19
1 7  2  5
```

087.1BPb (56)
<woshNGtNdeesee
=14411>

```
3 0 3 6
5 2 2 7
3 4 6 5
1 1 2 6
```

087.1BPc (53)
<woshNGtNdeesee
=14431>

```
3 2 4 6
4 3 2 6
2 0 5 3
4 1 1 7
```

087.1BPd (62)
<woshNtN=144>

```
5 1 4  1
3 4 5  5
1 2 6 13
0 4 1  7
```

087.1CPa (58)
<saintlueIs=114>

```
7 0 6 3
3 4 4 5
5 3 3 9
2 1 2 1
```

087.1CPb (94)
<saintlueIs=214>

```
5 2 7  9
6 3 8 11
6 8 7  3
1 7 3  8
```

087.1CPc (262)
<saintlueIs=314>

```
26 13 17 11
20 16 16 24
17  8 15 15
10 21 15 18
```

087.2APa (100)
<cho[r]lstN=14>

```
3 0  5  2
6 5  5 13
6 9 13 10
3 7  5  8
```

087.2APb (204)
<chorlstN=14>

```
13 7 21 25
15 7 13 14
14 9 14  8
10 7  7 20
```

087.2BPa (54)
<bu[r]mNGham
=143>

```
1 0 3  0
0 4 6 13
1 5 5  3
0 5 5  3
```

087.2BPb (237)
<burmNGham=143>

14 11 17 15
13 10 23 20
12   8 20 14
13 21   8 18

087.2BPc (147)
<burmingham=132>

10   3 10 26
 9   8 12 11
 8   6 10   8
 6   4   6 10

087.2CPa (277)
<shIkogoe=413>

19   3 20 19
19 17 21 26
14 20 19 18
10 26 10 16

087.2CPb (95)
<shikogoe=313>

13   5   3 12
 5   4   6   7
 6   3   7   5
 5   2   6   6

087.3APa (76)
<montgumrI=314>

 6   4   3   4
 1   2   7 16
 2   4   6   5
 5   5   0   6

087.3APb (169)
<mun(t)gumrI=314>

12   2 12   6
13   7 20 10
 7 10 22 14
 7 13 11   3

087.3APc (146)
<muntgumrI=314>

12   1   7 14
 6   8   6 12
 3   7 11 10
 6 15 12 16

087.3BPa (165>
<moebeel=13>

 7   6 14 26
14   3   7 14
14   4 10 15
 7 11   3 10

087.3BPb (257)
<moebeel=31>

13   7   9   9
12 19 23 25
 7 23 27 15
10 23 20 15

087.4APa (248)
<ashvL=14>

15   5 22 40
 4 17 24 36
 8 11 28 14
 1   6   7 10

087.4APb (121)
<ashvil=13>

 0   1   3   6
 7   3   4 15
 5   5   4 17
 5 14   7 25

087.4BPa (333)
<noksvL=14>

23 13 32 55
 8 23 35 30
 9 19 37 19
 3   9 10   8

087.4BPb (152)
<noksvil=13>

 8   3   4   1
12   4   1 18
 8   8   7   8
14 18   9 29

087.4CPa (220)
<chatAnuegA=3414>

21   9 13   2
16   9 15 24
 9 11 19 11
11 22   9 19

087.4CPb (146)
<chatInuegA=3414>

10   2 11 22
12 11 10   7
 7 11   5 12
 4   8   7   7

087.5APa (195)
<memfIs=14>

18 15 11 22
10 14 13 12
11 13   9   8
 6 17   6 10

087.5APb (186)
<mempfIs=14>

15   8 16 19
16 12 11 14
11   6 12 14
 9 12   5   6

087.5APc (132)
<mimfIs=14>

16   3   9   4
 7   8 10 13
 6 11   9   3
 7 12   5   9

087.5APd (54)
<mimpfIs=14>

 0   3   4   0
 3   2   4   9
 1   2   8   5
 0   4   3   6

087.5BPa (420)
<nashvL=14>

38 19 35 50
19 23 37 43
23 24 40 26
 7 14 13   9

087.5BPb (224)
<nashvil=13>

13   4 10   4
21   3   3 17
16   9 11 17
19 27 14 36

087.6APa (79)
<Itlan(t)A=414>

 6   0   6   1
 4   3   7   9
 0   2 12 11
 0   7   3   8

087.6APb (81)
<ItlantA=414>

 3   3   7   3
 6   4   8 12
 4   2   4   8
 1   7   6   3

087.6APc (88)
<atlan(t)A=314>

 9   4   4   7
 8   2   4   8
 1   7 12   7
 0   7   4   4

087.6APd (118)
<atlantA=314>

11	5	6	17
9	5	4	11
8	4	7	7
10	4	7	3

087.6APe (73)
<etlan(t)A=314>

4	1	3	3
5	2	11	11
2	3	8	5
1	4	3	7

087.6APf (109)
<etlantA=314>

10	1	10	15
5	7	4	9
8	7	6	3
4	5	4	11

087.6BPa (368)
<sAvanA=414>

12	9	27	33
18	15	29	41
16	17	36	30
13	25	14	33

087.6BPb (129)
<sIvanA=414>

8	3	10	8
6	7	8	14
5	6	10	15
4	7	6	12

087.7APa (409)
<maikN=14>

9	7	30	36
19	17	33	58
12	27	33	39
9	18	18	44

087.7BPa (378)
<kAlumbAs=414>

17	7	22	24
20	18	28	43
18	21	41	33
22	19	16	29

087.8APa (50)
<newaw[r]lNz=314>

4	2	0	0
5	6	1	3
3	3	6	2
2	9	4	0

087.8APb (65)
<newawrlNz=314>

8	6	3	1
4	6	1	5
6	3	5	2
3	7	3	2

087.8BPa (50)
<batNruej=143>

1	2	4	9
0	1	1	4
3	2	7	4
2	0	3	7

087.8BPb (157)
<batNruej=341>

17	6	8	6
13	11	12	15
5	6	14	5
5	19	5	10

087.8BPc (123)
<batNruezh=341>

10	2	10	6
17	4	7	7
5	8	6	5
8	17	3	8

087.9APa (58)
<sinsAnatA=3414>

4	1	4	3
7	3	6	7
2	3	5	5
2	3	2	1

087.9APb (96)
<sinsAnatI=3414>

10	5	6	6
5	4	2	5
7	5	7	5
7	8	4	10

087.9APc (127)
<sinsInatI=3414>

13	4	9	15
3	3	9	16
6	6	7	10
3	10	5	8

087.9APd (82)
<sintsInatI=3414>

7	0	3	3
7	3	8	7
1	2	12	6
3	6	4	10

087.9BPa (159)
<lueIvL=144>

13	7	25	11
7	9	20	14
3	8	16	8
2	5	6	5

087.9BPb (131)
<lueIvil=143>

8	5	3	3
16	2	5	11
9	3	5	9
9	21	5	17

087.9CPa (259)
<ierlN(d)=14>

19	2	14	4
17	19	18	16
22	10	25	14
17	22	18	22

087.9CPb (69)
<ierlNd=14>

6	1	3	2
7	4	5	3
7	3	1	3
8	6	0	10

087.9DPa (357)
<frants>

36	8	20	5
27	22	26	17
31	13	29	15
25	32	19	32

087.9EPa (335)
<rushA=14>

32	3	16	7
21	21	23	22
26	12	30	15
26	26	21	34

088.1Ga (173)
mile[N-i]

17	4	5	30
18	7	9	17
5	14	9	14
1	11	4	8

088.1Gb (703)
miles

63	26	36	33
47	38	41	63
42	35	54	56
38	50	26	55

088.1Sa (387)
|RA./-| [a~aɪ]

```
41 12 20 14
22 24 22 38
24 20 19 38
22 29 17 25
```

088.1Sb (445)
|RC./-| [a·~a·ɪ]

```
35 22 25 42
31 22 26 42
26 24 37 32
14 23 12 32
```

088.2Ga (183)
if

```
10  4 10  7
14  7  9 17
17  5 16  9
12 19  5 22
```

088.2Gb (460)
whether

```
35 20 26 20
27 25 32 53
38 27 36 42
19 17 16 27
```

088.3Ga (21)
as if

```
2  3  1  3
0  0  0  3
0  1  4  1
1  0  0  2
```

088.3Gb (19)
as though

```
0  0  1  0
0  0  0  5
1  0  3  3
0  1  0  5
```

088.3Gc (234)
like

```
21  8  6 18
15 14 15 31
14 12 16 22
 8 14 10 10
```

088.3Gd (58)
that

```
1  4  3  4
4  0  8 10
4  0  5  6
5  2  0  2
```

088.4Ga (35)
(un)less

```
3  0  4  1
5  1  0  4
3  5  2  1
0  0  3  3
```

088.4Gb (427)
unless

```
21 17 20 19
34 23 22 38
35 25 31 30
28 31 17 36
```

088.4Gc (19)
(un)lessen

```
1  0  1  0
2  3  0  0
1  4  1  1
1  3  1  0
```

088.4Gd (25)
unlessen

```
1  0  1  1
0  1  1  3
0  6  0  3
0  2  1  5
```

088.4Ge (48)
without

```
6  2  4  5
7  2  1  4
3  3  1  7
0  1  1  1
```

088.5Ga (36)
(in)stead of

```
5  0  1  3
5  1  4  2
2  2  1  5
0  1  3  1
```

088.5Gb (479)
instead of

```
32 13 32 40
36 19 28 49
31 20 34 35
21 30 14 45
```

088.5Gc (21)
rather than

```
3  5  0  2
1  1  1  1
1  1  1  1
0  2  1  0
```

088.5Pa (86)
<Nsted=41>

```
,6  3  7  3
 4  3  6  8
 7  3  9  5
 3  4  4 11
```

088.5Pb (135)
<insted=31>

```
 4  2 15  7
15  6  5 15
13  1 10  7
11 10  2 12
```

088.5Pc (82)
<inst{e}d=31>

```
3  2  7 20
4  3  9  7
2  3  5  4
2  4  1  6
```

088.6Ga (310)
(be)cause

```
28 10  9 14
24 18 18 31
18 22 24 33
 9 18 11 23
```

088.6Gb (642)
because

```
55 28 32 39
39 32 41 65
41 33 41 48
32 47 22 47
```

088.6Gc (107)
on account of

```
 7  3  3  3
 9 10  6  3
12  7  7  6
 2 13  7  9
```

089.1Pa (269)
<babdIs(t)=14>

```
25  7 17 30
10 16 24 24
21 14 17 25
 4 15  7 13
```

089.1Pb (55)
<babdIst=14>

```
10  1  5  3
 3  0  1  5
 3  2  3  4
 2  5  2  6
```

089.1Pc (131)
<babtIs(t)=14>

```
 7   4   7   6
10   8   8  11
 9   4  13   8
 9  10   9   8
```

089.1Pd (65)
<bab{t}Is(t)=14>

```
 9   5   6   7
 5   4   4   1
 5   2   4   7
 0   1   2   3
```

089.1Pe (86)
<baptIs(t)=14>

```
 4   4   1   1
 9   2   1   7
 8   5   4   9
 5  15   4   7
```

089.2APa (136)
<joyn>

```
17   5   7   6
 8   6   9  16
 8   8   9  10
 0   6   9  12
```

089.2APb (296)
<joynd>

```
21   9  20  17
18  13  21  27
18  12  28  18
17  23  10  24
```

089.2APc (122)
<j{oy}nd>

```
 7   5   8  24
 8   7   8   7
 8   5   6  11
 6   2   3   7
```

089.2BPa (238)
<chu[r]ch>

```
 5   2   6   1
19  19  10  30
11  23  25  22
11  28  14  12
```

089.2BPb (498)
<church>

```
55  19  31  53
32  24  33  42
31  16  24  32
19  25  18  44
```

089.2BPc (142)
<chu{r}ch>

```
 8  10   5   3
10   6   7  14
11  10  12  19
 8   7   6   6
```

089.2Sa (107)
|-ea.| [ɜᶾ~əᶾ]

```
 3   0   3   0
 7   9   6  17
 4  11  10  10
 6  12   6   3
```

089.2Sb (114)
|-ma.| [ɜᵊ~ʌᵊ]

```
 4   3   2   1
 7   9   6  17
 4  10  12  13
 1  13   5   7
```

089.3Pa (611)
<god>

```
63  18  37  49
42  25  40  50
39  32  45  41
25  39  22  44
```

089.3Pb (84)
<g{o}d>

```
 2   1   4   6
 9   1   3  10
 4  10   7   7
 2   6   4   8
```

089.4La (23)
gospel +

```
 1   1   4   2
 2   0   2   2
 0   2   0   1
 1   3   1   1
```

089.4Lb (70)
message

```
 9   3   5   4
 6   5   7   4
 4   8   4   1
 2   4   2   2
```

089.4Lc (727)
sermon

```
67  23  42  56
48  32  50  67
48  36  56  48
27  49  27  51
```

089.4Pa (113)
<su[r]mN=14>

```
 2   2   3   0
 7   7   3  18
 6  12  17  10
 3  12   8   3
```

089.4Pb (474)
<surmN=14>

```
52  15  32  52
32  19  34  30
29  12  29  30
18  31  16  43
```

089.4Pc (85)
<su{r}mN=14>

```
 5   4   4   0
 6   5   7   8
 9   8   7   5
 6   5   3   3
```

089.5La (717)
music

```
64  25  40  53
51  28  48  64
45  41  50  49
28  47  30  54
```

089.5Lb (32)
singing

```
 8   1   1   0
 4   1   4   1
 3   1   4   3
 0   0   0   1
```

089.5Pa (151)
<mewzIk=14>

```
18   5   2   6
11   8  15  14
14  12  10  10
 7   5   4  10
```

089.5Pb (449)
<myuezIk=14>

```
34  14  34  41
29  23  32  39
23  23  33  26
11  34  22  31
```

089.6Pa (76)
<bew{d}IfL=144>

```
 7   0   3   2
 8   3   9   8
 9   7   2   8
 4   3   1   2
```

089.6Pb (57)
<byuedIfL = 144>

```
1  1  3 17
3  3  4  2
4  1  5  1
0  5  1  6
```

089.6Pc (95)
<byue{d}AfL = 144>

```
11  4  7  2
 9  3  1 10
 9  3  6  4
 5 11  1  9
```

089.6Pd (244)
<byue{d}IfL = 144>

```
20  8 14 18
12  8 18 32
10 13 16 22
12 17  8 16
```

089.7Ga (39)
(be)fore

```
7 1 3 2
1 5 5 2
2 3 2 2
2 1 0 1
```

089.7Gb (204)
before

```
13 10 13 15
17  5  9 25
26  4 19 17
11  6  2 12
```

089.7Gc (114)
by the time

```
10 2  5  6
 8 0  6 16
 9 4 13  5
 5 8  6 11
```

089.7Gd (38)
when

```
0 1 1 1
8 0 1 8
4 2 3 6
0 1 0 2
```

090.1La (97)
bad man +

```
3  4 10  1
6  7  4 18
4  8 15  8
2  1  2  4
```

090.1Lb (197)
boogerman +

```
20  4 10 17
21  9 14 20
11 11 15 19
 2  8  7  9
```

090.1Lc (34)
boogeyman +

```
2 1 1 3
1 1 3 4
5 2 1 4
3 1 1 1
```

090.1Ld (765)
devil +

```
66 26 43 58
53 34 49 72
48 40 57 52
30 52 27 58
```

090.1Le (58)
Lucifer

```
1 1 3 7
7 1 3 2
4 2 6 5
2 5 2 7
```

090.1Lf (22)
Old Scratch

```
2 1 1 2
1 1 2 3
3 0 1 4
0 0 1 0
```

090.1Lg (398)
Satan +

```
26  9 24 36
29 19 23 30
31 25 32 19
14 32 19 30
```

090.1Pa (692)
<devL = 14>

```
55 24 42 56
48 31 47 62
40 36 52 43
29 50 24 53
```

090.2La (19)
booger

```
0 0 1 2
1 1 1 4
1 3 2 1
0 0 0 2
```

090.2Lb (23)
boogerman

```
0 0 5 5
0 0 3 2
0 1 2 3
1 1 0 0
```

090.2Lc (13)
boogeyman

```
0 0 2 2
0 0 2 2
0 0 0 0
1 0 0 4
```

090.2Ld (623)
ghosts

```
54 19 30 38
43 22 41 61
42 32 44 56
29 45 21 46
```

090.2Le (37)
goblins

```
2 3 1 0
2 1 2 5
1 2 3 5
3 2 1 4
```

090.2Lf (250)
haunts

```
24  8 15 25
10 19 18 38
 9 10 29 24
 0  2 12  7
```

090.2Lg (98)
spirits

```
 5  2 3 6
10  6 3 9
 5  7 8 4
 4 12 5 9
```

090.2Lh (134)
spooks

```
 6 5 10 10
 4 2  7 16
14 7 11  8
 9 4  8 13
```

090.3La (32)
ghost house

```
0 2 2 0
2 2 3 8
1 0 1 6
1 0 1 3
```

090.3Lb (352)
haunted +

23   7 20 36
16   9 27 48
16 15 27 35
15 24   5 29

090.3Lc (346)
haunted house

23   6 20 36
16   8 27 48
16 14 27 33
15 23   5 29

090.3Pa (141)
<hawn(t)Id=14>

12   6   8   1
5   8   8 20
6   8 17 10
2 15   5 10

090.3Pb (56)
<hawntId=14>

1   0   4 15
2   1   3   1
5   3   1   3
5   3   3   6

090.3Pc (132)
<hawn{t}Id=14>

12   5   4 10
9   5   6 20
9   6 10 15
5   6   2   8

090.4Ga (20)
(a) little

0   2   0   1
0   0   2   5
0   0   3   1
3   0   1   2

090.4Gb (27)
fairly

3   2   0   2
3   2   0   2
2   1   2   3
2   1   1   1

090.4Gc (359)
kind of

33 13 14 18
22 21 21 35
28 21 26 27
16 29 12 23

090.4Gd (111)
kindly

12   6 10 17
8   2   5 15
5   7   6 12
2   0   2   2

090.4Ge (256)
pretty

30 12 10 19
21 23 14 18
15 18 13 24
13 11   5 10

090.4Gf (29)
quite

3   1   2   1
2   0   4   5
0   1   3   3
0   2   1   1

090.4Gg (139)
rather

11   5 14   8
9   5   7 22
9   4 15   8
1   7   3 11

090.4Gh (65)
right

6   1   5   2
4   6   3   7
4   5   6   6
1   2   2   5

090.4Gi (164)
sort of

16   5 10 10
6 10   9 26
9   8 10 12
8 10   4 11

090.4Pa (42)
<radh[R]=14>

1   0   4   0
2   2   1   7
3   2   6   4
0   5   0   5

090.5Pa (122)
<radhR=14>

10   5   9 14
5   2 12   7
6   3 13   5
12   7   4   8

090.5Pb (126)
<radh[R]=14>

7   2   6   3
10   8   6 18
5   7 16   8
6 11   4   9

090.5Pc (70)
<redhR=14>

8   3   5 15
6   1   1   6
8   2   2   2
6   1   1   3

090.5Pd (92)
<redh[R]=14>

9   3   6   2
10   1   7   3
7   7 10 10
0   9   4   4

090.5Pe (81)
<rudh[R]=14>

8   3   5   1
8   6   3   9
6 10   4   7
1   2   3   5

090.6Ga (222)
glad

16   4 10   9
28   5 12 16
18 10 18 16
10 24   6 20

090.6Gb (313)
glad +

21   5 19 10
32   7 17 30
26 15 28 20
14 33   9 27

090.6Gc (27)
happy

1   0   1   2
2   3   1   1
6   1   1   1
0   4   1   2

090.6Gd (40)
happy +

1   1   2   4
2   3   1   4
7   1   1   2
3   4   1   3

090.6Ge (123)
proud +

```
12  5  8  4
22  3  4  4
10  9 12  7
 3  9  5  6
```

090.6Gf (64)
so glad

```
4  0  4  1
4  3  4 12
7  3  6  3
2  5  1  5
```

090.6Gg (20)
(it's) good

```
0  3  0  0
1  0  0  2
0  0  2  3
1  4  0  4
```

090.6Pa (69)
<prowd>

```
6  2  5  3
8  3  5  1
8  5  3  3
2  6  3  6
```

090.7Ga (52)
right smart [adj.]

```
4  4  4 13
5  2  2  5
1  2  0  3
3  0  0  4
```

090.7Gb (90)
right smart [adv.]

```
10  5  8 14
 7  6  1 12
 4  4  3  8
 0  1  4  3
```

090.7Gc (247)
right smart of [n.]

```
17 12 19 28
21 12 13 18
10 21 16 27
 6 14  7  6
```

090.7Gd (82)
right smart [usage
unclear]

```
7  6  4  6
5  5  5  7
2  7  8  6
3  5  2  4
```

091.1Ga (126)
certainly

```
9  6  4  6
7  5 11 26
3  5 13  8
7  8  2  6
```

091.1Gb (31)
indeed

```
3  0  1  0
5  2  2  6
2  2  1  1
0  4  0  2
```

091.1Gc (33)
of course

```
1  1  2  0
0  0  2  7
1  1  3  1
4  7  0  3
```

091.1Gd (133)
sure

```
 7  3  4  2
12  6  7 14
 6  9 11 17
 7 13  4 11
```

091.1Ge (32)
sure (e)nough +

```
3  3  4  0
2  3  1  6
0  2  2  3
0  1  1  1
```

091.1Gf (33)
that's right

```
4  1  3  0
4  2  3  4
2  0  4  2
0  2  0  2
```

091.1Gg (19)
yes, ma'am

```
3  0  2  0
1  0  1  3
0  2  0  2
1  1  0  3
```

091.1Gh (83)
yes, sir

```
9  4  0  2
8  8  4  7
4  7  8  6
0  5  3  8
```

091.1Gi (18)
yes sirree

```
1  1  1  0
0  1  1  1
0  1  1  4
0  1  0  5
```

091.1Gj (14)
you bet

```
5  0  1  0
2  0  1  2
0  0  1  0
0  1  0  1
```

091.2Pa (119)
<shoe(r)>

```
 9  4  3  1
15 12  3 15
 5 11  3 15
 1  6  7  9
```

091.2Pb (50)
<shoe[r]>

```
4  1  1  0
6  2  1  1
1  4  4  6
2  9  5  3
```

091.2Pc (93)
<shoo[r]>

```
3  2  6  0
4  6  3 13
5  9 16 11
1  7  4  3
```

091.2Pd (199)
<shoor>

```
27  3 15 16
13  9 16 18
11  5  8 13
 5 13  6 21
```

091.2Pe (52)
<shoo{r}>

```
5  4  2  4
5  2  2  3
5  4  3  2
5  3  2  1
```

091.2Pf (65)
<shur>

```
10  2  2  4
 7  3  6  4
 3  3  4  4
 4  0  3  6
```

091.2Pg (92)
<sh{oo}r>

14	8	7	2
5	2	8	6
5	5	7	9
7	1	3	3

091.3Ga (106)
oh, yeah

7	1	5	6
14	9	7	7
5	7	5	8
3	9	4	9

091.3Gb (68)
oh, yes

11	3	1	1
5	4	4	9
4	3	5	5
5	2	2	4

091.3Gc (142)
OK

21	9	6	5
10	5	8	9
13	4	10	10
5	10	8	9

091.3Gd (80)
right

9	3	5	0
5	4	6	3
6	4	9	3
2	11	4	6

091.3Ge (96)
that's right

6	6	4	0
2	7	6	15
1	8	10	11
1	12	4	3

091.3Gf (621)
yeah

55	18	27	43
52	36	39	50
?5	32	45	57
19	46	24	43

091.3Gg (30)
yep

3	1	0	0
4	2	1	3
2	2	2	4
0	3	0	3

091.3Gh (446)
yes

37	20	21	19
21	24	32	55
29	21	34	31
27	30	18	27

091.4Ga (25)
y(es), (ma'a)m
[polite]

1	0	1	0
4	0	2	4
1	3	2	4
0	2	0	1

091.4Gb (394)
yes, sir/ma'am
[polite]

31	16	9	17
29	29	27	44
20	21	38	28
20	24	15	26

091.4Gc (94)
yes, sir/ma'am
[emphatic]

8	5	2	2
8	7	4	8
3	8	13	7
1	5	2	11

091.5Pa (66)
<u>

3	2	4	0
2	3	7	5
3	7	5	4
4	7	6	4

091.5Pb (407)
<wel>

36	18	15	16
33	24	23	42
26	22	31	42
16	21	21	21

091.6Ga (21)
plumb

0	0	3	1
3	1	1	2
3	0	0	0
3	3	1	0

091.6Gb (17)
purely

1	0	1	1
3	0	0	1
3	1	0	2
1	0	1	2

091.6Gc (478)
really

50	18	19	21
26	27	28	48
31	23	37	44
26	29	17	34

091.7APa (279)
<reel>

28	8	15	22
25	17	11	27
12	13	19	20
17	15	13	17

091.7APb (279)
<ril>

20	14	14	8
18	15	20	28
22	15	27	17
15	10	13	23

091.7BPa (136)
<reelI=14>

11	5	4	6
7	8	7	17
7	6	10	16
11	10	3	8

091.7BPb (363)
<rilI=14>

36	13	24	14
24	14	22	37
24	19	26	27
16	23	16	28

092.1Ga (15)
dad gum (it)

3	1	1	0
1	1	4	0
2	0	0	0
1	0	0	1

092.1Gb (85)
damn (it)

2	3	1	4
7	2	5	13
7	2	8	5
7	8	3	8

092.1Gc (34)
darn (it)

4	2	1	4
1	0	3	6
0	1	4	0
3	2	1	2

092.1Gd (24)
doggone (it)

4	4	0	0
2	2	0	0
3	3	2	1
2	0	1	0

092.1Ge (31)
God damn (it/you)

3	1	0	3
1	1	1	0
2	0	4	3
4	4	1	3

092.2Ga (26)
boy

8	1	1	0
0	1	2	2
2	0	1	2
0	2	1	3

092.2Gb (21)
by golly

4	1	0	1
2	2	1	0
2	0	1	2
1	2	1	1

092.2Gc (34)
gee

6	2	0	2
2	1	0	3
2	1	2	1
2	2	2	6

092.2Gd (39)
golly

5	3	1	1
2	2	0	2
4	0	0	4
6	4	1	4

092.2Ge (22)
good gracious

0	2	1	0
3	2	1	2
2	3	1	1
0	1	1	2

092.2Gf (49)
goodness

5	1	2	0
3	3	7	4
3	2	5	4
1	3	3	3

092.2Gg (93)
gosh

16	8	2	2
1	4	6	9
6	1	10	3
8	3	4	10

092.2Gh (43)
I declare

7	2	5	1
1	2	1	3
3	2	3	6
1	1	3	2

092.2Gi (17)
land('s) sake(s)

0	0	0	1
1	2	2	4
2	0	2	1
2	0	0	0

092.2Gj (117)
Lord, (oh,)

12	5	2	3
10	12	9	9
11	5	3	11
6	10	6	3

092.2Gk (56)
Lord, have mercy

3	1	2	2
7	2	4	7
4	5	3	4
0	3	3	6

092.2Gl (19)
man

1	1	0	0
4	3	0	1
1	4	0	0
0	3	1	0

092.2Gm (23)
mercy

8	0	0	2
2	1	0	2
2	1	2	1
1	0	1	0

092.2Gn (30)
my God

1	0	1	1
2	0	1	0
3	3	3	4
1	6	1	3

092.2Go (91)
my goodness

7	2	4	1
8	6	4	13
5	6	5	9
2	6	5	8

092.2Gp (26)
oh

1	0	2	2
4	0	3	4
1	2	2	1
2	0	1	1

092.2Gq (31)
oh, boy

3	0	2	0
2	1	3	3
2	2	2	3
1	1	2	4

092.2Gr (23)
oh, dear

4	1	1	2
2	0	1	1
2	1	1	0
1	2	0	4

092.2Gs (30)
oh, my

3	2	1	0
3	1	3	5
4	1	2	3
0	1	1	0

092.2Gt (17)
wow

3	1	0	0
0	2	3	3
0	0	1	0
0	0	1	3

092.3Ga (98)
shoot

15	4	3	1
6	8	4	5
10	7	5	10
2	6	4	8

092.3Gb (97)
shucks +

3	2	3	6
14	4	5	11
10	5	15	7
4	4	1	3

092.4Pa (53)
<ied(ee)I=14>

3	0	1	1
8	5	2	5
8	3	3	3
0	5	3	3

092.4Pb (57)
<ied{ee}(A)=13>

5	1	3	0
8	2	5	8
5	5	1	4
4	3	1	2

092.4Pc (55)
<ied{ee}(A)=31>

6	0	4	3
3	2	0	7
3	3	5	3
7	1	3	5

092.4Pd (55)
<ied{ee}A=314>

4	2	3	0
2	1	7	5
4	2	2	3
2	7	3	8

092.5Ga (60)
hello

4	7	4	3
2	5	7	6
1	1	4	8
0	1	2	5

092.5Gb (11)
hello there

1	0	0	5
1	1	0	3
0	0	0	0
0	0	0	0

092.5Gc (19)
hey

0	1	0	2
0	1	2	1
0	1	3	3
0	1	3	1

092.5Gd (38)
hi

2	1	1	9
1	3	2	3
3	2	2	3
0	2	1	3

092.5Ge (259)
how are you?

10	11	20	14
19	11	20	33
20	9	21	14
14	9	10	24

092.5Gf (28)
how are you feeling?

0	0	2	1
0	0	6	2
0	3	3	1
1	2	1	6

092.5Gg (22)
how [C-0] you?

0	0	2	0
0	1	3	1
3	4	3	3
0	1	0	1

092.5Gh (78)
how [X-0] you doing?

8	2	3	2
5	4	2	4
1	8	10	11
3	8	1	6

092.5Gi (52)
how [X-0] you feeling?

1	3	3	1
4	1	6	8
3	6	3	3
0	3	2	5

092.5Gj (33)
how [X-0] you getting along?

2	1	3	0
3	2	3	2
1	3	4	1
0	5	2	1

092.5Gk (16)
howdy

1	1	1	4
1	2	1	3
0	0	0	1
0	0	1	0

092.6Ga (35)
glad to know you +

0	2	0	1
3	2	2	4
1	3	3	6
2	2	1	3

092.6Gb (86)
glad to meet you

2	1	10	9
10	3	5	5
7	4	6	9
2	3	2	8

092.6Gc (113)
glad to meet you +

2	3	13	9
11	4	7	9
9	7	8	12
2	6	2	9

092.6Gd (33)
hello

4	1	0	2
2	3	4	3
3	1	3	2
1	3	1	0

092.6Ge (73)
how are you?

1	3	9	7
5	1	4	6
7	1	7	6
1	4	3	8

092.6Gf (112)
how do you do?

7	0	11	8
6	2	8	15
4	4	8	10
8	4	4	13

092.6Gg (26)
how [X-0] you do?

3	0	2	0
4	0	2	2
0	2	5	2
0	3	1	0

092.6Gh (20)
how [X-0] you doing?

0	1	1	0
4	2	1	0
3	0	1	0
1	4	0	2

092.6Gi (28)
nice to meet you

0	2	3	1
0	1	3	5
3	1	1	1
1	2	0	4

092.6Gj (43)
pleased to meet you +

0	0	5	2
3	0	2	5
2	2	4	5
0	6	1	6

093.1Pa (145)
<Agen=41>

13	4	10	16
8	1	9	13
13	3	6	13
12	5	5	14

093.1Pb (136)
<Agin=41>

13	4	3	5
12	9	10	11
9	8	13	7
4	10	11	7

093.1Pc (189)
<Ag{e}n=41>

13	4	8	20
11	13	11	21
10	13	12	18
9	8	5	13

093.1Pd (210)
<Ag{i}n=41>

19	4	17	3
13	11	16	19
13	10	21	20
7	9	11	17

093.2Ga (21)
Christmas Eve Gift

3	2	1	1
4	2	3	1
2	0	0	0
0	0	2	0

093.2Gb (265)
Christmas Gift

32	12	16	23
21	16	20	16
19	16	23	13
6	8	15	9

093.2Gc (41)
Christmas Give

2	2	2	7
4	2	1	4
1	4	5	5
0	2	0	0

093.2Gd (68)
Happy Christmas

4	2	3	7
12	2	2	6
2	7	2	5
2	5	2	5

093.2Ge (724)
Merry Christmas

61	23	42	56
47	26	46	70
46	36	52	63
29	46	27	54

093.2Pa (552)
<merI=14>

45	13	32	36
36	20	31	56
32	30	45	57
21	37	21	40

093.2Sa (589)
|KA./-| [ɛ~ɛə]

52	21	26	42
32	28	30	60
30	30	43	54
27	44	24	46

093.2Sb (141)
|KC./-| [ɛ·~ɛ·ə]

12	4	11	3
10	8	11	15
11	8	11	14
1	8	8	6

093.3Ga (610)
Happy New Year

48	21	30	39
35	25	46	59
38	36	49	49
25	42	23	45

093.3Gb (87)
Happy New Year's

9	3	7	11
10	2	7	6
8	2	2	5
3	4	1	7

093.3Gc (53)
New Year's Gift

13	1	5	1
6	4	4	1
3	3	6	0
1	1	3	1

093.3Pa (82)
<newyi[r]=13>

1	3	4	2
3	4	3	19
1	6	10	10
2	6	4	4

093.3Pb (115)
<newyir=13>

11	3	6	24
8	3	9	8
8	3	7	8
6	4	2	5

093.3Pc (68)
<nueyi[r]=13>

4	1	1	1
4	3	6	7
5	3	7	3
2	13	4	4

093.3Pd (102)
<nueyir=13>

22	4	7	5
4	2	6	4
8	2	4	3
5	6	5	15

093.3Pe (51)
<nyueyir=13>

4	3	4	8
4	1	2	2
2	3	1	6
3	2	2	4

093.4Pa (62)
<Abliegd=41>

9	3	4	3
4	0	3	6
4	2	3	3
7	4	1	6

093.4Pb (118)
<Abl{ie}jd=41>

13	1	11	21
8	6	8	7
3	5	9	7
2	5	2	10

094.1Ga (262)
I believe

18	6	12	7
22	19	21	24
15	17	19	23
10	21	14	14

094.1Gb (27)
I don't reckon

4	1	1	0
0	1	3	4
0	2	5	2
1	0	1	2

094.1Gc (36)
I expect

0	0	2	1
5	4	1	6
2	5	1	3
0	1	2	3

094.1Gd (460)
I guess

55	20	24	23
25	25	27	42
28	23	29	34
17	34	16	38

094.1Ge (139)
I imagine

13	4	10	1
12	9	5	14
11	11	8	10
7	9	4	11

094.1Gf (357)
I reckon

25	13	24	24
27	23	19	36
9	29	37	45
2	17	11	16

094.1Gg (79)
I suppose

6	2	4	4
5	3	4	8
7	5	7	11
2	6	1	4

094.1Gh (434)
I think

40	12	15	24
24	24	35	52
19	23	34	41
20	24	17	30

094.2La (659)
shopping

49	24	39	49
46	21	47	65
42	32	49	49
27	44	26	50

094.2Lb (97)
trading

12	5	6	9
10	7	5	7
4	9	3	9
1	6	2	2

094.3Pa (165)
<rap>

17	10	5	5
6	9	12	25
5	2	20	18
3	12	2	14

094.3Pb (544)
<rapt>

43	15	33	47
45	17	36	42
40	34	31	32
26	43	22	38

094.4Pa (85)
<unrap=13>

12	5	6	1
1	4	8	10
4	1	11	1
5	3	3	10

094.4Pb (64)
<unrap=31>

5	5	1	4
4	1	6	7
1	1	5	8
1	10	0	5

094.4Pc (254)
<unrapt=13>

18	3	14	22
24	6	17	22
23	15	17	7
18	19	9	20

094.4Pd (130)
<unrapt=31>

10	2	10	15
7	5	9	13
9	7	7	9
3	12	6	6

094.5Pa (405)
<laws>

42	11	20	41
34	17	25	38
18	20	30	32
13	25	13	26

094.5Pb (83)
<l{aw}s>

6	3	8	8
6	4	11	10
5	1	5	2
3	4	3	4

094.6Ga (20)
<!kaws(t)>

0	1	2	1
4	5	0	0
0	1	1	0
0	3	1	1

094.6Gb (47)
<!kawst>

9	2	0	1
5	3	1	3
2	5	1	7
1	5	0	2

094.6Gc (488)
<&kaws(t)>

39	12	30	41
24	20	29	43
35	31	40	34
19	34	17	40

094.6Gd (40)
<&kawst>

3	1	1	0
6	3	4	6
2	1	4	4
2	2	1	0

094.7Pa (315)
<dew>

26	9	15	32
26	17	30	28
17	17	26	21
10	15	8	18

094.7Pb (172)
<due>

23	4	8	13
7	3	7	8
16	5	11	9
12	14	7	25

094.7Pc (120)
<dyue>

10	3	7	2
12	6	4	10
3	9	16	9
6	13	4	6

094.8Pa (269)
<dewz>

```
18   9  14  32
19  12  23  27
16  15  26  14
 6  17   9  12
```

094.8Pb (135)
<duez>

```
20   4   6   8
 9   1   5   9
14   1   7   8
11   8   4  20
```

094.8Pc (115)
<dyuez>

```
 8   3   9   2
10  10   5   8
 4  10  12   6
 4  15   5   4
```

095.1Pa (172)
<borA=14>

```
15   4  12  13
10  11  15  22
 9   8  11  11
 7   9   7   8
```

095.1Pb (136)
<borI=14>

```
11   3  12   7
 7   4  12  17
 6   7  10  13
 2  10   8   7
```

095.1Pc (69)
<boroe=13>

```
 7   4   3   5
 2   0   5   7
 4   1   4   4
 7   8   1   7
```

095.1Pd (71)
<b{o}rA=14>

```
 4   4   5  10
11   2   3   2
 5   6   5   3
 2   4   0   5
```

095.1Pe (54)
<b{o}rI=14>

```
 5   0   2   3
 4   4   5   4
 3   3   8   6
 0   3   2   2
```

095.2Pa (88)
<skars>

```
 9   4   7  10
10   3   4   8
 4   3   5   2
 5   7   2   5
```

095.2Pb (75)
<ske[r]s>

```
 3   2   5   0
 7   2   4  12
 3   6   4  15
 1   2   3   6
```

095.2Pc (292)
<skers>

```
36   9  15  31
17   7  24  20
23  11  14  13
13  17  10  32
```

095.2Pd (54)
<ske{r}s>

```
 4   4   6   0
 3   4   2   2
 6   2   2   1
 7   5   2   4
```

095.3Ga (495)
<!diev>

```
32   9  30  28
44  16  33  41
40  26  33  32
28  41  16  46
```

095.3Gb (27)
<&dievz>

```
 2   1   0   9
 0   1   3   2
 2   0   3   1
 1   0   1   1
```

095.3Gc (42)
<@dievN=14>

```
 4   0   4   1
 1   4   3   7
 3   3   5   2
 0   2   1   2
```

095.3Gd (39)
<*diev>

```
 4   2   1   1
 3   1   2   6
 2   5   2   2
 0   4   0   4
```

095.3Ge (365)
<*dievd>

```
28  13  31  34
24  14  30  44
21  21  20  28
12  18   8  19
```

095.3Gf (39)
<*div>

```
 5   1   0   3
 5   0   2   2
 4   7   3   4
 0   1   1   1
```

095.3Gg (257)
<*doev>

```
17  10   5  14
16   7  10  26
18   7  22  22
18  22  16  27
```

095.3Gh (281)
<#dievd>

```
16   2  25  29
19   8  14  28
23  18  19  21
16  20   9  14
```

095.3Gi (24)
<#div>

```
 2   0   0   1
 6   0   2   1
 2   3   1   3
 0   1   1   1
```

095.3Gj (103)
<#doev>

```
 4   2   3   3
 8   3   5   9
 6   4   7   7
13   6  10  13
```

095.4La (42)
belly bust

```
 0   1   0   1
 5   1   2   7
 3   1   2   4
 1   9   1   4
```

095.4Lb (406)
belly buster

```
35  13  27  18
31  13  38  29
27  24  35  26
18  22  18  32
```

095.4Lc (17)
belly dive

```
0  0  1  4
1  0  0  2
2  0  1  2
1  1  0  2
```

095.4Ld (38)
belly flop

```
1  0  3  1
2  1  2  4
0  0  2  6
2  1  3  10
```

095.5La (113)
flip

```
6  5  7  9
11 5  13 6
9  4  8  5
7  8  3  7
```

095.5Lb (420)
somersault +

```
37 22 27 39
22 17 31 40
29 12 35 21
25 18 16 29
```

095.5Lc (205)
somerset +

```
24  5 17 19
25 11 10 10
10 14 13 13
 2 10  8 14
```

095.5Ld (33)
tumblesault

```
0  0  2  1
1  0  5  6
3  1  4  4
0  2  1  3
```

095.5Le (58)
tumbleset

```
2  0  4  0
2  3  4  8
0  5  2  5
0 12  8  3
```

095.6Ga (590)
<!swim>

```
45 17 33 34
46 26 30 51
43 34 41 41
29 50 22 48
```

095.6Gb (91)
<@swimN=14>

```
9  1  4  7
6  1  6  9
3  8  6 10
1  8  2 10
```

095.6Gc (399)
<*swam>

```
21 14 21 33
31 18 27 38
23 15 31 27
25 26 17 32
```

095.6Gd (45)
<*swim>

```
6  1  2  3
5  0  1  4
3  6  4  3
0  4  2  1
```

095.6Ge (27)
<*swimd>

```
0  0  5  2
2  1  0  2
2  3  3  3
1  2  1  0
```

095.6Gf (90)
<*swum>

```
13  0  7 12
10  2  9  4
 4  7  6  3
 1  7  2  3
```

095.6Gg (147)
<#swam>

```
 6  3 13  8
13  4 12 14
 6  7 12 13
10  6  7 13
```

095.6Gh (39)
<#swim>

```
4  0  0  2
2  0  2  7
5  4  2  6
1  1  1  2
```

095.6Gi (43)
<#swimd>

```
4  0  4  2
2  0  1  2
2  6  4  3
0  6  4  3
```

095.6Gj (222)
<#swum>

```
15  2 15 23
16  8 12 16
17 11 15 10
14 17  9 22
```

095.7La (101)
bonus +

```
7  0  2  8
4  6  8 18
9  6 11  9
7  1  1  4
```

095.7Lb (86)
gift +

```
 9  3  2  9
11  2  7  9
 7  4  8  7
 2  1  2  3
```

095.7Lc (86)
lagniappe

```
 0  0  0  0
22  1  0  0
 6 10  0  0
 0 44  3  0
```

095.7Ld (18)
pilon

```
 0  0  0  0
 0  0  0  0
 0  0  0  0
18  0  0  0
```

095.7Le (21)
present

```
3  1  2  2
1  1  2  2
2  1  1  2
0  1  0  0
```

096.1Ga (398)
<!drown>

```
19 14 21 22
35 16 24 29
35 26 35 26
23 28 18 27
```

096.1Gb (63)
<!drownd>

```
5  1 11  8
4  3  4  3
3  1  5  3
1  3  2  6
```

096.1Gc (103)
<*drown>

7	2	3	8
6	4	6	10
9	7	10	4
3	9	4	11

096.1Gd (307)
<*drownd>

19	7	21	28
19	10	18	20
22	16	24	21
21	19	12	30

096.1Ge (119)
<*drowndId=14>

10	3	10	9
15	2	5	12
7	10	4	9
2	8	7	6

096.1Gf (70)
<#drown>

4	0	0	6
7	4	7	5
5	4	7	3
4	7	2	5

096.1Gg (263)
<#drownd>

7	4	18	22
17	10	17	24
23	13	18	17
22	21	9	21

096.1Gh (162)
<#drowndId=14>

10	4	12	11
20	3	13	10
11	12	12	15
0	16	6	7

096.2La (691)
crawls

57	24	42	53
47	30	46	63
41	33	52	50
30	43	28	52

096.2Lb (22)
creeps

2	0	1	0
1	2	1	3
1	1	0	5
1	0	0	4

096.3Ga (20)
<!klam>

2	0	1	0
0	1	0	1
1	2	5	1
0	2	3	1

096.3Gb (575)
<!kliem>

55	19	31	35
43	17	33	52
39	34	41	37
29	43	20	47

096.3Gc (19)
<*klam>

1	0	1	0
3	0	1	1
0	3	4	2
0	1	1	1

096.3Gd (35)
<*kliem>

1	1	1	1
3	0	3	6
2	2	5	3
0	4	0	3

096.3Ge (450)
<*kliemd>

35	12	26	34
36	11	28	42
30	23	34	36
26	29	15	33

096.3Gf (22)
<*klim>

0	0	1	4
1	0	2	2
1	2	2	3
0	1	1	2

096.3Gg (62)
<*klum>

8	2	4	8
4	1	0	5
8	4	4	5
0	4	2	3

096.3Gh (19)
<#kliem>

0	0	0	2
2	1	0	6
0	1	4	1
0	0	0	2

096.3Gi (380)
<#kliemd>

24	12	25	25
30	11	21	32
29	22	29	29
25	21	16	29

096.3Gj (38)
<#klum>

5	0	4	3
3	0	2	3
4	1	2	5
0	2	1	3

096.4La (26)
bend +

1	1	2	1
2	0	4	4
0	0	2	2
0	1	1	5

096.4Lb (69)
crouch

4	2	3	4
3	1	1	14
8	1	5	2
7	6	1	7

096.4Lc (93)
crouch +

5	3	4	6
4	1	3	18
10	2	5	3
8	9	1	11

096.4Ld (27)
crouch down

1	1	1	2
2	0	2	4
3	1	0	1
2	3	0	4

096.4Le (21)
duck +

0	1	0	0
3	0	1	0
0	1	2	2
2	1	0	8

096.4Lf (24)
hide

1	2	0	11
0	1	2	1
1	0	0	5
0	0	0	0

096.4Lg (9)
hunch down

```
1  0  0  1
0  0  0  0
1  0  4  0
0  1  1  0
```

096.4Lh (30)
hunker

```
5  0  6  4
2  1  3  3
1  1  0  0
0  0  2  2
```

096.4Li (183)
hunker +

```
34   7  16  22
16  14  15   7
13   7   8   3
 4   3  10   4
```

096.4Lj (153)
hunker down

```
29   7  13  19
11  13  12   5
11   6   8   3
 4   3   7   2
```

096.4Lk (32)
scrooch +

```
4  0  0  4
0  1  2  3
2  7  3  4
0  1  1  0
```

096.4Ll (19)
scrooch down

```
1  0  0  3
0  1  2  2
1  6  0  2
0  0  1  0
```

096.4Lm (283)
squat

```
15   8  17  12
23  14  23  19
26  15  22  21
19  16  15  18
```

096.4Ln (465)
squat +

```
27  16  26  16
40  24  30  33
35  30  41  37
23  35  22  30
```

096.4Lo (204)
squat down

```
12   8  11   4
18  11  10  15
12  18  20  18
 8  20   7  12
```

096.4Lp (117)
stoop

```
4   0   6   7
8   2  14  16
7   7  10   4
3  10   5  14
```

096.4Lq (179)
stoop +

```
 9   2   8   7
15   2  15  24
 9  10  17  14
 6  18   9  14
```

096.4Lr (51)
stoop down

```
5  2  3  0
6  0  0  3
2  3  4  9
3  7  3  1
```

096.4Ls (16)
stoop over

```
0  0  0  0
1  0  1  5
0  2  3  2
0  1  1  0
```

096.5Ga (127)
<!neel>

```
10   8   1   8
10   3   7  16
 4   5  16  11
 2  11   5  10
```

096.5Gb (66)
<*neel>

```
2  2  4  0
9  2  4  7
4  7  4  9
2  5  3  2
```

096.5Gc (148)
<*neeld>

```
 8   2  12  17
 9   1  11  12
11   4  12   9
 9  12   4  15
```

096.5Gd (283)
<*nelt>

```
24   5  17  30
21   8  19  25
20  17  13  15
15  15  14  25
```

096.5Ge (20)
<*ne[l]t>

```
3  0  0  0
0  0  2  4
1  1  3  4
0  2  0  0
```

097.1Ga (360)
<!lai>

```
37  11  21  20
29  11  17  33
25  22  24  32
11  26  11  30
```

097.1Gb (373)
<!lie>

```
23  10  23  32
21  12  30  46
23  24  29  19
15  27  14  25
```

097.1Gc (53)
<@laiN=14>

```
6  1  2  0
2  2  3  5
5  5  2  8
2  6  2  2
```

097.1Gd (239)
<*lai>

```
 7   3  13  15
16   9  23  31
18  16  29  19
 6  15   4  15
```

097.1Ge (217)
<*laid>

```
18   5  13  27
17   2  11  15
19  13   8  12
16  12   9  20
```

097.1Gf (21)
<*lied>

```
1  0  2  2
4  1  1  2
2  1  1  0
1  1  0  2
```

097.2Ga (483)
<!dreem>

```
29 15 33 26
47 14 29 41
34 30 35 28
24 40 20 38
```

097.2Gb (34)
<@dreemN=14>

```
6  3  0  1
2  0  3  3
1  1  5  5
1  2  0  1
```

097.2Gc (32)
<*dreem>

```
0  0  3  1
5  0  1  5
1  3  1  5
1  4  0  2
```

097.2Gd (438)
<*dreemd>

```
42  5 30 38
32 11 38 45
27 28 33 28
18 20 14 29
```

097.2Ge (51)
<*dremp>

```
4  0  3  7
3  0  4  1
2  2  4  2
5  7  2  5
```

097.2Gf (36)
<*drempt>

```
1  0  2  3
3  1  2  3
2  1  2  4
3  2  4  3
```

097.2Gg (21)
<*drimp>

```
3  1  1  0
3  0  2  1
0  0  2  0
1  5  1  1
```

097.2Gh (31)
<#dreem>

```
0  1  6  1
2  0  1  4
2  3  2  1
2  2  1  3
```

097.2Gi (272)
<#dreemd>

```
14  7 15 23
27  8 16 17
24 21 23 16
10 19 13 19
```

097.2Gj (25)
<#dremp>

```
2  1  5  2
1  2  0  0
0  3  0  1
1  4  0  3
```

097.2Gk (36)
<#drempt>

```
0  1  4  3
2  1  3  1
4  0  2  1
8  1  1  4
```

097.3Ga (23)
<!Awaik=41>

```
2  0  1  1
1  1  0  2
2  1  4  4
0  2  1  1
```

097.3Gb (429)
<!waik>

```
38 14 24 31
38 17 26 43
22 17 39 38
18 20 11 33
```

097.3Gc (27)
<!wek>

```
1  1  0  0
1  3  0  4
4  1  4  4
1  1  0  2
```

097.3Gd (21)
<*AwaikNd=414>

```
1  3  2  0
1  1  3  3
0  0  2  1
2  1  0  1
```

097.3Ge (48)
<*Awoek=41>

```
1  0  4  8
3  0  5  8
1  2  5  3
1  1  0  6
```

097.3Gf (73)
<*waikt>

```
7  2  4  4
2  3 10 11
3  5  5  3
2  5  4  3
```

097.3Gg (488)
<*woek>

```
44 11 29 30
36 13 29 46
37 23 38 28
27 35 19 43
```

097.4Pa (204)
<stawmp>

```
11 11  9  4
18  5 10 29
16 17 20  9
 6 17 10 12
```

097.4Pb (57)
<stawmpN=14>

```
9  2  1  2
7  3  5  4
3  3  2  3
2  4  2  5
```

097.4Pc (72)
<stawmpt>

```
6  1  3  1
7  5  3  3
8  4  5 10
2  6  5  3
```

097.4Pd (105)
<stomp>

```
8  3 11 20
5  2  6  8
2  1  6  9
5  1  5 13
```

097.5La (243)
carry +

```
16  6 15  4
21 18 18 27
14 19 22 16
 7 15 11 14
```

097.5Lb (86)
carry [a person]

```
7  2  2  2
7  7  2  8
3 11  9  7
3  7  4  5
```

097.5Lc (171)
carry (you home)

```
 9  4 14  2
14 12 16 21
11 13 15  9
 4  9  7 11
```

097.5Ld (69)
drive you (home)

```
3  3 10  5
1  4  6  6
3  6  5  3
3  4  3  4
```

097.5Le (107)
escort (you home)

```
8  4  7  9
6  8  6 16
0 10  9  7
0  6  3  8
```

097.5Lf (61)
give you a lift

```
3  3  2  0
8  1  2  5
9  0  4  2
9  4  4  5
```

097.5Lg (49)
give you a ride

```
3  1  2  1
7  0  2  4
7  2  7  2
7  1  0  3
```

097.5Lh (69)
lift [n.] +

```
3  4  2  0
9  1  2  6
9  1  5  2
9  6  4  6
```

097.5Li (61)
ride [n.] +

```
4  2  3  1
8  0  2  5
7  3  8  2
7  3  1  5
```

097.5Lj (82)
see you home

```
9  5  6  9
5  4  5 14
1  1  5  4
0  7  4  3
```

097.5Lk (341)
take/took you
(home)

```
38  3 22 28
23  8 21 27
21 19 19 34
17 23 13 25
```

097.5Ll (157)
walk +

```
10  7 16 10
 6  8 11 14
 9 16 12  8
 6 10  5  9
```

097.5Lm (118)
walk you (back
home)

```
8  4 12  9
4  5  9  6
6 13 11  6
4  8  5  8
```

097.6Pa (613)
<pool>

```
46 24 38 44
44 31 33 54
36 33 41 50
32 43 21 43
```

097.6Pb (191)
<p{oo}l>

```
18  4  6 13
15 12 14 20
10 12 16 12
 6 14  9 10
```

097.6Sa (122)
|E../-| [ʊ~ʊə]

```
 6  7  7  4
12  4  6 15
 7  6 10 11
 2  9  4 12
```

097.6Sb (780)
|F../-| [ʊ‹~ʊ‹ə]

```
73 27 39 55
50 44 46 71
47 41 51 66
38 52 29 51
```

097.7Pa (518)
<poosh>

```
42 20 35 29
38 28 26 49
34 26 26 48
24 30 23 40
```

097.7Pb (69)
<puish>

```
8  3  5  9
2  4  6  7
1  3 10  3
1  2  3  2
```

097.7Pc (161)
<p{oo}sh>

```
17  5  4 12
 9  5 18 23
 9  4 19 12
 4  5  2 13
```

097.7Sa (61)
|-e..| [ʊɨ~ʊ‹ɨ]

```
5  4  4  9
1  4  3  7
0  5  9  3
0  4  2  1
```

097.7Sb (181)
|-m..| [ʊə~ʊ‹ə]

```
18  8  7 12
11  5 17 23
 7  9 19 14
 5  8  5 13
```

098.1La (227)
carry

```
10  6 14 21
19 10 11 18
26  6 10 19
19 21  9  8
```

098.1Lb (16)
haul

```
3  0  1  3
4  0  0  0
0  0  0  0
1  0  1  3
```

098.1Lc (157)
lug

```
 6  7  7 17
 8  5 12 17
10  1 14 13
 8  9  4 19
```

098.1Ld (83)
pack

```
 4  0 10 10
16  1  0  0
13  4  3  1
10 10  0  1
```

098.1Le (518)
tote

```
40 17 24 33
40 26 34 57
30 33 45 52
 8 27 23 29
```

098.2Pa (510)
<tuch>

```
40 16 35 39
41 13 34 48
32 18 33 32
26 36 24 43
```

098.2Pb (90)
<t{u}ch>

```
12  1  2  3
 3  8  6 11
 5  4 11 11
 1  4  2  6
```

098.3La (199)
bring

```
21  5  8 16
14  7 15 26
10 15 17 13
 7  8  5 12
```

098.3Lb (303)
bring +

```
27  8 19 29
19  9 19 38
16 18 30 26
 9  9  9 18
```

098.3Lc (57)
fetch

```
7 0 2 4
6 5 3 5
3 3 5 1
2 3 4 4
```

098.3Ld (78)
fetch +

```
9 2 3 6
6 5 4 8
4 3 7 4
3 4 5 5
```

098.3Le (135)
get

```
13  4  7  4
10  4 11  8
11  4  8 10
 5 13  8 15
```

098.3Lf (373)
get +

```
32 13 24 20
29 13 25 31
23 19 24 29
15 38 12 26
```

098.3Lg (91)
go bring

```
6 2 10 11
3 2  4 11
6 3 13  9
1 0  4  6
```

098.3Lh (20)
go fetch

```
1 2 0 2
0 0 1 3
1 1 2 3
1 1 1 1
```

098.3Li (233)
go get

```
17  9 16 14
18  7 16 20
12 17 16 20
 9 24  6 12
```

098.4La (345)
base

```
30  8 16 21
30 14 17 27
26 24 24 24
16 28 13 27
```

098.4Lb (57)
goal

```
3 4 4 4
4 0 4 8
0 2 4 6
1 6 2 5
```

098.4Lc (91)
home

```
9 4 4 14
5 5 4  8
4 4 3  8
2 4 7  6
```

098.4Ld (112)
home base

```
11  5 10 12
 4  6  7 10
11  3  8  6
 2  2  5 10
```

098.5Ga (149)
<!kach>

```
 6  5  8  8
 5  9 11 12
11  6  9 13
13 13  4 16
```

098.5Gb (673)
<!kech>

```
65 25 34 44
55 30 33 60
38 41 49 52
25 46 27 49
```

098.5Gc (23)
<!kich>

```
1 0 2 2
4 1 1 2
3 0 2 2
2 0 1 0
```

098.5Gd (20)
<@kechN=14>

```
2 0 0 1
4 0 0 3
3 1 1 2
0 2 0 1
```

098.5Ge (658)
<*kawt>

```
53 22 35 53
46 29 34 55
41 39 49 50
29 46 27 50
```

098.5Gf (33)
<*kot>

```
3 3 0 0
3 2 1 2
2 1 0 1
2 5 1 7
```

098.5Gg (528)
<#kawt>

```
40  8 35 37
36 18 34 44
41 31 43 34
25 37 21 44
```

098.5Gh (25)
<#kot>

```
1 2 0 1
2 0 1 2
1 1 1 0
2 3 2 6
```

099.1Ga (509)
(wait) for

```
37 15 34 34
40 16 26 51
30 27 35 32
26 41 20 45
```

099.1Gb (154)
(wait) on

```
18  3  8 13
 8  5 18 12
12  6 13 14
 3  6  4 11
```

099.2Pa (41)
<chaints>

```
4 0 3 5
7 1 5 2
4 2 1 1
2 1 1 2
```

099.2Pb (56)
<chans>

```
6 2 1 6
7 1 3 5
1 0 5 3
3 2 3 8
```

099.2Pc (428)
<chants>

```
40  9 23 24
22 15 29 47
24 23 33 35
19 34 16 35
```

099.2Pd (122)
<ch{a}nts>

```
 3  6  8 12
 9  3  5  9
11  7 11 11
 7  6  7  7
```

099.3Pa (107)
<(h)yuemR=14>

```
28  3  9 11
 7  2  6  6
 7  4  2  4
 4  6  2  6
```

099.3Pb (118)
<(h)yuem[R]=14>

```
4  2  7  2
7  6  5 15
1 13 15 18
4 10  5  4
```

099.3Pc (113)
<hyuemR=14>

```
3 3 6 16
5 6 8 12
6 2 8  5
8 7 4 14
```

099.3Pd (77)
<hyuem[R]=14>

```
1 0 5 3
9 3 3 8
5 5 7 9
1 9 3 6
```

099.4Ga (633)
get rid of

```
53 20 38 44
44 27 40 53
40 36 41 41
29 46 29 52
```

099.4Gb (134)
get shut of

```
28  3  5 18
15 10  2  7
 7  8  8 11
 0  3  4  5
```

100.1Ga (26)
acted as if

```
0 0 1 1
2 0 1 4
3 1 1 0
2 5 0 5
```

100.1Gb (139)
acted like

```
 8 0  3 10
 6 6  4 13
19 9 15 14
10 7  5 10
```

100.1Gc (15)
made like

```
1 0 0 0
3 0 0 0
4 0 1 1
1 3 1 0
```

100.1Gd (71)
made out like

```
 5 0 1 1
16 5 6 4
 6 1 6 1
 5 4 4 6
```

100.1Ge (42)
pretended

```
2 3 0 2
9 4 1 4
7 1 2 1
2 1 0 3
```

100.1Gf (60)
thinks/thought

```
3 8 3 9
1 1 6 7
3 2 3 3
6 0 0 5
```

100.2La (65)
got

```
6 0 6 1
5 5 6 3
8 3 8 7
1 3 1 2
```

100.2Lb (13)
hooked

```
1 0 2 1
0 0 2 2
1 0 0 3
0 0 0 1
```

100.2Lc (41)
ripped off

```
4 4 3  5
0 0 2  3
1 1 3  1
2 0 0 12
```

100.2Ld (57)
snitched

```
8 1 0  0
2 0 3 13
0 0 6 12
1 5 2  4
```

100.2Le (345)
stole

```
23  8 18 20
27 17 16 30
27 20 26 17
23 27 17 29
```

100.2Lf (62)
stoled

```
6 3 3 4
4 3 3 4
6 5 2 3
3 2 2 9
```

100.2Lg (152)
swiped

```
24   4   9 11
 4   1 12 19
 2   5 22 12
 2   5  4 16
```

100.2Lh (151)
took

```
 7   3   4  7
14   7   4 17
15   6  18  6
14  10   4 15
```

100.3La (24)
recollect

```
4   0   2   4
1   0   0   3
1   0   1   3
0   2   1   2
```

100.3Lb (621)
remember

```
53 28 31 34
37 40 36 61
32 27 49 51
32 44 22 44
```

100.3Lc (99)
(re)member

```
10   4   5   2
 5  14   6   5
 6  12   5  11
 0   6   4   4
```

100.4La (105)
can't call

```
10   4   5   4
 3   4   6  10
 6  16   6   9
 6   5   5   6
```

100.4Lb (57)
can't recall

```
7   5   3   2
2   4   3   4
2   1   2   3
2   6   6   5
```

100.4Lc (206)
can't remember

```
23 10   9 11
15   3 15 19
16   6 12 16
10 15 12 14
```

100.4Ld (102)
can't/don't recall +

```
14   9   5   3
 4   5   6   9
 5   2   8   4
 5   8   7   8
```

100.4Le (623)
can't/don't remem-
ber +

```
53 27 33 40
42 31 39 62
33 27 49 54
30 36 23 44
```

100.4Lf (52)
can't/don't (re)-
member +

```
3   1   3   2
4   5   2   2
7   1   3   8
3   5   0   3
```

100.4Lg (15)
disremember

```
0   0   0   0
3   2   1   0
2   0   1   2
1   0   2   1
```

100.4Lh (50)
don't recall

```
7   4   2   1
2   2   3   5
4   1   6   1
4   3   1   4
```

100.4Li (492)
don't remember

```
40 21 25 33
34 29 30 52
21 23 42 43
25 25 15 34
```

100.4Lj (45)
don't (re)member

```
3   1   2   2
4   4   2   2
7   1   2   5
3   5   0   2
```

100.4Lk (124)
forget

```
 8   6 11   7
 7   8   6 11
11   7   7 13
 3   9   3   7
```

100.5Ga (701)
<!riet>

```
57 22 36 52
49 31 38 67
46 42 45 55
36 52 24 49
```

100.5Gb (644)
<*roet>

```
57 21 40 48
48 27 36 54
38 36 47 40
32 47 24 49
```

100.5Gc (371)
<#ritN=14>

```
26   6 30 37
20 12 25 35
24 16 34 21
23 23 13 26
```

100.5Gd (169)
<#roet>

```
 9   3   6 12
16   3   9 17
12 17   8 18
 4 12   9 14
```

100.5Sa (691)
|-e..| [aɨ~aɪ]

```
60 26 35 25
52 40 31 70
42 38 50 50
35 56 28 53
```

100.5Sb (142)
|/-[k/m]..| [aɛ~aə]

```
19   3   3 23
 9   5 12 12
 8   7 11 16
 1   4   4   5
```

100.6Pa (155)
<ansR=14>

```
18   7 12 31
 5   2 11 10
14   0   7   4
10   8   4 12
```

100.6Pb (113)
<ans[R]=14>

```
2   5   5   2
4   5   7 15
5 10   9 15
4 14   5   6
```

100.6Pc (148)
<antsR=14>

```
20   2  10   8
 6   5  11  11
 7   4  12  10
 8  10   6  18
```

100.6Pd (84)
<ants[R]=14>

```
 1   0   2   1
 8   6   8  18
 1   7   6  13
 2   7   2   2
```

100.7Pa (241)
<Adres=41>

```
19   5  12  22
14   9  20  21
14   7  18  19
 9  18  12  22
```

100.7Pb (139)
<adres=13>

```
13   3  11  13
15   3   4  16
 9   7  13   6
 7   5   4  10
```

100.7Pc (73)
<adres=31>

```
 4   5   3   4
 4   2   2   5
 2   7   3   6
 6   9   5   6
```

100.8Pa (170)
<Adres=41>

```
15   7   7  20
12   6  12  15
 8   5  12  12
 7  14   5  13
```

100.8Pb (321)
<adres=13>

```
24   7  21  28
23   9  20  31
28  17  22  21
17  19  10  24
```

101.1Ga (35)
<*lurnd>

```
 7   1   5   4
 2   1   1   2
 2   0   2   3
 0   3   2   0
```

101.1Gb (42)
<*lurnt>

```
 4   1   2   9
 4   3   0   5
 0   1   3   3
 1   1   2   3
```

101.1Gc (41)
<*lu[r]nt>

```
 0   0   2   1
 2   2   3   4
 3   7   5   5
 1   2   1   3
```

101.1Gd (529)
<*tawt>

```
47  13  32  41
37  20  37  54
31  27  44  39
28  28  15  36
```

101.1Ge (22)
<*tot>

```
 2   0   0   1
 0   1   0   3
 3   0   1   0
 1   3   1   6
```

101.1Gf (42)
<#tawt>

```
 7   2   1   0
 2   4   0   5
 1   1   1   6
 1   3   4   4
```

101.2La (71)
aiming to

```
 6   0   7   2
14   4   2   1
14   4   0   2
 5   7   1   2
```

101.2Lb (285)
fixing to

```
20   6  14   6
37  10  13  24
31  22  15  22
17  25   7  16
```

101.2Lc (92)
getting ready to

```
 9   4   1   0
11   5   5   8
10   5   6   6
 8   5   3   6
```

101.2Ld (37)
going to

```
 8   1   3   6
 1   1   5   3
 0   0   4   2
 1   1   0   1
```

101.2Le (50)
intending to

```
 5   0   2   3
 0   1   6   7
 3   1   7   2
 3   6   1   3
```

101.2Lf (25)
planning on

```
 3   0   3   1
 3   0   1   2
 1   2   1   1
 0   2   3   2
```

101.2Lg (143)
planning to

```
 5   3  10   8
15   0   7  22
13   6  13  10
10  11   0  10
```

101.3La (108)
gossip +

```
 7   3  10   3
12   8   4  10
 9   1  11   3
13   5   3   6
```

101.3Lb (29)
gossiper

```
 2   0   2   2
 2   1   4   1
 3   3   2   1
 1   4   1   0
```

101.3Lc (21)
pimp

```
 0   0   0   0
 0   0   2   0
 5   0   1   1
 0   8   3   1
```

101.3Ld (14)
stool pigeon

```
 1   1   1   1
 1   0   0   1
 1   0   0   0
 3   0   0   4
```

101.3Le (102)
tattler

4	0	8	14
8	6	6	7
6	8	9	9
1	7	5	4

101.3Lf (508)
tattletale

50	20	25	29
35	21	35	33
40	22	45	30
27	34	22	40

101.4La (159)
cut

10	1	4	10
12	6	14	20
9	7	13	13
11	10	4	15

101.4Lb (99)
gather

6	1	11	9
6	3	8	13
6	8	5	4
1	5	5	8

101.4Lc (39)
get

1	0	8	2
6	1	3	2
2	3	0	3
0	3	3	2

101.4Ld (328)
pick

18	4	21	30
25	11	19	33
23	14	26	34
15	23	10	22

101.4Le (16)
pluck

1	0	0	5
1	0	1	1
0	1	2	1
1	0	0	2

101.4Pa (83)
<flowRz=14>

13	2	4	3
4	1	4	5
8	2	6	6
11	6	1	7

101.4Pb (99)
<flow[R]z=14>

3	2	4	2
5	5	8	13
5	10	6	10
5	8	5	8

101.4Pc (57)
<fl{o}w[R]z=14>

2	0	3	1
5	3	2	9
3	4	7	2
1	10	4	1

101.4Sa (596)
|-[e/f/j]..| [aʊ~æo]

50	17	26	27
43	31	33	56
42	40	45	55
32	39	19	41

101.4Sb (193)
|-m..| [aᵊ~æᵊ]

25	7	16	34
5	9	11	18
14	6	13	13
2	5	7	8

101.5La (37)
play toy +

4	0	0	0
5	0	2	8
4	4	0	4
1	3	1	1

101.5Lb (342)
play-pretty +

28	13	28	39
35	17	17	18
27	27	22	15
11	11	16	18

101.5Lc (147)
plaything

11	6	9	8
8	10	12	14
12	9	9	11
11	4	8	5

101.5Ld (631)
toy +

45	23	39	41
38	27	39	65
41	32	47	59
26	39	24	46

101.6Ga (259)
<*new>

25	7	10	10
17	16	19	33
16	15	20	23
14	19	5	10

101.6Gb (192)
<*noed>

17	5	13	17
26	9	7	20
9	18	11	12
0	9	8	11

101.6Gc (125)
<*nue>

15	4	7	6
7	5	2	8
12	7	9	5
10	6	6	16

101.6Gd (110)
<*nyue>

9	6	5	3
11	5	3	11
8	7	6	4
5	16	4	7

101.6Ge (25)
<#noed>

5	1	4	3
2	1	0	0
0	1	3	2
0	2	1	0

102.1Ga (42)
<!gi(v)>

4	2	2	3
1	1	2	6
2	2	5	4
1	4	1	2

102.1Gb (629)
<!giv>

46	26	40	38
47	35	37	61
45	33	47	43
31	35	22	43

102.1Gc (23)
<*gai(v)>

0	0	0	5
2	0	4	0
0	1	2	1
2	4	0	2

102.1Gd (516)
<*gaiv>

```
38 19 33 35
29 27 29 58
41 21 35 31
31 37 16 36
```

102.1Ge (34)
<*gi(v)>

```
2  0  0  2
4  5  2  3
0  4  3  2
0  4  2  1
```

102.1Gf (247)
<*giv>

```
27  8  9 13
28 11 11 20
12 17 20 22
 5 23  7 14
```

102.1Gg (22)
<#gaiv>

```
1  0  1  0
5  0  2  2
3  0  0  2
1  1  3  1
```

102.1Gh (88)
<#giv>

```
7  2  4  5
6  3  8 12
4  8  4 12
2  4  2  5
```

102.1Gi (388)
<#givN=14>

```
18 14 27 35
19 21 22 34
34 20 32 21
26 25 12 28
```

102.2Ga (41)
<!bAgin=41>

```
5  1  0  1
4  1  2  6
3  5  3  1
1  6  2  0
```

102.2Gb (25)
<!bIgen=41>

```
1  0  0  1
1  0  0  3
3  7  1  2
0  2  2  2
```

102.2Gc (269)
<!bIgin=41>

```
 6  9 24 24
23  8 17 25
17 12 21 14
17 19 15 18
```

102.2Gd (23)
<!bigin=31>

```
2  1  1  1
1  1  3  3
2  0  3  2
0  1  0  2
```

102.2Ge (230)
<*bIgan=41>

```
10 11  9 21
12  7 16 23
22  9 18 16
14 19  6 17
```

102.2Gf (98)
<*bIgen=41>

```
 8  3  5  1
 6  3  4  6
11  7 10  9
 5  6  5  9
```

102.2Gg (88)
<*bIgin=41>

```
 9  5 10  8
10  1  5  7
 5  5  4  6
 2  5  3  3
```

102.2Gh (41)
<*bIgun=41>

```
1  0  7  4
4  0  1  4
3  0  3  3
0  4  3  4
```

102.2Gi (44)
<#bIgan=41>

```
0  1  2  1
5  1  2  3
6  0  6  2
4  5  1  5
```

102.2Gj (23)
<#bIgen=41>

```
0  0  2  1
2  0  0  0
3  3  4  0
0  4  1  3
```

102.2Gk (25)
<#bIgin=41>

```
0  1  4  2
3  0  2  0
3  2  1  0
0  4  2  1
```

102.2Gl (188)
<#bIgun=41>

```
 2  3 14 20
13  4 14 20
13  7 17 11
15 12 10 13
```

102.3Ga (688)
<!run>

```
62 28 37 36
48 35 36 57
48 40 48 49
34 54 27 49
```

102.3Gb (31)
<&runz>

```
2  1  0  5
6  1  1  3
1  1  2  1
2  1  2  2
```

102.3Gc (31)
<@runN=14>

```
3  1  2  0
6  1  2  3
2  0  3  3
0  3  0  2
```

102.3Gd (458)
<*ran>

```
33 11 25 34
29 18 28 41
30 27 39 31
28 31 19 34
```

102.3Ge (319)
<*run>

```
40 11 18 24
32 18  9 23
16 20 18 36
 7 21 10 16
```

102.3Gf (75)
<#ran>

```
5  2  2  6
8  1  6  5
7  3  4  6
3  4  2 11
```

102.3Gg (360)
<#run>

16	9	26	28
27	13	20	31
28	19	26	23
23	27	14	30

102.4Ga (706)
<!kum>

57	27	40	46
51	38	40	72
40	34	48	58
33	48	23	51

102.4Gb (57)
<&kumz>

3	4	5	6
2	1	4	9
4	3	2	4
0	2	2	6

102.4Gc (24)
<@kumN=14>

2	1	0	1
3	1	0	4
4	1	3	2
0	1	0	1

102.4Gd (592)
<*kaim>

53	23	30	36
40	33	32	60
36	26	42	37
34	43	23	44

102.4Ge (461)
<*kum>

50	18	19	24
41	26	22	34
30	28	30	48
11	38	17	25

102.4Gf (37)
<#kaim>

2	0	3	6
2	0	1	6
3	1	2	3
2	1	1	4

102.4Gg (338)
<#kum>

22	8	28	27
17	16	22	37
22	15	27	27
19	22	8	21

102.5Ga (778)
<!see>

62	30	42	48
57	41	42	73
44	45	53	67
31	58	28	57

102.5Gb (615)
<*saw>

54	23	31	45
40	32	39	62
33	30	49	50
27	42	15	43

102.5Gc (41)
<*seed>

3	0	0	6
2	4	2	6
2	6	4	3
0	1	2	0

102.5Gd (216)
<*seen>

23	7	8	13
20	11	6	21
15	14	11	19
4	19	10	15

102.5Ge (96)
<#saw>

9	3	7	9
13	3	4	10
5	8	4	6
1	5	4	5

102.5Gf (44)
<#seed>

3	1	0	2
4	0	3	6
1	7	4	4
0	5	2	2

102.5Gg (753)
<#seen>

66	30	37	49
48	37	44	68
45	40	55	62
38	52	26	56

102.6Ga (39)
<*toer>

9	1	2	3
4	2	2	3
5	0	1	3
0	1	1	2

102.6Gb (37)
<#taw[r]n>

0	0	0	1
1	3	2	5
2	2	3	4
2	5	3	4

102.6Gc (79)
<#tawrn>

6	0	7	10
5	3	2	6
8	3	4	3
5	7	2	8

102.6Gd (36)
<#toe(r)>

0	0	1	0
3	1	1	2
2	6	3	3
1	3	6	4

102.6Ge (22)
<#toe[r]>

1	1	2	1
3	4	0	0
0	2	1	4
0	1	0	2

102.6Gf (87)
<#toe[r]n>

3	2	7	1
2	1	8	18
5	10	8	10
4	2	4	2

102.6Gg (73)
<#toer>

10	0	6	6
9	5	1	3
4	7	5	4
3	4	1	5

102.6Gh (145)
<#toern>

9	6	8	19
10	7	16	13
7	3	8	5
8	9	6	11

102.6Gi (29)
<#toe{r}>

1	1	2	0
2	0	1	1
6	2	1	2
2	4	1	3

102.7Pa (131)
<pootItawn=341>

```
 4   6  13  15
10   5   4  13
10   4   8  13
 8   6   7   5
```

102.7Pb (99)
<pootItoen=341>

```
11   2   6   0
 9   2   6   5
 5   9  13   7
 4  10   3   7
```

102.8Ga (39)
<!dew>

```
1   0   1   2
1   2   4   5
3   2   3   7
0   3   2   3
```

102.8Gb (747)
<!due>

```
69  26  35  48
51  41  46  72
40  37  55  61
36  52  25  53
```

102.8Gc (24)
<&duz>

```
2   0   3   3
2   1   0   4
3   0   0   2
0   1   0   3
```

102.8Gd (660)
<*did>

```
65  21  32  41
43  40  43  63
39  36  49  55
27  45  25  36
```

102.8Ge (331)
<*dun>

```
39  13  18  23
30  20   9  28
16  20  20  33
 6  25  11  20
```

102.8Gf (70)
<#did>

```
1   5   2   0
7   3   1   5
3  12   6   9
2   7   4   3
```

102.8Gg (593)
<#dun>

```
52  23  28  38
27  30  37  64
35  25  46  54
23  42  22  47
```

103.1Pa (52)
<nutN=14>

```
2   1   3   0
8   3   1   1
2   6   2   5
0  13   3   2
```

103.1Pb (655)
<nuthN=14>

```
57  25  32  42
52  37  37  67
32  37  53  55
20  41  28  40
```

103.1Pc (147)
<nuthNG=14>

```
17   6   8   7
 3   6  11  12
10   3   7  11
14  12   3  17
```

103.2Pa (323)
<sumpM=14>

```
34  10   7  14
35  21  16  24
19  27  25  26
10  24  10  21
```

103.2Pb (114)
<sumpthN=14>

```
7   8  11   4
7   9  10  14
3   2  10  11
0   4   4  10
```

103.2Pc (52)
<sump{?}M=14>

```
6   1   4   0
6   3   3   2
2   1   5   3
2   5   6   3
```

103.2Pd (316)
<sumthN=14>

```
32  12  21  22
14  17  24  40
13  11  23  28
13  17  13  16
```

103.2Pe (146)
<sumthNG=14>

```
13   5   8  10
 4   5  11  18
 3   9  12   9
10  10   5  14
```

103.2Pf (73)
<sumthing=13>

```
6   0   3   6
7   1   6   0
9   0   2   7
8   4   5   9
```

103.3Pa (95)
<sich>

```
5   3   8  14
10   6   3  10
2   9   9   7
0   4   2   3
```

103.3Pb (432)
<such>

```
37  11  20  30
27  26  29  51
29  19  28  38
20  26  14  27
```

103.4Pa (208)
<aw(l)waiz=13>

```
17  11  12   5
12  21   9  22
18  13  15  12
 3   9  10  19
```

103.4Pb (311)
<awlwaiz=13>

```
24   9  20  19
28  13  21  41
11  19  19  31
13  20   8  15
```

103.5Pa (77)
<sents>

```
5   7   3   5
4   1   4  11
4   5   2  10
1   4   4   7
```

103.5Pb (100)
<sins>

```
8   4   6   6
6   5   5   5
7   9   8   8
5   7   1  10
```

103.5Pc (608)
<sints>

```
50 23 37 35
46 27 35 63
36 26 46 59
24 39 23 39
```

103.6Ga (41)
apurpose

```
2 1 4 1
5 0 4 1
4 1 5 4
0 3 4 2
```

103.6Gb (367)
on purpose

```
10  9 30 25
32 14 23 33
33 19 28 18
25 28 11 29
```

103.6Gc (27)
purposely

```
0 1 5 3
2 0 1 4
0 1 2 0
5 2 0 1
```

103.7Pa (69)
<u[m]hu[m]=31>

```
10 5 1 2
 4 2 5 10
 3 1 4 5
 3 6 3 5
```

103.7Pb (254)
<umhum=31>

```
28  7  8  6
14 12 20 27
11 15 24 22
12 19 13 16
```

103.8Pa (141)
<naw>

```
17  8  6  4
13 12 11 12
 5  9 13  8
 4 12  3  4
```

103.8Pb (394)
<noe>

```
30 11 15 17
24 22 27 45
23 21 26 37
17 36 18 25
```

103.8Pc (50)
<um{?}um=13>

```
8 0 1 1
7 4 1 5
1 1 5 5
1 3 1 6
```

103.9Ga (15)
I don't reckon

```
0 0 0 0
2 1 2 5
1 1 0 2
0 1 0 0
```

103.9Gb (20)
I don't think

```
1 0 0 0
1 0 1 0
1 2 3 2
1 3 2 3
```

103.9Gc (158)
I don't/didn't
think so

```
14  4  9  8
 9 14  5 20
11  5  8 12
 7 11  7 14
```

103.9Gd (39)
I guess

```
6 4 0 1
3 3 0 6
4 0 2 3
1 2 2 2
```

103.9Ge (113)
I guess so

```
13  7  3  1
10  2  5  9
11 10  9  6
 3 13  6  5
```

103.9Gf (47)
I reckon so

```
0 1 2 2
3 5 2 4
1 4 4 11
0 4 2 2
```

103.9Gg (16)
I suppose so

```
1 0 2 1
0 1 0 5
1 1 1 2
1 0 0 0
```

103.9Gh (195)
I think/thought so

```
14  7  4 20
 9 14 13 24
10 12 11 11
 9 10 10 17
```

104.1Ga (40)
<!aks>

```
2  2 0 0
4  2 2 2
0  5 0 6
0 11 1 3
```

104.1Gb (211)
<!as(k)>

```
13  6 15 10
22 10  8 17
12 14 21 17
 8 13 11 14
```

104.1Gc (464)
<!ask>

```
35 17 23 37
31 23 30 53
30 20 30 29
29 30 13 34
```

104.1Gd (79)
<!ast>

```
8 1 9 2
8 2 7 11
4 4 3 5
1 7 3 4
```

104.1Ge (20)
<@askN=14>

```
2 1 1 0
5 1 0 1
1 2 0 2
0 2 1 1
```

104.1Gf (102)
<*as(k)>

```
7  1 8 3
4  8 6 5
5  7 9 9
5 14 8 3
```

104.1Gg (221)
<*as(k)t>

```
12  9 12 23
11 13 10 21
20 11 12 16
12 11 10 18
```

104.1Gh (257)
<*ask>

25	13	18	19
24	11	12	22
20	14	17	14
9	16	8	15

104.1Gi (94)
<*askt>

4	0	4	6
10	4	6	4
7	9	8	4
11	3	2	12

104.1Gj (66)
<#as(k)>

1	2	3	0
7	3	4	7
4	6	3	6
3	7	5	5

104.1Gk (121)
<#as(k)t>

3	3	10	7
11	3	5	9
9	9	9	9
10	6	5	13

104.1Gl (162)
<#ask>

9	3	18	11
8	9	12	17
16	5	12	8
7	10	6	11

104.1Gm (55)
<#askt>

3	1	4	4
4	1	4	3
3	4	8	2
6	2	2	4

104.2Ga (581)
<!fiet>

48	21	37	33
45	26	29	50
42	33	40	38
28	47	24	40

104.2Gb (62)
<@fietN=14>

5	0	3	6
9	5	1	2
2	5	3	7
0	7	3	4

104.2Gc (26)
<@fietNG=14>

0	1	0	5
1	1	2	5
1	1	0	0
5	3	0	1

104.2Gd (419)
<*fawt>

29	11	30	37
33	14	21	39
29	24	30	27
23	25	17	30

104.2Ge (18)
<*fit>

1	0	1	10
2	0	0	1
1	1	0	0
0	1	0	0

104.2Gf (347)
<#fawt>

10	6	29	23
28	11	24	29
28	26	33	22
19	19	15	25

104.3Ga (80)
<!stab>

6	6	3	6
7	2	11	8
2	3	6	5
1	9	2	3

104.3Gb (389)
<*stabd>

35	9	29	25
31	14	19	25
32	19	34	16
27	25	20	29

104.3Gc (46)
<*stobd>

5	1	4	4
9	0	1	2
2	6	4	3
0	2	2	1

104.4Ga (203)
<!draw>

27	8	14	21
18	9	10	29
5	11	15	23
2	4	2	5

104.4Gb (209)
<*drawd>

15	7	13	18
28	8	7	18
11	17	16	13
2	14	8	14

104.4Gc (27)
<*drew>

2	0	1	2
1	2	0	5
1	2	2	3
1	1	2	2

104.4Gd (377)
<*drue>

26	7	27	28
18	18	25	33
32	20	31	19
26	22	13	32

104.4Ge (61)
<#drawd>

5	2	5	2
13	1	6	2
3	9	3	6
0	1	1	2

104.4Gf (33)
<#drawn>

4	1	3	4
0	0	3	6
3	3	1	3
2	0	0	0

104.5Pa (64)
<hiest>

0	0	4	1
10	3	2	8
5	10	3	1
4	8	5	0

104.5Pb (266)
<hoyst>

20	11	16	17
16	10	14	21
15	13	19	14
15	24	14	27

104.5Pc (86)
<h{oy}st>

12	0	8	11
8	2	4	5
7	4	8	3
3	5	1	5

105.2Ua (15)
business district +

0	3	1	0
0	1	0	1
1	0	0	1
0	4	2	1

105.2Ub (89)
downtown +

6	6	9	1
2	2	7	4
8	2	5	2
5	6	6	18

105.3Ua (97)
downtown +

8	4	9	5
1	2	6	6
11	1	4	1
7	5	7	20

105.3Ub (19)
uptown

0	0	2	0
1	1	0	2
3	0	0	0
2	5	2	1

106.5Ua (20)
airfield

2	1	1	2
0	1	2	0
0	0	2	0
2	2	0	5

106.5Ub (71)
airport

7	4	5	4
0	2	4	4
5	0	4	1
5	5	8	13

106.5Uc (92)
airport +

7	5	9	4
2	2	6	5
7	0	5	2
7	5	9	17

106.5Ud (13)
Municipal Airport

0	0	1	0
1	0	5	1
0	0	1	1
1	0	2	0

107.1Ua (23)
expressway

1	4	0	1
0	0	0	1
1	0	1	1
3	0	0	10

107.1Ub (23)
freeway

4	0	0	1
0	0	2	1
10	0	2	0
0	0	2	1

107.1Uc (61)
highway +

4	3	5	0
2	2	4	2
11	1	3	0
1	6	7	10

107.1Ud (77)
interstate +

2	3	12	5
1	3	5	6
5	0	7	1
1	7	7	12

107.2Ua (76)
rest area

4	3	10	4
2	1	4	5
9	1	5	1
5	4	4	14

107.2Ub (32)
rest stop

1	2	2	2
0	1	1	1
3	1	3	0
3	1	2	9

107.2Uc (16)
roadside park

1	0	2	0
0	1	1	0
6	0	1	0
1	2	0	1

107.3Ua (17)
divider +

1	2	0	0
0	0	0	1
3	2	1	0
1	1	1	4

107.3Ub (14)
dividing line

1	1	0	1
0	0	0	2
2	0	0	0
1	1	0	5

107.3Uc (40)
line

2	1	5	0
0	1	3	4
1	0	2	1
0	2	7	11

107.3Ud (49)
median +

1	3	3	5
2	1	2	5
2	1	5	1
5	1	4	8

107.3Ue (30)
yellow line +

1	3	4	2
0	2	4	1
1	0	0	0
1	1	3	7

107.4Ua (27)
entrance

1	3	2	1
0	1	2	3
0	0	2	0
1	1	2	8

107.4Ub (19)
entrance ramp

0	0	3	2
0	0	0	2
1	0	1	0
1	0	2	7

107.4Uc (79)
exit

6	6	7	4
1	2	6	6
3	0	5	1
2	7	6	17

107.4Ud (32)
exit ramp

0	1	5	3
0	0	1	2
4	0	3	1
2	1	2	7

107.4Ue (28)
ramp

3	0	3	4
1	2	4	1
2	1	0	0
1	0	2	4

107.5Ua (21)
boulevard

0	0	1	1
1	0	3	1
4	2	1	0
1	1	2	3

107.5Ub (17)
causeway

0	0	0	1
0	0	0	0
0	0	1	0
0	3	1	11

107.5Uc (13)
expressway

1	0	1	1
0	0	1	4
1	0	0	1
0	0	0	3

107.8Ua (22)
bridge

1	1	1	0
1	1	3	3
0	0	2	0
0	2	1	6

107.8Ub (66)
overpass

4	1	5	5
2	1	5	3
2	2	5	2
1	6	8	14

107.8Uc (72)
underpass

5	4	5	7
1	1	5	4
11	0	8	2
2	6	3	8

107.8Ud (42)
viaduct

3	5	8	2
1	2	2	3
1	0	4	1
1	1	5	3

108.1Ua (40)
parallel

3	3	3	1
1	1	5	1
5	1	3	1
2	2	4	4

108.1Ub (55)
parallel parking

1	0	5	5
1	1	2	4
6	0	4	1
3	3	4	15

108.2Ua (83)
fire hydrant

4	5	11	3
2	2	7	5
8	1	4	1
1	6	5	18

108.2Ub (31)
fireplug

0	1	1	2
0	1	1	2
7	0	2	1
2	3	4	4

108.2Uc (31)
hydrant

3	3	2	2
0	0	2	2
3	0	2	1
3	1	1	6

108.3Ua (21)
angle parking

1	0	0	1
0	0	1	3
2	1	2	1
1	1	0	7

108.3Ub (11)
diagonal +

1	0	1	4
0	0	0	1
0	0	0	0
0	0	1	3

108.4Ua (21)
parking deck

4	0	0	0
0	0	4	3
0	0	3	0
0	0	2	5

108.4Ub (42)
parking garage

0	3	5	4
1	1	0	2
6	1	2	1
2	3	2	9

108.4Uc (44)
parking lot

3	1	5	1
1	1	2	4
4	1	2	1
5	2	3	8

108.5Ua (56)
high-rise

4	3	6	2
1	1	5	4
3	0	3	1
1	6	3	13

108.5Ub (71)
high-rise +

6	3	6	3
2	1	7	4
5	0	4	1
2	7	3	17

108.5Uc (88)
skyscraper

5	3	9	3
2	3	6	5
11	2	4	1
3	6	6	19

108.6Ua (126)
alley

8	7	12	7
2	3	8	7
12	2	7	1
7	7	9	27

108.7Ua (21)
lot

0	1	2	0
1	0	3	1
1	1	1	0
0	2	1	7

108.7Ub (101)
vacant lot

6	5	10	6
1	2	7	7
9	1	7	0
6	3	10	21

108.8Ua (19)
drinking fountain

```
2   1   2   1
0   0   1   1
2   0   1   0
2   0   1   5
```

108.8Ub (41)
fountain

```
5   2   4   1
0   1   3   5
5   0   2   1
2   1   4   5
```

108.8Uc (88)
water fountain

```
4   7  10   6
2   2   4   4
7   2   5   1
4   4   5  21
```

109.1Ua (15)
compact (car) +

```
2   0   1   0
0   0   3   4
0   0   0   0
0   1   2   2
```

109.1Ub (50)
coupe

```
3   4   1   4
1   0   4   2
6   0   3   2
4   3   4   9
```

109.1Uc (48)
sports car

```
3   3   8   3
1   0   3   0
6   1   4   0
1   4   2   9
```

109.2Ua (29)
sedan

```
0   2   4   1
2   0   3   0
2   1   0   0
4   4   1   5
```

109.2Ub (54)
sedan +

```
2   3   6   2
2   0   7   3
3   1   3   0
4   4   3  11
```

109.2Uc (42)
two-door

```
4   3   5   2
1   2   2   1
1   0   2   3
0   3   3  10
```

109.2Ud (91)
two-door +

```
8   5  10   5
2   2   7   6
6   1   5   3
1   7   7  16
```

109.2Ue (24)
two-door sedan

```
2   1   2   1
0   0   4   3
1   0   3   0
0   0   2   5
```

109.3Ua (37)
four-door

```
4   2   5   2
1   3   2   1
1   1   2   2
0   3   4   4
```

109.3Ub (78)
four-door +

```
8   5   9   2
2   3   6   4
5   1   5   4
1   6   6  11
```

109.3Uc (21)
four-door sedan

```
2   2   1   0
1   0   2   1
1   0   3   2
0   0   1   5
```

109.3Ud (42)
sedan

```
1   2   3   3
1   2   3   3
6   0   2   1
3   3   2   7
```

109.3Ue (60)
sedan +

```
3   3   4   3
2   2   5   4
6   0   5   3
3   3   3  11
```

109.4Ua (9)
deuce and a quarter

```
0   3   1   0
1   1   0   0
2   0   0   0
0   0   1   0
```

109.4Ub (13)
gas guzzler

```
0   0   1   0
1   0   1   1
0   1   1   1
0   0   0   6
```

109.4Uc (12)
gas hog

```
0   0   0   1
1   1   0   1
0   0   2   0
0   0   2   4
```

109.4Ud (20)
hog

```
2   1   3   1
1   1   1   0
3   0   0   0
0   2   2   3
```

109.4Ue (33)
limousine

```
1   5   3   2
0   1   3   3
1   1   1   0
3   0   2   7
```

109.4Uf (15)
pimpmobile

```
1   1   3   1
1   2   0   0
0   1   1   0
0   0   0   4
```

109.5Ua (122)
station wagon

```
 3   7  13   7
 2   3   8   7
13   2   8   4
 7   7   9  22
```

109.6Ua (29)
delivery +

```
6   1   2   2
0   1   3   3
1   0   0   1
2   1   1   5
```

109.6Ub (33)
panel +

```
 1  1  2  2
 1  2  4  0
 3  1  3  1
 1  1  4  6
```

109.6Uc (85)
van +

```
 2  3 10  5
 1  2  5  7
10  2  7  1
 3  4  7 16
```

109.7Ua (13)
flatbed +

```
 1  0  0  0
 0  2  0  1
 1  0  1  0
 1  0  1  5
```

109.7Ub (48)
pickup

```
 4  2  4  2
 1  3  2  2
 5  2  1  1
 3  4  2 10
```

109.7Uc (115)
pickup +

```
 5  6 12  5
 2  3  8  8
12  2  7  3
 6  6  9 21
```

109.7Ud (67)
pickup truck

```
 1  4  8  3
 1  0  6  6
 7  0  6  1
 4  2  6 12
```

109.8Ua (98)
limousine +

```
 5  3  9  4
 2  1  6  3
11  0  7  2
 6  9  7 23
```

109.9Ua (129)
bus +

```
 7  6 12  6
 2  2  8  6
12  2  7  4
 7 10 10 28
```

109.9Ub (18)
cab

```
 0  1  2  0
 0  1  2  0
 1  1  1  0
 1  3  0  5
```

109.9Uc (29)
taxi

```
 3  1  4  1
 1  2  2  1
 0  1  4  0
 0  1  3  5
```

110.1Ua (31)
dash

```
 5  2  5  0
 1  1  3  2
 3  1  2  1
 2  1  1  1
```

110.1Ub (107)
dashboard

```
 4  5  8  5
 2  2  7  6
10  1  8  2
 4  8  8 27
```

110.2Ua (118)
glove compartment

```
 7  8 10  6
 2  3  7  6
10  2  6  3
 6  7  9 26
```

110.3Ua (13)
rubber

```
 1  1  0  0
 0  0  1  0
 1  1  0  0
 0  2  2  4
```

110.3Ub (126)
rubber band

```
 8  6 12  7
 2  3  8  7
13  2  7  3
 7  7  8 26
```

110.4Ua (20)
clip

```
 1  0  0  0
 0  1  0  2
 3  0  1  0
 2  5  2  3
```

110.4Ub (40)
Gem clip

```
 0  1  0  3
 0  1  6  6
 1  0  4  3
 0  4  5  6
```

110.4Uc (100)
paper clip

```
 8  6 13  7
 2  3  4  3
11  2  3  2
 7  3  3 23
```

110.5Ua (131)
trunk

```
 7  7 13  7
 2  3  9  7
14  2  8  3
 6  7 10 26
```

110.6Ua (94)
accelerator

```
 6  7  8  6
 2  2  6  4
11  2  7  2
 3  5  5 18
```

110.6Ub (24)
gas

```
 2  1  0  0
 0  0  1  2
 2  1  2  0
 2  3  2  6
```

110.6Uc (43)
gas pedal

```
 0  0  6  2
 2  2  2  0
 5  0  4  2
 2  0  4 12
```

110.7Ua (24)
four on the floor

```
 0  0  1  5
 1  0  0  1
 1  0  2  1
 3  1  2  6
```

110.7Ub (57)
gearshift

```
 2  2  5  4
 1  1  5  4
 6  1  5  2
 3  2  2 12
```

110.7Uc (19)
stick

```
0  0  0  0
1  1  0  0
2  0  1  1
3  2  2  6
```

110.7Ud (50)
stick shift

```
4  2  4  2
1  0  3  2
6  2  1  0
1  6  2  14
```

110.7Ue (6)
straight shift

```
0  0  1  1
0  0  3  1
0  0  0  0
0  0  0  0
```

110.8Ua (24)
bump +

```
0  1  0  0
1  0  0  1
6  1  2  0
2  1  2  7
```

110.8Ub (17)
hump +

```
0  0  1  2
0  0  0  1
4  0  1  0
0  1  0  7
```

110.8Uc (46)
speed breaker

```
6  3  1  6
0  3  9  3
0  1  5  2
0  1  4  2
```

110.8Ud (28)
speed bump

```
1  0  8  1
1  0  0  1
1  1  1  1
3  0  0  9
```

111.1Ua (49)
fire engine

```
3  3  5  3
0  1  3  2
5  1  2  1
4  4  3  9
```

111.1Ub (94)
fire truck

```
7   4  10  3
2   3   6  4
10  1   6  2
3   4   8  21
```

111.2Ua (30)
pumper +

```
1  3  1  3
1  0  2  2
3  1  4  2
1  1  1  4
```

111.3Ua (48)
hook and ladder +

```
2  2  6  2
1  0  2  4
3  0  3  3
2  4  4  10
```

111.3Ub (26)
ladder +

```
1  1  0  3
1  0  2  2
4  1  3  1
0  2  2  3
```

111.4Ua (30)
snorkel +

```
2  3  4  2
1  0  3  2
3  1  3  1
0  2  3  0
```

111.5Ua (68)
ambulance

```
2  5  8  5
2  2  3  4
6  1  5  2
3  4  4  12
```

111.5Ub (34)
emergency +

```
1  3  3  3
0  2  3  2
4  0  2  1
0  2  2  6
```

111.5Uc (37)
rescue +

```
3  0  2  3
0  0  4  2
3  1  1  1
0  1  2  14
```

111.5Ud (15)
rescue squad

```
2  0  1  2
0  0  2  0
2  0  0  0
0  0  0  6
```

111.5Ue (13)
rescue truck

```
0  0  0  1
0  0  1  1
1  1  1  0
0  1  0  6
```

111.6Ua (27)
car

```
4  2  3  0
0  1  2  2
2  0  2  1
1  1  2  4
```

111.6Ub (37)
chief's car

```
3  1  3  2
0  0  2  2
7  0  3  2
1  1  3  7
```

111.6Uc (26)
fire-chief's car

```
0  1  4  3
1  0  2  1
3  1  2  0
3  0  1  4
```

111.7Ua (11)
cop car

```
0  0  3  0
1  0  0  0
1  1  0  1
0  0  0  4
```

111.7Ub (13)
cruiser

```
0  1  0  2
0  0  1  0
0  0  1  1
0  1  1  5
```

111.7Uc (27)
patrol car

```
1  3  1  1
0  0  4  2
2  1  3  0
2  3  1  3
```

111.7Ud (86)
police car

6	3	11	2
1	3	4	4
9	2	4	4
4	7	6	16

111.7Ue (35)
squad car

1	4	4	3
1	0	1	1
4	1	1	0
1	3	3	7

111.8Ua (17)
Black Maria

1	3	1	2
0	0	2	1
0	0	1	1
2	0	1	2

111.8Ub (95)
paddy wagon

6	4	8	6
2	2	7	7
9	1	4	1
4	4	8	22

111.9Ua (16)
chopper

0	0	0	0
2	2	0	1
2	0	2	1
0	3	2	1

111.9Ub (131)
helicopter

8	7	13	7
2	3	9	7
12	1	8	3
7	7	10	27

111.9Pa (33)
<hellkoptR=1434>

4	1	3	4
0	1	2	2
3	0	2	1
3	2	2	3

112.1Ua (124)
hurricane

3	8	12	6
2	2	8	7
12	2	7	4
6	9	9	27

112.2Ua (23)
cyclone

1	3	1	2
0	1	1	1
5	0	1	0
1	2	1	3

112.2Ub (126)
tornado

6	7	13	6
2	2	7	7
14	2	7	4
6	9	9	25

112.2Uc (11)
twister

0	3	0	0
0	0	0	1
1	1	0	0
1	0	0	4

112.2Ud (9)
waterspout

0	0	0	0
0	0	0	0
1	0	0	0
0	1	1	6

112.3Ua (21)
hail [n.]

0	2	0	2
1	0	4	0
1	1	0	0
3	0	2	5

112.3Ub (51)
ice storm

4	6	9	2
0	1	5	6
3	1	5	1
1	1	1	5

112.3Uc (33)
sleet +

1	4	3	2
2	1	2	1
5	0	0	0
2	2	1	7

112.4Ua (22)
fire fighter

1	2	2	1
0	0	3	1
2	0	2	3
1	1	1	2

112.4Ub (105)
fireman

8	4	11	7
2	3	7	8
6	2	7	3
0	9	5	23

112.5Ua (100)
cop

3	7	8	4
2	3	6	6
11	2	7	2
5	6	7	21

112.5Ub (50)
fuzz

3	2	3	4
2	1	3	3
2	1	5	3
4	5	1	8

112.5Uc (96)
pig

4	6	8	4
2	3	6	5
10	2	7	4
5	5	6	19

112.5Ud (80)
policeman

8	3	8	6
2	3	7	5
8	1	5	3
0	3	5	13

112.6Ua (17)
fire department

0	3	0	1
0	0	2	2
2	0	0	1
1	0	1	4

112.6Ub (77)
fire station

6	4	3	5
0	1	6	1
9	2	3	2
4	4	8	19

112.6Uc (12)
firehall

0	0	8	1
0	0	2	0
0	0	0	0
0	0	1	0

112.6Ud (53)
firehouse

4	1	3	0
1	1	2	5
5	0	6	2
3	5	3	12

112.7Ua (94)
police station

7	5	8	5
2	2	7	4
8	1	5	2
5	5	8	20

112.8Ua (8)
calaboose

0	0	0	1
0	1	0	3
0	0	1	0
0	0	1	1

112.8Ub (39)
drunk tank

1	0	7	3
1	1	2	4
1	1	4	3
0	0	3	8

112.8Uc (113)
jail

5	8	12	4
2	2	8	7
12	2	7	3
5	7	8	21

112.8Ud (12)
jailhouse

0	0	1	0
0	0	1	0
2	0	0	1
2	0	1	4

113.1Ua (91)
gun

5	4	7	5
1	3	5	6
9	2	6	2
5	7	5	19

113.1Ub (77)
pistol

5	5	7	3
1	2	8	5
8	0	3	2
3	4	4	17

113.1Uc (35)
revolver

2	0	5	1
1	1	4	5
4	0	0	1
3	2	1	5

113.1Ud (15)
Saturday night
special

1	3	1	0
0	1	1	1
3	0	0	0
0	1	0	3

113.2Ua (20)
billy

1	1	0	2
0	0	1	3
2	0	1	1
1	2	2	3

113.2Ub (44)
billy club

2	2	5	1
0	1	3	1
5	1	3	0
3	4	3	10

113.2Uc (36)
blackjack

1	2	3	3
1	1	1	3
4	1	2	1
2	2	3	6

113.2Ud (26)
club

2	1	1	1
2	1	2	1
2	1	1	0
2	2	2	5

113.2Ue (50)
nightstick

1	3	7	1
2	1	2	5
5	1	2	2
3	2	3	10

113.2Uf (14)
stick

1	0	2	0
0	0	1	1
0	0	1	1
1	0	1	5

113.3Ua (21)
call girl

0	1	1	3
2	0	2	1
2	1	3	0
0	1	2	2

113.3Ub (44)
hooker

4	3	3	2
1	2	1	3
3	1	2	1
1	4	5	8

113.3Uc (18)
lady of the evening

2	2	1	1
0	1	0	1
0	1	1	0
1	1	0	6

113.3Ud (12)
lady of the night

2	0	0	0
2	1	0	1
1	0	1	0
0	0	0	4

113.3Ue (64)
prostitute

0	2	6	7
1	1	6	4
6	2	3	0
2	2	5	17

113.3Uf (26)
streetwalker

1	2	6	1
1	1	0	0
2	0	2	1
0	1	2	6

113.3Ug (84)
whore

3	5	9	5
2	2	6	4
8	2	4	2
5	6	7	14

113.4Ua (16)
cathouse

1	0	1	1
0	1	1	1
2	1	1	0
0	2	0	4

113.4Ub (21)
house of ill repute

0	0	3	3
0	0	2	1
3	0	2	0
1	0	1	5

113.4Uc (9)
house of prostitution

0	0	2	0
0	0	2	0
4	0	1	0
0	0	0	0

113.4Ud (17)
red-light district

1	1	2	1
0	0	1	4
1	0	1	1
0	2	2	0

113.4Ue (84)
whorehouse

5	5	6	3
2	2	6	4
6	1	5	2
7	4	5	21

113.5Ua (43)
madam

3	2	3	3
0	0	1	4
5	0	4	1
4	3	3	7

113.5Ub (110)
pimp

6	7	11	6
2	3	8	7
8	2	3	4
7	8	6	22

113.6Ua (82)
alcoholic

6	7	6	3
1	1	3	5
8	0	5	3
5	7	4	18

113.6Ub (19)
bum

3	0	2	0
0	0	1	0
1	0	0	1
4	1	1	5

113.6Uc (84)
drunk

4	3	10	5
2	2	7	7
7	2	5	2
4	3	2	19

113.6Ud (22)
drunkard

1	0	2	0
0	1	3	1
2	0	0	0
0	2	3	7

113.6Ue (69)
wino

2	4	3	6
1	2	1	2
11	2	4	2
4	4	4	17

113.7Ua (53)
bum

3	2	5	4
2	1	6	3
2	0	5	2
3	3	5	7

113.7Ub (40)
derelict

2	2	4	3
0	1	5	3
0	0	4	0
0	1	1	14

113.7Uc (55)
hobo

2	5	5	4
2	3	3	6
0	2	3	1
1	3	4	11

113.8Ua (55)
flophouse

2	3	8	5
1	1	3	5
2	0	5	1
2	2	6	9

114.1Ua (21)
dope

2	0	1	0
0	2	2	0
4	1	0	0
2	4	1	2

114.1Ub (51)
grass

2	3	3	2
0	1	3	4
3	1	5	2
3	4	5	10

114.1Uc (23)
joint

0	2	3	1
1	0	0	0
2	1	1	1
0	2	3	6

114.1Ud (8)
lid

0	0	1	0
0	0	0	0
1	1	0	0
0	1	1	3

114.1Ue (107)
marijuana

1	6	12	7
2	3	6	6
10	2	8	3
5	7	7	22

114.1Uf (22)
Mary Jane

2	0	1	1
1	1	2	0
2	1	3	2
1	0	2	3

114.1Ug (58)
pot

5	2	8	2
2	1	5	3
2	2	2	2
2	2	4	14

114.1Uh (20)
reefer

2	0	2	2
0	1	2	0
0	0	1	1
0	0	2	7

114.1Ui (7)
shit

0	0	0	1
1	0	0	0
0	1	1	0
0	0	0	3

114.1Uj (33)
weed

1	2	1	1
2	2	1	1
4	1	3	1
1	1	5	6

114.2Ua (20)
acid

0	0	3	0
0	0	2	0
2	0	1	0
0	0	2	10

114.2Ub (26)
amphetamines

1	0	0	3
1	0	4	0
3	0	2	0
2	1	2	7

114.2Uc (9)
angel dust

0	0	0	1
1	3	0	1
0	1	1	0
0	0	0	1

114.2Ud (23)
barbiturates

1	1	1	3
1	1	3	0
3	0	0	0
1	1	0	7

114.2Ue (72)
cocaine

4	4	9	4
2	3	6	5
3	2	4	2
3	4	4	13

114.2Uf (23)
coke

2	1	3	1
2	2	0	1
2	0	1	0
2	2	0	4

114.2Ug (13)
dope

0	2	1	0
0	0	0	1
0	0	0	0
0	1	2	6

114.2Uh (38)
downers

0	2	3	0
2	2	2	1
4	2	3	2
2	2	1	10

114.2Ui (12)
hash

0	0	1	0
0	0	1	0
1	0	0	0
0	2	1	6

114.2Uj (78)
heroin

3	5	7	4
2	2	6	4
7	2	7	1
3	5	4	16

114.2Uk (42)
LSD

2	3	6	2
0	1	6	2
3	0	2	0
2	2	1	10

114.2Ul (12)
pills

1	1	0	0
0	1	0	0
2	0	0	0
0	1	0	6

114.2Um (11)
Quaaludes

0	0	0	1
0	1	0	1
1	1	1	0
0	1	0	4

114.2Un (30)
speed

1	1	0	4
0	2	2	2
3	1	1	0
1	2	2	8

114.2Uo (35)
uppers

0	1	3	0
2	2	2	1
4	2	3	2
1	3	1	8

114.3Ua (50)
addict

0	0	7	3
2	1	5	1
1	1	5	2
3	5	2	12

114.3Ub (20)
dope addict

0	1	3	2
0	0	0	1
4	0	1	0
1	0	2	5

114.3Uc (30)
drug addict

1	1	2	2
0	1	4	4
3	0	1	1
1	1	5	3

114.3Ud (23)
junkie

1	0	1	2
0	0	0	0
1	2	1	1
0	3	2	9

114.4Ua (36)
dealer +

0	0	4	1
2	1	2	0
4	1	1	0
2	4	4	10

114.4Ub (97)
pusher +

4	6	12	4
2	1	6	6
8	2	5	3
4	6	10	18

114.5Ua (64)
bread

2	7	3	5
1	0	6	2
5	1	4	0
4	4	5	15

114.5Ub (13)
buck

0	2	1	0
0	1	1	0
0	2	0	1
0	1	0	4

114.5Uc (45)
cash

0	2	7	0
0	2	3	2
4	0	1	1
2	5	3	13

114.5Ud (51)
dough

3	4	5	1
0	0	4	3
3	1	3	0
1	2	4	17

114.5Ue (25)
green(s)

1	2	3	1
1	1	1	0
3	1	0	1
1	0	1	8

114.5Uf (17)
money

0	1	5	0
0	0	2	0
1	0	0	0
0	2	3	3

114.5Ug (18)
moola

1	1	3	1
1	0	1	2
0	0	2	1
0	0	1	4

114.6Ua (21)
hock shop

3	1	0	0
0	0	1	1
4	0	0	0
3	1	3	4

114.6Ub (118)
pawnshop

3	7	13	6
2	3	9	5
13	2	8	4
6	7	9	21

114.7Ua (49)
wine

1	1	7	1
0	0	6	0
2	0	3	2
2	2	7	15

114.8Ua (47)
skid row

4	4	3	2
2	1	2	4
1	0	3	0
2	5	4	10

114.8Ub (29)
slum +

1	1	7	4
0	0	2	1
2	0	0	1
3	1	3	3

114.9Ua (22)
adult +

3	3	3	1
1	1	2	1
2	0	1	0
1	2	1	0

114.9Ub (7)
porn +

0	0	0	0
0	0	1	0
0	1	1	0
0	0	0	4

114.9Uc (23)
porno +

1	0	3	3
2	0	1	0
3	0	1	0
0	3	0	6

114.9Ud (21)
skin flicks

2	0	1	1
2	1	0	0
2	1	3	0
0	1	2	5

114.9Ue (13)
X-rated

0	1	3	0
0	0	0	1
0	0	0	0
0	1	1	6

114.9Uf (46)
X-rated +

1	1	6	3
0	2	3	4
4	1	3	1
0	2	3	12

115.1Ua (7)
mail carrier

1	0	0	0
0	0	0	0
4	0	1	0
0	0	0	1

115.1Ub (96)
mailman

5	5	11	6
2	3	3	6
9	2	5	3
3	7	8	18

115.1Uc (77)
postman

7	6	2	4
0	0	7	4
12	0	4	0
4	5	7	15

115.2Ua (107)
garbage man

7	6	6	6
2	1	7	5
12	2	5	2
6	5	10	25

115.2Ub (27)
trash man

0	0	3	2
1	1	0	0
5	0	4	2
3	1	1	4

115.3Ua (20)
clout

0	1	2	1
0	0	0	3
2	0	2	2
0	1	1	5

115.3Ub (19)
connections +

3	0	1	2
0	0	1	1
0	2	1	1
0	1	1	5

115.3Uc (26)
influence

2	3	2	1
0	0	3	2
2	0	1	0
1	1	4	4

115.3Ud (9)
political influence

0	0	2	0
0	0	0	1
0	0	0	0
0	2	0	4

115.3Ue (64)
pull +

3	4	4	4
0	2	5	3
5	1	6	2
5	7	2	11

115.4Ua (6)
bum

0	0	0	0
1	1	1	0
2	0	1	0
0	0	0	0

115.4Ub (7)
freeloader

0	1	1	2
0	0	0	0
0	0	1	0
0	0	1	1

116.1Ua (16)
chain +

1	1	1	0
0	0	1	2
4	0	1	0
1	0	1	3

116.1Ub (70)
grocery +

8	4	3	2
1	1	5	5
8	2	5	1
1	3	6	15

116.1Uc (81)
supermarket

2	5	8	5
1	2	6	2
3	1	4	2
6	9	6	19

116.2AUa (23)
corner +

0	3	0	1
2	0	1	2
2	0	0	1
2	1	3	5

116.2AUb (39)
grocery store

2	2	3	2
0	2	2	3
2	0	3	0
3	1	3	11

116.2AUc (20)
neighborhood +

3	2	1	2
0	0	1	2
2	0	1	0
1	3	1	1

116.2BUa (42)
convenience store

2	0	0	2
0	2	6	2
4	1	6	0
2	1	2	12

116.2BUb (9)
drive-in +

0	0	4	0
0	0	0	0
3	1	0	0
1	0	0	0

116.3Ua (20)
deli

0	1	0	5
1	2	0	1
0	0	1	1
0	2	1	5

116.3Ub (103)
delicatessen

6	5	11	6
1	3	8	7
9	2	7	3
5	5	6	19

116.4AUa (20)
electric frying pan +

1	1	1	1
0	0	0	1
2	0	2	1
2	1	1	6

116.4AUb (10)
electric frypan +

0	0	0	1
0	0	0	1
1	0	1	0
0	2	1	3

116.4AUc (46)
electric skillet +

3	3	5	5
1	2	2	4
10	2	0	1
1	2	1	4

116.4BUa (32)
microwave

0	0	2	2
2	1	3	0
0	1	3	2
0	2	4	10

116.4BUb (45)
microwave oven

3	2	5	5
0	2	5	4
1	1	3	1
0	2	2	9

116.4CUa (11)
broiler +

0	0	0	1
1	0	1	0
1	0	0	0
2	0	1	4

116.4CUb (17)
toaster

1	0	2	0
1	0	1	0
2	1	1	0
1	1	2	4

116.4CUc (14)
toaster oven

1	0	1	0
0	1	0	1
1	1	3	1
0	2	1	1

116.5Ua (89)
Laundromat

6	4	9	7
2	2	6	4
7	1	5	3
4	4	7	18

116.5Ub (40)
washateria

4	1	0	0
1	1	0	2
13	1	5	0
4	3	4	1

116.5Uc (6)
washerette

0	0	1	0
0	1	0	0
0	0	0	0
0	3	0	1

116.5Ud (8)
washhouse

0	0	0	0
0	0	0	1
0	0	0	0
0	0	2	5

116.6Ua (27)
basket +

4	0	2	0
0	1	2	1
1	0	0	1
0	3	5	7

116.6Ub (41)
clothes hamper

3	2	4	2
0	0	3	2
7	0	1	1
2	1	4	9

116.6Uc (9)
dirty-clothes basket

0	0	0	0
0	1	1	0
1	0	0	0
0	0	3	3

116.6Ud (23)
dirty-clothes hamper

0	0	3	1
1	1	1	0
3	0	2	1
0	1	2	7

116.6Ue (70)
hamper

5	6	4	5
2	2	5	5
7	2	5	1
6	1	2	12

116.6Uf (118)
hamper +

8	8	10	7
2	3	8	6
12	2	7	2
7	4	7	25

116.7Ua (9)
carpet sweeper

1	0	1	0
0	0	0	0
4	0	0	0
0	0	0	3

116.7Ub (29)
vacuum

3	2	3	4
0	0	2	3
1	0	1	0
1	1	4	4

116.7Uc (100)
vacuum cleaner

5	5	10	3
2	3	7	6
9	2	7	3
5	6	7	20

116.8Ua (83)
bag

5	7	7	3
1	2	6	2
9	1	5	2
5	2	6	20

116.8Ub (21)
dust bag

1	0	2	0
1	1	2	1
3	0	0	1
2	2	2	3

116.9Ua (78)
bucket

4	3	7	6
0	3	4	4
9	2	2	3
1	6	9	15

116.9Ub (105)
bucket +

5	4	9	7
2	3	6	5
13	2	4	3
4	8	10	20

116.9Uc (44)
pail

3	2	5	3
0	1	5	2
3	1	2	0
1	1	5	10

116.9Ud (55)
pail +

3	2	6	3
0	1	5	3
5	1	3	0
3	1	5	14

116.9Ue (20)
plastic bucket

0	0	0	1
1	0	2	0
3	0	3	0
1	2	1	6

116.9Uf (7)
plastic pail

0	0	0	0
0	0	0	1
2	0	0	0
1	0	0	3

117.1Ua (42)
compactor

1	3	4	3
1	1	4	1
6	0	1	2
1	3	2	9

117.1Ub (92)
compactor +

4	6	9	6
2	2	7	6
8	2	5	4
4	5	4	18

117.1Uc (14)
compressor +

0	0	1	1
0	0	1	1
2	0	1	0
0	0	1	6

117.1Ud (13)
garbage disposal

0	2	0	0
0	2	0	0
0	0	1	1
0	1	2	4

117.1Ue (42)
trash compactor

2	1	5	3
1	1	3	4
1	2	4	1
3	1	2	8

117.1Uf (10)
trash masher

0	0	1	1
0	0	0	0
1	0	1	0
0	2	0	4

117.2Ua (99)
garbage can

5	5	5	5
2	2	7	6
13	2	6	3
5	7	7	19

117.2Ub (31)
trash can

1	1	4	3
1	2	3	0
4	0	3	1
3	0	1	4

117.3Ua (26)
Dempster Dumpster

0	2	6	5
0	0	2	0
1	0	2	1
0	2	1	4

117.3Ub (32)
dumpster

1	1	6	2
1	0	2	6
0	1	2	0
1	1	2	6

117.4Ua (34)
funeral director

0	0	2	4
0	2	0	2
6	1	2	2
1	3	3	6

117.4Ub (58)
mortician

5	3	6	3
1	1	3	3
5	2	4	1
3	5	4	9

117.4Uc (79)
undertaker

6	2	6	5
2	3	9	5
5	1	5	2
3	6	5	14

117.5Ua (10)
ambulance

0	0	5	1
0	1	0	0
1	0	0	0
0	0	0	2

117.5Ub (113)
hearse

8	2	9	7
2	2	8	7
12	2	8	3
7	6	9	21

117.6Ua (79)
mausoleum

7	5	8	6
2	2	6	4
5	2	4	2
3	2	6	15

117.6Ub (23)
vault

4	0	0	2
0	1	3	1
5	0	0	0
1	0	1	5

117.7Ua (8)
butt

0	0	0	0
0	0	1	1
0	0	1	0
0	0	1	4

117.7Ub (34)
cancer stick

2	1	4	1
2	2	0	2
4	0	1	1
0	4	1	9

117.7Uc (26)
cigarette

1	5	4	1
0	0	2	1
1	0	1	0
0	1	3	6

117.7Ud (16)
smoke

0	0	0	2
0	0	0	0
1	1	1	0
2	2	1	6

117.7Ue (22)
weed

3	1	1	0
0	1	1	2
1	0	3	1
1	3	1	3

118.1Ua (21)
Florida room

0	0	0	2
0	0	1	0
0	0	2	1
0	0	1	14

118.1Ub (55)
sun-room

3	3	4	5
1	2	7	2
2	2	6	1
5	3	3	6

118.2Ua (107)
den

6	8	12	6
2	3	9	7
11	2	8	2
6	5	10	10

118.2Ub (36)
family room

2	2	1	3
1	2	1	2
3	2	3	1
1	0	3	9

118.2Uc (12)
Florida room

0	0	0	0
0	0	0	0
0	0	0	0
0	0	1	11

118.3Ua (20)
bathroom

0	1	1	0
2	1	0	2
1	1	0	1
0	3	1	6

118.3Ub (77)
half bath

9	6	8	3
1	2	7	3
8	1	6	2
1	4	6	10

118.4Ua (15)
floor furnace

2 1 0 0
0 0 1 2
5 0 0 0
0 1 1 2

118.4Ub (20)
furnace

1 1 1 1
1 1 1 3
6 0 0 0
1 1 1 1

118.4Uc (19)
heater

0 1 0 2
0 2 0 0
3 0 0 0
1 1 3 6

118.4Ud (15)
stove

3 1 0 1
0 1 0 0
6 0 0 0
2 0 0 1

118.5Ua (16)
central heat

1 0 0 0
0 0 2 2
5 0 1 1
1 1 2 0

118.5Ub (14)
central heating

1 0 1 1
0 2 1 0
1 0 0 1
0 0 2 4

118.5Uc (16)
fan

1 0 1 0
0 1 0 2
2 0 0 0
5 0 1 3

118.6Ua (23)
shotgun

1 3 2 1
0 1 3 2
0 1 1 0
1 3 2 2

118.6Ub (53)
shotgun house

4 5 5 3
2 3 3 1
12 0 3 1
1 4 5 1

118.7Ua (13)
dogtrot +

1 2 1 2
0 0 1 0
1 0 3 0
1 0 0 1

118.7Ub (10)
duplex

0 1 1 0
1 0 0 1
1 0 0 0
0 0 0 5

118.8Ua (9)
L-shape(d) (house) +

1 0 1 2
0 0 1 0
1 0 1 0
1 0 0 1

118.9Ua (11)
A-frame (house)

0 0 2 0
0 1 4 0
0 0 1 0
0 1 1 1

118.9Ub (20)
split-level (house)

1 0 1 1
1 2 1 0
1 2 0 0
0 3 1 6

119.1Ua (31)
row house

1 3 0 4
1 0 4 1
1 1 3 1
1 4 1 5

119.1Ub (28)
town house

0 2 3 3
1 0 2 2
4 1 1 0
1 1 1 6

119.2Ua (25)
apartment building

2 3 1 1
0 1 0 3
1 0 2 1
0 2 0 8

119.2Ub (21)
apartment complex

3 1 0 1
2 1 1 0
3 1 2 0
0 3 0 3

119.2Uc (39)
apartment house

0 1 7 0
1 1 1 4
6 0 0 0
2 4 2 10

119.2Ud (41)
apartments

4 2 3 1
0 2 1 2
6 1 1 2
2 2 5 7

119.2Ue (25)
duplex

1 0 3 1
0 2 1 0
5 1 1 1
4 0 0 5

119.2Uf (23)
high-rise +

1 1 4 0
0 1 1 0
2 0 3 0
0 2 3 5

119.2Ug (23)
tenement(s)

2 2 2 1
1 0 1 2
0 1 0 0
2 0 1 8

119.2Uh (13)
town house

0 0 1 1
1 0 2 1
0 0 0 1
0 0 1 5

119.3Ua (13)
condo

```
0   0   0   2
0   1   0   0
1   0   1   0
0   2   1   5
```

119.3Ub (111)
condominium

```
5   6  12   6
2   3   8   7
6   1   7   3
4   8   8  25
```

119.3Uc (9)
town houses

```
0   0   1   1
0   0   0   0
3   0   1   0
1   1   0   1
```

119.4Ua (33)
flat

```
5   2   1   2
2   1   2   3
2   0   2   2
1   1   2   5
```

119.4Ub (29)
penthouse

```
1   0   0   2
1   0   2   2
7   1   2   0
1   3   1   6
```

119.5Ua (16)
custodian

```
1   1   0   2
0   0   0   1
4   0   1   0
0   3   0   3
```

119.5Ub (10)
handyman

```
0   0   0   1
0   0   0   0
1   0   1   0
0   1   1   5
```

119.5Uc (43)
janitor

```
4   1   2   4
2   1   1   1
6   0   1   1
1   3   4  11
```

119.5Ud (52)
maintenance man

```
3   5   8   1
2   1   4   5
3   0   3   1
4   4   2   6
```

119.5Ue (44)
manager

```
2   4   5   3
2   2   2   2
3   0   0   1
5   4   3   6
```

119.5Uf (20)
resident manager

```
0   2   2   0
0   0   4   2
0   1   3   0
0   1   1   4
```

119.5Ug (15)
superintendent

```
1   0   4   2
0   0   2   0
0   0   2   0
0   0   1   3
```

120.1Ua (10)
hand mower

```
1   0   0   0
0   0   0   0
1   0   0   0
0   2   2   4
```

120.1Ub (97)
lawn mower +

```
7   5   9   6
2   2   5   6
7   2   5   2
2   7   7  23
```

120.1Uc (45)
push mower +

```
2   2   5   3
2   0   3   2
6   1   4   1
3   2   4   5
```

120.2Ua (10)
electric mower +

```
1   0   1   0
0   0   0   0
0   0   0   0
0   0   2   6
```

120.2Ub (62)
lawn mower +

```
5   4   6   4
1   1   1   5
6   1   5   3
0   4   4  12
```

120.2Uc (36)
power mower +

```
1   3   3   2
1   0   3   2
6   0   2   0
2   2   4   5
```

120.2Ud (16)
push mower +

```
1   0   4   2
1   2   0   0
0   0   0   1
3   0   1   1
```

120.3Ua (31)
riding lawn mower +

```
0   0   6   2
1   0   1   0
5   1   2   2
2   2   2   5
```

120.3Ub (54)
riding mower +

```
2   4   4   4
1   3   4   4
4   0   3   1
3   2   4  11
```

120.4Ua (20)
plow +

```
2   0   2   0
0   1   0   1
3   1   1   0
2   0   2   5
```

120.4Ub (15)
Rototiller

```
0   1   0   4
0   0   0   1
1   1   3   0
0   1   1   2
```

120.4Uc (64)
tiller +

```
5   3   7   3
2   3   6   6
6   1   3   2
1   2   5   9
```

120.5Ua (23)
shovel +

```
1  1  4  0
0  3  1  0
1  0  0  0
1  3  3  5
```

120.5Ub (31)
spade +

```
1  1  2  2
2  1  1  2
3  2  3  1
3  1  3  3
```

120.5Uc (38)
trowel +

```
3  2  6  1
2  0  5  4
1  0  1  1
1  2  2  7
```

120.6Ua (36)
fork +

```
1  2  3  4
1  0  4  3
4  1  3  0
3  1  4  2
```

120.7Ua (24)
garden rake

```
2  0  1  0
1  0  2  2
4  0  3  0
2  0  2  5
```

120.7Ub (37)
leaf rake

```
1  3  6  1
1  0  6  2
2  0  3  0
3  0  4  5
```

120.7Uc (103)
rake

```
 6  5  8   6
 2  3  4   7
14  2  3   3
 3  6  7  24
```

120.8Ua (51)
clipper(s)

```
4  2  3   4
2  0  1   2
5  1  2   1
2  3  4  15
```

120.8Ub (39)
hedge clipper(s)

```
1  1  3  0
1  2  3  3
5  1  1  2
3  2  5  6
```

120.8Uc (12)
hedge cutter(s)

```
3  1  2  0
0  0  1  1
0  0  0  1
0  1  0  2
```

120.8Ud (9)
hedge shear(s)

```
0  0  2  1
0  0  1  0
4  0  0  0
0  0  0  1
```

120.8Ue (30)
hedge trimmer(s)

```
4  3  3  2
1  3  1  1
3  1  1  0
2  0  2  3
```

120.9Ua (82)
chain saw

```
4  4  10   5
2  2   4   3
8  2   6   2
4  4   7  15
```

120.9Ub (21)
electric saw

```
0  1  1  0
0  0  0  0
3  1  1  1
0  1  3  9
```

120.9Uc (42)
power saw

```
0  2  2  0
0  2  5  6
6  0  3  0
1  5  2  8
```

120.9Ud (27)
saw

```
4  1  1  2
0  0  2  2
1  0  1  0
1  1  4  7
```

121.1Ua (8)
beefsteak

```
0  0  0  0
0  0  0  0
1  0  0  1
0  1  2  3
```

121.1Ub (18)
filet mignon

```
2  1  0  0
0  0  2  3
2  0  1  1
1  1  0  4
```

121.1Uc (8)
New York strip
(steak) +

```
0  0  0  0
0  0  3  0
0  0  1  1
0  0  2  1
```

121.1Ud (28)
porterhouse
(steak)

```
1  1  1  0
0  1  3  4
1  0  4  2
1  1  2  6
```

121.1Ue (29)
rib-eye (steak) +

```
4  2  0  4
0  1  2  2
1  0  2  2
0  2  2  5
```

121.1Uf (49)
round (steak) +

```
2  1  5  1
0  1  2  2
8  2  4  4
2  2  5  8
```

121.1Ug (60)
sirloin (steak) +

```
5  5  6  4
0  2  9  4
5  1  1  3
4  2  3  6
```

121.1Uh (77)
sirloin

```
6  5  8   4
0  2  9   4
6  2  5   4
4  3  5  10
```

121.1Ui (48) steak				121.1Uj (60) T-bone				121.1Uk (24) T-bone steak				121.1Ul (83) T-bone (steak) +			
1	2	1	3	3	3	6	5	1	2	1	1	4	5	7	5
2	3	2	4	0	2	8	5	1	0	0	0	1	2	8	5
3	1	3	2	5	0	2	2	2	1	5	1	7	1	7	3
1	3	4	13	2	3	4	10	2	0	2	5	4	3	6	15

121.1Um (10) tenderloin (steak) +				121.2Ua (19) chuck roast				121.2Ub (20) ground beef				121.2Uc (47) hamburger +			
0	3	0	0	2	4	0	3	0	2	0	1	4	4	5	3
0	0	1	1	0	1	2	0	0	0	2	3	0	1	5	2
0	0	0	0	1	0	4	0	2	0	2	2	3	0	2	1
0	0	2	3	0	0	0	2	0	1	1	4	1	1	6	9

121.2Ud (20) ribs				121.2Ue (40) roast				121.2Uf (38) rump (roast) +				121.2Ug (9) stew meat			
2	0	1	1	3	1	3	4	2	2	2	1	0	0	0	1
1	0	1	0	1	2	1	2	1	0	4	1	0	0	1	0
0	0	0	2	6	0	1	2	5	0	6	1	4	0	0	0
0	2	1	9	0	3	4	7	3	3	3	4	0	0	2	1

121.3Ua (36) bacon				121.3Ub (16) country ham +				121.3Uc (87) ham(s)				121.3Ud (17) picnic +			
1	3	5	1	0	1	6	3	5	3	8	4	0	0	0	1
0	1	5	2	0	0	0	1	2	2	7	5	0	1	0	0
4	1	0	1	0	1	0	0	10	2	5	1	3	2	2	0
2	1	1	8	0	0	2	2	3	7	6	17	0	2	3	3

121.3Ue (9) pig ears				121.3Uf (16) pig feet				121.3Ug (13) pig tail(s)				121.3Uh (30) pig(s') feet +			
0	0	1	1	0	0	0	1	0	0	1	1	2	0	2	1
0	0	0	0	0	0	1	1	0	0	0	0	0	0	2	1
0	0	0	0	1	0	1	0	0	0	3	1	2	0	2	0
0	0	4	3	0	0	4	7	0	0	3	4	1	1	5	11

121.3Ui (96) pork chop(s)				121.3Uj (26) pork roast(s)				121.3Uk (23) ribs				121.3Ul (14) spareribs			
8	4	5	4	3	0	0	1	0	2	3	1	0	0	1	0
1	2	9	7	0	1	2	2	0	1	1	2	0	0	0	0
13	2	5	2	5	0	2	0	2	1	2	0	4	0	0	0
5	4	8	17	1	2	3	4	1	1	1	5	1	0	1	7

121.3Um (23)
smoke(d) ham +

3	0	1	3
0	0	1	1
2	1	3	2
0	2	3	1

121.3Un (8)
sugar-cure(d) ham +

0	0	5	0
0	0	0	0
0	0	1	1
0	0	1	0

121.4Ua (72)
lamb chops

6	4	3	2
1	2	5	5
6	1	4	0
4	3	6	20

121.4Ub (40)
leg of lamb +

1	2	3	5
0	1	3	2
5	0	1	1
1	1	4	10

121.5Ua (13)
baking chicken/
hen +

1	0	1	0
0	0	3	1
0	0	0	1
0	0	3	3

121.5Ub (42)
broiler

3	2	3	5
1	1	4	0
3	1	3	0
3	3	2	8

121.5Uc (50)
chicken

1	2	4	3
0	2	1	4
10	1	1	2
4	7	3	5

121.5Ud (79)
fryer (chicken) +

7	4	5	5
2	3	5	5
4	0	6	3
6	3	6	15

121.5Ue (46)
hen

6	2	2	3
1	2	3	3
4	0	3	2
3	3	3	6

121.5Uf (9)
roaster

0	1	1	0
0	0	0	0
1	0	0	0
0	1	0	5

121.6Ua (16)
frank

1	0	1	1
0	2	0	1
0	0	0	0
1	1	2	6

121.6Ub (18)
frankfurter +

2	2	2	1
0	1	2	0
0	0	1	0
0	2	3	2

121.6Uc (113)
hot dog

7	7	7	5
2	3	8	7
12	2	5	4
7	7	9	21

121.6Ud (17)
hot sausage

0	0	0	0
0	0	2	1
0	0	0	1
0	1	6	6

121.6Ue (35)
link sausage

1	3	2	3
0	1	6	4
1	0	5	0
2	0	0	7

121.6Uf (10)
patty sausage

0	0	2	0
0	0	2	0
0	0	3	1
0	0	0	2

121.6Ug (8)
Polish sausage

1	0	0	0
0	0	0	0
2	0	1	0
4	0	0	0

121.6Uh (39)
pork sausage

3	4	0	3
0	0	0	1
6	0	0	1
4	2	5	10

121.6Ui (11)
salami

1	0	4	0
0	0	0	0
1	0	0	0
0	0	0	5

121.6Uj (49)
sausage

3	3	6	1
1	1	4	1
6	1	2	2
0	1	2	15

121.6Uk (23)
smoke(d) sausage +

0	3	1	1
0	1	2	1
2	0	0	2
0	3	2	5

121.6Ul (42)
wiener

1	3	4	2
0	0	4	3
3	1	2	2
4	4	4	5

121.6Um (28)
wienie

2	1	1	1
1	0	4	2
4	0	3	0
3	1	1	4

121.7Ua (16)
Cuban (sandwich) +

0	0	0	0
0	0	0	1
0	0	0	0
0	0	1	14

121.7Ub (12)
Dagwood (sand-
wich) +

0	1	3	0
0	1	1	0
0	0	1	0
0	0	4	1

121.7Uc (20)
hero (sandwich) +

0	1	2	0
2	0	1	2
1	0	1	1
0	3	0	6

121.7Ud (24)
hoagie (sandwich) +

1	0	2	3
1	0	0	0
1	0	3	1
0	0	1	11

121.7Ue (54)
poor boy (sand-
wich) +

4	2	3	1
2	2	4	3
7	2	2	2
4	8	6	2

121.7Uf (9)
sub (sandwich) +

0	0	0	0
0	0	1	0
0	0	0	1
0	0	1	6

121.7Ug (41)
submarine

0	2	2	3
0	1	3	3
4	1	3	1
1	1	3	13

121.7Uh (25)
submarine sandwich

3	0	2	1
1	0	3	1
2	0	1	2
1	0	1	7

121.7Ui (66)
submarine (sand-
wich) +

3	2	4	4
1	1	6	4
6	1	4	3
2	1	4	20

121.8Ua (26)
Coke [=cola drink]

1	1	2	1
2	1	2	1
2	1	0	0
0	2	2	8

121.8Ub (35)
Coke [=soft drink]

6	2	4	2
0	0	2	0
3	0	3	3
1	1	1	7

121.8Uc (61)
Coke +

7	3	6	3
2	1	4	1
5	1	3	3
1	3	3	15

121.8Ud (8)
cola

0	0	0	0
0	0	0	0
0	0	0	1
0	1	0	6

121.8Ue (31)
pop

2	2	4	2
2	1	1	3
3	0	0	0
1	1	3	6

121.8Uf (24)
soda

1	1	1	1
0	1	1	1
1	0	1	1
0	2	2	10

121.8Ug (11)
soda pop

0	1	0	0
1	0	0	2
4	0	0	1
0	0	0	2

121.8Uh (10)
soda water

1	0	0	0
1	0	0	0
3	0	0	0
2	0	3	0

121.8Ui (63)
soft drink +

3	1	2	4
1	3	6	5
7	0	4	1
3	10	6	7

121.9Ua (109)
beer

4	6	10	6
2	3	8	7
10	2	6	2
7	8	9	19

121.9Ub (24)
brew

3	2	4	0
0	1	2	0
0	1	2	1
0	1	3	4

121.9Uc (33)
suds

1	0	6	0
1	2	2	1
2	0	3	2
1	2	7	3

122.1Ua (14)
cake

1	1	2	0
0	1	1	1
0	0	0	2
0	0	0	5

122.1Ub (83)
coffee cake

7	3	5	6
2	2	6	4
9	2	4	2
2	7	8	14

122.2Ua (34)
cinnamon roll

2	3	1	1
1	1	3	3
5	0	5	0
1	1	2	5

122.2Ub (11)
coffee cake/roll +

1	0	0	0
0	0	0	0
0	1	0	0
0	1	7	1

122.2Uc (34)
Danish

2	0	2	1
2	2	2	0
1	2	2	1
0	3	3	11

122.2Ud (58)
Danish +

2	1	5	5
2	2	4	1
3	2	2	3
0	4	3	19

122.2Ue (12)
Danish pastry

0	0	2	2
0	0	0	1
1	0	0	0
0	0	1	5

122.2Uf (56)
sweet roll

6	2	7	3
1	1	4	3
8	1	5	2
0	3	4	6

122.3Ua (45)
frosting

3	3	3	3
1	3	3	2
3	1	3	0
1	3	1	12

122.3Ub (60)
glaze

5	2	5	3
2	3	3	2
7	0	4	3
2	6	3	10

122.3Uc (98)
icing

8	4	9	3
2	3	7	7
7	2	6	3
4	7	8	18

122.4Ua (26)
glaze doughnut

2	1	2	1
0	0	1	1
2	0	1	1
1	4	3	6

122.4Ub (21)
glazed doughnut

0	1	0	1
0	0	3	2
3	1	1	0
1	1	0	7

122.5Ua (11)
long john

3	0	0	0
0	1	1	0
2	0	0	0
0	1	0	3

122.6Ua (53)
jelly doughnut

1	2	4	4
1	1	3	5
8	2	0	1
0	6	0	15

122.6Ub (18)
jelly-filled dough-
nut

1	1	4	0
1	0	2	0
2	0	3	0
2	0	0	2

122.6Uc (26)
jelly-fill(ed)
doughnut +

1	1	5	0
2	1	4	0
2	0	3	1
2	1	1	2

122.7Ua (20)
cruller

2	0	1	2
0	1	2	1
2	0	0	1
0	1	4	3

122.7Ub (21)
twist

1	0	3	0
1	0	0	0
2	0	0	1
3	3	3	4

122.7Uc (16)
twisted doughnut

0	0	0	1
0	0	1	2
2	0	2	1
0	1	2	4

123.1Ua (16)
diamond

2	2	0	0
0	0	1	2
2	0	0	0
0	0	1	6

123.1Ub (18)
engagement (ring)

0	0	0	0
2	1	0	2
1	1	3	0
0	3	2	3

123.1Uc (77)
ring

5	2	10	7
2	3	8	4
2	1	5	1
2	7	8	10

123.1Ud (19)
rock [=stone]

0	1	2	0
0	0	3	1
4	0	1	1
0	0	2	4

123.2Ua (57)
Bermuda shorts

5	2	6	4
2	3	3	2
5	1	6	0
4	1	3	10

123.2Ub (8)
knee knockers

0	0	0	0
0	0	3	0
1	0	1	0
1	0	2	0

123.2Uc (10)
knickers

0	0	3	1
0	0	1	0
0	0	1	0
0	0	0	4

123.2Ud (26)
shorts

0	1	2	0
1	1	2	2
4	1	0	1
2	1	3	5

123.2Ue (25)
walking shorts

```
3  2  1  2
0  1  3  3
1  0  1  1
1  0  2  4
```

123.3Ua (22)
knickers

```
1  0  2  2
0  0  2  0
3  1  1  0
0  2  2  6
```

123.3Ub (46)
pedal pushers

```
1  3  4  4
0  2  3  4
3  0  6  1
3  2  4  6
```

123.4Ua (39)
hot pants

```
1  3  5  2
1  2  3  0
2  1  1  1
1  4  3  9
```

123.4Ub (78)
short shorts

```
5  5  5  7
2  2  7  4
7  2  6  2
3  3  7  11
```

123.5Ua (119)
hand-me-downs

```
5  7  12  5
2  3  8  7
10 2  7  4
6  9  9  23
```

123.5Ub (52)
secondhand(ed)
(clothes) +

```
4  2  2  4
1  0  0  3
10 0  5  1
4  3  2  11
```

123.5Uc (25)
use(d) clothes +

```
1  1  3  1
0  0  2  1
3  0  1  1
1  1  2  7
```

123.6Ua (20)
threads

```
0  0  0  2
2  2  0  0
1  1  2  1
0  2  3  4
```

123.7Ua (29)
clothes bag

```
2  0  2  2
2  1  2  1
4  0  3  2
2  2  1  3
```

123.7Ub (30)
garment bag

```
2  2  4  4
0  0  2  3
0  0  3  0
0  1  1  8
```

123.7Uc (57)
plastic bag

```
1  3  7  5
1  2  7  4
6  2  3  0
3  2  5  6
```

123.7Ud (22)
storage bag

```
2  0  3  3
0  1  1  3
0  0  2  0
1  2  2  2
```

123.8Ua (46)
boots

```
1  2  4  3
1  1  4  4
4  1  3  0
3  2  3  10
```

123.8Ub (33)
dress shoes

```
3  0  2  2
0  2  2  3
2  0  2  2
2  4  3  4
```

123.8Uc (11)
high-heel shoes

```
0  0  1  0
0  0  1  1
0  0  1  0
0  0  2  5
```

123.8Ud (37)
high heels

```
3  2  4  1
1  1  4  0
4  2  2  1
3  1  2  6
```

123.8Ue (54)
loafers

```
3  4  5  3
1  2  5  2
4  2  3  2
3  4  3  8
```

123.8Uf (21)
oxfords

```
1  1  2  1
1  0  2  2
2  0  1  0
2  2  1  3
```

123.8Ug (31)
pumps

```
1  0  3  2
1  0  3  1
2  1  2  0
4  1  3  7
```

123.8Uh (88)
sandals

```
5  7  9  4
2  3  3  5
8  2  6  2
7  4  6  15
```

123.8Ui (27)
sneakers

```
0  1  1  3
1  2  0  1
2  1  1  0
2  1  1  10
```

123.8Uj (14)
stack +

```
0  2  4  0
0  0  1  0
0  1  1  0
0  0  4  1
```

123.8Uk (79)
tennis (shoes) +

```
3  3  5  4
1  3  5  5
11 1  5  1
6  3  4  19
```

123.9Ua (79)
Afro +

```
2  5  10  3
2  3  5   5
8  1  3   2
1  6  7   16
```

123.9Ub (25)
braid(s/ed/ing) +

```
0  1  2  0
2  2  0  1
1  0  1  0
2  3  4  6
```

123.9Uc (26)
cornrows

```
1  3  2  0
1  2  0  1
4  1  1  0
0  2  4  4
```

123.9Ud (38)
crew cut

```
2  1  5  0
1  0  5  5
3  1  1  0
1  2  1  10
```

123.9Ue (20)
flattop

```
2  0  2  0
0  1  1  1
4  1  2  0
0  0  2  4
```

123.9Uf (15)
pageboy

```
1  0  0  3
0  0  2  1
1  0  1  0
1  1  0  4
```

123.9Ug (11)
plait(s/ed/ing) +

```
0  1  0  0
0  1  0  0
1  0  1  0
1  4  2  0
```

123.9Uh (25)
ponytail

```
0  0  1  0
0  1  2  1
4  0  2  0
1  1  4  8
```

123.9Ui (34)
shag +

```
3  2  5  0
0  0  2  1
2  0  5  1
1  0  3  9
```

124.1Ua (25)
effeminate

```
2  0  3  5
0  0  1  2
3  0  1  0
1  2  0  5
```

124.1Ub (66)
sissy +

```
4  2  7  2
2  3  4  7
5  2  3  1
2  2  6  14
```

124.2Ua (44)
fag

```
1  1  4  3
2  2  3  1
3  1  2  1
3  3  3  11
```

124.2Ub (46)
gay

```
3  0  5  4
0  2  4  4
3  1  3  1
0  4  3  9
```

124.2Uc (38)
homosexual

```
3  1  5  1
0  3  1  2
5  0  3  1
4  3  0  6
```

124.2Ud (62)
queer

```
4  3  8  4
2  3  5  3
5  1  2  0
3  4  5  10
```

124.3Ua (57)
tomboy +

```
6  1  3  1
2  2  5  3
1  1  6  1
3  5  3  14
```

124.4Ua (16)
bull dagger

```
0  1  1  0
1  1  0  0
3  1  0  0
0  3  2  3
```

124.4Ub (16)
butch

```
1  0  1  1
0  2  2  0
2  0  1  0
1  0  0  5
```

124.4Uc (22)
dyke

```
0  1  3  1
0  1  2  1
2  0  2  0
1  3  1  4
```

124.4Ud (73)
Lesbian

```
6  4  9  5
2  2  5  6
6  1  3  1
4  4  3  12
```

124.5Ua (12)
horny

```
0  0  0  0
1  0  1  0
0  0  2  1
0  1  1  5
```

124.5Ub (21)
stud

```
2  0  1  1
1  0  1  0
2  1  2  0
0  2  1  7
```

124.6Ua (26)
nymphomaniac

```
3  0  3  1
0  0  2  2
3  1  3  0
1  1  2  4
```

124.6Ub (13)
whore +

```
0  0  1  0
1  0  0  0
2  1  1  0
0  2  1  4
```

124.7Ua (3)
exhibitionist

0	0	0	0
0	0	0	0
0	0	0	0
0	0	0	3

124.8Ua (10)
loose (woman) +

2	1	0	1
0	0	0	0
3	1	2	0
0	0	0	0

124.8Ub (19)
slut

0	1	2	1
1	0	3	1
2	1	2	0
0	2	1	2

124.8Uc (22)
whore

1	0	0	1
2	2	3	0
2	0	2	1
0	2	3	3

125.1Ua (28)
ugly

1	3	1	3
0	0	3	3
1	0	1	0
2	4	2	4

125.1Ub (40)
ugly +

4	3	2	5
0	0	5	5
2	0	1	0
2	4	2	5

125.2Ua (34)
dog

2	1	4	3
1	1	2	3
4	1	2	0
0	0	1	9

125.2Ub (22)
ugly

1	0	1	2
0	0	3	0
2	1	0	1
0	4	3	4

125.3Ua (24)
good-looking

2	1	3	0
0	0	5	2
1	1	2	1
0	3	1	2

125.3Ub (58)
handsome

3	3	3	3
0	2	6	2
3	2	4	3
4	5	5	10

125.4Ua (29)
beautiful

0	0	4	3
0	0	4	2
2	0	2	0
2	0	3	7

125.4Ub (27)
fox

0	0	1	2
2	1	0	1
0	2	1	0
0	3	4	10

125.4Uc (34)
pretty

1	2	5	0
0	2	3	2
1	0	3	1
2	3	3	6

125.5Ua (97)
bookworm

6	5	9	6
1	3	8	6
4	1	5	3
7	7	8	18

125.6Ua (9)
ass kisser

0	0	1	1
0	0	0	0
0	0	3	0
0	0	2	2

125.6Ub (18)
brownnoser

1	0	4	0
0	1	2	0
0	0	2	1
0	2	0	5

125.6Uc (40)
brownnose(er/ing) +

3	2	5	2
0	1	5	1
2	0	3	2
1	3	3	7

125.6Ud (14)
pet

0	0	0	0
1	0	3	0
0	0	0	1
1	2	3	3

125.6Ue (10)
show-off

0	2	0	0
0	0	0	1
0	0	0	0
1	1	0	5

125.6Uf (58)
teacher's pet

4	1	8	2
2	2	2	5
5	1	4	1
3	4	6	8

125.7Ua (90)
elementary school

5	5	7	5
2	3	6	4
9	2	7	2
6	3	6	18

125.7Ub (34)
grade school

6	2	2	1
0	0	2	2
9	0	1	0
2	0	1	6

125.7Uc (35)
grammar school

1	1	5	2
0	1	3	2
5	0	3	2
0	5	3	2

125.8Ua (79)
junior high

7	5	9	3
1	3	4	3
10	1	3	3
3	5	2	17

125.8Ub (29)
junior high school

```
0   0   1   3
1   0   2   1
2   2   2   1
2   2   4   6
```

125.8Uc (22)
middle school

```
1   1   0   0
0   1   1   3
4   0   0   1
2   0   4   4
```

125.9Ua (110)
high school

```
8   7   11   4
2   3   8    6
12  2   6    4
6   7   9    15
```

125.9Ub (28)
senior high
(school)

```
1   0   2   1
0   0   3   2
5   0   1   0
0   3   2   8
```

126.1Ua (21)
chain link

```
1   0   1   1
2   1   1   1
1   0   2   0
0   0   3   7
```

126.1Ub (24)
chain link fence

```
1   2   2   1
0   0   2   2
3   0   3   0
1   2   2   3
```

126.1Uc (51)
chain link (fence) +

```
3   2   4   2
2   1   4   3
4   0   5   0
2   3   5   11
```

126.1Ud (15)
Cyclone (fence) +

```
0   2   0   0
1   0   0   2
6   1   0   2
1   0   0   0
```

126.1Ue (35)
wire (fence) +

```
4   2   5   1
0   0   4   5
0   1   2   0
0   3   2   6
```

126.2Ua (95)
gym

```
5   5   6   5
2   2   6   7
8   2   6   2
3   7   7   22
```

126.2Ub (69)
gymnasium

```
5    4   9   2
2    1   3   3
10   2   4   1
4    2   5   12
```

126.3Ua (71)
bathroom

```
5   1   4    2
2   2   6    4
5   2   6    0
3   6   10   13
```

126.3Ub (20)
john

```
3   0   1   1
1   1   1   0
1   2   2   0
0   2   2   3
```

126.3Uc (26)
lavatory

```
0   1   1   1
1   0   3   2
4   0   2   0
0   3   1   7
```

126.3Ud (82)
rest room

```
3    3   7   5
0    2   7   6
10   1   5   3
4    4   6   16
```

126.4Ua (24)
Chinese

```
1   1   3   1
0   1   1   2
3   0   3   0
1   1   1   5
```

126.4Ub (66)
Chinks

```
4   4   5   3
2   2   5   4
4   2   4   2
3   2   6   14
```

126.4Uc (58)
Japs

```
3   3   4   2
2   2   5   3
4   1   3   2
0   4   7   13
```

126.4Ud (22)
Japanese

```
1   1   3   1
0   0   1   2
4   0   3   1
0   0   0   5
```

126.5Ua (25)
Catholics

```
1   1   1   2
0   0   2   1
5   0   1   1
1   0   0   9
```

126.6Ua (29)
Holy Rollers

```
3   0   2   2
1   0   2   1
1   1   4   0
0   4   5   3
```

126.7Ua (17)
Jew

```
1   2   0   0
1   0   0   0
2   0   2   1
0   1   0   7
```

126.7Ub (14)
Jewish

```
0   3   0   0
0   0   2   0
1   0   1   1
0   0   0   6
```

126.7Uc (25)
Jewish +

```
0   3   0   2
0   0   2   2
3   0   2   1
0   0   0   10
```

126.7Ud (35)
Jews

```
0   2   4   2
0   1   4   4
5   1   1   0
2   2   0   7
```

126.7Ue (64)
Jew(s) +

```
2   4   4   3
1   1   5   4
8   1   5   1
2   4   3  16
```

126.8Ua (19)
Indians

```
1   1   1   0
0   0   1   0
1   1   1   1
0   2   2   7
```

127.1Ua (23)
German

```
1   1   0   0
0   0   3   2
7   0   1   1
2   1   0   4
```

127.1Ub (41)
Krauts

```
3   1   5   3
2   2   2   3
2   1   2   2
1   2   2   8
```

127.2Ua (6)
Dutch +

```
0   0   0   0
0   0   1   1
2   0   0   1
0   0   1   0
```

127.3Ua (45)
dago

```
1   4   1   2
1   1   7   0
6   1   1   1
2   8   3   6
```

127.3Ub (32)
Italian

```
2   2   2   2
0   0   4   1
5   0   2   0
1   3   3   5
```

127.3Uc (54)
wop

```
4   0   6   2
1   0   5   1
4   1   3   1
2   2   7  15
```

127.4Ua (78)
Polacks

```
5   4  10   3
2   1   6   4
6   0   4   4
3   5   4  17
```

127.5Ua (17)
Reds

```
0   0   2   1
1   0   3   1
0   0   1   1
2   0   2   3
```

127.5Ub (15)
Russians

```
1   1   2   0
0   0   3   1
1   0   0   1
1   0   0   4
```

127.6Ua (4)
Bohunks

```
0   0   0   0
0   0   0   0
3   0   0   0
0   0   0   1
```

127.6Ub (42)
Czechs

```
0   2   3   0
2   1   4   0
7   1   1   3
2   2   4  10
```

127.7Ua (5)
Lithuanians

```
0   1   0   1
0   0   0   0
0   0   0   1
0   0   0   2
```

127.8Ua (26)
Limeys

```
2   3   2   3
0   0   2   2
3   0   2   0
1   2   1   3
```

127.9Ua (14)
Irish

```
0   1   0   1
1   0   3   0
1   0   1   1
0   1   2   2
```

127.9Ub (15)
Irishmen

```
1   0   2   0
0   0   2   1
2   0   0   0
1   1   1   4
```

127.9Uc (15)
micks

```
1   1   1   0
1   0   1   0
2   0   1   0
0   4   1   2
```

128.1Ua (9)
Scots

```
0   0   0   0
0   1   3   0
0   0   0   1
0   0   1   3
```

128.2Ua (8)
Frenchmen

```
0   0   0   0
0   0   1   1
2   0   0   0
1   0   0   3
```

128.2Ub (14)
frogs

```
0   3   1   2
0   0   1   1
2   0   0   0
2   2   0   0
```

128.3Ua (48)
Cajuns

```
3   1   4   3
2   2   4   1
4   2   2   2
1   7   6   4
```

128.3Ub (14)
coonasses

```
0   1   0   0
1   1   0   0
3   1   2   0
0   3   1   1
```

128.3Uc (13) Creoles			
0	1	1	1
1	1	0	0
1	0	0	0
0	3	4	0

128.4Ua (17) Greek(s) +			
1	4	0	1
1	0	2	0
0	0	2	1
1	1	0	3

128.5Ua (22) Cuban(s) +			
0	0	1	0
1	0	2	0
1	0	0	2
0	1	0	14

128.5Ub (17) spiks			
0	0	0	1
1	1	0	1
1	0	1	0
0	1	1	9

128.6Ua (21) Puerto Ricans			
0	1	0	1
1	0	2	0
1	0	1	1
1	1	2	9

128.6Ub (23) spiks			
0	2	1	2
0	0	1	1
2	1	2	0
1	2	2	6

128.7Ua (23) Chicanos			
4	1	2	0
0	1	1	0
5	0	0	1
1	2	1	4

128.7Ub (9) greasers			
0	1	0	0
0	0	0	0
3	0	2	0
2	0	0	1

128.7Uc (34) Mexican			
1	1	0	2
2	0	2	0
12	0	0	1
6	1	1	5

128.7Ud (15) Mexican-Americans			
0	0	0	0
0	0	1	0
5	0	0	0
5	3	1	0

128.7Ue (5) Spanish			
0	0	0	0
0	0	0	0
2	0	0	0
3	0	0	0

128.7Uf (26) spiks			
1	2	1	2
1	1	1	1
5	1	1	0
3	2	1	3

128.7Ug (42) wetbacks			
1	2	4	3
1	1	2	2
7	2	4	2
4	2	1	4

128.8Ua (7) Scandinavians			
0	1	0	0
0	0	2	0
0	0	0	1
1	0	1	1

128.8Ub (7) Swedes			
0	0	0	0
0	0	0	0
2	0	0	0
0	2	1	2

128.9Ua (6) Canadians			
0	0	1	0
0	0	2	0
0	0	1	1
0	0	0	1

128.9Ub (7) Canucks			
1	0	2	1
0	0	1	0
0	0	0	0
0	0	0	2

129.1Ua (72) Democrats			
2	2	6	3
2	3	4	5
3	2	6	3
2	3	7	19

129.1Ub (15) donkeys			
1	1	2	0
0	0	1	1
1	0	0	2
0	0	2	4

129.2Ua (11) elephants			
1	1	0	1
0	0	1	1
0	0	0	1
0	0	1	4

129.2Ub (76) Republican			
3	1	5	2
2	3	5	6
3	2	6	4
2	3	9	20

129.3Ua (16) freak			
0	1	1	1
1	1	0	0
4	1	1	0
0	3	1	1

129.3Ub (109) hippie			
4	4	10	5
2	3	8	7
11	2	6	4
6	7	9	21

129.4Ua (63) best friend			
6	1	5	3
1	1	4	4
8	2	6	2
2	3	3	12

129.4Ub (44)
buddy

3	1	3	1
1	2	5	3
3	0	1	1
1	2	5	12

129.4Uc (5)
chum

0	0	0	0
0	0	0	1
0	0	1	0
0	0	0	3

129.4Ud (35)
friend

2	5	3	0
0	1	1	1
3	2	2	2
1	1	2	9

129.4Ue (28)
pal

1	1	0	1
1	1	3	3
1	1	1	1
0	1	3	9

129.4Uf (6)
partner

0	0	1	0
0	0	0	0
0	0	0	0
0	1	1	3

129.5Ua (9)
godfather

1	0	1	0
0	0	0	2
0	0	0	1
0	0	4	0

129.5Ub (8)
guardian

0	0	1	0
0	0	0	0
0	0	0	0
1	0	1	5

129.5Uc (7)
play daddy

0	0	1	0
0	0	0	1
1	0	0	0
0	0	4	0

129.6Ua (14)
buddies

0	0	2	0
0	1	3	1
0	0	3	0
0	0	1	3

129.6Ub (41)
friends

3	3	7	2
0	1	4	3
0	1	1	0
2	5	2	7

129.6Uc (46)
gang

3	3	3	1
2	2	2	2
1	2	3	1
1	3	4	13

129.6Ud (18)
playmates

1	1	1	1
0	1	1	2
1	0	1	0
1	2	2	3

129.7Ua (33)
dozens +

5	2	3	1
1	1	1	3
4	0	0	0
1	3	5	3

129.7Ub (24)
playing the dozens +

4	1	1	1
1	1	1	2
3	0	0	0
1	3	4	1

129.8Ua (8)
initiation +

0	0	0	0
0	0	0	0
2	0	0	0
0	2	2	2

130.1Ua (47)
hide-and-go-seek

1	3	5	4
2	1	4	4
6	0	5	2
1	0	1	8

130.1Ub (69)
hide-and-seek

5	3	6	2
0	2	4	3
9	2	1	2
2	7	7	14

130.2Ua (7)
cowboys and Indians

0	1	1	0
1	3	0	0
0	0	0	0
0	0	0	1

130.2Ub (31)
hopscotch

1	1	3	1
1	0	3	0
1	1	1	0
2	4	3	9

130.2Uc (29)
red rover +

1	1	2	3
0	1	3	1
3	1	4	0
2	0	2	5

130.2Ud (32)
tag +

3	2	4	1
0	1	0	4
2	0	3	1
0	2	2	7

130.3Ua (26)
drop the handkerchief +

0	0	3	1
0	0	5	1
3	1	2	1
4	0	2	3

130.3Ub (18)
Little Sally Walker +

3	1	1	1
0	1	1	1
3	0	0	0
0	1	5	0

130.3Uc (35)
ring-around-the-rosy +

3	2	2	2
0	1	3	2
6	0	1	1
4	3	3	2

130.4Ua (59)
baseball

7 3 4 4
1 2 3 4
6 0 2 2
2 5 0 14

130.4Ub (42)
basketball

3 1 4 3
1 1 1 3
5 0 2 1
2 3 0 12

130.4Uc (30)
dodge ball

1 1 5 2
1 0 3 3
1 1 1 1
2 1 4 3

130.4Ud (51)
football

4 2 4 2
2 0 2 5
4 0 2 2
1 4 1 16

130.4Ue (21)
kick the can

2 2 3 1
1 0 1 1
0 1 1 1
1 2 1 3

130.4Uf (22)
kickball

3 2 1 1
0 0 2 0
3 1 2 1
1 0 0 5

130.4Ug (29)
softball

3 4 1 1
1 2 3 1
2 1 1 2
1 2 0 4

130.4Uh (14)
volleyball

1 0 1 0
1 0 0 1
5 0 0 0
1 2 0 2

130.5Ua (12)
wrestl(ing)

0 1 1 0
1 0 2 1
2 0 0 1
0 0 1 2

130.6AUa (18)
mumblety-peg

1 1 3 1
1 0 1 0
2 0 0 1
0 1 3 3

130.6AUb (36)
mumblety-peg +

2 2 6 2
1 0 3 2
7 0 1 1
0 1 4 4

130.6BUa (55)
jump rope

5 2 6 2
0 1 2 4
3 1 7 2
2 3 4 11

130.6BUb (71)
jump rope +

6 3 6 3
0 1 4 5
7 1 7 2
2 3 7 14

130.6CUa (73)
marbles

3 3 4 5
1 2 7 3
7 2 6 4
3 4 7 12

130.6DUa (65)
jacks

8 1 5 3
2 2 4 2
5 2 6 2
4 5 6 8

130.6DUb (8)
jackstones

0 0 0 0
0 0 0 2
1 0 0 0
0 0 0 5

130.7Ua (61)
birthday party

6 2 5 2
0 3 2 6
2 2 6 2
1 3 4 15

130.7Ub (10)
get-together

0 0 0 1
0 0 0 0
4 0 0 0
0 0 2 3

130.7Uc (33)
party

0 2 4 0
0 0 3 1
9 0 1 0
1 3 5 4

130.8Ua (13)
blues

1 2 0 0
2 1 0 0
1 0 0 0
0 2 0 4

130.8Ub (43)
classic(al) (music)

2 3 3 1
0 2 4 4
6 1 2 0
1 4 2 8

130.8Uc (30)
country (music)

1 2 2 2
2 0 4 1
3 0 3 3
1 3 1 2

130.8Ud (15)
country (and)
western

1 1 0 0
0 2 1 2
6 0 0 0
1 0 0 1

130.8Ue (44)
jazz (music)

2 2 1 1
2 2 3 2
9 1 2 0
1 6 3 7

130.8Uf (65)
rock (music)/
rock 'n' roll

8	3	5	3
1	3	4	4
7	2	2	3
4	4	0	12

130.8Ug (20)
soul (music)

3	3	2	0
1	0	1	1
2	1	0	0
1	1	1	3

LAGS MAPS

GULF STATES 1A

```
            1234567890123456789012345678901234567890123456789012345678901234567890
                     1         2         3         4         5         6         7
A                                          RR..R..RRRR.RRRRRRRRRRR.                    A
B                            RR#...C##.  .###R##RRR...RRRRRRR.C.CRR.R#C.R              B
C                            #.#..##.   ..CR..#RR....RRRR.R.RRC..RRR.R                C
D                            RRC#RR..#RRC...C#CCC#R#RR.RRR#.R.##.RRRR                 D
E                            R.RRR#.CRCC..R###RRR#R#R#R#.R#R#C.C                      E
F                            R.#C..RCC.##.R.C#CR.#.###CC#R.#RRRR#RR                   F
G                            C#..C.RR.CC###C#R#C#CRC#C#C...##..R#R#R#                 G
H                  #      ##  #C....RC#CCC###RRR#.#...C##RRR.C...#C.R.                H
I               C             .##CCCC###CR###..RR.R.R.#C##R#R..R.RR#.                I
J           C   C       .    R..#C###R.R#C.C.CC#.#R####C...CR.#R#..C.R              J
K       R R.#               R# CC.#R####.#CCC##CC#C####C##R.RRCC..R#.#C.             K
L       ...      ##         ## R#.##R#.R#######C#RR#CRRCR#R#R##CC....R..            L
M       R     .             #R#R#R###.###R####RCRC.##...#C#R#CR#..C#...            M
N       R                   #R#.#R.#.R#.C##CC#####RC#.#CR#C.RR#CCR....            N
O                #          #####.#RRR###R#.C.#R####.C..#.C.C#..             O
P        R     ###   C R.RC.RR..R#.####R.C#R#C#CCR.CC#.C.C##.CRC           P
Q       C.    #C           ## R###CCRR##R###R....# #C# #R#R###....CCRR.C           Q
R       #      ##           #CR.#RR#R#R#R...R#R#R.C#       R#  R .           R
S                           ..####R##R....RC.R#RRR##  .    RC##              S
T          #           C##  ##RRRR..C...            .RRC #   ##  ...        T
U        .#  .   #.     R    .R.RRR....            #   ...      U
V        C.      #..               R..R.......                ..R R .      V
W       .#.  #   R#                                        #R R .          W
X   C .R.        ###                                       R #R   #        X
Y            ####                                          R. .            Y
Z   #        RCR                                          RR... C          Z
AA           #.                                            .R. #           AA
AB  R#       #.          C = chop (cotton) [=weed/thin] (412)    .R RR R    AB
AC  .C       #           R = roasting ears [=sweet corn] (532)   R  R R     AC
AD    .C  .              # = chop (cotton) + roasting ears        . . .     AD
AE  R.                                                           .R..       AE
AF    .#R                                                         .R.       AF
AG                                                                 .        AG
AH                                                                          AH
                     1         2         3         4         5         6         7
            1234567890123456789012345678901234567890123456789012345678901234567890
```

GULF STATES 1B

```
            1234567890123456789012345678901234567890123456789012345678901234567890
                     1         2         3         4         5         6         7
A                                          .XXCX#####..C#..X.XXCX##                  A
B                            X.#XXXXX#X XXXX##.#X#..X##X..#.X###X.X#XX.              B
C                            X.XCX#XX.  C##.C#X.#X#.X.X..X.XXX#CX..X#X#X             C
D                            .X.XX#.XXXX##.X.#.X.#X#.X#..X#.#X.#XX##X               D
E                            X#X#X#X#..##..X##...X.#X#X#XXXC#X.#                     E
F                            X#.#X#.####..X....#C#X.X#..XX.#X#XX#X                   F
G                            X..X#XX.XXC.##X.X##X#X#X..X.##X.#X#CCXX                G
H                  X      #X  XXX..X########XXXXX...C####..X##.CXX.X                H
I                            XXXCX..#.##XX#XX..#X..#X.X#XX.X.##XCX#XC#             I
J           .#   X       X    XX.#X#XXX####.XX.##X#XXX#.C.XX.XXC#C##CX            J
K       # #X.               X# ##.#XX#X#X#.X#X########C#..X#.#.#X.#.X           K
L       .X#  X.             #C #.#.X#X#X#X#X#X########X########CXXCXXC#.        L
M       #     X             ##X#XX..###X#.X###X#XXX###..X#CX.XCX#.##XC.#        M
N       X                   ###X#X#X#XC####.###.#C.####X#X#####XXX#C.X         N
O                #          X#####X#XX#XX...#X##X..XX##X#.X#.##.XXX###X.        O
P        .          XXX    #  #X###XX###..#C#X#XX#XX.#XXX.#X.##.XXX###X.#       P
Q       #X    XC    XC     C# X#..XX#XX#X#X.##..##X #.# .#########XX##X.#XX    Q
R       X      #X          #XX#C######X#######X#X#X.##X.    X.       # #      R
S                           .X.##.X##X#.#CX##X.X#X#.X  .    XX#.      XX       S
T          #           .##  ####X.#..XXX            X.XX .   X#  X.#          T
U        #X  .   ##     X    XXX##.X##X            C#X # X       U
V        #.      #.X                ####X#X#XX#            ##  # #           V
W       XX#  X   X#                                        #.  # #          W
X   C X#.        #X#                                       #..#  #          X
Y            .XCX                                          #X   X           Y
Z   .        XX.                                          .##X # X          Z
AA           X.                                            ##X #            AA
AB  .X       .#          C = deleted copula [C-0] (413)     XX C. #         AB
AC  X.       C           X = deleted auxiliary [X-0] (696)   X  # . #       AC
AD  ..   .               # = deleted copula + deleted auxiliary  X . . #    AD
AE  #X                                                          #.X#        AE
AF    .##                                                        .## #      AF
AG                                                                #          AG
AH                                                             #             AH
                     1         2         3         4         5         6         7
            1234567890123456789012345678901234567890123456789012345678901234567890
```

GULF STATES 2A

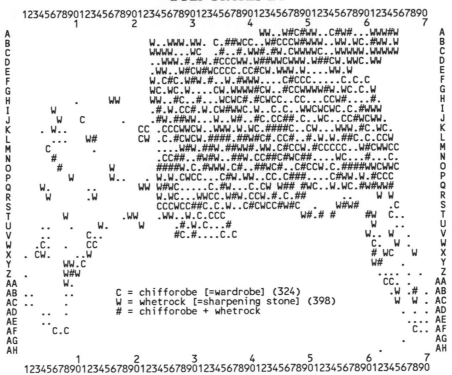

```
C = chifforobe [=wardrobe] (324)
W = whetrock [=sharpening stone] (398)
# = chifforobe + whetrock
```

GULF STATES 2B

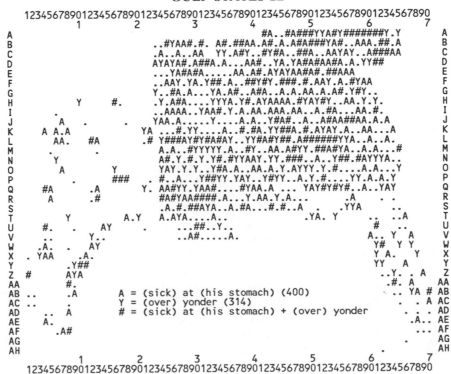

```
A = (sick) at (his stomach) (400)
Y = (over) yonder (314)
# = (sick) at (his stomach) + (over) yonder
```

GULF STATES 3A

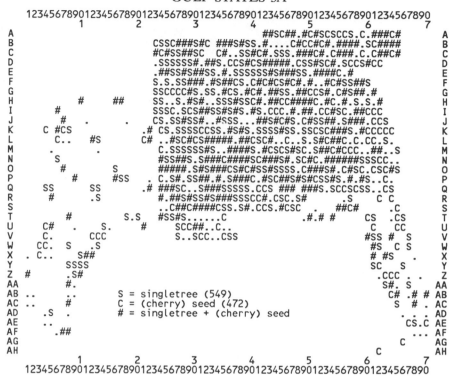

S = singletree (549)
C = (cherry) seed (472)
# = singletree + (cherry) seed

GULF STATES 3B

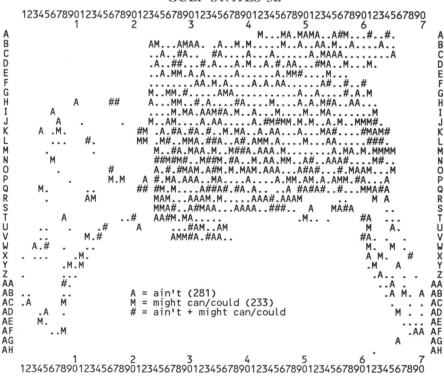

A = ain't (281)
M = might can/could (233)
# = ain't + might can/could

GULF STATES 4A

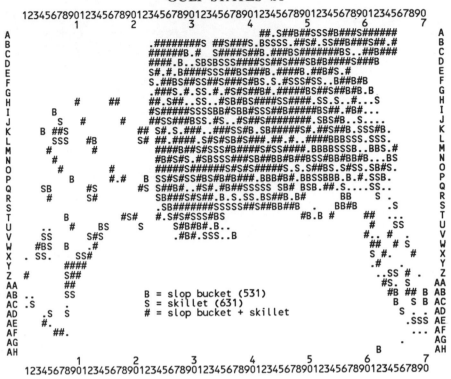

```
   12345678901234567890123456789012345678901234567890123456789012345678901234567890
            1         2         3         4         5         6         7
A                                              ##.S##B##SSS#B###S######              A
B                              .########S ##S###S.BSSSS.##S#.SS##B###S##.#           B
C                              ######B.#  S####S##B.##BS#######BS..##B###            C
D                              ####.B..SBSBSSS####SS##S###SB#B####S###B              D
E                              S#.#.B####SSS##BS###B.####B.##B#S.#                   E
F                              S.##BS##SS##S##S#S#BS.S.#SSS#SS..B##B#B                F
G                              .##S.#.SS.#.#S#S##B#.#####BS###S##B#B.B               G
H                              ##.S##..SS..#SB#BS####SS####.SS.S..#...S              H
I                   #       ## #S#####SSSSBB#SBB#SSS##B#####BS##.#B#....              I
J        B          S   #      #   ##SS###BSS.#S..#S##S########.SBS#B..S....         J
K        B ##S              ## S#.S.###..###SS#B.SB#####S#.##S##B.SSS#B.             K
L         SSS    #B       S#  ##.####.SSS#S###.##..#.####BBSSS.SSS.                  L
M        #   #    #             ####B##S#SSS#B####S#SS####.BBBBSSSB..BBS.#           M
N          #        #        #B#S#S.#SBSSS###SB##BB#B#BSS#BB#BB#B...BS                N
O          #    #       #.#   #####S######S#S######S.S.S##BS.S#SS.SB#S.               O
P         B    #.#   B SS#S#SS#B#B#B####.BBB#S#B.BBSSBBB.B.#.SSB.                     P
Q   SB      #S    #S S#S#B#..#S#.#B##SSSSS SB# BSB.##.S....SS..                       Q
R   #       S#     SB###S#S##.B.S.SS.BS##B.B#            BB      S..                  R
S           #         .SB#######SSSS##S##BB##B            BB#B       .S               S
T   B      #S#   #.S#S#SSS#BS     #.#          #B.B #       ##    ...                 T
U ..  #  BS    S  S#B#B#.B..               #  #.     #. #                             U
V SS    S#S        .#B#.SSS..B                      ##  #  S                          V
W #BS  B  .#                                        S #.  #                          W
X . SS.    SS#                                        .#                             X
Y       ####                                          ..SS #  .                      Y
Z #      S##                                          #S. S                          Z
AA       ##                                          #B ## B AB                     AA
AB ..    SS          B = slop bucket (531)            B  S B AC                     AB
AC .S     .          S = skillet (631)               S ... AD                       AC
AD  .S  S            # = slop bucket + skillet              .SSS AE                 AD
AE #.                                                       ... AF                  AE
AF   ##.                                                     ... AG                 AF
AG                                                        .                          AG
AH                                                    B                              AH
            1         2         3         4         5         6         7
   12345678901234567890123456789012345678901234567890123456789012345678901234567890
```

GULF STATES 4B

```
   12345678901234567890123456789012345678901234567890123456789012345678901234567890
            1         2         3         4         5         6         7
A                                              #YD.Y#YY#D..#.DYYYYDY..D              A
B                              .YYY..Y.#.  .Y#Y#YY.YYDY.Y.##..Y#YDY#Y.YY#.D           B
C                              Y.#..DD#.  ###..D#.#.Y...#Y.YYYD#D.Y.Y#Y#.D            C
D                              Y..DD#.YY...YY.D.YDY#Y#DYYY.DY..YY..YY.Y               D
E                              Y.D#.#Y##Y#..YYD..Y.D.Y.#YY.YY##.Y                    E
F                              .DYY.D.#D##.DY.YYY##.D#YYYY.Y#D#DYYY.                  F
G                              ..YYYY#D.Y.#YY.#YYY.#..#.YYYY.Y#.#Y#Y#D.               G
H                   #       ## Y.YYYYY##YYDDYY..YD#Y#D.YYY#Y#Y.#YYYDDY.Y              H
I        D          .          YDYDY#YDY#.Y.###DY..#Y#.Y.Y#.YDYY#Y.YYYDDD            I
J        #   #      Y          YDY#Y##D.#.D#D.YY...####YYY.#DY#YYY#Y#.DY             J
K   .#YY                    #Y YDD##Y#HY#YY#Y#Y#D.Y####.D##Y##Y##YD.#DD#Y.           K
L     YYD    #Y       YY   YY YYDYYYY#Y#Y#Y##D##YD#YYDYY#Y#Y##DYY.YYY.YD              L
M    #    #    Y              Y#.##YYD##YYY##Y##D.Y.#YYYYYYY#YY#Y##YY#YY               M
N      Y        #            ##Y###..##Y#Y#Y##Y.D##.YYYD#.YY#D####.D.YY               N
O       .               #    DYY##.#Y##Y#YYY#Y.D####Y#####Y#YYY...D#.#               O
P         .         ##Y   D #DY#.##.YYDD#D..Y.YYYYD##Y##Y#Y#YD.Y#D..#                 P
Q   DY      YY    Y# #YYYYDYYDYD###DDY#DY DY# #D#D#DY#YYDY...#                        Q
R   .       D.     DY.YYD#####YY##..YDD###.DY        YY    .D                         R
S           .         .#.#Y#####.D.##Y.YY##YY.  #     YD#Y      .#                    S
T   Y      Y#Y   #.S#S#SSS#BS     ###YYY..YYY.          Y.YD Y    Y#  YY.             T
U ..  Y#  .    ##        #        #YYD#Y#Y#Y                  .#Y Y    #Y             U
V SS    Y##        #YY                  #YY#DYDY#Y#                ##  #  S            V
W #YY  #  YY                                         #Y  # Y                          W
X Y .YY    DYY                                       D YY # Y                         X
Y     YYY#                                           #Y  #                            Y
Z .     YYY                                          YYY. Y .                         Z
AA       YD                                          YD. Y                           AA
AB .Y    YY          Y = you-all/y'all (618)         .D Y#.  AB                      AB
AC ..     Y          D = done [+ v.] [perfective] (371)  . D . AC                    AC
AD  ..  Y            # = you-all/y'all + done [+ v.]        #..  AD                   AD
AE YY                                                      .Y.Y AE                   AE
AF   .#Y                                                    .#Y AF                   AF
AG                                                        .                          AG
AH                                                                                   AH
            1         2         3         4         5         6         7
   12345678901234567890123456789012345678901234567890123456789012345678901234567890
```

GULF STATES 5A

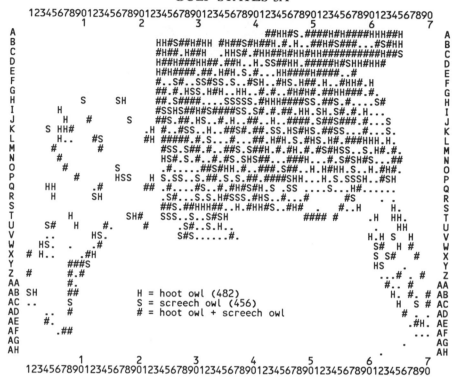

H = hoot owl (482)
S = screech owl (456)
# = hoot owl + screech owl

GULF STATES 5B

D = drug [drag, pret./p.p.] (478)
G = greasy <-z-> (631)
# = drug + greasy <-z->

GULF STATES 6A

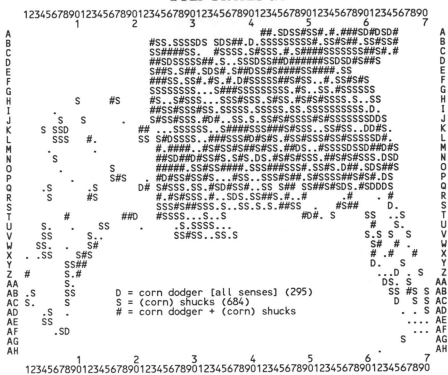

D = corn dodger [all senses] (295)
S = (corn) shucks (684)
# = corn dodger + (corn) shucks

GULF STATES 6B

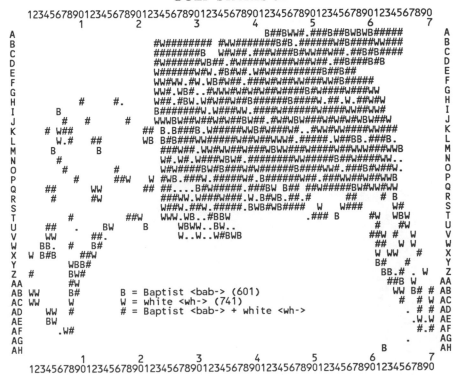

B = Baptist <bab-> (601)
W = white <wh-> (741)
# = Baptist <bab-> + white <wh->

GULF STATES 7A

```
        1234567890123456789012345678901234567890123456789012345678901234567890
                 1         2         3         4         5         6         7
A                                        MMMM.M#W.M..#MM#M#..M.M.                    A
B                                M#M..M#... #..W.W#.#M..M...MWMM#M.M...#.WM#          B
C                                M.WMMM.M.   ...M#.#MMM.M#M..MMW#M#.##.MM#M..         C
D                                M..MMM..M....#W.MMM#..MM..WM.#W.M#MM##.M             D
E                                #..MMM..M...M#W..WMW.M..#M##.M.MMMM                  E
F                                .##.M..W...M.M#.MM......WWMMMMM.WMM..                F
G              M       M.         WMMMM.M...MMM#.#MM..M..M#MMMMMWMMW..M               G
H                                M..MW#.MMM..MW.M#M#W##WM.W...#WMMW..M.MW             H
I              .       .    #     .M#M#M#.MM.#MM..WW#..#M.#MM##.MMMM..mm              I
J              M  ..W              #MWMMM.M.M.....MW.#..M..MMM#MW.WM#M#.W.MMW          J
K              MW.  ..        #    .. #..W.#MM..WMM...#..MM.M.M...#..M.#.....M.       K
L          .     M                W..#.#WWM#MMMMMM.M.WM..WM#..WM.#.MW..MWM            L
M          .                     #.MM.MM#.MW.M#.MWM#MWMWWM.MM..##WWWWMWMM#MMM         M
N      #                          M##.M.MMMM.##M.M#.#M.M####MWWMM.MW###.M.W#          N
O              #                  #MM..M.MMMM.M..#WMMW.M.MM###.#M.M#MM                O
P          #       M#W            .WM#M.M.WM#...##M.MWMM.M#.MW#.#.MM#M..WM.           P
Q       .M       .#       .M      .WMM....W.W..MMMM.M.# W.W .M.##.#.WWMMMMM           Q
R       M        .M               MWMMM...W...W#..#MMMMW....   MM   M  MM             R
S                                 .M.MMM.M.W..WM...M#.M#MW    .  ..M     MM           S
T          W         #.#         M..W##W.#MM.          M#M# #   MM   MMM              T
U      .   .    .    M             .MM..W#.W.                   M     M#             U
V      ..      .WM                .#..W....#.                  #MM M    W            V
W      .W#   .   M#                                           MM   M  M              W
X  M #W#    ..#                                               . #W                   X
Y           .MWW                                             M# M                    Y
Z  M        #..                                              MMMM M #                 Z
AA                                                            M..                     AA
AB .M      WM            M = moonshine (483)                #M MM M                   AB
AC ..      M             W = War between the States (253)    M M .                    AC
AD  ..     M             # = moonshine + War between the States #..                  AD
AE W.                                                          .MWM                   AE
AF   .M#                                                        .MM                   AF
AG                                                               M                    AG
AH                                                             #                      AH
                 1         2         3         4         5         6         7
        1234567890123456789012345678901234567890123456789012345678901234567890
```

GULF STATES 7B

```
        1234567890123456789012345678901234567890123456789012345678901234567890
                 1         2         3         4         5         6         7
A                                        ####WS#SSSS#S#..S#S#..#S                     A
B                                SSWS#SS#S. ########S###WS####.WS#SSS.#.#W#            B
C                                #S####S#.  ###S#.###W.#WWSW##WS.###WW...SW.#          C
D                                S##S#SW#.S#S##SS#SSW#SSWW###.S#S#.#WWS..               D
E                                #SW#SS##S#S#S#WWSS#SS#SS#S#.S.W#W                      E
F                                ###SS.#SS##WS#SSS###S#SS##S#W#S##SW#S                  F
G              S       S#         S##W##SS.S...#.####S##S#SWSS.S#S##S##SSW              G
H                                #S.SS#.S###S#SS#.##S..#SSSSS#S#SW####S                 H
I              W                  S##S#####S#S###.#S##W#.SW#SS####S#W.SSSSS             I
J          #  .#   #        S     S###S##SSS######S##SSS#S#.W###SS###SWSSSW            J
K      S #.#                      SS  W##S#####SW#S.S#S#S#S#WWSSSSS###S#S#S             K
L      SSS    S#                  S# ##SSW.#S###S###S.######S.WSSS#####.S..W#           L
M      S          .               #SS#S#SS##.W######WS#S#S#S#SSS##W##S#SS##            M
N          #                      ####S#WS.S#S######S##S#######S#######S#S#W           N
O          .      #               SS#S#W#S.S#S##S###S#.#######S#SS#S##S#SSSS           O
P          #       S#S       W     SW#S.S##S#.##W#SS.S#W####S#SS#S#S##S#SSSS            P
Q       S#       .#       W#      SW S###S.S######WS#W#W# S## ##S#SSSSS##SS..           Q
R       #        .#       ##      #S###SS###S#S#.S##S#### .W#   #W  . #                R
S                                 SSS#W#S#S#SSW#.SS####SSW # #WSS  ##                  S
T          #              ##S     SSS###.SSS.S      W##S # SS  SW.                     T
U      S#      .    S#     S       SSW#SS#S.#                #S# # #                   U
V      SS       #SS                S.SSSS##S..              ## # #                     V
W      ##S  #    .#                                         #.#  #                     W
X  . WWW        .#.                                         S#   #                     X
Y           S#S.                                            S# #                       Y
Z  S        #W#                                             WS## W #                    Z
AA          #.                                               SS# S                      AA
AB ##      ##            W = wash <o> (517)                  WW W# # AB                 AB
AC WW      S             S = Sunday <=14> (741)              # # W   AC                 AC
AD  #S     .            # = wash <o> + Sunday <=14>          W . W                      AD
AE WS                                                        SSWW                       AE
AF   .S#                                                     W##                        AF
AG                                                            #                         AG
AH                                                           .                          AH
                 1         2         3         4         5         6         7
        1234567890123456789012345678901234567890123456789012345678901234567890
```

GULF STATES 8A

```
1234567890123456789012345678901234567890123456789012345678901234567890
         1         2         3         4         5         6         7
                                         ##DD##D#DDD.J##JJ.JDJJJ.
A                        DJ####DDJ. ####JD..D.J...J#J#D###JJJJ#JJ.J         A
B                        #DDDJD.#D   DJ##D.J.##.J#J.##JD#D####DJ.#JJJJ       B
C                        #D.###.#D#J...JJJD#.#J#D.D####D.###DJ#D#            C
D                        D##.J##.#D.J.#..#DJJ#.#D###D###J..#                 D
E                        .J##J.D.#DJ#.#DD#J#JD#JDDDDD.JD..JJ#J               E
F                        #D.D#.JD.J#####D.#.#JJ##DJDDDJ#D#JDD#..             F
G                    #      J#       J#.D#D..#JJJD#J.#.##J#J#D#JJ.#J.D#.J..J# G
H                                    .J###J.###.##.##.#D..JD.JD.J#J.#JJ#JD.DD H
I          .     D       .       #JDJ##D#DJ.#.J...JJJ.#J#JJ#.J.DJJ###DD#       I
J       D DDD                    J# D..###D##.JJJ.JJJ##JJ#JD#D#...J#J.DDD##D  J
K         D..   ##          #D DD###D#.D####DJ.JD#DJ##JJ#..J.#.JDJ#D#DD.       K
L          .      D             DD####D.#.#.#D###.JD#J##.D.J#.#J#D...DDDD.    L
M                               #JDJD#D##D##DD##J.#JJDJ#D##DJDJJD#JJJ.DD#.    M
N        #         #             ##### .####JJ###D##J##.DJ##J#JJDJJDJD.DD.    N
O          #      .#    ###    .  #D##.##JJ###.D###.#JD#J#J.JDDJJ#D##D...D#    O
P        D.        .#          D# ##JJ..##D##J##.DJ# J## #D#J#..DJD#.DDD.      P
Q           D       .J                #DD#J#.J#.###D.#####J#..#      D J       Q
R                               J#.###D##JJ.J.D#D#D#J#JJ..  .   #.DD           R
S            #        ##J   J##JJ#..JJ.J          J##D D       .# J.#          S
T         ..     .    J#  #       #.JJJJ..                       #  ..         T
U         ..     #D.        D#      .#D#J..JJ..                   ..D # D       U
W        ..D  .  .  D#                                            #D D  .      W
X      . .#.    D#D                                               D D.  #      X
Y               JDJ#                                              .D  .  .     Y
Z      #          ..#                                              ...  . D    Z
AA                J.                                                JJ. J      AA
AB   ..         .J        D = dirt dauber [=mud wasp] (498)         .# DJ #    AB
AC   ..       .          J = jackleg [all senses] (522)            #  . J     AC
AD    ..    .            # = dirt dauber + jackleg                  . . .     AD
AE   ..                                                             .J..      AE
AF      ..J                                                         .JJ       AF
AG                                                                 J          AG
AH                                                                  .          AH
           1         2         3         4         5         6         7
1234567890123456789012345678901234567890123456789012345678901234567890
```

GULF STATES 8B

```
1234567890123456789012345678901234567890123456789012345678901234567890
         1         2         3         4         5         6         7
                                         #H#Y#H.#H#.Y###H#YY###Y#
A                        H##H#H.HY# #Y.#HYYY.Y#Y.Y####.##Y###HHY####        A
B                        ##H#.H.H#   .HYHHH##H.#.#.H#HH###HH#Y.HH#H##        B
C                        YHHH.H.#Y##YH.YYHYYYY##.#H#H#Y#H#H######           C
D                        #H#.#H#####Y..H..Y#.###H##.#H##YYY                 D
E                        Y##HHH###HY#YHYHY.##Y#H#HY#YYY#Y..#.#.             E
F                        ##HYH##.Y....#H#Y####HY#Y.H.###YHHH.               F
G                    Y      H#       ##.H#..H#YH.YHYH#HH#HH.#.Y#.#Y..Y#.H##  G
H                                    HY##Y#HYHYY#.#..Y#HH#..Y..Y##Y#.YH##.Y. H
I          H             .       .HY#Y#HHY..#..#....#HHHHY#YY###Y#.###YY#   I
J       # YH#     .          .# YH.#####Y.##..#.H.H#H#H##YYYHH#.HY#H..HHY  J
K         Y#.   ##          Y# YY##YY#####YY#YY.Y##HH.YYHHH###Y#Y.H#H#.#Y   K
L          Y      #             Y.###HYH##.#HYHH#H.#Y.Y#H#H.##.YY.YHY##     L
M          H                    #.HH#Y####.#HH#####Y##YY.Y.#H#Y###H.Y#.     M
N        H         #             ###HH##YH#H#H.#.#H#H#H#####HY#HYYHY.YY###Y  N
O          #      ##H         #  HY#H#.##HY..#Y.H.H#.##Y.J###HY#Y#..##YY#    O
P        #Y        #H          YH ###HY..###YYH.##...# YH# HYHHYHY#Y#.HY.Y.  P
Q           H       H#                #.#Y#.##H#.##..## H#H#H#####YH#      YY  Q
R                               YH##H.##H#H#H#Y##YHY#Y#YH.. .   #.H#          R
S            #        H.H   HY.YYH.H#H..          #.#.# H#  YYY               S
T         HY     .    ##   H       .HY#YYH..#                   . Y.         T
U         #.     #.Y        H.Y      #YY.Y#.Y#YY                HYY #  H       U
W        YHY  H  .  #.Y                                           #Y #  H      W
X      Y .HH    HHH                                               # #Y  #      X
Y               ..##                                              YY  H        Y
Z      H          Y.#                                             ..Y. . .     Z
AA                #H                                               Y#. #        AA
AB   ..         YH        H = hoops <oo> (546)                     Y#  .# #    AB
AC   YY       .          Y = yellow <-lA> (537)                    H  # H     AC
AD    ..    .            # = hoops <oo> + yellow <-lA>              . . .     AD
AE   YH                                                            HYHH       AE
AF      HHY                                                         ..#       AF
AG                                                                 #          AG
AH                                                                 Y          AH
           1         2         3         4         5         6         7
1234567890123456789012345678901234567890123456789012345678901234567890
```

GULF STATES 9A

```
   1234567890123456789012345678901234567890123456789012345678901234567890
            1         2         3         4         5         6         7
A                                      LLL#########.L##L#.#L#L#                A
B                           #L####.### #####L#.##L##L###LLTL##L##L..L##       B
C                           #LLLL###T  #####.###.#.LL#L#L#####LL###L#L#       C
D                           .###LLL##..LL###LLL#L#L#######L##L#.L##L          D
E                           ##########.#LT#L##L#LLL#L#L#L##L#LL#               E
F                           LL#L#.#L##LL.L#.#L###L##L#.L#LL##L##              F
G                           #LL#L#L##..LL#LLLL#########L#L##T##LL#T#          G
H                           #L.LL#..LL..#T####L##L##L##L#L#L#L.TL             H
I                           #####LLT###L##L###L##LLLL####L##LL####            I
J            T              #T###L.###.LTL.#LLT####L###LLTL#L###L##           J
K        #  #        .       ## ...####T#.LL#L###TL#LL#########.##.###         K
L      # #LL       ##        L# L######.###L##T#LL###L##########L#L#LL#       L
M      ##.   ##              L.LLL#L.#.#T###L##L##L.LL###L##L#L####L#L         M
N       L    #               ##########.L##L#L#L##L#L##T.#######L.###L         N
O       #                    L###.L#L####L#L##TT#LLL#L#LL                     O
P        #      L    ##L   .  LL#.TT#LLL#.#L#..##T#.##.###L##LT.#.TLLL         P
Q      #.      .L      #L  ###L...######LL#TLL# L## #LLLLT##LL#.##LL          Q
R       #      L.            L#LLT#L##L.#T##..###L###.L    L#  # T            R
S                           #######T###..T##L###T##TL  .  #.##    TL          S
T        #          L##   #### .L...L.LL          ##LL #   ## L.L            T
U      L#  #  #.    #      LTL#TLLL.#              #  TT                      U
V      #.     #L.            TL#L.T.LL#.                L.. #  L              V
W      LL.  L    T#                                     #L  # L              W
X    . ##L        ###                                   L TT  #              X
Y         LLLL                                          T#   L               Y
Z    #      L.L                                         ..#L L #             Z
AA         #.                                           LL. #                AA
AB   .L      L#          T = toad-frog [=toad] (538)    ## ## L  AB
AC   ..    .             L = lightning bug (760)        #  # L  AC
AD    .L  .             # = toad-frog + lightning bug      . . L  AD
AE    L.                                                   .L.. AE
AF     .LL                                                 ..T  AF
AG                                                       .      AG
AH                                                                            AH
            1         2         3         4         5         6         7
   1234567890123456789012345678901234567890123456789012345678901234567890
```

GULF STATES 9B

```
   1234567890123456789012345678901234567890123456789012345678901234567890
            1         2         3         4         5         6         7
A                                       #..B.CBC.CBC.CCC#BBCCBCC              A
B                           #.C..#.BC. BCCCC..CC.CBB.CC#BCC..CB##.C##C#       B
C                           B#CC.CB.#  .CCB..B#C#...#CB..BC......C##C#        C
D                           .#CCBC.C...BBBC##CC#B#BC##.B.#.B.C..#C#           D
E                           .CC#.#.C.BC#..CC..CB#B#..BC.CBB#..#                E
F                           CC#B..BBCCC..CBC.B##.B#C.CBB.BC.CC#.BC            F
G                           ..BBCBC...C#.CCB.#C.B.CB.BB..#C#CB#B#B.           G
H                       .      CC   #C..B..##.CCBBCCBCCB##.CCBCB.B#CBBC.C..   H
I                   C          CCC#BB.C#CC###.#..C..CBBCBCBBB.C##B#C...        I
J              C    C     .    CC.C.#C.B..#CC#B.....#CB....B.B#.#.C....       J
K         .  CC.              #C BC.#CCC...B.CC.CB..CC#B##C#..BCCC.B#..CB.    K
L           ..C    #B         C# .B###CB...CC#C#.#CCB#B.#...B..B.BC..B....    L
M           C      .           .BCCCB.C#CB..CC#CBC....#.C...CB#..C...CB..C    M
N           B                  C#.CBCC#CB#..#.#.#.#B.C#..#BC.B...#.C#C....BB  N
O         #         C          ##B#C.C.CCCB.BBB.#.##CB..#CC#..C.....C.#C      O
P         .         CB.  C     .C#CC.#C..C.CCCC..BBBBC##.C.B..C#C.CC.C#C       P
Q       C.         ..          .# BB#C...#C##BBBCBCC.B CCC CCC#CC#.B.#....C   Q
R       C         CC          CC#..C.####CCBCCB##C#.C.C#    ..   . C          R
S           C             .#B  .C.CCB##B#B.C#.CB.B.CCB.B  C   B#BC   C.       S
T       .C   .    .C     .     CC....B....B          C#C. .    ## .#C         T
U       ..        CBB          CB.B.....C           #  CB                    U
V       .BC  .   #.            ...#..BC..C                C.B C .            V
W     C ...       CBB                                     B.  # B            W
X         ....                                            C .C  #            X
Y   C         ..B                                         BC#B . B           Y
Z         #C                                              .#. C              Z
AA  BB     ..           C = chimney <-l-> (417)           .C B. C  AB
AB  .C     B            B = Baton Rouge <-j> (315)          . C . AC
AC    BC  B            # = chimney <-l-> + Baton Rouge <-j>   . .. AD
AD   ..                                                     CC.. AE
AE   ...                                                    .BB  AF
AF                                                        .      AG
AG                                                               B            AH
            1         2         3         4         5         6         7
   1234567890123456789012345678901234567890123456789012345678901234567890
```

GULF STATES 10A

```
1234567890123456789012345678901234567890123456789012345678901234567890
         1         2         3         4         5         6         7
A                                      ###C##..#PPCP#PP.CC.PPPPP              A
B                              .CP.....P. ###CP#..P#CC..PP#P#P#PP.P..C#P.P     B
C                              #.P.CPPPC   PPPC..P.#.C.C.P#PPP..PP#CCCCPC.PP   C
D                              #..PPPC..#C...C.C...P##.PP#####P..PP.PPP        D
E                              .PPP.P#P.#.C..CP.CPCP.P.###.P#CP..P            E
F                              ..P#C...#.#.....#.PP.#PPP.P#P.PPPP.#.P         F
G                              .CC.C.P....PPPPP.P.PPP.#.P..#P#PPPPP.P         G
H              #      .P       PP.CCCC.P...CPCP#.#C#P#.#P.P####.#.C.P.PC      H
I        P                     P.PPC..##P..P#P#.#PP.C.P...#PC.P..#PPPPP       I
J        P     #      P        #.CPCP...P.P#P...#.PPPP#P#######PP#P#PC#.P#    J
K    P #C#                     C#  ....PP#C..P.#.#PP#PPPPPP.##PPP#PP.PPP#P.    K
L       .P.   CP               C. PCPCCP#.#PP#P..PP#P####PPP.PC#PPCCCCCPP.P    L
M      #        .              C.PP.PP.#.PPPP.#P.PPP.##PPC##PCP#P.P.P.PCC     M
N      P                       #P#.CP###PPPCPPPPPPP#PP#P.P####PPP.P#..PP#.    N
O       #           P          #..PPP.P#PPP#PP#.P#.P#PPPPP..PPCPCP##P#.P.PC   O
P         #        .#C       .  #CC..PPP#.PP.PPP#.P#P#PPP..PP##..##PPPCP#     P
Q    P#          ..            CP PPC.C...P#.P#PPP.CCP PPP PP.CPPCPC.P.P.PP    Q
R        P        PP           #PP.#PC#PPC.P.P.P#PP.CP..#     .P   .   P      R
S                              .PP#..##PPC.C.PPC#P#C.PPC   .    ..PP   .C     S
T          P          P#P      PP.##P...CC.C          PP#C # PP  C.#         T
U       .P   P    C..      .      .#C..CCC.C                 P  C.           U
V       ..        C..                ..CPP#.C#..                P.# P  C     V
W     .#P    .    C#                                          P..P.          W
X    P .#P   P#P                                              P P  P         X
Y            P.C#                                             .#  P          Y
Z    P       #C#                                                            Z
AA           #.                                              ....  P .       AA
AB   C.      CP       P = polecat (534)                      CP. P .         AB
AC   ..      .        C = common [derogatory] (297)           #  P P        AC
AD   ..     .         # = polecat + common                    #..P          AD
AE   ..                                                       .CC.          AE
AF       .C#                                                   .#C           AF
AG                                                             C             AG
AH                                                          C                AH
         1         2         3         4         5         6         7
1234567890123456789012345678901234567890123456789012345678901234567890
```

GULF STATES 10B

```
1234567890123456789012345678901234567890123456789012345678901234567890
         1         2         3         4         5         6         7
A                                      ##.T..#P.P.#..P...P...#P            A
B                              P#TP..#T.. P#PT#....#TTT....TPP#....#......   B
C                              TTTP#.PTT  .#..#..TT..#.....TTP.T..#.......   C
D                              TTTP#T..#.#.P#T.##P.#...#PPTT#T.#..P..#.      D
E                              TP.##P##...PT#..TT#.PPPTTP.#P##.P#.          E
F                              T.###..#PT.#.##..#.TTT.##TPT....P..#..       F
G                              .TT.##TT.T.#.P.##T.#PT###TTP#.T#T...T##.     G
H              T      .P       ##T#P##PTT.###T#T####PT###T#T..P###P.T#T    H
I        P                     PT.#..#TP#..T#.T.#PP.T#.#.#TT..##P#T#.T.     I
J        #     T      #        .T.TTTPT...TTT##.T#TTT.T.....#..#TT        J
K    .  .##                    #. .....###T.#T....T#T.#T..#P#..#.###PP#T##.  K
L       P..   P.               ##  #PPT.TP#.P.#T#TTP#T#.#TTT##.###T.##.#.T.. L
M      T        .              ###.P#TT.T.#.P.#P#.#T..#.P#.#TT##.P.T.#..     M
N      #                       .T#T.T...P##..#.#PP..TP.T#.#T.P..P#TT#.T#     N
O       P           T          P.P.#.TT####T#..##P##TP...#..T.PT#...         O
P         .        T.T     P   #TPP..#TP..T.##P.TT##T#T##P.#P.T#.#P##TPT     P
Q    T#          .#            TP .#P.P....TP.#P.T#TTP .#. ..#.T#TT..##T...   Q
R        P        ##           ....PPP.TTT#.T.PT##TPT...T     ##   . .       R
S                              .#####.T##T..PT###.##.#.#  T  #..#   .#       S
T          P          ...      T.#.##......        .T.T #     #. T#         T
U       P#    .   P.      T       T#.T.....                 T   T#          U
V       ..        #.#             .P#T..T....               ...  .          V
W     .##    .    #                                          .#.  .         W
X    . .#P   P#.                                              ..T  .        X
Y            PTP.                                             .#  T          Y
Z    .       ..T                                             #.#.P          Z
AA           ..                                              T...           AA
AB   .T      ..       T = ten <i> (429)                      #. TT .        AB
AC   ..      .        P = pen <i> (354)                       . . .#        AC
AD   ..     .         # = ten <i> + pen <i>                   . . #         AD
AE   P.                                                       T...          AE
AF       ...                                                  .P.           AF
AG                                                            .             AG
AH                                                          .               AH
         1         2         3         4         5         6         7
1234567890123456789012345678901234567890123456789012345678901234567890
```

GULF STATES 11A

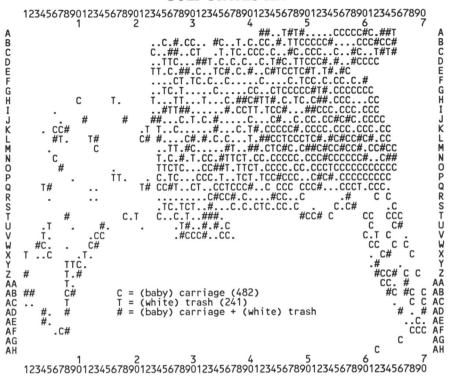

C = (baby) carriage (482)
T = (white) trash (241)
# = (baby) carriage + (white) trash

GULF STATES 11B

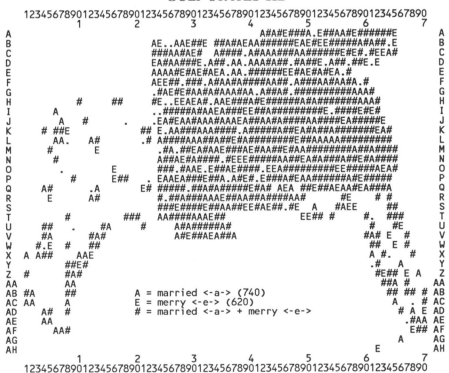

A = married <-a-> (740)
E = merry <-e-> (620)
# = married <-a-> + merry <-e->

GULF STATES 12A

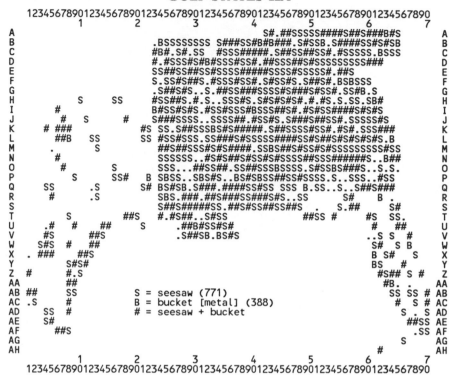

```
    12345678901234567890123456789012345678901234567890123456789012345678901234567890
              1         2         3         4         5         6         7
A                                           S#.##SSSSS####S##S###B#S                 A
B                               .BSSSSSSSS S###SS#B#B###.S#SSB.S####SS#S#SB           B
C                               #B#.S#.SS  #SSS#####.S#SS##SS#.#SSSSS.BSSS            C
D                               #.#SSS#S#B#SSS#SS#.#.#SSS#S#SSSSSSSSS###              D
E                               SS##SS##SS###SSSS#SSSS#SSSSS#.##S                     E
F                               S.SS#S##S.#SSS#SS.S.S#SS#S.S##S#.BSBSSS               F
G                               .S##S#S..S.##SS###SSSS#S##S#SS#.SS#B.S                G
H                    S      SS  #SS##S.#.S..SSS#S.S#S#S#S#.#.#S.S.SS.SB#               H
I                    #          B#SS#S#S.#SS#SSS#BSSS##S#.#S#SSH##S#S#S               I
J          #       S       #    S###SSSS..SSSS##.#SS#S.S###S##S#.SSSSS#S              J
K      # ###                    #S SS.S##SSSBS#S#####.S##SSS#SS#.#S#.SSS###           K
L         ##B    SS         SS  #SS#SSS.SS##S#SSSSS####SS##S#S#S#S#S#S.B              L
M        .        S             ##S#SSS#S#S####.SSBS#S#S#SS#S#SSSSSSSSS#SS            M
N        #                       SSSSSS..#S#S##S#SS#S#SSSS##SSS######S..B##           N
O           #          S         SSS...##SS##.SSSBSSSS.S#SSBS##S..S.S.                O
P             S        SS#   B   SBSS..SBS#S..BS#SBSS##SS#SSS.S..SSS.#SS               P
Q      SS      .S           S#   BS#SB.S###.####SS#SS SSS B.SS..S...S##S###           Q
R      #       .S                SBS.###.##S###S###S#S..SS    S#   B  .               R
S                                S##S#####SS.##S#SS##SS##S    .   S.##       S#       S
T        S            ##S        #.#S##..S#SS           ##SS  #    #S  SS.             T
U      .#   #    ##          S    .##B#SS#S#                  #  # ##                  U
V      #S        ##S              .S##SB.BS#S                 ..S S  #                 V
W     S#S    #   ##                                          S#   S B                 W
X   . ###       ##S                                          B S#  #                  X
Y            S#S#                                            BS   #                    Y
Z   #        #.S                                            #S##  S #                  Z
AA            ##                                              #B.  .                   AA
AB  ##        SS        S = seesaw (771)                    SS SS #                    AB
AC  .S        #         B = bucket [metal] (388)             #  S #                    AC
AD     SS    #          # = seesaw + bucket                     S . S                  AD
AE     S#                                                        ##SS                  AE
AF     ##S                                                        .SS                  AF
AG                                                                 S                   AG
AH                                                                #                    AH
              1         2         3         4         5         6         7
    12345678901234567890123456789012345678901234567890123456789012345678901234567890
```

GULF STATES 12B

```
    12345678901234567890123456789012345678901234567890123456789012345678901234567890
              1         2         3         4         5         6         7
A                                           #N.#M.M#.N..MN...MM#N...                  A
B                               .M#NN.#MM. #M..M#....NMM.#...#..M...N.#N..M            B
C                               M#M..M.#M  ....#.M.M.NMN.#.#M...N.#..N.M.N.            C
D                               NMN.#.#NN...NN..M#.N.#....N....N....MM.                D
E                               .NNM.MMM.M.N..#.NM##MMNMNM##...N.NM                    E
F                               ..#N#.M#..#NN#.NM#NNN#NN#.#.#...#.#.#                  F
G                               ..M..MM.N#.N...#.MNM#N.#NM##N#....#.##MN               G
H                    MN         M...N..#.M.N.N#.#.##.MM.MMM#.MMM.M..MN                 H
I                               N...N...#.N#MM.N.M#NM##NNM#M.NNN#NN#N..N               I
J           .      .            M.NM##.M#.NM.NM.N....N.##N##.#.N..#N...NN.N            J
K      . #.#     N       M      MM ...MMM.N..##..#M#...N..M.NMMMN.NM#N               K
L         N#.    #M             N# M#.M#M#NNMM##.MN#MN.MM#N#N..##.M.###....NN.         L
M         N.             #      #...NMN.M.NMNNNN.#..MN.MN.M#N#NN..NM.N#N.M             M
N          N                    N#MNM.#NM##MNNMN.##..#.NMM.#.N###NMMNNNN#.             N
O            M          #       MM.N#.NMN.#NMNM##M.N.#.N.#..M.N.NNNN.                  O
P             N        N.#      . .....M..N.M.....N.N##.NN#MN.#.#.MMMN.M.M.            P
Q      #M      N#           #M  MM.MN.NNN#MN.#.M...# .#. .....#.N#.M.N...              Q
R      M       NN                M.M.MM.M#MM.#..N.#N#N..#    ..    . N.                R
S                                M#M.MM.#M#MM.#...N#.#.N#M    .   M    N.              S
T        .            .##        .NM.N.....NN          .M#. #    NN  .N.               T
U      ##   .    #N          .    .M.....NMM                ..N..   M                  U
V      #.        NMN              ...M..MM.N.                ..N    M                  V
W     NNN    .   N#                                          MM #.  N                 W
X   N M.N       .#N                                          N MM   N                 X
Y            M#.N                                            ..  .                     Y
Z   M        N.N                                            .N.N M N                   Z
AA           MN                                              N...                      AA
AB  M.        M.        N = Negro <nigroe/grA> (367)         .#..                      AB
AC  ..        #         M = Massachusetts <-tue/tew-> (343)        . N                 AC
AD     .       .        # = Negro <nigroe/grA> + Massachusetts <-tue/tew->   . . .     AD
AE     #N                                                         ....                 AE
AF     ...                                                        NM.                  AF
AG                                                                 .                   AG
AH                                                                #                    AH
              1         2         3         4         5         6         7
    12345678901234567890123456789012345678901234567890123456789012345678901234567890
```

GULF STATES 13A

M = mush (459)
S = (peach) seed (580)
# = mush + (peach) seed

GULF STATES 13B

O = often <-ft-> (451)
B = bulb <[l]> (421)
# = often <-ft-> + bulb <[l]>

GULF STATES 14A

```
         1234567890123456789012345678901234567890123456789012345678901234567890
                  1         2         3         4         5         6         7
A                                            .J...S..S.....S...##S###              A
B                      JJ..SS.#.S .JJJJJ..#...SSS.SJSSS.J.....JJSS                 B
C                      J..S.#SJJ  SJJ.S.S.SJ.J.S.SJS.SS##JJS.SS#.#                 C
D                      #....##J.S.#.........#J.SS#S.S.J.SJ#S#SSSS                  D
E                      #.S..#SSJSJSSJ#SS...S#SS.S.#SS.S#S#                         E
F                      ..S#J.SJS..#.#S...SJS.JJSS.#JSS.JSS#S.                      F
G                      ....S.J..J.S.SJSS#JSSSSS...JJS.JSJS#..#                     G
H             #     SS  J#..J.SSJ...#.S.JJ#.#.J..JS.JS.JSS#.S....                  H
I          J        J  .SS.S.#.J.S#SSS#..JSSSJJJSSSSJS#SJ##.JJ                     I
J        #     J    J    .#S##..S..#.J#.#.SSJS#SJSS......J.S...S                   J
K      . SJ.          .# ...#.J#SJ...#.JS...S##....#..SJJJS.#J.##J                 K
L        ..S     ..    SS ..#JJSSJ.##SS#S#J.J..#SS..JS.SS#J..#...                  L
M                .      . J.SSJ#.JS#SS#JS#SS#.#..J.S.SSSJ#.JS.....                 M
N          .          S..#SJ.#.#..S.S#SJS#J.JSSS.#.S..#.#.JJ.S                    N
O        #        .      .#S#J#.S..#.J.###JSJ.J..#.SS.SS..                         O
P                   S..      .J...SSSJ.S.S#J#....J.JJS#SSJSJJ.#.#..JS#             P
Q        ..      ..        ..#.SS...S.SSJ#S..#...SJ JSS #J.S.#SJ.JJ..J.#           Q
R      .        SS          ..#S.S#..#J.SSS..J#...S..#     SS   . S                R
S                        ..##.S##S#S..#...#.J..#S...    .S.SS                      S
T        S       ..S  JSS......S.S          #J.. #    #S  ..#                      T
U        ..    .  ..  J    .S.....S.S                 S                            U
V      ..      ...S         ...J.S..S..              #.. # . J                     V
W      ...  .              .                         S. # #                        W
X      .S.   . #SJ                                    # S.  S                       X
Y           SS..                                     J.. .                          Y
Z      .           ...                               ....  #                        Z
AA           ..                                          .J. #                      AA
AB  SS      ..        J = juice harp [=Jew's harp] (276)   .S J. #                  AB
AC  ..      S         S = skin [=bacon rind] (380)         S .  . .                 AC
AD   .S   S           # = juice harp + skin               . . .#                   AD
AE  ..                                                     ...#                     AE
AF   .JS                                                    ..S                     AF
AG                                                          .                       AG
AH                                                      J                            AH
                  1         2         3         4         5         6         7
         1234567890123456789012345678901234567890123456789012345678901234567890
```

GULF STATES 14B

```
         1234567890123456789012345678901234567890123456789012345678901234567890
                  1         2         3         4         5         6         7
A                                      D#.D##D###DD#####.######                    A
B                      D##D##D#D# D####DDD.##.#########D#####D#D.D                  B
C                      ###C.DD#D  D#D#D.D###CDC.D.#DD###DDD#D#D##                   C
D                      DD#DD#D#.##DDDD#DD#D#C#DC####DD.####D###                     D
E                      #DDDD##DD#CDDDD.#D.###D###DD#DD#.DD                          E
F                      DD##D.D##DDD##DD#DDD##.#CCCDDD#DDD#DD#                       F
G                      DD#D#D#.CD.DD##D.####D###D#.D#D#D#DD##C                      G
H             C     ## C#C.#D..D...D#C..D.#D#D#D#DD.##.                             H
I          D        CD###.CD##C#D###DDD.CCD###D###D##DDDDDDD                        I
J        #     D    D  D.D##D.DC.D#D#.D#D#.D.#DD#D#D#DD#.D#.#DD#                     J
K      # #CC          ## D.C#####..C##.##.#D###.DDDDDDDD#DD##DDD#D                  K
L      ...     #D    .# DDDD.D#D######D.D#C##DD.D.DDD###DD#DCD..CD                  L
M        .      D      DD##D#DD##C.#####.CDDD##.DD###DD#DD.#DDDDDD                  M
N          D          #D####D##D#DC###D#C###DDDCDD#C#D#DDD.DDD.                     N
O        C        D      #D###.##C#C##D#.#####D.D.D#DD.DDDD.DDDCD                   O
P              #      ##C   C #DDD.##D#C#DCC.##.DDDD.DD.DDDDDD#######D#              P
Q        ##      ##        D# C#DDD.D###DD###DDD.D CD# #DC#.#DDDDD.DDDD              Q
R        #        D#          C.#D.D####D#DCD#.D#D#DD..#     CD    D #               R
S                        ##.##D###DD..D.#D#D####DD  D   #C#D   DC                    S
T        #       #D#  D##.DC..DDD.          .### D    D#  #.D                        T
U      #D   D    D    DD         .#DDDDDD.D           #  DD  D                       U
V      DD      #.D         #D.DD#.DDDC              #.. # D                          V
W      DD.  D  #C                                    #D # #                         W
X      ..D.  .  #.                                    # DD  #                        X
Y           D#DD                                     DD                             Y
Z      #           ..#                               D.#. D D                       Z
AA           CC                                          .CD .                      AA
AB  #.       DD       D = December <dee-> (729)         .D DD #                     AB
AC  D.      D         C = coop <oo> (423)               # # D                       AC
AD   #D   .           # = December <dee-> + coop <oo>   D . D                       AD
AE   .#                                                 .D#.                        AE
AF   .D.                                                .#D                         AF
AG                                                       .                          AG
AH                                                                                  AH
                  1         2         3         4         5         6         7
         1234567890123456789012345678901234567890123456789012345678901234567890
```

GULF STATES 15A

```
       1234567890123456789012345678901234567890123456789012345678901234567890
                1         2         3         4         5         6         7
A                                              ##.G#G.######HH###H##G.H              A
B                      H####HH#H.  ###H##GHH##G#G#########HGGH.###H#                 B
C                      H.H.#HH..  .##G#.#.#.GG##G##########H#####G#HHH#H             C
D                      GHGH#H#HH#H.GG#.#. .H######H##HH###..####                     D
E                      #HHH##HHHGH###H##.#HGG#########G#H                            E
F                      HH.##.#GHH##G##.####H##.HHH##GG.#.H#H.                        F
G                H    H#   .#####.G..#H#G##.HGGG#H#H##.##.###HGG#                     G
H           H         #G.###..##..##.###G#H####G##HGGG##G##...#G                    H
I                     G####G#G.GG#G#HG.G##HGG#####HGH##GHGH...                       I
J         .    G    #  #H#.#G....#HH.G.#.GH###H##G#H####..GG                         J
K       # G##       ## G..#G.GG#G#GHH.#G#####G##.HHHG.GG.G#.##G                      K
L        #G.  #G     ## G###GG#.#G#G#HHG.G##G###G##G#G.H##G#G#.##                    L
M        H      #         ###G###.G.#GGGGGGG###.G####G#GGGG.G#.##                    M
N          #                #H#G#G#GG#G#G#G.#G.####G#.#G#GHHGGG..##                  N
O        #      G         G###G.GG##.#.###G#### .G###GGG#GG##.G..G.G                 O
P      #       ###       .#.#.G.GG##HHG#.#G.G###G.#.#GG#.HG##GGGG.                   P
Q       GH    .#      ## #G##GGGGG##G##G#GGGG ### #GH.G.GG.#.GG.##                   Q
R       .       .G         #.GG#G##G##G#G#H#.GH#G##G...#      ##    G G              R
S                         .######G.G#G...##G#GG####  .   #GGG      GG               S
T           .        #G#   .H####.G###G           G#G# #       GG  .G.              T
U       GH   .   ##    #    G#GG#GG#.G           H       GG                         U
V       H.       ###        GGG#GGG.GG#             G.# # .G                        V
W       H#.  G   ##                              #G #H                              W
X     . G#G      G.G                             .## G                              X
Y             ###G                                .#   .G                           Y
Z     G      #.#                                  GG.# G #                          Z
AA            ..                                  #GG #                             AA
AB   ##      #G       H = hominy [unground] (523)        .H HG.                     AB
AC  .G       H       G = grits [ground] (661)            #  ..                      AC
AD    ..  #           # = hominy + grits                #  . G                     AD
AE  #.                                                  GH#.                        AE
AF     .#G                                              .#H                         AF
AG                                                                                  AG
AH                                              G                                   AH
                1         2         3         4         5         6         7
       1234567890123456789012345678901234567890123456789012345678901234567890
```

GULF STATES 15B

```
       1234567890123456789012345678901234567890123456789012345678901234567890
                1         2         3         4         5         6         7
A                                              ...G..L#.GLG.G#.G.#GG.G.              A
B                      GG..G#L##. L#.L#..L..###.#GGG.G.G.GG#..G..G                   B
C                      #LLLG#LLL  .#GL..G#L.#GL.#G.#G.L.##..G..G.G                   C
D                      .G.G#..#L.#L.#GL.#L..GLLG.GG.#.G...L.G.GL#                    D
E                      .####LL.L#.#...L....#L#.GLL.#.#GG.#                           E
F                      .L#LL.L.LL.L..#.##L#G...#.G#..GGL#L                           F
G                      LLL.#LLG.L...#...#.L.LL...#G.#LL.GL.#L.                       G
H                #    ##   #...#.L##LL.L.####LLLL...L.LL.L#G#.#..L.                  H
I                     .    .LL#LLLLL#LGL.LL.#GG....L#GL.G.#L#.L....                  I
J         .    G    #  ##.#..LL.#.#LLL..L.L#.G#..LLG#....#L..LL                      J
K       G L#L       #L LLL#LL##L.#.LL#.#L.#LLGL#LL.#LLGLL#L..##.                     K
L        .#.  #G     GL GL#G#L#L.##LLLLGLL#..#L.LL.L..#..L......G.                   L
M        .      G         #.LL##GG#.G#L#L#L.GLGL.L.GGLL#LLL....#G.G#                  M
N          L                #LL#.#.#G##..##L.#L..##.#.GL.LLL.#G.#...LG               N
O          L        L      L.###.#.##LL#LL.LGLLL#LL#.GL.LL..G...LL..                O
P          G       #LL     L #LLLLLL##.LL.#.#..##...#.#...L.LLL##...                P
Q       .#    L.      .# ##L.LLGL##L#..##.GGL L## G.G#.##.LLL....                    Q
R        L       .L         #.######G##G##L.GG#LGL...#      .G    . L               R
S                         .L..G######.L..G.#G.###LG  L   L.##      .G               S
T           #        ..#   #L###LL.....           #GL#  #       #G  GL.             T
U       L#   .   #L    #    ..#G.....#           G       G  ..                      U
V       L.       L#G        L.#H#G#..L..             #.L .  #                       V
W       ##.  .   LL                              #.  # .                            W
X     G .L#      ..L                              . GL   #                          X
Y             .#GL                                LL  G                             Y
Z     #       L.L                                 ...G . G                          Z
AA            #.                                  LL. G                             AA
AB   G#      L.       G = genuine <-ie-> (350)          .G .G .                     AB
AC  GL       L       L = Louisiana <-(ee)z-> (466)      G  # .                     AC
AD    L.  .           # = genuine <-ie-> + Louisiana <-(ee)z->   #  . .            AD
AE  LL                                                  LG..                        AE
AF     .#.                                              .GG                         AF
AG                                                       .                          AG
AH                                              G                                   AH
                1         2         3         4         5         6         7
       1234567890123456789012345678901234567890123456789012345678901234567890
```

GULF STATES 16A

```
        1234567890123456789012345678901234567890123456789012345678901234567890
                 1         2         3         4         5         6         7
A                                              ##..#F.FHHHHH##F#HH#HH##                    A
B                                   FH#.##.F#. F#FFF#........HHFHH#.F..#H..FHH#             B
C                                   HH##..#H.. .#FFH..HH.....HHF#.H#H...H#HH#               C
D                                   .H..#H.#.#.....FHHF#.##F###HF..HFHHH#H#                 D
E                                   .FFF#H..F#FH..H.F.H..##.##.#F#...H                      E
F                                   ..##FFF.F.FH.#...HFFHH.#......#..F.                     F
G                                   .FF.#.HF....F#F...HH..FF.F.H.F..HH#HH..                 G
H                  .      ##        #F..#FH.F..F#FF.FH#FF...F...HH...H....##                H
I                                   .F#FH..FF.FF.#F#..#F...HF....#..                        I
J                  .      .      F  ...###.#FF..FFF.FF#.#H.#....H.H..#.#....F               J
K          H .HH                    ## H..FH.HFF.F.#.FF.H.HHF.FH#..HH.F......F..            K
L          ...      FF               #F .##FFF#.##F##.F..FH...FF...#.#..H.HHHFH.            L
M          .       F                ...H##FF#FF.FHH#..#..#F...FFH.H....H....                M
N          .   F                    #.F#F#HF#F#.FF#F#F.F#F##FH.H.FFHF.H.....F.              N
O             F                     ##FF#.#F###.FF..H.H###....H.HH.....H.H.F.               O
P          .       FFF          .  H.##.#F.F.#.FH.F....F.#.H..FH...F.#FF..H.F               P
Q          H#      .F           FF F##....##FFFH......F F.H F.F............                 Q
R          H       H#             #.F.FF..FFFFH#.F..FFFH#..F   .#..H   .                    R
S                                 .H#F.F#.#F.....F...#.FFF.   .   F.##                      S
T          F            .HH       ...F.F..H...           FF.F #    FH  ...                  T
U       FH    H    H#       F      .F.F.F....                     F ..#  .H                 U
V       H.         #..              ...F.......                   F.. F .                   V
W       ...    .   ..                                             FH  F .                   W
X   F HH.      #HF                                                 . FF    F                X
Y              HFFF                                                .. .                      Y
Z   F          H..                                                .... . .                  Z
AA             F.                                                 .H. F .                   AA
AB H.         ..       H = hull [=soft outer cover of walnut] (278)  .# .F .               AB
AC ..         .        F = feist [=small noisy dog] (343)            . . .                 AC
AD  .. .               # = hull + feist                              . . .                 AD
AE  ..                                                                  . . .              AE
AF   ...                                                                  . ...            AF
AG                                                                         .               AG
AH                                                                        .                AH
                 1         2         3         4         5         6         7
        1234567890123456789012345678901234567890123456789012345678901234567890
```

GULF STATES 16B

```
        1234567890123456789012345678901234567890123456789012345678901234567890
                 1         2         3         4         5         6         7
A                                   SRRRS.RSS.RR...SS...SRSS                                A
B                            SRRSSSRS## RRS#S..RSRR.###.SR.S..S.SS.R.SSS                    B
C                            #RSSRS##.  SS.##.SSS...R.RR.#S.S....RSS.RS                     C
D                            RS..RR.SRSSSRRS##.#S.SSR.R.RR.RSRR.....#                       D
E                            R.SRSSS#.SS#.R.S..SR#.##RSRRRR.R.RS                            E
F                            #S##.SS#.S#RR..S.SSS.R.RRS....S#RRS.#S                         F
G                            .S#R#RS.RRS.S....R.S##S#RR.RRRRS.S...#.                        G
H                  #      SS  SS.RSRRS..SR...S#...RRSR#.#RSR#RSR.SRR.                        H
I                            S###RSR.R.RSSR.#.S#RSSR.#S.R#RSSR.R.#S.S                        I
J          .      S      R   .SSSSRSRR.RS.R.R..S.SSRS....R.S..R.S#..S.                       J
K        S R#.              RS ..S.S.S#R...#.SS.RSRSRS.RS#...R.R.R#RR.#.                     K
L          R.#     S.       #. RRSS.SSRRSS.SRRR.#.SS##RRRRSR#..RS....#.S                     L
M          #       R        .  #R.SR###SS.#R..#.RS.R..SR.R.R#.R#...R#                        M
N          #                   .#RSRSRSS.SR.....#R..#S.#R#R....S.R#..S..R                    N
O          S                   . S.R##SRR#RS.#RSR.SSRS..S.S#RRR.RR....SSSSS                  O
P          #       .S#          . .S.SS.S.R....#R.RR.RR.###.RS..#...R.RSRS.                  P
Q          ##      .R        R. S#SS.S.#S.S.SRSSR##R .SS S.RRRSRS.R.#SSSS                    Q
R          S       #.           ..#.S#S##SSRR#.#R##SR.RSS    .  .                           R
S                               SRS##SSS#SSRSRS#.R.R.S.RR .    SSSS  .  #.                   S
T          #             RRS    .#RSSRSRRSR.     SSSR .   .S  .R#                            T
U       SS     .      .      .   SS..S.RRRS       S.R#S    RRS . #                           U
V       #.         R..            S.#S.###S.S                 .R  R  R                       V
W       RSR    .   #R                                         S SS    #                      W
X   # RRR      .SS                                             . .                          X
Y              RRR.                                             .  .                         Y
Z   S          R##                                            .#SR . R                      Z
AA             SS                                              RSR .                        AA
AB RR         ..       S = soot <sut> (380)                    RR #. R                      AB
AC ..         .        R = really <ri-> (368)                 R . .. R                      AC
AD  ..        .        # = soot <sut> + really <ri->          R R R                        AD
AE  .S                                                         R.RR                         AE
AF   R..                                                        .S. .                       AF
AG                                                                 .                        AG
AH                                                                .                         AH
                 1         2         3         4         5         6         7
        1234567890123456789012345678901234567890123456789012345678901234567890
```

GULF STATES 17A

G = goobers [=peanuts] (390)
P = peckerwood [=woodpecker] (358)
# = goobers + peckerwood

GULF STATES 17B

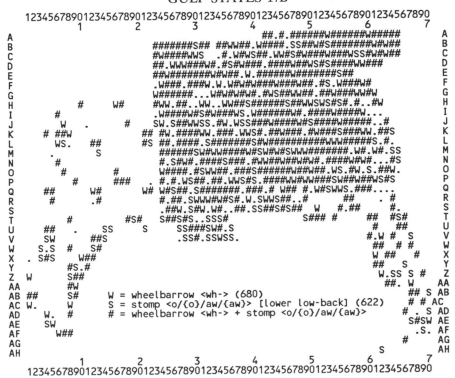

W = wheelbarrow <wh-> (680)
S = stomp <o/{o}/aw/{aw}> [lower low-back] (622)
# = wheelbarrow <wh-> + stomp <o/{o}/aw/{aw}>

GULF STATES 18A

```
12345678901234567890123456789012345678901234567890123456789012345678901234567890
         1         2         3         4         5         6         7
                                    C#C.CCG....C.#G.CGGGG.GG
A                                                                              A
B                          GGG..G.G.G C#.CC..G...C.GG..C..G.GG..GG..G          B
C                          C.CG#....  #.#C..G...G#C.G.G#GCCG#.###G.C.          C
D                          .#G....C..CG.G.......##....G.#G.GC.GGCGG            D
E                          .#..CCCCC#.CCG#GG.#GGC..#CCGC##..G.                 E
F                          .C##G.C##C#CCG#.C..G.GGC...CG.C..GCC..              F
G                          .GGG#.GGC..GC#.CG..CGC...#CGG..C...C#C.             G
H              #     GG     .C....G.G#....CCGC..G..#.CGGG#C.....C              H
I          C               .C.##C.#G#G#C.CC#C##.CC.C...#.CG..C...              I
J          C    C     G     G.#CCG.G#G.C...GCC.#.C#C.C..#C#.G#CCCG...          J
K      C  CG#              ## ..G#GGC#C.G#CC.C#.C.CGCC.CGGC..GG...CC.          K
L      . .G     .#         .C .CCCC....CCCC...###C#C.##GC#C...C..#..GC.        L
M      .         C          #G####CC#GGG#.C.#.#.C.#C.CG#C.C.#.CC.CCGGC         M
N        .     #            #GC.#C.#C##C#CCCC.#C#GCGCG.CGCC..#C.C..GCC         N
O          C    G           ##CC#.G#CC.###C#C##CCCC#.CCGC.C#.GCC..CCCG         O
P          C        CCC   G  G.#C.##C#CC#G#CCC.CC.#.##.GC###.CCGC#C#.#         P
Q      C#      C#         ##  #CCCC.CCCC.#CGCCG.G# C#C C.GC#G.CC#C.GGGC        Q
R      #       #C            G.C.#C##CCC#C##G##C#.##..#      GC    .G          R
S                           .CC#.C##.CC...C##C.#GCC.#  .   CG##     C.         S
T         G       ##C    CC#CCC.##GG..            ###C #    C#  C.C           T
U   #G   G    CC    C    GC...CCC.G                      #  G.                U
V   C.        #CG                .CCCCG.C#C              C#  # C              V
W   .CG  C    GC                                         C# # C              W
X  . .##      C##                                         #.G .              X
Y             CC#C                                         C#  C             Y
Z  C          #.C                                        .... . C            Z
AA            CG                                          CC. #              AA
AB  ..        #C          C = clabber [=curdled milk] (463)    GC .C #       AB
AC  ..        .           G = greens (337)                      # C #        AC
AD  ..    .               # = clabber + greens                   . . G       AD
AE  #C                                                           .C.C        AE
AF     .C.                                                        ..G        AF
AG                                                                           AG
AH                                                               .           AH
12345678901234567890123456789012345678901234567890123456789012345678901234567890
         1         2         3         4         5         6         7
```

GULF STATES 18B

```
12345678901234567890123456789012345678901234567890123456789012345678901234567890
         1         2         3         4         5         6         7
                                    ##.#IDI####.I##.D.I#I#I#
A                                                                              A
B                          #####D###. DDD#DDID#D##.I##.DI#######D.#ID#         B
C                          #.#I.##DD  .##DD.###D#I#I###DIID.#II.I#####         C
D                          IDIDD###.##DD.#D#IDD#DDDD####II#DII####I            D
E                          #D######IID#D.ID.I#ID###I##D#DD###                  E
F                          D..DDD#.ID#DDD#.#I##D.##I##D#DD###IDI               F
G                          #I#I###D.DDDDDD#DD.#D###ID#.DDD##D##D#D             G
H              D     ##     #DD.IIDI#D.D##D#I##I#DDD#####I.#.DDDI#              H
I          D               DDDID#IID#DDI###.##D#IDI##DID#D##I.I#DDD            I
J          .    #     #     DII#ID.DDD.#DDD#DIDD.#DD#D#DDD#.#####D.D           J
K      # DI#               D# I.D###I#DD#IIDIDDDD##DD#.D###IDDD#D#.DD#D        K
L      D#.    ##           II #I#I11.##.#DD###DD#DII###DDI##.####D.I#.D.       L
M      #      #            D####D#DID##.#ID#ID#II#DDDDDDD###DDI.D#D#.          M
N      D                   IDDDI#.######I###DDD.I##ID#D##I###DDDDDDDD          N
O        #          #       I##D#D.##D#DDDI.#ID##DDD##I##IID##DD..##D          O
P          D        I#I    . #DIID#DD.##DDD#DD.#.DDDI#DD##D I##I#D#D          P
Q      ##       D.        I#  #####D.#D######D##.DD# #DI #D##D#DDD#.D.D..      Q
R      #        ##          #IDD#IDD#D#DD#DDDDDDI##D.#    .I    D D           R
S                           ID#I#I#IIDI#DDD##DD#DD#DI   .  #D##    D.         S
T         D       ##.    #.#DD..DDD.I            DIII #    ## I#D            T
U   DD   I    DD    I    DIID#.D#..                      #  DI               U
V   DD        #II                .D.DDDDD#DD             DDD # I             V
W   DDI   .   #.                                         D# D #             W
X  D DDD      .##                                        D# ## #             X
Y             DDDD                                        D#  #              Y
Z  #          DDI                                        .### I #            Z
AA            DD                                         D#. #              AA
AB  D.        .#          I = iodine <{ie}-> [monophthong/short glide] (496) D# DI D   AB
AC  .D        D           D = dog <{aw}> [upglide] (684)              # D . #         AC
AD  #.   #                # = iodine <{ie}-> + dog <{aw}>              . . D          AD
AE  #.                                                              ID.I       AE
AF     .##                                                          DDD        AF
AG                                                                  I          AG
AH                                                               D             AH
12345678901234567890123456789012345678901234567890123456789012345678901234567890
         1         2         3         4         5         6         7
```

GULF STATES 19A

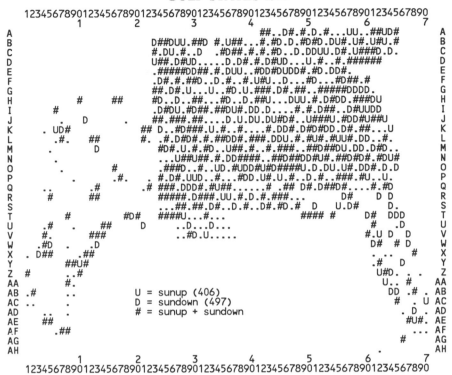

```
    1234567890123456789012345678901234567890123456789012345678901234567890
             1         2         3         4         5         6         7
A                                        ##..D#.#.D.#...UU..##UD#           A
B                              D##DUU.##D #.U##...#.#D.D.#D#D .DU#.U#.U#     B
C                              #.DU.#..D  .#D##.#.#.#D..D.DDUU.D#.U###D.D.   C
D                              U##.D#UD.....D.D#.#.D#UD...U.#.#.######       D
E                              .#####DD##.#.DUU..#DD#DUDD#.#D.DD#.           E
F                              .D#.#.#.##D..D.#..#.U#U..D...#D...#D##.#      F
G                              ##.D#.U...U..#D.U.###.D#.##..#####DDDD.       G
H                              #D..D.#..##..#D..D.#U...DUU..#.D#DD.###DU     H
I                 #      ##     .D#DU..#D##.#DU#.DD.D....#.#.D##..D#UUDD      I
J                              ##.###.##...D.U.DU.DU#D#..U###U.#DD#U##U       J
K           .    D        .    ## D..#D###.U.#..#....#.DD#.D#D#DD.D#.##...U   K
L             .  UD#           #..#.D#D#.#.##DD#.###.DDU..#U#.#UU#.DD..#.     L
M             .#.      ##       #D#.U.#.D..U##.#..###..##D##DU.DD.D#D.       M
N                  D            ...U##U##.#.DD####..##D#DD#U#.##D#D#.#DU#      N
O           .                  .###D..#..UD.#UDD#U#D####U.D.DU.U#.DD#.D.      O
P           .        #      .#..#.D#.UUD..#..#DD.U#.U.#..D.#..#.U..U.         P
Q          ..       .#     .# ###.DDD#.#U##....# .## D#.D##D#....#.#D         Q
R          #        ##      #####.D###.UU..#.D.#.###...    D#    D D          R
S                             ...##.#D..D.#..D#.#D.#.# D   U.D#    D.         S
T           #             #D#  ####U...#....       #### #     D# DDD          T
U           .#.    .   ##      D      ..D...D...             #..#  .D         U
V           #..     ###         ..#D.U.....                 #.U D  D          V
W          .#D  .   .D                                      D# # D            W
X        . D##    .##                                       .... .            X
Y              ##U#                                          .# D              Y
Z       #       ..#                                         U#D. . .           Z
AA               #.                                         U.. #  .          AA
AB      .#    ..          U = sunup (406)                   DD .#. #          AB
AC      ..                D = sundown (497)                  #  . U           AC
AD     ...  .             # = sunup + sundown                .D . D           AD
AE     ##                                                   #U#..              AE
AF     .##                                                  ...                AF
AG                                                          #                  AG
AH                                                          .                  AH
             1         2         3         4         5         6         7
    1234567890123456789012345678901234567890123456789012345678901234567890
```

GULF STATES 19B

```
    1234567890123456789012345678901234567890123456789012345678901234567890
             1         2         3         4         5         6         7
A                                        #NW###WNN#..N#NNNNNN##NN           A
B                              .W#WWW.##. N#W###W.WWN##W#NW#.##W#N###NNWN    B
C                              WN#.##WW#  .W###W#WWWW#W#N#WWN###NN#WNNNN.    C
D                              ##.#NNW#WWWN##W#N..#N##WNNN####N#NNNNNN       D
E                              #WN#N#W####W#WWWWN#..##W####N.                E
F                              WW###WW#WW#WWW.##NNW##.#.NN.N..WNN#W#         F
G                              .N##NW#W#W#.#.#WW.#NNW#W#NW.#NN##N###N        G
H                   .    .W     .W.####NW#.WW##.NN#NNN#N.N#W####WWW#W.WW      H
I                              WWNNN.WWWN##N#WN####WWN.#N##WW###W.WW         I
J           W    W        #    ####N#.#WWNWWWW#WWWNN##W#####W###N##.#W       J
K         W ###                W# WWWWW#.W.W###W### .WN####W###W#N#W###..    K
L         N#W      NW          #N W##WNW#.W#W#.#W####W######WNW######WWW#    L
M           #                  #WW.#WWWW#WW#W#NW#.#####W#######WWWW#.W..     M
N           #                  WWW##W##W#W#W#NW##W#NW#W#NWN##NW#NW.WW#W       N
O          #          W        N#WWWWW#WWNNW##WN#.N.##WWW####.N#WWW          O
P          #         N#W   W  NW.W#####NN#W.###WN#NW###W#NWW.###NNN###       P
Q         W#       W#     N# #NW#WW#W##W######## .#W WWNN..#WW#.WW.W#        Q
R         #        WN           #.##W#######WW####WW#NNWWWNWN  WW . W        R
S                             #W.W#W.WWW#.#.#####W#.#  #  WWNN   WW          S
T           ##   .  #W    N    WWWW.W##W#           W#W# #    .W  #WW        T
U           WW      W#W         .##W##WW#WW                  N .#            U
V          WW       W#W                                     .W# W            V
W         ##W  W    W#                                      #W # W           W
X        W ###      WWW                                     W W #.           X
Y              WN##                                         .#               Y
Z       .      #.#                                          W##W  W N        Z
AA              WW       N = Nelly <-{l}-> ["clear 'l'"] (504)  W#W #        AA
AB      WW    ##         W = write |-e..| (691)                 W# W. W      AB
AC      .W    #          # = Nelly <-{l}-> + write |-e..|        #  W N      AC
AD     WW W                                                      W W W       AD
AE     #W                                                        ##W#        AE
AF     W#N                                                       ###         AF
AG                                                              #            AG
AH                                                          W                AH
             1         2         3         4         5         6         7
    1234567890123456789012345678901234567890123456789012345678901234567890
```

GULF STATES 20A

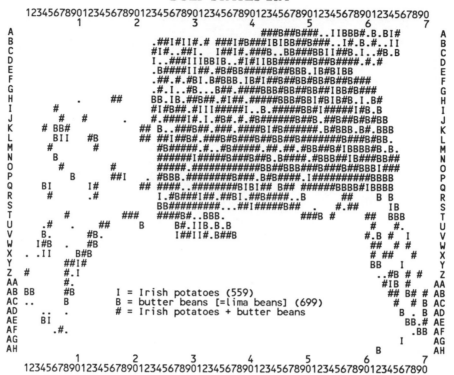

I = Irish potatoes (559)
B = butter beans [=lima beans] (699)
# = Irish potatoes + butter beans

GULF STATES 20B

A = oysters |QF./-| (504)
B = oysters |QM./-| (164)

GULF STATES 21A

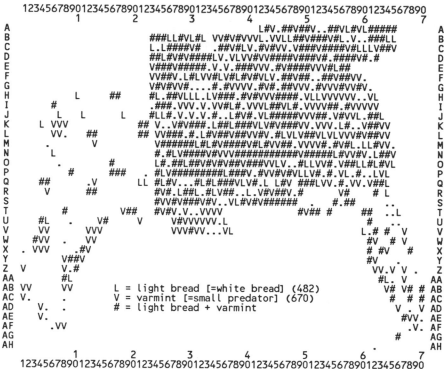

L = light bread [=white bread] (482)
V = varmint [=small predator] (670)
# = light bread + varmint

GULF STATES 21B

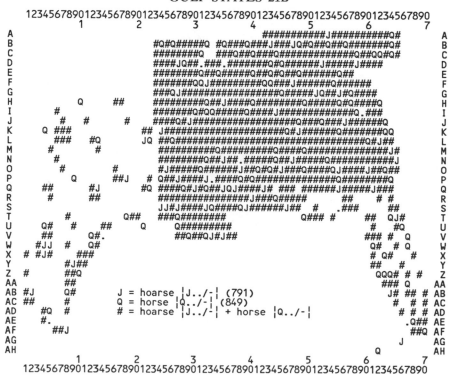

J = hoarse |J../-| (791)
Q = horse |Q../-| (849)
# = hoarse |J../-| + horse |Q../-|

GULF STATES 22A

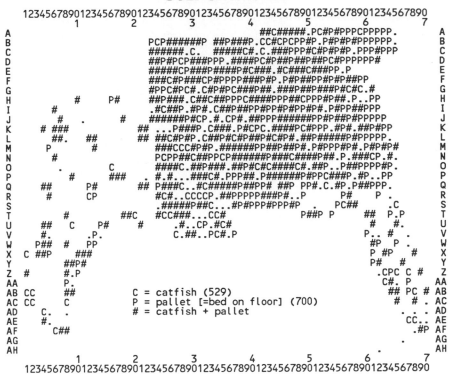

C = catfish (529)
P = pallet [=bed on floor] (700)
# = catfish + pallet

GULF STATES 22B

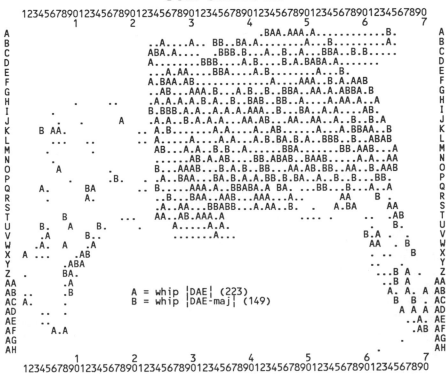

A = whip |DAE| (223)
B = whip |DAE-maj| (149)

GULF STATES 23A

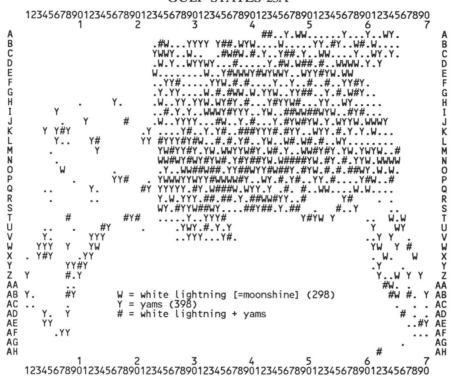

W = white lightning [=moonshine] (298)
Y = yams (398)
# = white lightning + yams

GULF STATES 23B

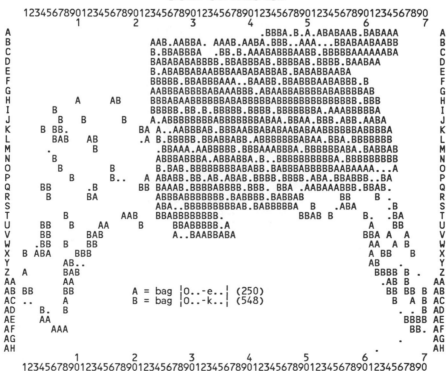

A = bag |O..-e..| (250)
B = bag |O..-k..| (548)

GULF STATES 24A

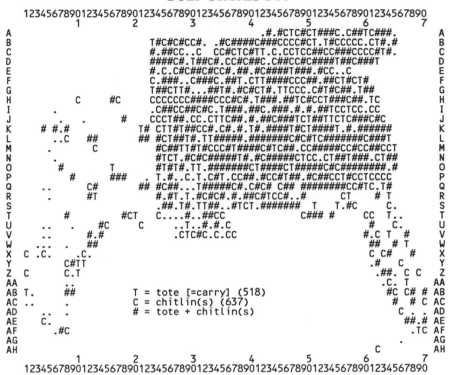

```
     1234567890123456789012345678901234567890123456789012345678901234567890
              1         2         3         4         5         6         7
A                                                  .#.#CTC#CT###C.C##TC###.                  A
B                                          T#C#C#CC#.  .#C####C###CCCC#CT.T#CCCCC.CT#.#       B
C                                          #.##CC..C  CC#CTC#TT.C.CCTCC##CC###CCCC#T#.        C
D                                          ####C#.T##C#.CC#C##C.C##CC#C####T##C###T           D
E                                          #.C.C#C#C#CC#.##.#C###T###.#CC..C                  E
F                                          C.###..C###C.#T.CTT####CCC##.##CT#CT#             F
G                       C      #C           T##CTT#...##T#.#C#CT#.TTCCC.C#T#C##.T##            G
H                                          CCCCCCC####CCC#C#.T###.##TC#CCT###C##.TC          H
I                                          .C##CC##C#C.T###.##C.###.#.#.##TCCTCC.CC          I
J                   .     .        #        CCCT##.CC.CTTC##.#.##C###TCT##TTCTC###C#C        J
K         # #.#                             T# CTT#T##CC#.C#.#.T#.####T#CT####T.#.######     K
L          ..C      ##                      ## #CT##T#.TT#####.#######C#C#TC#######C###T     L
M            .       C                      #C##TT#T#CCC#T####C#TC##.CC#####CC#CC##CCT       M
N          .                                #TCT.#C#C#####T#.#C#####CTCC.CT##T###.CT##       N
O           .#       T                      #T#T#.TT.#######CT######C######C#########.#      O
P         #         ###                      T.#..C.T.C#T.CC##.#CC#T##.C##CCT#CCTCCCC        P
Q       ..     C#                           ## #C##...T#####C#.C#C# C## #######CC#TC.T#       Q
R       .      #T                           #.#T.T.#C#C#..##C#TCC#..#       CT    #T          R
S                                           .##.T#.TT##..#TCT.#######   T  T.#C   C.          S
T            #          #CT  C....#..##CC              C### #      CC  T..                    T
U       ..    .    #C   C    ..T..#.#.C                          # .C                        U
V       ..      #.#              .CTC#C.C.CC                      #.C T  #                    V
W       .:.   . ##                                               ## # T                      W
X     C .C.     .C.                                              C C# #                       X
Y              C#TT                                               .# C                        Y
Z     C        C.T                                               .##. C C                    Z
AA                                                               .C. T                       AA
AB    T.       ##          T = tote [=carry] (518)               #C C# # #                   AB
AC    ..       .           C = chitlin(s) (637)                  # # C                       AC
AD    ..    .              # = tote + chitlin(s)                 C .. .                      AD
AE    C.                                                         ##.# #                      AE
AF      .#C                                                      .TC                         AF
AG                                                                .                          AG
AH                                                              C                            AH
              1         2         3         4         5         6         7
     1234567890123456789012345678901234567890123456789012345678901234567890
```

GULF STATES 24B

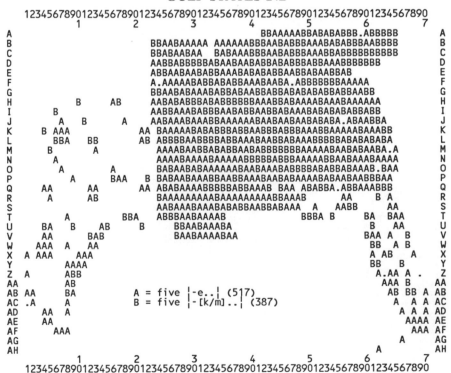

```
     1234567890123456789012345678901234567890123456789012345678901234567890
              1         2         3         4         5         6         7
A                                              BBAAAAABBABABABBB.ABBBBB                      A
B                                        BBAABAAAAA AAAAAABBBAABABBBAAABABBBAABBBBB           B
C                                        BBABAABAA  BABAAABBBAABABBBBAAABBABBBBBBBBBBB        C
D                                        AABBABBBBBABAABAABABBABABBBBABBAAABBBBBBB           D
E                                        ABBAABAABABBAAAABABAABAABA.ABBBBBBBAAAAA            E
F                                        A.AAAAABABBABABBBAAABAABA.ABBBBBBBAAAAA             F
G                                        BBAABABAAABABBABAABBBABBABABABABBABBAABB            G
H                       B      AB          AABABABBBABBBBBBBBAAAAABBBAAAAAAAAAA              H
I               B                          AABBAAAABABBBAABBBBABAAAAABABABABABBAAAAAA         I
J             A     B       A              AABAAABAAABBAAAAAABAABAABAABABABA.ABAABBA          J
K          B AAA                   AA      BAAAAAABABABBBABBAABBBABBBAAABBAAAAABAAABB         K
L          BBA    BB               AB      ABBBBAABBBBAABBAABBBAAAABBBBBBABABABABA           L
M          B      A                        AAAABAABBABABBAABABBBBBBBAAAAABAABABAABA.A        M
N          A                               AAAABAAAABAAAAABBBBBABBBAAAAABBAABAAABAAAA        N
O            A        A                     BABAABABAAAAAAAABAAABABBBBABAAAABBBBAABB         O
P               A         BAA     B        BABAABAAABBAABBAAABAABAAAAABABAABBAABBBBAA         P
Q         AA       AA                 AA    ABABAAAABBBBBABBAAAB BAA  ABABBA.ABBAAABBB        Q
R         A        AB                       BAAAAAAAAAABAAAAAAAABBAAAA  A  AABB  AA           R
S                                          AABAAABAAABABABBAABBABAAA A  AABB  AA              S
T            A          BBA   ABBBAABAAAAB              BBBA B    BA  BAA                     T
U       BA    B    AB   B    BBAABAAABA                          B  AA                       U
V       AA       BAB          BAABAAAABAA                        BAA A  B                     V
W       AAA  A  AA                                                BB  A B                    W
X     A AAA     AAA                                              A AB  A                      X
Y              AAAA                                               BB  B                       Y
Z     A        ABB                                               A.AA A .                    Z
AA             AB                                                AAA B                        AA
AB    AA       BA          A = five |-e..| (517)                 AB BB A                     AB
AC    .A       A           B = five |-[k/m]..| (387)            A  A A A                     AC
AD    AA    A                                                   A A A A                      AD
AE    AA                                                        AAAA A                       AE
AF      AAA                                                      AAA                          AF
AG                                                               A                           AG
AH                                                              A                            AH
              1         2         3         4         5         6         7
     1234567890123456789012345678901234567890123456789012345678901234567890
```

INTERIOR 1A

```
         1234567890123456789012345678901234567890123456789012345678901234567890
                  1         2         3         4         5         6         7
A                                              #GP###G###P.##P##.#P#.PP              A
B                                     PP##P#.PPP G#P###P.##....##P##P##P#G.PPG.G     B
C                                     #PPPP#G#G  .G.PP..P#.....PPP#P#P##GPGP##P#G    C
D                                     P#PPGGPPP#P....PP#GPGP#GPP#P##GP#GG#G#PP       D
E                                     PPP#P##PPP..P..P.#PP#G##P##G#P.##.P            E
F                                     ..PPG.G#G.#P.GG..G#PPPPGPP.#PPG.PPPPG#         F
G                                     .#P.P.#.....P##.G#PPP.#GPG#PP#G.PP#PP.#        G
H                P       P#            P##.#G.GGP.G.G##PP##G#P.G##P.GP..#.P..P.       H
I              .                       .PP##..GPPPPPP##P.#..P.#PP#.#PPP..PPP..       I
J        .P    G        P             .PP###....#..P.P##.P###GG###GP.GPPG.GGP.      J
K      P #.P                          G# P.P#GP..G.GPP.#GP#G##G#PP##.##.GP.....##P   K
L        #P.    ##                    .# G#GGG.P...####P#GP#PPP..PG...P.##PP.PP..    L
M         .  #        .                P.#G###.PPG.##G##..P..#P.P.###.#PPP.##..G     M
N         #                            #G.GG...PPGG##G####G#..##P..P.P#PPG###..P...  N
O         P          #                 #P###...GG.P.P.#.G###PP.PP#.GP.GPP.P#P#....   O
P           P      #GP                 #.....G#...#.PP.#..##PP.#PP###.PGPP.#P...#    P
Q       PP       G.              ## ##.....G.##G#G..P..P ### #P.P...P#.P#.#.PG.      Q
R       P         .#                   #P#....GPP.G.#....P...#..#                    R
S                                      ......#G.G....G..G.P.GPGP   .   #.##          S
T           #           P#.    G....G......              ##PP #    #.  . ...         T
U       ..    .     GP  G     ...G......                         #..  G  .           U
V       ..          ...                                          #..  .             V
W       ...    .  .#                                             #. #  .             W
X    G .G.     ...                                               G G.     P          X
Y            G.G#                                                .G       .          Y
Z    #       P.P                                                     .  .  G         Z
AA            ..                                                 PP..                AA
AB    ..      P.          P = pulley bone [=wishbone] (463)      .. P# P             AB
AC    ..        .         G = goozle [=trachea] <gewzL/guezL=14> (348)   . G .       AC
AD            .           # = pulley bone + goozle                    . . .          AD
AE    ..                                                              ....            AE
AF    ...                                                             ...             AF
AG                                                                   .                AG
AH                                                                                    AH
                  1         2         3         4         5         6         7
         1234567890123456789012345678901234567890123456789012345678901234567890
```

INTERIOR 1B

```
         1234567890123456789012345678901234567890123456789012345678901234567890
                  1         2         3         4         5         6         7
A                                              ..R..RP#RRR#R###...#R.R#              A
B                                     ..P.#.R.R.  .R#P...P#R....R#R.R#.RR.P....R..    B
C                                     ..#P.#RRP  R#R.RRPR#R....RP.R..RR#.......R.     C
D                                     P..#RR.P.#P....#.R.#R##.R##.RPRRPPR.PP.R        D
E                                     P.#.R.P#P.P....P.RR.#P..#R#P...P.P.             E
F                                     R..PR.R.#.RR.#..P.RRR.RR..RR.R.#RR...          F
G                                     ...P..R..RRPR.P...R#PR#P.PRPR#.R.RRRRR.         G
H                .       P.            ....P.....RR.R#RP.RPPR..P..R.P.R....R..R       H
I              .                       RRR.PR.RR#RPR.RR.R#......#...R.#R...#.RR       I
J        .            R        .      ...RP.R....P..RR#...R#PPP...R#.R..RR.PRR..     J
K      . ...    R              .      PP .P#.R##RRR..#RR.RRR.RR.R..#...R.PP..R.#     K
L      ...      PP                    .. .PRP.P..PR#R#P...R#..RR.P..PPRR#.#...PR.#    L
M         .  .        .                .RP#RRRPPP##PPRRRR#R.#RR..#.PP..RR.PRRR..     M
N         .                            RR.R.####.#.###RR#.#.PPR..RRR##RRR..#..R.     N
O         R          .                 #.RPR##..##RRR#.RP.RRR#.R#RRPRR.RR..RRR.R.    O
P           R      .P.                  R#.RR.RP..#RR.R.RRR.#.P.R.#R..RRR....        P
Q       ..       P.              .# R......R#.#RR.PRR..R RR. RR#.##.#...RRR.#        Q
R       R         R.                   RPRP.P.R##R..PR...R...R...    .P   R .        R
S                                      ...R.RRR.RR......R....R...    RRP#   ..       S
T           R           ..R    G..........P              RP.. P    #R   ...          T
U       ..    .     ..  R     ..........                          .R. R   .          U
V       .P.          ...                ..........#                RR  R  .          V
W       .P.    .  #R.                                             . .. P             W
X    . P..     .P..                                              P. R                X
Y            .P..                                                ...  ..              Y
Z    .       ..                                                  .R. .                Z
AA            ..                                                 .R. .                AA
AB    ..      ..          P = little piece [=short distance] (206)  .. .R R           AB
AC    ..        .         R = reckon [=suppose] (357)              . R .              AC
AD    ..      .           # = little piece + reckon                . . .              AD
AE    ..                                                           .P.. .             AE
AF    ...                                                          ...                AF
AG                                                                .                   AG
AH                                                                                    AH
                  1         2         3         4         5         6         7
         1234567890123456789012345678901234567890123456789012345678901234567890
```

INTERIOR 2A

```
  1234567890123456789012345678901234567890123456789012345678901234567890
           1         2         3         4         5         6         7
A                                        C.C.C...T#CTT#TTTTTT#.##              A
B                            C..C##C### CT#TT...#.....C##C#.TT#C...#C###        B
C                            ..T..#CT.  .#...C#CCC....TCT#C..#CC#..TC#TT        C
D                            CC##T#T.TTCC...CCTC.CCC####C#T.CCC####T#           D
E                            .#CTTT#.C....C.T.C##CC#CC##.##.#.C#                E
F                            C#..C.#TC.C...CC...CCCCC.CC#C.C..#C#C              F
G                            .C...T.....C#..CC#..C.C#.CC..CTCC.##CCT            G
H               #      T.    .C.....#...CC.CTCC.T#TTCT.CC.C.CC...T#..C          H
I                    .       C.#C.#..##.##C#..TC...TCCCCCCC#CC...C...           I
J               .        .   C..##C..C.C..CC.C.CCC.CCC...C.C.C.CCCCC            J
K            . ...      ..    .CC#CTCCCC...C..C.C##TC#.CCC...C.C.C...#.         K
L            ...     C.  C    CC ..T..C#..C#.#.#C.CC.C...CT#C#C.CC.C...         L
M              C       C      ..CC.C#.CCC..CCC#C..C..#..C..C.C.C.C..C...        M
N              .              .C.CT...CC#C..#.CT#.CCC#..C...CCT.#CCC.C.#.       N
O              .      C       CCCC#.C..C.#.##TC#.#C#.C.#T.CC.........          O
P           .     C       .#.  C C#CC...CC..#CC###...#.T#CCTCC..CC.CT.CCC.      P
Q          ..       C.        CC TT......C.#CTCT.T... #C# #..CC..C..C.....      Q
R          C      CC          CCC.CT...#.C.#...T#CT.#.C#     .C                R
S                             ..CC.CCCCC....T..C....CC  C    CCC.              S
T          .         .CC      ..C..CC.C.C.       #T.T C        .C             T
U       ..    .   C.    .      ......C...                      C               U
V       ..       ...          .........C.                     ... .           V
W       ...  ...                                              .. . C           W
X      .  ...    .C.                                          C.. .            X
Y             .CC.                                            C.. .            Y
Z      C       CCC                                            ..... .          Z
AA             C.                                             .C.. .          AA
AB    ..     ..          C = crib [=corncrib] (406)          TC .. T          AB
AC    ..                 T = tommyto [=cherry tomato] (191)    . . .          AC
AD    ..   .             # = crib + tommyto                    . . .          AD
AE    ..                                                       . . .          AE
AF    ...                                                      . . .          AF
AG                                                                .           AG
AH                                                                            AH
           1         2         3         4         5         6         7
  1234567890123456789012345678901234567890123456789012345678901234567890
```

INTERIOR 2B

```
  1234567890123456789012345678901234567890123456789012345678901234567890
           1         2         3         4         5         6         7
A                                        RR...R.###..RR##CR##RRR#              A
B                            C.#CR#CCR. C#RR#..R#.....R#R..#R#.#CR..#R.#        B
C                            ..##.###.  ##RCR..R#R...#..#.R###C.#R###R#        C
D                            .C.#RRR...CC..C##.#RC#RR.C#C#.CR#C#R###R#         D
E                            .##.R#RC.C.R.C.#.#R.#.#.#R#R.R.                   E
F                            C..RC.#.#..C.R.R#RRRC.CC...#..CC#R..C.            F
G                            #.R.R.C.....##RR.#CCR.#CC.C.......RCCRR           G
H                    C   ##   .C.....R#...CC.C#C##CR...RR..C.....RR            H
I              R             .##CC..#C#C.RRRR.RRC.R..CC...CR#R.#R..RR          I
J              #     .        ..C#CR..CRC#.R...R.C...#R#R.#..R..R.....         J
K            . CC.            C. ...RRR...RC#CR..C.#CRC.R.#R..R......R#.        K
L            ...     ##       R. R.C.##C.RR##...#.C....C.C#RCR#R#.C.C...       L
M            C                #.##.CRR#R.C#.#R#..C..##....CRR...CCRRR.R.RR      M
N            .                .#.###R#RCR.C.#R.####.##C.RR.R#R.RR.......       N
O            .                C###R#R.#RRR##.C#R###CR.####.R..#.CR......      O
P                 C           R#R  #.#C.#.#.C#.RRCC..RRR#.C..C.R.RR#.RR...C     P
Q          C.       ..        .#  #RR....RC#C.R.R..CRC .## ##RR#R.#...R.....    Q
R          .        .#        #.R.#..#.C.RRR#....#CC.#..#   .C  ..             R
S                             C..R.RR##RR....R...RC##R.#   .    .RR            S
T          #         #CR      #.RR.C..R..      ....C...         #R    ...      T
U       ..    .   #...         ....C...                       R.. R.          U
V       ..       #...          ...R.......                    RR  R. .         V
W       ...  .    .C                                          .. . .           W
X      .  .#.    R#.                                          .. . .           X
Y            #.RC                                             ... . .           Y
Z      C       ..R                                           .... C            Z
AA             #.                                            RR. C            AA
AB    ..     ..          C = Christmas Gift/Give [greeting] (302)  .C .. C     AB
AC    ..       .         R = right smart [=quite a bit] (369)     C  R . .     AC
AD    ..   .             # = Christmas Gift/Give + right smart     . . .       AD
AE    ..                                                           .#.. .      AE
AF    .RR                                                          C.. .       AF
AG                                                                R             AG
AH                                                                             AH
           1         2         3         4         5         6         7
  1234567890123456789012345678901234567890123456789012345678901234567890
```

INTERIOR 3A

```
          1234567890123456789012345678901234567890123456789012345678901234567890
                   1         2         3         4         5         6         7
B                                      #T#.####B# TT##BTT.##BT.TB##B##B#T#TB.T###B                    B
C                                      ####TT...   T.T#T.TT#BBTT.T#B##BB###TB..###B                   C
D                                      T#TT##T#T......#.T###TT#####T###B.T##.T#                       D
E                                      T#T#T.T.T..TTTT#B##T####B#.B#B#BB#                             E
F                                      BT#.T.B.T.TTBT.B##B#BT#.TT#T..########                         F
G                                      .#..T.T...BT#.#.T###TB#B.BBB######.##B#                        G
H              T      T#                TT.TTT..T...T###TBT###B..##T.####T###.B##                     H
I                                      T##TTT..TT##TT#TTT###.TT#BB###.T#.#####B                       I
J          .                           #BB###..T..#T#BT#T.TT####.#BTT##T#TB##T##                      J
K       . #T.          T   T   T       .# TB.#TB....T#####.BB.T#.##B###TB#T#.####BT                   K
L       ...     B#                     .T .T##T.T..###T.TTT.BBT.TT#####TTB##B.TBB.B                   L
M              .     T                  TT#.#.T.B.T.####BB###.B.#####B#B.B.B#.T.                      M
N         .B                            ##.#T.B#B#B.#####BB######T#BT#..B.#B....B.                    N
O         #           #                 #B###.TT.###B##.BB#BB#BBTBB###..BBB#TBTB..                    O
P                    ##.                .#.B#.......B.B#TBT..B.BBB#BB.B.TB.BTBB.T#.                    P
Q        T#       BT         #T B#B....TT#B##.TB.T.# .#B B.TB##.BB..B#BBT                              Q
R        .        TB                    #T#..B...#..BBBB..BBB.B..B                  B.     B           R
S                                       .....B...B...  #.BB...#.TB#B       .   #.BB        BB          S
T           B       TB#                 .....B...B...        .T#T # B#  T..                           T
U        .T     B    ..     B           .....T...                        B .                          U
V        ..           ..                .......T...                        ..# B .                    V
W        ...     .B                                                        B. B B                     W
X      . .TT     .T.                                                        ..T   T                   X
Y                #B..                                                       .B  .                      Y
Z     T          ..T                                                        .....                     Z
AA               #.                                                          BT. .                    AA
AB     ..     T.           B = branch [=creek] (455)                         BB B. B                  AB
AC     ..    .             T = terrapin [=tortoise] (458)                     B  . .                  AC
AD     ..  .               # = branch + terrapin                                . . .                AD
AE     ..                                                                       . . . .               AE
AF        .TT                                                                   . . .                 AF
AG                                                                                .                   AG
AH                                                                              .                     AH
                   1         2         3         4         5         6         7
          1234567890123456789012345678901234567890123456789012345678901234567890
```

INTERIOR 3B

```
          1234567890123456789012345678901234567890123456789012345678901234567890
                   1         2         3         4         5         6         7
A                                      F.C#..##F###CCCCCF#CCCCC                                        A
B                                      ..#.CF#C#. C...#F.C.#C#F...#CCC.CC.CC..#CCC                      B
C                                      FFC..CCCC  .CCF#C.FFCC...C..C.CCCCCFC.C.#C.                      C
D                                      FCC#CC.CF#CCFF.C.#C.CFC.CCCC#C.CCCC.C.CC                         D
E                                      .#.#C##CC..#.F....F##.C#.C.FF.CCCCC                              E
F                                      ..CCC.C.CCCCCCFCC#C#CCFCC...FC.FCCCC#C#                          F
G                                      ..C.F.#CC....C.FC#C.#.#FFF.FC#CCC#CFCC#                          G
H          C        .C                 CC.F.FCC.CCCC..FF.C##.F.####C.CCF.F#CF.C                         H
I      C                                CC##CCFCC#.CC#CCC.#FF.FFC#C.CF#C#....CCC                        I
J       C       .        #              ...C.CCCCC#.C#...CC.####.F.#C#C.###..C..                       J
K     C C.C                    #F F.CC.#.CCCCCCCC.#C.C-.FFFC#CC.CCCC.F.C#F.                             K
L       FF.      F.    F.   F. F#CF#.CC.##CCFCCCC#C.FC..F#....CC.#.FC.F.                                L
M     C         .                      C.C.##C..CCCC#CC##FFCC.##F.C.#.#.CCF.#..F.                       M
N       C                              .C#C#CCCCC#C#.##C#.C#F.F.C.FC.FC#C#CCCC                          N
O       C        C                     ..###CCC#CC#C.FF.#CCF#CF...FCCC.C#.C#CF..C                       O
P              ##.                      . #C#..CCCF.CC#CCCCC.CCC.F#FC...CCC#F.#C.FC#                    P
Q      CC     CC      F# CCC....CCCCC#CCC...C# FFC #C.C..CC..C#...                                      Q
R      F       C.                      #C#....CCC#.##.C...#C#.CC.#     #F    C F                        R
S                                      C.C...CC..C...FCC.FCCFCC..  C.# F  #.#C                          S
T          #       FCC                 .CCCC..C...        C..# F    #F   ..F                            T
U     #C      .   CF    .               CC..C.C..F                 C   ..                              U
V     C.          CF.                   .#........F                #C.  .                              V
W     FC. C                                                         FF  C .                            W
X   C ...     .C.                                                    . F#   C                          X
Y            FCCC                                                    .F .                               Y
Z   C        #C.                                                      ..CC . F                         Z
AA           .C                                                       F#C .                            AA
AB   FF       ..          F = fell off (the bed) (263)                FC .C                            AB
AB                        C = can't <ai> (501)                         #  # . AC
AC   ..     F                                                                                         AC
AD   ..    F              # = fell off (the bed) + can't <ai>             . . F                        AD
AE   ..                                                                   C.C.                         AE
AF     ..C                                                                ..F                          AF
AG                                                                        .                            AG
AH                                                                    F                                AH
                   1         2         3         4         5         6         7
          1234567890123456789012345678901234567890123456789012345678901234567890
```

INTERIOR 4A

```
      1234567890123456789012345678901234567890123456789012345678901234567890
               1         2         3         4         5         6         7
A                                          #H..CCHCH.H.#C....CCC#CC                A
B                      .H#CHCC.C. CC###.#.......C#.H.HH.##..CHC.HC              B
C                      #.#..HHH.  .C.C..H.#.....HCCH.HH#CC..CCHCC              C
D                      C###HH##.CC.....H..C.CCHCC#C.HCHCC.CCCHC              D
E                      .C#HC#CC#CC..H...C...#C.#HC..#C#..C                   E
F                      ..CCHC..C..CC..CC..C...C..#....CHCC.#               F
G                      HC....H.......H........#.#...HCC.C#.CC              G
H                      #C....H#..H.CH.#..H....C#C......C...C            H
I                      .#CHC#..HC.HH.#C...HCH......C.......            I
J               .      HC#.C#C....H..C....H.#.HCH.H............        J
K          C  .   C  #      H      .C  ..#.#..H#CC#H..C.C..CC.#.C.....C...C.        K
L          C      C.        ..  ..CH....C#H...HC.........CC.C..CC....C..        L
M          C      .         .C.#....C.C.#....C...CCC..C....C...        M
N          .C              H..#.C......HC.#..C..H.......C...        N
O       .C#       .C.      #.C#....C.H#H.CC....C..H..C....H..        O
P          #    .C.    .      CCCC#C..C.C..H...C.CC...C....        P
Q       C.      HH        ..  CH..........C #CC H..H...........C        Q
R               ..        #.#........C.C.#........                R
S                         .H....H......#HH.H.  .  ..C.    ..        S
T          C      H..      ........H...      ....  .  ...        T
U    CC  C   ..   H      ...H......            #  .  ...        U
V                         ..........                ..  ..        V
W    .H.  .  .H                                     ..  .        W
X    . ...                                     .  .C  H        X
Y       H.HH                                   ..  .        Y
Z    .    ...                                     ....  C  .        Z
AA       ..                                         ...  C        AA
AB  ..     .C       C = counterpane [=bedspread] (231)           .C ... .  AB
AC  ..   .         H = hunker down [=crouch] (153)             . . .  AC
AD    ..  .       # = counterpane + hunker down              . . .  AD
AE    ..                                                 .... AE
AF    ...                                                 ... AF
AG                                                      .   AG
AH                                                      AH
               1         2         3         4         5         6         7
      1234567890123456789012345678901234567890123456789012345678901234567890
```

INTERIOR 4B

```
      1234567890123456789012345678901234567890123456789012345678901234567890
               1         2         3         4         5         6         7
A                                          MMM....S..S.MSS.....S#                A
B                      MMM.M.S.SM .M#MM.M.M.#M...SM..M..M.M...MS.              B
C                      #S#..S#..  .#MM..M..MS....MM..S##M....M.M#              C
D                      MS.SM#...MM..M.SM.S.MM#..#M..M.S.MSS.M..              D
E                      .M#M.S.MMM.M..M...M#M#..#..M.M#S..                   E
F                      SM#.#..MMM#MM....##SM##.M.M..S.S...M.              F
G                      .M...S.M...S#M.MMSM.M....SM...S.              G
H                      .S..##MM##..#M.#MMM.M..#.#.#...#....M.            H
I                      SS#M.SMMM#M#..MM.M#..M...MM.SM.MS....S.            I
J               M      ...#.M.#M#M#.#.##..S.MMMM.S..M.M#...SM...S.        J
K       . M.M   .   S   MM ..##MMMSS.M.M#M..S.#MM.M.SM.S..M..#..#..        K
L       ...   #M        .. M...#S..#MM.#.M##.MS#..#..M.#S.MM....S        L
M       M      .         ..M.#MMMM..MM##...#..M.M.MM.S.#.....M...        M
N       S                 ##.MMMM##MSS.SM#SS.S.MS..........S.SS.SS..        N
O       S         M       SM#M#M#..###MM.#MMM.MS......S....S.....        O
P       S      MMM      # M#MM#MM....#M#S#...M.M..M.M...M.        P
Q    SM      S.        .# #..MMM....#M..##..S..M..M..SM.SM.M..S..        Q
R    #       S.        #MMS.M.M##.MM##..M#.M.#...  M..  . ..        R
S                      ..MM..M#MMMM#MMM.M..S.S..  .  #....        S
T          M      ...      .#.S..S.M...      ....  .  .S  ...        T
U    S#      .   S.   M      SM.##M....      ....  .  .S  ...        U
V    .S      S..         S..M.......                M.M  ..        V
W    .M.  S              ..                          #.  .        W
X    . ...   .S.                                     S.. .  S        X
Y       ....                                     M.        Y
Z    .    ...                                     ..M.. M        Z
AA       S.                                         .M. #        AA
AB  M.     .M       M = Mississippi <-(I)/(sI)-> ["Mis'sippi"] (330)   .. ... S  AB
AC  ..   M         S = seven <sebM=14> (209)                 S . . . AC
AD    ..  .       # = Mississippi <-(I)/(sI)-> + seven <sebM=14>     ..M. .  AD
AE    ..                                                 ..M. AE
AF    ..M                                                 ..M AF
AG                                                      AG
AH                                                      .   AH
               1         2         3         4         5         6         7
      1234567890123456789012345678901234567890123456789012345678901234567890
```

INTERIOR 5A

G = galluses [=suspenders] (377)
L = (barn) lot [=barnyard] (447)
# = galluses + (barn) lot

INTERIOR 5B

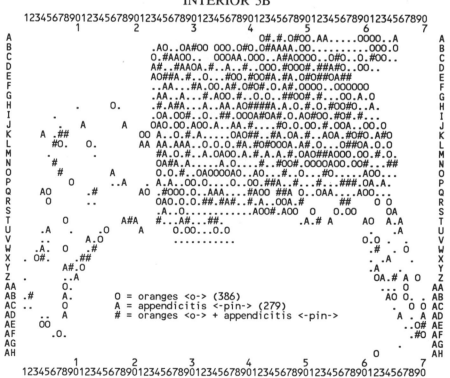

O = oranges <o-> (386)
A = appendicitis <-pin-> (279)
# = oranges <o-> + appendicitis <-pin->

INTERIOR 6A

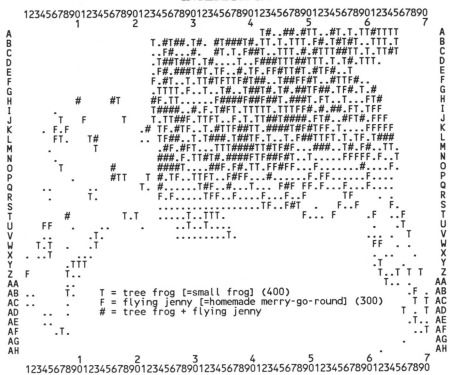

INTERIOR 6B

INTERIOR 7A

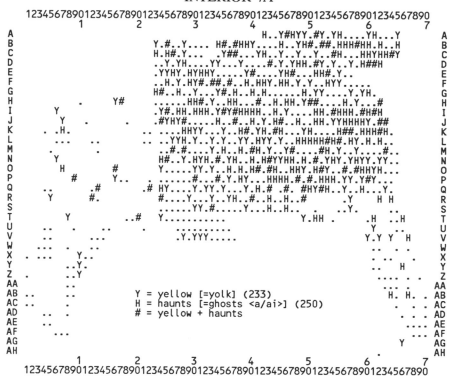

Y = yellow [=yolk] (233)
H = haunts [=ghosts <a/ai>] (250)
# = yellow + haunts

INTERIOR 7B

M = Mary |GB./-| (208)
N = Nelly |K.[B/F]/-| (194)
# = Mary |GB./-| + Nelly |K.[B/F]/-|

INTERIOR 8A

S = souse [=headcheese] (296)
C = corruption [=pus] (206)
# = souse + corruption

INTERIOR 8B

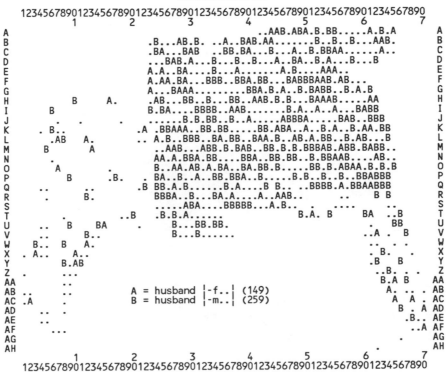

A = husband |-f..| (149)
B = husband |-m..| (259)

HIGHLANDS 1A

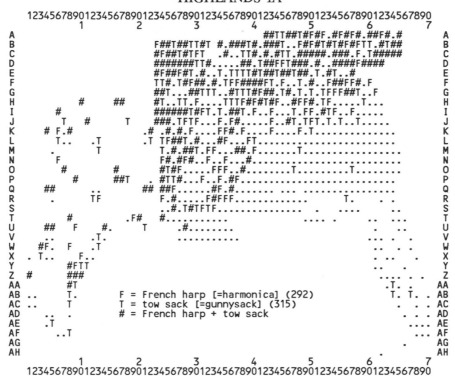

HIGHLANDS 1B

HIGHLANDS 2A

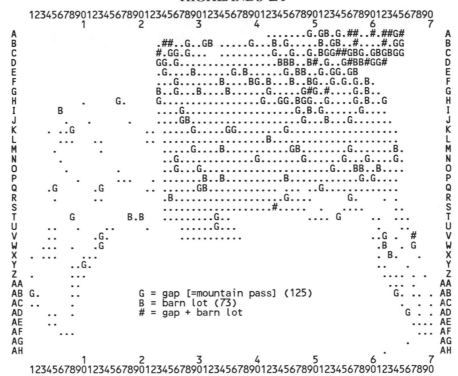

```
      1234567890123456789012345678901234567890123456789012345678901234567890
               1         2         3         4         5         6         7
A                                         ......G.GB.G.##..#.##G#              A
B                        .##..G..GB  .....G...B.G....B.GB..#....#.GG          B
C                        #.GG.G...  ..........G..G..G.BGG##GBG.GBGBGG         C
D                        GG.G........  ......BBB..B#.G..G#BB#GG#               D
E                        .G....B....G.B....G.BB..G.GG.GB                       E
F                        ...G.......B...BG.B...B..BG..G.G.G.B.                 F
G                        B..G...B...B......G#G.#....G.B.                       G
H              G.        G................G..GG.BGG..G...G.B..G               H
I        B           .        G               ....G......G.B.G....G....        I
J              .        .       ....GB........G...B...G....                    J
K        .  ..G          ..  .....G...GG....G...........                       K
L           ...    ..      .......G..B....B.                                   L
M        .        .        ...G...B....GB...G....G..G...B.                     M
N        .                ..G..........G....G...G...G..G.                      N
O         .          .      .G...G.......G......G..BB..B..                     O
P          .    .G    ...  ...B..B...B.......B........G.G...                   P
Q       .G      .G       ...GB.........G....                                    Q
R        ..      ..      .B..............G....      G.                          R
S              .        .            #..            ....                         S
T          G        B.B      .....G..      .... G        ..  ..                T
U        .              ....G...                                               U
V         ..      .G.  ...........           ..G . #                           V
W         ...      .G                         .B . G                           W
X       .  ...            .B.                  . B .                           X
Y          ..G.                                 .. .                           Y
Z        .       ...                            .... .  .                       Z
AA                                              .. .  .                          AA
AB  G.      ..      G = gap [=mountain pass] (125)      G. ...                  AB
AC  ..      .       B = barn lot (73)                     .. .                  AC
AD  ..      .       # = gap + barn lot                  G . .                   AD
AE  ..                                                   .... .                 AE
AF   ...                                                 ... .                   AF
AG                                                                              AG
AH                                                        .                     AH
               1         2         3         4         5         6         7
      1234567890123456789012345678901234567890123456789012345678901234567890
```

HIGHLANDS 2B

```
      1234567890123456789012345678901234567890123456789012345678901234567890
               1         2         3         4         5         6         7
A                                         ...HC.H#CH#HC...#H#CC##H             A
B                        #C.C.#C##C .C.H#CC#C.C#C.#C.#.HCHCHCH..CHHH           B
C                        CHCH#H.HC  .#..HC.#.#CH.HCHH#HHCH.HC.CHCHCH          C
D                        CHH#H.C.CH#..##.H#CC...#.HHH.#H.HCHH.HH#            D
E                        ##.#H#C.C.CC.#.C.CH.HH.HC..HCHH..#H               E
F                        HCHHHCHHCC....#C.H..CHC..C##H..H##HHHH             F
G                        .CHCCHCC..H....#.H#....HH.#H..CHH##HCCH           G
H              .    C.    HHCHHHCHCHC.C..CCH#H###H#H#..#.#..CCHCC.         H
I        #              .#.HHH#CH#...#.H.##H#.##H##.H.H....H....           I
J        #  .      .      CH..#H.HH..H.C.#....#.H##.C.H#..#....H.          J
K     .  #CC             ..  .CC.H..H#....#........C..#......CC.           K
L        ...    .#      C# HCH#..#..C..H.H.H..........C.CH.H.......HCHCC    L
M         .      H       H#C.H#C...H..HH....#CC.#C..C....#..H...           M
N        H              .CH..H...H..#H...#....##.C....H..C.HC..           N
O         .          H   .CHHCC...C.HHC#H.H.H#....#HH....HH....CH..        O
P          .    C    #HC  C.CH.......HC#.#.H.H#.HHC##H.HHC#......C.        P
Q       H.      CH       CC ##C.H..H.H#.HH.#H.CH C#C CC.CC.....#.....      Q
R        H.      H.      #CH...##...#HH..H.#.#.H..#                        R
S              H        H.C  HHH..H...##H        .#.# #     H..C     HC    S
T          HH     C.  C.   #   HH.....C..           .#.## #    C   HC      T
U        #.           ...     ..CC..#H.#.                    ... . C       U
V       CC.      CC                                          . C. .        V
W       H .CH    ..H                                         .. . #        W
X          .##H                                              .. . H H      X
Y       C        H.H                                         #C.. .        Y
Z                CH                                                         Z
AA  CH      CC      C = chair <er> (303)                     H. #. H       AA
AB  C.      .       H = hair <ar> (343)                      C # # H       AB
AC          HC  C   # = chair <er> + hair <ar>               C .  .        AC
AD       CH                                                  CC.C          AD
AE       C.C                                                  .C. .        AE
AF                                                                         AF
AG                                                         C               AG
AH                                                                         AH
               1         2         3         4         5         6         7
      1234567890123456789012345678901234567890123456789012345678901234567890
```

HIGHLANDS 3A

```
      1234567890123456789012345678901234567890123456789012345678901234567890
               1         2         3         4         5         6         7
A                                         .#B.##BNB#B..##BB####BNB              A
B                              #BBB#BBB#. BB#N#.N..#B....#N.#B#.###...BBB.B      B
C                              #B#BB#...  .NN#B.#N#...B.##B#BB##NB...##BB#       C
D                              B####.B..N#....N..#.B###BNBBN.B..#.#####          D
E                              BN##NNBNB.N..B.N..B.#####B.#N..B                  E
F                              ...N#.....NN....BBBNNBNNB.BB...N#.NN##            F
G                              B#.........N.#N#...B##.BB..#N.#.B##NBB#N          G
H                              B#..B..BN...N..NN..B..N.#NN.BN...B.NBN            H
I                  #           NNNBNB...N.NN#..#B.B...B.BBBN.NB..#NN.N           I
J                  #.  .    B   ...NBN....#N.#N.N.BNN.#..B....B..B.....          J
K         N  N.#                .N..NNNNN....NNN....N...N...B.B........          K
L         ...     N#            .. ..#B..N..NN..N...B..................          L
M         .  .    .             .NNN...NN..NNN......N.N...............          M
N         N                     N.BNNN...N..N.N...............B..N.....          N
O         #   .       N         #.NNN...#........#........B...B.......          O
P            #       #BB        . #.NN.NNN....B..B..N.........N........          P
Q       .B         ##           .. #N......N.........N...............          Q
R       N          NN           N...N...N..........B....             R
S                               ...N...NNN.......B....  .    .                  S
T           N           #NB     N.NNBB......            ....  .     ..  ...     T
U       .N    ...        B        ..B..NB...                      ..   ...      U
V       ..       ...               ...N.......                  ... .          V
W      .#.   .    ..                                          .B    .  .        W
X     .  ...      NNB                                         ...  .      .     X
Y              #.B.                                           .. . .            Y
Z     #          ...                                       ..N. N .             Z
AA               N.                                          ...  B             AA
AB    ..         B.         B = bawl [cry of calf] (210)       B. ... .         AB
AC    ..     .              N = nicker [=whinny] (243)          . . .           AC
AD    ..    .              # = bawl + nicker                    . . .           AD
AE    ..                                                        .... .          AE
AF    ...                                                       .... .          AF
AG                                                                 .            AG
AH                                                             .                AH
               1         2         3         4         5         6         7
      1234567890123456789012345678901234567890123456789012345678901234567890
```

HIGHLANDS 3B

```
      1234567890123456789012345678901234567890123456789012345678901234567890
               1         2         3         4         5         6         7
A                                         .F.FGG#G.#G######GG##G#.              A
B                              .F#G..##G# F...##.GGFG#G##.#######G.###G##        B
C                              ##GG#..##  .#GG#G.GGFGG.#G#G###G.##########       C
D                              ##GGG##.###.G#GG###.G..#.#GGG####G######          D
E                              #G..###.F..G#G...G#.####G#.#G###G##                E
F                              ###G#G.#.G.GG.GF.G.#.GG.G.###G.#GG###G            F
G                              .G#G.#G#.G.#...GG#F.#..##G#G######...#             G
H                    F    ..   .G.###G#.GGG..G.#.G##G#G#F##.#GGG#.###G.#.        H
I              G               G#GG#G#.GG.G..#.G.#.G#.##G###G.#..GGG....          I
J          #   #    #     #     ....##GG#..G.G.#.....#..#G#.##..#G#..#..         J
K      # FF.                    .. #....#G..G.#.....G.G...G.....GGG...           K
L        G.G    .#             FG G#.#GGG.....#G..G.#G.G.GG.#.....G.GG#G.        L
M        .    #     #           #GG.G##......#G.GG.F.GGG.GG.GGG....GG.G.G.       M
N        G                      .G#.G.#G#.#.#F.GG.##..###G.G...G.GGG.#F.#        N
O        G                      .G###G.G...G###G.#.G.G.GG##....GGG#.G.GG.G       O
P            G       G##        . ..GG.....#..G#.#.F#G#G.GFF.G..#.#.GG##.#.      P
Q      G#        G#             ## G#.....#.#G.##G#G...##..G.G.G#GFG#.#G.G       Q
R      G              ..             .##...G#.GG#GG..G..G#.#.#    #G    G.       R
S                    G.#        ##G#GF...GG#.#GGG.G#.G###   .   G..G    G#       S
T       #.   .    G.    G       ##G.#..G#G..            .#.# .      G. G#G       T
U       #.        ..G               ..G..G.G..                   ...  #   #      U
V       ###  .    ##                                               .#  # G       V
W    #  .##    .G.                                                .# # G         W
X             .##G                                              .F   #           X
Y    #        #.#                                              #GGG # G           Y
Z                                                              #G. F             Z
AA    ##         ##         G = girl <ur> (561)               #G #G .            AA
AB   F.     .              F = father <-R> (335)              # F . .            AB
AC       G#  F            # = girl <ur> + father <-R>           # # # .           AC
AD    .G                                                       ##GF              AD
AE    #.#                                                      GGG               AE
AF                                                               .                AF
AG                                                            G                   AG
               1         2         3         4         5         6         7
      1234567890123456789012345678901234567890123456789012345678901234567890
```

HIGHLANDS 4A

```
1234567890123456789012345678901234567890123456789012345678901234567890
         1         2         3         4         5         6         7
                                            #C#C##C#C##CC##R#CC###C#
                               #C#CCCCR#.  #C##CCCC#CCC.CC#C###C###RC.###.C
                               CCR#C#.#.   C#.CC.C.#.C.CC#CC##RR#RCCCCR#CCC
                               CC##C#R.C##.CC.C#CRCC#C#C##R#CR#RCR#####
                               CC##C#CC#C.C.C.CC.##CR#C#CCCCC#CC#C.#
                               .#R##...CCCCC.C.C#RRC.CCC###R##RCR#R#C
                               C#CCCC#C..#.RC#CCCC##.C#CR#C..##R#R#RCC
              C      CC         CC.C##R.....RC.C##.#RR.CRRC.C..CC#C.C.CC
           C                    ..C#CC#CCR.R.#RC.##RC.RCC##CRC.CC.C.C..C
          #     .       C       #..C#.C#....#..#.R..#..C.CR#CRCCCCCC....
       C .CC                    ..  C....#....RRR#.##R..#.RR#C..#..C..R...R
         C#.    RC              .C #C.CR.C..R..C..R.....#.#..#CC...CCCRC.R..
       C        C                 ....#CC...#.CC.C...RC.RC.R#C#CCR......CR.C
        #                         .CC.R..#..#...C..#.RC#C..R....C.........
        C                         ..CC.R..#..#...C.#.RC#C..R....C.........
      .#      .    .C           .C CC...RR....C...C.CRRR...........R.....
                  R.            .C R#.....RRR.C.#.#...R.....RR.C....
                .                 ..#...R..#.C..C...R...#    C........
              C                   .C..C.............C#...C#   .C.#....C.
      ..    C      ..      C      ........C..C             .C.#  .    .. C..
       ..       .C.               ...........               #.C...  .
      CC.      .C                                            .....  .
    C CCC      ...                                             ..
         C.CC                                                 ...
    C       ..C                                             C..C C C
          ..                                             .
  CC      C.           R = red worm [=earthworm] (234)      #.  .. C
  ..      C            C = chigger (407)                     .  . .
    .C    C            # = red worm + chigger                 C .. .
    C.                                                         .CC.
     .CC                                                       ...
                                                                .
         1         2         3         4         5         6         7
1234567890123456789012345678901234567890123456789012345678901234567890
```

HIGHLANDS 4B

```
1234567890123456789012345678901234567890123456789012345678901234567890
         1         2         3         4         5         6         7
                                            MMMMMUM#.M#MM#MM#.MMMMM.
                               ###M..MM##  M#.M#M.M.,MM..MMMMMMM..MM..M#.UM
                               #M#.MMMMM   .M.MM.UMMM.M...#MMMU#MMMM#MMM#
                               M#MMM#M.MM#.MMM..MM#.M..MUMMMMMMUMMMMM#MM
                               MM.MMMMU#...MM...MM.#M#M.#MM#MMMUMM
                               MMM.M.UMUM..UM..#.MUMUU...MM..M#MMMM#
                               .MMMM#...M...MUMMUM.UMMMMMMMMMMM#MUM.
              U      ..         M#.MMM.M..M....MMMM...UM..M#M#.M.M.
           M                    UMM#MMMUMM.M.MM.UMU.U.MMMM.MM.MM.M.M..M.
          M     .       M       ..UMM..M.MM..U.MMUMMMM.MM..MMMMUUUM.
       M MMM                    .. MU..#U.U..MM......UU..M..MUU.M..MM#.
          ...    .M             .M MMUM..M..U.MMUM.M##.M.M..M..U.....
       U        M                 #.#.MMM...M#M.U.MMM.MM...U....MMMMM.M
          U                       .MM.MU...MUM..MM.#.U..#MM.#......MMM.MM.M
        M                         .M#MM....U.M.UMM.MM....M.M..U..MMMM..M.M..
        M                         #.UM.U.U..U.UU.M..MMMMU..MMM#.M..M.M.U.
      #M      .M   .M           M# U#.....MUMMU#M##M...M..M....MM.MMUMMM.
       M        M.              U.MM..MMUM......UM#.U..#   MM    .  .
                .                 MMMM.MU..M.M.MU.MUMM.#M#M  .   U.UM     M.
              M.#               #.M..M....M.        UM.M M      M. MM.
      M.    .    M.      M       ...UU..M..              ...U M
       M.       .               .MMU...MUM.               .M  #.
      MMM      .   MM                                      . MM  M
    M ..M      UM.                                          . M
         .MM.                                             .M
    M       M.M                                         M...  M M
          UU                                           MM.  .
  MM      MM           U = umbrella <-bAr-> (151)       MU M. M
  ..      .            M = March <r> (466)               M # M
    MM   M            # = umbrella <-bAr-> + March <r>     M M M
    .M                                                      .MM.
     ..M                                                    ...
                                                             .
         1         2         3         4         5         6         7
1234567890123456789012345678901234567890123456789012345678901234567890
```

HIGHLANDS 5A

```
1234567890123456789012345678901234567890123456789012345678901234567890
        1         2         3         4         5         6         7
A                                       GGG..GGGGB..GG##GG..G...G#        A
B                               GGG#G.G#GG G..#GBG#BGG.GGGGB.#GBGG.GGG.GG..G B
C                               GGB#BG#..   BBB.G..#B#GG.GG..BBGG.#GGGGB.BG.  C
D                               G..#GBGGGGG..GGBG...GGBG#B##.GGGGG#G##GG      D
E                               G###GB..B....GGB.G..GG#GB##GBGGGGGG           E
F                               ..G...GG....BGB..B.B.GBG#G#GG.G###GBG         F
G                               .G..GG.....B...##BBG.BGGGGG.GGGG.G...G        G
H                .       ..      BB..GG..G..GB.BB.BGG.GGB..G..GGG.G.B...      H
I                               B.B#GGG..#.GBBB#...G..G..BG.G..........      I
J            G           .       G.G..BB....B.BB....B..BB...GG.G..G#.B.....   J
K        .GGG                GG GBBB........B..B.G.BB........G.GB.....GG.     K
L        GGG       GG        GG GGGGGG....B...B...G.G......GG..G....         L
M        #         G             G.B..GG..B..BBBBG.G......G.GGG.....         M
N        G                       B...G.B...GB....B...G.......G......         N
O        .                       B..B...G....G...G.G....G.....G..G...         O
P                .   #GG      .   BG..G....G......G...G....G......G.          P
Q        .G      .G       G#    ..G.G....G.GGG..GGG.... B.B....G...          Q
R        .       ..              B...........G....G..G.B...    GG    .G      R
S                           GGG   ....G.B.....G..GGG....G .    ...G.          S
T            .           GGG      ..G......GGG         ......  ..  .G.        T
U      G.   G   GG        .       .GG...GG.G              G.  .      U
V      G.      .  .G               .GGGG....GG             .  G .     V
W      .GG   G   GG                                         G.. G    W
X    G GGG        .GG                                      G ..  .   X
Y                .G.G                                               Y
Z    .          ..G                                       G..G ..   Z
AA              G.                                             ...    AA
AB   G.         G.      G = green beans [=string beans] (328)      G. G. .  AB
AC   ..         G       B = backstick [=backlog] (129)               . G .  AC
AD       ..    G        # = green beans + backstick               G . G    AD
AE   G.                                                            ....    AE
AF      .GG                                                         ...     AF
AG                                                                   .      AG
AH                                                                  .        AH
        1         2         3         4         5         6         7
1234567890123456789012345678901234567890123456789012345678901234567890
```

HIGHLANDS 5B

```
1234567890123456789012345678901234567890123456789012345678901234567890
        1         2         3         4         5         6         7
A                                       ##W#.W#WWS##SW...W.##S#S          A
B                               W#SWWW##.# WWWWW#WWW##W#.#S##S##.SWS#.SSS  B
C                               W#.#WSWW.  W.W.WWWS#.S#S#W#S#WS.W.S#SSW.#SS C
D                               #WW#SWS##.#.##...SS#S.W#S.#.S##W#W.#..     D
E                               S##.#W#.#W#..##.WWWS#S....S##SSWSSS        E
F                               .SW#SWS..WWWSW#S.#S#W##..##SW#W..W####     F
G                               WW#W#WW.W.##W####WW##W.#.###SW.WWW#        G
H                W       #S      WW#W##W..#.W#W.#WWS##.SSS##.W.SWSW#.W#W.   H
I                               .WW.#WS.W.SSW#W..W.WW.##.W.S#.....SW....   I
J        W       W       #       #.S...#..SWWW#WWS.W.......SSW.S...S.#....S J
K      . .#S     #W       #S #S.S.....SW...WS.#.S..S....WWW.S.SW.W.        K
L      ##.     #        S#  .S.W.S.......WWS...SWWWW..S.SS.WW.W..SW..      L
M      W       #                WS..WWS...SS.W...SS.W.S...#.SW#S..WWS...S. M
N      W                        .W.#..W.WS.SW.S......S#.WSSS.....W.#.S..SS N
O      W           .##          W#WSW...#WWW.W.#..W.#...#..SW...S#.S.S.... O
P          S       .##          . W.WW...WS.SW.W..W.SW.S.WSS.S.S.......SW  P
Q    .W        .#                SW .WS.W.S.WWW...#.W##.. S.W S..WSSS.S..#S.. Q
R    .         W#                WW#..#.W#W......S..SW.....  SS    .       R
S                               S.W..W..W....#..S##....## W  S...   SS     S
T          W         SS.        W.W.W#S.SW#.      .S.. S    SS  SS#       T
U      .W  #           .        .#.#WSW.#.S            S  S  SS          U
V      WW      .##               ..S...S...              W.S . W        V
W      .## S   .#                                        . .. .         W
X    W ##W    S..                                       . ... .   .     X
Y           .#S.                                          ..            Y
Z    .     #WW                                           .S.# # #       Z
AA            ..                                          .SW.          AA
AB   ##        SS       S = swamp <o/{o}> [low-back] (353)       SW #. W  AB
AC   W.        S        W = water <o/{o}> [low-back] (380)        .  W W  AC
AD   #.    .            # = swamp <o/{o}> + water <o/{o}>           S . # AD
AE   #.                                                            S###   AE
AF      #SS                                                        .#S     AF
AG                                                                  .      AG
AH                                                         S              AH
        1         2         3         4         5         6         7
1234567890123456789012345678901234567890123456789012345678901234567890
```

HIGHLANDS 6A

```
    12345678901234567890123456789012345678901234567890123456789012345678901234567890
             1         2         3         4         5         6         7
A                                        SS...S.###PSP##PPS#P#PP#                        A
B                              PSPP.####.  .S#...S.#.SS.SSSS.P.SP#PPP.P#.P                B
C                              SSP.#S.S.  .S....#SS...S##PPPS##...P####P                  C
D                              .S#.S#PPS......S...SSSS.S##S.P.SPP######                  D
E                              PPPS##S...........SSPPS.S#S.#SSP..P                       E
F                              .S.........S.S...SS..S.SS.S..#PSS#P.S                      F
G                              .........S....SSSSS#S#..#.....PPPP.SSSSP                   G
H                    S         ..  SS.....SS...SSSS.P...PPS....S.....S.P                   H
I                              .SSPS..S.S.SSPS.......S.S..SSP....P                        I
J             S       S        ...S.S...S...S...S....S....SP....S.....                    J
K          .  . .              .S ...S.S......S.......S.....SS..S.....                    K
L          ... . ..            .. .........S.S.SS............#P.........                  L
M       S       .              .....#...S.....S....P.............P.                       M
N       S                      ..............S............S........S...                   N
O          S        S          S.S..S....S.P.......S.......P..                            O
P          .     ...           . SSS....S..SS....S.............                           P
Q     ..      ..          .. SP.........................                                  Q
R     .      S.               S..........S...P...S.....  ..  ..                           R
S     .                       .....SSS........S...  .                                     S
T          S           ...     ...........  ...     ....  .     P. ...                    T
U      .S                      ..........                                                 U
V      S.      ...             ..........                        ... .    P               V
W     ...  S   ..                                                 .. .  P                 W
X   S ...    S.S                                                  .. .  .                 X
Y                                                                 .. .  .                 Y
Z   .        ....                                                 .... . P                Z
AA                                                               ... .  .                 AA
AB  ..       ..        P = (paper) poke [=paper bag] (109)       ... .  . AB
AC  ..    .            S = sook [call to cow] (194)              . . . AC
AD  ..    .            # = (paper) poke + sook                   .... AD
AE  ..                                                           .... AE
AF    ...                                                        ... AF
AG                                                               AG
AH                                                     .          AH
             1         2         3         4         5         6         7
    12345678901234567890123456789012345678901234567890123456789012345678901234567890
```

HIGHLANDS 6B

```
    12345678901234567890123456789012345678901234567890123456789012345678901234567890
             1         2         3         4         5         6         7
A                                        .H.HH.HHGH.HHHHHH.H#HGHG                         A
B                              G#.H#G.H#H HHG.HHGHG.H..HHG.H#H#HHH..##HH                   B
C                              ....##.HH  .G....G.G.#.H.G.G#H..HHHH.H####G                 C
D                              .HGHHG.HHGH..H...H.G..HGHHHHHHHHH#H##                       D
E                              HH.H..H..GG..HG#HH.GH.GHH.GHG.H#HHH                         E
F                              H......H...GG..HGHG##HHH#GH.H##H.H.HHH                      F
G                              .HH.HH.H...H..G..HH.HG..HHH.HH#HH.HHHH.                     G
H               #      GG       .HHG.H...HHH...GH.HHHG...H#H.H.H..HHH...                   H
I                 .            HH.HHHH.....H.H.HH.H..H..#HH.#..#.HH...                     I
J        #   .        H        G.H..GHHHH..HHH.HH...HH.....#.G..#.G.G...                   J
K     . HHH                    HG H..GG.......G.HG....G.HH..H.H.H#H.H.H                    K
L      .G.   G.                .. HH..#.HH.GH.GH#H.HH.H#...HGG...H.GH.G...                 L
M     G    .     H             H.HG#H..GH.....#..GG#..#.GH.H.#HH.HHH..#G                   M
N     H                        G.H.#H.....H..HH.H.H#H#H...GG.HH.HHHHHH                     N
O         .          H         ..GHHH....##H.HG.HH.GH...H#...HH..H..H...                   O
P            H       HHH        . G.GH.....HH.H.#..H.HH...H#H....H.G.#H.H.                 P
Q     HH    ..                 HH .#G....H...G.H..HHH...G G..#GHH.H..HH...                 Q
R     H        HG              G.#.G.H.HH.HH.G#.HHHHG.H....  .H  .H..                      R
S                              .H#H.H.H.....HGH......HH.  H   HG#H     H#                  S
T           H        HG.       H.H......H...     ...H .    .G  .H.                         T
U     ..    .  .G   .          ..G.#...G                                                  U
V     ..      .G.              .....H....                        HH#  .  H                 V
W     H..    .  ..                                               .#  H .                  W
X   H G.H    .H.                                                  . HH  .                  X
Y         GHHH                                                    .. .  .                  Y
Z   H     H..                                                     .... . H                 Z
AA        G.                                                                              AA
AB  ..       ..        H = house <{ow}> [<a> onset] (375)        .. H. . AB
AC  ..    G            G = glass <{a}> [upglide] (163)           H . .. AC
AD  ..    .            # = house <{ow}> + glass <{a}>            .... AD
AE  G.                                                           .... AE
AF    .GH                                                        ... AF
AG                                                               AG
AH                                                    .          .     AH
             1         2         3         4         5         6         7
    12345678901234567890123456789012345678901234567890123456789012345678901234567890
```

HIGHLANDS 7A

```
1234567890123456789012345678901234567890123456789012345678901234567890
         1         2         3         4         5         6         7
A                                        D#..#D.##KKKK###D.#D#KD#                A
B                                D..DKDKD#K KDD###D.D.K...DDK#K#.#D#KKK.#D#D        B
C                                D.#K.#D.D  D##D.DDD#DD...##DD#.D#D.K.KD####        C
D                                D.DD.D...DD...D#.DDD##.#D#.D#..K######            D
E                                ...KDD.DD......DDD#.#D#D###DKDDD.DD               E
F                                ..D..KKDDD.D.D.DKD..DDDDKD.DD.DDK.#K.             F
G                                .....D...D...D.D.D.KD.DDD.........              G
H           D       D.          D.....KD.DD.D..D#..#K.DDD..D........             H
I                       D        .    ...DD.D.D#D........DKDD.D.D..D..D..         I
J                   D          .      ..D...D..DD.D..DD.D.D...........D.D...     J
K         . K.K                .D .DDDD.DD...DDDD..DDDDK.KD...........           K
L         ...      DD          .. ..DD..D.KD.DD..D...D...D#.KK..D#.K.....        L
M                    .          ...D.DDDDDD.DDDD..DDD...K...K.....K...          M
N                 .            ..DDD..DDDDD....KDDD......KKD.D.....            N
O           D       .          DDDD...K.DDDD...D.K...K.K......K...            O
P         K         D..         . DDDD.DD...DD...D.....KK...........KD.          P
Q       .D         ..         .D K#D..D#D#K.....KD.K .............             Q
R       D          .D           ..#...D..DD......D......K         ..  .  .       R
S                               K..D.DDDD...............D        .  ...         S
T             .              ...  ..D...........                ....  .  ...   T
U       ..   .     .D. .         ..KD......                   .             U
V       ..         .D.           ...........               ..K ..  .         V
W       ..                                                  KK    .           W
X     . ...     D..                                         ..  .   K          X
Y         K.K.                                                              Y
Z     .        ..D                                          .....  .           Z
AA               ..                                         .... .             AA
AB   ..         .K         D = dog irons [=andirons] (283)   .. .. . AB
AC   ..        .           K = knob [=bald hill] (131)        .. K AC
AD   ..   .                # = dog irons + knob              . . .  AD
AE   ..                                                      .K.. . AE
AF     ...                                                         . AF
AG                                                          .       AG
AH                                                     .            AH
         1         2         3         4         5         6         7
1234567890123456789012345678901234567890123456789012345678901234567890
```

HIGHLANDS 7B

```
1234567890123456789012345678901234567890123456789012345678901234567890
         1         2         3         4         5         6         7
A                                        FF....F#R#RR.RRRR.RRR#RR               A
B                                R..FRR.F.. ........#..#.F.RRFR#.RF#.FF.RR.R      B
C                                RRFF...... ......RRR....R...RRFR.R.FRRR#R       C
D                                ..R#.R#..R......R.....R.RRFRRFRRR.RR..#R        D
E                                ..RF.RF.R.F.......R#R.FF.RF.FFRFR#            E
F                                ......FF..R...R..FRR.F....RR...R.RRF#.F        F
G                                .RF...........RFRR.R..F.FR....#R..R.FRR        G
H           R       RF          .F..R..R.........RRF#RR..R....R.FF....F..       H
I                       .        .FRRRRF..R..FF....R...F.F.RF.F....F..RF..R      I
J               .     F         .          R..........R.R..R......F.RFR...R.   J
K         . ..F                F.  ...R..R.R..RR.R.FFR....R....F.....FF..F#.    K
L         R..      R.          F. ...#R..RFFR.#.....FF..F....R..F.R.#...F......  L
M                    R          ...FR.......#RR....R...F...#R#.R.FF.....       M
N                 .            ..FR.......#RR....R...F....#R#.R.FF.....        N
O           F       R..         R#....F...FRF.....R.....R..FR...R..F.RF.        O
P         FR         .  F.       .. R..R.#F.R..FFR..R..F.RFR..FR..RR..RFF.RR#.F.  P
Q       .          ..           .RR.....FFF.F.R..F.R.R..R    .F   R .         Q
R                  ..            .RF.FF.F...........F.....R...  ..R#  .F        R
S             R              ...  .RR..F...FF.               .F.. R   .. F.R   S
T       R.    .     ..       #    ...R....F                 R    .            T
U       ..         ..F                R..........          R.F # R          U
V       ...   .    .F                                       R...  .         V
W     . ...      ...F                                       ... .           W
X         ..F                                               ...F . F          X
Y     .        ..F                                          ...F . F          Y
Z                                                           ... R            Z
AA   .F      F.         R = rice <{ie}> [monophthong/short glide] (216)  . .R . AA
AB   ..      F          F = fog <{o}> [low-back] (165)                    . . F AB
AC   ..   .             # = rice <{ie}> + fog <{o}>                      . .. . AC
AD   ..                                                             ..F. . AD
AE    ..R                                                                  AE
AF                                                           .       AF
AG                                                     .            AG
AH                                                                 AH
         1         2         3         4         5         6         7
1234567890123456789012345678901234567890123456789012345678901234567890
```

TENNESSEE/ARKANSAS HIGHLANDS 1A

```
1234567890123456789012345678901234567890123456789012345678901234567890
         1         2         3         4         5         6         7
A                                      R...R...MMM...##.....RR.              A
B                    R........M. RR.RR.....R..RMR.#MRRM#....M...              B
C                    R.M..M...  .............R...R..R..M.R....MM#M            C
D                    ....#R.R.. .........R...M#M.R.....MM.RM#M                D
E                    .M.RR......R..RR..#.R.RM........#..R                     E
F                    .....RR......R.......RR.....M..                          F
G                    ..R.......R........R....R....                            G
H            .    ..    ...........R...R....R..#.......                       H
I        .     .     .   ...R..R#.#...R...RRR........                         I
J        .    .      .   ...R.R...#..R........                                J
K     . ...    .        .. R....R..RM.......RM.......                         K
L      ...   .R         .. ...R..RR.R.#...R.........R.....                    L
M      .    .          RR....R...RRRR.....................R.M.R               M
N       .   .           ......RRR..R..R....R............                      N
O         .             ....R..R..R.......R............                       O
P        . ...    ..R      ....R....R...R.R...                                P
Q      ..      .R         .. ....R....RRR.R...                                Q
R      .        ..         .R....R....R.R......  R. ..                        R
S                        ....R...R.R.......R....  ..                          S
T               ...       ......R..RRR.         .... ..  .M.                  T
U       .R  .   R.    .      .RR.R....                . ..                    U
V                             .........R.                                     V
W     .R.  .   .R                                 RR  R .                     W
X     . ...  .                                    ... .                       X
Y          R...                                   .. ..                       Y
Z    .      ..R                                   ...R R .                     Z
AA         R.                                     ... .                       AA
AB   ..      ..        R = red squirrel (144)     R. ... .                    AB
AC   ..                M = mud turtle (42)            . . .                   AC
AD   ..  .             # = red squirrel + mud turtle      . . R               AD
AE   ..                                               .R.. .                  AE
AF    ...                                             ... .                   AF
AG                                                        .                    AG
AH                                                      .                      AH
         1         2         3         4         5         6         7
1234567890123456789012345678901234567890123456789012345678901234567890
```

TENNESSEE/ARKANSAS HIGHLANDS 1B

```
1234567890123456789012345678901234567890123456789012345678901234567890
         1         2         3         4         5         6         7
A                                      .......#.TS.T#.T.S....               A
B                    T...S#.T.. ....T...#.....STT.#T..T.S...T..#            B
C                    ....#.T.  .....T.......SS....#....S...                 C
D                    .S.............T.S#...T....T.S.S                       D
E                    #..S........T.....S......#...                          E
F                    ....S.S......T.S#.......STT..S                         F
G                    ....S.S.....T....S..SS.......S...TT....                G
H            S    ..    ......S........S.........T...                       H
I        S            ......S......S.......T....                            I
J        .    .      .   ......S........S...S.S#.....                       J
K     . .S.           .. ...S.T..T.............S.....S.....S..              K
L      ...   .         .. ...S................T.........                    L
M      .               S......................#...S...                      M
N       .              S....SS.S......TT.........S.....                     N
O       .               .#ST....S....S....S.S.......                       O
P        . ...    S.T  T S..T..S...SS............S.....                     P
Q      ..      ..      T. SS.......S..S.......T.........                    Q
R      .        ..         ......T..S.......TS.... ..  ..                   R
S                        ..SS..STS.........S.T..  .  ....  ..               S
T               .     ...     ...........         .... ..  ...              T
U       ..  .   .T    .      ..TT......                . .. ..  ...         U
V                             ...SS......               .T. T .             V
W     ...  .   ..                                    .. S .                 W
X     ....   S..                                    T .. #                  X
Y     ....                                          .. S                    Y
Z    .       ...                                     .... . .               Z
AA         ...                                       ... .                  AA
AB   ..      ..        T = took [<tuk> take, pret.] (64)   .. .. .          AB
AC   ..      T         S = swum [swim, pret.] (90)     . . . .              AC
AD   ..  .             # = took <tuk> + swum               . . . .          AD
AE   ..                                                    .... .           AE
AF    ...                                                  ... .            AF
AG                                                      T                    AG
AH                                                      .                    AH
         1         2         3         4         5         6         7
1234567890123456789012345678901234567890123456789012345678901234567890
```

TENNESSEE/ARKANSAS HIGHLANDS 2A

```
  1234567890123456789012345678901234567890123456789012345678901234567890
           1         2         3         4         5         6         7
A                                          .S.CC.C#S...S#SSS.C.#SSS          A
B                              .#C.....C. #...CC.....CC.C.S....S#...SS.C.S    B
C                              #CC......  .C.CCCCC...C..S#.CSCC#C.C...##..    C
D                              CS.S.C.........C...C....C...CC..SS..C         D
E                              C..C.CC.C..C.CC..S...CSSSCC.....CS            E
F                               .C.C..C..C..S............C....SSSS.          F
G                                 .C.C........... ...S..C...CS.S.            G
H          .       C.          C...CC...CC.C...C...CC.....C.C..C...S         H
I                              ..C.#.CC...CC....C.....C.C#....C...C...       I
J               .           C  .S.CCC.C..S.....CCC.CC..C..........           J
K            .  ...                 CS S.........C..C.C..C.....C....          K
L         CC.    CC                .. C............C...C....CC......C....     L
M         C      C             C........C...S.....C..C.C..C....              M
N                                       .C.S...CC.CC..........C....S.        N
O           S                          ...................C............     O
P         S        .               .......S...CC.C..C..........             P
Q       .C      .S                  ........S..C....   .........C......      Q
R        .                          ...........C....         ..     .       R
S                                   ..........C#.....         ...    ..      S
T            ..   .   C.    C        ...........         ....  ...    .      T
U        ..           .              ...........             ...  .  S       U
V        ..        .#.                                         ...  . S       V
W      .  ...    ...                                           ...  .         W
X                  ..C.                                        ..  .          X
Y                                                                            Y
Z       C      C..                                            S.. .    S      Z
AA                                                           S...             AA
AB      .C      ..       C = crappie [=sunfish] (158)        ... .C .         AB
AC      ..        .      S = springhouse [=dairy] (67)         .  . .         AC
AD      ..   .           # = crappie + springhouse                .C..        AD
AE      ..                                                     .C..           AE
AF       ...                                                    ... .          AF
AG                                                            .               AG
AH                                                          .                 AH
           1         2         3         4         5         6         7
  1234567890123456789012345678901234567890123456789012345678901234567890
```

TENNESSEE/ARKANSAS HIGHLANDS 2B

```
  1234567890123456789012345678901234567890123456789012345678901234567890
           1         2         3         4         5         6         7
A                                          ....Q...Q..Q.QQ..RQ.RRR           A
B                              #RR..Q..QR ............RR.Q...QRR.R#RRR#Q.Q     B
C                              RRQ.RQ...       ......Q......RQR..Q.Q..R.RQRQ   C
D                              ..Q....R..RR.R.......R......R....Q#           D
E                              .Q....R....R............QQ..                  E
F                              ...R.RRRQ.......Q.Q...R.......Q.QR..          F
G                              .R.RR.........QQ.....................         G
H          .       .R          ..RRR........R....R.R..R                      H
I                              ...R.......Q....Q..R....RR.RQ.....            I
J                           R  .RRR.......R.........R....Q...Q.....          J
K         . .R.                .. ....R....R.Q.....R.......Q...R....          K
L          .R.    .R           R. ....R.R......Q..Q....R........             L
M                  R                 .........Q................Q...Q.        M
N            .                 Q..........Q..R..R..............Q...Q.        N
O           .                 ....Q.......Q.Q..................R...Q.        O
P                  Q               ...R.....Q.R.....R.Q.Q.......             P
Q       R.      ..              ...........Q..RQ.... .R. Q......R......      Q
R        .         .R           .Q.....QQ.......QR..Q...    ..  .  .         R
S                                ...RR.R...R.QR.....Q.R.   .  ..Q.            S
T            .         R..      ...........R             ....  .      .Q      T
U        R.      .    ..         ...........                ...  .           U
V        R.           R.                                    ...  .           V
W      ...  .    R.                                         ...  .           W
X     R  ...      ...                                       .... .           X
Y        .        ...                                       .... . R         Y
Z               ....                                        ....  .          Z
AA             QR                                           ...  .           AA
AB      ..      .R       R = roof <oo> (106)                .Q R. Q          AB
AC    R.                 Q = queer <a/e> (73)                 R . .          AC
AD      R.   .           # = roof <oo> + queer <a/e>          R . . .         AD
AE      ..                                                     ....           AE
AF       ...                                                    ...           AF
AG                                                            .               AG
AH                                                          .                 AH
           1         2         3         4         5         6         7
  1234567890123456789012345678901234567890123456789012345678901234567890
```

TENNESSEE/ARKANSAS HIGHLANDS 3A

```
   1234567890123456789012345678901234567890123456789012345678901234567890
            1         2         3         4         5         6         7
A                                          .....B.###...P#B#P.##B#B        A
B                      .P.PBB.P#.  ..B.#.....P...PB#.BP.B#B....#.P#        B
C                      B.##.#P#.    ......P.##P...B#.P...P#....PBPB#       C
D                      ...#P#......  ....#..P..##.BBBBBP....#B.#P#         D
E                      .PP.##.PB.....P..B.B.#.BBB.B..P...                 E
F                      P.B......PP...P...B.......B...P..                  F
G                      P.....P#....PP...BP........P.P..P.                 G
H             P     PB  .P................................BP...P....P..P  H
I             #         ...B....P...PP........P.BP........P              I
J             #   .     .  ...P......P.....P.P....P.P........B.P....      J
K          . B..          .. B.P.PP.P...BB..P........B........          K
L          ...    P.      .. B......P..P...B........B...P...          L
M          B              ....P...P......B....P.........          M
N          P              PP.P..PP#...P..P................P.B....          N
O          B              ...P....#P....PP........P.P....B.          O
P          .      .P.      .P..P.PP.#..P.........P...P........          P
Q       .B      ..      .P P..P....P...B.... PP..PP....P......          Q
R       .    P.      PPP...PPP#...................          R
S                    .PB.P...PP..P............. .    ....          S
T          P      P.P   #............................ ..  ...          T
U       B.     .   P. .    .P.B......               .. P .          U
V       ..         ...                              B.. .          V
W       ...   P   ..                                .   .          W
X    B ...      P..                                 ... P          X
Y          BB..                                     .. . .          Y
Z    B       ...                                    ... . .          Z
AA         ..                                       .P. .          AA
AB   ..       ..        P = plumb (across) [=completely] (170)   ... .. P  AB
AC         B           B = buck [=male sheep] (104)              . . .     AC
AD   .B .               # = plumb (across) + buck                . . .     AD
AE   ..                                                          .. . .    AE
AF     .P.                                                       . . .     AF
AG                                                                 .       AG
AH                                                               .         AH
            1         2         3         4         5         6         7
   1234567890123456789012345678901234567890123456789012345678901234567890
```

TENNESSEE/ARKANSAS HIGHLANDS 3B

```
   1234567890123456789012345678901234567890123456789012345678901234567890
            1         2         3         4         5         6         7
A                                          ....S..M..MS..M...#.MM.M        A
B                      ...#M..M.. #.MM.........MM.M#M..M.#M..S.#.M        B
C                      MM...M..M  ...M...MM..#MMM....#M..S...MMMM         C
D                      ...MM...MMM.....M..M..M.MSS........S#M.          D
E                      .MM..SMM.MM.......M..M..M..#...                 E
F                      .M.M.MM..M....M.S..SM....M.....MM.              F
G                      .M..M.M..M.....M....MSSM..M.S..S..          G
H             M     MM  MM....MM....MMMMS..M...S.SM.....M#          H
I             .         .MM#MS.MM.M..MM..M.M.SMMM.MM.M.SM....          I
J             .  M     .  .M..M......#SMM...SM.....          J
K          . ..S          .M .........M.M....M.MM....M....MS.....          K
L          ...   M.      M. .MM...SMM...M.S..S...........          L
M          .      M       M...MM..MM..MM.MM...SM.S.M...M.MM...          M
N          .              M..MM..#M..M.M.MM..SM.S.M.........          N
O          M              ....MM...MMM..S#..M........S.          O
P          .      MM.      .M..M...M..M.M.MM.M..S...S......M..          P
Q       ..      M.      .M M..M...M.....M.M ... S...M...M...M          Q
R       M      ..      ...M..M.M.M....MM.M.M .  M..M          R
S                    .M..M.M..M......MM.M.M     M..M          S
T          .      S.M   ..M..........M...  .   .. ..M          T
U       ..     .   M. .    .....M...               .. .          U
V       M.         M..                              .          V
W       M..  .   MS                                 M# M S          W
X    . ...      .MM                                 . M. .          X
Y          ..SM                                     .          Y
Z    .       ..M                                    SS.. . .          Z
AA         M.                                       .M. S          AA
AB   ..       M.        S = stamp <a> (61)                       . .. .    AB
AC   ..     .          M = Missouri <-A> (240)                   . . S     AC
AD   ..  .              # = stamp <a> + Missouri <-A>            . . .      AD
AE   ..                                                          .M.. .     AE
AF     ..M                                                       M.S        AF
AG                                                                 .        AG
AH                                                               .          AH
            1         2         3         4         5         6         7
   1234567890123456789012345678901234567890123456789012345678901234567890
```

TENNESSEE/ARKANSAS HIGHLANDS 4A

S = shock (of hay) (207)
B = bluegill [=sunfish] (43)
# = shock + bluegill

TENNESSEE/ARKANSAS HIGHLANDS 4B

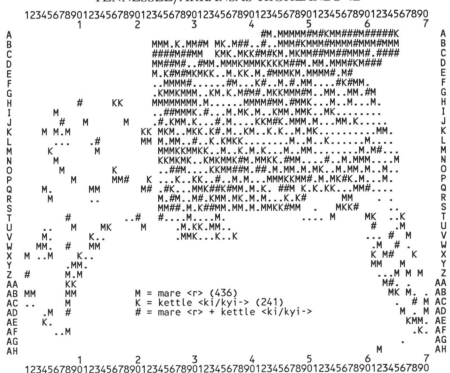

M = mare <r> (436)
K = kettle <ki/kyi-> (241)
# = mare <r> + kettle <ki/kyi->

TENNESSEE/ARKANSAS HIGHLANDS 5A

```
         1234567890123456789012345678901234567890123456789012345678901234567890
                  1         2         3         4         5         6         7
A                                                  #S..#S..SB#B#S#S...SS..S            A
B                                 ###BSBSS#S #.##BBB.#...B#.BSSS.B..B......S           B
C                                 ##BS#S.#B  .B.BS......B#..BSB.BB.BB..B.B..S          C
D                                 ###SS###S##..BB.S.B.BBB...##BBB.B.#B.S...            D
E                                 #BBS#B#BSB...SB...BS..B..#..BB#BB.B                  E
F                                 .#BB...B...B..B.BBB.B.BBBBB#B..B...B..                F
G                                 ###.BBS......B..B.BBB.B..BB.....B                    G
H              S      BB          #..B#B..B..B...B.B....BB.B.BB.....S...B...S          H
I           B                     .BS#BB.B.BBB....BBBBBB....B..B.....                  I
J           B     S      B        .SBB##....B....B..B.B.BBBBBB..S...B.....             J
K       B  B.S              B#   B...BBB....BB.SBB..B.....B.........                   K
L           ...    B#       B.   .BB#BBS.SB.B..B..B..#.B.#...B.S....                   L
M         S           .           B..#.B..B.B.BBBB...BB.....B...S....                  M
N           .     .               B..B#.S..B.B.B.B...........S.BB.B...                 N
O          S          #           B#....BBBS.BB..B#B.......B.........                  O
P            .       BBB         . #.BS.#...S#....#SB#...B......SB....                 P
Q         .#       .#       BS   SSS#B.S####.#.S...BS ..B ..B.........S...             Q
R         B        .B             #..#BB.#S...SS....B.........S ..  . .                R
S                                 S#SS..#BBS#.S..S.S.#....B . ....                     S
T          S         SBB          SS#.B#......        ...S .   .. .#.                  T
U          .B    .    SB   .       .B...B#..S            . ..                          U
V         #.           ...         S..#...S.S.                . ..                     V
W       S.B  #   .#                                          .. . S                   W
X      . .B.      BBB                                         . .S .                   X
Y              #B.B                                            . S                     Y
Z      .        #.#                                          .... .  .                 Z
AA              #.                                            SS. S                    AA
AB     ..      S.      S = shivaree [=noisy wedding celebration] (181)   B. .S .       AB
AC     ..      B       B = (baby) buggy [=baby carriage] (303)              . . S      AC
AD     ..   .          # = shivaree + (baby) buggy                         . .. .      AD
AE     ..                                                                  .#.. .      AE
AF       ...                                                                           AF
AG                                                                          .          AG
AH                                                                      B              AH
                  1         2         3         4         5         6         7
         1234567890123456789012345678901234567890123456789012345678901234567890
```

TENNESSEE/ARKANSAS HIGHLANDS 5B

```
         1234567890123456789012345678901234567890123456789012345678901234567890
                  1         2         3         4         5         6         7
A                                                  MR.R..R.M#RR.MR.R..RRR..             A
B                                 ..#....R.. R.#..R....RM.RR....M.M.RM.                 B
C                                 RR.R..RR.  .....MRRR....M......R...RR.R                C
D                                 ..RRM..R.RM..#.R.R...#RR..M..R#.R.M...#R              D
E                                 M.RMRRR.R.....#...R.R.....M..M...R.                   E
F                                 M................RR...MR..M...MR...                   F
G                                 R.#.R.............M...#........R..R...                G
H              .      R.          ...................R.........R.M.                     H
I           .                     .........R..M...R........R.RR....                     I
J           .     .      M        #.#..........R.....R.R..#.R...M....                   J
K       . RR.             RR   ...MR........M..R.R...R.........R.                        K
L        .#. #.          .R #..R.R...RM...R.R...R....R........                           L
M        R        R               M..........R...R.R.R...R.......R....R                 M
N          .                      ..RRRR......M.R...RR.R.MR...R..RR#R                    N
O          M                      R...R.......R.R.R.R......R......#.R                    O
P                 .R.             ...R....R...R........RR...R..R...                      P
Q        .R       .#        .R  R.RR.......R.RR..R....R R............                    Q
R        R         .R             ..R#.......R.R.RRR.R...                                R
S                                 ..R.R....R...R...M..R.R.  .  R...                      S
T               R.R          #...R...M...     .... .    .R  .R.                          T
U       R.   R    RM   .    ..#......R               R   R.                              U
V       ..        RMR              ....RRR.R..            R... R                         V
W       RM.                                              ... .                          W
X      . #..      .M.                                     . ..  R                        X
Y                 ..R.                                    ..                             Y
Z      .          ...                                     .... . M                       Z
AA              M.                                        ....                          AA
AB   RM        ..      R = rather <-e-> (204)             .. ..  .                      AB
AC   ..        M       M = merry <-u-> (72)                 . # .                       AC
AD   #.                # = rather <-e-> + merry <-u->       . .                         AD
AE   #.                                                   R.#.                          AE
AF     .M.                                                ..R                           AF
AG                                                       M                              AG
AH                                                     .                                AH
                  1         2         3         4         5         6         7
         1234567890123456789012345678901234567890123456789012345678901234567890
```

TENNESSEE/ARKANSAS HIGHLANDS 6A

```
  12345678901234567890123456789012345678901234567890123456789012345678901234567890
           1         2         3         4         5         6         7
A                                         .D.....D#S...#D.D......D              A
B                          DD.SDD..D. ....S...#.S...D..D...D..D.....           B
C                          ..#D..........D.S.D.......DD.#......DD...           C
D                          .D.DD....DD.........DDD#...S.SD..S#               D
E                          .#......D.D..D......D..D.D..D.....               E
F                          .........D.......D......#...........             F
G                          DD.....D..D....S...................             G
H          .        ..     D.......DD.......................             H
I            .             D.......D.......................             I
J                    .       ......D......................             J
K        . ...      ..    .. .D....D.....................             K
L        ...   ..        .. .....D....D...............             L
M      .       .         ......D..................             M
N        .        .        .....D..................             N
O      .       .        ..DD....................             O
P        .    ...       ..D.....................             P
Q      ...     ..       ....................             Q
R      .       ..       .....D...............    ..  ..         R
S                       .............         ....  .    ..      S
T             .    ..      ...........          ....  ..       T
U      ..   ..  ..    .    ...........             ..  ..      U
V      ..    . ...        ...........             ... .  .     V
W      ..     ...    ..                          .. ..      W
X      . ..  ...                                 . . ..      X
Y  .         ....                                    .. .  .    Y
Z                                                   .... .    Z
AA      ..                                          ... .     AA
AB  ..      ..         S = stick beans [=pole beans] (18)      .. .. . AB
AC  ..    .           D = double shovel (plow) (67)            . .. AC
AD  ..   .            # = stick beans + double shovel (plow)    ... . AD
AE  ..                                                         .... AE
AF    ...                                                      ... . AF
AG                                                             .  AG
AH                                        .                     AH
           1         2         3         4         5         6         7
  12345678901234567890123456789012345678901234567890123456789012345678901234567890
```

TENNESSEE/ARKANSAS HIGHLANDS 6B

```
  12345678901234567890123456789012345678901234567890123456789012345678901234567890
           1         2         3         4         5         6         7
A                                        .S.SS.SS.S.#.##.SSS.S.S#             A
B                          S...SCSSC. S..SS...CS.SC...SS##.SSSS.S..SS#        B
C                          SS...SCC.  .SSSSSC..#.S.SS.#S.#.SSSSSS#S#         C
D                          .CSC..S...S..SS..S....SSCS....CS.#CS.CC           D
E                          .SSSS#S......S...S.SS.S..SSS.SS..#           E
F                          ...SS..S.C....SS...C......S....#CSS.#          F
G                          ..S..S#S.....S...SS.S..S...S.SS.S...          G
H          .      CC       S..C.S...S....S...SS.....SSS...SS.SS...S.        H
I                          ...SSS..SC...S...#.S..SS....S.S.S.......       I
J            .     S     S .S...SS.S..........#CSS.S.S.......S.....       J
K      . #..                .. S.S...C...S.S............S...........S...S.  K
L        S..    .S       .S S..S.........C...S.........S...........       L
M        S       .         S...CS.....S.S..SS...SS....S....S.SS...       M
N                          .S.....C..SS.C#.S..S..SS.S.........SS...S      N
O              .        S    ..##S....S.SSSSS..#...SS.#SS.....S..C....     O
P                   SS.  S    ..S...C.........SSSS..SS.SS......C...S.      P
Q      SS     .S       .. CSC..SSS....SSS.S...........C....       Q
R      S         ..        .SS...S..#.SSS.S...S.C...      ..    .    .   R
S                          SSSC.S....S...S....S..CCSS.     S.S.      S     S
T         S           ..S   .S...S....S...........      .S.S S    S.  S..   T
U      .S    .    S.    .              .........        C   S..     U
V      S..         ...      ......S.S.                   ... ...      V
W      .S.      ..   ...                                 .S  . ..     W
X      . ..S       ...                                   ... .      X
Y            ..S.                                        .S .      Y
Z  S        S.S                                          S..S . .     Z
AA                                                       S...     AA
AB  ..      .S                                           .S .... . AB
AC  ..      .          C = chair <ir> (66)               . # . AC
AD  ..   .            S = stairs <ar> (288)              . S . AD
AE  ..                # = chair <ir> + stairs <ar>           .... AE
AF    ...                                                S.. . AF
AG                                                           .  AG
AH                                        .                     AH
           1         2         3         4         5         6         7
  12345678901234567890123456789012345678901234567890123456789012345678901234567890
```

TENNESSEE/ARKANSAS HIGHLANDS 7A

```
    12345678901234567890123456789012345678901234567890123456789012345678901234567890
                    1         2         3         4         5         6         7
A                                          ......F..O..F.......FF..                  A
B                       ...OO#....  ........OO.....F...FO..OF....FO.O                 B
C                       ..F#.O...   ......O.OO.....O..OFF....#...#                    C
D                                   .................O..F....FF....                  D
E                       .#..OO...............F.#F...................                 E
F                                   ...........................                      F
G                       F......O.....F.................O..F....                      G
H             .     ..   ................................O...                        H
I                       ...F.......................O.......                          I
J         .     .        .................................                          J
K     . ...           ..  ................................                          K
L       ...    .  .       ...............................                           L
M                        .O...............O...........                              M
N        .F          .    .O...........F.............                               N
O                         ...O...........................                           O
P             . .  ..   . ...............................                           P
Q     ..      .O.      .. O...............................O                         Q
R       .    O.           ..F.............................                          R
S           .      ...    ...............O...  ..  ...                              S
T      ..   .  ..   ..    ..........            .  ...                              T
U     .. .       .   .    ..........            ...  .                              U
V     ...  .  ...         ..........            ...  .                              V
W     ...  .    .                               ... .                              W
X   . ...    ...                                .. . .                              X
Y                                               ..  .                              Y
Z   .       ...                                 .... .                             Z
AA                                              ...  .                            AA
AB  ..      ..        F = be fresh [=calve] (29)   .. .. .                        AB
AC  ..      .         O = of a night [=at night] (35)  . . . .                    AC
AD  ..     .          # = be fresh + of a night        . . . .                   AD
AE  ..                                                  .... .                    AE
AF  ...                                                 ... .                     AF
AG                                                      .                         AG
AH                                             .                                  AH
    1         2         3         4         5         6         7
    12345678901234567890123456789012345678901234567890123456789012345678901234567890
```

TENNESSEE/ARKANSAS HIGHLANDS 7B

```
    12345678901234567890123456789012345678901234567890123456789012345678901234567890
                    1         2         3         4         5         6         7
A                                          .B......O#B.B..OOOB.BB.O                   A
B                      .B...B..B .......BO..O.O#..B.O..O....B.BO                      B
C                      BB.O...BB  ..O..B....O......OO.BB.OB.OBO.                      C
D                      B..BO...BB.B........O.......BBBO..B..B..                       D
E                      ....O...BB.....O....BB.B..B#...                               E
F                      O.B..BB....O....O....B...........O                            F
G                      ..O#.B.............O..O.........BO...                         G
H            #     ..   ..B.......B.B...BO....O.O....OO.                              H
I         .            .#...OB............O.O..O...O..O.O...                          I
J       B    .        .. B.......BO.........BO.............                          J
K     . ..B           B.......BO.........O......O.OO....OO.                          K
L     ...    ..       B........O..........O.B..B.O.....#.O.                          L
M     ...             ..........B........O...O.B.......O......O                      M
N        .            .O..BO....B..B.........B....O...                               N
O     .          ..B   ..B.........O..O.BOB.....O...B.O....                          O
P           .    ..B  . B..B....BOB..BB......O..B.......O                            P
Q     ..         ..     BO B....O...O.......O.B....O...                              Q
R     ..         ..     B....O.....O.O..#.B.         ..  ..                          R
S                       ..B....B...BOB..B....          ..                            S
T           .     ..B   ....B......            ....  .   .O.                          T
U     ..  .O          .    ..BO....O..         B   .O                                U
V     .BO . BB           ..                    ... B                                 V
W   . ...      .O.                             ..#. B                                W
X       .B..                                   .. . B                                X
Y   #    ..O                                   ....  B .                             Y
Z        O.                                                                          Z
AA  ..      .                                  ...  .                               AA
AB  OO      .        B = barrel <-er-> (109)   . . . .                              AB
AC  BO      .        O = one <o> (106)               . . . .                        AC
AD  ..               # = barrel <-er-> + one <o>     B... .                         AD
AE  #..                                              ..O                            AE
AF                                                    .                             AF
AG                                             .                                    AG
AH                                                                                  AH
    1         2         3         4         5         6         7
    12345678901234567890123456789012345678901234567890123456789012345678901234567890
```

TENNESSEE/ARKANSAS HIGHLANDS 8A

```
         123456789012345678901234567890123456789012345678901234567890
                 1         2         3         4         5         6         7
A                                          ....#....C...CCC..D.D..D         A
B                       ...C.C..C.  ..CC..............C...CDD......D        B
C                       ...D.....  ........C....CD.C.........D              C
D                       .#.C.................D##C.......D.DD.               D
E                       .D................#.#.C..DDD...C                    E
F                       .D.......C.D..C...C.......C.C.C.                    F
G                       ................................D.........         G
H                       ............C.......D...........C.......           H
I              .                .....C...................C........         I
J              .     .     .   ...D....D.........D...D...C....        I    J
K           . ...          .D ..D......D.........D...........C..C.         K
L           . ...   ..     .. .D.......D.........D.D........              L
M           ..           ..D.......C.....C...D.D.......              M
N              .         ...D...........................            N
O           .         .    D.....C.......D...............            O
P                              ...............................        P
Q           .         ..    .................D..................     Q
R           . ..      ..    ..................................        R
S                           ........................                 S
T              .       ...   ........... .......  .  ....  ..         T
U           ..    ..       .  ...........            ...  ..         U
V           ..  ..   ..        ...........             ...  .         V
W           .  ...    ...                           .. ..            W
X         . ...       ...                            . .. .           X
Y           .          ....                           . .. .          Y
Z         .                                         ....  .   .       Z
AA                                                  ... .            AA
AB       ..      ..    C = coo [call to sheep] (39)   .. ... .       AB
AC       ..      ..    D = corn dodger [=pone] (42)    . . .         AC
AD       ..    .       # = coo + corn dodger           . . .         AD
AE       ..                                          .... .         AE
AF        ...                                         .. .          AF
AG                                                      .           AG
AH                                             .                    AH
                 1         2         3         4         5         6         7
         123456789012345678901234567890123456789012345678901234567890
```

TENNESSEE/ARKANSAS HIGHLANDS 8B

```
         123456789012345678901234567890123456789012345678901234567890
                 1         2         3         4         5         6         7
A                                          ...W...WW#.W.....WWWWW.         A
B                       CW...WWW.. WW.W.W..W.W...#W...C..W.......W.        B
C                       ..C.WC.W. .......W.....#W.#.CW.#......WWW          C
D                       .WWWW...W.......W.....#....WCW.WW.WW.              D
E                       W....W.C....WC.C....W.W.WW                         E
F                       W...W...W........W...W...W...C.C.                  F
G                       W.W..CW.....W.......C.......#WW..C...              G
H                  .   #.  ..WW.CC........WW....W..W..C.C...C...           H
I             W         .W...C.C.................C..WC....               I
J             .   .   .  WWW................W.C...C........               J
K          . .          .#...C.W.........W.........CC.C.....             K
L          .W.   ..    .. W.CW........WC..................              L
M          W    .          ..C..................C........              M
N          W               ..W................C.C..WW....             N
O              .     .    ...W...WWW.C..................              O
P            W          ...      ....C..........C..C.....W....C.       P
Q         .W      ..    W. ..................W..............           Q
R         .        ..      .........................W.....            R
S             W           .W.........C...........  ..C.. ..           S
T          W          ...  W............         ....  .  C.  ...      T
U          ..  .   W.   W   ..W......                ..             U
V          ..  ..               ..........                  .  .     V
W          .  ...    ...                            .. ..   .        W
X         . ...      ...                              . .. .          X
Y            WW..                                     . .. .          Y
Z       W    W..                                    ....  .  .       Z
AA           W.                                     ... .            AA
AB       ..      .     C = Chattanooga <-I> (53)      .. ... .       AB
AC       ..      .     W = wash <r/{r}> [weakly retroflex] (117)  . . . AC
AD       ..    .       # = Chattanooga <-I> + wash <r/{r}>       . . . AD
AE       ..                                          .W.. .         AE
AF        .W.                                         ... .          AF
AG                                                      .           AG
AH                                             .                    AH
                 1         2         3         4         5         6         7
         123456789012345678901234567890123456789012345678901234567890
```

TENNESSEE/ARKANSAS HIGHLANDS 9A

```
    1234567890123456789012345678901234567890123456789012345678901234567890
             1         2         3         4         5         6         7
                                              ..#.W.C##C...W.WW.W.....
A                                                                            A
B                      CWWCC.C.C. .#..W.....C....WWW.W.W........W             B
C                      ..W...CW. .W....C.C......C#.WWC.........              C
D                      C.CCC...C#.....WW.WW...CCW......##WCC#                 D
E                      ..............W..W..W.W..C...                         E
F                      ...W.W.....W......C...C..C....W...                    F
G                      W.........W...C...C.....C.C...W...                    G
H            .     W.  .W...C...WCW.W.....WC......W                          H
I        .            .W....WC..C..WW....C..C.......                         I
J      W     .        C..W.........C.C..W.....                              J
K      ..C           .....W....W..W..C.........W.....                        K
L      ...    ..   C. ..W...W..W..C............W...                          L
M      .           ....WC.....W....C........C...                            M
N          .    W    .W.W..W..WW.......C.....W.....                          N
O          .W.    .W. W..W..........W..........W.....                        O
P      ..    .W  .W W..W.W.......C..W............                           P
Q       ..      ..    .......WW......C.W..W                                  Q
R             .   ...  ................W...C.  ..WW                          R
S     .    ...  ...  ..........                ....  .  .                    S
T     ..   .   C.  ...........             W  C.                            T
U     ..   ...   ....C......                ... . .                         U
V    ...  .  ..                            C .  ..                          W
W  C ...   . ..                             .. .                            X
X     ...    ...W                            .. .                           Y
Z  .      ...                                ..C. .                          Z
AA                                           .W.. .                          AA
AB  ..     ..                                    .. .. .                     AB
AC  ..    .         W = wood(s) colt [=bastard] (100)        . . C           AC
AD  ..   .          C = clabbered milk [=curdled milk] (65)     . .. .       AD
AE  ..              # = wood(s) colt + clabbered milk           .W..         AE
AF    ...                                                       ...          AF
AG                                                               .           AG
AH                                                                           AH
             1         2         3         4         5         6         7
    1234567890123456789012345678901234567890123456789012345678901234567890
```

TENNESSEE/ARKANSAS HIGHLANDS 9B

```
    1234567890123456789012345678901234567890123456789012345678901234567890
             1         2         3         4         5         6         7
                                              #G..G..#G#..GO#...OOOOO.
A                                                                            A
B                      G...#.G.GG .G..GG...G.GGGOO.O#GO..#O....OG#            B
C                      OGGOG.GGG  .GO....G...G.##.GGO##.G.G..GO##.            C
D                      GGOOG##...G...GG....G#G.#O.#O.GGOOG.O.O                D
E                      G.#.OO.G..G......G.G...GO#.OOOOGG.                     E
F                      ..G.O.G.O.GG..G....G.G.G.GO.G##..G.O.                  F
G                      .G.O#.O......O.O.GG.GOG.GG#.G.GG.OG.G#G                G
H            #     ..  GG..#.#.##....GG.O#G..OG.G#.O..GOG#G...GG              H
I        G            ..##G..OG#.#G..GG.GG.GO##...#.O..G#GGG.                I
J      .     G      .  .G...G....G...GO..#G###.G.GGGG....GG#                  J
K    G GG. .         G. ...GGG....OO#....G.#.GO.G....GO..GO.GG#G              K
L      GG.   ..        .. GG#OO.#..#..OO.G...G#..OGGGGG..OG#.##..G.G.         L
M      .  G    .       GGG.O.O..GGGGG.G#G.##.#G.GGGG...GGGGG.OGG.            M
N        G             O...O#G.G..OG.G##G.G#OGOOG...G##O.#......G.           N
O          .      G    O.#GG..G...G..#...OG#G.OGO.GG.#O..GG.GG#.G            O
P          G    GG.    . #.O..O.GG.O...GGG.#GG#.O..G.OG...#.#OGGOG           P
Q     .G         ..    .. OO......G.G....O.GG# GGO .GGG.GG...O..GG.          Q
R      G         ..    .. #.G#.GG.......#....G..  .G .  ..                   R
S         G         ..G ..##......O     G... #   GG  O..                    S
T     #.   .   GG    G  ....O#.G..              G... #   GG  O..             T
U     G.      #.O      .....G..O..                      #.G G  G            U
V     ...  . #.                                          .O O O             W
W   . GG.   ...                                          . G.  .            X
X       .    O.GG                                        .G                 Y
Y  G       ..#                                           O#O. .  .          Z
Z         .G                                             G.. #              AA
AA  ..       ..     G = gums <{u}> [inglide/upglide] (366)    G. ## .        AB
AB  ..       ..     O = obliged <{ie}> [monophthong/short glide] (199)  G  G G   AC
AC  .G   .          # = gums <{u}> + obliged <{ie}>          GG.. .         AE
AD  ..                                                        ..#           AF
AE    ...                                                                   AG
AF                                                            O             AH
             1         2         3         4         5         6         7
    1234567890123456789012345678901234567890123456789012345678901234567890
```

TENNESSEE/ARKANSAS HIGHLANDS 10A

TENNESSEE/ARKANSAS HIGHLANDS 10B

TENNESSEE HIGHLANDS 1A

```
      1234567890123456789012345678901234567890123456789012345678901234567890
               1         2         3         4         5         6         7
A                                              ..S..S.SSS...O#....OO.O#          A
B                                 ..........  ...........S#..S........##..       B
C                                 ..........  ........SS....##........OOOO#       C
D                                 ..........  .........SS.OO..S.....OO.OO#        D
E                                 .S..S.......O.......SSO....S...                E
F                                 .....................................OO.O.     F
G                                 ...................................O..         G
H                  .        ..    ....................................           H
I                                 ..................................S..          I
J              .         .        .................................             J
K           .  ...                ..................................            K
L           ...     ..            .................................            L
M             .        .          .................................            M
N           .                     ..................................           N
O                                 ...................S.............            O
P           .        ...          ................................            P
Q         ..        ..            ...............................            Q
R         ..        ..            ............O................    ..  .      R
S                                 ...........................    .      .      S
T              .        ...       ...........          .....  ...    ..  ...   T
U           ..        ...         ...........          ....              ..  . U
V           ..                    ...........                          ..  .   V
W         ...   .    .O.                                              ..  .     W
X       ....           .O.                                           ..  .      X
Y                 ....                                                 .. .      Y
Z       .           ...                                            .... . .     Z
AA                  ...                                             ...        AA
AB     ..          ..         O = open stone/seed (peach) (31)      ... .. . AB
AC     ..      .              S = sugar tree [=sugar maple] (28)      . . . AC
AD     ..    .                # = open stone/seed (peach) + sugar tree  ... AD
AE     ..                                                               ... AE
AF     ...                                                               ... AF
AG                                                                      .    AG
AH                                                                    .      AH
               1         2         3         4         5         6         7
      1234567890123456789012345678901234567890123456789012345678901234567890
```

TENNESSEE HIGHLANDS 1B

```
      1234567890123456789012345678901234567890123456789012345678901234567890
               1         2         3         4         5         6         7
A                                              .K.KAA.#K#...A#.AK.K.#.K          A
B                                 ..........  ....AA.A.K..AKAAKA#...AA#...#A.#   B
C                                 ..........  A.A.....KA..A...K.AA...#A.A..#.AK  C
D                                 .A.AKK...A...KA...AAK.AK.K.AAK.K#...AKA        D
E                                 A....AKK....#........K.K....#..                E
F                                 .....AA...A.A.K...#.A.........A..A.K..         F
G                                 A..K#...A..KA.AK.KA...K..#...K..A.AAA..        G
H                  .        A      .A    ....KK........AK...KKA..A.AA.#K.A..A    H
I                  .               ....A..AA...A...K.K..#.K..K.A.....           I
J              .         .    A    ..A....AA...A#.K.....A.AA.......A.K..A        J
K           . #K.                  #. K..A..A..A....AA.AA#..AKAA...KK....A       K
L           ...     ..             KK ..#.A.K.K#.AK..A.K....K..K...K...KK...     L
M           A           #          K#.A....A...K..A....A.KKK...KA.K.AAAAK.AK.A.  M
N           A                      ...A....A....AAA.K...A..K...#.....AA         N
O           A           A          ...K...A.A...K#.........K#..A.......         O
P             A         .#.   .    ...#K....AA....A.A..K....AA..K....KK....      P
Q         .K        AA        AA   .#...........K.#K.....A....K..AK....A        Q
R         .         ..              ...A....K...K.AA......K    K...A           R
S                                  ...A..A.K.K.AK..AKAAAA...  A   ..A.    AK     S
T              .        ...    K    ...K.#..#K..  .KK..AA.A.       K.   .K.      T
U           ..   .      #.     K    .......A.#.                   ... A  #       U
V           ..        A.K                                         ... A  #       V
W         ..  ##A    A   #A                                        .. K .        W
X       . K.A   .    .K.                                          . #.. .        X
Y                 A..#                                               ...  .      Y
Z       K           A..                                            AKAA # K     Z
AA                  ..                                              ..A #       AA
AB     AA          .A         A = asked [<as(k)t> ask, pret.] (221)  A. K# .  AB
AC     ..      .              K = kneeled [kneel, pret.] (163)        K  A  A AC
AD     ..    .  #             # = asked <as(k)t> + kneeled            . . . AD
AE     K.                                                             ..K. AE
AF     ..K                                                            .K. AF
AG                                                                     A    AG
AH                                                                   #      AH
               1         2         3         4         5         6         7
      1234567890123456789012345678901234567890123456789012345678901234567890
```

TENNESSEE HIGHLANDS 2A

```
      1234567890123456789012345678901234567890123456789012345678901234567890
               1         2         3         4         5         6         7
A                                            ....PMM.M......P......
B                   ..........P......MPM..P.M.....P.M.
C           ....P.....  .P......#......P........P.
D                   ........M..PP....M......M
E                   .......MPMMM......
F                   .......M.................
G           .      M.      ..........................
H                   ................P.....P.....
I             .     .     .     ...........
J                 ..          .M....................
K         . ...           ..       ....M.......M.
L         ...    ..      ..     ....M.......P...P.....M.
M            .          ..      ...M.....................
N           .         .    ..M.....P.....M.......
O         ..      .      ..     .....P.......M.....
P        .    ..      ..      ....M.P......
Q        .     .M           ...........
R                   .........................
S                   ..........      ....  ..
T           .       .      ..........      ...  ...
U         ..  .      ..      ...........      ...M
V         ...  P    ..                 .. .  .
W        . ...     ...                 .. . .
X           ....                    ... . .
Y                                  ... ..  .
Z       .                          ... . .
AA         ..                         ... .
AB       ..    ..                      ... . .
AC      ..                             ... . .
AD       ..  .                       M . .
AE                                       ....
AF        ...                            ... .
AG                                       .
AH
```

```
M = Mammy [=Mother] (28)
P = portico [=small porch] (21)
# = Mammy + portico
```

```
        1         2         3         4         5         6         7
1234567890123456789012345678901234567890123456789012345678901234567890
```

TENNESSEE HIGHLANDS 2B

```
      1234567890123456789012345678901234567890123456789012345678901234567890
               1         2         3         4         5         6         7
A                                      SS..S#.S##J.S.#SS..#SS.J
B              J........J. JJSS......J..J#J.S.JS.SS#.S.#S.#
C              ....SJ.J.  ..#.S..SJ.....J.SJ#S.S.S..#S#SJ
D              SJ.SS#...J...S..SS...SSS.##S.S.SS.S#SS##
E              .S..SS.JS...........#S#S.S...SSS.J.S
F              ....S.......S..S.J.S.J.....J.SS.S.#
G              .....S.......S....JJJ.......SS....SSS.J..
H              S......J...S#SJ.S.......S...J...S...S.S
I         S    .     #S     S...JS.JSS..SS..J#S.S...S.#.JSS.SS....
J           S    .      S   S...S..#...#.......S.SSSS.S.S.SS#..S...
K         . S..           .S....SSJ.J...S.#JS..#J#....S...J#JJ.#...S.
L         ...     SS       S. .SJ.....#S#SS.JJJJ.S..J...S...JSS.S.S.S.
M           .        .       ....JSS.#...S#S.SS.SJ.SS...S.#SSJS.....S..SJ
N          .       #        SS.SS#.S#..JSSSS.S.JJJSS...S.SJSSS.......S
O         .     SSS       .S.##..#..J..S#S##.SS.S...JJJ..S.S....SS..
P              SSS     . S.J.JJJJS#...SJ..S...JS.JSSJ.S.J.SJ.S..
Q        ..       .S      SS .S.S.....S.#J..SS.... SS S.J.JSS.SSS....
R       #        ..        .S.S.JJ..JS.S.S...JJJ#.#J.#
S                         ..S#.S#JSJS...JS...S##SJS  .  S.SS    .S
T         #         SSS    ..SJ.S....S.          SSS. S    SJ  ...
U         ..  .    S..       .JS......                     #.S J  .
V         ...  S   .S       ..SJSJ..J..                   S.  . .
W        . ...    S..S.                                   .. .S # 
X           S..S.                                         .. J
Y         S      S..                                      .... S  .
Z       S       S..                                       .... . 
AA                                                         .. .S J
AB      S.       ..                                       S  S   .
AC      ..      S                                          S  S .S
AD       ..  .                                            . . S
AE       ..                                               .J.
AF        .SS                                             .
AG                                                        .
AH
```

```
S = Sunday (a) week [future] (315)
J = jaundice <-a-> (157)
# = Sunday (a) week + jaundice <-a->
```

```
        1         2         3         4         5         6         7
1234567890123456789012345678901234567890123456789012345678901234567890
```

328

THE LINGUISTIC ATLAS OF THE GULF STATES

TENNESSEE HIGHLANDS 3A

```
1234567890123456789012345678901234567890123456789012345678901234567890
         1         2         3         4         5         6         7
A                                        ...DD...B...####...D...         A
B                       B......D.. ............B#.D..DDB....BB           B
C                       ..........D...B.....B.B..#D#....#....            C
D                       ........D.B....B...B..BB......BD.#DD             D
E                       .......B....B.#BDD..#..D..D                      E
F                       #.....D...........C...#.......B...DD             F
G                       ...................D...............#....         G
H                       ...........B.B....B..B....D.........            H
I                       ...............................DD....D....       I
J                       ........D...........D.......DDD...              J
K          .    .     . ...........D.......D........D.......           K
L        . ...     ..    ..  .D...................D.......             L
M        . ...   ..      ...............D.........D....               M
N          .            ..D....B....D.........D..D.D...               N
O                       ..................................D...         O
P        .        . ... ...................................D...        P
Q         ..      ..     ..................B......D........            Q
R        .        ..     ...D.D....................  ..  ..           R
S                       ..........B....................               S
T          .      ...  . ...D.B....          ....  ..  ...          T
U          ..     ..  .. ...........          ..  ..              U
V          ..     ...                         ..  .              V
W         ...  .  ..                          B.  .  .            W
X       . ..                                  ..  .               X
Y          ....                               ..  .               Y
Z       .          ...                        ...  .              Z
AA  .           ...                           .B. .               AA
AB  ..          ..                            ...  .. B           AB
AC  ..    .                                   . . . .             AC
AD  ..  .                                     ... .               AD
AE  ..                                        ...                 AE
AF   ...                                      ...                 AF
AG                                              .                 AG
AH                                                                AH
         1         2         3         4         5         6         7
1234567890123456789012345678901234567890123456789012345678901234567890
```

```
D = drag (harrow) (62)
B = bull tongue (plow) (46)
# = drag (harrow) + bull tongue (plow)
```

TENNESSEE HIGHLANDS 3B

```
A = Atlanta <et-> (194)
F = fists <(ts)> (220)
# = Atlanta <et-> + fists <(ts)>
```

TENNESSEE HIGHLANDS 4A

```
   12345678901234567890123456789012345678901234567890123456789012345678 90
           1         2         3         4         5         6         7
A                                            #J...J..T...###.#.#TJJ#T              A
B                              .JJ.....J. J.J#J.........JJJJJ.J..J#JJJJJ.J         B
C                              J....T.#.  .JJT..JJ#......J#.J..#.#..J.#JJ#J        C
D                              J...J........J#..J.JJ#..JJ.J..JJJT.#.#             D
E                              .JJ.JJ.....J....JTJJ#.J.JJ#..#JJ..J              E
F                              ..JJ...J.#....#JJ.J.JJ.....J....J.JJ             F
G                              .........J.##..J.JJ.J...J.JJT.J..                G
H          J      ..           J....J..J.J.....T....JTJJJ.....J..JJ            H
I               .              ..J..J.J.J.J.TJ...J.JJJ.JJJJJ...             I
J               .              .JTJJ........JJJJJJ.JJ..JJ...             J
K       . ...              J. ...#J..J...J.J.##..JTJJ..#......JJJ.T...JJ.      K
L         ...   T.            .. ..J...J..TJJJ.JJ.J.J.J.JJJ...T.#....T.J...   L
M       .            .        ..JJ..#.J.J.#.J.JT.JJ......J..........          M
N          .      J            J..J...J#.T..JJJ..JJ.JJ.....JJJJ               N
O          J        T         JJJ#T.#..J...##.J..JJ.JJ.J.JJ...              O
P              .   #J.      .. .JT..JJJ.J....J.JJJJ.J.J.J...T...J           P
Q          ..    .J           ...T......T.JJJ.....J#. T.J.J........         Q
R          ..    .J           .....J..JT......J.TJ..J...    .J     . J    R
S                             .......TJ......J...JJJ.. J...   ..         S
T          #              ... J...........      .JJ. .   .J  . .J      T
U       ..    ..  . J..  .   ...........      .       J   ..          U
V       ..    . J...         ...J....J..                              V
W       ..  .  .J            .                               T..        W
X    . .J.    . ...                                   . T. .           X
Y    .        . ..                                       .. .          Y
Z                .. .                                     ..... .       Z
AA        J.                                               ... .        AA
AB   ..     .J        J = jackleg (preacher) [untrained] (286)    .J .. . AB
AC   ..   .           T = touchous [=overly sensitive] (76)        . T . AC
AD   ..   .           # = jackleg (preacher) + touchous            ... .  AD
AE   ..                                                             ..... AE
AF   ...                                                            .#J   AF
AG                                                                  .     AG
AH                                                               .        AH
           1         2         3         4         5         6         7
   12345678901234567890123456789012345678901234567890123456789012345678 90
```

TENNESSEE HIGHLANDS 4B

```
   12345678901234567890123456789012345678901234567890123456789012345678 90
           1         2         3         4         5         6         7
A                                            U#UU#UU#UUU.I.UUI#.##U.U              A
B                              UUUUUUU.UU .....U.I.U.U.#UUUU..UU.UI#.###U#         B
C                              .U.U..U..  .UUU.UUU..U.UUUUUU#I.#UU##.I#I#        C
D                              .....UUUU.I.UUUU.UUU..IU.IUUI#...U..U#.#        D
E                              U....#..UU.#.UU....UUUUUU##UU.IUU#U             E
F                              UU..U.U.UU.UU.U.#.U..U..U..U.U.UUUU            F
G                              UU.U#....I.U.U.#.U..#UU.I###.UU.U##...U       G
H          U      UU           .....U.IU.UU.IUUUUIUU#.#U.IUUU.UUUUUI.#      H
I               .              U.#.U#.UUU.U#......IU.UII...#UUU.UUU.         I
J               .       U      UUUI.U..U..U...U...UUUU.U.UUUUUU#U.IUU.IU    J
K       U U.U              UU .U..UU.U#.UU..U...U.U.UUU..UUUUUU.U#....U    K
L         UU.   ..            U. .UUUUUIU#UU.U.UU.U#..#UUUUI.U.U.U.     L
M       U            #        .UUUIU.UUUU.UU.UU..UUU#UU..#UUI.IUU#U.UU..   M
N          U                  UUU.U#U..#..U.U.UI..UUU#U.UU.#UUUUUU...UI.   N
O          U        U         .UUUUUUU#.UUUUUUUUU.UUU.UU##.U#...U.UU...    O
P              U   ..U      .. .#UUU....U#.U.U....IUU..UI.UU#.#..UIU.....IU  P
Q       U.      U.           .. ##U#U..UUUUUU.UU....U U.. ..UUU.UUUU.U..U   Q
R          .    .U           .UUU.UUU...........UU.U.U     UU.    . I     R
S                            .UU.U..UUUUUUIUUI.UU.U.U.   ..UU. ..U.        S
T       U               U..  ..#IUI..U..U        UUU. U    .U  U.U       T
U       U.     .  UU   U       U...U#U#U.                      UU        U
V       U.       #U.           .UU.U..U.U.                     U.U .U    V
W       .UU   .   UU                                          .# # I     W
X    # UIU   ...                                             U #. .       X
Y             UUUU                                          UU  U  .      Y
Z    U        #.#                                           .UI. U U      Z
AA            U.                                            UU. I         AA
AB   U.     .U        U = used (to be) <s> (516)            .U .U . AB
AC   ..      U        I = instead <-{e}-> [inglide] (125)    . U . AC
AD   ..     U        # = used (to be) <s> + instead <-{e}->  U U . AD
AE   UU                                                      U#I.  AE
AF   .UU                                                     ..#   AF
AG                                                           U     AG
AH                                                        .        AH
           1         2         3         4         5         6         7
   12345678901234567890123456789012345678901234567890123456789012345678 90
```

TENNESSEE HIGHLANDS 5A

```
   12345678901234567890123456789012345678901234567890123456789012345678901234567890
             1         2         3         4         5         6         7
A                                              .....G.#RG..R.G...GG.G.G              A
B                                        .........G...G.........G......G.           B
C                                        .......#R..G......R...R..R...R...GGG        C
D                                        .....R...RR.....G.GG.G.....R.........       D
E                                        .................R..G..RG.........         E
F                                        ...................G.............          F
G                                        .....................R...........          G
H               .       ..               .....................G...........          H
I                                        .................................          I
J                                        .................................          J
K         ..R.                    ..   ...R.........R...........               K
L           ...      ..               ...R..R..................               L
M         .          ..               R...R...#.......G.............R....     M
N               .                     .............................R....RR.....     N
O                                     ...........R.R.............R......      O
P         ..        ..               ......R............R............R..      P
Q           .        ..              .............................  ..  .      Q
R                                    ..................       ...  .   ...     R
S           .        ...             ..........         ....  ..  .....        S
T               .        ..  .       ..........         ....  ..   ..          T
U         R.         ...              ..........                   ...         U
V          ...  .     ...                                   ...  .             V
W         .  ...     ...                                     ..  .    .        W
X           .             ....                               ..  .             X
Y         .              ....                                 ..  .            Y
Z                          .                                .....  .  .        Z
AA                                                           G...          AA
AB         ..        ..       R = redbud [=small Judas tree] (36)      G  . G   AB
AC         ..        ..       G = goober peas [=peanuts] (30)          . . .   AC
AD         ..  .              # = redbud + goober peas                   ... . AD
AE         ..                                                            ....  AE
AF         ...                                                             .   AF
AG                                                                      .      AG
AH                                                                             AH
             1         2         3         4         5         6         7
   12345678901234567890123456789012345678901234567890123456789012345678901234567890
```

TENNESSEE HIGHLANDS 5B

```
   12345678901234567890123456789012345678901234567890123456789012345678901234567890
             1         2         3         4         5         6         7
A                                    D#W.#.#DWDWD##DD#.DD...#         A
B                                    .D..D.#..W D#...D.W.#DD.D....#D.D#DDWD.#.##     B
C                                    D#.DW..DD  .DD...D.DW#DWD#DDDD##WWD.WD.#DDW      C
D                                    D.D.#.D..DWWD.D#WDW...D#..D..DD..D..DD.D         D
E                                    ....#...D..#....D#.D.W#.#DW.DDD##D              E
F                                    .DD..D.D.W#W.D..D..D.DW.W...DDWDDWDDWDD.         F
G                                    .#..#.D.........DWWDD#DDD#D#.W.DDD##.WD.         G
H               .       ..           #DWWD.W..#..D.DDD#..#.D.W.DDDD.D.D.             H
I                                    ..#D#W.D.D.DDD..##D.DDWDD#DWDD.D.DDDD..W         I
J             D      D        D       .D..D#.DD..D...DW#D..#..#W#.D..DD.DW.DWW#       J
K         D #D.                      ...WWD.D..#.###....#.WW...DDW#D...W#D..DDW       K
L           ..W                     .D DDW.DW.WDDD.D.#...WDDWDD.D..DW#WDD..D.....     L
M         W          D               ..D.........#D#DW##D.D#.D.#W.DDDD#DD....D.W..    M
N         D          .                DDD.DWD.D..D.....##DW.WDDDDWD.#...D.D#..W...    N
O              .    W                #.DD.#.#DD.#...#.DD#DDD..D..WD.D.##..W...W       O
P                  W       .#.        . D.D.W.D..DD..WD#D.###DWDD.W#..#.D.#DWDD.DW    P
Q         DW         W.            D. WW...W.#DDD.D##D.W.W DW# .W.#....##D.WWW        Q
R         D          .D               DD#D..DD.DDD#D.WD...D..#.D       #  W          R
S                                    #D...DD..DD.W##D#..#...DD  W   W..#     .W       S
T           #        D.D       .D#.....DD.D         DD.. D     D.  D.D      T
U         W.  W      D         D       .D..#D.D..                      D#            U
V         D.          #.D              ........DDW                  W.D . W          V
W         #DD     .   D.                                           .D . D            W
X         . ..D       WD#                                          .#. .             X
Y                 WDDD                                             .D  D             Y
Z         W       #WD                                              DDD. .            Z
AA                   ..                                            D.. W             AA
AB         ..        D.       D = deaf <{e}> [inglide] (424)       D. ... . AB
AC         ..        .        W = wood |FFD-maj| (229)            W  W . AC
AD         .D                 # = deaf <{e}> + wood |FFD-maj|      . W . AD
AE         ..                                                     DDD. AE
AF         ..D                                                    ..D AF
AG                                                                   . AG
AH                                                                 D        AH
             1         2         3         4         5         6         7
   12345678901234567890123456789012345678901234567890123456789012345678901234567890
```

EAST HIGHLANDS 1A

```
        1234567890123456789012345678901234567890123456789012345678901234567890
                 1         2         3         4         5         6         7
A                                                        ........#SS.#S#SSSSSSS##          A
B                                  M...MS.M.. ...............S#SS#SSS...SSS.#              B
C                                  .MS..MMM.  ...............S#..SS....SSS#S              C
D                                  .M.M....MM ......S.....##.M..MSM#SS##S                 D
E                                  .M...............................M...S..#              E
F                                  .................................S...S.#..M            F
G                                  M.M....M........M....M....#....M                       G
H                    .      M.     .................M....M.M..S....M....                  H
I                                  ....................MM..                               I
J                                  ...............................M.....                  J
K          .  ...                  ...............................M....                   K
L          ...   M.                .........................................M.            L
M         M                        ..........................................            M
N            .          .          ..........................................            N
O                                  ..........................................            O
P         .            ..          ..........................................            P
Q        ..           ..           ..........................................            Q
R                                  .............................. ..   ..                 R
S                                  ..........................                             S
T           .   ...                ..............        ....  ..                        T
U         ..      ..       .        ...........           ..  ..                         U
V         ..      ..               .........            ..   ..                          V
W         ..                       .......              ..  . ..                         W
X     . ...      .M.                                        .. .                          X
Y                ....                                        ..  .                         Y
Z     .          ....       .                               ....  . M                     Z
AA              ..                                                ...  .                   AA
AB    ..         ..         M = miller [=moth] (54)              ... .. .                 AB
AC    ..                    S = snake feeder [=dragonfly] (55)       . . .                AC
AD    ..   .                # = miller + snake feeder               . . .                 AD
AE    ..                                                             ....                  AE
AF    ...                                                                                  AF
AG                                                                   .                     AG
AH                                                            .                            AH
                 1         2         3         4         5         6         7
        1234567890123456789012345678901234567890123456789012345678901234567890
```

EAST HIGHLANDS 1B

```
        1234567890123456789012345678901234567890123456789012345678901234567890
                 1         2         3         4         5         6         7
A                                          KK.KKK.#K#KKK##K#KK.K##K                        A
B                                  .K#...KK.. .KW..K.#KKKKK.KKKKKK.KK#KK.#KKK              B
C                                  ..W.....K  ..KK.KKK#KKK.K.KKK#KK##KKKKKKKK              C
D                                  ....KK.KK.KWKK..KK..KKWK.#KK##K.KKKKKKK#               D
E                                  ..K.WK#..K..K.W..K#.K.KK#K.KKK#K.#                     E
F                                  ..K.#.K...K..KKKK.K.KKW..KK.K....#.K.                  F
G                                  ...#..KW.K.....K.K.KKWKKKKW.KK..K#K...                 G
H                          ..      ....K...KKW.K.K.KK#KKK..WKKKKK...K..K.                 H
I                                  W..WKKK.KK.KKK.K.KKKKKKKKKKWWK.WKW.....                 I
J            W     .         .      ...W.K..K.KK..K..K..K.K###.KKK.KKK.WK..K              J
K       . ...                      W# ....WW..K.WK#..K..KK.KK.K......KK...K.              K
L      .W.    .K                   .. W.KKKW....#K.KWKK.#..KKKK..K..WK.W.K....            L
M             K                    ..K..K.WW..#K.#KK...KKKW.K#K#.K.......K..KK            M
N           .                      WK.WK#....KKK..##.KWWKKKK..K.K#K.W........             N
O         .#              W        .....W.W#.##K..KK.KKKKKKKKW..WK#.#KK....KWW            O
P         .        .KK    W .      ..W....W.K..W.K.W.KKK...K..K..KK...K..W.W             P
Q        ..         ..             .W .......K...K.W.K..K.K.. ...............             Q
R        .          W.             ...W.W...KK.KW...K......K                             R
S                                  .K.............K.KK#..K.. .   K..#                     S
T           .       K.K            .W...K......              .KK. .      ..  ..           T
U         ..    .   K.      .        ....K....                    ..                      U
V         ..      ...               ....#......                  .W.  . K                 V
W     W..  .    . ..                                             #.. . K                  W
X     . ...  .                                                   ... . .                  X
Y              .WKW                                                  K                     Y
Z     .        ..K                                                 ..W. . .               Z
AA              ..                                                   ... . W              AA
AB    #.         ..         W = won't <(t)> (125)                   .. .K W               AB
AC    ..         .          K = Knoxville <-L> (348)                 . . . .              AC
AD               .          # = won't <(t)> + Knoxville <-L>                . .            AD
AE    ..                                                                  ..K. .          AE
AF    ...                                                                 K.K              AF
AG                                                                       W                 AG
AH                                                            #                            AH
                 1         2         3         4         5         6         7
        1234567890123456789012345678901234567890123456789012345678901234567890
```

EAST HIGHLANDS 2A

```
    1234567890123456789012345678901234567890123456789012345678901234567890
             1         2         3         4         5         6         7
   A                          ........W.D..W#DD.......                      A
   B              ...D.D.... ......D....W..D....D.....                       B
   C              ...DD.... .W...........W........#.D#.                      C
   D              .D...........................#D.........D#W                D
   E              .D..D...........................D...                       E
   F                              ...................D......W...             F
   G              .............................................DD..         G
   H              ....................................D...D....              H
   I               . .   .  .. ..............................D....           I
   J           .                ...................D....                     J
   K      .  ...         .     ..............D.......                        K
   L      . ...   ..     ..     .......W..............D...                   L
   M        .          .       ......................                        M
   N                        .   ...............                              N
   O      .          . ...    .................                             O
   P      ..     ..          .................                              P
   Q       ..     ..         ...............         ..  .                  Q
   R                   .     .........              .    .                  R
   S                        ......D...             .  .  .                  S
   T        .      ..  .    ...........          ....  .   ..  ...          T
   U      ..       .      .D........              .  .    ..     .          U
   V      ..    ..            ..........                 ..   . ..          V
   W      ... .  ..                                     ..  .   ..          W
   X      .                                             ..  ...  ..         X
   Y        ....                                         ..   ...           Y
   Z      .     ...                                      ....  . .          Z
  AA        .                                             ...   .          AA
  AB ..      ..              D = dip [=sweet topping] (32)    ..  .. .      AB
  AC ..      .               W = wasper(s) [=wasp(s)] (13)     .  . ..      AC
  AD ..   .                  # = dip + wasper(s)                  ...       AD
  AE ..                                                         ....        AE
  AF  ...                                                        ...        AF
  AG                                                              .         AG
  AH                                                                        AH
             1         2         3         4         5         6         7
    1234567890123456789012345678901234567890123456789012345678901234567890
```

EAST HIGHLANDS 2B

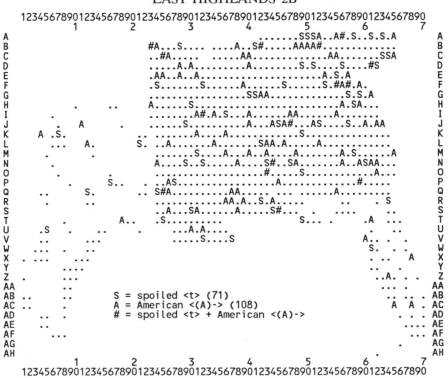

```
    1234567890123456789012345678901234567890123456789012345678901234567890
             1         2         3         4         5         6         7
   A                          ......SSSA..A#.S..S.S.A                        A
   B              #A...S.... ....A..S#.....AAAA#......                       B
   C              ..#A.... ......AA........AA......SSA                        C
   D              ....A.A...........A.......S.S....S....#S                    D
   E              .AA..A..A...........A......A.S.A                            E
   F              .S.......S.......A......S......S.#A#.A.                      F
   G                            ...SSAA...........S.S.A                       G
   H               .     ..  A.....S.................A.SA...                  H
   I                          ......A#.A.S..A......AA....A.......             I
   J           .    A    .   ......S.......A..ASA#..AS....S..A.AA             J
   K      A .S.          ..     ......A..A.............S...........          K
   L      ...    A.     S. ..A....A.......SAA.A..A.............          L
   M        .          .       .....S...A..A.A...A.......A.S....A           M
   N        .             A...S..S......S#..SA.....A..ASAA...               N
   O      .          . ...    ...............#..S.......A...                O
   P           .     S..   . .AS...............A.............#.. .          P
   Q       ..     S.        .. S#A...........AA.A..S.A....         S        Q
   R                   .     ..A...SA......A.....S#...   .  ..  ..           R
   S                        .A...SA......A.....S#...  .    .A  ...          S
   T        .      A..  .    .S.............    S...  .     .A  ...         T
   U      .S       .      .....A.A...              A..  .                  U
   V      ..    ..            .....S....S                S.  .   .          V
   W      ... .  ..                                     ..   .    A         W
   X      .                                             ..  ...            X
   Y        ....                                         ..A. ...           Y
   Z      .     ...                                      ..A.  . .          Z
  AA        .                                             ...   .          AA
  AB ..      ..              S = spoiled <t> (71)             ..  .. .      AB
  AC ..      .               A = American <(A)-> (108)    A  A  . .         AC
  AD ..   .                  # = spoiled <t> + American <(A)->     ...      AD
  AE ..                                                         ....        AE
  AF  ...                                                        ...        AF
  AG                                                              .         AG
  AH                                                                        AH
             1         2         3         4         5         6         7
    1234567890123456789012345678901234567890123456789012345678901234567890
```

EAST HIGHLANDS 3A

```
1234567890123456789012345678901234567890123456789012345678901234567890
         1         2         3         4         5         6         7
A                                  C.C.....CP..CPP..#CPPPP.P            A
B                      ....P....  ..............C..#C......CPP          B
C                      .....C...  ...............C....PCCP             C
D                      .............C..C.PPPC......P.PPC.              D
E                      ....................CP......                    E
F                      ...................C....C#..C                   F
G             .       ..  ...................C.PC#..                   G
H                      ..................C.....                        H
I             .        .  ............C.......                        I
J                      ...............CC.......                        J
K          .  ...       ..  .............C........                    K
L           ...  ..     ............................                  L
M            ..         ............................C.                M
N           . .         ............................                  N
O         .            ............................                   O
P                      ............................                   P
Q         ..   ..      ............................                   Q
R                      ............................                   R
S                      ...P............                               S
T         .    ...     .P.P.........                                  T
U       ..  .  ..  .   ..........        .  ...                       U
V       ...   ...      ...........       .. ...                       V
W       ...  ..        .....                .  .                      W
X    . ...   ...                             ... .                    X
Y             ....                            .. .                    Y
Z    .        ....                           .... .  .                Z
AA            ..                               ... .                  AA
AB   ..      ..          C = cornfield beans (32)        .  .. .      AB
AC .. .      .           P = poison vine [=poison ivy] (28)  . . .    AC
AD   .. .                # = cornfield beans + poison vine   . . .    AD
AE   ..                                                      ....      AE
AF    ...                                                    ... .    AF
AG                                                            .        AG
AH                                                                    AH
         1         2         3         4         5         6         7
1234567890123456789012345678901234567890123456789012345678901234567890
```

EAST HIGHLANDS 3B

```
1234567890123456789012345678901234567890123456789012345678901234567890
         1         2         3         4         5         6         7
A                                .D.DD..D.DD.DD##DS#DD.D.              A
B                      ..SS.D.DD. ....DD...DD..SD.#SDDDD..#D.SS.SD#     B
C                      .DD.S...D  ..D.D.......D.S..SDDDD.SS..DDD.       C
D                      DD..D.D.#..SD.DD..S..DS.#.##..D##DDSD.D          D
E                      ..DD.SD.DD.#S.....D#..DD#S.#...SD.S              E
F                      ......#D..D.....DDSD.D.D..SD.S...D.#..           F
G                      ...........D......DD..DD.DD#.DDDDD##D..          G
H           .     D.    ...S...D......D.DD..S..DDDDD......D            H
I       D               ..DSSSD.#.DDD.D.DD..#D.DDDDSD...#D.#DD         I
J       D   .      S    D...DD......D..D...D.D#.....DDDD.....          J
K     . .DD            SD ...D.D...#DD..#D.D.DSDD.#.DD.......DD.       K
L      ...    D.       .. .D#..S#.D.DD.DD.#.DD.D....#.DDDD...DD.D      L
M    S        D        DDD.DD..D...D.DD#D.DS.D...S.DD.DD..D..D         M
N       .              ..D..D..#D....DDDD.D.D.D.....D.D..DDD....       N
O        .        #     DD..D.DD.DD..D....DD.D...DD#.#D....#..         O
P          .     .DD    .  .D....DS......DD.DD#..D..#.SDDD..D..SD.     P
Q     SD      DD       DD ..DDD#D.D..#....D SD. D....D.......         Q
R     .       D.        ..DDSD..DD.DS...D..DD ....   .#..             R
S                      .  S..DD#.......D.DDD....D.D  . D.DD    .D.     S
T      DD    .  S   D.  .  D.DDD.D.SD#.       D..#. .   .. .SD        T
U      ..      #..      .  .....#DSDS                ... ..           U
V     #D.   S   SS      .  .DD.##.#.S.                DS  D .         V
W    . S..      ...                                   .D  . .        W
X          ..SD                                       .D              X
Y    D      ..D                                       S.S.   . .      Y
Z             ..                                       DD. D          Z
AA   .D       SS          D = dues <ew> (352)          .. .D . AB     AB
AB   S#       D           S = syrup <si-> (123)         . D .         AC
AC     S#  .              # = dues <ew> + syrup <si->        D .D     AD
AD     ..                                                    ..#.     AE
AE     S#.                                                   ...       AF
AF                                                            .        AG
AG                                                       D            AH
AH
         1         2         3         4         5         6         7
1234567890123456789012345678901234567890123456789012345678901234567890
```

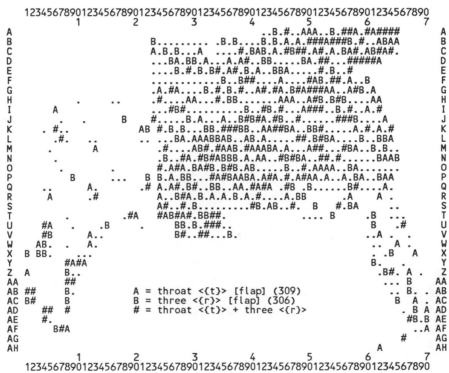

EAST HIGHLANDS 4A

M = mountain hoosier [=rustic] (32)
C = cucumber (tree) [=magnolia] (32)
# = mountain hoosier + cucumber (tree)

EAST HIGHLANDS 4B

A = throat <{t}> [flap] (309)
B = three <{r}> [flap] (306)
# = throat <{t}> + three <{r}>

EAST HIGHLANDS 5A

```
            1234567890123456789012345678901234567890123456789012345678901234567890
                     1         2         3         4         5         6         7
A                                                   ........II...#..L.LLLLLL              A
B                            ..L........ ..L...............LL#.I.......#.#            B
C                            ................. ......L.LL.LL.L.L.L#.              C
D                            ...................I..L#....LLLI.I#LL                C
E                            ...................#...L...I                      D
F                            ................L...............LIL.              E
G                            L..L..............................L#...            F
H                  .      ..  ................L..L.......I........L#            G
I                            ................................L                   H
J                            ...........................LL                     I
K           .  ...  .    ..  .. .............L.L.L                            J
L           ...     ..      ..  .L.............................L.              K
M           .           ................................L.L.              L
N           .               ................................L..L.......LL        M
O           .        .    .L  ................L......L..L.LL              N
P                ..L        ................L...........L..L#.              O
Q           L       ..       .............................L.              P
R                           ........L.............. ..  .          Q
S                           ...........L.............                R
T           .   .    ..   .  ....L....                  .    ..        S
U           ..  .  .   .. .    ...............           .  ...        T
V           .. .  . L.             .. ...            ..  .          U
W           .. .    L.                              ...  .  .      V
X           . ...    ..                              . .. .        W
Y               ..L                                    .  .        X
Z           .    L..                                 ...  .        Y
AA              ..                                    ... .        Z
AB          ..     ..                                 ... .. .      AA
AC          ..          L = laurel (74)                  . .. .    AB
AD          ..    .     I = ivy [=laurel] (20)              L . . . AC
AE          ..          # = laurel + ivy                  .... .   AD
AF           ...                                       .... .      AE
AG                                                     .      AF
AH                                                       .        AG
                                                              AH
                     1         2         3         4         5         6   .   7
            1234567890123456789012345678901234567890123456789012345678901234567890
```

EAST HIGHLANDS 5B

L = laurel (74)
I = ivy [=laurel] (20)
# = laurel + ivy

M = mouth <{ow}> [<a> onset] (304)
T = ten |-m..| (168)
# = mouth <{ow}> + ten |-m..|

WEST HIGHLANDS 1A

```
          1234567890123456789012345678901234567890123456789012345678901234567890
                    1         2         3         4         5         6         7
A                                           ..........     W...........          A
B                              ...W....    .H....  W.W.H............             B
C                            H.H....W.  .H....  W....H........   W..W            C
D                            ............  .......W..........W...W              D
E                            ..W....W.........   .HW.....   .H                  E
F                            ..H.........   ......H.......                      F
G                            ...........W...........H......                     G
H            W       W.      W........   .H.H.....W...                          H
I        W                   W......  .H......  .H......                        I
J            .     .     .                                                      J
K        .  ...             ..                                                  K
L        ..    ..          ..                                                   L
M        ..                  ....    ....W..... .H.......                       M
N        .                   .H..WH....   W...  .H......                        N
O        .                   .W.W.H..W                            W            O
P          .    .     W..  . W.W....H..  W......  .H.....                        P
Q        ..   ..    ..       ..........W.......  .W..W..                        Q
R                            ...W..W.........  .W.W...                          R
S                            ..W.W.........      W.W..                          S
T          .       ...       .W.........    ....  WW ...                        T
U        ..   .    .     .    ..........          ...  .                        U
V        ..         .        ...........         ... .                         V
W        ...                                      .. W  .                       W
X        . ...   W..                             .. .  W                        X
Y           ...                                   ..                            Y
Z        .      .W.                                .... .                       Z
AA           W.                                    ... .                        AA
AB       ..       ..      H = hay shed (23)        ... . .                      AB
AC       ..    ..         W = woodchuck [=woodpecker] (48)   . . .              AC
AD       ..              # = hay shed + woodchuck      . . .                    AD
AE       ..                                           ....                      AE
AF        ...                                         ... .                     AF
AG                                                       .                      AG
AH                                                    .                         AH
                    1         2         3         4         5         6         7
          1234567890123456789012345678901234567890123456789012345678901234567890
```

WEST HIGHLANDS 1B

```
          1234567890123456789012345678901234567890123456789012345678901234567890
                    1         2         3         4         5         6         7
A                                           ....D.......                        A
B                              ...N.NN.. ....N.........N..N...........           B
C                            N..N.D...  .....D.#...N.....D.........D.            C
D                            ...D#.........D.....D.......#......                D
E                            .#N..D...............#.......#.....                E
F                            ..N.........N.......#..D......                     F
G                            ..........D...NN........N...                       G
H            .     D.        .....N......DN......N.                             H
I        .                   ..N....NN...N......D.                              I
J            N     .         ...NN.....N......D.D..                             J
K        .  ...             ..                                                  K
L        ...    .          ..                                                   L
M        ..                  ...D.......D...D.N......N...N..                    M
N        .                   ....DN..NDD..DN.N....#                            N
O        D                   D...N.N.D....D........D....                        O
P          .    .     ...  . DND#N.D....D.......D                              P
Q        ..         .        .D..D...N..D....N....ND..D..N....D                 Q
R        .       DN          .N N....N.N......    D.. ..D.D...D...              R
S                            D...ND..............N...N                          S
T          .       ...       ..D.........D......N...                            T
U        ..   .    .     .   DD..........                                       U
V        ..         .        ..........                                        V
W        ...                                      .D                           W
X        . ...   ..N.                             .. .D .                       X
Y           ...                                   ..                            Y
Z        .      ...                                .... . .                     Z
AA           N = New Year's Gift/Give [greeting] (60)  ... .                    AA
AB       ..       ..      D = drawed [draw, p.p.] (61)    .. .N .               AB
AC       ..    .          # = New Year's Gift/Give + drawed   . . .            AC
AD       ..                                           . . .                     AD
AE       ..                                           ....                      AE
AF        ...                                         ... .                     AF
AG                                                       .                      AG
AH                                                    .                         AH
                    1         2         3         4         5         6         7
          1234567890123456789012345678901234567890123456789012345678901234567890
```

WEST HIGHLANDS 2A

```
    123456789012345678901234567890123456789012345678901234567890
             1         2         3         4         5         6         7
A                                     .H............HC......     A
B                    H.HHH..... ..HC.........HH..C......        B
C                    ..#H..HH. .C................H.           C
D                    .C.H...........C..#.#.......HH..C..         D
E                    .H.........H..H....C....H..            E
F                    H.C...........C.......C....H..         F
G                    HH.........................            G
H                    CC.........HH....CH.C.....             H
I                    ...H......#.H...H........            I
J                    ...C....C.HH...HC.........        J
K                    .....C.....C......HC..H....C.      K
L                    ..........H..............         L
M         C          .....C....H....H.............       M
N                    .C.......C...C.............       N
O                    ......C........H...C..........     O
P              ...    .....H..C...#C....C.........      P
Q              .      .C....C...................        Q
R              .      .....C.........................    R
S              C      .....HHCC....C...........        S
T          ...       .....HC..C.....C..C.....  .  ...C  T
U      ..    ...     ...........................  ..  ...  U
V      ..      ..     .........C....................  ... . .  V
W      . ...          ........C..............  ... .  W
X   . ...            .............................   .. .  X
Y         C..C                              .. . ..  Y
Z         .C.                               ..... .  Z
AA                                          ..... . . AA
AB  ..      ..       H = hollow [=wooded valley] (49)    .. .. .. AB
AC  ..     .         C = country hoosier [=rustic] (51)    . . .. AC
AD  ..     .         # = hollow + country hoosier       . . . AD
AE  ..                                      .... AE
AF     ...                                   ... .. AF
AG                                           .  AG
AH                                       .        AH
             1         2         3         4         5         6         7
    123456789012345678901234567890123456789012345678901234567890
```

WEST HIGHLANDS 2B

```
    123456789012345678901234567890123456789012345678901234567890
             1         2         3         4         5         6         7
A                                     .........A..W..A.....      A
B                    W#...AW... .....W.......WW........       B
C                    .A...A. .......W....#........W.        C
D                    .#W.#W.........WA....#...W..A.           D
E                    A....W...W..AW........AA.....         E
F                    ..A...WW......AW....A..A....          F
G         A     W.    .WW...W.............AWW........       G
H                    ...A...............A.........A.        H
I            .       .W..W........A...A..A....       I
J                #   ..W.........................    J
K         A ...      .W......W........................  K
L         W...    W.  .. W.......W..A.......A....A....   L
M              ...    .A............A...........A.....A. M
N       .   W    A    .A.........A......A....A..A..A. N
O              ...    ...............W.....A...A.A..A. O
P         ..   ..     W...........................  P
Q         .    ..     .W.........A..............  .W .  Q
R                    .A............................ R
S      ..    ..   .   ....A..............A.. .  .. ..A  S
T      ..    ..       ..#.W....A            . ... T
U   .A.     .A        ..........           ... . W  U
V  . ... .   ..                              A .. .  V
W         .WA.                               .. .   W
X  .      ...                                .. . . W  X
Y                    W.                         .... .  Y
AA  .A      ..        W = Washington <-r-> (53)        .. . .. AB
AB  .A     .         A = American <-mur-> (71)           . A .. AC
AC      A. .         # = Washington <-r-> + American <-mur->  . . .  AD
AD  ..                                       .WA. AE
AE    .W.                                     ... AF
AF                                            A  AG
AG                                        .       AH
             1         2         3         4         5         6         7
    123456789012345678901234567890123456789012345678901234567890
```

WEST HIGHLANDS 3A

```
F = freshen [=calve] (94)
S = scrooch owl [=screech owl] (87)
# = freshen + scrooch owl
```

WEST HIGHLANDS 3B

```
A = push <ui> (70)
B = posts <-(s)> (382)
# = push <ui> + posts <-(s)>
```

WEST HIGHLANDS 4A

```
  1234567890123456789012345678901234567890123456789012345678901234567890
           1         2         3         4         5         6         7
A                                          .C..CCWC.C.C.CCC..C.CC          A
B                           CCC.WC.CCC  ..CC....CC....WC.W...........C      B
C                           CC.CC..CC  C..C.....C....C......CC.....C       C
D                           CCCCC.C.C.........C.........C.CC.....          D
E                           CC##C.C........W......WWCW..W.C...              E
F                           .C.CC.WC.......W...W......C...                 F
G                           .C.C.C..CW..CC..W......C........               G
H              C      W#     .C.CCC..CW...C..C#.W.CCWCW...C.C...            H
I              .            .....CC...CW.W.CWWC......C.......               I
J        C    .   C     C    C.C.C........CCCW.....                        J
K        C  ...            CC C..C.......C..C.....C.                       K
L         CC.    ..        CC C..C......C.C......C.C                       L
M         C      C         C.............C.C......C.C...                   M
N           C              .............CC.............C                   N
O        .          .      ..................C.............C              O
P       ..C         ..C    .................CC...C...C..                  P
Q     CC     ..            .........C.CC....C...C...                      Q
R     C      ..            ........C......C.C......CC                     R
S             .           .........C....CC..C.C....  ...C                 S
T        ..        ...     ..........C...       .C..    ..  .C            T
U        ..        ..C     ............          ...  .  .C               U
V        .:        ..                                 ...  .              V
W       ..:  ..C                                     .:.  .               W
X     . C.C         ..:                               .: C. .             X
Y                   ....                             ..  .  .              Y
Z   C     C..                                         .C. .               Z
AA        C.                                          .C. .               AA
AB  ..    CC      W = wildcat (whiskey) [=moonshine] (28)   C. ... .      AB
AC  ..     .      C = crawdad [=crawfish] (160)             .. . .C       AC
AD         .      # = wildcat (whiskey) + crawdad          C .. .         AD
AE  ..                                                      .... .        AE
AF    ...                                                   .C. .         AF
AG                                                          .              AG
AH                                                                         AH
           1         2         3         4         5         6         7
  1234567890123456789012345678901234567890123456789012345678901234567890
```

WEST HIGHLANDS 4B

```
  1234567890123456789012345678901234567890123456789012345678901234567890
           1         2         3         4         5         6         7
A                                        ...P..........B.........          A
B                           ......P.. ...........P..B..............B      B
C                           ......B...........B...B.........        .     C
D                           P....BBB....B.......................           D
E                           ......B...B.B.B........#.....P.B..             E
F                           ...........B.......B.......                    F
G                           ..P......B.....B..P.                           G
H              .      .B     ..........B....B...P...                       H
I                           .........P.....P...B..                         I
J        . ..B              ....P......PB.....                             J
K        . ...              ..........B.B....P.                            K
L         ...    ..         ........B...P.P...                            L
M         .               .........P.............P......B.               M
N           .             ..........P.............                        N
O        .          ...    .........B........B...                        O
P       .B         ...     ....B..B.....P...B...                         P
Q     .B     ..            ..........B...P...P....B...                    Q
R             .            .......P......                                 R
S             .           ....B...BB..                                    S
T        ..        .B .    BBB.B....B       ..   ..  .                    T
U        ..        ...     ....B...B          ...  .   B                  U
V        .:        ...                                ...  .              V
W       ..:  ...                                     .:.  .               W
X     . ...         ..:                               .: . .              X
Y                   .P..                             ..  .  .              Y
Z         ...                                         ..  .               Z
AA        BB                                          ... .               AA
AB  ..    ..      B = broom <oo> (59)                 P. .. B             AB
AC  ..     .      P = pen <ee> (26)                P  . . B               AC
AD  ..    B       # = broom <oo> + pen <ee>           . B .               AD
AE   .B                                                .... .             AE
AF    ...                                              ..B .              AF
AG                                                     .                  AG
AH                                                                         AH
           1         2         3         4         5         6         7
  1234567890123456789012345678901234567890123456789012345678901234567890
```

WEST HIGHLANDS 5A

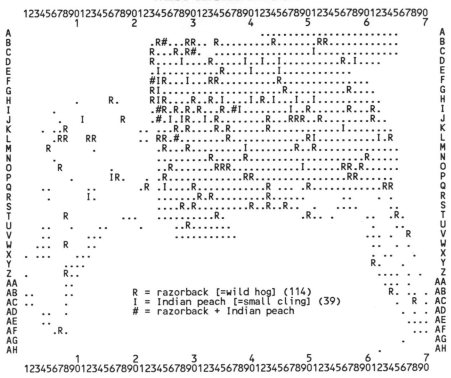

R = razorback [=wild hog] (114)
I = Indian peach [=small cling] (39)
# = razorback + Indian peach

WEST HIGHLANDS 5B

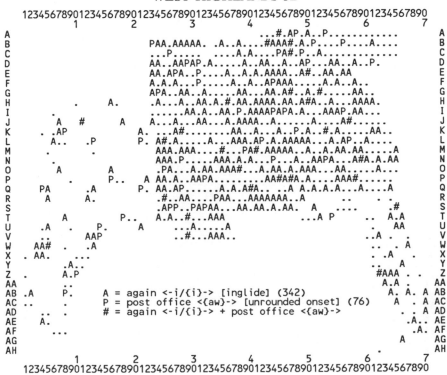

A = again <-i/{i}-> [inglide] (342)
P = post office <{aw}-> [unrounded onset] (76)
# = again <-i/{i}-> + post office <{aw}->

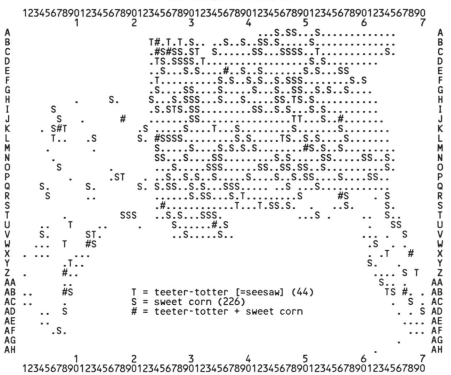

WEST HIGHLANDS 6A

```
1234567890123456789012345678901234567890123456789012345678901234567890
        1         2         3         4         5         6         7
A                                        ...S.SS...S...........            A
B                       T#.T.T.S.. ..S..S..SS.S....S............           B
C                       .#S#SS.ST  S......SS...SSSS..T........S.           C
D                       .TS.SSSS.T.  S.......SS......S...........          D
E                       ..S...S.S....#..S..S.......S.S...SS             E
F                       .T..........S.S..S.S..S.SSS......S.S           F
G                       .S...SS...S..S..S.S......S...S.S...S..       G
H              S.    .   S.  S...S.SSS...S..S...S....SS.TS.S.         H
I              S    .       .S.STS.SS.......SS..S.S..S.S...          I
J           S      .     #          SS.......TT...S..#.....          J
K          . S#T              .S  ....S...T..S...S..........         K
L           T..    .S        S. #SSSS......S.S...TS..S.S....S....     L
M              .         .    S...S..S.S.S......#S.S.S.......         M
N          .        .         SS...S...SS.......S.S...SS.....SS..S.   N
O            S                ..S...SSS........SS..SS.SS..S...S.      O
P          .          .     .ST    ...S...S...S...S.SS...S...SS.     P
Q       S.       S.          S. S.SS..S.S...SSS....S..S........      Q
R       S        ..          ........S.SS...S.T.........S    #S   . S  R
S                            .#...........T...T.SS.S.  .  ..S.  S.    S
T           .          SSS     ..S.S...SSS.      ...S...    .. S..    T
U        ..  T   ..        .    S......#.S           .   SS       U
V       S.   ST.               ..S.....S..              ..  S     V
W       ...  T   #S                                   .S . .      W
X     . ...   ...                                     . .T  #     X
Y          .T..                                      S.  .        Y
Z     .      #..                                       .... S T   Z
AA           ..                                       S... .      AA
AB    ..     #S      T = teeter-totter [=seesaw] (44)    TS #. .  AB
AC    ..              S = sweet corn (226)                 . S . AC
AD    ..  S           # = teeter-totter + sweet corn         . .S AD
AE    ..                                                     .... AE
AF     .S.                                                   ... . AF
AG                                                          .     AG
AH                                                        .       AH
        1         2         3         4         5         6         7
1234567890123456789012345678901234567890123456789012345678901234567890
```

WEST HIGHLANDS 6B

```
1234567890123456789012345678901234567890123456789012345678901234567890
        1         2         3         4         5         6         7
A                                        ........C..........C.            A
B                       N.........  ...N.....C.#.C.....CC...N......        B
C                       .C.NN.......  ...N...N.N.C...........         C
D                       ..N.N.N.C.N.C.N..N..N.N......C..N.....NN          D
E                       .C..N..NN......N...N....C...                  E
F                       .C....N...N.......#........N             F
G                       ..C.........C......C........N.C          G
H              .    .N    ..C.CC.....NN..C...N.....              H
I              .           .......CC....C.NN.......N.N....          I
J           .      .     .  #..#......N...#.C....C...C.CC..N...      J
K          . ...            ..  ...NN...C.......CN..C.....N....NNN.   K
L           ...    .N      C. CC.NNN...N..N....N..CN.......#N..       L
M              .C         .NN........C.......C.......#CC...           M
N          .        .         .N..CN...C........N....C.....          N
O            .                .C.........N..N...C.N.......C.#..C.     O
P          .          .     N.C    ..N..N...N..C....C...N.N..C..C....CC.. P
Q       ..       ..          CN ....N...N.NC........N N...CC....CNN.      Q
R       .        ..          .......C.C.........#.....     CC   . .     R
S                            ..N...N.C......C..C..N#..  .  C..C       S
T           .          N..     ..........      .N..    NN  C..      T
U        ..  .   ..        .    ..N........         .   . .        U
V       ..   .N               ...N...NN.               . C .      V
W       ...  . C.                                    .C  C .      W
X     . .N   ...                                     CN   . .     X
Y          ....                                          .        Y
Z     .      ..C                                       ....  .    Z
AA           ..                                       ...  .      AA
AB    ..     N.      N = neck |-e..| (104)               C. C. .  AB
AC    ..              C = coat |L..-[e/f]..| (91)          N  C . AC
AD    ..  N           # = neck |-e..| + coat |L..-[e/f]..|   . .. AD
AE     .N                                                    ...C AE
AF     ...                                                   ... . AF
AG                                                          .     AG
AH                                                        .       AH
        1         2         3         4         5         6         7
1234567890123456789012345678901234567890123456789012345678901234567890
```

TENNESSEE BLUE RIDGE 1A

M = (hay)mow [=hayloft] (17)
G = (milk) gap [=outdoor milking place] (13)
\# = (hay)mow + (milk) gap

TENNESSEE BLUE RIDGE 1B

H = heard [<hyird> hear, p.p.] (26)
R = roots <oo> (54)
\# = heard <hyird> + roots <oo>

TENNESSEE BLUE RIDGE 2A

B = boomer [=brown squirrel] (11)
G = glib [=lively, of elderly] (11)
# = boomer + glib

TENNESSEE BLUE RIDGE 2B

P = pert <pi/pyi-> (30)
C = careless <ky-> (34)
# = pert <pi/pyi-> + careless <ky->

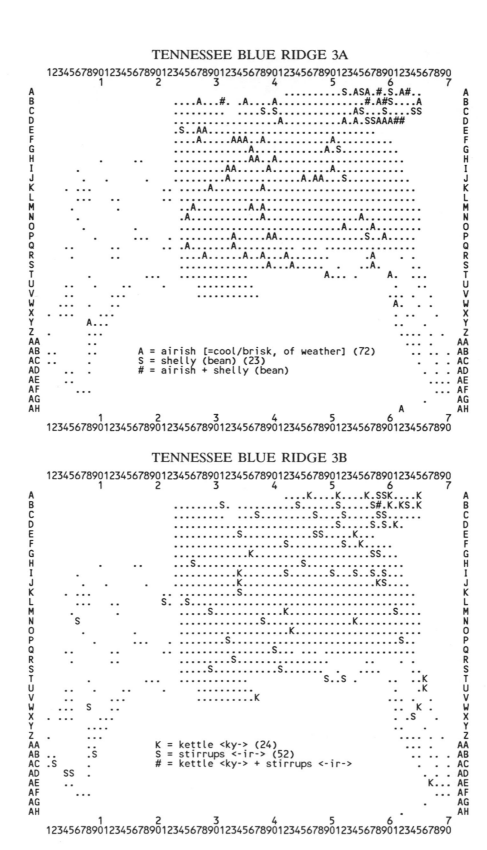

TENNESSEE BLUE RIDGE 3A

TENNESSEE BLUE RIDGE 3B

TENNESSEE BLUE RIDGE 4A

```
    12345678901234567890123456789012345678901234567890123456789012345678901234567890
             1         2         3         4         5         6         7
A                                              ...........W.WW...CC#..            A
B                        ...........  .........CC...WWW...W....                  B
C                        ..........  .C.......  .C..C.......WWW..W#               C
D                        ...........       .C..........W.W.#                     D
E                        ...........    .C......CW                               E
F                        ...........W......                                      F
G                        ...............                                         G
H            ..     ..    ...............          .C.                           H
I                        ...............        .C...                            I
J         . ...          ...............        .C...                            J
K      . ...    ..    ..............                                             K
L         ...    ..  ...............                                             L
M      .                 ...............                                         M
N         .        .     ...............                                         N
O                        ...............                                         O
P      .           ..    ...............                                         P
Q         ..       ..     ...............           .W.        ..    . ..        Q
R                        ...............                                         R
S         .        .. .   ...............         .W...  .      .. .             S
T      .. .      .. ..    ...............                      ... .     .       T
U      .. .      .  ...   ...W.......                         ... . .            U
V      . ...    ...       ...............                      ... .             V
W    . ...    ...                                               .. . .  .        W
X      .        ....                                          W.     . .         X
Y    .        ....                                                               Y
Z             .                                                 ... . .          Z
AA            ..                                                ... .             AA
AB  ..        ..    C = (Irish) cobblers [=white potatoes] (16)   .. .. .        AB
AC  ..              W = wardrobe [=built-in closet] (22)             . .         AC
AD  ..   .  .       # = (Irish) cobblers + wardrobe               . . .          AD
AE  ..                                                             .... .         AE
AF    ...                                                           .             AF
AG                                                                  .             AG
AH                                                                                AH
             1         2         3         4         5         6         7
    12345678901234567890123456789012345678901234567890123456789012345678901234567890
```

TENNESSEE BLUE RIDGE 4B

```
    12345678901234567890123456789012345678901234567890123456789012345678901234567890
             1         2         3         4         5         6         7
A                                              ........YY...YY.......YY           A
B                        ......Y.  ...........Y.#....M........                    B
C                        .Y...Y.. ...YM..........MM...YY.YM                       C
D                        ...Y.Y...M............M..Y...M.Y.M.Y                      D
E                        M....Y....M........Y...Y...                              E
F                        Y.......Y.M........Y.......                              F
G                        .......M..Y...................                          G
H            Y     ..    .......M.........Y.......                               H
I         M              ...MM.......M...............                            I
J         . ...          ......M....M...........M....                            J
K      . ...    ..    .. ...M....M.M.........Y......M.                           K
L         ...    Y    ...YM........................                              L
M      .        Y        ...M..................M..                              M
N         .        .     ...M..MMM..M...........Y.......Y                        N
O                ...      ..YY....YM...........M......                           O
P      ..       ..    .. M........Y. ... .Y...Y...Y.                            P
Q         ..       ..     ............YM...   .. ...                            Q
R                        .......Y...Y..                                         R
S         .       ..M   .#YY.....Y...             .. .                          S
T      .. .      .. ..    ...Y.Y....         .... .       .. .                   T
U      .. .    M..        ...YYY....Y                       .Y. . .              U
V      . ...    ...Y                                           .Y. .             V
W    . ....    ..Y                                            Y. . .  .           W
X      .        ....                                          Y.     . .          X
Y    .        ...                                              ... . .            Y
Z             ...                                               ... M .            Z
AA MM         ..    Y = yellow <-a-> (59)                       .. Y              AA
AB .M         ..    M = Mississippi <miz-> (47)                   . M . .          AB
AC  ..   . .       # = yellow <-a-> + Mississippi <miz->          . . .            AC
AD  ..                                                             Y...             AD
AE    ...                                                           ..M             AE
AF                                                                  .               AF
AG                                                                Y                 AG
AH                                                                                  AH
             1         2         3         4         5         6         7
    12345678901234567890123456789012345678901234567890123456789012345678901234567890
```

TENNESSEE BLUE RIDGE 5A

```
          1234567890123456789012345678901234567890123456789012345678901234567890
                   1         2         3         4         5         6         7
A                                            ..F...H......H.H.FF.FFF              A
B                    ....H..FF. ...........................H#                     B
C                                          ................H##FF                  C
D                    .H...................H..........HHH..H                        D
E                    H.............................F...H.                          E
F                    .....................F.........H..F                           F
G          F    ..    ...................F........H.F                              G
H       .        .    .F.................F.                                        H
I                .    ...F...............F...                                      I
J       . ...         ..     ...............................                       J
K       ...  ..       ..     ............................                          K
L       . .    .      ..     ...........................                           L
M          ..         .F.....................                                      M
N        .            .F.....................                                      N
O       .       .     ...........................                                  O
P       ..    ..   ..  ...........................                 .               P
Q       .     ..   ..  ...........................          F      .               Q
R                                                       ..   .                     R
S          .          ...............          ...   .  ..  ...                    S
T        ..    ..  .   ..........              .        .. ...                     T
U       .    .. ..     ..........                    ..    .                       U
V       ...   ..       ..........                                                  V
W       ...   .                                      F .F  .                       W
X       .  ...    ...                                .. .                          X
Y          ...                                       .. .                          Y
Z       .      ...                              .... .                             Z
AA             ...                              ... ..  .                          AA
AB      ..    ..        F = fishworm (26)       ... .. .                           AB
AC      ..    .         H = hillside plow (18)   . .. .                            AC
AD      ..  .          # = fishworm + hillside plow  . .. .                        AD
AE                                               .... .                            AE
AF       ..  ...                                 ... . .                           AF
AG                                                     .                           AG
AH                                            .                                    AH
                   1         2         3         4         5         6         7
          1234567890123456789012345678901234567890123456789012345678901234567890
```

TENNESSEE BLUE RIDGE 5B

```
          1234567890123456789012345678901234567890123456789012345678901234567890
                   1         2         3         4         5         6         7
A                                       ....H..........H.....H.H                   A
B                    ..H.....H. ....S...S.S...HHH..S.H..S...H..#                    B
C                    ..#....S. ......S...........S...SH...#..HH                     C
D                    ...............H....H..............HS#                         D
E                    ...S.#...........H..H.H..H.....H...                            E
F                    ..S...H.H.................S.H...                               F
G                    .......S.....HH....H.....HS....                                G
H          H    S.    .......S........H.........H.                                  H
I                .    .H......H.............H.....S...                              I
J       .S    .       ..H.................S.......HH....                            J
K       . ...         ..     ........HH......                                       K
L       ...  ..       ..  ...H.....S....H.H.....H.H......H.                         L
M       . .    .      .S..H...H.....H...S.......                                    M
N        .            .S.H.H.........H...S...H......                                N
O         H        S   H.S#..H.....H.........S.....H....S....                       O
P       .       ..   . ......H.....S.....H.H...                                     P
Q       ..    ..   .H ..S...H.........S.........H....H..                            Q
R             ..       .S...S..............                  .. .                   R
S          .          ...S.........S....#....  .     .                             S
T        .     ...    .S.H........              .... .  .  ...                      T
U       ..    ..  .    ...H......              .        H .. .                      U
V       ..    .. ..    ...H......                                                   V
W       ...   ..                                     .. .                          W
X       ...   .H                                     . .S  H                        X
Y       .  ...    ...                                .. .                           Y
Z          ....                                      .. .                           Z
AA      .      ...                              .... .  .                           AA
AB      ..    ..        H = haunted <-a-> (76)  .. ... .                            AB
AC      ..    .         S = scarce <i> (46)        S   . .. .                       AC
AD      ..  .          # = haunted <-a-> + scarce <i>  . .. .                       AD
AE       ..                                      .... .                             AE
AF       ..  ...                                 ... . .                            AF
AG                                                     .                            AG
AH                                            .                                     AH
                   1         2         3         4         5         6         7
          1234567890123456789012345678901234567890123456789012345678901234567890
```

TENNESSEE BLUE RIDGE 6A

```
   1234567890123456789012345678901234567890123456789012345678901234567890
            1         2         3         4         5         6         7
A                                       B....B........C###.BBBBBB              A
B                           ..........   .....CC.....B....B......#B.B          B
C                           ..............................C......CBBB          C
D                           ..............C.......C......C...CC.C#C            D
E                           .....C.........C......C......C...              E
F                           ......B.....B..B.C............C...              F
G           .        ..     C...........................              G
H                           .......B....B...C...C....              H
I                    .      .#B                           I
J              .            .C.....B.C.C.............B...              J
K         . ...        ..   ......B....C........B..B...              K
L            ...    ..        ...C........C.C............              L
M              .            ....C.................B...              M
N           .        .      B.C.....CC.B.C...........              N
O            .              ..C....C.........C...C...              O
P         .        ..       ....C....C...........B.....              P
Q         .        ..       ....C...C...............C..              Q
R                           .......C...C..........              R
S                           .....C........   ...   ..B.              S
T           ...    .        .........   ...              T
U         .    .    ..  .   ..........              C   U
V         .    .    ..      ..........         ...   V
W         .    .             ...       .   ...   W
X       .  ...         ...       .   ...   X
Y              ....               ...   .   Y
Z         .    ...               .... .   Z
AA            ..                  ...   AA
AB    ..       ..     B = baker [=covered pot] (37)      ..  ..  .   AB
AC  ..               C = crawfish(y) land (43)           .  ..   AC
AD    ..    .        # = baker + crawfish(y) land        .  . .  AD
AE    ..                                                 ....  AE
AF    ...                                               ...  .  AF
AG                                                       .   AG
AH                                              .      .  AH
            1         2         3         4         5         6         7
   1234567890123456789012345678901234567890123456789012345678901234567890
```

TENNESSEE BLUE RIDGE 6B

```
   1234567890123456789012345678901234567890123456789012345678901234567890
            1         2         3         4         5         6         7
A                                      ....S.........ss....ss..              A
B                           ..W......S W................SS....S.S...          B
C                           ........S................S...SS.S.SS.          C
D                           .......S.............S...S....S.WWWS.SS.SS        D
E                           ...........S...............SWSSWS              E
F                           ..WW.......W.......W....S..              F
G           .        ..     ..S...S..S.S........S...S.W              G
H                           .W................................W....W.S....    H
I           S               .........S.W.SW...S.SW.W.....SS..W.              I
J              .        W   ........W....W.......SS....      .S   J
K         . .S.              .. S........S...S.W.....S........W.   K
L            ...        S   ..W.......W.S.W......W.S........              L
M            .              .W.......S.S........W.......W.S.W.              M
N         .        .        .W.W...S...........W.......WW....S        N
O            .              ...WW.W....W....S.......W.S...              O
P         .        ..       .#..S.WW..S...W....S...W......              P
Q         ..       S.       .S......S.S.S..........W......S.              Q
R         .        W.       ....W...W.W..S...W.......  .S   S .   R
S                           ......WS...S........W...S...              S
T           ...    .        .....W...S.   S...   .. .SS   T
U         .W    .    ..      ..S.......              .  ..   S   U
V         ..       .         .S.......S.              ...   V
W       ... W  S.            ...       .   ... . .   W
X     .  SSS         ...                   . S.   .   X
Y              .S                           S... S .   Y
Z         .    ...                          ...   Z
AA            .S                             ...   AA
AB    ..             S = Sunday <=13> (110)         S. S. .   AB
AC  SS       .       W = Wednesday <-[n]-> (59)        . S   AC
AD    W.    S        # = Sunday <=13> + Wednesday <-[n]->   S S S   AD
AE    S.                                               ..SS   AE
AF    ...                                              ...   AF
AG                                                      .   AG
AH                                              S      .  AH
            1         2         3         4         5         6         7
   1234567890123456789012345678901234567890123456789012345678901234567890
```

TENNESSEE BLUE RIDGE 7A

```
  1234567890123456789012345678901234567890123456789012345678901234567890
            1         2         3         4         5         6         7
A                                              .............W.M...W...              A
B                           ..................................W..M.M.              B
C                           ........................................WW.#.W         C
D                           ....................W...................MMW...         D
E                           ..................................W.....               E
F                           ...............W.....................                  F
G                  .      ..  ..................W...........                       G
H                .      ..  ......................                                 H
I                                 ....................                             I
J           . ...                         ..                                       J
K          .         ..                                                            K
L          .                  ...................................                  L
M          .        ..         ................W.............W....                 M
N            .      . ...       ..............W.............W...                    N
O          .                   ..............W................                     O
P        ..       .W.        . ...            ..................W..                 P
Q          .        ..          ..................           ...                   Q
R            .         ...        ..............        ...  ....                   R
S          .         ..    . ..         ..........      ..   ...                   S
T          ..  .        ..       ...........              .   ..                   T
U           ...  .                ..........               ...                     U
V        ...  . ..                                         ... .                   V
W      . ...     .W.                                       ... .                   W
X        .                                                ... .                    X
Y            .                                            .... .                   Y
Z           .     .                                       ..... .                  Z
AA          ..                                            .. ...                    AA
AB    ..       ..        W = whirligig [=merry-go-round] (21)      W. ...           AB
AC    ..                 M = meal room [=pantry] (6)                                AC
AD    ..   .             # = whirligig + meal room                  . . .           AD
AE    ..                                                            ....            AE
AF     ...                                                                          AF
AG                                                                     .            AG
AH                                                                                  AH
            1         2         3         4         5         6         7
  1234567890123456789012345678901234567890123456789012345678901234567890
```

TENNESSEE BLUE RIDGE 7B

```
  1234567890123456789012345678901234567890123456789012345678901234567890
            1         2         3         4         5         6         7
A                                      .K....K.....WK.......K.                      A
B                W.......W. K...................................K...K..             B
C                .:...........................K....K.W..K...K....                   C
D                .K...K.K.......W.............K...W.KW.....                          D
E                ........KW...........W....W......K                                 E
F                ...KK.......W...WKW..W........  . .                                F
G            .  WW  ..K..W........K.KK............K...                              G
H                     ......W........W.......K......K                               H
I                     ....W..W.K...K.......K....                                    I
J         .  .          ..WW.KW.......K.#K....                                      J
K       . ...         K...W..W..W....K....K.#K....                                  K
L       ...           ..#..............K...W...K..K...                              L
M        .         K   ..W...W.......K#W..WK....W..W...                             M
N                      ..W..W...#...K..........W.....K.                             N
O          .         W..   ..K.K..............WK..W..W.KK..                         O
P        ..         ..           ......W.K........W.KWK...K..                       P
Q          .        ..     ..................K.K.K...  .. ..                        Q
R            .         ....WW...KK...K.W...   . ..                                  R
S          .         ...... .............       .. ...                             S
T       .W  .   K.  .   ...W...K.K                  ..  ...                         T
U        ...      .           ...W......                   .W. .                   U
V       .K.  .   ..                                        .K .  .                  V
W        ...    K...                                       K. . .                   W
X            .                                             K..K. . .                X
Z      K       ...                                         ..K. . .                 Z
AA          ..                                             ... . .                  AA
AB    ..                                                   .W . .  AB
AC    K.     .        W = whip <oo> (58)                    . . K  AC
AD    ..   .          K = keg <ai> (81)                     .... .  AD
AE    ..              # = whip <oo> + keg <ai>               .... .  AE
AF     ...                                                            AF
AG                                                         K         AG
AH                                                     K             AH
            1         2         3         4         5         6         7
  1234567890123456789012345678901234567890123456789012345678901234567890
```

TENNESSEE BLUE RIDGE 8A

```
123456789012345678901234567890123456789012345678901234567890
         1         2         3         4         5         6         7
A                                        ...............J..JHH.        A
B                    ...........  ...............H...J.....#H          B
C                    ...............  ........J........J.#H            C
D                    .............................H.....                D
E                    ...........................                        E
F                    .......J..J...................H.H...               F
G                    .............................                      G
H                .    ..  ..   .........................HJ...            H
I            .        .....J..J..J.........J.........                   I
J                                                                       J
K         . ...              .. ........J..............H               K
L           ...   ..     ..  ........J..............                   L
M         .             ........J.J................                    M
N                                ...................J....               N
O         .         .       ......J........................            O
P                        ......J......................                 P
Q         .          ..      ....J..................   ..    .         Q
R         .         ..       .....................  ..    . .         R
S                           ......J.................                    S
T         .....       .. .    ..........                               T
U         ....     ...  ..  .    ..........        ..  .              U
V         ....     ...       .........              ..  .             V
W       .  ...   ...                                . .  .            W
X     .  ...   ...                                   . . .            X
Y   .                                                 .. .  .         Y
Z         ....                                         ..  .          Z
AA         ..                                           ...  .        AA
AB   ..     ..        H = hornyhead (fish) (12)         .. .. .       AB
AC   ..              J = johnny house [=privy] (22)      . . .        AC
AD   ..  .  .        # = hornyhead (fish) + johnny house   . . .      AD
AE   ..                                                   ....        AE
AF     ...                                                 . .        AF
AG                                                        .           AG
AH                                                                    AH
         1         2         3         4         5         6         7
123456789012345678901234567890123456789012345678901234567890
```

TENNESSEE BLUE RIDGE 8B

```
123456789012345678901234567890123456789012345678901234567890
         1         2         3         4         5         6         7
A                               ..C.......C...........B              A
B                    .....B..B. .........B......C....B.B.C..#..       B
C                    ........  ......C....C...C...B......BB          C
D                    ..B..C........... ....B....B....BBB...           D
E                    C....CCB.B............C....C....               E
F                    ......C.....B........B........C......            F
G                    ..C.....BB...............                       G
H                .    ..  .C......B.B........B.C.....                 H
I            .        B................................              I
J                          ...........B...BB........B...             J
K         . ...       C..CB...........C.#...........C....           K
L           ...   ..     ..........B.........B.B...                 L
M         .             C..B...CBB....B........B.B...B.             M
N                       ....C......B...C....B....BBB.C.....          N
O         .         .    B...B.B.B.....B....C....B........B         O
P                        ...#....C.B...................             P
Q         ..   #.    ..  ..C......C...................             Q
R         .         ...     ........BB.....B......B.    . .         R
S                           .......C....C.....B.    . .            S
T         .         ...     ........C.        .... C .B..          T
U         .. .C    .  B.    .  ..........        .  .C.            U
V         ...  .   ...      ...B......B           ... .  .         V
W       .  ...   ...                               . C.  .         W
X     .  ...   ...                                  .. .  .         X
Y   .                                                .. .          Y
Z         ..                                          .... . C     Z
AA         .B                                          ... .       AA
AB   ..     ..        B = brush <e> (68)               .. .        AB
AC   ..              C = creek <i> (43)            B  . . . AC
AD   ..  .  .        # = brush <e> + creek <i>         . . .       AD
AE   ..                                                ....        AE
AF     ...                                              . .        AF
AG                                                     .           AG
AH                                                                 AH
         1         2         3         4         5         6         7
123456789012345678901234567890123456789012345678901234567890
```

HIGHLANDS/PINEY WOODS 1A

```
         12345678901234567890123456789012345678901234567890123456789012345678901234567890
                  1         2         3         4         5         6         7
A                                          .B.......B.B.B..SS...S.B                        A
B                               ...BB.... BS.B#.........B#..B..BSS....#S..                 B
C                               ..BB.B.B. .S.............#S..#BS#S....SB.B                 C
D                               ..BB..S.............SS..#B....B...S.#.#                    D
E                               ...B#.........S.BSS.SB.S.S.SBSB..B                         E
F                               ......................B.#..B##..B.                         F
G                               .B.......BS....S..BBBB...BB...BB...                        G
H                       .    BB   ......B...B..S.BBS#...........                           H
I                    .            .B#BB.SBBS..B.B.B....S..B.BBB.BBSB..S                    I
J               .      .    .      ..B.B.B..#....B..BBB..B....S..B.S.                      J
K          . B..                   ..   ....B....B....B.BS....B.....#B                     K
L          ...    B.        .B  ..S.BB#.B..B...#..B....B.....BS..SB.B                      L
M        S       .              ..B..B...#...B...B...S...B...B...#.B.                      M
N        B                      ....B.B...SS.#.BS.S...B..B....B..B#..                      N
O                               S.BBB.B..BSBSB#..B....SBS...B...#.S....                    O
P              .          BB.   B.BB.........#B....BSBBBB......B..#..B                      P
Q          ..         ..       BB BB.B....BB.......S BS.S.S.#S...B.#.                      Q
R          .       .S           ..S...B.........B..#   .B  B.                              R
S                               B..B....BB....BS..BSB.  S.BB                               S
T               .        .S.          ..S.......     .BS. B    ..  ...                     T
U        B.      .   . ..      .   ..S.......                   .  ..                      U
V          ..        B..       ....BB..B.                       .  S .                     V
W          ...  .     .                                       SB  . .                      W
X         . ...     .S.                                       . BS  S                       X
Y                    ...                                        ..  . .                    Y
Z       .      S..                                              .... . B                   Z
AA                 ..                                            .B. .                     AA
AB      ..       .B       S = serenade [=noisy wedding celebration] (102)    .. B. .      AB
AC      ..    .          B = boogerman [=devil] (190)                         . . S       AC
AD      ..  .            # = serenade + boogerman                              . . .      AD
AE      ..                                                                     .... .     AE
AF        ...                                                                   ... .     AF
AG                                                                               .        AG
AH                                                                            .           AH
                  1         2         3         4         5         6         7
         12345678901234567890123456789012345678901234567890123456789012345678901234567890
```

HIGHLANDS/PINEY WOODS 1B

```
         12345678901234567890123456789012345678901234567890123456789012345678901234567890
                  1         2         3         4         5         6         7
A                                          E....E..EE.E.H#..#E.E.E#E                        A
B                               E..EEH.EH. E.E.#...E.E..#E#.EH.......EE                    B
C                               ..#H.EE.. EEE..EEHE#......E...EE....E.E.E                  C
D                               .#..#E#...H.H...EE.#.....E#.......##.#.#                   D
E                               .#E.E#.E...E...E.E.EE........                              E
F                               #E......E.........E.#.E#......EE.#.HE                       F
G                               EE....E.E...E.E..H.E.E...#...#...E.#E.                      G
H                       .    #.   EE......E...H..E.EE..E......E...#...                      H
I                    E            .EE....E.#.EE.E..H......EE....EE....EE                    I
J               .      .    .      ...E.EE....#.E....#..#E.........#E#E..                   J
K          . H..                   ..  .E.##.#H.E........EEEE.....#..E#.E....#..            K
L          ...    E.         ..#..HEE.EE....E..H..E.#......E#........                       L
M          . .  .               ..#EEE..#E...#..H..E.E.......EE...                          M
N          E                    H#.#.#.#..#..E.EEE.HHE..E..E..EE.EE.#..#..                   N
O                               ..EE#EE..#E.EE....E.EEE...##E#.E.E...E....                  O
P              .          EE.   . E..EEE.E..E###EE......H..#..H..#.E.E..#                    P
Q          .E         ..       .# EE.....EH.EE..##.H.. ... E#EE#EE...E....E                  Q
R          E       #.           ..H.E..#E#..#....#H..#..H ....   H E                        R
S                               ...E..HH.E.....#....HE..  H   .H#E                          S
T               .        ...          E#E.........     ....  .  .H   ...                    T
U          .E    .   . EE      .   ...E...E..                  EE. #  .                     U
V          ..       .#..       H..H......H                     .. E .                      V
W          ..H  .     . ..                                       .. E .                    W
X         . ...     .#..                                       E.. E                        X
Y                    ...                                        E.  E                       Y
Z       H      .E.                                              .... . .                    Z
AA                 ..                                            .E. E                      AA
AB      ..       ..       E = eat [eat, pret./p.p.] (283)        .E .. E                   AB
AC      ..    .          H = heerd [<hird> hear, pret./p.p.] (123)  . E . .                AC
AD      ..  .            # = eat + heerd                              ... .                AD
AE      ..                                                          H... .                 AE
AF        ...                                                        .EE                   AF
AG                                                                    .                     AG
AH                                                                 .                        AH
                  1         2         3         4         5         6         7
         12345678901234567890123456789012345678901234567890123456789012345678901234567890
```

HIGHLANDS/PINEY WOODS 2A

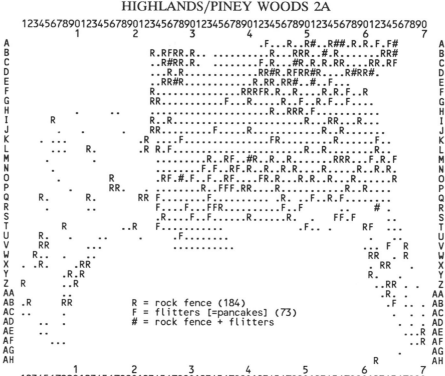

```
        1234567890123456789012345678901234567890123456789012345678901234567890
                 1         2         3         4         5         6         7
A                                           .F...R..R#..R##.R.R.F.F#          A
B                              R.RFRR.R.. ..........R...RRR..#.R.....RR#       B
C                              ..R#RR.R.  ......F.R..#R.R.R.RR...RR.RF         C
D                              ..R.R  .......RR#R.RFRR#R....R#RR#.             D
E                              ..RR#R ..........R.RR.RR#..#..F...             E
F                              R............RRRFR.R..R....R.R.F..R            F
G                              RR...........F...R....R.F.R.F..F....           G
H           R          .   ..               R..RRR.F..........               H
I                                           R..R.............R...RR...R...    I
J                 .     .    .   .           RR....F...R.......R..R.....      J
K           .  ...      .  .     .     .R...F.........FR...R....R....F..      K
L           ...      R.        .R R.F..........R..R.....R.R....R.             L
M           .        .        .......R..RF..#R.R..R.....RRR...F.R.F          M
N           .        ..        .......F.F..RF.R..R..R.R......R...R.R.         N
O           .            R     .RF.#.F..F..RF....FR.R...R.R..R....R           O
P                      .      RR.      ..R..FFF.RR....R.....R.R...            P
Q         R.       R.        RR F....F...........R...F..R.F....               Q
R         .        ..             F....F..FFR..........F..F          #       R
S                                .R....F..F.....R......R..  .  FF.F  ..       S
T           .   R          ..R   F............              .F...    RF  ..   T
U         R.         .        .  ....F.............                          U
V         RR                     ..............                    ... F  R   V
W         R..        .      ...                                    RR  . R    W
X         ..R.      .    .RR                                        . RR  .   X
Y                     .R.R                                         R..        Y
Z         R          ..R                                            ..RR . .  Z
AA                     ..                                            .R. .    AA
AB       .R        RR              R = rock fence (184)                .F .. . AB
AC       ..         .              F = flitters [=pancakes] (73)        . . . AC
AD       ..  .                     # = rock fence + flitters             . . . AD
AE       ..                                                             ...R   AE
AF         ...                                                           ..R   AF
AG                                                                       .     AG
AH                                                                     R       AH
                 1         2         3         4         5         6         7
        1234567890123456789012345678901234567890123456789012345678901234567890
```

HIGHLANDS/PINEY WOODS 2B

```
        1234567890123456789012345678901234567890123456789012345678901234567890
                 1         2         3         4         5         6         7
A                                           ..............#.C..CC...          A
B                              ........C.  ....C.........D.D.....DD....D.      B
C                              D.D....D.  .....D..C.......C..C.......C.C       C
D                              DC.C.....D......D....CC.D#.............D        D
E                              .C..DC.D...........C....D............          E
F                              ..D.C..D.........D...D.......C.....            F
G                              ...........D.......CC..DC.D..                  G
H           .      C.          .........D.C.........D.D..D.D....             H
I           #                  .D.C......C....D.........D.........D.          I
J           C      .      .    D..#.........D....D.......D.....             J
K         . .D.              D. ...D..D.....D...#D...C.....DD....CDC          K
L           ...    C.          ...........CDD.DD..D...D............          L
M           .      .           ..D....D...D..D...C.......C........D         M
N           .                  #......DD....C.C..D........C.D..DD.....C...   N
O           .            .     C..CC......D...........D.......D.C....        O
P                    ...       D ......DD..C...............#D.......          P
Q         .D      .            .C ......CD....D.... .CD D....D...D...         Q
R         .       CC           D......DD.............D.....    ..   .        R
S                              ...CC..C...D...D.......D....     .  ..         S
T           .      .DC         ..D.D.....D.......   C... .       D.  ..       T
U         ..    .     .D       .....D........              . .D              U
V         .D.    .     .          D.D........                      ... . C    V
W         ..... D..                                                . .. C     W
X         ..... D..                                                . .. C     X
Y                   ....                                           . .        Y
Z         .         ...                                            ...  .     Z
AA                   ..                                             .C. .     AA
AB       .D      D.                D = drank [<drenk> drink, pret./p.p.] (103)  .. ... . AB
AC       ..                        C = clum [climb, pret.] (62)         .. .. . AC
AD       ..  .                     # = drank + clum                      . .D   AD
AE       ..                                                             ....   AE
AF         ...                                                           ...   AF
AG                                                                       .     AG
AH                                                                     .       AH
                 1         2         3         4         5         6         7
        1234567890123456789012345678901234567890123456789012345678901234567890
```

HIGHLANDS/PINEY WOODS 3A

```
     1234567890123456789012345678901234567890123456789012345678901234567890
              1         2         3         4         5         6         7
A                                            ....GG.BBB...GGGGGGGGG.G            A
B                       #....G..B. G..GGG........G....G....G.B..               B
C                       .....B... ..G....BG.B.B....#...#G...   .BGG            C
D                       ....GG..B....G..#BG.#...B.B....G.B.#G               D
E                       .B...B.....B..#.GGB..#.B...BB.B...               E
F                       .G....G.##.G........B......GG...G..               F
G                       GB..G.#....GG.....B..GG..B..B.....#..               G
H          G     G.      .......G....#.G..B.G..B.......G.              H
I                       ..G...#..G...BGG.B.B...B.BB.#....               I
J          .   G      .   ...G.#.G.G.G.G..G.GGB.#.GG......G...G.G.            J
K     . ...              .. ..G...G....B.GG.....G..BGG...G....#.GG.G          K
L     ...     .B         .. ..G...G..BG...G...G.GG.BBBG......BGB.           L
M     .       .        .......B...G...#B..G..G.......G..G....               M
N       .      .          ....G..G.B.G.B.G.G#..G..GG..#...B.GG#B....         N
O         .      .        G..G..G..GG.GB...#..GG...G.#....GGG...G.          O
P                 .      G...GGG....G..G.GG...B....#B..G            P
Q       ..       ..    .B #...G...GG......G. B.GGG..G.B..G.          Q
R     B      .G         #.G....G...G...G.....G         .....          R
S                       ...G.G.G.......G.GG.  .   ....               S
T         .      ...     ..G..........            .B ...            T
U       .B      .GB      .                     G.  ..            U
V                       ...........              G...            V
W       ...     ...                           .B .  .            W
X     . ...     ...                           . ... G            X
Y         ....                                 .G  .             Y
Z     .     GG.                                 ... .            Z
AA         ..                                    ... .           AA
AB     ..       ..       B = boil (coffee) [=prepare] (93)        ..G G      AB
AC     ..               G = granny (woman) [=midwife] (186)      B  G B      AC
AD     ..    .          # = boil (coffee) + granny (woman)       . .. .      AD
AE     ..                                                        .#..        AE
AF     ...                                                                   AF
AG                                                              G             AG
AH                                                             .              AH
              1         2         3         4         5         6         7
     1234567890123456789012345678901234567890123456789012345678901234567890
```

HIGHLANDS/PINEY WOODS 3B

```
     1234567890123456789012345678901234567890123456789012345678901234567890
              1         2         3         4         5         6         7
A                                            .....#.##...B#........A            A
B                       #....#.BB. .B......B...#..B.A..B.......               B
C                       ..B...BB. ..B......B...B..B..BBB....A..B            C
D                       .B...B....B.....B...#B....B......#A               D
E                       .B...A........B.#....B#...               E
F                       ....B......B..B.BBB..B....B..B               F
G                       .B...B....B.B...B.......B...B.B.               G
H          .     BB      ............B..B.B....               H
I                       .........#..B.B...B.........A.B#.               I
J          B    .    .    ..B...B.....B.BAB......AB..#.            J
K     . ...            B. ...#B.B........A.B....A..AB...BB.B..          K
L     ...     ..      ..  ...BB..B....B....B...B.......B..B         L
M       .      ..        .BABB..BB...#BB.B..B.#.......B.......       M
N       .      .       B....B.BB.B..#B..#.A.B...B....BB.AB...B#.        N
O         .      B      B.##B.B...BB.BB..B.BBBB....B#..A...BB.#.       O
P                 .B.    ..B...B..#.B..B..BB..BB....#....B          P
Q       ..       ..    .. #.....B..B...  #B. BA.A.B.#...B...B        Q
R     .       .         B.B.B...BB.BB....BB...A..B      .. .         R
S                       ..BB..BB...........BB....      ..#A          S
T         .      .B.     B...........      B....  ..B ...           T
U       .B      .B.   .   .........B          B    ..            U
V       B.      .BB      .......B.B            B.. B  .            V
W       ..B     ..                            B. B .            W
X     . ...     B..                            . ... #            X
Y         .B                                    ..B. . .           Y
Z     .     ...                                 ..B. . .            Z
AA         .B                                    .B. . .            AA
AB     ..       ..       A = riz [rise, pret.] (51)              .. ..      AB
AC     ..               B = rode [ride, p.p.] (211)          . B . AC
AD     ..    .          # = riz + rode                           . .. .      AD
AE     ..                                                       B... AE
AF     ...                                                     BBB  AF
AG                                                             .              AG
AH                                                             .              AH
              1         2         3         4         5         6         7
     1234567890123456789012345678901234567890123456789012345678901234567890
```

HIGHLANDS/PINEY WOODS 4A

HIGHLANDS/PINEY WOODS 4B

HIGHLANDS/PINEY WOODS 5A

V = victuals (166)
F = favors [=resembles] (303)
# = victuals + favors

HIGHLANDS/PINEY WOODS 5B

K = kindly [=quite] (111)
T = (quarter/fifteen) till (the hour) (348)
# = kindly + till

HIGHLANDS/PINEY WOODS 6A

```
H = hoosier [=rustic] (89)
S = swingletree [=singletree] (55)
# = hoosier + swingletree
```

HIGHLANDS/PINEY WOODS 6B

```
D = dogbit [=bitten by a dog] (221)
P = purse <ur> (523)
# = dogbit + purse <ur>
```

HIGHLANDS/PINEY WOODS 7A

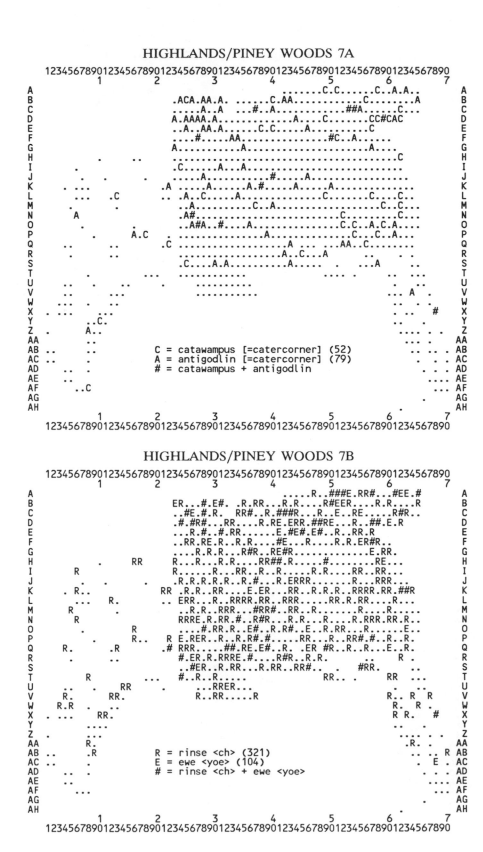

C = catawampus [=catercorner] (52)
A = antigodlin [=catercorner] (79)
# = catawampus + antigodlin

HIGHLANDS/PINEY WOODS 7B

R = rinse <ch> (321)
E = ewe <yoe> (104)
# = rinse <ch> + ewe <yoe>

HIGHLANDS/PINEY WOODS 8A

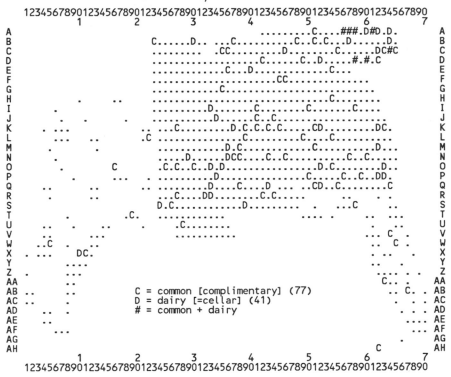

HIGHLANDS/PINEY WOODS 8B

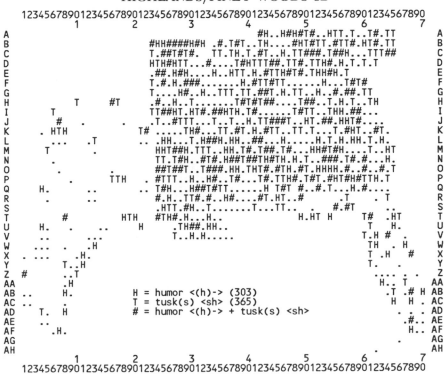

HIGHLANDS/PINEY WOODS 9A

```
        1234567890123456789012345678901234567890123456789012345678901234567890
                 1         2         3         4         5         6         7
A                                               ..........#....B.B.......        A
B                                 .....B..............R#..BB.......              B
C                         ............B..............R#..BB.......#..BB          C
D                       .B.........B........#............B..BBR                  D
E                       ..............................B...                       E
F                       .............B...............RR.R...                     F
G                       ............B.......                                     G
H          .       ..   ..........R...B.......                                   H
I        .     .      .   .B......R..R.B....                                     I
J          .       .      ..R...........R....                                    J
K      .   ...            ..B..........                                          K
L          ...  ..        ...............                                        L
M        .            .............B.BB.B......................R.                M
N        .                ...........B.BB.B...............R.                     N
O              .     .B#R.....B.....R.....R.....RB.RR.....                        O
P          ...            ...RR.........R........RR...B...                        P
Q    ..       ..      .B   ..........BR..B...............                         Q
R    .        ..          ........B.....B..B........                             R
S        .        .B.     .............B.B.  ...R.                               S
T          .           ............   ....  .                                    T
U    ..       ..        .........           .R   ...                             U
V    ..      ..         .........           B...                                  V
W    ...   ..                               B.  . .                              W
X    .      .                               .. .  .                              X
Y                                           B..                                  Y
Z        ...                                      .....  .                       Z
AA   .     ...                                                                   AA
AB ..      .           R = ridy-horse [=seesaw] (29)        .B . .               AB
AC ..   .              B = barefoot(ed) (coffee) [=black coffee] (47)  . B .      AC
AD ..  .               # = ridy-horse + barefoot(ed) (coffee)      ...            AD
AE   ..                                                            ....           AE
AF   ...                                                           ...            AF
AG                                                                  .             AG
AH                                                                 .              AH
                 1         2         3         4         5         6         7
        1234567890123456789012345678901234567890123456789012345678901234567890
```

HIGHLANDS/PINEY WOODS 9B

```
        1234567890123456789012345678901234567890123456789012345678901234567890
                 1         2         3         4         5         6         7
A                              C#....Y.#C#...YCC.CCC.C.                           A
B                          Y....#..C. .CC.Y....C...Y.C..C.C.......                B
C                          ..Y..#Y.. .Y....C.#.....Y.#....C..C.#.#C.              C
D                          C.#Y.#.C.Y.C.....C..C...Y.C..C..C#..C#                 D
E                          .##Y..........CC...CC.C.C.CCC.C.C                      E
F                          ............C....C.C.Y.C.....#YY....#                  F
G                          ...........Y...C.CCC.C....Y...C...Y.                   G
H          Y     #.        ....C.Y....Y.Y#......C...CYC....                       H
I        .                 ...CC....C.C..C......Y.....C...                        I
J      . ...        .      CY.......Y.......#YY.....C..C....                      J
K    .....            .C C..CCY..CC......CCCC....C......C.....YYC.                K
L      .C.  ..        CC ..C..Y...C......#C......CC.C...C...                      L
M      .Y             ..CCC..CC....Y.C#..CC..#...C......C....                     M
N      C              C#.C...CCC..C#..C.........Y...C....Y.Y...                   N
O          .          ..C#Y.C...C.Y..C.C.....#..CC.......                         O
P              C...    .#.CC.Y.C.....#Y.YC....Y.......Y.C.....                    P
Q         YC          .# CC#....CC..Y..C..C....#CYY#CC.CC......                   Q
R    ..  Y   #C       C....C..Y...C....YCYCC...                                   R
S                     .Y.C...C.Y...C.......C....  .  C.Y.  ..                     S
T    .C  .      .C    .CY  Y...........     ..C. .    YC  .Y.                     T
U    ..        .C.    .    ..C.......                 Y    ..                     U
V    C..  .  #.                                       #.C C   .                   V
W  . C..  ...                                         C..  .  .                   W
X       CC.C                                            ..  .C  Y                 X
Y                                                        ..                       Y
Z  .     ...                                           .C.. .  .                  Z
AA       C.                                            C... .                     AA
AB ..      ..         C = chance <ai/{a}> [upglide] (203)      ... ... .          AB
AC ..   C             Y = yellow <-R/{R}> [weakly retroflex] (97)  . . .          AC
AD   ..  .            # = chance <ai/{a}> + yellow <-R/{R}>         ....           AD
AE   C.                                                            ....           AE
AF     .C.                                                          ...           AF
AG                                                        C         .             AG
AH                                                                 .              AH
                 1         2         3         4         5         6         7
        1234567890123456789012345678901234567890123456789012345678901234567890
```

HIGHLANDS/PINEY WOODS 10A

```
          1234567890123456789012345678901234567890123456789012345678901234567890
                   1         2         3         4         5         6         7
A                                              MM...MM...MMM##MMM.MMMMM                A
B                             M.WM.#MM#M ...MW.MMMM....WM..MM.MMM....MMWM             B
C                              ..#M.M.M.  M..M....MM....W..M..MMM....M.MM.M           C
D                             .M.#.#.#..MM.W...MM.M..MM.M#..MMMMM..MMWMM              D
E                             .WMMM#..M..MMM...M..MMM#...MM..M.MM                     E
F                              .W....M......M......MM....M...M.#M.MMM                 F
G                              .M...M...M.M..MM...MM..M..MM.M....MM                   G
H             W      MM        W....MMMM...M..M##.M.M..MM.MM....MM                    H
I                              MM...M..M#..MMMM..M.MMMM...MM..M.M...                  I
J         #   M      W         MM.#.MWM.M.M.W..M....MM....MM...                       J
K         . ...               .M ...#MMM...MM.W..M.........M...                       K
L         ... #.              .M .M#.M..M..MMM.M...M...MM.MM...M..                    L
M         .        .          ..WMM....MMMMM...M..M.M.MM....W.M..                     M
N         .                   .#.M.M.M.MM.MMMWM.......M..M..#.W#...M.                 N
O         M         M         MMMW..#..M..W.M.MMM..WMM.M.MMM....W..M.                 O
P              M.W             .MM...#MM.MM.W.M..#...M.M...M.MMM.M.....                P
Q         ..        ..        .M MMMMM.M..MMMMM.M.M....MM...M...M..                   Q
R         .         ..        M.M.MMMMMMM#M....WMM.....M         ..    M              R
S                             ..MMMM.MMMM....M........M.  .    .M.                    S
T         M         M..       .M.M.........            ....   .    MM  .M.            T
U       .W   .   #M    M       MM.M...M.M                    .  # .M                  U
V       M..      M..            ..MM.M.MM.M                  M..#  M                  V
W       ...  .                                              M..M .                    W
X       . ...    MM.                                         . MM  .                  X
Y                .MMM                                         .. . .                  Y
Z                MM.                                         .    .                    Z
AA               M.                                            ...   .                AA
AB      ..       ..        W = widow woman (60)              .M WM M                  AB
AC      ..     .           M = mushmelon [=muskmelon] (340)     . . .                 AC
AD      ..   .             # = widow woman + mushmelon          . . .                 AD
AE      ..                                                   .W.. .                   AE
AF        ...                                                  ... .                  AF
AG                                                            .                       AG
AH                                                          .                         AH
          1234567890123456789012345678901234567890123456789012345678901234567890
                   1         2         3         4         5         6         7
```

HIGHLANDS/PINEY WOODS 10B

```
          1234567890123456789012345678901234567890123456789012345678901234567890
                   1         2         3         4         5         6         7
A                                              .......#.R.RR###R.R#RPRR               A
B                             RR..R.RR.. ...RP....#....P#R..#R#.RPP..##.R             B
C                             RR....R.. .P..P.R..PR....RRR#R.#RP.R##R.                C
D                             ...P.RR..P.......RP.P.#R.#R.RR..RRP##RR#                D
E                             .....R.P...........RR#..P....R#P.R                      E
F                             ................RR....RR#RR.R.RR...                     F
G                             ...P.R...P...PP..R..R..RR.#R..##R.#...                  G
H             .      R.        R.P.R..R..P......R.RRP..#PRR.....P.....                H
I                              .RPRP.P.#....R....R].PR....RP......P.                  I
J                     .        .R.P..P....P....RP.PR......PP..P.P.P..P                J
K         . ...               .. ....R.R.RP.......P..PR.P.P...P..RP...RR             K
L         .R.   R.            ..P.R....R....P..R.......P.PRP.P...R..                 L
M                             .....P.P..#.PRR.#PP.......PRP..R#..                    M
N         .                   ....R..P.....R.P...#P........P.#...R.                  N
O         .                   R..P.P.P.#.R..R....P.#P..#.PP##...P.R.P.               O
P           P        RP.      R  R.#P.......#.PP...#.RR.PR.P.PP##...P.R.P.             P
Q         ..       P.          .# .R.R....P...R.P......P.R R#PR..R...R.....            Q
R         .        ..         P.R......R...RP..RR.R..RP.    .R     R P                R
S                             ..R...P..P.P#........P...  R.RR                         S
T         .        R          ...   .PRP........             P... R    RP   ...      T
U       R.   P   ..    .       .P..R.....                    #  .P                   U
V       .:      P..                                          R.. R                   V
W       ..P  .                                               PP  . .                 W
X       . ...                                               R R..                    X
Y              ..PP                                          .. .                     Y
Z          ...                                              .RP. . .                  Z
AA               ..                                           ...                     AA
AB      ..       ..        R = right <{ie}> [monophthong/short glide] (192)  .. R. .  AB
AC      ..     .           P = plow <{ow}> [<a> onset] (160)                   . . .  AC
AD      ..   .             # = right <{ie}> + plow <{ow}>                       . . . AD
AE      ..                                                                   .... .   AE
AF        ..R                                                                  ... .  AF
AG                                                                            .       AG
AH                                                                          .         AH
          1234567890123456789012345678901234567890123456789012345678901234567890
                   1         2         3         4         5         6         7
```

HIGHLANDS/PINEY WOODS 11A

```
12345678901234567890123456789012345678901234567890123456789012345678901234567890
         1         2         3         4         5         6         7
A                                    L...#..#T#......T..TT..T                      A
B                    ..TTTT..T. LL..#..TT.....TTTT.#..T.L....T                      B
C                    ..TT..... LT....#.T....TT.T..TT.....T...T                      C
D                    .........T.L....T....##..TTTL....LTTT#..                       D
E                    ..T.T...T..T...TT#T.TTLTTTT.TL.T..T                            E
F                    T.T....#...T.T.T.LT..........LT.T...                           F
G                    .#....L.....#TT....TT.TT..T..TTT.....                          G
H                    .         .         ..TTTTT..T.....L......                    H
I                    .           .     LT.....LL..TL.T.....T..T.L..L....           I
J                    .  .   .        . ....LT......L....T#.T.....              J
K              . L..          .L ....LL....TL#...L.......L......TT.         K
L              ...   ..     ..  .....TLL.....L...TLT..........              L
M              .              ..LT..L.T...L..T..#.....L......L...          M
N              .              .L........#.T.LTTLT.T....L.L...              N
O              .       T      ..TTL....T.LL.T....TL#.......L........       O
P                     .T.    .....T..LT....L.......L...........L...        P
Q              ..       ..   .T .L....L.......T. T.........L....          Q
R                       ..        ..T.........T..L           ..  ..        R
S                                 ......T........L.T...L          .L       S
T         T         ...  L...........       ..LT L    .T ...               T
U              ..     ...     .     .........              T.. #  .        U
V              ..    .  ...     .   ...T.....  .               LL  L  .    V
W              ...  .  ...                                     L .. T      W
X              . ...    ...                                    LL  .       X
Y                       ....                                               Y
Z                .     ...                                     .... . .    Z
AA                      ..                                     ... .      AA
AB       ..         ..     L = liver(s) and (the) lights (85)        .. .. AB
AC       ..       .        T = turn (of corn) (139)                 . . . AC
AD       ..    .           # = liver(s) and (the) lights + turn (of corn)  . . . AD
AE       ..                                                         .... AE
AF       ...                                                        ... AF
AG                                                              .         AG
AH                                                                        AH
         1         2         3         4         5         6         7
12345678901234567890123456789012345678901234567890123456789012345678901234567890
```

HIGHLANDS/PINEY WOODS 11B

```
12345678901234567890123456789012345678901234567890123456789012345678901234567890
         1         2         3         4         5         6         7
A                                    H#....CHHCCCC...C.C##H#H                       A
B                    CCCC.#C.#C C....C.C.CCCC..HCC#.C..CCC.CCHC#                     B
C                    .CC..C.CC  H...CC.C..C...HC.C..CCH.C.CHHHCC                     C
D                    .CC#C#.HCCC..C..C..C..C.C.CCCCCCH..CCC                          D
E                    CCHC#.C.C..C.C.C..#.H...HCH.CC.#H                               E
F                    CCC....C...#....C..#C#.C.C...HCCCC...                           F
G                    HCC.CC........HCCC.HCCH.CC...C.C...CC..                         G
H              C    H.     .C..CC..C.C..CCC..C.......C...C...                       H
I              C          .       C.C.C...CC....HC.CC.CC.CC.CHH.C.C...              I
J              .  .      C   H...C..CCC...CCC.CC...#C...C.C.#H.H.......         J
K         .  ...      C. C..H#....C....C......H..C.HCCC.CCC.CC.          K
L          .H.   ..        .H .CH.C..C..H..C..C.CCHCC..CCH..H.H..CC..C.        L
M         .          C         #CCHCH.....C..HC...HC..C.......CC...C.C...C    M
N              C       .       HCCCC.CHH#H.CHC.C...HC....CCC.H....CC.C...     N
O              .         C     .#H#.......#CC.CH..H.CCC..C..C.C.C.....        O
P              .  C     C.C  . #........C...HC...CC..CC.C....C.C.C.CC.        P
Q         CC       ..        CH CHH....CH.H..C...CC H..CC#C....C....        Q
R         C          ..         H.#.H..CC.CC..C.CC.CC.C#....       ..        R
S                               .CCC.........CCC.........C.  C   C.#.    . CC   S
T              C       C..    C.#......C..      C..C .       HH  .C.        T
U         C.   C    HH       .  ...........              C  .C         U
V         ..      .H.         .                                ..C C  C    V
W         ...  .     ..                                        .C  C  .    W
X       C ..C    .C.                                           .  CC       X
Y              #C.C                                            C.  C   .    Y
Z       C         CC.                                          .... . C    Z
AA                                                            ... . .      AA
AB       ..         C.     C = cow <{au}> [<a> onset/unrounded glide] (331)  .. C.. . AB
AC       ..       .        H = half <{a}> [upglide] (103)                 . . . AC
AD       ..    .           # = cow <{au}> + half <{a}>                     . . AD
AE       .C                                                         .C.. AE
AF         .HC                                                       ... AF
AG                                                              .         AG
AH                                                                        AH
         1         2         3         4         5         6         7
12345678901234567890123456789012345678901234567890123456789012345678901234567890
```

HIGHLANDS/PIEDMONT 1A

```
  12345678901234567890123456789012345678901234567890123456789012345678 90
           1         2         3         4         5         6         7
A                                      #S.....S.#SSSSSS#SS.S.S.                    A
B                        ...SSP.S.. ..S...SSP.....#..SSS..SSSS...S..              B
C                        ......S..  ....S.PPS.....S..SS.S..S.S.SS.               C
D                        ......S...........#S.....SS.#.SSSSSSSSSS                 D
E                        ...S...........SS.#S.SS......SSS..S                     E
F                        ..S.............S.SS..#..#SS.#S.                        F
G                        ...........SS.SSSS.S..S.PS..#P.P.#SPP.P                  G
H          .        ..   SS...........SSSP.#S..S###.#PSS.SP.S.                    H
I          .    S    S    .S............S.SSS.SPS#SP.SPSSS#S..                    I
J         .    S    S    .S............SSSS#SSS.PSS..PS##..S.                     J
K         . ...          .. ..S......S..S#SSP#S##P..P.P..S#.SS.                   K
L         . ...    SS     .. ..S......S....SS.S.PP#P#PS..SSS.                     L
M        .         .      . ....S.....S....S...S##P#SS.SSPSS..                    M
N        .                  ..................S....SS.SS#S...                     N
O        .         .      .................S....SS......S..S..                   O
P        .                .................S.......#..S.S.                       P
Q        .       ..        ...............S...S.....S...                         Q
R        .       ..        ...........................P.  ..S.       ..          R
S                         .........................       ..S.                   S
T                 ..   .              .....P....                      .          T
U         ..    .              .....P.....                        ..  .          U
V         ..                   ....P.....                         .. ..          V
W        . ...   ...                                              .. ..          W
X       . ...   ...                                              .. ..           X
Y               ....                                             .. .             Y
Z       .                                                       .... .           Z
AA             ..                                               ... .            AA
AB      ..      ..     P = press(ed) meat [=headcheese] (64)    .. .. .          AB
AC      ..             S = souse meat [=headcheese] (201)       .. .             AC
AD      ..     .       # = press(ed) meat + souse meat              S . . AD
AE      ..                                                         ....          AE
AF       ...                                                       .             AF
AG                                                                 .             AG
AH                                                          .                    AH
           1         2         3         4         5         6         7
  12345678901234567890123456789012345678901234567890123456789012345678 90
```

HIGHLANDS/PIEDMONT 1B

```
  12345678901234567890123456789012345678901234567890123456789012345678 90
           1         2         3         4         5         6         7
A                                      HTH..T.TH#HH###HTT...H.T                   A
B                   ...TT...T# H......HT...H#TT..#...H.#H..HT.H                   B
C                   T....TH#.  ....T##H.T....HH#.#.TT..H##TH                      C
D                   .T...T..HT....HH.....T#H.#TT#..T..HHHH.#                      D
E                   .T...#T#.........THT..HT..TT..TT                             E
F                   H...H.T.HH..H.H.T.T..TTT.#H.T...#T.H                          F
G                   .T....#..T....HH...T#..#..TH#T#HTTHH                          G
H          H     T. .....H..H.T....TTT...H#HT.H....HH...T.                        H
I                   H..#.#H.H.H.T.TTTH....HH.T.T..H.H...                          I
J         .    H  .  .  ...T.HH...HT....H...TTTH....TH.H.TT..H.                   J
K         . TH.          .T ...T..HT....H.T.H...#.HTT#.TTT..H.H....T.             K
L         H.. .    .H     HH ..#TH.#H..TTH...#.....H...H.###TH.....               L
M        .         .      TH..T...T...TT..TT..T.H.H.#.#TTTHH..T..T.              M
N        .                 ....H..H#TT.TT....TTH...TT.H.T.HHT#H##T.....           N
O        .         .T     H.HT#.TH.T.H..#..TTH.T.#.T...H......H.T#H               O
P        .       #TH      .T.HT...TT.T...T..#T.....H.TTT......#....T             P
Q       #.        ..      T#  #T......T.TTTH....#.T T......T.....                 Q
R        .       HT        ..T.....T.HH..H.H..T...  .....T    .H                  R
S                         .....#.#T..H..H..HT..... .  #.T#    T.                  S
T          T          ..H  H.T..#H.....         .H.. T      ..  ...              T
U         ..    .              ..T.......                  T     .               U
V         ..        ..H        H..........                ... T .                V
W        .H.   .  ..                                      TT  . .                W
X       . .#.   ..T.                                      ... T                  X
Y               .H..                                                             Y
Z       T       ..T                                            .H.H H .          Z
AA             ..T                                             .H. .             AA
AB      ..      .T     T = took (a) cold [=caught (a) cold] (226)   .. .. H      AB
AC      ..      .      H = helped [<he[l]pt> help, pret.] (198)     . H . AC
AD      ..     .       # = took (a) cold + helped <he[l]pt>          .. H AD
AE      ..                                                         H... AE
AF       ...                                                       .H. AF
AG                                                                 .             AG
AH                                                          .                    AH
           1         2         3         4         5         6         7
  12345678901234567890123456789012345678901234567890123456789012345678 90
```

HIGHLANDS/PIEDMONT 2A

```
         1234567890123456789012345678901234567890123456789012345678901234567890
                  1         2         3         4         5         6         7
A                                          ...PP...#...PP...RR#..#                A
B                              .P.P..PP.....PP..P..#..........                    B
C                         .P.. .P...PP.....PP...#..RP.....P...#                   C
D                      ..P.............PP...PP..RP.P.....R#PRRR                    D
E                    .P...P.PP.....PP..PP...P........                             E
F                    ..R.........P...R..PPP...P..P....PRRPP.                       F
G                    .P..P.P.....#....P.PP..R..P....#R.R#.R..                      G
H        .       .       .P       .R.........P.PP#..#....#...R........            H
I                                 .R..........P..PP#...#..R.........               I
J        .    .       .        ..R#.R..P.PRP...PP....P......PP#.                   J
K       . ...                 ..  .R.....P.#....P#P.R......P...P..R..              K
L       ...     R.              .. ..R.....PP.....P...PP.PP.PP....                 L
M                               .......R.......P........P....P.                    M
N                               ..........R...R..............R...R...             N
O                               ......R.R..................                        O
P             .     .RR       . ......R...R................                        P
Q       ..       ..       .. RR.......R...R...............                         Q
R       ..       ..          R.R...........................  ..    ..              R
S                   ...     ..............................   ....  ...             S
T       ..    .       .       .........        ....  .   R   ...                   T
U       ..      .    ..   .       ..........                   ...  .               U
V       ..      ..    .         ......R....                    .. P                 V
W       ...     ...  ..                                        .. P                 W
X       ....    ...                                            ....                 X
Y               ....                                           ....  .              Y
Z       .       ...                                            .... . .             Z
AA                 ..                                          ... .                AA
AB      ..        ..     P = plum (peach) [=cling] (96)        . ..  .              AB
AC      ..      .        R = rich (pine/splinters/wood) [=kindling] (60)  . . .     AC
AD      ..              # = plum (peach) + rich (pine/splinters/wood)     . . .     AD
AE      ..                                                              ...P        AE
AF      ...                                                                         AF
AG                                                              .                   AG
AH                                                          .                       AH
                  1         2         3         4         5         6         7
         12345678901234567890123456789012345678901234567890123456789012345678 90
```

HIGHLANDS/PIEDMONT 2B

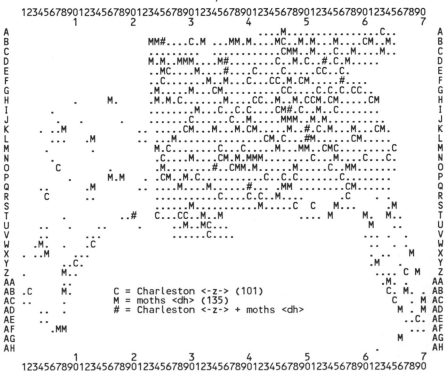

```
         1234567890123456789012345678901234567890123456789012345678901234567890
                  1         2         3         4         5         6         7
A                                          ...M.............    ...C..             A
B                         MM#....C.M ...MM.M....MC..M.M...M...CM..M.                B
C                         ..........C...........CMM..M...C..M....M..                C
D                         M.M..MMM...M#......C..M.C..#.C.M....                      D
E                         ..MC....M...#....C...C.......CC..C.                       E
F                         ..C.......M..M..C...CC.M.CM...#...                        F
G                         .M....M..CM........CC....C.C.C.CC..                       G
H        .       .    M.  .M.M.C.....M...CC..M..M.CCM.CM.....CM                     H
I                                 ...M..C..C.C...CM#.C..M.C...                      I
J        . .M .       .       ......C.....C.M...MMM..M.M...                         J
K       . ..M         .        ..  .CM...M...M.CM....M..#.C.M...M...CM.             K
L       .  .     .M              ...M.........CM.C..#M.......CM...                  L
M       .  .                    M.C....C...C...M...MM..CMC.........C                M
N          .C                   .C...M..CM.M.MMM......C.....M...C...C.              N
O                               .M...M...#..CMM.M....M...C..MM....                  O
P             .     M.M       . ..CM..M.C.........C..C.C.......C....                P
Q       ..C       .M        .. ....M....M.......#....MM.....CM...                   Q
R       .C      ..            ......C....C.C.M...........C...                       R
S                   ..#     C...CC..M..M......M....C C   M...    .M                 S
T                            ...M..MC...           .... M    M.  M..               T
U       .M.   .   .C         ......C....                        ...  .              U
V       .M  . .  ..                                            .. . .  M            V
W       ..M                                                    .M     ..            W
X               ..C.                                           ..   ..M             X
Y       .       M..                                           ....  C M             Y
Z                                                             .M. .                 Z
AA                 ..                                          C. M... .            AA
AB      .C      M..    C = Charleston <-z-> (101)              C. M.. .             AB
AC      ..      .      M = moths <dh> (135)                   C . M                 AC
AD      ..             # = Charleston <-z-> + moths <dh>      M . M                 AD
AE      ..                                                     ..C.                 AE
AF      .MM                                                        ...              AF
AG                                                              M                   AG
AH                                                          .                       AH
                  1         2         3         4         5         6         7
         1234567890123456789012345678901234567890123456789012345678901234567890
```

HIGHLANDS/PIEDMONT 3A

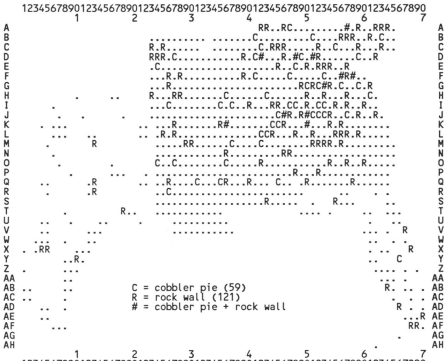

HIGHLANDS/PIEDMONT 3B

HIGHLANDS/PIEDMONT 4A

S = salad/sallet [=greens] (90)
M = side meat [=bacon] (104)
# = salad/sallet + side meat

HIGHLANDS/PIEDMONT 4B

B = bulge <oo> (275)
T = tube <ew> (332)
# = bulge <oo> + tube <ew>

HIGHLANDS/PIEDMONT 5A

```
G = ground squirrel [=chipmunk] (241)
F = fatback [=salt pork] (335)
# = ground squirrel + fatback
```

HIGHLANDS/PIEDMONT 5B

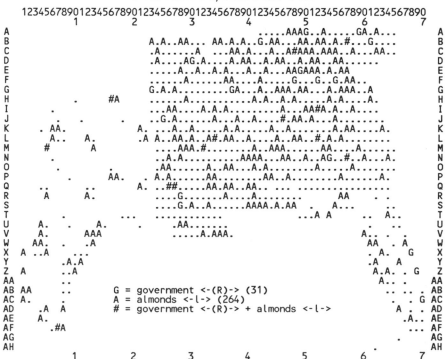

```
G = government <-(R)-> (31)
A = almonds <-l-> (264)
# = government <-(R)-> + almonds <-l->
```

HIGHLANDS/PIEDMONT 6A

```
         1234567890123456789012345678901234567890123456789012345678901234567890
                  1         2         3         4         5         6         7
  A                                        D.......F..FFDF..FD.FF                 A
  B                       ....F..#.  ...D....F....D..F..FD.....#F               B
  C                       ...F..F..  ..D....FF.....D..F..FD.....#F              C
  D                        ..F.F..........DD...F.......F..FFF                   D
  E                       .F..F#.DF...........D.............                    E
  F                       F.DD.........F...F....F....FDFF.F                      F
  G                       ..........D....FF.F.D...F.F..F...F                     G
  H          F       ..          ...D.F....#.D..F......                         H
  I                                ....D......D.........D...                    I
  J         .     .      .      ....D......FDF.........F.F.....                 J
  K      . D..             ..  ...D......DD...F.........                        K
  L         ...      .          ........D.........                             L
  M             .           ........D.......F......D..#...                      M
  N            .               ....D...F...FF.DF.........F...                   N
  O           .      .    ...F...D..............F......                         O
  P         .     F.. .    ..D....................F.....                        P
  Q       ..         .   ..    ............F.........                          Q
  R       ..                   .........D..........D......                     R
  S                    ...     ..........    ....  ....                        S
  T       ..    . ...         ..........         ....  ...                     T
  U       ..    .  ...  .      .......                  ... .                  U
  V       ..     ...            ...                     ..  ..                 V
  W      ...  .  ...                                   .. . ..                 W
  X      ...      ...                                  ..  ...                 X
  Y       ...    ...                                  ..  ...                  Y
  Z      .        ...                                 .... . .                 Z
 AA                                                   ... . ..                AA
 AB     ..       ..       D = davenette [=small sofa] (43)        .. ... .    AB
 AC     ..      .         F = fireboard [=mantel] (69)             . ... . AC
 AD     ..    .           # = davenette + fireboard                  ... . AD
 AE     ..                                                           .... AE
 AF      ...                                                          ... AF
 AG                                                                       AG
 AH                                                             .         AH
                  1         2         3         4         5         6         7
         1234567890123456789012345678901234567890123456789012345678901234567890
```

HIGHLANDS/PIEDMONT 6B

```
         1234567890123456789012345678901234567890123456789012345678901234567890
                  1         2         3         4         5         6         7
  A                                        AO.##.O#.#AOO#OA#A#.##.O               A
  B                       .#....#OO. #.AO.A...OO#..OO##.A##.#AA#A##.#           B
  C                       ......OOO  ...#O..O..AOAO..AAO#OA.#OO#O##O#           C
  D                       O..O#O.OA...O..O..O..OA#O.#A####.#####AO#            D
  E                       O....OA....O.A...OO.##O..OA#AO##.##                   E
  F                       ...OO..O..A..O.O#.A.##...##.A...OAO.A                 F
  G                       .O#AA#O..A.A.O.#..O.00.##.A#.OA.A#O#.A.               G
  H                .O     O...###OO#..O#OA.A#O#O.O#.OA#A.OOOA....O              H
  I                                ...OA.#OAA.#AO...#.A#.A#.O.#.AOAO##....       I
  J               .    .    O      ..AOOO..A..O..A#.AO....A###.###A###O#...#     J
  K        .  ...        .. O....#..O.O#.O.OA.AAAAAAOA.##..O..##..O..        K
  L        .O.    .#       .O 0..#O.O..O..OOOOAAOAA.AOA##.A...AO.#.#.#.        L
  M        .        O        .O...A....0000.#O#..##...OA#A.##....#O.O.        M
  N              .           ...00.O..##AO.#OO....O#0.0.#AA.O.OO...OO         N
  O            #      .       O.O....O.AO#..#A.##A.OA...O.AAOO.##...AO..       O
  P           O       O#A   .  O....O..#...A...AAO..OO..O..#.OO.O..#.O       P
  Q        ..       ..    A# OO....O#O0.00000...A .... ...O....OO.....        Q
  R        .        ..         ...O.O..O#.#...A.O...A    .O .  ...        R
  S              A.O   0.00....OO.#       .##..OAO  A   #..#      ..        S
  T        .         O    .O..O#....        .O.0 #    O. 0..        T
  U        ..     #.     0    .O..O#....                           .O       U
  V        ..     0.0      .0.00.0#O..                     ...  .          V
  W       ...  .0      0.                                  #O . .          W
  X       . ..O      0.00                                  .O . O          X
  Y          0.00                                          .O  O           Y
  Z      O         ..O                                     0.00 . A        Z
 AA                 .:                                     OO. A           AA
 AB     00       .#        A = Asheville <-L> (248)        0. 00 .         AB
 AC     ..     .           O = (law and) order <oe-> (380)   . O . AC
 AD     .O  O              # = Asheville <-L> + (law and) order <oe->  # . O AD
 AE     ..                                                         O#.. AE
 AF      ...                                                       A.O AF
 AG                                                                  . AG
 AH                                                             #     AH
                  1         2         3         4         5         6         7
         1234567890123456789012345678901234567890123456789012345678901234567890
```

PIEDMONT 1A

```
          1234567890123456789012345678901234567890123456789012345678901234567890
                   1         2         3         4         5         6         7
A                                                    #.SS...S.........Q......      A
B                        .S...Q... ..#Q........#..Q........S.....      B
C                        S...........  ....S..........S...Q.QQQQ.....      C
D                        #.Q..#...........................Q.......Q.     D
E                        ...................S....S..SS....      E
F                        .Q..Q................S.S....Q..      F
G                        ..S.......#........S...SS.S....      G
H                        ...SQ........Q........S......Q.#...QSQ     H
I                        ..SQ.........QQQQ...S..#...#S.     I
J                        Q...Q........S.....QSQS..QSS......     J
K           . SQ.        .S........S..S...Q......#..Q....Q..     K
L           ...    SQ    .. .S.SQ.S.Q.S........S.#...QS....Q.Q     L
M                .       Q.Q...S...S.........SSS.Q....     M
N                .       ..S............S...Q.....SS...S.     N
O                .   .SQ        .......#...S.......S.SQ..QSS.     O
P               .   #S   .S  .......Q..#...SS.....Q...S..     P
Q           ..      .Q        ...........Q...Q......S....Q.     Q
R           .               ...Q...Q.....SQ.S.....  ....      R
S              .         ..  ...Q.....S    .SS. #      .. ...  S
T                .        ...  ..Q....Q..      .. ...    T
U           ..          .     .......Q..          ..Q ..   U
V         Q.    QS.      ...........          ..Q .   V
W         ...  ..  .Q                         .    W
X       .                                . SS  .   X
Y       .   ....                         .. ..    Y
Z       .   ....                           .    Z
AA      .    ..                          Q.. ..  AA
AB  ..     Q.       S = salad tomatoes [=small tomatoes] (89)      #Q .. . AB
AC  ..     .        Q = (quarter/fifteen) of (the hour) (88)        Q . Q AC
AD  S.     .        # = salad tomatoes + (quarter/fifteen) of          . .. AD
AE   .Q   .                                          .Q.. . AE
AF   ...                                              ..Q AF
AG                                                .    AG
AH                                                    AH
                 1         2         3         4         5         6         7
          1234567890123456789012345678901234567890123456789012345678901234567890
```

PIEDMONT 1B

```
          1234567890123456789012345678901234567890123456789012345678901234567890
                   1         2         3         4         5         6         7
A                                      ..P.PP..P............... .    A
B                    .......PP. .#....P...B.....B...P....   B
C                    ......... .P#.........#.P.........B.....   C
D                    ......#...P..B....##........P........   D
E                    ......#.#.#...P....B.P...P........   E
F                    ...P.......P..P..#P....B....#....P.P   F
G                    ...P.......P.BB.#..B.#P..P...........P   G
H                    .P.P..P...PP..B..........P...PP....#   H
I        P      .  .. P......PP#...B..P.P..P...#.##.P.P   I
J                    ..PB.........#..B....#..P..#...PBPBPP#   J
K       . ...    #P  ..P#..BBPPP...BPB.BP.##.BBBB..PB#.#PPP..   K
L       . ...  .. P. ..B..B..B.P#.#PBP#.B#.#PB#..#BPP.#.B#.P..P   L
M            .      .#.BB...#.BPP.BB.P.#P...P..###P#PPB.PP..B.   M
N            .      P....B.B#.B..P#.#....B.B..P.B.P#BP#P.BP..B.   N
O         P    #  #..P..B##BB..P...P#.B.......PP#....PP....P   O
P         ...  .  .#..P.B#P..P..BP#..P....#PBP.#.....PB   P
Q       ..   PP      ....P..P..##P .P.....#..P#..P.P.   Q
R       .    P#      ......#P.P.P.#PP.....P... ..  . . P   R
S                    ......#P.P.P.#PP....P... .  ....  .P   S
T          .    .B.  ..P.P.P..#..      #... .   ..P   T
U      .B   .  P#  .   ...B##PP#P         . ..  U
V      ..    #.#      PP.B.B#.P..             .P#  .   V
W      ...  ...                              B. . .  W
X    . ...  P#.                              #  .. .   X
Y        P...                                P. . .   Y
Z        ...                                 ..P. . .  Z
AA       ..                                  .PP .   AA
AB  ..     ..       B = beard <[r]> (150)                 .B .. # AB
AC  ..     .        P = poor <[r]> (233)                    . P . AC
AD  ..     .        # = beard <[r]> + poor <[r]>             . .. AD
AE        ..                                           .... AE
AF        ...                                          .P# . AF
AG                                                  #   AG
AH                                                    AH
                 1         2         3         4         5         6
          1234567890123456789012345678901234567890123456789012345678901234567890
```

PIEDMONT 2A

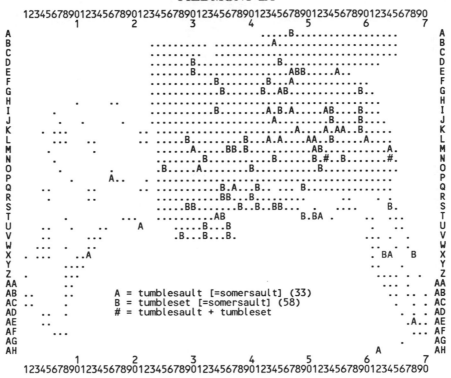

PIEDMONT 2B

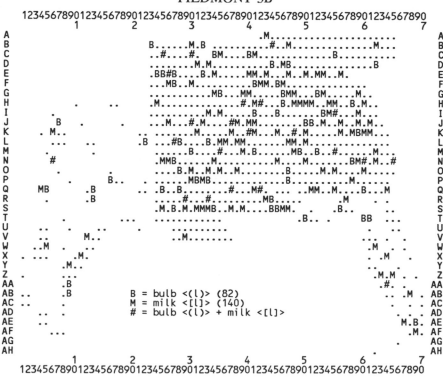

PIEDMONT 3A

```
1234567890123456789012345678901234567890123456789012345678901234567890
         1         2         3         4         5         6         7
A                                                                        A
B                         ..........      .....................          B
C                        .............  ...................              C
D                        ..............................                  D
E                        .............................                   E
F                        ..............................         .T.      F
G                        ...........................       .P.T....      G
H         .        ..     ...........................      .P.T....      H
I        .       .        ..............       .T...P..P......P.          I
J     .       .        ..         .#TT..#T..T.....                        J
K        ...    ..        ..         .T..P...T...T....                    K
L     .     .                          .P.T.#.                            L
M        .         .                   .T..........P.                     M
N     .       .        ..               .T..........T#...                 N
O        ..    ...                                                        O
P     .      .        ..                                                  P
Q        ..    ..         ..T.                          .   ....          Q
R        ...             ........                  .   ...              R
S     ..    ..        ...     ...........           ..  ...             S
T     ..      .        ..    ..........             ..  ...             T
U     .    ...      ..                              ..  ...             U
V     ..    ..      .                               ..    .             V
W     .  ...      ..                                 ..    .            W
X        ....                                        ..  ..             X
Y                                                    ..... .            Y
Z        ...                                                            Z
AA ..       ..       T = thunderwood [=poisonous bush] (20)  .. .. .   AA
AB ..    .           P = (Louisiana) pink (worm) (12)        ... .     AB
AC ..  .             # = thunderwood + (Louisiana) pink (worm) ... .   AC
AD    .                                                      ....      AD
AE    ..                                                               AE
AF    ...                                                    ...       AF
AG                                                            .        AG
AH                                                                     AH
         1         2         3         4         5         6         7
1234567890123456789012345678901234567890123456789012345678901234567890
```

PIEDMONT 3B

```
1234567890123456789012345678901234567890123456789012345678901234567890
         1         2         3         4         5         6         7
A                                  .M.................          .      A
B                 B.....M.B ..........#..M............M...      B
C               ..#...#.  BM...BM........B..........       C
D                    .M.M.....B.MB........B              D
E               .BB#B....B.M....MM.M...M..M.MM..M.       E
F                ..MB..M....BMM.BM.                      F
G                  ...MB...MM....BMM...BM....M...        G
H           .    ..  .M.........#.M#...B.MMMM...MM..B.M..  H
I                ........M.M....B..B......BM#..M..       I
J       B        ...M..#.M...#M.MM......BB.M..M.M..       J
K   . M..        ....M....M...M..#M..M..#.M...M.MBMM..     K
L     ...    ..   .B ...#B....B.MM.MM.....MM.M...         L
M     #                  .MMB....M......M....M.....BM#.M..#   M
N        .               ....B.M..M.M......B....M.M....   N
O         .    B..        .....MBMB........B.........M.    O
P   MB    .B     ..  .B..B......#...M#.....MM..M...B...M   P
Q   .     .B     .....#....#......MB......   .M    . .    Q
R               .M.B.M.MMMB..M.M....BBMM....B...  .B..    R
S     ..    ...      ...........         .B...    BB  ..  S
T     ..      .       ..M.......                     ..  T
U     ..M     M..                                .M       U
V   . ...     .M.                                 . M     V
W         .M..                                    ..M.M..  W
X   .     ..                                     .#..     X
Y .       ..                                      .#.     Y
AA      .B                                        ..  .M . AA
AB ..    .B          B = bulb <(l)> (82)          .. .M . AB
AC ..  .             M = milk <[l]> (140)            . . AC
AD    .              # = bulb <(l)> + milk <[l]>     ...  AD
AE    ..                                            M.B.  AE
AF    ...                                            .M.  AF
AG                                                    .   AG
AH                                                        AH
         1         2         3         4         5         6         7
1234567890123456789012345678901234567890123456789012345678901234567890
```

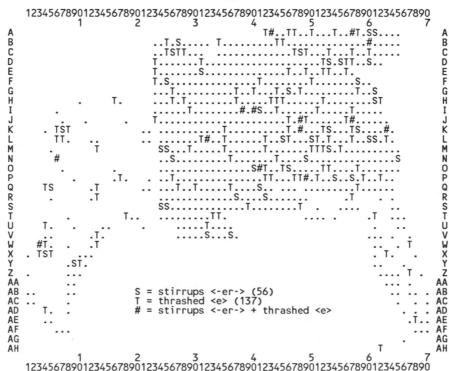

PIEDMONT 4A

```
   1234567890123456789012345678901234567890123456789012345678901234567890
            1         2         3         4         5         6         7
A                                       ..................................              A
B                       ..........................................L.....               B
C                       ............LL.....................L............               C
D                       ...........L.L.L.......................LL.......               D
E                       S..........L...L........L.S...L..                               E
F                       ......L.S....L......L...L...L.L..                                F
G                  ..   .....L.L.L.L....L.....L...L.L...                                G
H           .      ......LLLLL....L...LL.L#LLL...S.                                      H
I       .     .  .  ......L...LL...S....L.L.L...S..                                      I
J     . ...   .       ....LL.....#LLL.L...#.LLL.LLL...#.S...                             J
K    . ...   .S       ..........LL....LLL#L..L.SL.LLL.L..                                K
L     .      .        .........L.....L#L.L....L..L.L..LLLL..L                            L
M    .                 .....L....S.L.....LL.....L..L..#LLLL....L                         M
N      .       .       ...LL....S..L...S..L.LL.....SL.                                   N
O        .        .    .L.L.L...S..L..L.LL......L.L.L                                    O
P     ..     ..   ..   .L......L........S...S.                                           P
Q      .      .L       ....L                                                            Q
R           .         ...                                                               R
S     .          ...  ..........                                                        S
T   ..   .   ..    .   ..........                                                        T
U      ...     ...                                                                      U
V   ...   ...                                                                           V
W  .  ...   ...                                                                         W
X      .  ...                                                                           X
Y  .    ..L                                                                             Y
Z                                                                                       Z
AA    ..                                                                                AA
AB  ..      S = stump (whiskey) (24)                                                    AB
AC  ..      L = streak of lean [=salt pork] (121)                                       AC
AD  ..  .   # = stump (whiskey) + streak of lean                                        AD
AE  ..                                                                                  AE
AF   ...                                                                                AF
AG                                                                                      AG
AH                                                                                      AH
            1         2         3         4         5         6         7
   1234567890123456789012345678901234567890123456789012345678901234567890
```

PIEDMONT 4B

```
   1234567890123456789012345678901234567890123456789012345678901234567890
            1         2         3         4         5         6         7
A                                       T#..TT..T...T..#T.SS....                        A
B                       ..T.S..... T.........TT........#....                             B
C                       ..TSTT..  ............TST...T..T..T....                          C
D                       T......T..............TS.STT...S..                               D
E                       T.......S............T..T..TT..T.                                E
F                       T.S.............T......T........S..                              F
G                  T.   ...T..........T..T...T.S.T.........T..S                         G
H           .      ...T.T.....T......TTT......T....ST                                    H
I       .          ....T......#..#S..T.....T....T...                                     I
J     .      .     T............T.#T...T#......                                          J
K    . TST         ..............T.......T.#...TS...TS....#.                             K
L    TT.           ..........T#..T...T...T.ST...ST.T...T.SS.T.                           L
M        T         SS...T...T....T......TTTS.T....                                       M
N    #             ..S......T....T..S.................S                                  N
O             .    ........S#T..TS....TT....T....                                        O
P     .     .T.    . ..T......TT...TT#.T..S..S.T..T..                                    P
Q  TS    .T        ...T..T.....T...S.........T......                                     Q
R   .     .T       ........S...S.......T ..                                              R
S                  SS...........T......T . .                                            S
T         T..      .........TT.         ....  .     .T  ...                             T
U   T. .  .  ..   .   ....T...                                                          U
V  ..  .T.             ....S...S.                                                       V
W  #T. . .T                                     ... . T                                 W
X  . TST           .ST.                       . T.  .                                   X
Y     .ST.                                      ..  .                                   Y
Z  .  ...                                         .... T .                              Z
AA                                                                                      AA
AB  ..      ..                                   ... .. .                               AB
AC  ..      . .    S = stirrups <-er-> (56)      . . . .                                AC
AD  T.  .   T = thrashed <e> (137)                  .T.. .                              AD
AE  ..      # = stirrups <-er-> + thrashed <e>          .T.. .                          AE
AF   ...                                          ... .                                 AF
AG                                                                                      AG
AH                                                T                                     AH
            1         2         3         4         5         6         7
   1234567890123456789012345678901234567890123456789012345678901234567890
```

PIEDMONT 5A

```
       1234567890123456789012345678901234567890123456789012345678901234567890
                1         2         3         4         5         6         7
A    .................N........................................
B    ................................L...........................
C    ...............................L..........L.................
D    .............N...........................L..................
E    ..............L.............................................
F    ............................................................
G
H          .          ..      ...............N..NN.........N......LL...
I          .     .      .......L.......L.......N........L.
J        ...   .   ..   ..   ...........L........N............NN...
K          .    ...  ..   ..   .....................N......L..N....
L        .    .. .   ..   ...............L....N......NL....
M        .       .    ........L.NNL......N.L.L....
N        .       ....L......L...N.L.L......
O       ..   ..   ...    .   ..........N...N...LL....N....
P       ..     ..       .   ..............N.......
Q          .             ............N.N.........N....
R          .    ...   .............................
S      ..   .      ...    .............................N....N
T      ..   .      .    ............              .. .. .N
U      ..     ...            ..........            ... ..
V    . ..     ..                                    ... .
W      ..      ..                                  ... .
X    .      ..                                     .. .  .
Y         ...N                                     .. .
Z    .                                             .... . .
AA            ..                                   ... .
AB  ..        ..          L = liver hash (23)      .. .. .
AC  ..       .            N = nut grass [=field weed] (28)  . . .
AD  ..  .                 # = liver hash + nut grass     . . .
AE  ..                                                    ....
AF     ...                                               ... .
AG                                                         .
AH
       1         2         3         4         5         6         7
       1234567890123456789012345678901234567890123456789012345678901234567890
```

PIEDMONT 5B

```
       1234567890123456789012345678901234567890123456789012345678901234567890
                1         2         3         4         5         6         7
A       ...T...... ....T....T...T...T...................
B       .................T...........T..........T.....
C       ..............T..T.......J........T.........
D     .T....JJ...T........T...T..............
E     .T.....J..T....#..T....T........
F                       ....T...J.....
G          .        ..       ....J.....T...J..........T
H          .            ...J.......J.T....J...J..T.T..
I        ...T          ...J..T......TT....TT..J..
J      . ..T          ..       .T.......#J...J.J..J..
K        ...   ..    T. .T......J...J....TJ..J....JJ....
L        .       .      .......T...JJ...T........J.....J
M        .                ....T........T.......J.........
N        .              .T....T....TJ...T......TT.T....
O            ..T       T.       ..J.T......TJ..J........J...
P       ..       ..    T.         ......T.......J...T..T.....
Q       .         ..          ..............T...     ..  . .
R       ..             ..T...JT......T....J.T..    .    ....
S      ..   ..      .     ...........T....          J. .
T      ..     ..      .    ....T....                .. . ..
U      ..T     ..             ..T.....J.J            ..J .
V    ..T        ..                                  T. . .
W    .  ..      ...                                  . .T  .
X         ....                                        ..  .
Y    .      ...                                      .T. . .
Z            T.                                       .T. . .
AA  ..        ..          J = judge <ui/{ui}> [unrounded/upglide] (41)  .... .. .
AB  ..        ..          T = theater <-{t}-> [flap] (70)       . . .
AC  .T  .                 # = judge <ui/{ui}> + theater <-{t}->   T . . .
AD  ..                                                            T... .
AE     ...                                                        ... .
AF                                                                  .
AG                                              T
AH
       1         2         3         4         5         6         7
       1234567890123456789012345678901234567890123456789012345678901234567890
```

PIEDMONT 6A

```
1234567890123456789012345678901234567890123456789012345678901234567890
         1         2         3         4         5         6         7
A                                 .L...L...L....L....L...                    A
B         .C.......   .C.....L.L.....LLLCL.......... .                        B
C         CL...LL..  ......L.L...L...LL.L..........L                          C
D         .C.L.........L.......L........L.........L                           D
E         ...............#..L.....L...L                                       E
F         ...C........C.#.LL....L..CL..L.C.                                    F
G         .C........CC.LL#LLL...L.LL.L.L##L.L...                              G
H      .      ..    ..........L..L.L.LL..#L..C.LLL....                         H
I        .        .C.LC...C#LCL.#..L...LL.C.LLL.                              I
J        .          .........C....LCL..LL.C.L..#LL....                        J
K   . ...        .. ....L...L...LCCCCLLC#C..L#C.LL...L                        K
L     ...  C.     ..  ....L..L...L......#.L.LC#.......                        L
M     .              ........L...CL.L.LC....L...L...L...L.                    M
N       .          ........C....#L.C....L.......L                            N
O       .        .    .........C.C.#..C..L.C...L.#....L                       O
P       .       .    ....L....L...L..L.CL.......L...L.L                       P
Q   .        ..       .......C.LL......#L.L..L....                            Q
R   .        ..       ..C....L..C...........L.   ..C.                         R
S                     .......C......L...C.L .   ..C.        ..                S
T       C          .C.  .............         ....  .  ..                     T
U           .        .. .............              ...                        U
V    C.             ..                             ...                        V
W  . ...    ...                                 .L.                           W
X  . ...   ...                                   .L.                          X
Y  .       ....                                   .L... .                     Y
Z           ..                                 .L.. .                         Z
AA          ..          L = loaf bread [=white bread] (137)     ... .         AA
AB  ..      ..          C = come in [=calve] (66)               ... ... .      AB
AC  ..                  # = loaf bread + come in                 ... .        AC
AD  ..  L                                                        . . .        AD
AE  ..                                                           .... .       AE
AF  ...                                                           ...          AF
AG                                                                 .           AG
AH                                                                             AH
         1         2         3         4         5         6         7
1234567890123456789012345678901234567890123456789012345678901234567890
```

PIEDMONT 6B

```
1234567890123456789012345678901234567890123456789012345678901234567890
         1         2         3         4         5         6         7
A                                 ....................G......                  A
B         ..G.............G..........T..T...........G.....                     B
C         ..........G........T.G.....                                         C
D         ..G..#..T...G.......G......                                          D
E         .....G.#.G..G......#..#...                                           E
F         .......GGT...#..G..G.T........G..                                    F
G         .G.....#.GG##........T..G.T...G...T.G                               G
H      .      ..    ..........T.........#G..TGG.                              H
I        .        ..#...#G...G.G.##T.G.........#...G.T.GG                      I
J      . G         .      #. .....GG.....G...GGG.#...G.GT#..####....          J
K   . #..        #. .....G...#.#G..G...##TG.#..TGG.G.#....G..                 K
L     ...  G.     ..  .G.T...G.#GG....#.GT.....#..G.G.G#GG.......T            L
M     .              ...G.GTG..G......G..#G....#G##.G..G......#.              M
N       .          .....#..##....T...GT....TTG#G.G..G..G..G.                  N
O       .        #    ..#T.G.##TT.G....G.....#TG.T.GG...G...                  O
P   .        ..       .. G..T..#..G..#.....T#G ... .T.....G...G..#            P
Q   .        ..G.      ....#..G...T.T.GG.......G#...         .G   .G          Q
R   .                 .....GG#T...G.T..#..G#...             .T               R
S                     ...GG.......               ....  .  ....  .T            S
T       .          ...  ...T..#GGT                   ....  . .T   ...          T
U    .G             .    ...#GG..#.#                         .G#              U
V    .T     G..      .                             .. ..  .                  V
W  ..T  G   ..                                      .G. .                    W
X  . ...    G.G                                      .G                       X
Y  .        ....                                   .... . .                   Y
Z  .        .G.                                       ....  .                 Z
AA          .G                                              .#        . G     AA
AB  ..      ..          T = third |-e..| (104)               ... .           AB
AC  ..                  G = girl |L[F/M]./-| (177)           . . . .          AC
AD  ..  G               # = third |-e..| + girl |L[F/M]./-|   ... .           AD
AE  .#                                                       T...             AE
AF  ...                                                      T..              AF
AG                                                       G      G             AG
AH                                                                            AH
         1         2         3         4         5         6         7
1234567890123456789012345678901234567890123456789012345678901234567890
```

PIEDMONT/EASTERN PLAINS/PINEY WOODS 1A

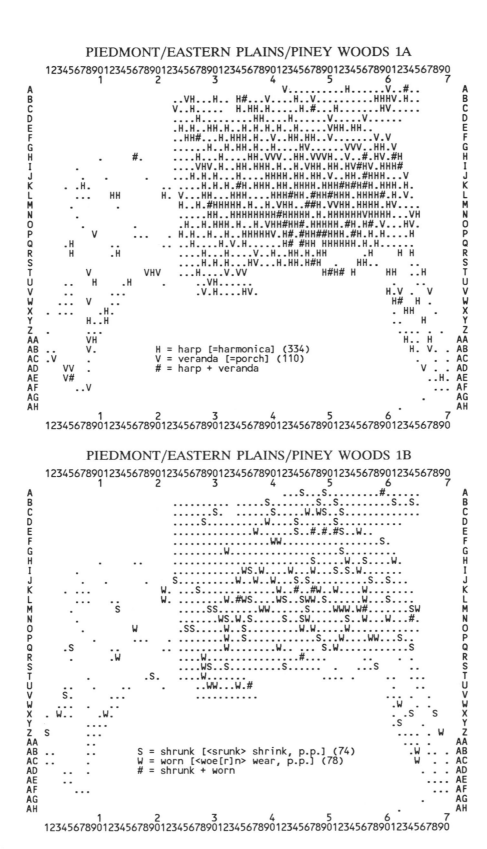

H = harp [=harmonica] (334)
V = veranda [=porch] (110)
# = harp + veranda

PIEDMONT/EASTERN PLAINS/PINEY WOODS 1B

S = shrunk [<srunk> shrink, p.p.] (74)
W = worn [<woe[r]n> wear, p.p.] (78)
# = shrunk + worn

PIEDMONT/EASTERN PLAINS/PINEY WOODS 2A

```
     1234567890123456789012345678901234567890123456789012345678901234567890
              1         2         3         4         5         6         7
A                                      ..S.....C.........SS..              A
B                        .S................SS......S...S#.....            B
C                        ...........C.........S........S.....             C
D                        ..........C..C...C...........   .                D
E                        S...C.C..CS..CS.........C..C..                   E
F                        ...C..C.S.C.CC......C.C.....S...S..              F
G                        ...CC.C....C.C.....C.C.....SS.....               G
H            .        ..  .......S.S.C.CC..........S...S...C              H
I                        .......CCCC...#.SCCC.S...C..#CSS#.#.C.           I
J            .     .      .  ..C....C..CCC...CSCC.C..S#.CS..C.SC.C.CC.     J
K         C..  .C..CC....CCC.#C.CCCCC.C.CCCS.##C..C...                    K
L         ...    ..    C. ..S.C..#..CSC.CCC..CCC#.CSCCC..#CCC.#.#C        L
M         .    .        .C.CC...CC#.C..C...C.CS.C..C#S#.#C...SS.#C        M
N         .              CS.C.C.CC.#..C.CCC.CC.#..CCC.SC.C#......CSS      N
O                 C       ...CCCC#S.C...S.#.CSSC.S..S.S...C..C            O
P            .    ...   .  .C...C.CC...CC.#.C.C...CS..CSCS...CC.SC.       P
Q         ..    .C       .. C.........C..C..C.C .C...C.C.C.#...CC         Q
R         .         .C      C........C....CCC..#C.C.   SS   S .           R
S                        ....C..CC.C.......SC...S  ...C..     C.          S
T          ..  .   .    .C.   ...C....C.C.        CSS. S    .C  C.C       T
U         .. .. .   .C      .   .C.C...C..                .   ..          U
V         .. .    C.. .       ...C.......             ... . C             V
W         ...  C    ..                                C.. . C             W
X         .... CC.                                                        X
Y         ...C                                       C. .                 Y
Z         .       ...                               .CC. . C              Z
AA                                                  CC. #                 AA
AB        ..     ..    S = spring onions [=green onions] (91)  .C .. C    AB
AC        ..    .      C = crocus sack [=gunnysack] (235)      #  C . C   AC
AD        ..   .       # = spring onions + crocus sack          ... . .   AD
AE        ..                                                              AE
AF        ...                                                    ..C      AF
AG                                                                        AG
AH                                                           .            AH
              1         2         3         4         5         6         7
     1234567890123456789012345678901234567890123456789012345678901234567890
```

PIEDMONT/EASTERN PLAINS/PINEY WOODS 2B

```
     1234567890123456789012345678901234567890123456789012345678901234567890
              1         2         3         4         5         6         7
A                                 #W.W.WWWWWW.WW#WW#.WWWW.                 A
B                        WWWS##WWWW WW.W#WS.WW#....W.#WWWWWWW#.WWWW.        B
C                        #WW.W..#.  .##.SW#WW.WWW.#WWWWWW##W..WWWWWW        C
D                        WWW...##WWWW.WWW.W.W.WWWWWWWW.WWWWWWW              D
E                        W#WWWWWWWWWW.WW..SW#WWSW#WS.W.WWWWW               E
F                        .WWWW.WWW.W#W#SW#W#WWWWWWWW.W#.WWW#WW             F
G                        .WW.W.#....W.WWWWWW#W#WWWW.#W#W#W               G
H            W     #W     WW..WWWWWW...W.W#WWW#WW.WWWWSW.WSS.#SW.W        H
I            W            WWW.WWWWW#..WW.WWWWWWS#..WWW###WWW###...        I
J            W   W      W   WW.WWWWS...W.WW..S#WWW#WWWSWW.#WW#WW....     J
K         W WWW           .W WW.W#WW.WWWWW...W.W##WW##.WWWW.WW.WW.      K
L         W...    WW      WS WWW#WW..WWSW#...W##WWWWWWWS#WSWWW.W#WW.    L
M         S       S           WWWW.W.W#WWWW.WWWW#WW#WW.WWWWWW.W#.WW.S.  M
N         W              WW..#WSWWWW.WWW#WWWW#WWW#WS.WW#WWWWWW...      N
O         W       W          .W#WW.W.WWWW.WWWSWWWWWW.W.WWW.SWWWW.WW.-  O
P         W       WW      WWW W ..W....W#WWWW#WW.WW#W#WWWSWWW.WWWWWW.W. P
Q         WW     WW      WW WS.W..W.SW#WW#.#SW.W #WW #.WWW#W.WWWW....  Q
R         W      WS           W.WWW.WW.W.W...WW.W.W.WW    WW   . W      R
S                        .WW#W.WW.WS.WWW..W#W.W##W  .   #WWW    WW      S
T          W             .W.  #.#.W....W.W        .WW# W    WS WWW      T
U         WW    . .#      .    ...WW..W..         #WW W  .               U
V         SW    .  ...           ...W....#..        #WW W  .             V
W         ..S  W  .W                               W#  S W               W
X         W ..W   WWW                              W W# .  #             X
Y              W..W                                .S   #                Y
Z         W       ..W                                 .  ..             Z
AA                #W                                 #W. W               AA
AB        WW     .W    S = shrimp <sr-> (135)              WW .W W       AB
AC        W.     #     W = whip <wh-> (645)               #  # W         AC
AD        W.  W        # = shrimp <sr-> + whip <wh->       .. W          AD
AE        .W                                             .W.W            AE
AF        WWW                                            .S.             AF
AG                                                                       AG
AH                                                        .              AH
              1         2         3         4         5         6         7
     1234567890123456789012345678901234567890123456789012345678901234567890
```

PIEDMONT/EASTERN PLAINS/PINEY WOODS 3A

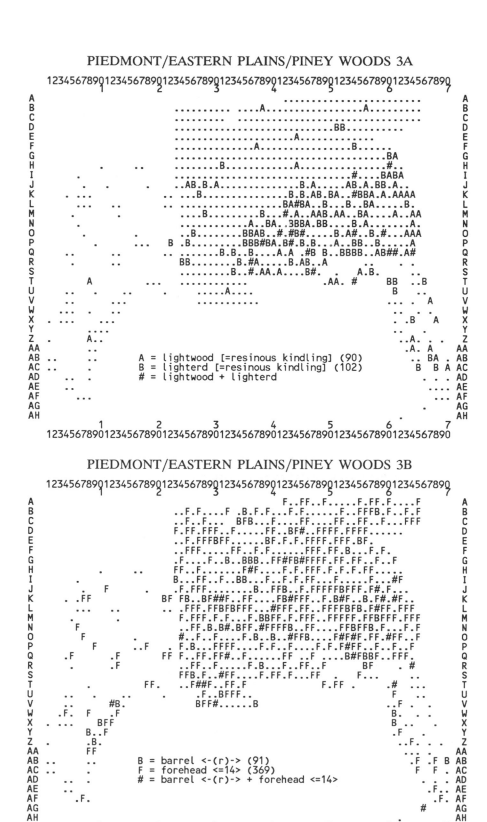

A = lightwood [=resinous kindling] (90)
B = lighterd [=resinous kindling] (102)
# = lightwood + lighterd

PIEDMONT/EASTERN PLAINS/PINEY WOODS 3B

B = barrel <-(r)-> (91)
F = forehead <=14> (369)
# = barrel <-(r)-> + forehead <=14>

PIEDMONT/EASTERN PLAINS/PINEY WOODS 4A

```
     1234567890123456789012345678901234567890123456789012345678901234567890
              1         2         3         4         5         6         7
A                                       ....................               A
B                        .........   ....B...................             B
C                        ..................................C......         C
D                        ...............................                  D
E             ...C...B...........................C...                     E
F             ...........................B...B.                           F
G             ...........................B.B...B...C.BCBB                  G
H        .      *    ..    ...........CB....BB....C.B.                     H
I                          ...BB.B.C.......B....B...B                      I
J       .   *        .     ...B.........#.C...B.B.B....B.B                 J
K         . ...    ..       ....BBB..BBB.C.C...BBCC.                       K
L        ...   ..        .. C....B.B.CB......BBC.BBB..BB....CB.            L
M         .              ....C.C..BCC......C.C..C#B..BB...B....C...B       M
N              .          ....B.......C.#...B.B.B#C.C.B.....BB             N
O          .       ...    ...C..BB....C..CC.C....#B.BB...C.B.B.BBB         O
P             .              .B.......B..BB..BBBBB.C.....                  P
Q       ..        ..     .B ..B.B........C.C.... ... CB.BCB.B......BB      Q
R                  ..        ..C.....C.B..C..B....   .#                .. R
S                          .....B..BC....BB..#.C.#. .  B...C           .  S
T       .          .  B.. ..##CB.....C      BBB# .      ..   ...       T
U     C.                 .   .#..C.....                    C       .   U
V       ..        ..       C....B...B.                     B..         V
W       ..   .    ..                                       ...         W
X     . ...       ...                                      B..    .    X
Y               ....                                                   Y
Z     .           ....                                     .... .  .  AA
AA                ..                                         ...  .. .   AA
AB   .C            ..        C = Confederate War [=Civil War] (66)   .. .C B AB
AC   ..        .            B = bateau [=rowboat] (118)          . .. . AC
AD      ..  .                # = Confederate War + bateau           ... . AD
AE     ..                                                          .... AE
AF      ...                                                         ... AF
AG                                                              .       AG
AH                                                                      AH
              1         2         3         4         5         6         7
     1234567890123456789012345678901234567890123456789012345678901234567890
```

PIEDMONT/EASTERN PLAINS/PINEY WOODS 4B

```
     1234567890123456789012345678901234567890123456789012345678901234567890
              1         2         3         4         5         6         7
A                                    .W.WDDW...WW.W..........              A
B                     .W....WW.. .D.W.....W#W......W....W....             B
C                     .W.WD.W.  ...W...D..WD.....D.W.....W...             C
D                     WW..WW.DW...WW...DD.#D.....D.WW#......              D
E                     W..WDWWW...W...W.#.WW.WWWD.###...                   E
F                     W.W#W...DW...WW...#.W.W.##....D..WW.#.#             F
G                     .W.WW.D.#.W...W...D#D#WW.W.#WW..DWW#.               G
H                     W..WWW..D...D.DDW.W#..W..WWD..WWW#..W#.             H
I                     .W.......WW.W.W#..#WWDD#W#D.WD.#W...                I
J        .    .    ..  ...W...W....#...WW#WDWD#....DD.D#D#D..D...         J
K            W    W    W    #..D.#..W...DD..WWWD.#DD.D#.DWD#WDDD.W##.      K
L        . .W.    ...   .  W. W....W..D.D.DW#DDD.W.W#w#..#DD.W..D..WD.D   L
M        W        ...    ..  WW...W.DD#.DD.D..#D#...#D.W.W#w##...WDD      M
N          W                D..WW.D...###.D.DW.D.DDDDDW.#DDD.D.DD#.W.WW   N
O            .         W      .D..W...#W.WWDDDDDD.DWD.DD.D#...D.W...D.    O
P                  ..W    .  WW....##W.D..DW#...#WDWD#D.#W.D...DD.W.#.    P
Q        .W       .W     W. .W......D.W......WD.# .## D.DDDDDWW......D    Q
R        #         ..         ........W#WWWW....D.W...DD       ##       R
S                            .WD.#W.W....D.WW.WW...#.W    D.D.    DW     S
T        .W        ...       .W..WW..D...              ...W #    W. .WW  T
U         .           .       DW.WW.....                        #  .W   U
V        ..          ...       ..W........                    ..D D     V
W        .WW    .   .W                                        .W D      W
X     . .W.  D..                                              . .# D    X
Y            .W..                                             .W. .      Y
Z            ...                                              .W.. # D   Z
AA           ..                                              DD. .       AA
AB   .W        ..           W = Wednesday <-i-> (272)        WD .D W AB
AC   ..        .            D = dairy <-ai-> (213)           W  . . AC
AD    D.   .                # = Wednesday <-i-> + dairy <-ai->  .. W AD
AE                                                          .W.. AE
AF      ...                                                  ... AF
AG                                                         .      AG
AH                                                              .  AH
              1         2         3         4         5         6         7
     1234567890123456789012345678901234567890123456789012345678901234567890
```

PIEDMONT/EASTERN PLAINS/PINEY WOODS 5A

```
         1234567890123456789012345678901234567890123456789012345678901234567890
                                                      7
                                        .B..B..B................
A                                                                              A
B                              .B..B.....  B...BB.....#..B..B..                 B
C                              ......B..  BB..B.B.....B...#..C..#...C....        C
D                              ...B...C.B..C...B..B...BB........                D
E                              B..BBB.C.C.BC#.BB##B...............B.            E
F                              ...B..#BC#.C....B...........C...C                F
G                    .      ..  ...BB.B#..B...CB......B.CBB..#.BCBBC#C.          G
H                                .....B.#...#.C.BB#CB#C..CC#.CB..#.#...          H
I            .         .      .  .B##B.B#...#BB...B.B.C..#..#C..B..BB...         I
J            .         .      .  B..C#C..B..C.C...BBC.C#.#BBBC.BC#BCB.C..#       J
K         . ...                 .C  .#BBBC.###.#.B...CBC#..#..B.BC#.B..BB.       K
L         ...       B.          .B B.#CB.C.CB#.BBC#B#C..#C.BCB#BB.BB..#...C..    L
M                              #.BCB#B.C.C.BBCC#.CBB.BC.C..##.CB.#..BB....       M
N                              CCBCBC.BB#CB#.CCBC#.B#CCBC#..#.C.CCB#C..#.        N
O                .             C.CB...BC#B#CC#B.B#B##BBB#B.#CBC..##B.....B       O
P                .     C        B..#..#..##CCCC##..B#BBB#.#..BBBCBCCC...C.       P
Q         C.         .B     BBB CB B#B....C#BCC..C.B..# #CC ..C..BB#.B.C...      Q
R         .          CC         .B......CC...C....#B##C..#   .B...             R
S                              ......CC.......BCCB#C.#..#    #B#C     #.        S
T                       ..C    .....#......          C### #      B#  B.C        T
U            ..   .   C.    .     .C...C.C..                 C    #.            U
V            ..     C..B                .........C...        .B. B             V
W            ..    .B                                        B.  B C           W
X         . ...      .C.                                     . BB    B         X
Y                   .#.                                      ..   #            Y
Z                 C..                                        .C.B . .          Z
AA                C.                                         BC. B              AA
AB         ..       ..        C = collards (229)             BB #B C           AB
AC         ..                 B = bream [=sunfish] (277)     . B .             AC
AD         ..   .             # = collards + bream             B               AD
AE         ..                                                .B..             AE
AF         ...                                               ..B              AF
AG                                                                            AG
AH                                                             .              AH
         1         2         3         4         5         6         7
         1234567890123456789012345678901234567890123456789012345678901234567890
```

PIEDMONT/EASTERN PLAINS/PINEY WOODS 5B

```
         1234567890123456789012345678901234567890123456789012345678901234567890
                                                      7
                                        S#..SMS#.S.............S
A                                                                              A
B                              ...#...#..  S#.#M.....S#.#.S##S.......S.M....S    B
C                              ...M..M.  ..##..S.#...#.S##.#..........S.        C
D                              M.........#....#..SMM#...##...#....              D
E                              .....SSSS.M....##S.MS..#.#.S.#M.                E
F                              ...#..S#...#..M.S#S.S#MS#M....#..M.#M#            F
G                    .      .M  .M..SM....S.#M.SMSS#MS#S.M#.#MSS#S###S          G
H                                ....#..S...S.#.####.S..MS#MMSS#S#.M..MS        H
I            .         .      .  .##.S.##S.S##.#..M#..#.#SSS#####.##MMM.        I
J            .         .      .  ...#.#.#....#M..#MMSM.M##S..M#S#SSMS###.M.     J
K         . M..                 #S  .###.#..#.....S#MM####..#MS#.#M###MMM#.     K
L         ...       M.          .. S...MMM.#M#M#..#M##S##M..#.##.##.##..#MSM   L
M          #                   ..#M##.S#..S#SM#.###MS.M.#.S.#.##M#.M##..S     M
N          S            M       M..#.#.MM##.#MM#M#M#M####.MMMS#M####M#.MM#.     N
O                .             S.M...#.M##.M.#.M.#..#######.SM.#M#MM.           O
P                .     M        M......MM..#M.M#..S#M.M#.SMS#.###M.SM#M#MM..     P
Q         .S         ..     .   ...M..##M.#M#...M.S. SS. .M#MM#SMS.S.M..        Q
R          S         ..         ..SS......#.......M#..#S.S    S#.    . M        R
S                              ..MS.M.M...S.S.S....M.#    ..S. S      SS        S
T                       M      S..  S...#S.....          ..S. S     ..  ...     T
U            ..   .   S..    .     ...#......                S    .. .         U
V            ..     S..                ...M.......           ...  #.           V
W            ...   .                                         .#.  . .          W
X         . ...      MM.                                     . ...    S        X
Y                   ...                                      .  ..             Y
Z         .         ...                                      ...S M .          Z
AA                  .                                        .S. . .           AA
AB         ..       .S        M = Mary <-ai-> (322)          ##  . . .         AB
AC         ..        .         S = Sarah <-ai-> (304)        M   .  . .        AC
AD         S.   .             # = Mary <-ai-> + Sarah <-ai->     . . . .       AD
AE         ..                                                    .... .        AE
AF         ...                                               .M. .             AF
AG                                                             .               AG
AH                                                                            AH
         1         2         3         4         5         6         7
         1234567890123456789012345678901234567890123456789012345678901234567890
```

PIEDMONT/EASTERN PLAINS/PINEY WOODS 6A

```
     1234567890123456789012345678901234567890123456789012345678901234567890
              1         2         3         4         5         6         7
A                                            .E.....E.........EE....        A
B                                        .E........  E..E...E............E.   B
C                                 .......E  E.E..E........E.E.....E.          C
D                                 ......E.E..........E...E.EE.....E...        D
E                              .E..E....EE.E.E....EEE........                 E
F                                ...E.E.EE.E........E..E.EE..E...E..          F
G                              ...EEEEE..EEEE...#.....G.#..E....E.EG..        G
H                    .     .   E.       ..EE..E....E..G.EG#..EE...EEE....#    H
I               .         E.      .EG.E..E.EE.EE...EEE....E....EGEGE.EE.E     I
J                    .           .    ...E.G.E.E.E...EEGE..EE#EEEGEG..EEG..#GE  J
K              .  .E.                .E E...E.E...EEEEE...EGEGGE.G.GE#GG..E.G..  K
L                 EE.        EE    EE EEEE.EE.E.E.E.EEEG.##.EG..G.E.#.##.EEEE.#  L
M                    .E        E       .EEGEEE...EE..EEE.GEE.##.G.G.#.EE..E.E##E.  M
N                   .E                E.EEE..EEEE.EEEEEE#E.G#EG.G..#.GE.##G.E..  N
O                        .        E     E.EE....EEE.EEE.EEE#E##GEE#E#.GEE..EE.EEG.E.#E.  O
P                       .E       .EE     E.EE..E..E...EEE..EEE#E#E.GEE.#E.E.#.EE.E  P
Q             EE          .E       EE EEEE..EEEE...EE.EEE.E EEE EE#....EEEE...E.  Q
R             E           E.            EEE....EE...E..E.EEE.G#      EE  E E  R
S                                      .E..EEE.E.E..EEEE..E.EEEE .    E.EE     S
T               .E   E              EE.  E...EE..E.E.           E#.E E    EE  E.E  T
U              .E    E     E    .         EE...E....               E.E E  U
V              ..          .E.                ..........E.              E.E E  E  V
W               ..E    .    EE                                        E. E .   W
X          E EEE           .E.                                     . EE E      X
Y                     EEEE                                           .  E       Y
Z          .          E.E                                         ..E. E .    Z
AA                                                               .E. E        AA
AB         ..        EE         G = ground peas [=peanuts] (73)    E.. E  AB
AC         ..          .         E = earthworm (385)              . E . AC
AD         E.   .                # = ground peas + earthworm       E ... AD
AE         E.                                                    .EE. E  AE
AF          ...                                                  ... E   AF
AG                                                               .      AG
AH                                                                      AH
              1         2         3         4         5         6         7
     1234567890123456789012345678901234567890123456789012345678901234567890
```

PIEDMONT/EASTERN PLAINS/PINEY WOODS 6B

```
     1234567890123456789012345678901234567890123456789012345678901234567890
              1         2         3         4         5         6         7
A                                         ...BB.BB....BBBBBB        A
B                                 B...BB..#. B.BBB...A......B......B.B..B...  B
C                                 B.B.....B  .BABB.B.......B...B.BBB....BB.B.  C
D                                 .BBA.....B....BB#..B.BB..B.AA.....BBB.BB    D
E                               ....#..A#.B...BBBB...B.BB.B...B.                E
F                                ..#.A.A.B..#.B..#.A.........B.BBAA..         F
G                              ...B...#..B...BB.B....#..BB..A..ABB#AB..       G
H                    .     ..   B#....#..BB.BB......B..B..BAA.B.#.B...#       H
I                              ABB#.....#.B#.BA.BBB....A......BB..BA..B       I
J               .         .        .B..B.....BA...B.BBBB#B.B..B..#....#B.BBA  J
K              B   ...             .A ...BBBB...BB...BBBB..#..#.B..#BB##BA..#  K
L                    ...  BB      .. B.ABB.B.BB#BB.BB.AA#.B..AB.#A.#B##B#B...BB  L
M                   .        .       B.BBBB....BA.B.BB#.ABB..BB..B.#.AB....BBB.B  M
N                   .B        B       BBB.BBBBB.BB.BBBBB#A.BB..A.B#BB...B..B..  N
O                    .B       B     A.#.#BBB.BBB.BB..#BBBBB.......B...BB......BBB  O
P                       .        BA.   .BBB.B#..B.B.BBBB.B.BB.BB..A...B..BBB....  P
Q             #.        .   #.    .B #B.B...BBBBB...BB B#B ...BB...B.BB.....  Q
R             .         B.             BB.#B.BB.B.BBBBB.BB.BBB..B      . B  R
S                                      .B#.B#BBBBBB......BBB...  B    ..BB   ..B  S
T               B          .BB     BBB.B..BBB.B        B.BB .     .. ..B    T
U              A#     .    BA     B    .B..BBB...                 B.. B B   U
V              ..     B..                BB.BB..BBBB               B.. B B  V
W              .A.    .   B.                                      BB B B    W
X          .  ..B       .BB                                       B B. B    X
Y               B.B#                                              BB  .     Y
Z          #          ...                                         ... .     Z
AA                    BB                                          BB. B     AA
AB         ..        .A         A = shallots <-el-> (95)          .. .# B  AB
AC         ..          .         B = swamp <aw> (392)            B  # . AC
AD         ..   B                # = shallots <-el-> + swamp <aw>  . . .  AD
AE          .B                                                    .... AE
AF          ..B                                                   ... AF
AG                                                               B      AG
AH                                                               .      AH
              1         2         3         4         5         6         7
     1234567890123456789012345678901234567890123456789012345678901234567890
```

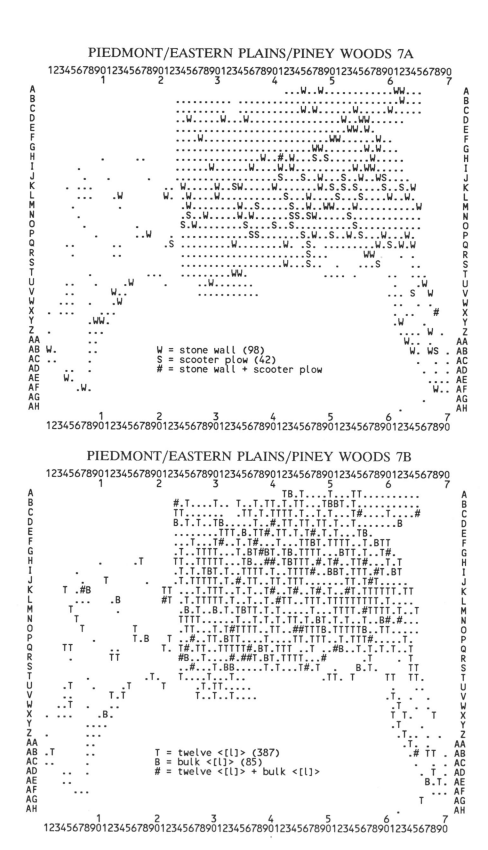

PIEDMONT/EASTERN PLAINS/PINEY WOODS 7A

W = stone wall (98)
S = scooter plow (42)
# = stone wall + scooter plow

PIEDMONT/EASTERN PLAINS/PINEY WOODS 7B

T = twelve <[l]> (387)
B = bulk <[l]> (85)
# = twelve <[l]> + bulk <[l]>

PIEDMONT/EASTERN PLAINS/PINEY WOODS 8A

```
1234567890123456789012345678901234567890123456789012345678901234567890
         1         2         3         4         5         6         7
A                                    .S..S..S.S....SE....S...                    A
B                            ....S....SS...E.E...E....S.....S......SS            B
C                          S....S...........#....ESS....#.....S.S.              C
D                          .....SS..SE........S...EE...S....S...               D
E                          .....S......S........S.S.......                      E
F                          ...S..............S.........S......S.SS             F
G                          .S.................S...E...S.S...S.....E..           G
H          .           ..  .............S.E.S....SE....S.S..#                   H
I        .                  S...........ES..EE...S...E....SS.E....              I
J                           .E.S...S.....S.....E....S......E..S.S..E            J
K       . ...  .        ..  ...S...S...SE#..S...#..EESS...S....SS.             K
L       ...   .S        ..  ...S.....S....E...E..S.E.S..#..SS#.S...            L
M                          .....S.......S....EES.S##...SES#EE..S...S           M
N          .               ..SE....S....ES..S.SS#S##....EEE....SS..S.          N
O          .               S.S...S...E.S..SS#S##....EEE....SS..S.             O
P              .S.        .....SS...S.E.S..S..#.EESE.ESS.E..S.S...            P
Q       ..      SS      S.  ......S......S.#......S.....SE#EE.......S.S        Q
R       .       SE          S.....S..S.#.....S.....        .      .S          R
S                          .S...S...S.S....SS.SS.     .SSS        S.           S
T        S             ..S  .....S......           ..SS .  SS   ..S           T
U        ..   .    ..   .    .S.......S          S.S S S                      U
V      .S. S   S.                                  S.   S .                   V
W      . ...   ..                                  S. .S .                    W
X                 S..S                             SS       .                 X
Y       .      ...                                           .... . .         Y
Z     .        ...                                           .S.   .          Z
AA             S.                                            .  S. . .B        AA
AB    ..      ..          S = settee [=sofa] (194)            . S E           AC
AC                        E = egg bread [=corn bread] (72)      .  . AD       AD
AD     .      . .         # = settee + egg bread                 . . S        AE
AE    ..                                                       S.S            AF
AF    ...                                                      S   AG         AG
AG                                                           .                AH
AH                                                                            
1234567890123456789012345678901234567890123456789012345678901234567890
         1         2         3         4         5         6         7
```

PIEDMONT/EASTERN PLAINS/PINEY WOODS 8B

```
1234567890123456789012345678901234567890123456789012345678901234567890
         1         2         3         4         5         6         7
A                                    .#....S..P.S....P.S.                      A
B                            .....PP.#. P...PP.....P.S..P.#....SS...P..#        B
C                          ..S....P...........P..PS...P.PS.#PP.....#.#P         C
D                          .#.PPP....#.S..............SS.P..P...P             D
E                          .P.S.#P.SS.#.........S..PP..S..S..                 E
F                          PP...PS...S.P.........PS.....PS..S....P            F
G                          ....P............S....SS.S..P.#...S               G
H          P           ..  .P...S..S.SPP.SS.PS.SP..PSS...SP.P..              H
I        .                  .PP...PP....S.SP....S.S#...PP.S..SSS             I
J                  .        S.....P.S..P.....PS..S.#SS.P#S.SP....S.S          J
K       . S..              ..     ....S..#.S.S..P...PSP.S.....S.S            K
L       .S.    ..          ...........S.S....SS.P.P.PP..SP...S..             L
M          P               #SS...P.......S.SS.S..SP.....S..SS...PPS.         M
N          S               S..S.SS.#SS.P..SP#P.SP..P....SS...PS#.SS.P        N
O       #               .S. #S.S...S..SP.P#...P#..S.P....SSP.#S..#SSPS       O
P      .P    #.           S.......#.PS.SS.#P.S.SP.........SPPP..S           P
Q      .P    #.     .S#  ..SS...#...S..P....S P.S .P.P..PS#..P.SS.          Q
R       .         ..        P..S..S..SP.S#..P.....  P..S   S .             R
S                          #.S.P#..S..S..#PP..#..P..  .  P..S              S
T        P             ..S  .PSS....P..            .... .     ..  .PS       T
U        .S  .     S.   .    .P.SSS....                       P.  #         U
V      ..      .SS                                         S.  P .          V
W      ...  .  . S.                                        P..P .           W
X      P ...    .S                                         P.    .          X
Y                 ....                                          . .          Y
Z     S        S..                                          .PS.   S         Z
AA                                                          .#. S           AA
AB    ..      S.          P = pretty <-ur-> (162)            ...  .S S       AB
AC    ..      .           S = shrimp <{sh}> [alveolar] (202)   . . . AC      AC
AD     P.     .           # = pretty <-ur-> + shrimp <{sh}>      . . . AD    AD
AE          ..                                                .P.. AE        AE
AF        P.P                                                   ..# AF        AF
AG                                                           .                AH
AH                                                                            
1234567890123456789012345678901234567890123456789012345678901234567890
         1         2         3         4         5         6         7
```

PIEDMONT/EASTERN PLAINS/PINEY WOODS 9A

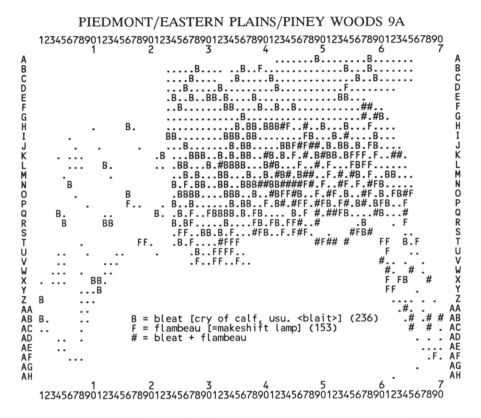

PIEDMONT/EASTERN PLAINS/PINEY WOODS 9B

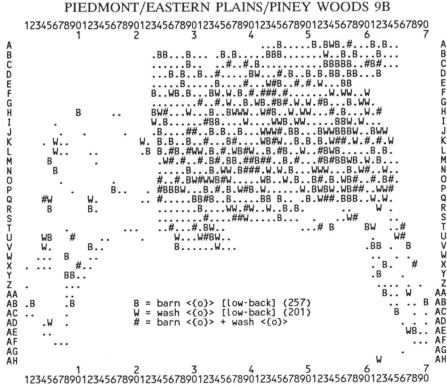

PIEDMONT/EASTERN PLAINS/PINEY WOODS 10A

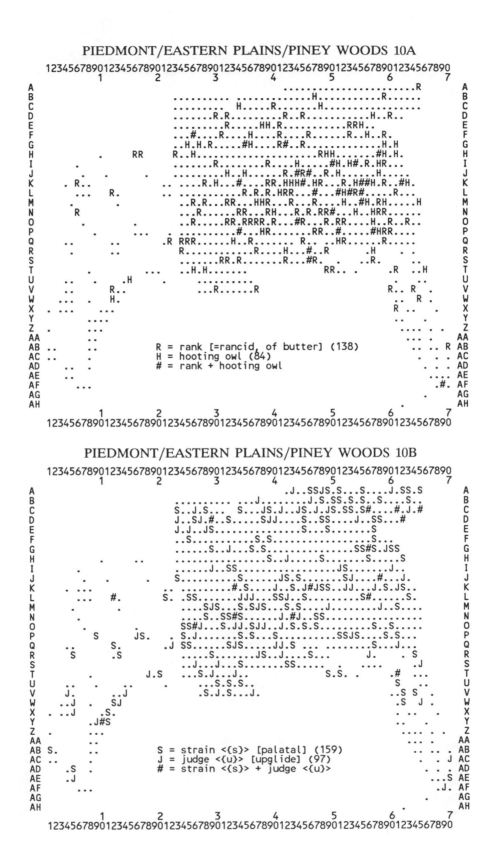

R = rank [=rancid, of butter] (138)
H = hooting owl (84)
# = rank + hooting owl

PIEDMONT/EASTERN PLAINS/PINEY WOODS 10B

S = strain <{s}> [palatal] (159)
J = judge <{u}> [upglide] (97)
# = strain <{s}> + judge <{u}>

PIEDMONT/EASTERN PLAINS 1A

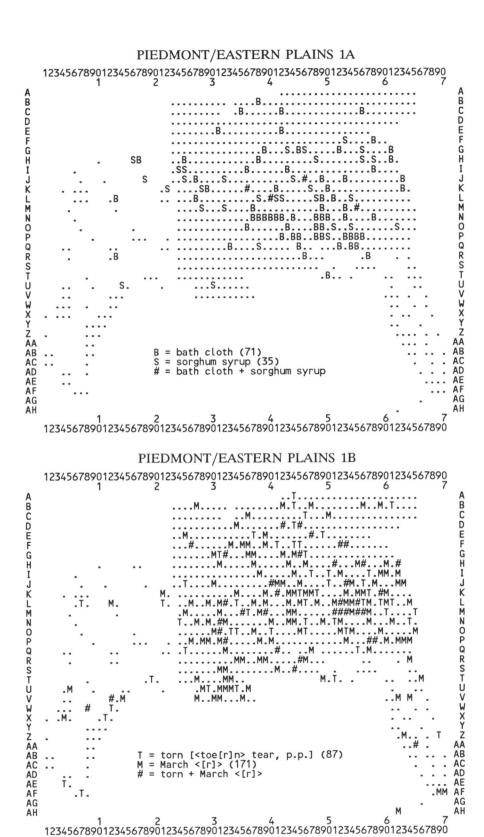

B = bath cloth (71)
S = sorghum syrup (35)
# = bath cloth + sorghum syrup

PIEDMONT/EASTERN PLAINS 1B

T = torn [<toe[r]n> tear, p.p.] (87)
M = March <[r]> (171)
# = torn + March <[r]>

PIEDMONT/EASTERN PLAINS 2A

```
          1234567890123456789012345678901234567890123456789012345678901234567890
                   1         2         3         4         5         6         7
A                                                ................L.LL..L.            A
B                                    ..........          .L.................L.        B
C                                    ..........                          .LL.         C
D                                    ...........                    .L..              D
E                                    ...........                   .L...              E
F                                    ............                  .L...L..           F
G                                    ............                  .L...              G
H              .        ..           ............                 .L.                 H
I        .          .                ............                .SS...               I
J        .      .        .           ............               .L.......             J
K      . .L..                  ..   .S.........   .L......   .L.L........             K
L    L..      ..      ..          ............  LS.L.#S........               L
M      .        .                 .........L.#..SS.....L.##........           M
N      .    .                     ............S.........L.........            N
O                                 ............            .L.........         O
P        .       ..     .         ............S.........L.........            P
Q      ..      ..       ..        ............        .L.........            Q
R        .       ..               ............                .. ...        R
S                                 ..............          .... ..            S
T      .           ...            ...........       .... .  .. ...          T
U      ..     .      ..            .........                .. .            U
V      ..    .       ...                                    ... .            V
W      ...    .      ...                                    ... .            W
X    . ...       ...                                        .. .             X
Y            ....                                           .. .             Y
Z    .       ...                                            ..... .          Z
AA                                                          ... ..           AA
AB    ..      ..          L = lamp oil [=kerosene] (31)     .. .. ..         AB
AC    ..       .          S = stove room [=kitchen] (13)    .  . .           AC
AD    ..     .            # = lamp oil + stove room            . . . .       AD
AE    ..                                                       .... .        AE
AF      ...                                                              AF
AG                                                             .           AG
AH                                                          .              AH
                   1         2         3         4         5         6         7
          1234567890123456789012345678901234567890123456789012345678901234567890
```

PIEDMONT/EASTERN PLAINS 2B

```
          1234567890123456789012345678901234567890123456789012345678901234567890
                   1         2         3         4         5         6         7
A                                        ....CEE..E.E....E.....               A
B                          ..E.#.....    ............E.C...EE#..........       B
C                          ........E  C.CC..E.C...C...C.E.....EC....EE         C
D                          .E.EE..CEE.C.E.CC...CC#......E.....E....            D
E                          E.C...EC.C..CE.C#..E....E.E..E.C.E                 E
F                          ...CE.C...C..C..C...E.CE.EE..C.....                F
G                          ..EE....CCC.CCC....C.CC..EEE.E..E..E..C            G
H                          .#EE.E.......C#.E..EE...C.E#.CC..EE.#              H
I              E           C.E.......##E.C..E#.CE..E..EE.CC.#EC..            I
J                   .      ....CC.....C.CC.C.CCCCC.E.EEE#..#..ECCCC...C        J
K        . ..E             C. .C..CE.CCC.C.CCCECCCCC#C#C.#C..CCCCCC....        K
L        ..C       ..      ..  ...#....C.CC.C.CEC.CCCCCCC.#CCCCC#C#C...        L
M        .          E      EE.CEE.CCCCE#..CC...C#EEC.#C.C#C.C#.CE.E...CC       M
N        .                 C.#C.#.C.EC...C.C..CC.CE...C.CCCC###....C          N
O                   C      C.....CCC.C.....C..C.CC.C...CCEE..C.....C#C        O
P              #         ..E  C .C..C.CC.CC.....CCC.##.ECC......C...CC.CE#..   P
Q      .E         ..       .E  .....CCEC.......C.#....CE.C.C.#.....C          Q
R      .         CC              ....CC..C......E.#.C...#C.C.  EE   .C      .  R
S                           EE..C.CC..C.C.C#C##C..C.E...  C  .C.E   ..        S
T        E.     .    EC    ...   ...CC.CCC..C           C.C. .  .C  ..C      T
U        .C       C.C       .    CC.CCCC..C                        .  ..     U
V        .EC      .   .E         C...CC....C                  .C#  .         V
W      . ...        CC.                                       C..            W
X              #E.#                                           C. .           X
Y      E        .CE                                          .CC.  . .       Y
Z                 .C                                          .E. C          Z
AA      ..       ..          C = chair <[r]> (291)            ...C C         AA
AB      .C        .          E = ewe <yew> (153)             .   . . .       AB
AC      C.        .          # = chair <[r]> + ewe <yew>        . . .        AC
AD      EC                                                      ....         AD
AE        ...                                                   C.C          AE
AF                                                              C            AF
AG                                                          C                AG
AH                   1         2         3         4         5         6         7  AH
          1234567890123456789012345678901234567890123456789012345678901234567890
```

PIEDMONT/EASTERN PLAINS 3A

P = poison ivory [=poison ivy] (52)
B = boiling meat [=fat bacon] (34)
# = poison ivory + boiling meat

PIEDMONT/EASTERN PLAINS 3B

E = eggs <e> [unmarked] (294)
F = furniture <fu[r]-> (206)
# = eggs <e> + furniture <fu[r]->

PIEDMONT/EASTERN PLAINS 4A

```
        1234567890123456789012345678901234567890123456789012345678901234567890
                 1         2         3         4         5         6         7
A                                              R.....RR..............R          A
B                              .....R....  .........R.........C....R.R.         B
C                              R...R...  ...RR.R..........#..R.....R....        C
D                              R....R....  ...R....RR.R...RCR.....          D
E                              ....RR....R.R.R....R..RR.R...            E
F                              ...R...R...CR....R.R......R.         F
G                              ..........R......C.R.CRR...R.R...R.R         G
H                      .       ..       .....R.R....RR....R...C.R..CC       H
I                    .    .        .....R..R.RRRR.RC..RR..CRCRC...           I
J                    .   R     R   ....RR...RC...RR#....CR.RR#R.RC.R.R....C   J
K                .  . ...          C.........R....R.RC...CR..R..R..R....R...  K
L              C...  ..        RR          .C.......R.C..R.R.R.R.R...        L
M                    .  .           .R.........R.........#C...RRCR..R.....R.  M
N                .                  ....RC........C..C.R..R...R....R...       N
O                    .  .           .........R.C..RRC....R..RR..C.C.          O
P                    . ...          ...RR...R..RR.R.R....R.RR..R.R..#.        P
Q            .R      RR    R.        .......R.C.R...R.. ...C..R....R...       Q
R            .       .R               ..........RR...R..  .  ..   .          R
S                                     .R.........C.R..RR. .   .. .           S
T              C          ...         ..........R       ..RR .   .. ...      T
U                                     .......R..                ..  ..       U
V          R. .   R...         .......R..                    .  ..           V
W          ... .   ..                                       .R   . .         W
X        . ...   ...                                         . .. .          X
Y                ....                                        .. . .           Y
Z        .        ...                                       ..R. R .         Z
AA      ..        ..                                        .. .             AA
AB      ..       .R      C = countryman [=rustic] (40)      R. R. .          AB
AC      ..       R       R = reared [=brought up/raised] (162)  . . R        AC
AD      ..  .            # = countryman + reared               ...           AD
AE      ..                                                     ....           AE
AF      ...                                                    ...           AF
AG                                                             .             AG
AH                                                           .                AH
                 1         2         3         4         5         6         7
        1234567890123456789012345678901234567890123456789012345678901234567890
```

PIEDMONT/EASTERN PLAINS 4B

```
        1234567890123456789012345678901234567890123456789012345678901234567890
                 1         2         3         4         5         6         7
A                              H...................................          A
B                              ....H#.... HBHB..H..HB.B..H.......B....        B
C                              ......... H......HBH..B...........B.B         C
D                              ..B.B..H.......B..H....H..........           D
E                              ..H..B..#HH...HH...H...BB.H.......H           E
F                              H....B....B........H....H..H.B....           F
G                              ...H........H.H......#HB..BB....            G
H                      .   H.   .....H.......B........B......H..HB.B         H
I                    .    .        .....H....B........H.B.....H.H.B.B.BB...   I
J                    . .H .    .   H.H...B........H.H........H.H.            J
K              .  ..H            .H .H.HH.H.BH....BH.......B..B...B..         K
L              .H. H.        .#        .H.H.B...H..HH..BH.B.B..H....HHBB...... L
M                .              H..HHH...H.....H....H..........H..........    M
N                    .          H.B..H......H....B..........H............     N
O                    .          ......H......B.H................            O
P              .   B..  H       ......B...H.H.H...B...B.....B.........      P
Q            ..    ..            .. ..H.B...B.B.....B. .B H.B............    Q
R            .       .H          ..........H.H.....................        R
S                                ....BBHB...........B..H . .H.. .B          S
T              .        .H. B..........       .BH. . .. .H..               T
U                    .         .BH......H        H       ... ..             U
V          B.    .HB       .........B.                  ... . .            V
W          ... .   ..                                   .. . .              W
X        . H.B   ...                                   H .. H              X
Y                ....                                   .... .              Y
Z        .        ...                                   .... . .            Z
AA                H.                                    ... .               AA
AB      ..        B.      H = hand(s) <{a}> [upglide] (104)  ... .. .       AB
AC      ..        .       B = brush <{u}> [upglide] (73)     . . .          AC
AD      ..  .             # = hand(s) <{a}> + brush <{u}>       ....          AD
AE      H.                                                     ....           AE
AF        .H.                                                  ...           AF
AG                                                             .             AG
AH                                                           .                AH
                 1         2         3         4         5         6         7
        1234567890123456789012345678901234567890123456789012345678901234567890
```

PIEDMONT/EASTERN PLAINS 5A

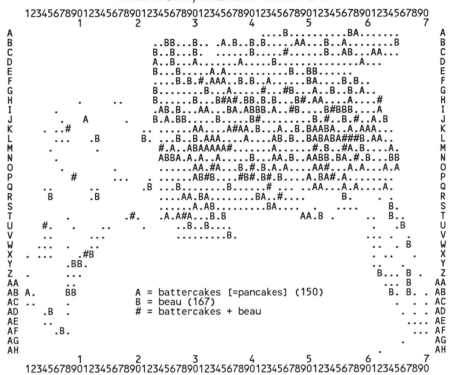

PIEDMONT/EASTERN PLAINS 5B

PIEDMONT/NASHVILLE BASIN/MISSISSIPPI PLAINS 1A

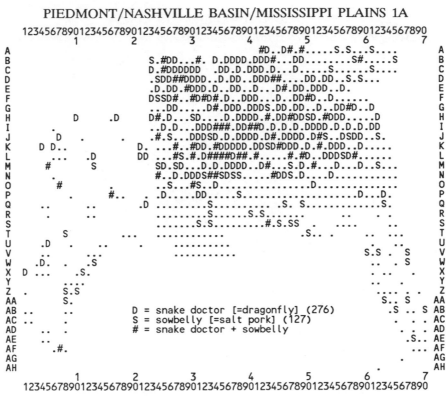

D = snake doctor [=dragonfly] (276)
S = sowbelly [=salt pork] (127)
# = snake doctor + sowbelly

PIEDMONT/NASHVILLE BASIN/MISSISSIPPI PLAINS 1B

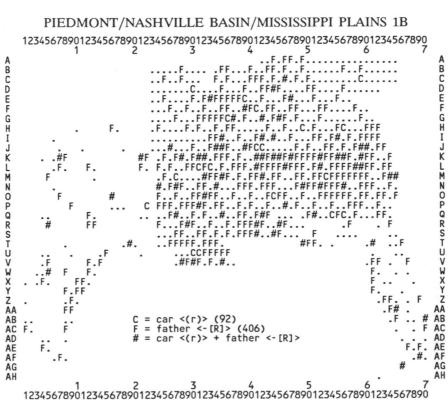

C = car <(r)> (92)
F = father <-[R]> (406)
# = car <(r)> + father <-[R]>

PIEDMONT/NASHVILLE BASIN/MISSISSIPPI PLAINS 2A

```
    1234567890123456789012345678901234567890123456789012345678901234567890
             1         2         3         4         5         6         7
A                                         ..........S...S..S.SS...           A
B                     ....#....  ....S...CS..SCCC...S......S.CS              B
C                     ..CC.C..  .C..C...S..SS...C...S.#S..S...S.S           C
D                      ..C......S..CS..C...C..S.S..SSS                      D
E                      ..C............C.SCCS..S...SSS.                      E
F                     C..........S..#....S.........S.C.                     F
G                     .C...S.S...SC..C....C....C.SCS....                    G
H          .      CC   C....S....C....CC....C.S...S.S...                    H
I               .          ..CC....S......S...S....CS.SS....                I
J                          .C......S..#.....C.SCS                           J
K          . S..    .         .S...C.S......C.C....#....S...S.              K
L          . ...  ..       .. .S.S...S.SC...S.....S.CC.S....                L
M          .        .      .S..S...S..CCS.#..S.C.C..S.....S....             M
N          .C                ...#.C..S..S.SC....C.S..S...S....              N
O          .        C        .CS.C.S........S......CS......                 O
P          .        . ...         .S...CS.....S....C..S.....                P
Q          .      ..       .      .....S.......C.....C.S...                 Q
R          .      ..       .   S.........S....C....... ..    . S            R
S                         ...   ...S.C....S....S...  ..   .S   .            S
T          .      C       ...      ..........S...     s  .S    .S.         T
U          .. .          .S..   .   CSS.#.....         S..    .S.          U
V          ..   .   .S.            ..S.....S.C          S..                V
W          S.. .  . S.                                  S. C.              W
X          . ...  . ...                                 . C.               X
Y       .             ....                              .S. .              Y
Z       .                                               .S.   . .          Z
AA                   ..                                 ... .               AA
AB    ..             ..                                 .. .. . AB          AB
AC  ..                        C = clabber milk [=curdled milk] (76)  . .    AC
AD    ..    .                 S = spoiled/t [=rancid, of butter] (118) . . AD
AE    ..                      # = clabber milk + spoiled/t          ...S    AE
AF       .SS                                                        .#.     AF
AG                                                                   .      AG
AH                                                                          AH
             1         2         3         4         5         6         7
    1234567890123456789012345678901234567890123456789012345678901234567890
```

PIEDMONT/NASHVILLE BASIN/MISSISSIPPI PLAINS 2B

```
    1234567890123456789012345678901234567890123456789012345678901234567890
             1         2         3         4         5         6         7
A                                         .....C........M.M...M...           A
B                     ....C.....   .M.........CM.....M.                      B
C                     ..........  .M....#...C..M#...........M...             C
D                     ........#......MC#..M.MM.......M..M                    D
E                     ..C....M.C..C..C........MM.......                      E
F                     ..C..M....M.C..M#.M.....                               F
G                     ..M..M.CCC....C...M.M.......M..M...C                   G
H          .      ..   .C........MC....#.....C....                          H
I               .          C.....MC..C..#............                       I
J          M            .  ..C........CC....M...CM.#M..C..M...              J
K          . ...          .M.......CMCC..C.M....#C#M.#.M.C#C....             K
L          ..C  MM        .. ....M...C.M.....CC.C..MM##....CM.C...          L
M          .        .         ....C.C..C...MM...MC..CCMMMC....             M
N          .                  ...M.M..MM.....M.M.C....C..C.....            N
O            .   #        . ...  C .CM.C.M.....M....C....#.......C.          O
P          .        . ...     .M ...C...M....CC...........C...              P
Q          ..      ..         .M...C.....M....C.C...........C...            Q
R          M        .C        ....CC.........C.C..C....    ..   . M         R
S                         ...     ............C.....     ..C. .    ..       S
T          .              ...      ......C.....                  ..  .      T
U          .M           .. ..    .  CC....C...                  ..C .       U
V          .C              ...      .....C....C                 ..C .       V
W          . ...  . .                                           . .. .      W
X       .   ...                                                 ... .       X
Y            C..C                                               ..C. ..     Y
Z            .                                                  ..C. ..     Z
AA           ...                                               ... .        AA
AB    ..     .C               C = chair <a[r]> (105)           .. .C .      AB
AC  .C              ..        M = Matthew <-(y)-> (85)             . .C    AC
AD    ..    .                 # = chair <a[r]> + Matthew <-(y)->    . . .   AD
AE    .C                                                          C..       AE
AF       ...                                                              AF
AG                                                                   .      AG
AH                                                                          AH
             1         2         3         4         5         6         7
    1234567890123456789012345678901234567890123456789012345678901234567890
```

PIEDMONT/NASHVILLE BASIN/MISSISSIPPI PLAINS 3A

```
     1234567890123456789012345678901234567890123456789012345678901234567890
              1         2         3         4         5         6         7
A                                        A#.AAAA#....AB...A..AA.A                A
B                            BAB..B..B. AA.AB#..B..B..#....A...AAAA.A            B
C                            BA..A..B.  AB..BB#.A...B.AAA.#..B..AAA.....         C
D                            ABA.BB..AB..#B..B..BAAB...BAAAABAA.AA.A.            D
E                            BB.......B..AAA.BA#.A.BB.AA.BAAB..A                 E
F                            ...AB.A...AAAB..#A#..A..A..A..B..BBA.               F
G                            .#AAAA.......BAAA.AA.A.#B.A.B.BA.B#..B              G
H                 A     .A   ....AA..B.B.###.A.BA....#A.#.A......AA              H
I                 .          .B.#.#AB..BAA..B.A.....AA..BABA.....               I
J            B    .     B    A.....B#..B..AAAB.B.AAA.AA#.AAA..#..A               J
K       . A##               AA ....A...AAA....A..A.A.ABA.AA.A#....              K
L       A..  A.     A.      AA ..A......#A..BBA.....#A..B.AABBAAAAA...A.         L
M       .         A         A.B..A.BBAA.AA.#.A..AAA...A..A.#......A.            M
N          B                ..A...A...A..A.ABAA...AA.......AAA.B....            N
O          .       A    AAA  BA.B..A..A.A.A.A.AA.AAB...AAB...A.A......          O
P            .                ...A.B.B.AA...A.A..AA..A.A.A.A.A...              P
Q       BB      .B           A. AA.....AB...A.AA..A. .B..B...B..B.....          Q
R       .         ..                ..A...A.....#.......A.....A.              R
S                                   ...BB...AA..A..A.A .....                   S
T         .       AA.    A...A....#AA       .##B A       .. ...               T
U       #.      ..A      .    B......#.A                 .. ..                U
V        .B            ...                              ..                    V
W       ...   B    .A        ..........                A#  . A                W
X       ..B        ...                                 . AA  .                X
Y                  B.AA                                 .A  .  .              Y
Z    #            A.A                                   A.A. A .              Z
AA                ..                                    AA. .  .              AA
AB  AB            ..        A = sauce [=sweet topping] (283)    B. #A A       AB
AC  ..            .         B = sorghum [=molasses] (135)       A   . .       AC
AD    A.  A                 # = sauce + sorghum                     . . .     AD
AE  A.                                                              ....      AE
AF      .AA                                                    .AA            AF
AG                                                            .               AG
AH                                                            .               AH
              1         2         3         4         5         6         7
     1234567890123456789012345678901234567890123456789012345678901234567890
```

PIEDMONT/NASHVILLE BASIN/MISSISSIPPI PLAINS 3B

```
     1234567890123456789012345678901234567890123456789012345678901234567890
              1         2         3         4         5         6         7
A                                        BBS.S..#.#..BSSS..B.#.SS              A
B                            BBB.#BBSB. B#.BBSB...BS..#.S.#SS..#.....           B
C                            BS...B...  ....B..BS...#..#.BBSSB.....S.SSB        C
D                            BB.#.#B..#B.....S.........S.##S.S.S.SBSS#          D
E                            B..BBBB.....B.S.SB#.B.B.SBB.B.B.BSB               E
F                            ..#.S.#BB..B#BB.B#BB.S..#.SBB.S...##.S            F
G                            ..B..BS...BSBBSS.B#BB..#S##S.B.#B..#S.BB          G
H                 B     BB   .S..BB......BBSSB#S.#..SBSSSBS.......#            H
I                 .          ..B#.S..BB.BB#B.SSS#...BS..S#..#.SBS#B.           I
J            .          .    ...BB......B....SS...BSB.SS.S#..SS.#B.BBB         J
K       . ..#               .B ...B..S#...#...#..SBB#BSB#.B#S..BBBS.          K
L       S..   BB            .. B.S.B.S.B.BB#S#BS.##.S..SB##B...B.SBSB...      L
M       .       B           B.B.S#..BB....B#BBBBB.S....B#BSSBB.S.SB...        M
N       S                   #.S.BSB.S#BB...B#BS...B#BB.S#S.B...B            N
O       .          B        S#.##B.B.B#B..BB.B##BS.B.S...#BS.S......         O
P            B     B##       S.......BB#....S.SS..#..BS.....#...S...         P
Q       #B       .#         .# #...#..B.SB.....#..S#....#.SS..S......        Q
R       .         .B         #BBS....B.S...B..S......S...  S.S.             R
S                            ..B...B..B..S.S...S..BSB.  .  S.S.             S
T                 B.#    BS..SS...#..       ..S. S       .. ...            T
U       S.      .   B.       .    .....S.S..                S               U
V        ..           B..                                  ... S            V
W       .S.   .   .B         ..........                   S.. .            W
X       . B..      .B.                                    ..S  S           X
Y            .B.S                                                          Y
Z    #       B.B                                          .... B           Z
AA           ..                                           BS. B            AA
AB  .S       .B             S = student <-ew-> (234)      B. .. .         AB
AC  S.       .              B = bulk <oo> (275)              . S . .       AC
AD  ..    B                 # = student <-ew-> + bulk <oo>      . .  S     AD
AE                                                              ...S       AE
AF      ...                                                     ...        AF
AG                                                            .            AG
AH                                                            .            AH
              1         2         3         4         5         6         7
     1234567890123456789012345678901234567890123456789012345678901234567890
```

PIEDMONT/NASHVILLE BASIN/MISSISSIPPI PLAINS 4A

```
   12345678901234567890123456789012345678901234567890123456789012345678901234567890
            1         2         3         4         5         6         7
A                                             CC..CC##....PC.P#P#CCC..                        A
B                                .PP..C.P.P #.C#..C..P.#C.CCC.C.P.C.CPC.CP..               B
C                                ...PP....  C.C#P.C.C.#PPPC#...P.C..P.P.C..C               C
D                                PP#P.C#CP...#..CC.CCCCCPP.PP.P..#P..P..C                   D
E                                P..PCCPCC#.PCPP..P##C#...C#PC...CP..                       E
F                                ..P##.C#CC.P....#.C.C.C#CPPPPC...P..                       F
G                                .#.CC.....CPCC.P.CP#CCC##.CP..C...P.C..                    G
H            .        .C          .#.PPP..CP.##.CPC.PC..CP#C..PP.P.#...#C                   H
I                                 .PCPP....C#.#.#.CP#.C#P.#.C...C#C#CC...                   I
J        .              P         P..CC#..PC...C..CP.C..CC###.CPP.P#PCCC..P                 J
K     . CP.                       C. P..P.P....#PC.#CP#.P#CPP#.PCPCCCC#.C..CC.              K
L        PP.    .P                .. .PCP..P.PC.CCCCC.C.C.PC###CCCC##PP.CPP.                L
M     .         P                 PP..CP#...PP.CCC.PC.#.P..CPP##.CC..P..CPCP               M
N        .  P                      C.PC...CCPCP#CCCC.PC.CCPP.C...CC..CCP...PP              N
O        .  P             C        .C.......CCC.CC.CP#..PPPCC.CC.CP.#P...#...              O
P           P        .CP           C......C.PC....C.#P..CC....PCP.C...C.P.P               P
Q     PP      .#          PC       ...P....#.C#PP.P..P C.C C.C.....CPP.P...               Q
R     .           PP              CCC......C...#..P.C..PC..C        P#    .  .             R
S                                 PP.............CPP..P...#P    C.CC    .  P.              S
T         .         P.#           .....P..PPP        CC#P # .    CC   ..P                  T
U       P.       P      P.        .....PP..P          .     C    ..                       U
V       P..                         .P.......P.                  .P C  C                   V
W       .P.    .       PP                                       CP . P                     W
X     P .PP        ...                                          C .P  C                    X
Y     .          PPPP                                           .P  #                      Y
Z     .          P..                                            PC.. P P                   Z
AA                .. :                                           P.. P                     AA
AB   P.           PP              P = (cherry) pit (290)         P. P#  .                   AB
AC   .C          .                C = candle fly [=moth] (284)    P  C P                   AC
AD      ..    .                   # = (cherry) pit + candle fly  P . P                     AD
AE   P.                                                          .PP. .                    AE
AF      .P.                                                       .P. .                     AF
AG                                                                  .                      AG
AH                                                              P                          AH
            1         2         3         4         5         6         7
   12345678901234567890123456789012345678901234567890123456789012345678901234567890
```

PIEDMONT/NASHVILLE BASIN/MISSISSIPPI PLAINS 4B

```
   12345678901234567890123456789012345678901234567890123456789012345678901234567890
            1         2         3         4         5         6         7
A                                          .TWT.WT...W.TW#.W....W.#                        A
B                                WT....T.W. TWW#TT...W#T##WWW.WW.....W...W.                 B
C                                W.#W#WWWW  WW#.#..W..WWT.WW.#..WT.W....W..W                C
D                                .WWW##WWTWT..TW.TW..W#WTWWW.TTTWT.WWWWWW                   D
E                                #..#.WTWWT..TT...WTT#WT#W.TW.TWW.T                         E
F                                ..T#T...W.W#.WTW#TW#.T.#T...W.WTWW                         F
G                                .WTTW##W.TW#W.WTTTW#W.#TTTWT.TTW...W##.                    G
H            .        W.          #T...TT.#T..#WWTT#.TT..TWTTTW..TW...W.TW                  H
I                                 WW.#..TWW#.W#TWTW##T.#T...#W...##T#.W..W                  I
J        .  T          T          .W.#.TTW...TWWT#WTTW#W#.....#W..TWWWWWW                   J
K     . WWW                       #. .T.WW.#W.......WT#WW###W.#TWW#.##T.##.T.T              K
L     ...   #.                    .. T...W#.T.#T#W###.W.T..WW##T##..WT....w...             L
M     W.        .                 T.#W#W#.W.W.W#.W#.TW##.T#.WT.#TTWT.W......W.             M
N        .                        WW#W.WWWW.WT.W...T.TWWTT...T.T#T#WT.W##...#.            N
O             #                   .WWWT.WW..##WT#T.WWW#WTWT.#WWWWT...T..TT..WWW            O
P        .  W         W.T          WW#...#W.WWT...#...WTTW#T..WW.W..W#TW..T#W             P
Q     .W      .T          TW W.WW..W..W.#T.W.TT.W WT# WW#WWTTW.WW.T..W                     Q
R     W           ..              WW.WWWW.TTT.#.W.TW#.W.WW.T..      T.    .  W             R
S                                 .WWTT#W.WW..W#W.TWWTW#.T T  T ...WW   .  .#              S
T         W          .WW          #.T.TT.....W.         W... #    WW  T##                  T
U       .#       .      WW        .TTWW.W..W            #     W    WT                      U
V       ..      WT.                WW..#W.TWWW.              W.#  W  W                      V
W       .#.    .       WT                                     W. . .                      W
X     W .TW       W#W                                         W WT   W                     X
Y              #TWW                                           .T . .                       Y
Z     W          ...                                          .TWT . .                     Z
AA               W.                                                                        AA
AB   ..           .W              W = wasps <aw> (403)          T. .# #                    AB
AC   ..          .                T = Tennessee <tin-> (287)     #  W  .                   AC
AD      ..    #                   # = wasps <aw> + Tennessee <tin->   . . .                AD
AE      ..                                                           .... .                AE
AF      ...                                                          .#W                   AF
AG                                                            W                            AG
AH                                                                                         AH
            1         2         3         4         5         6         7
   12345678901234567890123456789012345678901234567890123456789012345678901234567890
```

PIEDMONT/NASHVILLE BASIN/MISSISSIPPI PLAINS 5A

```
12345678901234567890123456789012345678901234567890123456789012345678901234567890
         1         2         3         4         5         6         7
A                                    SS..S#..C.........SSSS..                    A
B                            .SS...S.CS S#SS..S.#..S..S...S.S..SSSS.....          B
C                            .........  SS.SSSSSS.S.S.SS.SS.S.S..S....SS          C
D                            .......S...S....SS.S.S#...SSSS.SSS......              D
E                            ...S.S#SS.S..SSSCSSS#SS.#SSSS.S                       E
F                            ..#S.S..S..SS..SSSSSCSSSSSSS...S..S.S.S               F
G                            ......C..S..C....S.S#S#S.SS...SSS.S.S..S              G
H                            ...........SSS#SSS.SSS.SS.S.SS..S..S.SSS              H
I                .       ..  ...........CSC.SSSSSSS..SSSSSSSSSSSSS                 I
J                     .       .....S..C..S..S.CCSCSSSSSSSS.SSS.#...S               J
K        .  ..S       .         ...CC...C.CSS#..S.SC.SSS.SSSCS...#S.S..C#.         K
L        ...        .S             ..C.S....C.....S#..S.S.#S.SSCCS..S.C.S.         L
M        .       .                S...SSCS.S..#C.#...#S..S#S.SS.C...S.S.           M
N            S                     ..C...C..#.SC.SS.S.#.SSS.CS.S#.S.C....S.        N
O           S              C       C.....C..C#S........SSSS#S..SCSC..SS.....S      O
P          S      SS       ..S       ....CSSS....S.CS..#....CCCS..C.....S          P
Q       SS       SS                  ......S.........S......S..C....S......        Q
R        S           ..               ..C.#...C....S....S....     .S  .  .         R
S                         .S.         ....CC...S..S.SS.S.S.   .   C..C   .         S
T              C          .S.         ....C...SS..            ....  .   .. S..     T
U         ..    .       ...             ...SS...                      ....  .      U
V         ..         ...               ..C..C.....                    ....  .      V
W        ...    .   .S                                                ...  .       W
X     . ..S    C..                                                    ...   .      X
Y                .....                                                             Y
Z     .         ...                                                   ....  . .    Z
AA        S.                                                          S...  .      AA
AB  ..         ..          S = (coal) scuttle (291)                   .. ... .     AB
AC  ..       .             C = come up [=giddyup] (84)                .  .. .       AC
AD  ..       .             # = (coal) scuttle + come up             S . . .         AD
AE  ..                                                                ....           AE
AF     ...                                                            ...  .         AF
AG                                                                       .           AG
AH                                                                                   AH
         1         2         3         4         5         6         7
12345678901234567890123456789012345678901234567890123456789012345678901234567890
```

PIEDMONT/NASHVILLE BASIN/MISSISSIPPI PLAINS 5B

```
12345678901234567890123456789012345678901234567890123456789012345678901234567890
         1         2         3         4         5         6         7
A                                    #G.#...DG.D...D....DDDD.                     A
B                            ....##..D.  ..G...D.D#.....#...D...DDG...DD.           B
C                            .....D...  DDD...#.#....DD.D..D..D....D...             C
D                            .....D.#.....D.#..#..G....DD...D                       D
E                            .......D.GG...#G...#D....#.#.D..DD.D                   E
F                            D..DG.G...G.....#.#DD....#......G...                   F
G                            #...G....G.#D...D.D.D#..G.......D...DG                 G
H                .   G   ##  .....D.G.DDG.D#..................D.DD...D              H
I                .           ..D..D.D.GGD.D..G..G.G........G.........G              I
J                     .   .  #.G.....D..D....DGD#G..#D.D....DG....                  J
K        .  ...              .G ..##...G...D...D..G#.D..GGDG.......                 K
L        .#.    #.          ..  ..G....G.#D..G#..#DDD......G.D.#D......G            L
M        G      D           D..DGD..D...G.DD..G.G..D......GG...D.G.                 M
N               .           DD...D.DDDD..#.G....D.......G........G.G.               N
O                    .      GD.D.DDG.D.D...D..G........G.........                   O
P             .      D..     .#....G....#G..#.D....G.#DG.......D.G.G                P
Q        .         .D        .D DDG.G.....D...D.... .# #D.DG.......G.               Q
R        .                   ...G.D....D.#...D.#...       ..  .   .                 R
S                   .         ......GD..G...G....G....  .   ..#.                     S
T              .         .G   ...GG...G...          G.#. .    .D  D.                 T
U         ..         DD       .  ..#..G..GG                    D    .G              U
V         ..         .#.  .       #.........D                 #.D D  .              V
W        DD.  . ..                                            .  . .                W
X     . #.. ...G                                              #  .. .               X
Y              G...                                            ..  .  .             Y
Z     .       .G.                                             ....  .               Z
AA            D.                                              ....  . .              AA
AB  ..         ..          G = girl <{r}> [weakly retroflex] (144)   .. .. .         AB
AC  ..       #             D = dance <{a}> [upglide] (184)           .  . .          AC
AD  ..       G             # = girl <{r}> + dance <{a}>              . . .           AD
AE  #.                                                              ....            AE
AF     .#.                                                          ...  .          AF
AG                                                                        #          AG
AH                                                                 G                 AH
         1         2         3         4         5         6         7
12345678901234567890123456789012345678901234567890123456789012345678901234567890
```

PIEDMONT/PINEY WOODS 1A

PIEDMONT/PINEY WOODS 1B

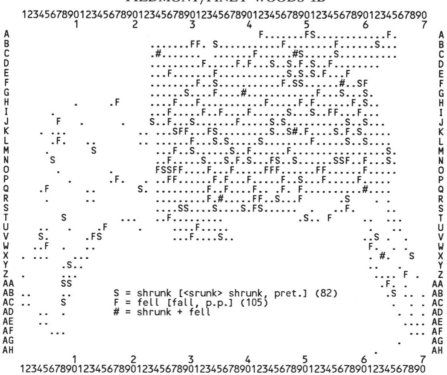

PIEDMONT/PINEY WOODS 2A

C = crocus bag [=gunnysack] (22)
G = guano sack [=gunnysack] (12)
# = crocus bag + guano sack

PIEDMONT/PINEY WOODS 2B

A = ask [ask, p.p.] (162)
W = wrote [write, p.p.] (169)
# = ask + wrote

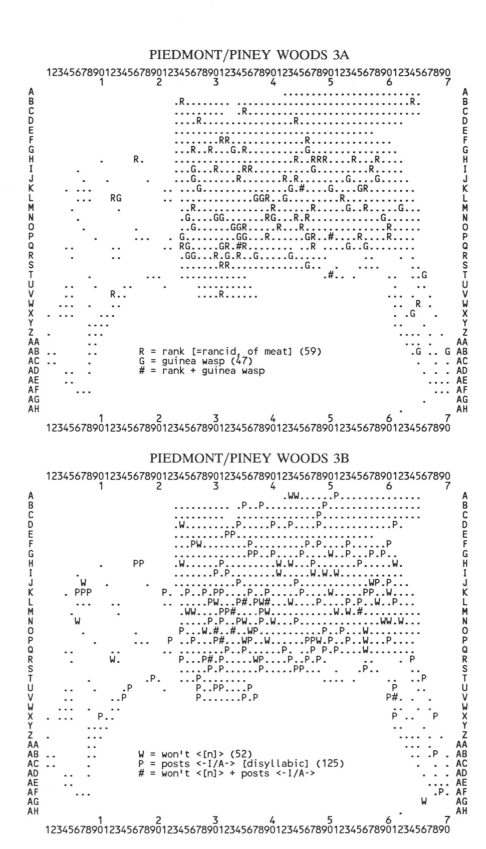

PIEDMONT/PINEY WOODS 3A

R = rank [=rancid, of meat] (59)
G = guinea wasp (47)
# = rank + guinea wasp

PIEDMONT/PINEY WOODS 3B

W = won't <[n]> (52)
P = posts <-I/A-> [disyllabic] (125)
# = won't <[n]> + posts <-I/A->

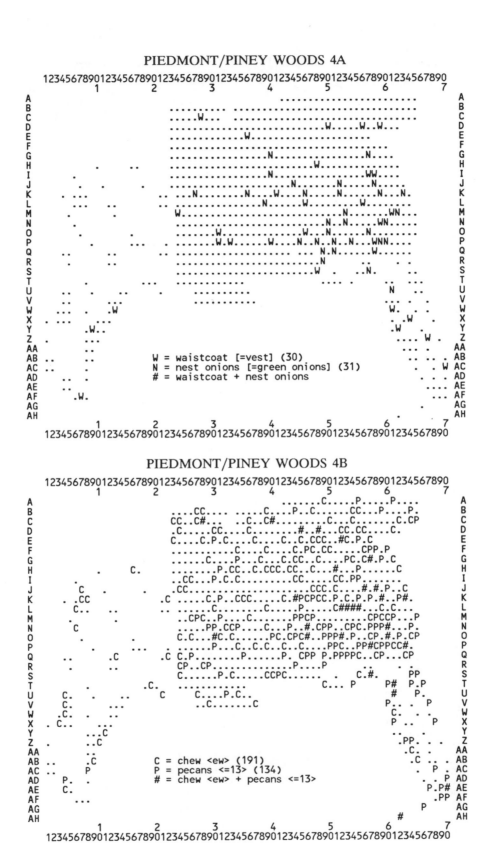

PIEDMONT/PINEY WOODS 4A

W = waistcoat [=vest] (30)
N = nest onions [=green onions] (31)
# = waistcoat + nest onions

PIEDMONT/PINEY WOODS 4B

C = chew <ew> (191)
P = pecans <=13> (134)
# = chew <ew> + pecans <=13>

PIEDMONT/PINEY WOODS 5A

```
        1234567890123456789012345678901234567890123456789012345678901234567890
                 1         2         3         4         5         6         7
A                                           ..............L......L.L.              A
B               ......W.W ..W................L.L.WW.L...                           B
C               .......   .........................L.LL                            C
D               .......   ...........#.......L....L.L.L                            D
E               .......   .........W.W........W....                                E
F               .......   .................W..                                     F
G               .......   ...W..W...W.....L..L..L.                                 G
H          .     ..   ...........L...W.L.......W...L....L.L...                      H
I          .          .......LW........W.L.WL....                                  I
J                W    .W....W.L....LL.W..LL.......L                                 J
K      . ..W           ..   ....W..#LW......L...LL...L.W##.L..LL..                  K
L      ...      ..     ..         ...W..LL...LL..L..                               L
M        .      .                .#...WLW.W#....LLW...W..LL.L.                      M
N        .                   ...W..L....WW..WWW..LLL..LL                            N
O      .               ..W    ...LL...W....LL.L...#.WL..L..L.L...                   O
P              ..W          ..W.W.#.......L.W..LW#L..L#LL...W                        P
Q    ..        ..      ..        .LL L.L.LL.........                               Q
R    .         ..            ...WL....W.....L    .W    . #                          R
S                  ...         .....W...W.W.....  LL.L  ..                           S
T        ..   ...           .....W.          ....    .L                            T
U        ..     ...                                  L  WW                          U
V        ..   ...      ..        W.......WW          L..L .                         V
W    ..  ...                                         LL                             W
X    . .W     ...                                    L L.  L                        X
Y      ....                                          .. .                          Y
Z    .     L..                                                                     Z
AA             ..                                    ... .                         AA
AB   ..        ..   W = white potatoes [=Irish potatoes] (73)    .. .L .            AB
AC   ..             L = liver pudding (103)                      . . .              AC
AD   ..   .         # = white potatoes + liver pudding           . . .             AD
AE       ..                                                       ....              AE
AF       ...                                                      ..W               AF
AG                                                                .                 AG
AH                                                                                  AH
        1234567890123456789012345678901234567890123456789012345678901234567890
                 1         2         3         4         5         6         7
```

PIEDMONT/PINEY WOODS 5B

```
        1234567890123456789012345678901234567890123456789012345678901234567890
                 1         2         3         4         5         6         7
A                                       T....TH.T...............                   A
B               .....T.... #T.TT...T..#...T.........T..TT...                        B
C               ...#..... .......#T..HH.T.T.........T....                           C
D               .H#...............#..TT.TT.TH.........T.                            D
E               HTT.T.HH....H...H..TTT.H..T.TH.....                                 E
F               ..TH....#..T.TT...T.THTHTT...TT....TH                               F
G          .    TT  .....T....TTTT.T.TT.T.HH.....T....H.T.                          G
H          .        T...TH..TT..T...T...T.H.......HT.T....                          H
I       T           ......H.........HT..T......T#.H#H#....                          I
J       .  .      .  TT..#T...T.T.......H..T.HT...TT..#....                          J
K    . T..        H..  ...T..T.........TT..T.TH.......#T...T#..H#.                   K
L    T..     T.     .#  ...#HH.TT#T.T..T....H.H....H#..T....                         L
M       H       .          .TT...TTH...#.......T...TT#..#........T..H                M
N                          T..T.T....T..T...T...T.T.......#TT.THH....                N
O          .       T.. H   ..T...H..H.THHTTTH....T............T....                  O
P              .             .....T...#....T....HTT##.....T...H.T....                P
Q    ..        ..    .. .TTT....T#.....TH.H..H# T..TTT..T.#....                      Q
R    .         .T     TTT.T.T...T.T...H...#T...#        ...  .                       R
S                     .HT...#........HT.HT.TH       .T.                             S
T        T       H..   ..T.....HH.         .#TT T     #.   ...                      T
U        ..  ..H         .#..T.....               T.H        ..                     U
V        .T  ..H         T..#.......                                               V
W        .H. .  .                                    ..  ...                        W
X        .H.                                         .H  T                          X
Y        TH..                                        .H  T                          Y
Z    .     ..T                                       ....  .                        Z
AA             ..                                    ... .                          AA
AB   ..        ..    H = heads <{e}> [upglide] (105)            .. .# .              AB
AC   ..        .     T = tube <ty{ue}-> [centralized] (207)      . .T               AC
AD   ..   T          # = heads <{e}> + tube <ty{ue}->            . . .              AD
AE   ..T                                                         ....               AE
AF   .T.                                                         .H..               AF
AG                                                               H                  AG
AH                                                                                  AH
        1234567890123456789012345678901234567890123456789012345678901234567890
                 1         2         3         4         5         6         7
```

PINEY WOODS 1A

```
         12345678901234567890123456789012345678901234567890123456789012345678901234567890
                  1         2         3         4         5         6         7
    A                                             ...................                        A
    B                    .......    ......S......    ......S.......                          B
    C               ..S......   .....S........   ......S.....                                C
    D                 ..S......    .....S........                                            D
    E               ................    .....S....                                          E
    F               .................   ....P......   ....S.....                            F
    G         .   S.  ................    ....P......   ....S.....                           G
    H          .    .      .S.SS...........  ...S.#P......   ...S#.                          H
    I         . ... .  .      ..  .S...S...........P.......   ...P####                       I
    J      ... P.      ..      .S..S......P.S..S.........   ..S#.S                           J
    K      ...          ..     .S..S..S...#PSS..P..SS........#..SPPSS                        K
    L         .     .     ...P........P.#P.SSP.P....SP.SS.S.PP..#..                          L
    M         .            SPSS#...S#.#.S..P..P....PPP.#P.#.P                                M
    N               .    P.P        ......P...P..#.#..SP..S..PS.SSSSS#..P...                 N
    O          ..     ..           #..........P........P    SPP #S.S...#..#.P#..             O
    P          .     .S              .SS....SS#..#....SP.....   ..#     P                    P
    Q                            ...P..PP.#..S..S....S..S.      #.S.    S.                   Q
    R         .             P...     .....P......          P.SP .     #.     ...             R
    S                .    S                                                                 S
    T           ..    .    ..    .................        ..S .                             T
    U           ..       .    ..                          PS                                U
    V         . ...   ...                                 . P.   #                           V
    W         ....                                        ..  .                             W
    X            P...                                     .... .  .                          X
    Y            ...                                                                         Y
    Z          ..                                              ... SS  .                     Z
   AA    ..      ..       P = piney-wood(s) rooter [=range hog] (82)     S  S . AA          AA
   AB    ..      .        S = splinters [=resinous kindling] (106)                          AB
   AC               .     # = piney-wood(s) rooter + splinters             ... . AC         AC
   AD    ..    .                                                           ....   AD         AD
   AE    ..                                                                                 AE
   AF      ...                                                            .       AF         AF
   AG                                                                                       AG
   AH                                                                                       AH
                  1         2         3         4         5         6       . 7
         12345678901234567890123456789012345678901234567890123456789012345678901234567890
```

PINEY WOODS 1B

```
         12345678901234567890123456789012345678901234567890123456789012345678901234567890
                  1         2         3         4         5         6         7
    A                                          #.T..B...#T............T                      A
    B                      B......TB. ..T.T......BB......TB.....T...B                         B
    C               ..#.....      T.....TBB......T.T..T.T....T.TT.                            C
    D               ...#................B......BT....T.....TT.                                D
    E               .....B.B..................T...T..                                        E
    F               ..............T.#.#.........T...                                         F
    G          .   BB      .B.T....T.B....B..TT.T....T.                                      G
    H         B            T......#.....T...T....T...T.....                                  H
    I         T     .   .T.......#.B.#.........T.........B..                                 I
    J          .  .    .  ..B....T.....T..TB....#...T..#..                                   J
    K      . ...       B. ...B.B#.#.....TBT....T.....T......T.                                K
    L      . ...  #.   ..   B##..BB..........................B......T.                       L
    M    .         .        ..B..B.BB...TB..#                                                M
    N         .      .        ......T..#..B.#....TT.......T#...TT.T...                        N
    O          .     B        ..BTTT#..B.T#.....TT......TB.#                                  O
    P         .      ...    .  T....TT..B..#....T.......T.BT..#.T..                           P
    Q      .T       ..      .#    ......BT........TT B.T.B....TT...T                          Q
    R      .      T.           ...B#.T.T.......T.B.BT..                                       R
    S                         ..#B.BTB..T.....T...BBB....    ..BB                             S
    T          .   BB    .B.  BTT.........              BT... .    BB   ...                   T
    U         .T    .   ...    ...........                          BB. # .                  U
    V         ..   ...           ...B.T.T...                       B.  #..#                  V
    W         ..B  T  ..                                           ..    #                   W
    X         ....    ...                                          ..  . .                   X
    Y         ....                                                 .... . .                  Y
    Z          ....                                                                          Z
   AA    ..      ..                                                ... .  .  AA              AA
   AB    ..      .        B = blowed [blow, p.p.] (99)             ... .  . AB               AB
   AC    ..      .        T = took [take, p.p.] (123)                 ... . AC               AC
   AD    ..    .          # = blowed + took                                 AD               AD
   AE    ..                                                        T... .    AE              AE
   AF      ...                                                                               AF
   AG                                                                    .   AG              AG
   AH                                                                                        AH
                  1         2         3         4         5         6         7
         12345678901234567890123456789012345678901234567890123456789012345678901234567890
```

PINEY WOODS 2A

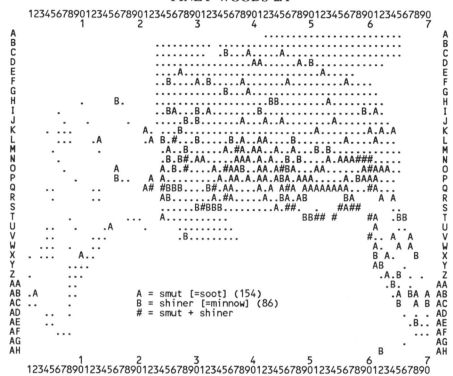

```
       1234567890123456789012345678901234567890123456789012345678901234567890
                1         2         3         4         5         6         7
A                                           ......................              A
B                      .........             ....................               B
C                      .........       .B...A....A...........                   C
D                      .........       ....AA......A.B.......                    D
E                      ......A.........    ........A.....                       E
F                      .B....A.B...A......A........A....                        F
G                      .......B..A....................                          G
H               .    B.    .......BB.......A.......                             H
I         .         .      .BA...B.A......B..........B.A.                       I
J                         ..B.....A..A.A......A...                              J
K      .  ...            A..B........A.........A.......A.A.A                     K
L      ...   .A         .A B.#...B....B.A.AA...B....A...A...                     L
M           .      .     .A..B.....A.#A.AA..A..A..B.B.......                     M
N        .              .B.B#.AA....AAA.A.A..B.B...A.AAA###...                   N
O        .        A      A.B.#....A.#AAB.AA.A#BA..AA....A#AAA..                  O
P              B.. A A.......A.AA.AA.ABA.AAA....A.BAAA...                        P
Q      ..        ..     A# #BBB...B#.AA....A.A A#A AAAAAAAA...#A...              Q
R      .        ..      AB.......A.#A.....A..BA.AB     BA    A A                 R
S                       .....B#BBB.........A.##...   #A##                        S
T                  ...  .A............        BB## #    #A  .BB                  T
U        ..  .     .A     ..........          A              A                  U
V        ..      ...     .B.........         #..  A  A                          V
W      .  ...    A..                         A.  A A                            W
X      . ...   A..                           B A.   B                           X
Y      .       ....                         AB     .                            Y
Z      .         ...                             .A.B . .                       Z
AA               ..                              .B. .                          AA
AB     .A        ..         A = smut [=soot] (154)      .A BA A                 AB
AC     ..       .           B = shiner [=minnow] (86)    B  A B                 AC
AD     .. .                 # = smut + shiner              . .                  AD
AE     ..                                               .B..                    AE
AF        ...                                              ...                  AF
AG                                                          .                   AG
AH                                                      B                        AH
                1         2         3         4         5         6         7
       1234567890123456789012345678901234567890123456789012345678901234567890
```

PINEY WOODS 2B

```
       1234567890123456789012345678901234567890123456789012345678901234567890
                1         2         3         4         5         6         7
A                                      C.C..C..C#CC.C.....C..CC                 A
B                      C...CCCCC. CCC.C.CC..C..C.#...C..C.C...C..C              B
C                      C.CC.CC..  CCC..CCC.C......S#S.CCC...C.C.C               C
D                      CC.C.C..SCC....CC.CCCCC..#CC....CCCC..                   D
E                      .CC.CC.CC.CC...C....C.CC..C..CC..                        E
F                      CCC#.CC.CCC..C.C.CC.C.C.....C..CC.CC.                    F
G                      CC..#.CCC.C.CCC..CCC.C#C....C...C.CC.                    G
H               .    C#    CC....CC..CC...CCCC.CC..C.C.C..C...CC.S.              H
I         .          C      CCCC.C.SCC.CCCCC..C..C...C...C....SC..C             I
J          C    C  C      . CC.C..CC.CCCCC......C.C......CC..CCCC.              J
K      C .C.         C.    CC .CCCCCCC.C..CC..C.CCCC....C..C.CCCC.C.C...         K
L       ...    C.         .. .CC....C.SC#C.C....C..CC.C..C...C..C..C            L
M      C              .    C.CCCC.CC.C..#.C.C.C#CC.C.C#C.C#C.CCCCC...           M
N       C         .        CC.C.CCCC.C..#.C.C.C#CC..C.CCC#.C.C...C.C...         N
O         C         C      C.C.CC...#CCCSC.C.CC#C...CCC#.C.C...C.C..           O
P             #C.  C       CC.CCCC...CCCC.CC...SCC#..CCCC.CC...CCC..C           P
Q      CC           ..     .C CCC.C..CCCCSC.CC....  CC# #CCCCCCCC..CC.CC        Q
R      C        C.        CCCCS.CCC#.CC.CC.CCCC.C.CC    ..    C C               R
S               C    .C    ..C..CC##CCC.SCC....##C..C   C   .CCC                S
T              .C         CC#C..CC...C          C...  .      C#   ..C           T
U        CC  .    CC     C    C...#..CCC                     #    ..            U
V        ..      ...          ...CCC.CC.C                    CC. C .            V
W      C..  C.      .                                        CC  C  .           W
X      C ...    CC.                                          C ..   .           X
Y               C...                                             ..  C          Y
Z      .       .C.                                          .S... .             Z
AA               ..                                         .C. C               AA
AB     ..        ..         S = swimmed [swim, p.p.] (43)    .C .C C            AB
AC     .C        ..         C = come [come, pret.] (462)     C  C .C            AC
AD     .. .                 # = swimmed + come                . ... .           AD
AE     .C                                                      ....             AE
AF        ...                                                   ...             AF
AG                                                          C                   AG
AH                                                      .                        AH
                1         2         3         4         5         6         7
       1234567890123456789012345678901234567890123456789012345678901234567890
```

PINEY WOODS 3A

A = pinders [=peanuts] (96)
B = press (peach) [=cling] (117)
# = pinders + press (peach)

PINEY WOODS 3B

A = busted [burst, pret.] (175)
B = busted [burst, p.p.] (97)
# = busted [pret.] + busted [p.p.]

PINEY WOODS 4A

```
        1234567890123456789012345678901234567890123456789012345678901234567890
                 1         2         3         4         5         6         7
A                                              .F..FF...........      F.F..        A
B                     ....H..H. .H.FH.......FHF.........F....F        B
C                     ..H....F. .....F.H.H.....F..............F       C
D                     .H.H...........................................F  D
E                     .........F...........H.....F...........       E
F                     ..................FF.................F         F
G                     ........................F...............       G
H                .     HF  ...............F..........          H
I              .       .........................H.....          I
J          .        .........F.............................F.F.       J
K       .  ...    .    .F ...H.HF.H....H..F.....F.........HF.      K
L        ...     ..    .. ..H..F..#.........F...........       L
M            .         ..HFH..FF......H.FH........F.......       M
N       .  .F              HHHFHFHF#.F..H#.H..H.F....F.F..#...     N
O          H       F.#H    F.H.H.F......FF.H...H.H...FF....H..H..FF    O
P        H        H #..H...H..H.F....#....F..H..........    P
Q      ..     .       F# HHH....H......H......HF.HF........    Q
R      .       H.         HHH.....FH.F#H.......FF...       R
S                        ..H....H.H............H.....   H..#     S
T           H         ..F  HH...........        FFF. .    .F  ...   T
U        ..   .   ..      ...........F                  .. H  .    U
V        ..       ...     ..........                 H . V
W        ...  .           ..........               H.      W
X      . ...    FF.                               .      X
Y     .                .....                            .. .  .   Y
Z            .....                                  .... .  H  Z
AA            ..                                      ... .   AA
AB    ..        ..    F = find a calf [=calve] (82)        .H .H H  AB
AC    ..            H = horn owl (84)                  . H . AC
AD    .H .          # = find a calf + horn owl            . . . AD
AE    ..                                        .... AE
AF       ...                                     ... AF
AG                                                . AG
AH                                          .      AH
                 1         2         3         4         5         6         7
        1234567890123456789012345678901234567890123456789012345678901234567890
```

PINEY WOODS 4B

```
        1234567890123456789012345678901234567890123456789012345678901234567890
                 1         2         3         4         5         6         7
A                                         ....F...FF.....T..F...      A
B                     ........#. .F..F...F........F......F......F      B
C                     ..T..TT..  .TF.....F.F.........F#F....F...#     C
D                     .F..F#........F....F...F............F       D
E                     .#.F.T....F.....F.....T.........F...       E
F                     F.TF....F.............F.F...........T       F
G                     ....F....F..F.F.F...F..F.....#T......T.     G
H                .    ..    F......TF......F..T.F.....F...#F..   H
I              .  ..    F.....#....#....F....F...F.FF......   I
J          .           ...#.....#....F....#T................   J
K       .  ...    F.        F. ....F.FF......F.......F.......#.    K
L        ...     F.        .. ....T..F.F..F...F.........    L
M            .         T.#.FT......FF..............#....    M
N       .             .F..F..F.....FFT.T......F......F.T....   N
O          .       F       .TT#T..F...F...FF.FF..#..F.......   O
P                 ##.      ......FF..#.........T.T.F......FF...F..F   P
Q      .F     ..       .. T.....F.TF...T....F. F.FF......    Q
R      T          ..       ....F..F...........F...F...       R
S                        ...T.TFF.T.........FF... .  T.F.      S
T           .         ... ..F..T......            .... TF  ...   T
U        .F   .   ..      ..........   .             T   ..    U
V        F.       ...     ..........               F.. . V
W        ...  .           .                      .. .   .  T .    W
X      . ...    F..                               .. . .     X
Y                .....                            .. . .  .   Y
Z            .....                                  ... .     Z
AA            ..                                      ... .   AA
AB    ..        ..    F = furrows <-(A)-> (129)           .. . . AB
AC    ..            T = tomato <-R> (57)                T . . . AC
AD    ..  .          # = furrows <-(A)-> + tomato <-R>       . . . AD
AE    ..                                        .... AE
AF       ...                                     ... AF
AG                                                . AG
AH                                          .      AH
                 1         2         3         4         5         6         7
        1234567890123456789012345678901234567890123456789012345678901234567890
```

PINEY WOODS 5A

S = skeeter hawk [=dragonfly] (58)
C = cow pen (197)
\# = skeeter hawk + cow pen

PINEY WOODS 5B

H = hearth <ur> (130)
B = barrow <-or-> (193)
\# = hearth <ur> + barrow <-or->

PINEY WOODS 6A

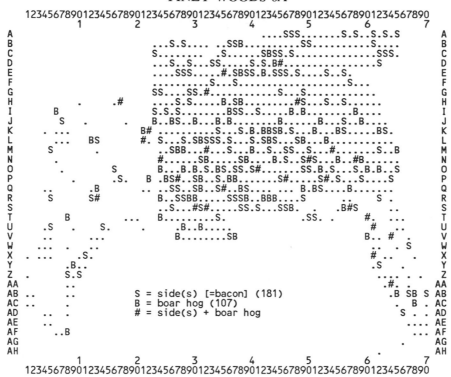

```
      1234567890123456789012345678901234567890123456789012345678901234567890
             1         2         3         4         5         6         7
A                                           ....SSS.......S.S..S.S.S        A
B                    ...S.S.... ..SSB........SS...........S....              B
C                    S......... .S......SBSS.S.............SSS.              C
D                    ..S..S...SS....S.S.B#...............S                  D
E                    ....SSS.....#.SBSS.B.SSS.S....S..S.                    E
F                    .........S...S.........S....                          F
G              .     .#       SS....SS.#.......S...S.........                G
H                    ..S.S....B.SB.......#S...S..S....                      H
I         B          S.S.S.........BSS..S....B.B.......B....                I
J         S     .    .B..BS..B...B.B..........B....B...B...                 J
K      . ...        B#       ...S...S.B.BBSB.S...B...BS.....BS.             K
L      ...    BS    #.. S...S.SBSSS.S...S.SBS...SB...B....                  L
M      S    .       ..SBB...#...S..B...S..SS..S...#.......S..B              M
N        .          #....SB....SB....B.S..S#S...B..#B....                   N
O        .     S    B...B.B.S.BS.SS.S#.......SS.B.S...S.B.B..S             O
P        .S.   B   .BS#..SB..S.BB.......S#....S#.S...S....S                 P
Q    ..    .B      ...SS..SB..S#..BS......B.BS..B.......                    Q
R    S        S#    B..SSBB.....SSSB..BBB....S     ...    S.                R
S              .    ..S...#S#.....SS.S...SSB. ..   .B#S                     S
T      B        ...  B..........S.....     .SS. .      #. ...               T
U    .S .   S.   .     .B..B.....              #  ...                       U
V      ..     ...    B........SB               B..  #                      V
W    ...  .            .                       .. . S                      W
X . ...  .  .S.                                #.. .                       X
Y          .B..                                .S .                         Y
Z .       S.S                                  ... ..                       Z
AA         ..                                   .#. .                        AA
AB ..      ..     S = side(s) [=bacon] (181)   .B SB S                      AB
AC ..     .       B = boar hog (107)           . B .                        AC
AD   .  .         # = side(s) + boar hog         S . ..                     AD
AE   ..                                          ....                        AE
AF     ..B                                        ...                        AF
AG                                                 .                         AG
AH                                              .                            AH
             1         2         3         4         5         6         7
      1234567890123456789012345678901234567890123456789012345678901234567890
```

PINEY WOODS 6B

```
      1234567890123456789012345678901234567890123456789012345678901234567890
             1         2         3         4         5         6         7
A                                          .....T..ST....#.T..T.T.T          A
B                    ...T.TT.S. ..TT#..TT...S.TS......T.......              B
C                    .TT..T.T.  T.S...TTTT............T.....S.T              C
D                    .T.T.TT........T.......T...........T.T#T...T            D
E                    .#T..T.....ST.........T.#......#...                    E
F                    ..T...........T........S..#.......TT....                F
G              .     .T       ...T.T......#...T..TT.......T.T.T.             G
H                    ..TS...TT.........T.T....T.T..#......                  H
I         .T         ST.T...T...T..TT....ST.TTT..........T....              I
J    . T..           .. .SS..TS#T......TS...#..........S......T..          J
K      ...     ..    .. ..S..#...#STT.#.......T....STT.......                K
L      .          .       .T#T...S...T#.S..T...#..S.....S......            L
M        .          TT.T.S..#...#....###.....T...TT..T..T....              M
N        .     #    .TT..S..T...T..#.T.T.....TTTT...ST.T....T              N
O              T..   S T..S..S.......T......T...T...S........               O
P    ..    ..       .. ST.S.....T.#T.......S. ..# #.#T.T....T...T          P
Q    .     #.       T.T.TT...#T........SS..T...     S.                     Q
R              .    ..T...#T.T....T......#TT...T.    T.TT                    R
S      T        ..T  ..T............         .T.. T   T#  ..T               S
T    .T    .    .S   .     ...........       #  T.                          T
U    ..     ...      T..T......#              T.. #. .                      U
V    ..S .            .                       ... T ..                     V
W T ...   #..                                 S TT   #                     W
X          ...                                T. T                          X
Y T     T.T                                   .... ..                       Y
Z           T.                                 ... .                         Z
AA                                              ... .                        AA
AB ..      ..     S = shut <e> (79)            .. .T T                      AB
AC ..     .       T = tassel <-aw-> (203)      .  T T T                     AC
AD   .  .         # = shut <e> + tassel <-aw->   ... .                      AD
AE   ..                                          ....                        AE
AF   ...                                          ..T                        AF
AG                                                 .                         AG
AH                                                                          AH
             1         2         3         4         5         6         7
      1234567890123456789012345678901234567890123456789012345678901234567890
```

PINEY WOODS 7A

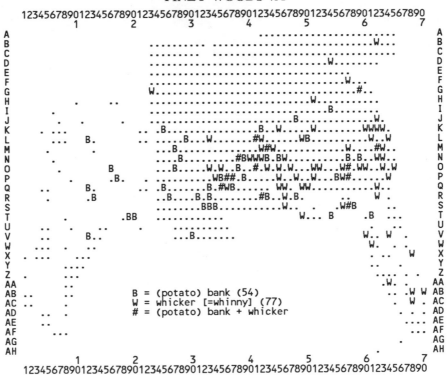

B = (potato) bank (54)
W = whicker [=whinny] (77)
# = (potato) bank + whicker

PINEY WOODS 7B

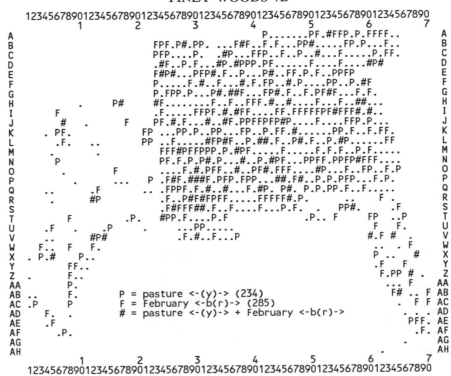

P = pasture <-(y)-> (234)
F = February <-b(r)-> (285)
# = pasture <-(y)-> + February <-b(r)->

PINEY WOODS 8A

```
          1234567890123456789012345678901234567890123456789012345678901234567890
                   1         2         3         4         5         6         7
A                                        ........................              .     A
B                 ..........    ....M..... ...........................  .             B
C                 .......... .......... .........................  .                  C
D                 ........ .......... ....M.............. ....  .                     D
E                 ..M.M.. ...........................  .                              E
F                 S.M....M......................... ...M.               F
G                 ..M....M..................... ....M..... .            G
H           ..           ..      .M.......MM.S..S................. .                  H
I         .        .    .  SS.M..#....S.S................... .S.      I
J              .   .   .        .#.......S.S...S.S............           J
K         . ...   ..    .S ...M.#..M.S.M..S...M                K
L          ...   ..   ..   ..#...S.S...S.                     L
M             .        .   ..#...S.S...MS.#............S....M..       M
N          .              SM.SM....MS..S.M.......S....... ...         N
O             .           ...#....MM..M..S..M...M...S..M...           O
P             .        .M. ...M........#..S.S.......S....SM...        P
Q       ..       ..       .. .......M.S.S...S.... #SM.......S....     Q
R       .      SM           ..S....M..............           R
S                          ...M.S...........S.....   .S..S            S
T          .     S      ...   ..#..............   ....  .  ...        T
U         .S    .    ...    . .............          M    ..          U
V        ...   .    ...       ...........          S.   . .           V
W        ...  .    ...                             . .   .            W
X     . ...    ...                                  .. . .            X
Y              ....                                 . .   . .          Y
Z     .        ....                                  ....  .          Z
AA                                                   ... .             AA
AB    ..     ..            S = sweep (plow) (60)        ... .S M       AB
AC  ..       .             M = multiplying onions (49)         .       AC
AD    ..    .              # = sweep (plow) + multiplying onions  . . . AD
AE    ..                                                   ....        AE
AF    ...                                                  ... .       AF
AG                                                      .              AG
AH                                                       .             AH
                   1         2         3         4         5         6         7
          1234567890123456789012345678901234567890123456789012345678901234567890
```

PINEY WOODS 8B

```
          1234567890123456789012345678901234567890123456789012345678901234567890
                   1         2         3         4         5         6         7
A                                     C......SSS.....SS.SSSS..                 A
B                              ......S......S....S....S...S..              B
C                      .S.S...S S......C..S......S.......S.SS.             C
D                      ...S..C..S.......C.......S......S...S             D
E                      ............C..S..#..S.C.S...              E
F                      ........S.....C...S.........  .            F
G                      ........#....C..C.............C.           G
H          .      .   S.  S.......S...SSC.....C...........S.      H
I          .              ..S...S.........S..CS.C.CS...          I
J                   .        ......C..............S...           J
K       S ..S        .S S....C....S.S...S.S...           K
L        ...    C.    S. ....#S.....CSC.............S...       L
M           .         ..C..CS....C..C....C.CS....S....SC...    M
N          .         ...#...SC...SS..C.........S......       N
O             .      ...CCS.C...#.#..CC..S...S...S...S....C.   O
P       S      .C.    ...CC...S.S.C..S......S..#....S..       P
Q       ..       ..   .# CC.S#.SC..C.#.SC....S.S ..S..S...C...  Q
R       ..       ..      ..S.S...SS..S...S#.....S...  R
S                        ..SS.SS.SCS....S#....S..   .  C..C    ..    S
T             .SS      S  ..C.......SS      .C.. C   C.  ...    T
U       .     . .S.  S    ...C#.SS..             ... S  C      U
V       S.     ..#        .S.SSS...#S              .S  C .     V
W       S.S   .   S.                               . C. .      W
X       .     ....  .S                             . C..       X
Y              ...S                                   . C       Y
Z     .        ...                                  .... . C    Z
AA              C.                                   .S. .      AA
AB   ..       .            S = squash <aw> (141)       . S . . AB
AC  ..        .            C = Chicago <-r-> (73)      . S . AC
AD  S. S      .            # = squash <aw> + Chicago <-r->   . . . AD
AE   .S                                                  .... AE
AF   ...                                                  ... . AF
AG                                                  S         AG
AH                                                      .      AH
                   1         2         3         4         5         6         7
          1234567890123456789012345678901234567890123456789012345678901234567890
```

PINEY WOODS 9A

M = mantel board [=mantel] (51)
C = croker sack [=gunnysack] (120)
# = mantel board + croker sack

PINEY WOODS 9B

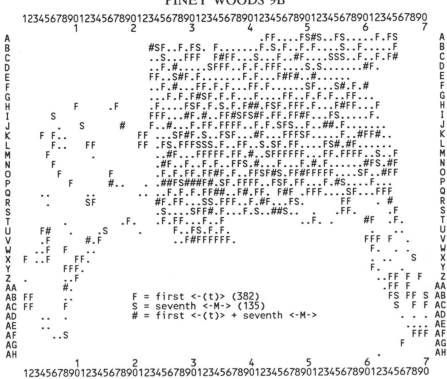

F = first <-(t)> (382)
S = seventh <-M-> (135)
# = first <-(t)> + seventh <-M->

PINEY WOODS 10A

```
       1234567890123456789012345678901234567890123456789012345678901234567890
               1         2         3         4         5         6         7
                                                  ......FF#...F#.F.F#FF..
A                       .FF.FF.FF. FFF.##..FF....#F.F...F.....FF.F         A
B                       F.FFFFFF.  .##FF.F.F.F...F..F...FFP....F...         B
C                       .FFFF#F..F#....F..PFFF#P..#FF.F.F.PFFFFFF          C
D                       .F##FF..FF.F.....FFF.F#F#F....F...                 D
E                       ..#...F.FFFF.F....FF..F...F.....P..F.              E
F                       F.F...#F....FFFF.FFF...F..F..FF...F...             F
G           F      F#    FFP.F.F#..F..F.FFF#.F......F...P.#.FF...          G
H                       FFFP.F.#FFFFF#FF.FF...F..FF.F.F.........           H
I          .    P      F   F..#FP.....#...F.FF.FF##.PF.F.......F..FF       I
J         . ...        .P ...#FFFFF.F.F.#FF...#FFF.F#F.......F..FF.        J
K          ...    PF       .. #P#F#P...#FF.F.FFF.F..#.FPF...FF.F...        K
L         .      P         .  .FF##F.#....#.F..F..#FF..F.F.PF..F..F...     L
M          P               #FFF##FP#FF.FF#.FFFFFF#F.F..#.PF..FF.....       M
N        P      F          #####..#FFFF.F#.##FF.FFF.F.F#FF..F#.#.FFF.      N
O              .    ##F     . F.FF.PFF..FF.PFFF..FF#.#F..F.FF..#.F..F.F    O
P         ..      F.       F# F#FF...FF#FFPFFF...F .FF F.F#F.F...F.....     P
Q         .      FF        FFPFP.FF.F.PFF....F.F#F..F                     Q
R                         F..#.F#####F.P.FF.#F.P#FF                       R
S           .      ..F     F.P.........        #FFF F    #F  .FF         S
T         ..   .   FP   F     ..F.F.....                 P   .          T
U         ..       ...        FFFF.......              F.. F  F          U
V         ...   .  FF.                                 P.. F .          V
W       . ...     FF.                                   . #F    F        W
X          ..P.                                        F.   F           X
Y       .    ..F                                       F.  F            Y
Z            F.                                             F#. F        Z
AA      ..     F.        F = fox squirrel [=red squirrel] (416)  FF FF F AA
AB      ..    P          P = proud [=glad] (123)                # F .    AC
AC      .. .             # = fox squirrel + proud                 . .    AD
AD      ..                                                       .F...   AE
AF      .P.                                                      .      AF
AG                                                                .     AG
AH                                                                      AH
              1         2         3         4         5         6         7
       1234567890123456789012345678901234567890123456789012345678901234567890
```

PINEY WOODS 10B

```
       1234567890123456789012345678901234567890123456789012345678901234567890
               1         2         3         4         5         6         7
                                              .#.SSS#H.HHS..H.....HHHS
A                       HS#...SSH. #S..S...HS#S.SH.H..H..........H.H       A
B                       .H#.SHH#S  .H..SH.HHH..S...HH.HH#HH......HH        B
C                       S#H.#S..SH#..SS.S#..S..S.H.SHHS#S....HH.           C
D                       #..S.HS.....SS..SSS.S..##H.SSSSH.S.               D
E                       #H#S#HHS.#...SS..#...S.S#......HH#HS.H             E
F                       .H..S..H.S.S...S...SSS.#.SHS.##H..HSSS.            F
G      .         ..     #SH#SSHHS....S.SH##SSS.#H.H#...#S.#H.SSH           G
H                       .#HH..SS.H.HSS.S.#S..#SSH#H.S.S.SSS....            H
I         .    #   #      #   ...SSS.#..SS#.SS.S.HHS.H......S...S....       I
J        #        #    #   S. ..H...SS.S...H.S..S..HS.......S....SS#S.      J
K        . .S.            S ..#S...SH...S.S...#S..SSS.S...S...SS.S.        K
L         ...   ..        .. #SS.S#...S...H.SHS..S..S..S.SSSSS...S.#..S    L
M         .       .        .#S...H...#..#.SH...S.H.S.SS......SS.#.S#       M
N        S              S   .H.H#.S..SS.#S#..HS.SSS.S.HS.S.HSHH#HH..H.    N
O          #          ##.   . SS.H.#SSS..#.H.H.HHSS.#SS......S#.SH....    O
P         .        SS    HS   S. .S.S.....HS.S...SS...SS ....S..S..SSS... P
Q       SS      HS        .HHH.H.HSSS#....SSHS.H....H     SS     .S      Q
R        #      H.         HSHH.S.S.#.H..S#.S.HS.#.# S    ....  .S       R
S           H          S.H  #HS.SS...H..       ...H S     #.  ..S       S
T     HS      .  H.      #    .S..S.....              H .S  .S          T
U     H.       ..S            ...S..#....             ..S . .           U
V     HS.        .S                                   .S H .           V
W     . .#.     .                                      . S#   #         W
X            SSH.                                      HS              X
Y  H       S..                                         .... H .         Y
Z     ..                                                               Z
AA   .S      H.          S = September <-tim-> (320)    SHS .           AA
AB   ..    .             H = hundred <-Rd> (213)        S. S# S         AB
AC   #H    .             # = September <-tim-> + hundred <-Rd>  # H .   AC
AD   ..                                                   H S S         AD
AE   ..H                                                  S...          AF
AF                                                        .S.           AG
AH                                                         .            AH
              1         2         3         4         5         6         7
       1234567890123456789012345678901234567890123456789012345678901234567890
```

PINEY WOODS 11A

```
123456789012345678901234567890123456789012345678901234567890
        1         2         3         4         5         6         7
```

F = fair off [=clear up, of weather] (90)
G = green frog [=small frog] (71)
# = fair off + green frog

```
        1         2         3         4         5         6         7
123456789012345678901234567890123456789012345678901234567890
```

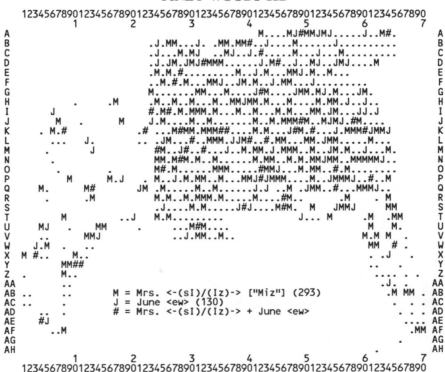

PINEY WOODS 11B

```
123456789012345678901234567890123456789012345678901234567890
        1         2         3         4         5         6         7
```

M = Mrs. <-(sI)/(Iz)-> ["Miz"] (293)
J = June <ew> (130)
# = Mrs. <-(sI)/(Iz)-> + June <ew>

```
        1         2         3         4         5         6         7
123456789012345678901234567890123456789012345678901234567890
```

PINEY WOODS 12A

```
1234567890123456789012345678901234567890123456789012345678901234567890
         1         2         3         4         5         6         7
```

K = kerosene oil (49)
H = haslet(s) (96)
# = kerosene oil + haslet(s)

PINEY WOODS 12B

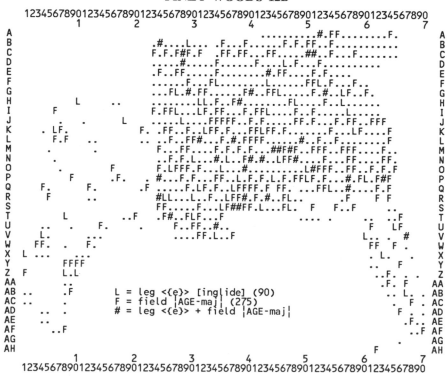

L = leg <{e}> [ing|ide] (90)
F = field |AGE-maj| (275)
# = leg <{e}> + field |AGE-maj|

```
1234567890123456789012345678901234567890123456789012345678901234567890
         1         2         3         4         5         6         7
```

EASTERN PINEY WOODS 1A

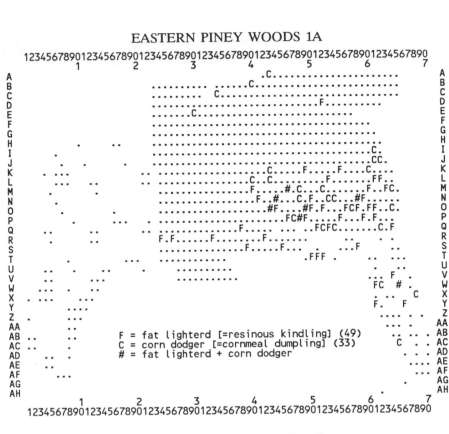

F = fat lighterd [=resinous kindling] (49)
C = corn dodger [=cornmeal dumpling] (33)
# = fat lighterd + corn dodger

EASTERN PINEY WOODS 1B

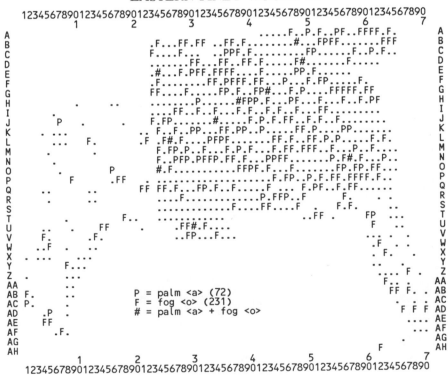

P = palm <a> (72)
F = fog <o> (231)
# = palm <a> + fog <o>

EASTERN PINEY WOODS 2A

```
          1234567890123456789012345678901234567890123456789012345678901234567890
                    1         2         3         4         5         6         7
A                                                  ....L.....                      A
B                                 ...........................................      B
C                                 ...........................................      C
D                                 ..........................................       D
E                                 .....................................C           E
F                                 ...........L.............................        F
G                                 ..........................................       G
H          .          ..          ..........................................L      H
I            .                    ...........L..............................       I
J          . ...          ..      ..  ....LLL.........L.....C.......C..            J
K            ...     ..        ..  .L.....LLL..L.L......C....C...                  K
L            .          .          .L...LLLLL...C.............C.L.                 L
M          .                       L..L.L..L..L.CL...L.C..........LC.LCL.          M
N            .          .          L..L....L.L.....C...C.C..L.#.....C.C.           N
O            .                     .L.......L.....CC..#CCCLC..L.CC..CC...          O
P          .          ..          ...L......L#.L........# C.C C..C..........       P
Q            .          ..        L......L....L......C..C                          Q
R          .                      ..........L..........L.C...  C.C.               R
S          .L                     ...     ...........L... C   C.C   C.             S
T          .          ..      .   ..........              #                       T
U        .            .  ..       ..........                C..                    U
V        .    .   .                                         #..                    V
W      .  ...     L..                                      ... C                   W
X      .          ....                                     ..  .                   X
Y    .            ....                                                             Y
Z            ..                                            #..                     Z
AA          ..                                            #.. .                    AA
AB    ..          ..       C = co-(ench) [call to cow] (48)    .C .# .             AB
AC    ..          .        L = lye hominy [=unground hominy] (59)  . . . .         AC
AD    .   .   .            # = co-(ench) + lye hominy            . . . .           AD
AE      ..                                                      . . . .            AE
AF      ...                                                      . . .             AF
AG                                                              .                   AG
AH                                                              .                   AH
                    1         2         3         4         5         6         7
          1234567890123456789012345678901234567890123456789012345678901234567890
```

EASTERN PINEY WOODS 2B

```
          1234567890123456789012345678901234567890123456789012345678901234567890
                    1         2         3         4         5         6         7
A                                                  ..........B.........B..          A
B                                 ...........  ...Q..................Q.......B..     B
C                                 ........................................Q.......   C
D                                 .......B....B.......................             D
E                                 ..................................B.              E
F                                 ...B........BQ.......Q......B.QQ.Q..              F
G                                 ....B......Q.QB..Q..QQ..Q..Q.Q..              G
H          .          ..          ...........B..QQQ.QQ...Q..Q.....Q..B.Q          H
I                                 .Q........B...Q..Q..Q.QQ.BQ#.QB...             I
J          .   .   .               .Q......Q....QQ...QQ.QQ....Q..QQ.Q..Q         J
K      B B..                       .B   ....Q.#....Q...Q#QQB.QQB.B.QQ..QQQQ...QQ.  K
L        ...         ..        B.  ....Q.Q.B.Q..Q..QQQQQB...QB...#.QQ.Q.Q.         L
M          .                       .B....Q..#.QQQQ..QQQQQ....QQ.QQ....QQ..Q        M
N          .                       Q..Q.Q.QB.#..B..QQQ.B.QQQ....Q.Q.QQQQ...QQ      N
O                     .             Q.B.Q..BB..QQQ.BQ.QQ.Q..Q.B..QQ...QQQ.         O
P          .          ..           .B#B.....QQ...QQ..QQQB#Q.QQ..Q#Q..#B.QB.        P
Q      Q.             ..          .Q..B...QQ..Q##Q...#..  .#  ..B...B.Q.......Q    Q
R        Q                ..       ...........Q.Q.Q.#Q.Q........  . B              R
S          .                       ...B.Q.#B......B.B.QQQ...  Q.QQ   .             S
T        .                ...      ....#.......         QQQB Q   QQ    ...         T
U        ..       .    ..      .   ..........            Q.Q Q                     U
V        ...     ...    ..         ..B....Q...           Q.  Q Q                   V
W      .  ...     .Q.                                    . QQ   Q                  W
X      .          ....                                   .Q .                      X
Y    .            ....                                   .B.. .                    Y
Z            ..                                          QQ. Q                      Z
AA          ..             B = bulge <[l]> (70)           BQ .Q .                   AA
AB    ..          ..       Q = quinine <kwin-> (204)     Q  . . .                   AB
AC    ..          .        # = bulge <[l]> + quinine <kwin->  . . . .              AC
AD    Q.   .              # = bulge <[l]> + quinine <kwin->    . . .                AD
AE      ..                                                    ..B. .                AE
AF      ...                                                    . .                  AF
AG                                                            .                     AG
AH                                                            .                     AH
                    1         2         3         4         5         6         7
          1234567890123456789012345678901234567890123456789012345678901234567890
```

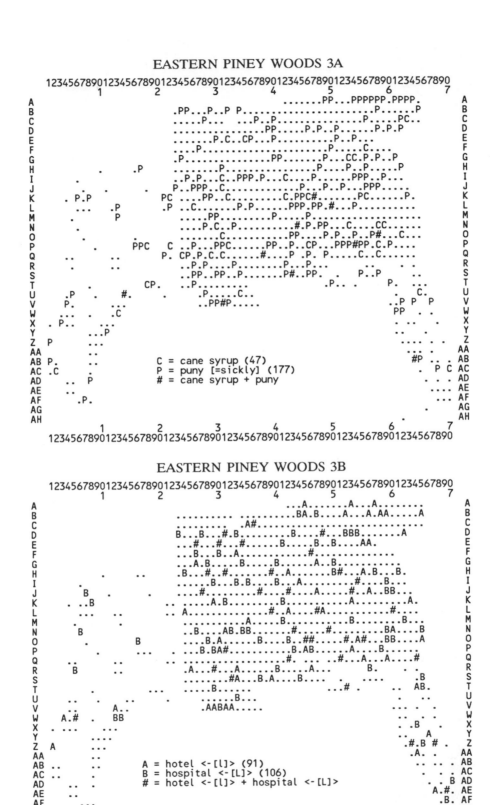

EASTERN PINEY WOODS 3A

C = cane syrup (47)
P = puny [=sickly] (177)
# = cane syrup + puny

EASTERN PINEY WOODS 3B

A = hotel <-[l]> (91)
B = hospital <-[L]> (106)
# = hotel <-[l]> + hospital <-[L]>

EASTERN PINEY WOODS 4A

```
    1234567890123456789012345678901234567890123456789012345678901234567890
            1         2         3         4         5         6         7
A                                         S................S...S..        A
B                           .SS.......  ......S.......  ......S....        B
C                           S....... ...   S.............  .....S....      C
D                           ............S.............S.S...S.....         D
E                           ............................S..........S       E
F                           .S..S......SS...S..S.........S.S          F
G                           ..........S..S...........SS..SS.......         G
H          .       ..       ............S....S....S..........S.            H
I          .                .S..S...............S....S.S...S..             I
J                    S       .............S......SSS.....                  J
K       . ...      .         ..............................S....TS.        K
L       ...   ..           .. .S.S..........S......S....SS..               L
M       .      .           ............S....SSS....S..SS...S               M
N                           .........S..SSS....S.S....S.                   N
O        .         . .      ............S....TTSS....S.                    O
P        .        ..S       ............S...S...TTS..S...                  P
Q        .        ..        ...........S..S ... S..S.S......S              Q
R        .        ..        ..........TS.............  ..  .               R
S                           .........S..S............   ..  ..             S
T            .              ...........    ...S S                          T
U       ..    .    ..       .....S....                   .S . S            U
V        .    . ...         ...........                 ..S . S            V
W       ...  . .            ...........                   .                W
X     . ...   ...                                     . SS  .              X
Y       .     ....                                     S..  .              Y
Z   .         ....                                      S..  .             Z
AA            ..                                         ... .             AA
AB  ..        ..     S = stoop [=roofless porch] (98)    S. S .            AB
AC  ..     .         T = three-path road (6)               . S            AC
AD    ..   .         # = stoop + three-path road         S . .             AD
AE    ..                                                  ....             AE
AF      ...                                                 .              AF
AG                                                       S                 AG
AH                                           .                             AH
            1         2         3         4         5         6         7
    1234567890123456789012345678901234567890123456789012345678901234567890
```

EASTERN PINEY WOODS 4B

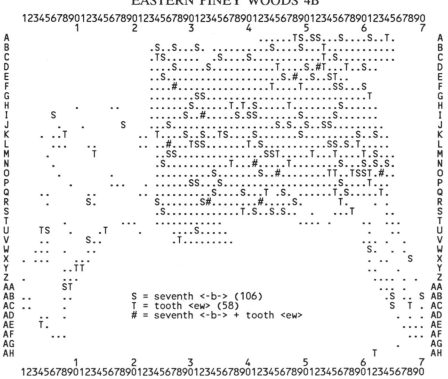

```
    1234567890123456789012345678901234567890123456789012345678901234567890
            1         2         3         4         5         6         7
A                                    ......TS.SS...S....S.T.                A
B                        .S..S...S. ..........S....S...T.........          B
C                        .TS...... .S....S.......T.S...........            C
D                        ....S....S.........T....S.#T...T..S..             D
E                        ..S...............S.#..S..ST..                    E
F                        ...#..........T...T.....SS...s                    F
G                        .......SS...........T.T.S.....T......T            G
H            .     ..     .......S......T.T.S.....T.......S....             H
I        S                .....S.#..S.SS........S...S......                I
J        .     .    S     ..S................S.S..S..SS....                J
K      . ...T             .. T....S..S.TS....S.......S...S..S..            K
L       ...      .        .. .#...TSS.......T.S.......SS.S.T...            L
M       .         T         .SS............SST....T...T...T.S..            M
N       .                   .S.............T..#...T.....S..S.S.            N
O           .       .       ...............S.#.......TT..TSST.#..          O
P           .        .      ......SS..S.............S....S...T..           P
Q      ..       ..          ........S...S...T .S.....T.S....T.            Q
R      .        S.          S......S#........#.....S.    T.  .             R
S                           .S.............T.S..S.S.. .  ...T  ..          S
T           .         ...                              .... . .           T
U      TS   .  .T     .      ...S.....                   .. . .            U
V      ..      S..            .T......                   S. . .            V
W      ..    . ..                                        .  . S            W
X    . ...   ..TT                                        ... .             X
Y       .     ...                                        .. . .            Y
Z   .         ...                                        ..... .           Z
AA            ST                                          ... .             AA
AB  ..                S = seventh <-b-> (106)             .S .. S          AB
AC  ..     .          T = tooth <ew> (58)                 S  T . .         AC
AD    ..   .          # = seventh <-b-> + tooth <ew>      . . . .          AD
AE    T.                                                  ....             AE
AF      ...                                                ...             AF
AG                                                         .               AG
AH                                                   T                     AH
            1         2         3         4         5         6         7
    1234567890123456789012345678901234567890123456789012345678901234567890
```

EASTERN PINEY WOODS 5A

```
          1234567890123456789012345678901234567890123456789012345678901234567890
                   1         2         3         4         5         6         7
A                                       ..................
B              .S........        ................        ....S....
C              ...............        ........S.......S...S......S.
D              ...............        ...........S...S.....
E              ...............        .....S...........S
F              ...............        ...............
G          .        ..          ...............
H                        ...............
I          .              .        .S........        .S..
J          ....        ...S......SS.....S......SSS.
K          ....        ...........J......SS..
L          ...        ..        ....S.......#...S....S...S.S.
M          .        .        .............J.SSS..#..S....S..#S...
N          .        ...        ............SS.J..S.S.S.J..
O          .        ...        .......J...S..JS...S.S.S.....S
P          ..        ..        ......J.......SS# S.#..S.SS...S.SS
Q          ..        ..                ...S.#J        .S        ..
R                                ...S...S        SSSS        ..
S          .                ...        ...........        S... S        .. ...
T          ..        ..  ..        .        ..........
U          ..        ...  ..        .        ..........                ..  S  .
V          ...        ...                                        S.  S  .
W          ...  .        ...                                S ... S
X          .  ...        ...                                S.  .
Y                ...                                        ....  .  .
Z          .        ..S                                        ....  ..
AA                .                                                ...  .
AB  ..        ..        S = spider [=frypan with legs] (79)        .S .. .
AC  ..        .        J = Joe (harrow) (15)                S  . . .
AD  ..  .        # = spider + Joe (harrow)                        . .. .
AE          ..                                                        .... .
AF          ...                                                        ... . .
AG                                                                .
AH                                                                        .
                   1         2         3         4         5         6         7
          1234567890123456789012345678901234567890123456789012345678901234567890
```

EASTERN PINEY WOODS 5B

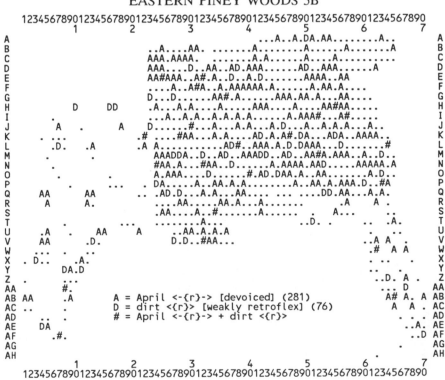

```
          1234567890123456789012345678901234567890123456789012345678901234567890
                   1         2         3         4         5         6         7
A                                       ...A..A.DA.AA........A..
B              ..A....AA.  .......A.........A......A.......A
C              AAA.AAAA.  .......A.A......A....A.........
D              AAA....D..AA..AD.AAA.....AD..AAA.....A
E              AA#AAA..A#.A..D..A.D.....AAAA..AA
F              ....A..A#A..A.AAAAAA.A......A.AA.A....
G              D...D......AA#.A......AAA.AA.A...AA....
H          D        DD          .A..A.A......A......AAA....A..AA#AA.....
I          .                .A..A.A..A.A.A......A.AAA#...A#....
J                A  .        A        D......#...A..A....A.D..A..A.A.A..
K          . ..        .#  ....#AA..A.A...AD.A.A#.DA...ADA..AAAA...
L          ..D.  .A        .A A........AD#..AAA.A.D.DAAA...D......#
M              .                AAADDA..D..AD..AAADD...AD..AA#A.AAA..A..D.
N                ...        #AA.A...#AA..D.......A.AAAA.AAD.....AAAAA.A
O          .        .                A.AAA...D......#.AD.DAA.A..AA......A.D..
P          .  ...        .  DA.....A..AA.A.A......A..AA.A.AAA.D..#A
Q          AA        AA        ...  .AD.D...A.A...AA..... ...  ...DD.AA...A.A.
R          A        A.        ...AA....AA.A...A........ A        A...
S                                .AA....A.#....A.......  .        A...        ..
T                ...        A        .......A....                .D. .        .. .A.
U          .A  .        AA  A        ..AA.A.A.A                        ..A .
V          AA        .D.                D.D..#AA...                        .# A A
W          ...  .        ..A.                                        ... .
X  . D..        .A.                                                ... .
Y                DA.D                                                ..D. A .
Z          .        ...                                                ... D
AA                #.                                                        A# A. A
AB  AA        .A        A = April <-{r}-> [devoiced] (281)                A  A .
AC  ..        .        D = dirt <{r}> [weakly retroflex] (76)                . .. .
AD          DA        # = April <-{r}-> + dirt <{r}>                        ..A. .
AE          DA                                                                ..D
AF          .#.
AG                                                                        .
AH                   1         2         3         4         5         6         7
          1234567890123456789012345678901234567890123456789012345678901234567890
```

WESTERN PINEY WOODS 1A

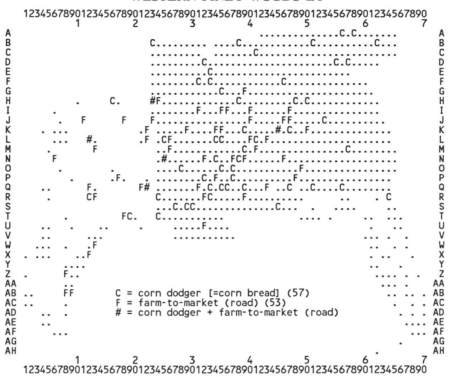

```
     1234567890123456789012345678901234567890123456789012345678901234567890
              1         2         3         4         5         6         7
A                                               ............   .C.C...         A
B                    C........  ....C...........C..........C...               B
C                     .........  ....C........                                 C
D                     ..........C.............       ....C.C....               D
E                     ...........C......                ....                   E
F                     ......C.C.........C.......                                F
G                     ..........C.F.......                                     G
H           .    C.    #F.................C.C...                               H
I        .              ...F...FF...F....F...                                  I
J      . ...  F      F   F........F....F...FF...C...                           J
K      .      .F    .F....F...FF...C...#.C.F...                                K
L      ...  #.       .F .CF....CC....FC.F...                                   L
M       .F       F    ..F.........C.F.......C....                              M
N          F            .#....F.C.FCF....F.......                              N
O      .          .     ...C....C.C........F.......                           O
P         .      .F.     .......C.F..C.......F.......                          P
Q      ..    F.        F#   ...F.C.CC...C...F ..C ....C.......                 Q
R            CF         C......FC.....F..........    .      C                  R
S                       ...C.CC.............C...  .    ...      ..             S
T      .          FC. C.........F....                 ....   .. ..            T
U      ..              .    .....F....                    ....    .           U
V      ..        ...     ..........              .        ... .   .           V
W      ... .    . .F                                      .. .   .            W
X      . ...    ..F                                         . .               X
Y               ....                                       ..  .   .          Y
Z        F..                                              ... .  .            Z
AA       ..                                                                   AA
AB   ..      FF       C = corn dodger [=corn bread] (57)       .. .  .  AB
AC   ..    .          F = farm-to-market (road) (53)           . .  . AC
AD   ..    .          # = corn dodger + farm-to-market (road)    . .  AD
AE   ..                                                         .... AE
AF     ...                                                       ...  AF
AG                                                                 .  AG
AH                                                                    AH
              1         2         3         4         5         6         7
     1234567890123456789012345678901234567890123456789012345678901234567890
```

WESTERN PINEY WOODS 1B

```
     1234567890123456789012345678901234567890123456789012345678901234567890
              1         2         3         4         5         6         7
A                                        ....#.S.#.S.#L....##L#L         A
B                    S.S.#.###. S#.SLS..#.#.S.SLS.....L.LS..S..L         B
C                    SLL..#.L.  .L.#..#S....#..#.LL..#SL....L..S.        C
D                    .SS#SL.L....S...#L.L#S#..#.....L..SS.L#L           D
E                    .#LSLL.##..S......L##.LSS.....#S#S.                E
F                    .S....S.#LL#.LS..SLS...#.L.S..#..SSS#S            F
G                    .S....#.L....L##.###.LS..L..SLL.SL.#S.            G
H        .      ##    L......S.L...SS.#SS#.LL..#...L.S#L#.LS...        H
I      S              ..L.S.#.#LS#..#S.......SS#.S..LS..SS...          I
J                .   .  ...#...S..#...S.LL..SL....L..L.S.#S#...        J
K     # SL.          #. ...#LS#SL...S...SL.L##.SS....SLS#.S#..#..      K
L      ...   #S       .. ..SSSS...#L#SLL#..#.#S.S#.L.#S#L.......S.     L
M      .  S      .       ..#..L.SSS##L...L...#...SL###.SS...            M
N        S           #S.LS#.LL.#S.L..L###.LS.S..#.###SLSSL...S.        N
O       .        #    #.LL#S#SSSS#.L..#S.SS...S#.#L.....S..#.#         O
P          .     LS.   SS##.L##..SS.........#.##..#S....SS.L#S..L      P
Q      ..        ..   S# #SL.S.###S#..S.#..#S S.S ..SL##S...S.....     Q
R      #      S.      #SL.L####...L.LL..LSSSSL.L    ..     . #         R
S                    .LSSS##S#...#L..S.S#L.L.  .   S.#S     #.         S
T      .          .LL #.S#L.S.....               .L.. .   #L  ..S    T
U      ..    S   L#     .  ...#L....L                       #.. #.    U
V      LS        L.L       ...#.LL.#..                     #.. L  S   V
W      ..L S   S  S.                                       #. #  .    W
X      . ..S     ..S                                       # SS  #    X
Y               ...#                                       ..  S      Y
Z      .         ...                                      ..S.. L     Z
AA           .L                                            .L. .      AA
AB   .L       ..     L = library <-b(r)-> (273)           .S .S L  AB
AC   ..    .         S = secretary <-k(r)-> (320)         S  S S  AC
AD   ..    .         # = library <-b(r)-> + secretary <-k(r)->  . . .  AD
AE    .L                                                  S... AE
AF     ...                                                 .SL  AF
AG                                                          .  AG
AH                                                        S    AH
              1         2         3         4         5         6         7
     1234567890123456789012345678901234567890123456789012345678901234567890
```

WESTERN PINEY WOODS 2A

```
      1234567890123456789012345678901234567890123456789012345678901234567890
               1         2         3         4         5         6         7
A                                          .......J....JJ.JJ...JJ..          A
B                 .J.JJJ.... ..JJ............................J........J       B
C                 .......... .J.J..........J.......JJ..JJ...JJ.J        C
D                 .......J...J...J............J.....J....J...J.J         D
E                 .J..JJ.....J..J..........J......J....J...J            E
F                 .JJ......J....J.......J...........            F
G                 ....J.J..JJ..JJ....J.J............            G
H           .       ..      J....J..J.J....JJJ....J.......J....         H
I           .    .       .JJ...JJ..JJ.JJ...J...J........J....         I
J           .    .       JJ..JJ....J..J...J.JJJJ...J......         J
K       . ...        JJ ..JJJ.JJ..J..J.JJJJ.J.JJJJ......J.....       K
L       ... JJ      .. ..JJJ....JJ..JJ...J....J...J...J....       L
M       .   .          .JJJJ..........J....J....J....       M
N       .              JJ.J..........J....J....J....       N
O           .J          J..J..J......J....J....JJJ.J..J....       O
P        J      JJJ    ..JJ.J..J........J....J...J....       P
Q       ..    .J    .J .JJJ..JJ#F#JF.JJ..J ... ...JJ..J...       Q
R       .     .J       J..JJJJ.F#F#J.......J....       R
S                     JJ.JJJ..F#J.J..J.J.JJJ....       S
T       J             .JJ  JJ.JJJ..J...        .....  ...   .. ...J      T
U       ..      .. ..    J   .J.JJ#J...        .     ..      U
V          .     J..       ...J.......        .     ..      V
W       ..          ...                  ..  .      W
X       . ...                        . .. J     X
Y                J.JJ                 ...  .    Y
Z       . .      ..J                  ... . .    Z
AA          ..                    J.. J    AA
AB  ..       ..       J = jackleg (carpenter) [untrained] (221)    .J ... .   AB
AC  ..   .           F = free jack [=mulatto] (11)            . . J    AC
AD  ..   .           # = jackleg (carpenter) + free jack        . . .     AD
AE  ..                                  .J.. AE
AF       ...                              ... AF
AG                                      J    AG
AH                                    .        AH
               1         2         3         4         5         6         7
      1234567890123456789012345678901234567890123456789012345678901234567890
```

WESTERN PINEY WOODS 2B

```
      1234567890123456789012345678901234567890123456789012345678901234567890
               1         2         3         4         5         6         7
A                                          #...DD...........D...D.D          A
B                 D..B.D.DDB ...DD...B....B.D                B
C                 ..D..D..............B...B..B.D.              C
D                 ....D..B.B.B............D........D...D.          D
E                 .#...D.#.............D.BBB........-...          E
F                 ....D.B.........D.D..D.....B....D..D           F
G                 .....D.......DB.BD..D.........D...            G
H           .     .D   .D.....DD......DB....B....D.......D..B       H
I           .         D   .D......D...#.D..B..............        I
J           .    . .      .D.D........B...D..DB....DB.BB.D....       J
K       . .BB        D. ...D..DD.....D..D..D..B..D...D        K
L       ... #.     B. .BD..#D....D.D.DD.B..D.B..DBD.D.........      L
M       .   .          ...DD..#...B.DD...DBD....B..D....D....D       M
N       .              D..D.D.D.....D#....#.......DD#.....       N
O                     .BDDD.D..B.......B.......D...DD.D..D.D..D       O
P           ..B        .B.D#DB....BB.B......DD...DB       P
Q       ..    ..       .D D.....B.B..D....D. .D. D.DDBDB....       Q
R       .     ..       D.D.DD...D..B....D...#...       .. . D    R
S                     ...#...D#B.....B....D... ..D ...D. ...    S
T          .      ...            ..D .       .D ...   T
U       ..   .   D.    .     D..DD.....          D...   . B     U
V       ..  ..            ..B.D......          D...  .  V
W       .DB  .  .D                       .. D .   W
X       . ...   .D.                     . BB  D    X
Y           D...                          D     Y
Z       .   ...                         .B.. . .    Z
AA          ..                    B.. ..   AA
AB  B.       ..       D = deaf <ee> (153)              .D .. . AB
AC  ..   .           B = beard <ee> (82)              . D B  AC
AD  .B   .           # = deaf <ee> + beard <ee>         .. B AD
AE                                   B..B AE
AF       .D.                              ... AF
AG                                      .    AG
AH                                             AH
               1         2         3         4         5         6         7
      1234567890123456789012345678901234567890123456789012345678901234567890
```

WESTERN PINEY WOODS 3A

```
        1234567890123456789012345678901234567890123456789012345678901234567890
                 1         2         3         4         5         6         7
A                                               .......C................          A
B                         .......... .C.CC      .........              .....      B
C                         .......... .C.C       .........              ....       C
D                         ...C..C...C.C.......C..H.......H                         D
E                         ..C.........CH..C.........H.....                         E
F                         .....C.C.#.C..C.......H....H..                           F
G            .    H.      ...C........C...C...                                     G
H        .               H...C....C.#HC.H...........C...                          H
I            .         C  C..C.....HCC......C#..C.                                 I
J        . ...            .C......C..HH..C............C.                           J
K        ...   ..         C. C.C.CC...CH.C..#.H.....C.......C...                   K
L            .            C.H..C.#CC..CCC.H.CC..HCC....C...C...C.                  L
M          .             .#..C..C.C..CC...C..C.#.CC....C...C..                     M
N        .               #C.....#.C.C.C.....C.C..HC....H.....                      N
O          .      HC.     . H..#C.C..C.HCC...C..H.C.C......C...                    O
P        . .    ..        C. .CCC...C#C.CC...C....CC .C.C.C                        P
Q        .      .C        C.CH#H.H...C.C....HCCCC..C  .C                           Q
R        .               ...CCC..H#......C..C.....  .CC                            R
S          .      .C.     ..........C........ CC.. C   .C  ...                     S
T            ..    .      ...C.C...                    C  ...                      T
U        ..    .C.        ...C......              ...  H .                         U
V      . ...    .#.                              .H C .                            V
W      . ...                                      C..  C                           W
X  .         CCC.                                 CC   .                           X
Y  .      C..                                          .... ..                     Y
Z          ..                                           ... . .                    Z
AA ..       .C       C = chunked (the rock) [=threw] (161)        .C C. .          AA
AB ..     .          H = (potato) house [=potato cellar] (45)     . .. .           AC
AC ..    .           # = chunked (the rock) + (potato) house      .C..             AD
AD ..                                                             .CC               AF
AE  ...                                                                             AG
AF                                                         .                        AH
```

```
        1         2         3         4         5         6         7
        1234567890123456789012345678901234567890123456789012345678901234567890
```

WESTERN PINEY WOODS 3B

```
        1234567890123456789012345678901234567890123456789012345678901234567890
                 1         2         3         4         5         6         7
A                                               .....#.B.BA..##.B.BBB.B.          A
B                         B.B.....B. .B..#...B.A..#AB..B....A....#..              B
C                         ..B..BAB.  .BB....BB...A.B..B...AAB....AB..              C
D                         AB..A#.......A...A..#.B..BB....A..B....B                 D
E                         .B.A.#.B...B........B..BBB..B...#.#                      E
F                         ..BA....A......BA.AB.B...B..A..BB..B                     F
G                         ....A.B....A#B.#...BB....AB.....B.                       G
H            B    .#      BB.....AB....B.B..B.BB..A....B....B...                   H
I                        ...#.B.B...BB...#...........B...B.....AA                  I
J        .    B    B    .  ...A.B....BA.B...B...BB....B......A.A...                J
K    B A..            B.   ...BBBB......A..AB#A..B.A.B.BAAB...BB.                  K
L        ...     ..        ..  .B..B...#.B..BB..B.....B..B..#.B.....               L
M    B       .            .B.A...B.A..B#BB..AB..B...........B...                   M
N        .               #B.A...BA..B..B.AB..###......BBBABBBB.....                N
O          .      B       B.B#B.B....BB#...BBABBB.BBB.#......B....                 O
P              .  A..      B..B..BB........BAB...BB..BB.#.BB..A.                    P
Q        ..     ..        . B.#.......B.#B..B....A.B..B.A.........                 Q
R        .       ..       #.B.A..B.#..B......BB.A...    ..  A  .                   R
S          .      B       .....#..A...B...AA..A...  .  ..#B   B.                   S
T            B        ..B  .....A........                ....  .  A. ..            T
U        .B                ..........                              .  ..           U
V      A..    .  ...          .....BA....                        ... #  .          V
W      . ...      ...                                            .B  A             W
X         ....                                                   ..  . .           X
Y  .              ..                                             ..... . .         Y
Z                                                                                  Z
AA ..         ..     A = desk(s) <-st> (101)                     ... .             AB
AB ..         ..     B = diphtheria <-(A)> (204)                 .. .B .           AC
AC ..                # = desk(s) <-st> + diphtheria <-(A)>        . . .            AD
AD  .A  .                                                         ....             AE
AE  ..                                                                  ..A        AF
AF   ...                                                              .            AG
AG                                                         A                        AH
```

```
        1         2         3         4         5         6         7
        1234567890123456789012345678901234567890123456789012345678901234567890
```

WESTERN PINEY WOODS 4A

```
          12345678901234567890123456789012345678901234567890123456789012345678901234567890
                   1         2         3         4         5         6         7
A                                              ......................                    A
B                        ..........            ...........................               B
C                        ..........  W.....S.  .............................            C
D                        ...........        .S..............................            D
E                        ...........  .W.     .............................            E
F                        ............        .............................            F
G                        .............  .W.   ............................            G
H          .    .W    W.......W.S.       ...........................                  H
I                        .............  W.     ..........................            I
J          .        .      ..W.          .........................                   J
K      . ...           ..  #W.W           ........................                   K
L      .   WW       .. WW.WW.#.W...               .................W.                L
M        .  W       .W#WW.....##..W..W.W          .................                  M
N        .   W      W    ..W.S.W.WW.....SW....W.          ...........W.              N
O      . W     W        .W.##.....WS.          ..............W...W.                  O
P               .W.    . #W.S......S...W       .............................        P
Q      ..        ..   .#  ..#......WSSSW..S.....                     ...            Q
R        .        ..      ..W..S.SSS                                 ....           R
S                        ..W...SS.#....                              ...            S
T          .        ...         ....                    ....    .      ..    .      T
U      ..       .  W.      .      .........                       ..               U
V      ...        ...      .........                             ...               V
W      ...  .     ...            .                              ...   .            W
X      . ...      ...                                       ...     .              X
Y      .  ...     ...                                        ..  .                 Y
Z      .         ....                                        ..... .               Z
AA                ..                                           ...                 AA
AB  ..           ..          W = white perch (58)           ..  ..  .             AB
AC  ..            .           S = side harrow (29)              .  .. .            AC
AD  ..  .                     # = white perch + side harrow      ...  .            AD
AE  ..                                                            ....             AE
AF   ...                                                         ....              AF
AG                                                                .                AG
AH                                                             .                   AH
                   1         2         3         4         5         6         7
          12345678901234567890123456789012345678901234567890123456789012345678901234567890
```

WESTERN PINEY WOODS 4B

```
          12345678901234567890123456789012345678901234567890123456789012345678901234567890
                   1         2         3         4         5         6         7
A                                              ....D...D..D...C..D...                    A
B                        D..C.D..DC .D.C#...#...#.D...D.D.D..CD....                     B
C                        .....#... DD...D.CC.....C.....C.#.....D                        C
D                        .D...C..C...CC......D.D.DCC.......D.D.DD                       D
E                        .D.#.D..D.D...CCDC.DC...CDD..                                  E
F                        D..D...C...D...D#..............C.                              F
G                        .C.........CDD...D..D.........C...                             G
H          .    DD     .......D.D....CDD....#...D...CD...                               H
I          D            D...D.D.......C.......D...CD...D...                             I
J          D        .   .......... ....DD.CDC...............                           J
K      C ...           D. .D...DD.D...C.D..D..........C.                               K
L      ... D.       .. ..DC...D.D..D.D.......D....D...                                 L
M        .  .         C.D.DCC..D...C..D.......D...DD...                                 M
N        .   .      D.CD...DD....DD...CDD...C......C....                                N
O      . .     .      ...D#.D.....DC.........D.DD...D..D...D                           O
P               C..    . ...D.DDD...DDD.......CDD.D...D....                            P
Q      .D        ..   .D DD......DC..C..CC... ... D.D.D..D.....D                       Q
R        .        ..      ..C...D.D..#...D...D.D     D D                              R
S                        .C#D..D..DC...C...C.C.  .   D.D.    .D                        S
T          .        ...   .D.......CC.                 ....  .   .D  .C.              T
U      C.                 .......C..                            D                     U
V      C.         ...      ..#........                         ... D .               V
W      C.C    CC                                               .C  D .               W
X      ...    D..                                             .C   .                 X
Y          ..C.                                               .C                     Y
Z      .     ..C                                             CC.. .  .               Z
AA                                                            .C.  .                 AA
AB  ..           ..          C = cork <awr> (88)            ..  ..  .               AB
AC  ..            .           D = draining <-ee-> (152)         .  D . .            AC
AD  ..  .                     # = cork <awr> + draining <-ee->   ...  .             AD
AE  ..                                                           ....               AE
AF   ...                                                        .DC                 AF
AG                                                               .                  AG
AH                                                            .                     AH
                   1         2         3         4         5         6         7
          12345678901234567890123456789012345678901234567890123456789012345678901234567890
```

WESTERN PINEY WOODS 5A

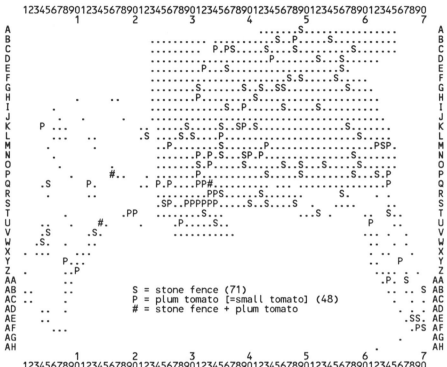

S = stone fence (71)
P = plum tomato [=small tomato] (48)
# = stone fence + plum tomato

WESTERN PINEY WOODS 5B

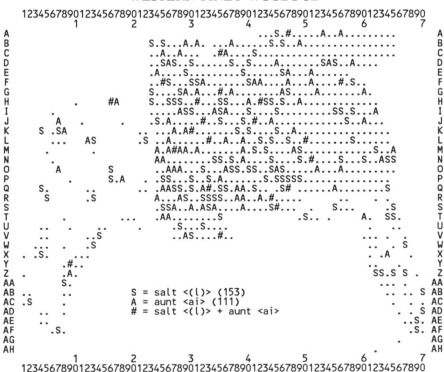

S = salt <(l)> (153)
A = aunt <ai> (111)
# = salt <(l)> + aunt <ai>

WESTERN PINEY WOODS 6A

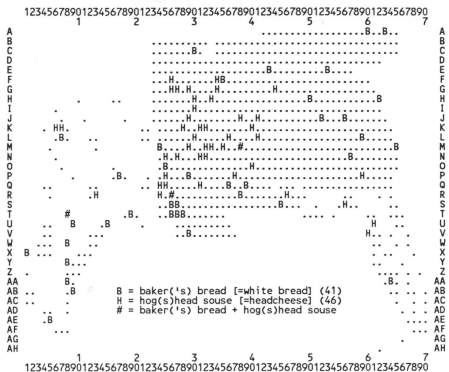

B = baker('s) bread [=white bread] (41)
H = hog(s)head souse [=headcheese] (46)
# = baker('s) bread + hog(s)head souse

WESTERN PINEY WOODS 6B

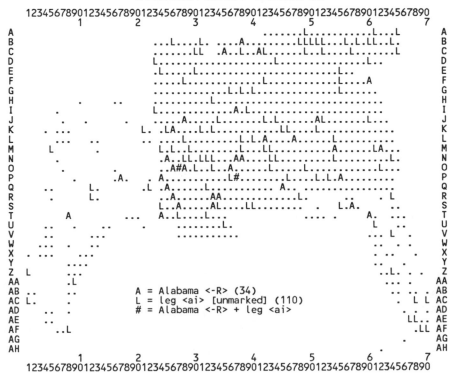

A = Alabama <-R> (34)
L = leg <ai> [unmarked] (110)
# = Alabama <-R> + leg <ai>

WESTERN PINEY WOODS 7A

```
        1234567890123456789012345678901234567890123456789012345678901234567890
                 1         2         3         4         5         6         7
A                                                .........G..............                A
B              .........S.........................S......                B
C            ...G.....S.....................................                C
D            ...G........G.............G..........GG....                D
E            ..............S....G...............................                E
F            ................S...S....S......                F
G            ...............S...G......S...G......G.                G
H        .      .S    .G..........G..G.......................                H
I          .          ...G..S.................G..S......                I
J          .            .  .................................                J
K      .  ...            S. ...G........S.........................                K
L        ...    ..      ..  ......GGS....G..........S.S......                L
M        .      .          ..G.G........G#......................S                M
N        .                .GG....S..S..G...S...............                N
O      .          .      G.G.........G.#...S...G...#....                O
P      .        G..    .  G....SGS.........................S...                P
Q      .          ..    .G  ...G.......G.........G...........                Q
R      .          ..          #......S..............    ..    . .                R
S    ...    .            ...S..SG...............    .    ...    .                S
T        .              ....    ...S.............  .    ....  .    ..                T
U    ..    .    ..          ....S......                .    ..                U
V    ...    .    ...          ...........          ...  .                V
W    .                                          ...  .    .                W
X  . ....    S..                                  ...  .        .                X
Y  .        ....                                  ..  .    .                Y
Z  .        ...                                      ...  .                Z
AA          ...                                      ...  .                AA
AB ..        ..          G = gee-whiz (harrow) (41)            .. ..  .  AB
AC ..    .  .          S = squinch owl [=screech owl] (36)      .  . .    AC
AD  ..    .            # = gee-whiz (harrow) + squinch owl        . .. .    AD
AE  ..                                              .... .    AE
AF    ...                                              ... .    AF
AG                                              .    AG
AH                                              .    AH
                 1         2         3         4         5         6         7
        1234567890123456789012345678901234567890123456789012345678901234567890
```

WESTERN PINEY WOODS 7B

```
        1234567890123456789012345678901234567890123456789012345678901234567890
                 1         2         3         4         5         6         7
A                                         .W.........B.WW........B                A
B              .....WB... ...W....B.BW......W.BB.....                B
C            .W..W.#..  .W....W.......W...W......B.                C
D            .W.W.........W..........BW..W...W.                D
E            .W.................B.............                E
F            .W..................B...............                F
G            ...BW.....WW..B......W..W...B....                G
H        .      ..    .................W.W.......B...B...BB....                H
I          .          ........W......W........................BW...                I
J        B            ...W....W...W..B....WW...W.........                J
K      . ...            ...  .....W..B..........B.......B.....W..                K
L        ...    ..      B. ...WW....W.............B...........                L
M        .      .          W.W..B...B....B..........W...........                M
N        .                ........B...W.WB........W.W.WW....BB                N
O      .          .      W.WWW.......WW...W....W...........W..W...                O
P      .        W.B    .  .......B....BW.......BWWB.W...........                P
Q      .. .    W.        BW .W.W....W.......W W...W.B.........                Q
R      .          ..          W.W.W...BW..........W..W                R
S    ...    .            W..W.B.B.W.......B...........W.                S
T        .              ... W.W.................W..... .W.  .                T
U    ..    .    ..          ......B...                W... .    W.  ..                U
V    ...    .    ..  . B.          .B....B..W.                    W .B                V
W    .        .  B.                                W.W .  .  .                W
X  . ....    . ...                                  W. .  .    W                X
Y  .        B...                                  .. ..  . .                Y
Z  .        ...                                      .... .  .                Z
AA          ..  .                                      ...  .                AA
AB B.        ..          W = widow <-R/{R}> [weakly retroflex] (95)    ..  . W  AB
AC ..    .  .          B = beard <{d}> [devoiced] (53)              .  . .    AC
AD  ..    .            # = widow <-R/{R}> + beard <{d}>              . .. .    AD
AE  ..                                              .... .    AE
AF    ...                                              ... .    AF
AG                                              .    AG
AH                                              .    AH
                 1         2         3         4         5         6         7
        1234567890123456789012345678901234567890123456789012345678901234567890
```

WESTERN PINEY WOODS 8A

M = mark [=castrate] (42)
S = shinny [=moonshine] (30)
# = mark + shinny

WESTERN PINEY WOODS 8B

C = cough <{aw}> [unrounded onset] (110)
T = two |efa-BJA| (442)
# = cough <{aw}> + two |efa-BJA|

PINEY WOODS/COASTAL 1A

H = hog(s)head cheese [=headcheese] (312)
M = mosquito hawk [=dragonfly] (242)
# = hog(s)head cheese + mosquito hawk

PINEY WOODS/COASTAL 1B

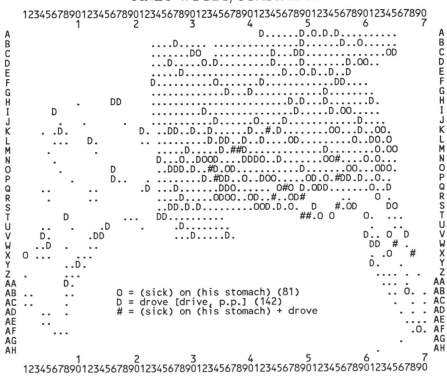

O = (sick) on (his stomach) (81)
D = drove [drive, p.p.] (142)
# = (sick) on (his stomach) + drove

PINEY WOODS/COASTAL 2A

PINEY WOODS/COASTAL 2B

PINEY WOODS/COASTAL 3A

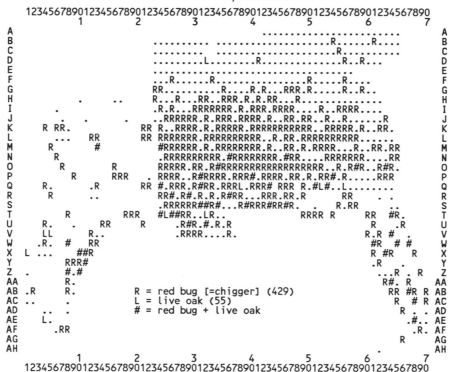

```
     1234567890123456789012345678901234567890123456789012345678901234567890
              1         2         3         4         5         6         7
A                                          .................r..........        A
B                     ..........  ....................R......R....              B
C                     ..........  .....................R........              C
D                     .......L.........R........R..R.R...              D
E                     ..........................R.....              E
F                     ...R....R.................R....              F
G                     RR..............R....R.R...RRR.R....R..R.              G
H                     R...R....RR..RRR.R.R.RR...R........              H
I              .         .R.R..RRRRRRR.R.RRR.RRRR...R..RRRR...              I
J                 .    .  .RRRRRR.R.RRR.RRRR.R..RR.RR..R...R              J
K        R RR.            RR R..RRRR.R.RRRRR.RRRRRRRRRR..RRRRR.R..RR.              K
L        ...     RR       RR RRRRRRR.RRRRRRRR..R.RR.RRRRRRRRR.....              L
M        R     #          #RRRRRR.R.RRRRRRRR.RR.R.RRRR..R...RR.RR              M
N        R                .RRRRRRRRR.#RRRRRRR.#RR....RRRRRRR....RR              N
O        R         R      RRRRR.RR.R#RRRRRRRRRRRRRRRRRRR..R.R#R..R#R.              O
P          R    RRR       .  RRRR..R#RRRR.RR#.RRRR.RR.R.R#R.R.....RRR              P
Q      R.     .R          RR #.RRR.R#RR.RRRL.RRR# RRR R.#L#..L.......              Q
R      R      ..          RR#.R#.R.R.R#RR...RRR.RR.R     RR    . .              R
S                        .RRRRRR##R#...R#RRR#RR#R..R...   R.RR              S
T          R        RRR   #L##RR..LR..            RRRR R    RR  #R.              T
U      R.   .   RR    R    .R#R.#.R.R              R  .R              U
V       LL     R..        .RRRR....R.             R.R #  .              V
W      .R. #   RR                                  #R   # #              W
X    L ...   ##R                                   R #R   R              X
Y            RRR#                                  .R .              Y
Z      .    #.#                                    ...R . R              Z
AA          R.                                     R#. R              AA
AB   .R     R.       R = red bug [=chigger] (429) RR #R R R              AB
AC   ..    .        L = live oak (55)              R  # R  R              AC
AD     ..  .        # = red bug + live oak           R . . AD              AD
AE     L.                                            .#.. AE              AE
AF       .RR                                         .R. R              AF
AG                                                   R              AG
AH                                                     .              AH
              1         2         3         4         5         6         7
     1234567890123456789012345678901234567890123456789012345678901234567890
```

PINEY WOODS/COASTAL 3B

```
     1234567890123456789012345678901234567890123456789012345678901234567890
              1         2         3         4         5         6         7
A                                          #...##JJ##MJJJ...#.M.MJ.              A
B                     ..J.J#MJ.J ..JM..JJ#.JMMM##.#.J...MMMJ..M.              B
C                     #JJMMJJJJ  ##M#JMJM##MM.M#.M.#J.M.#MM...M.              C
D                     J.M.J.M#JJJJM.MJJ.JJMJ#..J#..JJJJ....M...              D
E                     ..JJJJ.JM#MJ..#MJ.M#.##JJJ#JJMJM.JJ              E
F                     ..JM..M.#JJJ.##.M.J..J.MJ#..M#M#MJJJ..              F
G                     J.J..J#JM.M#JM#M#M.J....M#J..J#.J.MJJJJ.              G
H              .      #M    M..MMJ.JM....M..JM###..#.J..#J#JJJ....##              H
I                           .JJJ.J#M.J..#.J.#M#MMJJJ#M#.MJMJ.#...#              I
J         J       .      J   J.JJMM.J...JJJ.#JJMM.J.#JMJ#.MJ.#MJ##MMJJM              J
K       M .MM               .# #..MJ.M..M#JJ..JMJ.##M.M.MJMMM...#.JJ#JMJ              K
L       M#.      #M          .M #MJMMMMJ.MMJJM.MMJM##JJ.JJJJMJ.M#M#M#              L
M        .     J             JJJM..M.#JMJ.MJ.MJ..MJJ.#J..#.#J...JJM#MJ              M
N       .#       M           #J..JJ.M#.JJ.#.J##.M###J#J.JJJM###.JJ.#JJ#              N
O              #            M    MJ.   J...#MM.#JJ.J..J.#JJJ##JMMJ.J              O
P          J       MJ.    J   .#M..JJJM.J#...J#MJ#..MMJJ..##...#.#JJ#J#              P
Q      J.       .M       J#  .J##J.M..#J.MM##JJJJ  .MM ##MJMMJMJ#M..JJM              Q
R      J       JM        M..###MMJJ.J.JJ.MJJ.M.#...    JJ    J #              R
S                        #.MMMJM.M.#..MM#JM###MJMJ  J.JJ              S
T          .        #MM   JJ.MM#..#..#.#M       MM#J #    M# MJM              T
U      J#      .    ##    M    JM#JM#M#.#        MM#J #      M ..              U
V      #.      J##             ..MMJJ#MMMM                 ... # M              V
W      JM.  .  #M                                           #J  J .              W
X    . ##M    .JM                                          M .J   M              X
Y            ..JM                                              .#              Y
Z    #     ..M                                             M#M# # J              Z
AA          #.                                            M#. #              AA
AB   ##     M.       J = January <-yI-> (443)            #J JM M AB              AB
AC   M#    #        M = mouth <ow> [unmarked] (382)      #  # J AC              AC
AD     #M  M        # = January <-yI-> + mouth <ow>       . J M AD              AD
AE     #M                                                #M.M AE              AE
AF     M#.                                               .## AF              AF
AG                                                       M AG              AG
AH                                                         #              AH
              1         2         3         4         5         6         7
     1234567890123456789012345678901234567890123456789012345678901234567890
```

PINEY WOODS/COASTAL 4A

```
        1234567890123456789012345678901234567890123456789012345678901234567890
                 1         2         3         4         5         6         7
A                                               ..........B..B.....B....          A
B                    B.........    ...B...B..............B..........            B
C                    .........   BB..........................                   C
D                    .......C..B...............B...B....B..             C        D
E                    ..B.........B............B.......B.#.                       E
F                    .....BB.....C.......B.......B...                            F
G            .    C.    ........#....B...B..B.B...                               G
H                    CC.B...C....C.B......................                       H
I                    ...C..C................C............BC....                  I
J         .  ...    .. B..C.CC...C....C....B.CCB....C.......CC.                  J
K       ...    .C   .C ...CC.B...CCC..CB.......C.C....C...                      K
L                    ..C#C.C......CBC..C...CCC.........#...                      L
M           .         #C#C..BCC.#..CCC.CC#C...C........C.C...                   M
N          C      C    BCB#B....C..B.C..C.C.#....C.C..C..#.B##C                 N
O             C#.     C.##.##..C..B...B.C.....C..C.C.CCB..C                     O
P        ..   C.     CC CC#....#C#CBB.C......BC C.CC#.C...                       P
Q         .    C.    CCCC...B.C.B......C#..C..#                                  Q
R         .         C#...BBCC.C...BCBB.B.B#..                                    R
S       C      .B#   C.B..B.....CCCC . C.BC   CC  ...                           S
T     .. .  ..   C    ....CB....                     C.. #  #                   T
U     ..  . ...                                      C.  C  B                   U
V     ...    CC.                                     C B. . #                   V
W  . ...                                             .. . #                     W
X     ...C                                           .... . B                   X
Y     .                                              CC. C                      Y
Z    ..    B.     B = blood pudding (98)             .# .C B                    Z
AA  ..          C = cat squirrel [=gray squirrel] (160)  C  C .                 AA
AB           # = blood pudding + cat squirrel        . . .                      AB
AC  .. .                                             .B..                       AC
AD  ..                                                                          AD
AE   ...                                                                        AE
AF                                                            .                 AF
AG                                                                              AG
                 1         2         3         4         5         6         7
        1234567890123456789012345678901234567890123456789012345678901234567890
```

PINEY WOODS/COASTAL 4B

```
        1234567890123456789012345678901234567890123456789012345678901234567890
                 1         2         3         4         5         6         7
A                                               WTTT.T..WT.T.....T...T..         A
B                    #.W...T.#. .#.WW...WTT.W#.W.......T.T.T..                  B
C                    #T#..TT#.  .TT.T.WT........#.TTTT....TTW..T                C
D                    WTT..TT.........#T..W#TT.T...TT..TT.....                   D
E                    #..#..T#.T..T...#..T.W.TWTW.T#WTT                          E
F                    ..W.T..TTT.T..T..TW.#..TT....TT..T                         F
G                    ...T#.#T..W..T.T.#.TWTTT.WT..TTT.WT..#.                    G
H            T    .#  W#..T.TTW..W..T.T.#TT....TT.WTTTT.T.W..T                  H
I                    .W....T#W.TTTTW#..T.TW..#T#TT...WW.....                    I
J        .  ...    W .....#.T.T#......T...T.T.T#W...TWWW....TTTT...             J
K     .  ...    W.    T...W..T#......W.WT.TT.TWW.T..T.T.##W..#T.                K
L       .T #TWT#TTT.TWT#TT...T.TTW#...T.TTW.W.#WTTTT#T.TTT.T.                   L
M                    TW#TTTWTW....TTTTT....T...TT..TT..#.#WT.TW                 M
N     .T              WT.TT#.WT.WT..TT.T.W.TTT#.T.W.WW#W.##....T                N
O          .         ..TTTTTT.TT#..TTWT#..T....TW#.W.WW...W..#T..              O
P        .           T.T .T.T...T#..T..........T.WTT.T...T.#TWT.W.T#.          P
Q     W.       ..    .. .TW#T.#WTT##T.T..........WT .W.T.TW.T.TT...#           Q
R     .       T.     T....#T##TT##TT.W.TW#WT.WT    T.  . T    .T               R
S                    T.T.W.#TT#.T.#T#.T#.WT...  .    .T.W W    TW  T#.          S
T                T.. #.T..TT.T..T    TT.WT.T..#        .T.W W    # #T           T
U     TT    .  ..    T   TT.WT.T..#                        #  #T               U
V     ..  . T.T                T..TTTT#T#.                 ..W T  W            V
W  W.. T  T.                                              T. T . W            W
X  . .WT    .T.                                           . TT  W             X
Y        .#.T                                                  W               Y
Z  .       T.T                                           TWTT #  .            Z
AA                                                       ... T                 AA
AB #T     T.     W = Washington <-Nt-> (183)             T. #. T               AB
AC ..        .   T = twenty-seven <-n(t)-> (372)         #  . . .              AC
AD  WT T         # = Washington <-Nt-> + twenty-seven <-n(t)->  . T T          AD
AE   .T                                                        ..T.            AE
AF     ..T                                                    W.#              AF
AG                                                            .                AG
AH                                                                             AH
                 1         2         3         4         5         6         7
        1234567890123456789012345678901234567890123456789012345678901234567890
```

PINEY WOODS/COASTAL 5A

```
          1234567890123456789012345678901234567890123456789012345678901234567890
                   1         2         3         4         5         6         7
   A                                          .S..........S.SSSSS.S##S.                A
   B                             ..L...L.L. ...S..S.........##...SSS.SS.S             B
   C                             S......LL......S.........S.....SSSSSSS#S.S           C
   D                             ...S....L#.....S..LL......L.SS.S.SSS#.S              D
   E                             S............S..S........LS.LS                      E
   F                             .S#.....L...SL..S...L....SS....S.#SS                 F
   G                             ..........LL.L.....LL.L.L..S..SS.#                   G
   H              .        ..     .SS.....L....L...S..SL..LL..S....S.L..              H
   I          L                   ..S....L..S.S.SSSSS..S...S.....L.SS.LS              I
   J                        S      #.........SSSLLSS.S..SSSSLSS..SL                   J
   K        L .L.      .        .L .L...L....S....SS....SS..S..#..S..SSS              K
   L          ...    ..      ..  .L......S..LS..LSLS...L..SS.S..S.#SS.SSSL            L
   M          .      .         .  LS....S......L..S#S.SSS.S...SSS.SL.SSSS.L           M
   N                                .S..L...L.SSLLSL.SLS.S.S......S..S.SSS.           N
   O          .              .      ....L.LL.........S.....LS.S.S.SSS.S#.SS#          O
   P                      ...    .  ...L.L..L.....LS#S#SSS.SS#SS.S#..S.                P
   Q        ..        .     .    LL .#..L....SL...SS...S .SS #S..#S.#..S.S#.S         Q
   R        .         ..          ....L..L...L..L.....#SL..S    .S .    S .           R
   S                                L...L.LL#L....#L..SSLLSSS  .   SSLS   ..          S
   T           .          SLS   S.LLL.LS....    .L........   #SSS S    #S  ...        T
   U        LS     .      ..     .     .L......              S  SS                    U
   V        S.     .LL          .     LLLL.......            S.. S  L                 V
   W       .S.    .        L.                               SS  # #                   W
   X     . .SS    L.#                                        # #S   S                 X
   Y              L...                                      #S    S                   Y
   Z     S        S..                                        ..SS #  .                Z
  AA                ..                                        .S.  S                 AA
  AB   L.          .S            L = lowland(s) (145)         #.  LS .               AB
  AC   ..          L             S = spicket [=faucet] (262)   S  S .                AC
  AD      ..       L             # = lowland(s) + spicket       #  .                 AD
  AE      .#                                                    .SS.                 AE
  AF          .L.                                               .S.                  AF
  AG                                                                                 AG
  AH                                                              S                  AH
                   1         2         3         4         5         6         7
          1234567890123456789012345678901234567890123456789012345678901234567890
```

PINEY WOODS/COASTAL 5B

```
          1234567890123456789012345678901234567890123456789012345678901234567890
                   1         2         3         4         5         6         7
   A                                          H#..HH.FF...H..H...HH..F               A
   B                             .HF#..HF.H F...FH......HH..H.HHH.....H.H...          B
   C                             H......FH......FH......H.F......F...H.H..H..         C
   D                             HF....HF.H..HF..F.......F...H..H..H..             D
   E                             F.......F....FF...FF..FF.......H...                 E
   F                             ..FFF...F......F.F..F.......F.F..F..                F
   G              .       F.     ...F.......F......F..F...F...HF..F                  G
   H                              ..H..........F.H.F...FH...FFF....H....             H
   I                              ...F.......F...F...F...FF.F..F...                  I
   J          F      .      #     F..FF..F.......FF.F...F.F..HF...F...               J
   K        H .#H            FF H..F.........FF....F..F.FFFF..F..F...F.              K
   L        H..      .F      H. ....F....FF......FF..F..FF.F....F...F.               L
   M        .F                    ..F..#.FF...F...F..H..............H....#           M
   N        F                     F...H..FFH....F..F..F......FF..HF..HF#             N
   O        F              F       .F.FH.F.F....F..F.H.F.FF......F.F.HH..H....        O
   P                  F..   F       ..FF.FF...........F..F..F#FFH.H....               P
   Q      .F      HF       #. H.FF.......F......FF...  FH.F..F...F.H...              Q
   R      .         ..            F...F.....F..F...FF..F.H...   HH     .             R
   S                              .FFHF...H.......HFFH.F...   F  F..H    .H          S
   T         .            .FH     ..............     ......F.  .    .. .F.           T
   U      ..     .     ..          ......FH..        .....F. .  .     . .H          U
   V      ..     .               ..H........                F.. . H                 V
   W      H#H   .   HH                                      .H # #                   W
   X     . .H.     F..                                      . HF  F                  X
   Y              ....                                      HH  .                    Y
   Z     H        ...                                       H.H.  . F                Z
  AA                HH                                        .H. .                  AA
  AB   H.          HF            H = hair <her> (117)         .. .. F               AB
  AC   H.          .             F = forward <-(r)w-> (192)    H . .               AC
  AD      .H  H                  # = hair <her> + forward <-(r)w->   H . #          AD
  AE      .F                                                   #HHH                 AE
  AF          .FH                                              ...                  AF
  AG                                                              F                  AG
  AH                                                             #                   AH
                   1         2         3         4         5         6         7
          1234567890123456789012345678901234567890123456789012345678901234567890
```

PINEY WOODS/COASTAL 6A

```
H = hoppergrass [=grasshopper] (145)
G = gopher [=burrowing tortoise] (164)
# = hoppergrass + gopher
```

PINEY WOODS/COASTAL 6B

```
F = far <aw/{aw}> [unrounded onset] (114)
N = November <-{R}> [weakly retroflex] (97)
# = far <aw/{aw}> + November <-{R}>
```

COASTAL 1A

```
          1234567890123456789012345678901234567890123456789012345678901234567890
                   1         2         3         4         5         6         7
A                                                      .....C................         A
B                             ...........  .........C...C.............              B
C                             ...............  ......C.C................            C
D                             ..................C.......SC.............             D
E                             ...................................                   E
F                             ...................................                   F
G                             ...................................                   G
H              .        ..    ..................C..................                  H
I                             .............C...S......C......CS.C...                I
J              C    C.C       ...........C....C...C....C.........              J
K         . ...               ..  ......C....C....C...C....C...............         K
L           ..C     ..    C.          ..C.C.....C.....CC..C.....S...              L
M         .         C          ....C.C....C.....CC....CC..C....C....#           M
N              .         .     C.C....C....C.....CC....CC..C....C....##C.       N
O              .         C..  .  ...C.SC..C..CCC......C....CC.C...C.....C.S.S    O
P          ..        .       .....C...CCC...CS.C.....C....CC.C...C......SS.       P
Q         .        ..         C.CSS..#C..CC..SCC.C.C....        .. .            Q
R                            .S..S.....S...S#.....C.C.     ....  .              R
S              #SS     SSS.....SC#.          ..SS C    CC   ...          S
T        ..  C    CC          ....SS....                                 T
U                             .   SS..S..C.CC                ... C .       U
V          ..                                              C.  S C        V
W         .CC   .    C#                                     C . . S        W
X        . .C.     #S.                                       C .. S         X
Y              ...S                                          .. S           Y
Z        .          ..C                                      ..CC . C        Z
AA                                                            S.C         AA
AB      ..        ..        S = shell road (49)              CC .S S     AB
AC      ..      .          C = collard greens (115)           S . S      AC
AD      ..    .            # = shell road + collard greens     C. .      AD
AE      ..                                                    C..C       AE
AF         ..C                                                .C. .      AF
AG                                                           C          AG
AH                                                          C            AH
                   1         2         3         4         5         6         7
          1234567890123456789012345678901234567890123456789012345678901234567890
```

COASTAL 1B

```
          1234567890123456789012345678901234567890123456789012345678901234567890
                   1         2         3         4         5         6         7
A                                            ..D..D.....D..D.#......             A
B                            .DD....... ..C..D...D.D......DD.D.C......           B
C                            .D..D....  .C#....C.C......D......#.....           C
D                            DDD.D.......D..CD.........DD.D..D...              D
E                            D..D..C..C.#.DD..DDD.....C.D...D.D.              E
F                            ...D....DC..CD.D.D#.C.DC.C...DD#....D..           F
G                            ..D....C......CCDD..D.DD.DDD....               G
H              .    D     .. ....DD...DCC..CC..D.D...CD....CD#CD....      H
I           D               C.............D.D.C.C.C.D.........D.D....D.      I
J                      D     D..CDD....CC..CCCD...D.........C....DC#.C.      J
K         . .C.              C. D..C....C.CCC.DC#C....##.CCC.D.C.CD....D.    K
L           .D.     ..       .D DDC...D...CC.......CD#CCCCDCC..C#C.DDCD#.   L
M         .         D          .#..CDD.C..CC..CDD.CCD#...D#C##C#..D......   M
N              .         .     C.D....C.DCD..CC....C.D.DD...C..DDDD        N
O              .         C..  .D..D..D...D..DD.D.DD#.CD...CDCD..D..D...C    O
P          D.        .D      C..CC...DC......D.D.........D......DC.       P
Q         D.        .D        DD .CDD..D...D...#DD..# .D. D..D.CD.CDD...DC   Q
R         .        .D         C..C.D..C..D.DCCC...DD...D    D.   D C       R
S                            .D..D.CC.#.C..##.D..DDDD          ...D        S
T              ..D           DCDCDDC.DDDD          DD.D .    D. DD.       T
U      DD     .    D.     D   CDDC.#C#CC                  . D.           U
V      DC           .DC      .D..DC...D.                   ..D . D        V
W      ...    .    .D                                       . D D         W
X      . #DD       #...                                     . DD  D       X
Y              #DD#                                          .D .         Y
Z      D     D..                                            .CCD D D       Z
AA                 ..                                         ...  .      AA
AB    D.       DD           D = dove [dive, pret.] (257)      D. D. .    AB
AC    ..       C            C = Civil War <-[r]> (156)              . D   AC
AD      ..   .              # = dove + Civil War <-[r]>         D . D    AD
AE    DC                                                      CD#. .     AE
AF      .DD                                                    .D#       AF
AG                                                              #         AG
AH                                                          .            AH
                   1         2         3         4         5         6         7
          1234567890123456789012345678901234567890123456789012345678901234567890
```

COASTAL 2A

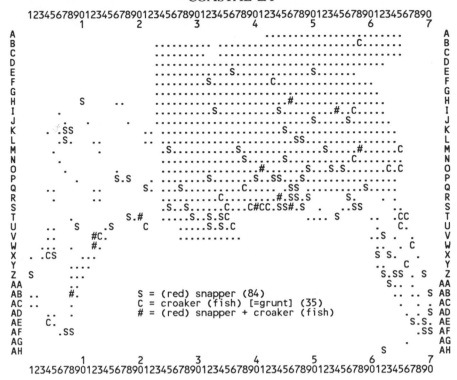

S = (red) snapper (84)
C = croaker (fish) [=grunt] (35)
# = (red) snapper + croaker (fish)

COASTAL 2B

C = careless <-r-> (407)
W = white <(h)> (193)
# = careless <-r-> + white <(h)>

COASTAL 3A

COASTAL 3B

COASTAL 4A

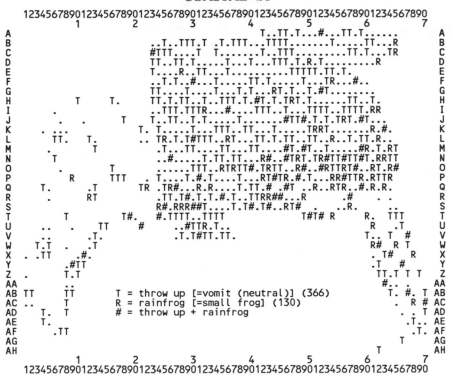

T = throw up [=vomit (neutral)] (366)
R = rainfrog [=small frog] (130)
# = throw up + rainfrog

COASTAL 4B

T = toward [disyllabic] (214)
O = oil <oy> [unmarked] (349)
# = toward + oil <oy>

COASTAL 5A

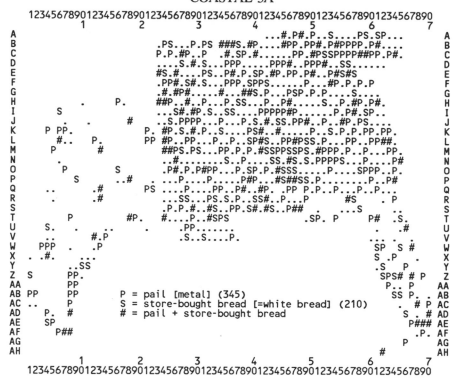

```
P = pail [metal] (345)
S = store-bought bread [=white bread] (210)
# = pail + store-bought bread
```

COASTAL 5B

```
A = aunt <o> (129)
O = on <aw/{aw}> [unrounded] (382)
# = aunt <o> + on <aw/{aw}>
```

ATLANTIC COAST 1A

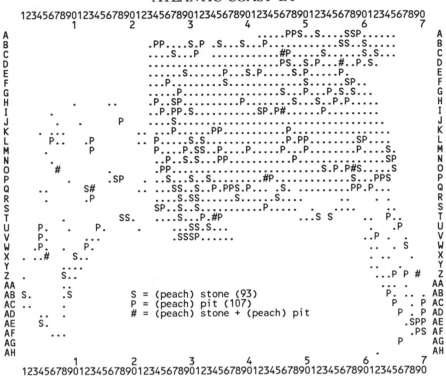

S = (peach) stone (93)
P = (peach) pit (107)
# = (peach) stone + (peach) pit

ATLANTIC COAST 1B

H = harness <-(r)-> (112)
C = cow <ow> [unmarked] (386)
# = harness <-(r)-> + cow <ow>

ATLANTIC COAST 2A

```
          12345678901234567890123456789012345678901234567890123456789012345678901234567890
                   1         2         3         4         5         6         7
A                                                        ..................                A
B                             ..........  .................S...S..                          B
C                             ..........  ..........S...S...........                        C
D                             ..........  .....W............S...S........                   D
E                             ..........  ..............S.........S.S                       E
F                             ..........  ...................S.S...                         F
G                             ..........  .....S...SS..S.............S.                      G
H                             ..........  .....W.....S....S...S....                          H
I                             ..........  ...............S....S...S....                      I
J                             ..........  ..................S.S........                      J
K            . ...            .        ..  ...S.                 ...................          K
L             ...       .              ..  ...S...................S.........S.S#             L
M           .                                .................S..........S....WW             M
N         .                                 ..............................##..              N
O            .         .      .  .          ............................S......W            O
P         ..           .                                                                    P
Q         .           ..      ..         ..........S...                                      Q
R                             .........................W.S....  ...  .W                     R
S        .       S..       .            .........S.........S.... .. .WW                      S
T          ..    .   S..   .            ...........    .S.......  . W.                       T
U          ..      .                    ...........          ... S .                         U
V          ...               ..                                  .. # S                      V
W        . ..S     ..W                                       S ..                            W
X          ..S.                                              .S                              X
Y        .                                                   S... S S                        Z
Z                  ...                                        W.. .                          AA
AA       ..                                                                                 AB
AB       .. W = whiting [fish] (16)                          .. .. .                         AC
AC       .. S = scallions [=green onions] (52)               . . .                           AD
AD       ..  . # = whiting + scallions                       . .. .                          AE
AE                                                           .S..                            AF
AF       .S.                                                 .S.                             AG
AG                                                           .                               AH
AH
                   1         2         3         4         5         6         7
          12345678901234567890123456789012345678901234567890123456789012345678901234567890
```

ATLANTIC COAST 2B

```
          12345678901234567890123456789012345678901234567890123456789012345678901234567890
                   1         2         3         4         5         6         7
A                                              ...W...G........G......                       A
B                             ..........   .G......W.WG..........                            B
C                             ..W  G...W...W.....W......WW....                               C
D                             .W....G...W.W.....G.....W.W......                              D
E                             ..........G.....G.....W..                                      E
F                             ..W....G.....G....                                             F
G                             .....G...G....G.G....                                          G
H                     .     ..  ...W.......W.......W...W.W.W..W..                            H
I                             ..W.......W.....W.G.....                                        I
J                             W..W....G....WG.....                                            J
K          . G..              .. ...GG.GG.....GGW.W.....W.GG..WGGGG.....                      K
L            .W..             .W..W.............W.....G...GG...W...                           L
M            .       W         ...G..W.G........W.............G........##                     M
N            .                ..W..GG..WG..W...........W....W.G..W                           N
O                 .    .       ...WG....G.........W......W..W.G..W                           O
P                             ...W.W.GW........W.............W.W                             P
Q         ..          ..       .. ..W...W....G..W..G#..............W                         Q
R         .           .G       ...WW.GG....W.WW...WG....                                     R
S                             W...WW...W....WWW...W.W..  G  .G..  G.                          S
T            ..      .  #.   . ...W.W.WWWW.          W...  .G .W.                             T
U         .  .     W#      .   .W...#...W                        ...  W                       U
V            WG                WWWGWWW.WWW                       ... W  W                     V
W           WWW      .W.                                        G ..  .                      W
X        . W.W            ...                                   ..                           X
Y              .WW.                                             ..                           Y
Z         .      W..                                           .W.W W .                      Z
AA                                                            ...                            AA
AB       ..      W.  W = wheelbarrow <(h)> (123)              .. ..                          AB
AC       ..          G = garden <-o(r)-> (66)                 . . G                          AC
AD       ..      . # = wheelbarrow <(h)> + garden <-o(r)->    .. W                           AD
AE       W.                                                   W.W.                           AE
AF       ...                                                  .#W                            AF
AG                                                            .                              AG
AH                                                          W                                AH
                   1         2         3         4         5         6         7
          12345678901234567890123456789012345678901234567890123456789012345678901234567890
```

ATLANTIC COAST 3A

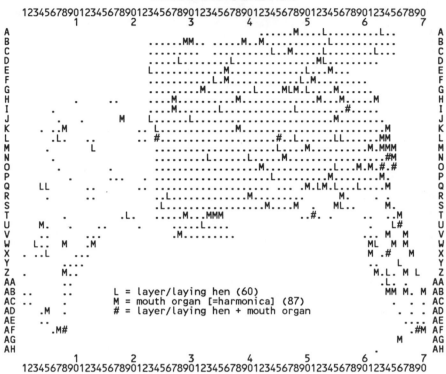

ATLANTIC COAST 3B

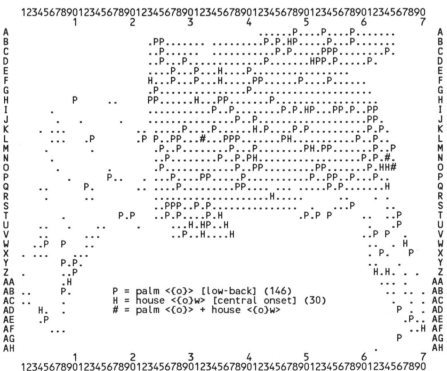

ATLANTIC COAST 4A

```
    1234567890123456789012345678901234567890123456789012345678901234567890
             1         2         3         4         5         6         7
A                                         ........................         A
B                    ................  .............................S...   B
C                    ................  ..........................         C
D                    ................  ...........................       D
E                    ...............S...C.................            E
F                    ......................................          F
G                    ...............................C...C......       G
H         .       ..  .................................C.C          H
I                    ...........................S.....C...C.CS       I
J         .       .    .C...............C.....C.....C.C.C         J
K    .  ...      ..    ..  ..C..............C.............C....      K
L         ...       ..       ..C...............C......C....        L
M              ..    .      .......CS..............C....CCCSC.      M
N            .    .    ..    .......CS............SC....CS....CC.#   N
O          .        ...     .....SC....S....CS..CC#S.       O
P       ..       .S    ...  ..    ..CC.................CC..CC...    P
Q         .        ..        .......S.....C. ........S.C.CCCS    Q
R    ..       .      ...S..S....C...      ..    C S       R
S              .    .CC..........SSS.SS.SSS.    C.#.    CS      S
T      .         ...       .SSS.         #... C   C.  .SS    T
U    ..   .   ..    .    ......S...              C  S.       U
V    ..    . ...     .S..S......              S.. C .       V
W    ...  .          .                        CC  C S       W
X  . ...    ...                               .S.   C       X
Y       ....                                  .C            Y
Z  .     S..                                  .C.. . S     Z
AA       S.                                   .C. C         AA
AB S.        ..        C = cracker [=rustic] (66)      .. SC C  AB
AC ..     .            S = sea turtle (51)                . . AC
AD   ..  .             # = cracker [=rustic] + sea turtle  . .. . AD
AE   ..                                                     ..S. AE
AF   ...                                                    .SC  AF
AG                                                           .    AG
AH                                              .              AH
             1         2         3         4         5         6         7
    1234567890123456789012345678901234567890123456789012345678901234567890
```

ATLANTIC COAST 4B

```
    1234567890123456789012345678901234567890123456789012345678901234567890
             1         2         3         4         5         6         7
A                         .................................           A
B                    ..C.S.....  .S...S..C.C..S...........C.....       B
C                    .C.......  ...S.S..C.............       C
D                    ..C.....S.C......S.S....S............C.       D
E                    .S.....SS...S....S.C....S....C...           E
F                    ...........S.......S.......C          F
G                    ..........S....S....C........C        G
H         .     SS    ..........S..S...........C.SC.....    H
I              .    .  .........S..........CC....S...       I
J         . .        .S.........C.#.............         J
K    . .S.      S.    .S ...S.C..........C.S.......C..      K
L       .S.     S.    .. C.S.S.....#S.C............S....    L
M              .    .      .C.....CSS.S..........S....C.    M
N            .    .    ..   .....S..C....S........C.    N
O          .        ...   . S.....C.S....C.........S...CS.    O
P       ..       .S    ...  ..SS.S#.....C.....S ..........S    P
Q    ..       C      .S    .......S.........C... .  .. .    Q
R    .       .      ...S.       .S.......S... S...  . .    R
S              .    .S.    .S#....C..S       .CS. C   .. #CC  S
T      C.         .   .S.    ..S..C...S              s...   T
U    ..    . . .S.     .    ...C.S....              s... .  U
V    ...  .          .                        ..  . .     V
W  . S..    ...                                .C    . C   W
X       S...                                   .C         X
Y  .     ...                                  .... . .    Y
Z       S.                                    ....  . .    Z
AA .C        C = college <-{o}-> [low-back] (53)        .. .. .  AA
AB .S     S   S = scarce <{r}> [weakly retroflex] (83)   . . S AB
AC   .                # = college <-{o}-> + scarce <{r}>  . .. . AC
AD S.                                                    .C.. AD
AE   .SC                                                 S... AE
AF                                                        .    AF
AG                                                            AG
AH                                                            AH
             1         2         3         4         5         6         7
    1234567890123456789012345678901234567890123456789012345678901234567890
```

ATLANTIC COAST 5A

```
            12345678901234567890123456789012345678901234567890123456789012345678901234567890
                     1         2         3         4         5         6         7
A                                                       ....................            A
B                              ......SS. ....S.........W................            B
C                              ........ ...S.........................S....           C
D                              ..S.S...S...............W..S...........            D
E                              .S.....SS...............                        E
F                              ......S..S.                                  F
G                              ......SS.S.........S.......................           G
H                   .      ..   ......S.                                 H
I               .       .      .S.....SS.S........S...........S....           I
J            .      .     .   ...SS.S.S..........                        J
K       . ...          ..  ...SS..S.S........                    S.      K
L       ...      ..       ....S..S.S.S............S.....S...S..S          L
M       ...      .        ..SS.S.S.S...........S.............S..W         M
N            .            .SS.S.S..S.............SSSS.                    N
O           .      .      ..SS..S..S......S.......S...S..SSWSS            O
P       .      ...    ... .S.SS...S..S....SS..............S..S...S...W..W     P
Q       ..      ..       .. SSS...S.SSS..#S..S. ..S S.S.......S.#SSW      Q
R       .      ..         SSS.SS.S...SSS..S....        #.           R
S                        ..S.....SS...SSS......S..  .   ..#S         S
T          .      ...     SS.S........             .... .  WS ..S      T
U      W.      .      .   ...S.S......            #  ..         U
V       ..      .      ...     ...S.......          S.W # #     V
W       ...  .   ..                             .. S S      W
X       . ...                                S.. S        X
Y       Z        S...                             WW   .        Y
Z       .      ..S                             .... . W       Z
AA            ..                              W#. S      AA
AB  ..      ..        W = white bacon [=fat bacon] (25)          .S WS #  AB
AC  ..      .        S = spring frog [=small frog] (137)         S  S .  AC
AD   ..      .        # = white bacon + spring frog              . .. AD
AE  ..                                         ...W AE
AF      ...                                        ... AF
AG                                              .    AG
AH                                         .           AH
            12345678901234567890123456789012345678901234567890123456789012345678901234567890
                     1         2         3         4         5         6         7
```

ATLANTIC COAST 5B

```
            12345678901234567890123456789012345678901234567890123456789012345678901234567890
                     1         2         3         4         5         6         7
A                                                  .TT...C.....C#T.C......T       A
B                              .T....#... ....T.........#.TC.C.T.T..#....T     B
C                              .CT.......  ..C......T.....CC....C.....TT      C
D                              ....#...CCC...#..C....T.C....C.#...C.T.C       D
E                              ....C....C....C.C.T.......CT             E
F                              ..TC.T....C....C....T..C.CC...C.C.         F
G                              ...CC.....C....T...CC.#CC.....C.#CT.C....       G
H                   .      ..   .TC...T..TCT...CC.....C......CCCTCCT...T      H
I          T               ..C.TT..#..C.........C...T.....C...        I
J          T      .     .   ....CC..T....TTT.T.C....C.....C.....C       J
K       . T..           .. ..TT....T##..C....C.T.......T..C..C....        K
L       ....    ..    ..    ..CC.......C.#.C.C.C...CCC.CT.C....T.#    L
M       #      C       C    ....C..T.TC.C.C.C..C..C...CT.C#.....C...C.      M
N       C                  ...C#CCC.T.C..C..CCCC.C..T.CC..........      N
O           .             .   C.#C..C..........CC..#..##..C..C..C..C#C     O
P       .      C       ...   . CC.....CT..C..C..C.C.C.T.C.T....CC.CCTCCTT   P
Q      .C      ..       .C C......TCT.......C.........#CC.C.CC...C.      Q
R       C      ..         C.#...#T.T..TC.T...T..TTT.       R
S                        T...........T.CCC...CC.CC.  .    ..C.  .  ..   S
T       T        ..C      .C#C.....           .... . ..C.    .  ..#    T
U           ..    .      .   C..TCCTCT.           .  CC    U
V      C.       ...       .   .T..CC.....          .T# T  .   V
W      C..                                  . #.  .    W
X       T ...   ..                             . #.     .    X
Y            T..C                             ..  .  .    Y
Z      C      #.C                             T... #  .     Z
AA            ..                              C.. C     AA
AB  ..      ..        C = crop <{ou}> [inglide] (200)         .T ... . AB
AC  ..      .        T = two |ffd-CJD| (118)                 . . .  AC
AD  .T   .        # = crop <{ou}> + two |ffd-CJD|            . T . AD
AE  ..                                         ##.T AE
AF      C..                                        ... AF
AG                                              T    AG
AH                                         .           AH
            12345678901234567890123456789012345678901234567890123456789012345678901234567890
                     1         2         3         4         5         6         7
```

FLORIDA/EAST CENTRAL GULF COAST 1A

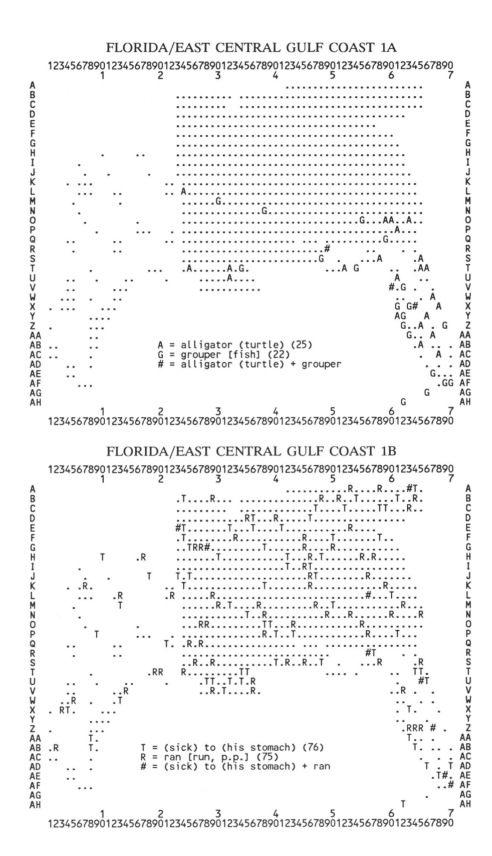

A = alligator (turtle) (25)
G = grouper [fish] (22)
# = alligator (turtle) + grouper

FLORIDA/EAST CENTRAL GULF COAST 1B

T = (sick) to (his stomach) (76)
R = ran [run, p.p.] (75)
# = (sick) to (his stomach) + ran

FLORIDA/EAST CENTRAL GULF COAST 2A

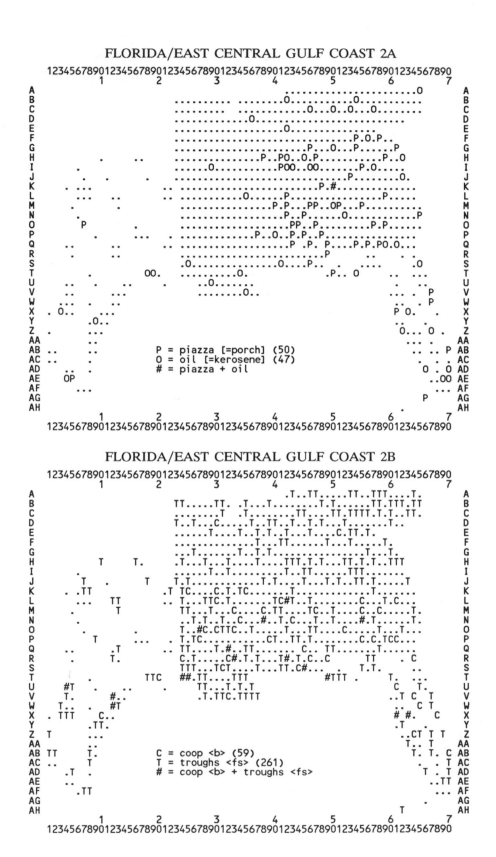

P = piazza [=porch] (50)
O = oil [=kerosene] (47)
# = piazza + oil

FLORIDA/EAST CENTRAL GULF COAST 2B

C = coop <b> (59)
T = troughs <fs> (261)
# = coop <b> + troughs <fs>

FLORIDA/EAST CENTRAL GULF COAST 3A

```
       1234567890123456789012345678901234567890123456789012345678901234567890
                1         2         3         4         5         6         7
A                                         .R.......R...R..R..R...         A
B                     .........R.  ...R.............R.......       B
C                     .........  ...R............R.......R.R     C
D                 ..R.....R........R...R...R.......R          D
E                     ...............R.R......              E
F                     ...............................              F
G                     ................................C           G
H         .    R.     ..............R.......C.............           H
I                     ............RR.R..........C........          I
J                 R.........RR.......R..........R         J
K       . ...         ..  .R...R...........R......R        K
L       R..   ..      ..  ............C.....C......       L
M       .             ...R....R....R...........      M
N       .  .          R......R......R.......C.RCR.      N
O          .     .     .....R.............CC...RRR.R.     O
P              .    .       .........CC...C.R.C.....     P
Q                          .C R.#CCC...C..RR.     Q
R     R    .R         ...................#...#.      R
S                     ...........RR........ .  CC.#   .R    S
T            .     ...  ...........      ....  .   T
U       ..  .  .R.  R   ...........       CC ...   U
V       ..    .R.      ...........        C      V
W       ..            ...........         R.R R .   W
X     . .R.   ...                          .C R .   X
Y         ....                             # C.   C   Y
Z     R      ....                           #C  .    Z
AA            ..                             . .    AA
AB   ..      ..     R = rock road (80)          R. .. .   AB
AC   ..             C = croker bag [=gunnysack] (36)    . . R  AC
AD   .R  .          # = rock road + croker bag      R .. .  AD
AE   ..                                          RCR.   AE
AF   ...                                          .CR  AF
AG                                              .     AG
AH                                            R     AH
                1         2         3         4         5         6         7
       1234567890123456789012345678901234567890123456789012345678901234567890
```

FLORIDA/EAST CENTRAL GULF COAST 3B

```
       1234567890123456789012345678901234567890123456789012345678901234567890
                1         2         3         4         5         6         7
A                                         .J..JJ.JJ....JP..JPJ#JJ..      A
B                     ..J..J...J .....J....PJ.........J..J.P.J.#P.     B
C                     ....P... .J.JJ.P..J.J..J..J#JJ.PJ.PP.P    C
D                     J..J...J.........JPJ.P.J.J..         D
E                 ...J.J.......J....J..J.J.JJJJPJ.P..       E
F                     .............J.JJJ...P.J...J.#P.P       F
G                     ..J.J.J...P...J....JJ..JP.JJP.P..      G
H         J    ..     ...J.P.P....J.J.J....JP...P.J...JJ       H
I              J   .  .J.J...J....J.JJ....JJ..J..PPJ....      I
J       . J    .     .J.J.........J.J........J.J..JJJPJ#JP...    J
K     J J..           .. J...J.J........JJ.PPJ#.J.PJ..P.PJP...#P.    K
L       ...    ..     ..J...J..PJ......J.#J...J..#PPPJJ.J...J.    L
M       .      J      JJJ...J.J.J...J...PP.#..JJ.J....#J.PJ..P   M
N       .             ..J.........JJJ...P...#J.PP...JP..PPPP...#.   N
O          J           ........J.......P...#JP.J#PPPJ#J..#.P.P.JP   O
P              .    .     ...J...P...J...#....JJ...J.P#.P.PPP.#P#JP.   P
Q     .J    .J       .. ..P.J.J...P.J.J....## P.PPPPP..JP....   Q
R     .        ..     .P.J..........J....P.PJ.P.P    JJ   . P   R
S                     .J..........JJJ...PJJ..J.J . P.#.    PP    S
T            ...      J...JJ..JJJ.        J..P P     #P  #.P    T
U       ..  J  ..   .   ..JJJ..J..                #  P.     U
V       ...   ..J      ...........           P.J . P    V
W       ... .    ..J                         P. J J    W
X     . ...    ..J.                           P .J  P    X
Y              J.J.                            .#  .    Y
Z     .        J..                            J.PJ . J   Z
AA                .                              P... .   AA
AB   ..      ..     P = pecans <pee-> (142)        JP . P   AB
AC   ..      P      J = jaundice <-aw-> (232)       J . # J  AC
AD   ##J  .         # = pecans <pee-> + jaundice <-aw->  J . P  AD
AE   ..                                          P##P  AE
AF   ...J                                        .PP  AF
AG                                             #    AG
AH                                           P    AH
                1         2         3         4         5         6         7
       1234567890123456789012345678901234567890123456789012345678901234567890
```

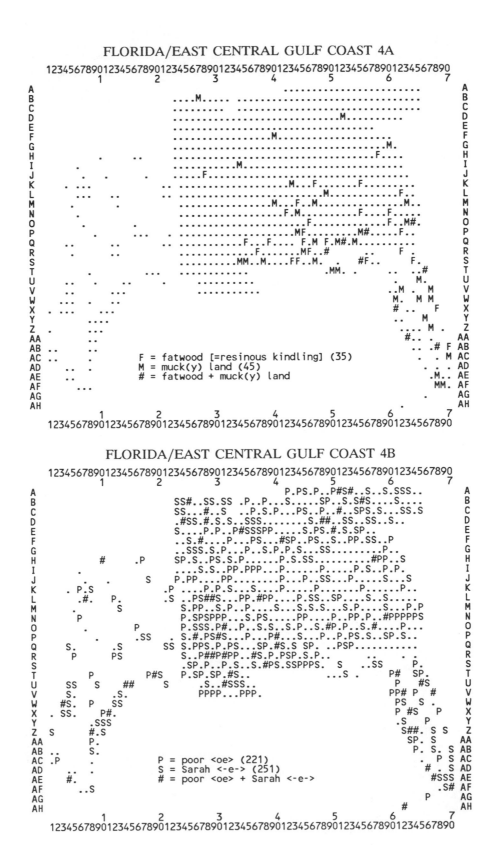

FLORIDA/EAST CENTRAL GULF COAST 4A

F = fatwood [=resinous kindling] (35)
M = muck(y) land (45)
# = fatwood + muck(y) land

FLORIDA/EAST CENTRAL GULF COAST 4B

P = poor <oe> (221)
S = Sarah <-e-> (251)
# = poor <oe> + Sarah <-e->

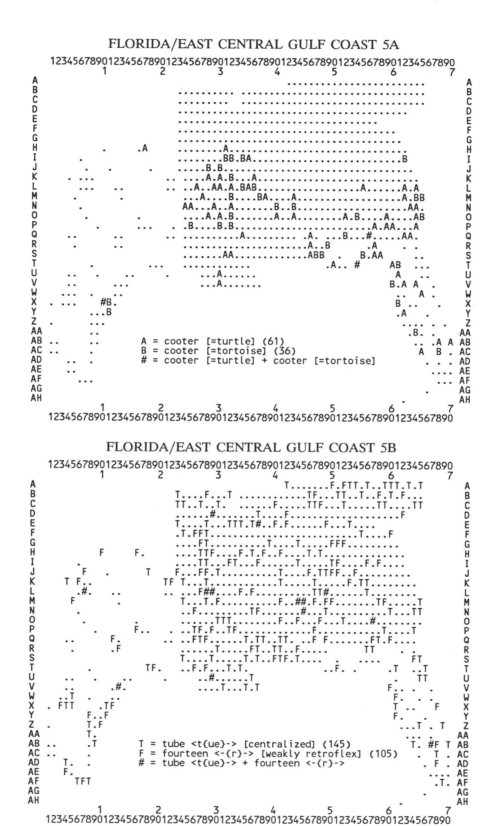

FLORIDA/EAST CENTRAL GULF COAST 5A

A = cooter [=turtle] (61)
B = cooter [=tortoise] (36)
# = cooter [=turtle] + cooter [=tortoise]

FLORIDA/EAST CENTRAL GULF COAST 5B

T = tube <t{ue}-> [centralized] (145)
F = fourteen <-{r}-> [weakly retroflex] (105)
# = tube <t{ue}-> + fourteen <-{r}->

FLORIDA/EAST CENTRAL GULF COAST 6A

```
  12345678901234567890123456789012345678901234567890123456789012345678901234567890
           1         2         3         4         5         6         7
A .                                        ......R........................   A
B       .R.......     .R................................             B
C        ........R   ........R.R................       C
D        .........   .....R....R.R.........        D
E        ......R...RR..................       E
F        .......RR...R....R.R.........       F
G .       .        ..    .........RR..R...R.R...........    G
H .       .        ..    ......R..R..R..RR...........    H
I .       .        ..    ......R..R.RR........R..........    I
J .       .        ..    ...R....R.R.R..R....R.......B    J
K .  ...           ..    ...B..R..R.......R.....R...R.....    K
L .  ...    ..     ..    .....R..R....R....R...R.R...........B   L
M .   .            .     ........RR.....................    M
N .                      .....R...B.................    N
O .   .                  ......R...R.R.............    O
P .  ..     ..    ..     ....R....R.R..........BB..B..B....    P
Q .   ..    .     ..     ......R.RR....R.......RR....R..    Q
R .         .            .R....R.RB....R......R...B...    R
S .     .   ...          .......RRRR........R...#..BB..R..   S
T .  ..    ..     ..     ...R.......          ..  .. .   T
U .  ...   .  .R          ...R.....R.          B.. .   U
V .  ...  . .R                                 .. . .   V
W . .. ..  ...                                 ..  ..   W
X .   ....                                     .... R .   X
Y . . .                                        Z
Z .         .                                  R. .. .   AA
AA .   ..    ..                                 AB
AB ..      ..    B = (corn) buck [=moonshine/beer] (14)  . . .. . AC
AC ..      .     R = red-neck [=rustic] (79)              .. . . AD
AD ..    .       # = (corn) buck + red-neck               .R.R AE
AE ..   .                                      . AF
AF    ...                                      . AG
AG                                             AH
AH
           1         2         3         4         5         6         7
  12345678901234567890123456789012345678901234567890123456789012345678901234567890
```

FLORIDA/EAST CENTRAL GULF COAST 6B

```
  12345678901234567890123456789012345678901234567890123456789012345678901234567890
           1         2         3         4         5         6         7
A                                        ...WDD.W.W....WW.DWWWWW.   A
B        ...D...WWD ....W......WDW.##DW#W.W......W.   B
C        W.W..WWWW .W.WWW.....D...W.WW..W#.WW.W..   C
D        ...W.....W..DW......D....W.WW.WW.W.WW   D
E        .D...WWW....WW...WD.W.D.........W..W   E
F        .DW.WWWW.W...W..WW.........W...W.WW.   F
G .           D         .WW.W.WWW...W...W....W.....W.W.W#   G
H .           D         ..D.W..WW....W....#..#.D.W..WW.WDWW   H
I .         .     ..    WW.W..W.W..#.W..D.WWW........W.   I
J .       .  .    W      ..D...W.W........W..W.D.DW...   J
K .  . ...          ..  W......W.D..W.....D.........W..WW...   K
L .   .    .     .W      ..W...W.D.W..W.W......W...D.W#.W.#.   L
M .     .  .     .W      D.W..WDW...W.D........W.W...W.W.W.D.W   M
N .    ..        .       .W...WWW.W..D...D.........D...D.W#   N
O .            W         ....D...W...W...WWWWW...D..#..DWW.   O
P .     ...              ....D.W...W.W.WW..D..W...W....   P
Q .    .D   ..    .W     DD.W...W...W....W...D..D....W....   Q
R .    W          ..     W..W.DWW...W...W.D.W.#.     WW ...   R
S .                      DD..#.....WW..........  .D   .WW.   WD   S
T .        ...W          .W.WW.W#WW.D       W.WW .        T
U .    .W   .  .W.       ...WD##.W.                  #  W.   U
V .    .D   ...  .       .W..#W#W...                 .WW W .   V
W .  D.. # WW                                        W.  W W   W
X . W ..W                                            W.  W   X
Y .    .WWW                                          W. W   Y
Z .      DD.                                         ..WW . .   Z
AA .       .#                                        .D. .   AA
AB .#   .W      D = daughter |Q..| (87)              .W .. W  AB
AC W.   .       W = wood |FFD| (255)                 . . D  AC
AD  WD  .       # = daughter |Q..| + wood |FFD|      # D W  AD
AE                                                   .WW  AE
AF  #.W                                              .WW  AF
AG                                                   .  AG
AH                                             W      AH
           1         2         3         4         5         6         7
  12345678901234567890123456789012345678901234567890123456789012345678901234567890
```

TEXAS/WEST CENTRAL GULF COAST 1A

```
     12345678901234567890123456789012345678901234567890123456789012345678901234567890
              1         2         3         4         5         6         7
A                                          .....................                    A
B                             .......  ...............................              B
C                             .............................................        C
D                           .................................................      D
E                           ...................................................    E
F                           .................................................      F
G                           ...............................................        G
H                .       .    ..           ................................        H
I                      .           .    .  ...............................         I
J                    .  .                   ..............................         J
K              . ...                        .............................         K
L            ...  ...    ..      .   J       ............................         L
M            .        . .         .J....J    ...........................          M
N                       .                    ..........................           N
O                                            .........................            O
P            ..       .J      ...            ........................             P
Q        ..  J       .J                      .......................     ..   .   Q
R        .P.         ..                       ..................        ..    .   R
S                    .                         ..............         ..      .   S
T              .         .      ...    ............                 ....    ..    T
U        .J      J.    J.             ...........                  ....    .      U
V        P.                  ...                                  ...  .          V
W        .#.   J      .                                          ..  .   .        W
X     P .P.         ..J                                           .. .            X
Y           #J#P                                                 .. .    .        Y
Z     #      J.#                                                ....  .  .         Z
AA          P.                                                                    AA
AB  P#      .#          P = pilon [=something extra/lagniappe] (18)  .. .. .      AB
AC  ..      #           J = jabalina [=wild hog] (23)                   .  . .    AC
AD  #J   #              # = pilon + jabalina                            . . .     AD
AE  J.                                                                    ....    AE
AF    .PP                                                                  ...    AF
AG                                                                          .      AG
AH                                                                                AH
              1         2         3         4         5         6         7
     12345678901234567890123456789012345678901234567890123456789012345678901234567890
```

TEXAS/WEST CENTRAL GULF COAST 1B

```
     12345678901234567890123456789012345678901234567890123456789012345678901234567890
              1         2         3         4         5         6         7
A                                          .#.E#E#OE#..##E##.EEEEEE                  A
B                             .#E#..#EEE ##.E#..E.OEEEEE.E##E##O#.E#.E.EE           B
C                             #E.EOEEE#   .O..EE...E.#EEEE#EE#..EE#O#EEEEE          C
D                             #OE.EE#.EEE.EEE.E.EOOEE....E.E.O###E##EE##EE          D
E                             #E.O#E#OO...OE...E#...E#.#OE###OOEE                   E
F                             .OE.####...OO.#..O.EO#O...EE...EEOEOE.               F
G                             O##EE#E#...E.O.E.E#.E...E##.#EE.E#.EOOE#             G
H                       .        ..    #E.###OE.#...OOOEE.E#E##.EEO.O.E.O#.E..O    H
I                    E                  .E###.#.EO...#....EO#OE##E#O#EOO..OE...E   I
J              #       O       #    .#O.##..E.OEOEOEOO....E#.#.##OO#E#..O...       J
K         E E#O                 .E #O..O...O.OEE...EO.....E.E.OOO.O...E.E..        K
L         #..    .E            EE ##.#..EO......O.EO....O..O#.E.....OO.#.O.        L
M         O      O             EE.O.EE...OOOE..#...O##.OO#OOO.OOO.O.EEEO.          M
N         #                    OE..#....#O##.O#OEEO.EE#O...O........O...#          N
O         E                .   .EEE.....OOEEEE#..EO#....EE..O...#EO.#E#.O         O
P                     .    EEE        ..O....OO....E..EE.#EOE#OO#EEOO#.#OEO       P
Q        O#      .     ##     #E EE..#.E..EE.EEO.. EEE O...E..E###EOO             Q
R        E             #O            EOEE..EE.E.#EE.O#..#E....#    O#             R
S                           #.E   #E..OE...#.      E#E..#.OEEEO...OEOE#...##  .   S
T                .         #.E    #E..OE...#E.              .E.# E    EO  #EO     T
U        #.   O   #O       .      .E.O.O.#..              .E.# E      E    E#     U
V        #.       .O.              .O#.OOEO.#.                    ... # E         V
W      E#O   .     E#                                             .O E.           W
X  # OEE     .OO                                                  .#E   E         X
Y           O###                                                 .E  O            Y
Z  E        #.#                                                 #.#.E# # E         Z
AA          .#                                                  E...                AA
AB  EE      E.          E = ear <r> (419)                      #O #.. .           AB
AC  .O      O           O = often <-fN> (333)                    E  E #           AC
AD  #O   #              # = ear <r> + often <-fN>               E # E             AD
AE  EO                                                            .##E            AE
AF    O##                                                         OE.             AF
AG                                                                  .              AG
AH                                                             #         7         AH
              1         2         3         4         5         6         7
     12345678901234567890123456789012345678901234567890123456789012345678901234567890
```

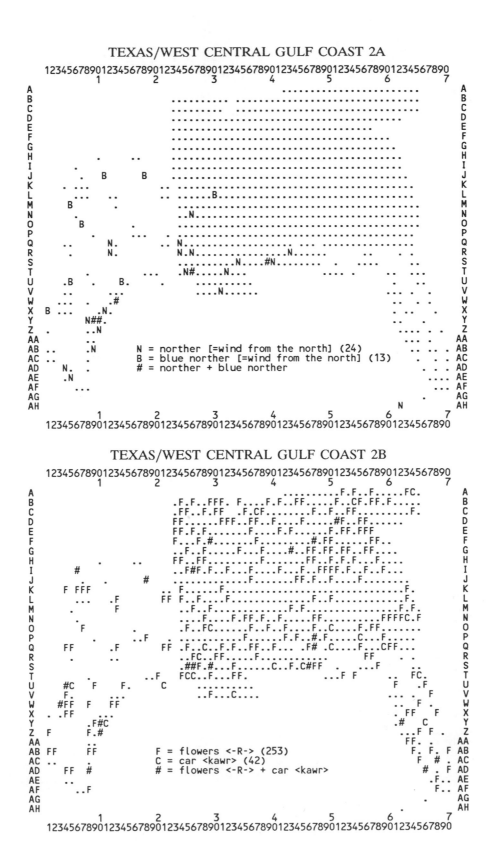

TEXAS/WEST CENTRAL GULF COAST 2A

N = norther [=wind from the north] (24)
B = blue norther [=wind from the north] (13)
# = norther + blue norther

TEXAS/WEST CENTRAL GULF COAST 2B

F = flowers <-R-> (253)
C = car <kawr> (42)
# = flowers <-R-> + car <kawr>

TEXAS/WEST CENTRAL GULF COAST 3A

```
     12345678901234567890123456789012345678901234567890123456789012345678901234567890
              1         2         3         4         5         6         7
A                                              ......................                    A
B                              ......................................                    B
C                              ......................................                    C
D                              ..........................................               D
E                              ..........................................               E
F                              ....................................                     F
G                        .         ..   ........................................        G
H                                     ......................................            H
I             .                      ........................................          I
J            .    .                  ........................................          J
K           ..    ...     ..         ........................................          K
L         .         ...    ..      ..      ...................................         L
M                .                 ........................................           M
N                                  ........................................           N
O               .           .      ........................................          O
P          .        .             ........................................           P
Q        .    .        ..      .C  ........................................           Q
R         ..           ..         ........................................           R
S                                 ........................................           S
T                        A..      ..............           ....                      T
U       .C    .      ..           ..............          ..      ..                 U
V       .:.  C    ...             ..........             ..   .                      V
W      .C. C              ..C                            ..                          W
X      . .    ..C                                        .         .                 X
Y            C...                                        ..     .                    Y
Z    C       C.C                                         ....  .  .                  Z
AA            C.                                         ...       .                 AA
AB   ..       C#      A = arroyo [=large gulch] (8)      ..  .. . AB
AC AA         C       C = caliche (road) [=dirt road] (19)   .  . . AC
AD    #C    C        # = arroyo + caliche (road)             . .. AD
AE    #.                                                     .... AE
AF      .##                                                  ...  AF
AG                                                           .    AG
AH                                                       .        AH
              1         2         3         4         5         6         7
     12345678901234567890123456789012345678901234567890123456789012345678901234567890
```

TEXAS/WEST CENTRAL GULF COAST 3B

```
     12345678901234567890123456789012345678901234567890123456789012345678901234567890
              1         2         3         4         5         6         7
A                                       .D....DD..D.DDD#DDDDD.D.                      A
B                          DDDDDDD#DD D....D.D...DD.DDDD#.D.DDD##DDD.D                 B
C                          DDD.....D  .DD..#.D..D#.Y.DD..D..D.D##D..D.                 C
D                          D.D..D#.DDDD#DDDD.D..D#.D...DD.D#...DDD                     D
E                          ..DD.D#DD.DD#D#DDD..#DDD..D.#.YD..D.                        E
F                          ..DY#.DD.D.D.#D..YDDD...YDDD.....D#D.                       F
G                          .DDD#DD....D.D.DD..D..D#DY..DDD.....Y                       G
H                .     DD   DD##D#...D...DD.DDD..#DDY.D.D.##Y.DDD.D                    H
I                          D.D.D.D..DD#.D..#..DD..YD..DDD.Y....                        I
J        .D    D       #    #D.DD.DD.......#.Y.....DDDDD.D..#..DD...D                  J
K     D  D#.               ..  DD..D.D..#D...D...........YY.....                      K
L        DD.   DD     YD DDDDDDD..D...DD....D.D.D.Y...D.D...D#....                     L
M      D        D         DY.DD#D...DY.#..D.DY.DD...DDD.....D....D.                    M
N        .                 ..#.D...D..YD...DD.D.....#...D...D.....##                   N
O         .                 ....D.DDD..D.D.#..D.....Y...Y...YD..D.                    O
P         #         DD#     . DDDDD....D.DD.D.D..#..Y....Y...YD.D#.                    P
Q     DD       DD    DD DDD#D..D.D.D.#DD#YD.D..Y.....D.....                            Q
R     .        ..          .DDDDD.DDD.#DDD##D.DDDD...   .Y  . D                        R
S                          DD.D.DDDDD..DDDDDDDDDD.#D....  ....  DD                     S
T        D           ##D   .DDD.DDD#### D#DD . DD DD.                                  T
U    Y.     .    DD   D     .DD.DDY#DD       .      DD                                 U
V    #.          D#D        .D.DD.#DDD.            D.D . Y                             V
W    DD.    .    DD                               . D  #                              W
X  Y ###     .DD                                D D. D                                X
Y          ##DD                                 DD  D                                 Y
Z  D       #D.                                  #DD# Y #                              Z
AA         DD                                   ... .                                 AA
AB ##      D#        D = dairy <-e-> (463)      D. D. . AB
AC ..      Y         Y = yellow <-oe> (124)     D  D # AC
AD  Y. #             # = dairy <-e-> + yellow <-oe>   # . Y AD
AE   DD                                              #D## AE
AF    D#D                                            D#D  AF
AG                                              D        AG
AH                                         D            AH
              1         2         3         4         5         6         7
     12345678901234567890123456789012345678901234567890123456789012345678901234567890
```

TEXAS/WEST CENTRAL GULF COAST 4A

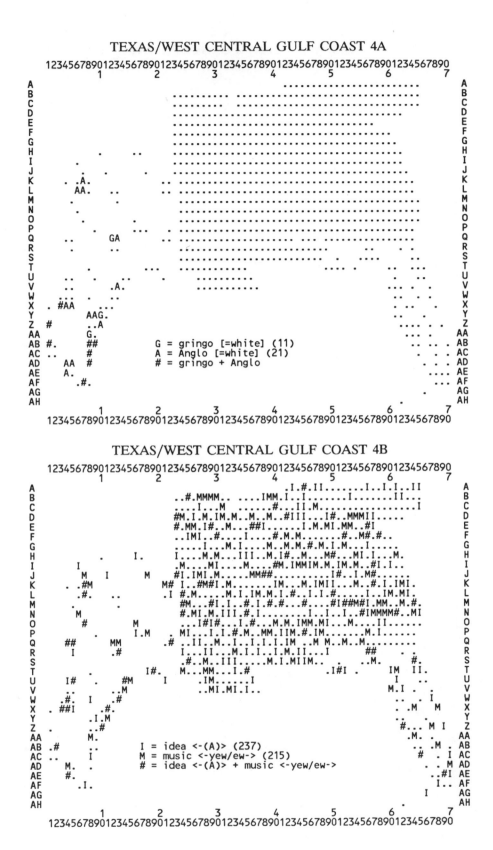

G = gringo [=white] (11)
A = Anglo [=white] (21)
# = gringo + Anglo

TEXAS/WEST CENTRAL GULF COAST 4B

I = idea <-(A)> (237)
M = music <-yew/ew-> (215)
# = idea <-(A)> + music <-yew/ew->

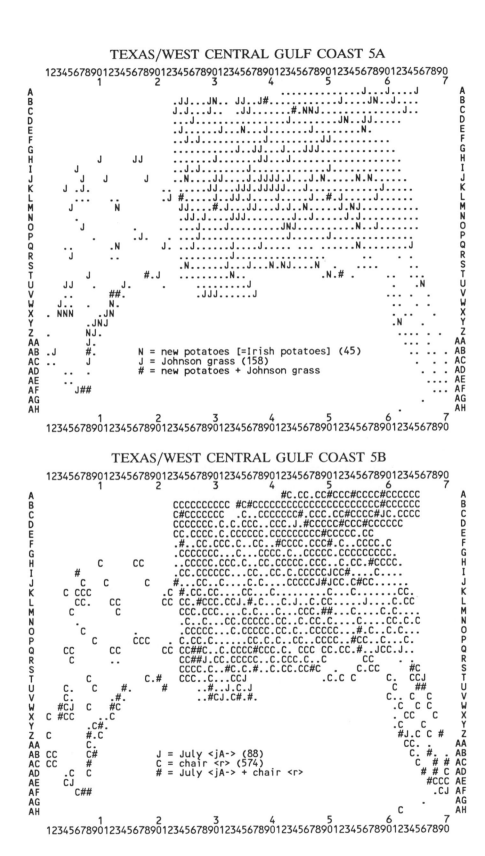

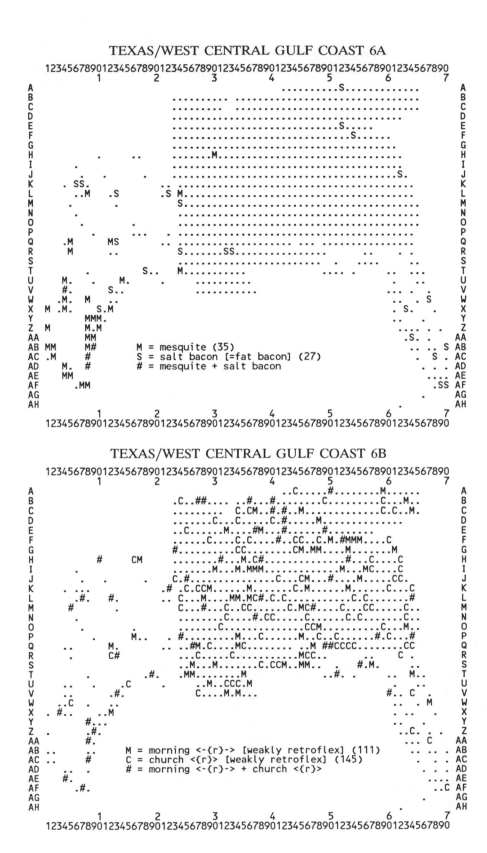

TEXAS/WEST CENTRAL GULF COAST 6A

M = mesquite (35)
S = salt bacon [=fat bacon] (27)
# = mesquite + salt bacon

TEXAS/WEST CENTRAL GULF COAST 6B

M = morning <-{r}-> [weakly retroflex] (111)
C = church <{r}> [weakly retroflex] (145)
# = morning <-{r}-> + church <{r}>

TEXAS/WEST CENTRAL GULF COAST 7A

```
    1234567890123456789012345678901234567890123456789012345678901234567890
             1         2         3         4         5         6         7
A                                          ......L........L......            A
B                   .......... .LL....L.....LL..L.......                     B
C                   ......... ................................               C
D                   ......... ......................L...                     D
E                   ....C.............L...LL...C.L...                         E
F                   ..L.............................                          F
G                   ........................L........                        G
H        .        ..  ....L.C.....C.........L.........                        H
I         C               .            CC                                    I
J       .    .    .     C...C...C.....C........C.....L...L                    J
K     . L.C           CL L.............C.............                         K
L       L.C    .L     L. L.C..........C.C#.......L.L...                       L
M       ..         .             .#............C..L.                         M
N     .    .            ...C.............LL......C...C.                       N
O         .                    .......L......L.....C..L.                     O
P             .L.       C. ..C..C.....C..C....C.C.                            P
Q      .C    ..      C. ..C...C.....#..... C.. ..C..L....C                    Q
R      L         ..    .....................L.. .. . .                        R
S                   ...............C..LLC......... ....                       S
T              ..C    ............     .C.L .    .. L..                       T
U      .C    .     ..    C    ..........                     ..L . L          U
V       ..                                                 ..L . L            V
W      .CC  C  C.                                          .. L L            W
X   L .CL    ..#                                           C.. .              X
Y          ...                                              .C .              Y
Z   .       .L.                                            ..C.. L            Z
AA          L.              C = chinaberry (tree) (54)      ... .             AA
AB  ..      L.              L = liverwurst (60)            L. .. .            AB
AC  ..                      # = chinaberry (tree) + liverwurst   . . L        AC
AD     ..  .                                                 . . . AD
AE      ..                                                     ....            AE
AF     .L.                                                    ... .            AF
AG                                                             .               AG
AH                                                           .                 AH
             1         2         3         4         5         6         7
    1234567890123456789012345678901234567890123456789012345678901234567890
```

TEXAS/WEST CENTRAL GULF COAST 7B

```
    1234567890123456789012345678901234567890123456789012345678901234567890
             1         2         3         4         5         6         7
A                                          I#.I.O#......O.O.I.....            A
B                   ..#.OO...O I......OI..I.O..OOO.O.......#...               B
C                   #...#I.O. O....O#....I#OO.OO...O..O..I...                 C
D                   IO.....I.O#..#......#I#.IO.I#..O.O.......                 D
E                   IOOOO.I..OO.OO#IO..OO#.IO..#IOI...I.                      E
F                   #.IO#..#...O..I..#O.OOIO.....I.O.I.##.                    F
G                   ......IO.OO#..OI.#..#..#II.O...OI..O..                    G
H                .  OI   I..I.O..O#.I.I....IIIIOI..I.#OO.#III.O.OO            H
I         O              OO..#O.IO.O.O#OOO#..#....#O...I#..#..                I
J      .    #      O     #IO#.#.O.O..OO.I#.....OOOO.I##.IO.......O            J
K     . ##O            O# ...IOIIO.....O.OIO..I..#.O#.O#O.O.#IOI.I.           K
L       OI.    OI      .I #..II...O.I....O.IO.O##O#.IOI...#I.OIOO..           L
M       .    .   .       #.O..#O.#O..O...I.I......OOI###.##..#...OI.          M
N     .    #            I.##..#O.OOI#O...O#.O##.O#OI#.O#I.I...I..##           N
O         .   #    #     OO..#O#.OO#O#O.#O.O.I.OI...OO.#.O..#I...OO.          O
P             .        I..  O .I..OIO#O#.O...OOI.IIIO#I.O.O....II...OIO       P
Q      ##    O#      .. ..#..O###I..II...#O. .#. O..OO..OO..O....             Q
R      I      .O      O.#OI#OOOO.OO#.O##.OI#.O.I     #I   O.                  R
S                    O#..O..#II.#O#...OIO#IO#I         .    ....  I#          S
T         O      #..  O...OOOO#.##     .OI# .        .. #O.                  T
U      OI    .    .O   I  .IO...##OI                        #O               U
V      OO      .#I     .OOI.OI###O                      OOI ..               V
W      .#.  #   ..                                       .# O .              W
X   # ### O#.                                             .O .               X
Y         O#.                                            .# O  .              Y
Z   O     #.I                                           #I.# # #              Z
AA        #.                                            .#. .                 AA
AB  ##    I.                I = idea <-{ee}-> [lax onset] (278)  #. #. O      AB
AC  .O    #                 O = oil |-e..| (369)                I . # AC
AD   .O   #                 # = idea <-{ee}-> + oil |-e..|        O # # AD
AE   I.                                                           .## AE
AF    O#.                                                       #O. . AF
AG                                                             #       AG
AH                                                           O         AH
             1         2         3         4         5         6         7
    1234567890123456789012345678901234567890123456789012345678901234567890
```

WEST CENTRAL GULF COAST/LOWER DELTA 1A

```
123456789012345678901234567890123456789012345678901234567890
        1         2         3         4         5         6         7
A                                    ......................        A
B                    ..........  GG...G .....................       B
C                    ..........    .G...........................    C
D                     ..G..............................             D
E                    ....................................           E
F                    ....................G................          F
G                    .G................G..........C........         G
H         .    GG    GG...............G.C.G...G............        H
I      .        .G...GGG.....................C........            I
J      .    G      .  .GG.G...G..GG...........................     J
K      .G..       GG .GGGGGGG...GG..GC........................    K
L     ..G   GG   .. G...#.G.GG.GG..G.G............C.......        L
M      .      .      #.GG.G.......#G.GGC.G..G.......G........     M
N                GG...GGGGGG...G.GGG...G.G..................      N
O      .           ..GC..GCCG.#G...GG...G..................      O
P        .    G.G   . GGG..#GGG#GG.GGG#G.G.......G...........     P
Q     ..    G.     .. G.CG..#G.#.G#...GCCG .G................    Q
R     ..      .C      G.GGC.C.CGC..GC.G#GG.#G.G.             R
S                GG.  GGCG##GG#.C.....GC.GGGG..  .   ....        S
T         G       GG..  .G####..##CG.........     ....  .   G. ...  T
U       ..   .   #G    .   CG..CCC#.G ................. . .    U
V       .G            C#CGCC..G.G ...............  . ...       V
W      .G. G  GG                           ... .              W
X    C .G.     G##                         ... .              X
Y            #..#                           ... .             Y
Z    G       .GG                           .... .            Z
AA          #G                             ... .            AA
AB  ..        ..       G = gallery [=porch] (180)        ... .. . AB
AC  ..      G         C = cream cheese [=cottage cheese] (62)  . . . AC
AD  ..      G         # = gallery + cream cheese          . . . AD
AE  ..                                                   .... AE
AF     .#.                                                ...  AF
AG                                                         .   AG
AH                                                              AH
        1         2         3         4         5         6         7
123456789012345678901234567890123456789012345678901234567890
```

WEST CENTRAL GULF COAST/LOWER DELTA 1B

```
123456789012345678901234567890123456789012345678901234567890
        1         2         3         4         5         6         7
A                              GG..#G.G..G#G.GG.TG#GG..         A
B              .......#GT ......T...T...GGGG.T.G..GG.GG.G.      B
C              ...TG..G  .G.G...G.TTG.TGT..GGG....GG.GGG.       C
D              G...GGGT#G..GG#....#TTGG.G#..GGT.GG.G            D
E              #.T.TG.TTT..TG.....G.GTG#G..G..GTG.             E
F              .T.TG.T.#..GG.GG.....TT..GGG.GT...GG.T          F
G              G.GT#....T.#...G#.TT..G.G#...G..G.              G
H          .    G#    ...G.GGG#...#GT..T.G...TGT...TT.TGG...T.  H
I      G         ......GT...T.#T#GTT...G....#.....T.G.TT..     I
J      .   .        .   G.T..G.T.......#.T......GG#...T..#...T..TG  J
K      ..T#        #G GG.GTG#...GGG.#T.T.GGGG....T....T.G....  K
L      G#.   TG    #G GGGGG#G.G#GT#..T.T.TTG#...GTG....G.....T. L
M      .     G        GG..GG#.#.GG#GGGG.T.TG..G.#GT.GGT..G...T#T M
N                     ..#.G#.#GG#GGG.G.GGT..GGT...T.GGTTTGTT...#T N
O      .T      G      G.GGG.GGG#TT.GG#TG.G...G.GG.TT...G.T...T.. O
P        T   #      GGG  .G.GT.TTTG##.GG.G...G...GGGT.T....TGT..TT P
Q     .T      GG     .G G.#T#.G.TG.GGGTG...#.GG T......TT.G.....T Q
R      .      .G      T..#TT..TG.TG.#.T...TG...T   .G.   . T   R
S          G         G.#  G##TG####..GG#T.G.####.#.    G..G     S
T         G       G.#   #.T..#..##T#       .G#T G   .#  ..T     T
U       T.    .   G#     T#.T##TG.T            ... ..T     U
V       G..   ..G     .###T#G.#.G            ..T T .       V
W      ##.  .  ##                            #. G .        W
X    . ###    G#.                            ... .  #      X
Y           G###                             GG  T        Y
Z    G      #..                              T#G. T .      Z
AA         #G                                 ... G        AA
AB  TT     G#   T = (quarter/fifteen minutes) to (the hour) (250)  .. T. T AB
AC  ..     G    G = greased [<greezd> grease, pret.] (346)     T  G . AC
AD  ..     G    # = (quarter) to + greased                 T. . AD
AE  G#                                                    TGT. AE
AF    .##                                                  .#G  AF
AG                                                          T    AG
AH                                                          .     AH
        1         2         3         4         5         6         7
123456789012345678901234567890123456789012345678901234567890
```

WEST CENTRAL GULF COAST/LOWER DELTA 2A

```
     12345678901234567890123456789012345678901234567890123456789012345678 90
              1         2         3         4         5         6         7
A                                         ...S.........A.....S.SS.S        A
B                         .....S...... .S.#.........S....S.........S.       B
C                      ....S...  ..S.S.S.....SASS...........SS...S.        C
D                      .....S............S............S..........          D
E                     S.SS.S........S........S...........                  E
F                  S.S...S.S.SSSS..S.S.S.SS....SS.S.S.S.S                  F
G                  ...S....S...SS...S...SS.S.#.S.SS.......S               G
H          SS      ....S.SSSS...SS.....S.S.........S.....S.               H
I       .      .         ..SSS....SSSS...S.S.S......S...A..SSS             I
J       .    .    S    S.SS#..SSS.......SS.S..A.....SS.S.SSSS              J
K    . ...         SS #A.S#.SSS.SA...SSSSS.SSS..........S.S.S             K
L      .AS   S.   SS .S.S#SS.#SSSSSSS.SSSS.#...SS.SS.S...SSSSS.S          L
M          .    S         #..AS#SA.AA...SSS.SSSS.S..S.SS.S...SSS.SSS       M
N        .    .         SS#SSS.#SSAS.S.SS..S...SSSSS.SSSS.SSSSSSSS        N
O       .    S          S#SS..#.S.SASS..SS...S..ASSSSS.SSS#SSS.SS.        O
P        A      .SS  . SA##A####A#.SS.SA.SSSS.S...SSA.SS.SS.S.S          P
Q    ..      AA        .S .S.SAA##S#S##SSSS SSS .SSS.SSSS#..SS.S         Q
R    .      .S         S.SSSS#AS#.S#.SASS.SSSS..S      .S  S....S         R
S                      .#.S#S#####.A.####S#SSSSS  .   S.SS    .S          S
T           #S.   ##A###A.##.A             .S.S S   SS  ...               T
U    .S  .   SS    S     S#.S####.A          S  S.                       U
V    ..    S..          .###A#.##S#                 ...                   V
W    ..S  .                                        S. . .                 W
X  . .SA    SSS                                    S    .                 X
Y        S.SS                                     .S .   .                Y
Z  S      S..                                    ....  . S                Z
AA        SS                                       ...  S S             AA
AB ..     ..        A = armoire (100)             S  .  S S             AB
AC ..      .        S = snap beans [=string beans] (402)   S  . A       AC
AD   ..  S          # = armoire + snap beans           . .. S.          AD
AE    ..                                               .S.. ..          AE
AF     ..A                                             .S. .            AF
AG                                                     .  .             AG
AH                                                                      AH
              1         2         3         4         5         6         7
     12345678901234567890123456789012345678901234567890123456789012345678 90
```

WEST CENTRAL GULF COAST/LOWER DELTA 2B

```
     12345678901234567890123456789012345678901234567890123456789012345678 90
              1         2         3         4         5         6         7
A                                   L....LL.L..#..S......LLL              A
B                       L..LLLS.L. ........SL#...LL.LLL..LL.L             B
C                       .......L. S...........LL.L..L.LL...LL.           C
D                       ...........SLL..L......L.LLL....L.L              D
E                       ....L.L.S.L.S....L...L..S..LLL               E
F                       ..LLL..........LL...L.L.LL..LLSL.             F
G                       ..LS.L.L........S.#.S.LL.L....#...S.....       G
H          LS            ....LL.S..........S..L.....L#.....            H
I       .                ....L.#.L...L........L...S...SL.S....         I
J       .      .    .    S..S...........S..L...S.L.......SL...L        J
K    . LS#                L. L...#.S......#...#......#........          K
L      .L.    LL          LL LL..#SL..L.LLS.....L.....LS.....L..LL..L.  L
M          .             .L.#..#...LL..L.S.L.#S...L...........L.       M
N        .    .          ..SS...SLL..LL..S.........L..S..L..##        N
O       .    S           .LS.L..#.LSS.#..S...S......#..L.L.....      O
P        .      L...      ......S..........L.......L.....#.....      P
Q    ..  #     .L    LL   ...#S.S.S....SS.L.... .S.........         Q
R    .         .L         .L.S.SSS...L#..........LS..     L   . ..   R
S                        .LSLL..LL..S..SS#L.#LLL.LL  .   ....  ..     S
T           ..L    L.........S#S               ....  .    .S  .       T
U    .  .    S#    S     .SL.SS.L..            L   #.                 U
V    L.   .  S.L         .L.#SS#..#.            ...  L                V
W    LLL  .  L.                                 L.. L. L              W
X  . #SL    ...                                 .L .                 X
Y       L#SL                                    .L   # L              Y
Z  .      ..L                                   .LLL # L             Z
AA        ..                                       ...               AA
AB LL     LL        S = swole [swell, pret.] (107)   L. ... .       AB
AC ..      .        L = laid [lie, pret.] (217)       . . .         AC
AD   ..  L          # = swole + laid                  .L..          AD
AE    ..                                              ..#           AE
AF     .L.                                             L            AF
AG                                                                  AG
AH                                         L                        AH
              1         2         3         4         5         6         7
     12345678901234567890123456789012345678901234567890123456789012345678 90
```

WEST CENTRAL GULF COAST/LOWER DELTA 3A

```
     12345678901234567890123456789012345678901234567890123456789012345678901234567890
              1         2         3         4         5         6         7
A                                              ..............S.S..S.....                A
B                  .....S....  ...S...S................S.....                           B
C                    ...S.....S...S..............S..S.....                              C
D                 .......S.............S...S..SS.S...                                   D
E                    .SS..S......S...S...S.S.....                                       E
F                  .S...S...S..S..S...S.S....                                           F
G                  ................S...S....                                            G
H            S.    .........P..S...................                                     H
I                  .....SS.S.....S.S................                                    I
J       .    .    .    ...S#......S..SS...............                                  J
K       ....      ..  PS..SS.#..........S...S.S....                                     K
L       ...    ..     .P #.#.P.P.SS..P...P...S..................                        L
M       .             SS...S.PS..............................                           M
N                     .S#.SS..............................                              N
O       .      .      ....#P.SS........SS.................                              O
P             .    S.    P..  . ##SP.#..#S..PS..S....S...........                       P
Q    S.        S.   .. #P.PP.#.PSP...#.S..S............S.....                           Q
R       .       ..      .P#P#S..##.##.S...S...................                          R
S                       PP#PPPP.PP###..#SS.SS...S. .    ...S      ..                     S
T       .          S.S  #P#PP...P#SP         .SSP S        ..  ...                       T
U             P        .#P#P###.#                       S...  .                          U
V        ..   .   ...   PP#PP#P.###                     S....                            V
W        ... S  .P                                    S.. .                              W
X       .     .S.                                   S.. .                                X
Y         ...S                                     .S .  .                               Y
Z       .   S.S                                   .....  .                               Z
AA          S.                                       ....                                AA
AB  ..    ..        P = pirogue [=rowboat] (80)      ... ..                              AB
AC  ..   .          S = skiff [=rowboat] (139)       .  . S                              AC
AD   .S  .          # = pirogue + skiff             ... .                                AD
AE   ..                                             .S.. .                               AE
AF    .SP                                            .S. .                                AF
AG                                                 S                                      AG
AH                                                     S                                  AH
              1         2         3         4         5         6         7
     12345678901234567890123456789012345678901234567890123456789012345678901234567890
```

WEST CENTRAL GULF COAST/LOWER DELTA 3B

```
     12345678901234567890123456789012345678901234567890123456789012345678901234567890
              1         2         3         4         5         6         7
A                                        H.SH.##SS..H.....#H....                         A
B                  ...H...... H#S..HS..#.HH....H...S.SS.H....                             B
C                  ...H.... S.SS..S.S.HHSHS.S.......HH......                              C
D                  H..H..SH.SH.HHSSHS.SSSH..SS.H..H......                                 D
E                  ...H..SS.#SSHH..#..H...S..H.HH.HHH                                     E
F                  ......S...#.SSH.S#.S..S...H.....S.H.S                                  F
G                  ..#..S..S.H.SS...S.SS.H...S...#....                                    G
H              .    .S..H..HSS.SS.......H..H.SSS.#SH....                                  H
I                  .    ..    ...S#SH.SS..H.SHHS.#HS.HS#..S.SSSS                           I
J              .      H    H.SS......S#S..HS##S.SSSHS.S..SSH.SS.SSSS                       J
K     .H..     .   .      SS H..SS...S.#S...SHS#SSSSSSS#SSSSSS#.S#S..S                     K
L     .H..      ..       H. HHS.HHS...S#.SS.H..S.##HS.HSSSSSS#....S                        L
M     .     .           H#S.S.H.SS.HS..S...SSSHSSS.SSSS#SS.SS..SS.                         M
N     .                 S..S.S.SS.SH....SS.H...#S..#S..#S..S.SSH                           N
O          .      S      .#....SS.SSS.H.HS.SS.SSH....SSS...H..SSS.S                        O
P            .    ...      .S.SS.SS#.....S.#..#H..SSH.SSS#..SS.#.#HS                       P
Q     .H     #.    HH  ..H#S.S.S.HS.HS.H#HS ..S .S..SSSS....S.                             Q
R     .      SS          .SS#..SS...SSHSS..SS... H.   ..S.   S S                           R
S                   .H.  ....S#SSS.#..HSSH.H.S..HH  .    ..S.     SH                       S
T             .H  H   ##  .   .SSSH...S.HH        SHS. .    SS H.S                         T
U      .H   H         .   S.#S#SSH.S              ..S S  .                                 U
V      .S       S##       .#.##SH.SHS             ..S S .                                 V
W      H.#  .  H.                                 SH  .                                   W
X      H..   .S.                                  S.. .                                   X
Y           HH.S                                  HH                                      Y
Z     .     HH.                                 HH#H H H                                  Z
AA          S.     H = hoops <ue> (199)         H.S S                                     AA
AB  HH      H.     S = September <-[R]> (325)   HS H. S                                   AB
AC  ..      H      # = hoops <ue> + September <-[R]>  . S .                               AC
AD    HH  H                                     H ...                                     AD
AE    H.                                        HH...                                     AE
AF     .SH                                        .#S                                     AF
AG                                               S                                        AG
AH                                                 #                                      AH
              1         2         3         4         5         6         7
     12345678901234567890123456789012345678901234567890123456789012345678901234567890
```

WEST CENTRAL GULF COAST/LOWER DELTA 4A

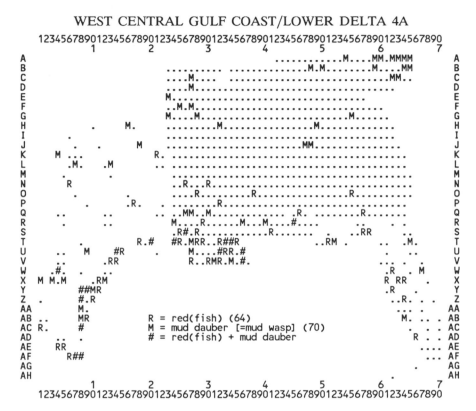

WEST CENTRAL GULF COAST/LOWER DELTA 4B

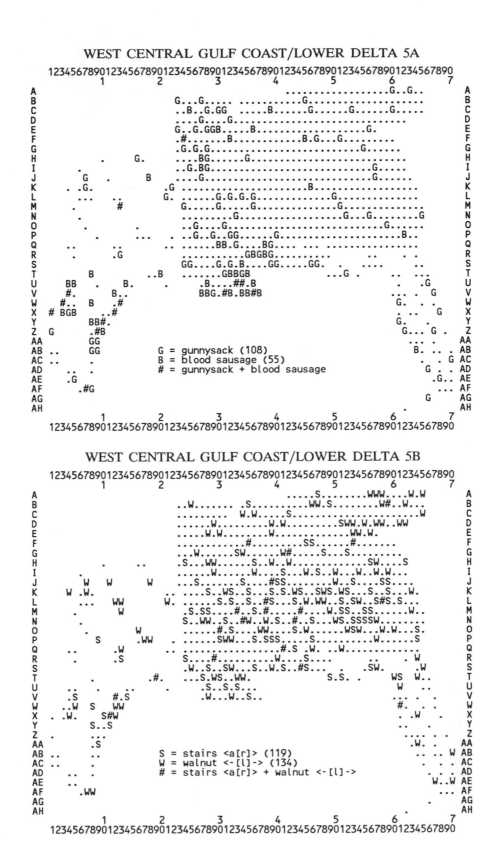

WEST CENTRAL GULF COAST/LOWER DELTA 5A

G = gunnysack (108)
B = blood sausage (55)
# = gunnysack + blood sausage

WEST CENTRAL GULF COAST/LOWER DELTA 5B

S = stairs <a[r]> (119)
W = walnut <-[l]-> (134)
# = stairs <a[r]> + walnut <-[l]->

DELTA 1A

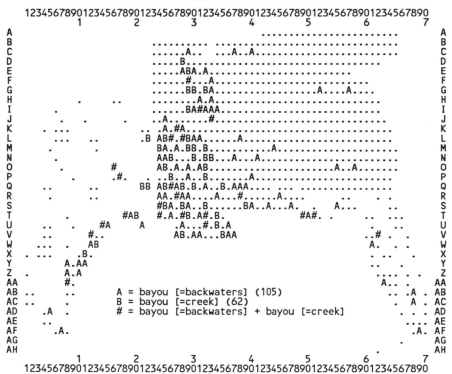

```
     1234567890123456789012345678901234567890123456789012345678901234567890
              1         2         3         4         5         6         7
A                                    ..........................   .         A
B                            ......A..   ..A..A...................           B
C                            ......B...............................         C
D                            ...ABA.A........................               D
E                            ......#...A.....................               E
F                            ......BB.BA...............A....A...            F
G                      ..    ....A.A......................                  G
H                            ...BA#AAA.......................               H
I             .              ..A...#...................................     I
J        .  .          .   ..A.#A....................                       J
K       ...    ..         .B AB#.#BAA....A.........................         K
L       ...    ..         BA.A.BB.B...............A.................        L
M     .    .              AAB...B.BB...A...A.......................         M
N         .          #    AB.A.A.AB.....................A.A............     N
O            .     .#.    ..B..A..B.......A................                 O
P      .    ..            BB AB#AB.B.A..B.AAA...................            P
Q     .    ..            AA.#AA....A.#......A.....                          Q
R         .              #BA.BA..B......BA..A...A.  .  A...           ..    R
S   .            #AB    #.A.#B.A#.B.           #A#. .          ..   ..      S
T    ..  .   #A    A     .A...#.B.A                          ..# . .        T
U    ..     #..         AB.AA...BAA                         A.  . .         U
V   ....  .  AB                                            .  . .           V
W   . ...     .B.                                         . ..  ..          W
X      .  A.AA                                          .    .. .           X
Y   .    A.A                                           .... .. .            Y
Z   .    #.                                            A..   ..             Z
AA ..        A = bayou [=backwaters] (105)              ..  .A . AA
AB ..    .   B = bayou [=creek] (62)                      .  A . AC
AD .A  .     # = bayou [=backwaters] + bayou [=creek]       ... AD
AE ..                                                               AE
AF   .A.                                                       .A. AF
AG                                                               . AG
AH                                                                 AH
              1         2         3         4         5         6         7
     1234567890123456789012345678901234567890123456789012345678901234567890
```

DELTA 1B

```
     1234567890123456789012345678901234567890123456789012345678901234567890
              1         2         3         4         5         6         7
A                                      ..H...................               A
B                            ......F... ..H...H......F....F...               B
C                            .........  ..H...H.H..FF...............F.       C
D                            F...H..F...H...H......H.............   .        D
E                            ..H..........#H.F........H.F.....               E
F                            ..F..H...H#HH.............H........FF.          F
G                            H..F.....H.F....F...HH..H..F.....F...           G
H                   ..       ..F.........H....H..F....F..H....H             H
I        H            ..     .....F......H..........#F#..F.....             I
J        .            .      H.H....H..H..H...H.....H.#.H...H....H.HH.       J
K     . F.F           .      .H...H....H#H......FF.........F..H..H          K
L      .H.   ..              ..  ...FHHFFFH..#....F.H..FF...F...#.FH        L
M        .   .               ...HF...F#.H..F.H..F.F...#FH.H.HH....          M
N          .                 H...F.FH........F...F..FF....FH               N
O         .       F          ...HF#...F....H.FH.F...F........              O
P            .     ...        ..H...F.F.H..FH........F...H......F...F.      P
Q   ..    .     H.           ..H.HF..........F....F....H.H..........H.      Q
R   ..          FF            ...#F.........H...........            ..      R
S                            ..HF.FH...H...HHF....F.  .  .F#.        ..      S
T       F     .           FH. F.....H...F       ..H. .    ..    ..F          T
U    F.  .      .F            ..H.HH....                         H.. .  .    U
V    ..      FH.              H.#F....F..                              .     V
W   ..F         ..                                          H.. .  .        W
X  . H.. ...                                                .. .            X
Y        ...H                                               .. . .          Y
Z  .      .H.                                               ..#. .           Z
AA       HF                                                     ... H       AA
AB ..    ..     H = heard [<hu{r}d>, wk. retroflex, p.p.] (114)    .... . AB
AC ..    .      F = fitted [fit, pret.] (103)                       . .. . AC
AD   ..  F      # = heard <hu{r}d> + fitted                           .... AD
AE  H.                                                                 .... AE
AF    FH.                                                               ... AF
AG                                                                       . AG
AH                                                       H                   AH
              1         2         3         4         5         6         7
     1234567890123456789012345678901234567890123456789012345678901234567890
```

DELTA 2A

```
1234567890123456789012345678901234567890123456789012345678901234567890
         1         2         3         4         5         6         7
A                                      G.......GG...G.G...G....              A
B                          .........  .#..G.G...............G.....G.         B
C                          ..........   ....M...............G...........     C
D                          ..........   ...M..................G...          D
E                          ....M.M.M#M...MM..........................       E
F                          .....M.M.MM..............................        F
G                          ....MM..M..#..........................           G
H                .      .. MM...MMM..M.M..........M......M........          H
I                          ......#.M.M.MG..............M.......               I
J                      .   ......M.M..MMM....M.M..M.........                J
K      .G.M           ..  ...M###MMM.M.M....M......M..............M.        K
L      ...       ..       .M M..M..M.#M#.GMMMMM..M..........M....M..        L
M        .      .         ..##.#M#G....M.M..M........M........M..          M
N         .            .  .MM.#G.G#GG.MMM.........M.........M..            N
O        .      .  .M.  .   .G###.GM.GGM.#M.........MM......              O
P        .      .  .M.  .  ..##G#M...G.M..M....M..M.M...M....             P
Q     M.      ..      ... G##M.G.##M.MMMM...M......              ...      Q
R             ..          M.M.GG.#MGGM...............     .M       .      R
S             ..         ...#G.#G#M...M...M..MM.  .      ..     ...       S
T        M        .GM    #GGMG.......             ....  .      ..     ...  T
U    ..     .  M..        .G..M....                       ..  .           U
V    ..           .           ........G..                   ..   ..       V
W    ...  .              .                                   ..   ..       W
X    .   ..    .M.                                          ..   ..       X
Y           GG..                                            ..  .         Y
Z  M       .GM                                             ....  .        Z
AA          ..                                             ...  .         AA
AB ..     ..       G = grass sack [=gunnysack] (74)         ..  .. .      AB
AC ..      .       M = middlebuster [=lister plow] (143)      .  M . .    AC
AD  . .             # = grass sack + middlebuster             . . .       AD
AE  ..                                                        ....        AE
AF    MM.                                                     ...         AF
AG                                                             .          AG
AH                                                                        AH
         1         2         3         4         5         6         7
1234567890123456789012345678901234567890123456789012345678901234567890
```

DELTA 2B

```
1234567890123456789012345678901234567890123456789012345678901234567890
         1         2         3         4         5         6         7
A                                 HH..H.HH...H.HH.....H..                 A
B                      HH........ .#.......HHH..#.........H..H....H        B
C                      HH...HHH. D.D.H.H....HHH.H..H.H..H.....H            C
D                      H..H..HHH..DHH..HD..#....H..HH.....               D
E                      H.HH.HHH...H.HH......H.....H.HHH.....             E
F                      ...HH.....H....H.....H.......H..HH...              F
G                      ..H.HHH....H.DD..#..H..HH.HH.H......H..           G
H             .     .H  ....HH.HHH...H.H.H.H.HHHH........D.               H
I             H         ...HHHHHHH...HH.H..H......H..H.....               I
J            .H   .      H..H...HH.HH.......H...H..H..H.D...              J
K       . DHH        .   H....HDH#DHDHHH.H.H..H.#...HH.......D.#..D.      K
L        .H.    ..       H. HH.H.HH..HHD.......HHHDHH...H.HH...HH..       L
M        D         H      HHH.HH..#..#..#.HH..HHH#.....H..#......H..D     M
N         .              HHH.HD..##H#H..D..H.D.DH..H.D.HHH....H..H.       N
O           .       H     .HH#..DH...H.#.H..H..H.HH.HH.H.....D..          O
P         .        H.H   . HD....##......H..H.H.DH..HDH...H#.H....D       P
Q                   HH H..H..HHH.H.H#....H .H# ..D#H.H.......              Q
R        ..      .H       #.H.H#.#HHH#HH........HHH.DH     .H    D H       R
S                       .....#HDH.H..#.HHDHHHHHHH  D    ....  HH          S
T            .  .       HHH   ....HH..HHHH.........HH. .    HD            T
U        ..   . . H.    H     .H...HH..H              ..H . .            U
V       H.   .       HHD      .H.#H.#.HH.              ..H . .           V
W       .H#    .  ..                                   .H H ..           W
X     . ..H     DH.                                    ..H   H           X
Y             .H.H                                     .H   D            Y
Z     H      H..                                       ..HH H .          Z
AA             ..                                      HH. . .           AA
AB   .H     HH       H = hung [hang (execute), p.p.] (337)  H. .H . .    AB
AC   ..      .       D = did [do, p.p.] (70)                             AC
AD     ..    .       # = hung + did                        H . H         AD
AE    H.                                                    DH..  .      AE
AF      .HH                                                 .H. .        AF
AG                                                           .           AG
AH                                                                        AH
         1         2         3         4         5         6         7
1234567890123456789012345678901234567890123456789012345678901234567890
```

DELTA 3A

```
      12345678901234567890123456789012345678901234567890123456789012345678901234567890
               1         2         3         4         5         6         7
A                                              CC.CCCCCCC..CCCC....CC..              A
B                                    CCC.CCCCCC CCCCC...CCCCC.C.CCCC.CCCCC..C..       B
C                                    #C#C.CCCC  C#CCCCCCC.CCC.CC.CC.CCC.......C       C
D                                    #CCCC..C.#CSC.#...CCCCC.CCCC.C.CCCC.C...        D
E                                    C.CCC####CC..SC.CC.CCC.CCCCCC#.CCC             E
F                                    ..CSCCSC##CCCC..CCCCCC.CC........CCC.          F
G                          #     CC  .#CS.SCC..C#C..CCCCCCC..CC...S........         G
H                       #            CC..#.S.#.CCCCCCCCC..C..#C..S........          H
I                         C    C      .CCC...###CC.C.C.CC.C...C.CC..CC.C.....       I
J                    C         C      CCCCC.C.#CSCC...C.CSCCCC.C..SC........        J
K              C CC.                  .C CCCCC.##S#CC.CC.C..C.CCCC.......C...        K
L                 ...     C.       CC CCSCCC#.##CC##.C.C.....CC.......S..CC..       L
M            C            .           CC.CCCSCS#C.C##.C.CC...C.C.C.........S        M
N            C                        CC..#C.#C##.C.CCCS.CCC.SC.S..........         N
O              C              C       ..C.CCCCC#C..C#.S#C..C...CC....C.C....S.      O
P                          C.C        CC#CCCSC#CCSCCC#S.SC.CCC.......SC......       P
Q           CC         ..           CC CCC#C.CS##CCC#C..SSS..S CC...C.C.....        Q
R           C            .C         C.CCCCS#..#CC.#C.S#CS##....     .C   ..         R
S                                    C.CC#####.#.C.CCC..#SC.C.  .  ....   ..        S
T                C           .CC     C.S#S#.C#..#        .C...      ..  ..          T
U       .C         .    C.      .        S#.CSSS#..                 C    ...        U
V       C..               C..            C###S#.C.#C                ... . C         V
W       .CC    C     C..                                            CC . C          W
X    C .CC          CCC                                             # .. .           X
Y            C.CC                                                   C.. .            Y
Z    C       CCC                                                      ... ..         Z
AA           CC                                                        .C. .         AA
AB   ..       .C          C = coal oil [=kerosene] (457)              .. .. . AB
AC   ..       C           S = salt meat [=fat bacon] (121)            . . . AC
AD   ..  .               # = coal oil + salt meat                     . . . AD
AE     ..                                                             .C.  AE
AF      CC.                                                           .C. AF
AG                                                                    S     AG
AH                                                                 .        AH
               1         2         3         4         5         6         7
      12345678901234567890123456789012345678901234567890123456789012345678901234567890
```

DELTA 3B

```
      12345678901234567890123456789012345678901234567890123456789012345678901234567890
               1         2         3         4         5         6         7
A                                              .H.....SS...SS.........              A
B                                    ..........  .H......S.........S........S        B
C                                    ......SS.  H.#.......H.H.......S...........     C
D                                    .......H...H........HH..S..............        D
E                                    ........S..H.....H.....................        E
F                                    ..........H......H......H...........          F
G                                    ..........H..HS.H..H...H.........          G
H                          .     .#  ..........H..H.H.H............#H.....H.         H
I                                    ..#...#.HH.....H#H...H......H......S..H         I
J                    .         .     H. ....S.SHH.H..HH..#HHHHH..H...H..HH.H.H...    J
K              . ...     ..          .. ..S...H#S.......H...H.H..HH.H..H.H....       K
L                 ...     ..          .HS....HHH.H..H..HH....H..HHH....HH....H.      L
M            .            .           S..H.#HS..#.H...H......H..H.HH.#.........H.    M
N            .                   #    ..S..#HH#H.....H.SH....S.H#HH.H..H....H.       N
O              .              .       .HH.HSHHHH.......H.H...........H.H..H.SH...    O
P                          .           ...H..H....H....HH......H......H.....HH       P
Q           ..         ..           #.......H.......HH..HS.HS     ..   . H          Q
R           .            HH         ..H..SS.H.H....H.....H...   .H..   ..            R
S                                    ...H.....H...........H...    . H..              S
T                .           ...     .....H......                 ..  ..            T
U       ..         .    H..      .        .....HH..                .HH S .          U
V       .H               H..             ......HHH..               H. ..            V
W       . ...        .  ...                                        H .. .            W
X    . ...          ...H                                           .. ..             X
Y            .                                                      ..... .          Y
Z    .       .                                                                       Z
AA           .H                                                      ... . AA
AB   ..       ..          S = stabbed [<stobd> stab, pret.] (46)      .H .. H AB
AC   ..       ..          H = heard [<hu[r]d> hear, p.p.] (169)       . . . AC
AD   ..  .               # = stabbed <stobd> + heard <hu[r]d>        . . . AD
AE     .H                                                            .... AE
AF      ...                                                          ..H AF
AG                                                                    .    AG
AH                                                                 .        AH
               1         2         3         4         5         6         7
      12345678901234567890123456789012345678901234567890123456789012345678901234567890
```

DELTA 4A

```
        1234567890123456789012345678901234567890123456789012345678901234567890
               1         2         3         4         5         6         7
A                                       SS..SSSSSS..SSSSS..SSSS.                 A
B                               SSS..S..S  .#S.#.....S...SSSS.SS.SSS.......S      B
C                               S.S..S..S  ..C....SS.SS..SS.SS.SS...SSSS..       C
D                               .SSSSS.SS  ....#SS..SS.SSS.SS..S.SS            D
E                               .S..SSSS.S...S........S.S.S.SSS.CS.            E
F                               S.S.S.S.S...S....SS.S.........SSSS..           F
G                               ....S.S...S...S..C.#...SS..S...SSS...S         G
H                .        SS     S..S...SSSS.....SS..SSS...SS....S....          H
I                                S....#SS..#SS.SC..S..S...S..S..#....           I
J                .S            S     .SCSS.S.C.S.......SS....S...S.S...         J
K           S S..            S       SS S..SC#S.S.CS..C#.SSSCS.S.#S.C..C.S.....  K
L             ...         .S         S. SS.SSSS..#SS.S.......S...CC..S......     L
M           .            S           #.##SSS.....SC..SS.SS...S...S.C....        M
N             .S                     .#SCS.SSSS#..SS#SSSSCSS.S..C...S...S.....   N
O            S                #       .SSS..#S..SCCSS.S.SSC.C.....S..C.S....     O
P                        .S.         S..S..S.C##.SS...C...S...SS#C.S.#.S...S.    P
Q          ..          ..            S. ##...S.S.C#.SS...S.....C.S S.SC....      Q
R          .           ..            C.CSC#.C.#.S.S.SSS.CS.#..S       .S        R
S                                    ...S..#...SS...S...S.S....S...     ...S    S
T              .       .      S.S     SS......SSS            .SS. S     ..  ...  T
U          ..    .      S#             ..SS......                      .    ..   U
V          ..          SS.     .       .S...SS....                     .   ..    V
W        .S.                                                          ..  .      W
X        .SS.       .SS                                            .S.   S       X
Y     .  SS.        .SS                                            .S.  .        Y
Z   S    S..        SSSS                                           ....  .   .   Z
AA            ..                                                   ...  .        AA
AB  ..       ..           S = stout [=strong] (324)              ..  S.  S       AB
AC  ..     S              C = cush [=mush] (65)                     S . .C       AC
AD  ..   .                # = stout + cush                        . .  S         AD
AE  S.                                                            ....  .S       AE
AF    .SS                                                           ..S          AF
AG                                                                 .             AG
AH                                                                               AH
        1234567890123456789012345678901234567890123456789012345678901234567890
               1         2         3         4         5         6         7
```

DELTA 4B

```
        1234567890123456789012345678901234567890123456789012345678901234567890
               1         2         3         4         5         6         7
A                                       .B.IB..B...I.B..B.........              A
B                               IBB...B.IB .....B...BI..B.I..B.BB.I..BB....      B
C                               .....I#.. .II.B.....BBB...IB..#..BBB...B.        C
D                               B.....BBB.I...I........I.B..B...B.BB...          D
E                               B.....#..I..BB...B....#B.BBBI...B.                E
F                               ....#...#..B..I.B.I.I......I.III...BI.           F
G                               .I.I..B..B.........I..I#I.B....BII....           G
H                .        .I     .....B.....I.B...B...BI.#..BI.I..I..BI          H
I                I               ....#IIB..I...B##.B......I.IBBI....I.I          I
J           .      I    B        B..#B..I.........B.I...B###.B..B.B...I.IB       J
K          ..IB              IB  ...B###IB.IB#..I.B..#.....I.#..B.I...I...       K
L             ...          ..    #..#....#BBB.B.IIII......B..BB.......II....     L
M           .            B       B#BIB.#.#....#B...#I...BB..IBBBB.IBI.B.B.IB.    M
N                        #        B.#I.#BI...BBII.BI.I...B.I.#.B..B.......II     N
O             .                ..B   IIIB##.BB.....B...B...I.IBI#IBB.I..I.B      O
P                        ..B         B.IBBII..BB.......I...I..BIIIB#..BI.       P
Q          I.          .B      BI  ...B#B#BB.III...B....B. I.....I..B..II..      Q
R          .           ..            B..BBBBB..B....#....B            .B        R
S                                    BBBB...I#.I.IB....BI.I..    ..B. .  ....    S
T              .       B..            BBB#B#BBIBBI            ..B. .     .I ...  T
U          .I    .      BI      I      BIB.BBIB.B                      .  .. .   U
V          ..          #II             #BB.BBIB#BB                     .B .  .   V
W        I.I          .B                                              .B ..      W
X        .#BB                                                         .# ..  .   X
Y             B#BB                                                    I#II B .   Y
Z   B        B..                                                      #.. B      Z
AA            ..                                                                 AA
AB  I.       BB          I = (sick) in (his stomach) (190)           BI .. .     AB
AC  .I     I             B = Baton Rouge <-zh> (248)                 I .I B      AC
AD  II   .               # = (sick) in (his stomach) + Baton Rouge <-zh>  B .. . AD
AE  BB                                                               IBB.        AE
AF    .BB                                                             ...        AF
AG                                                                   I           AG
AH                                                                               AH
        1234567890123456789012345678901234567890123456789012345678901234567890
               1         2         3         4         5         6         7
```

DELTA 5A

```
          1234567890123456789012345678901234567890123456789012345678901234567890
                   1         2         3         4         5         6         7
A                                          .........L..#LL..........              A
B                              ...LLL..L. .L..#...L..........L..#LL.........       B
C                              .LLL.....  .......... .......L...LP....LP.LL        C
D                              .L..P.....P....L.......P..L....PPL...LLL.           D
E                              .L.LL..#LLL...PL......LP..L..P....                  E
F                              .PP.P.PL#..P.L.....L..P.P.L....LP....               F
G                              .P.........LL....L.PL.L.....LL..L.LL.               G
H              P     LL        P....PL.L..LP....P..LLP....L..L....                 H
I                              .PLL...LP.LP.L.P......L....LLP...                   I
J          P      .     .      ..L..P...LL..L..L..#L..L..P......#L#..P             J
K        ....      ## P.LLLL##...PL....L..#L..#L...LPL.#....                       K
L       ..L   P.   P...PL.L.P...LP.P#PLL....PP...LLL..L..LL...                     L
M         .   L.#L#LLLLLP..L.#LLL#...P....P.L.P....L                               M
N         .P            PL.#...#L.L.P.....P#..LP.L.P....L...L....                  N
O              .        ..L##.LP.#LLP.......P....LLP##.P...L......                 O
P           .      P.L  L .P.#LLP...#P.LL.L..LL...LLP..P....L...P                  P
Q       ..     LP       L..L...PPL..........L..#.....L.L...L                      Q
R       .     .#        LL#P...P.LP.PL....L...L.  L.   ....                        R
S                       P.L...L#LLL..L.PL....PLL. .  L.L.  ..                      S
T                 .L. P..#P..L...                 L.... .    L#  ...               T
U       .P.     .       P    .L..LL.P..                       .   ...             U
V          ..      .L.                                        .  P  .             V
W       ...   P   .#                                          .  ..  .            W
X       . .P.   L..                                   L.. .      P                X
Y            ...P                                             ..  .                Y
Z       .       ...                                          ... .  .   AA        Z
AA             P.                                            P.. L  .   AA        AA
AB     ..       ..          L = loft [=attic] (215)          ..  .P .   AB        AB
AC     ..       ..          P = picture show [=theater] (133)  .  P .   AC        AC
AD      .P   .              # = loft + picture show          .  . .     AD        AD
AE      .P                                                   ....       AE        AE
AF        .P.                                                ...        AF        AF
AG                                                             .        AG        AG
AH                                                          .           AH        AH
                   1         2         3         4         5         6         7
          1234567890123456789012345678901234567890123456789012345678901234567890
```

DELTA 5B

```
          1234567890123456789012345678901234567890123456789012345678901234567890
                   1         2         3         4         5         6         7
A                                          ....RS.R...RR...SRS.R                  A
B                              .......R.. .R......R......#..SSS....                B
C                              ..R....R.  RR#....S......S.RR..R.....RRRR           C
D                              .......R.S.S...R..S.R...R....R....S..               D
E                              R...R.SRS.S#...R..........S.S                      E
F                              ......SR..SR...R.S...##....SR..R.#..                F
G                              ..SS....S..#.SS.R.S.S..S..S.S.....S...              G
H              R     #.        .R....S........RR.RSS.SSS.RS...S...                 H
I                              ....R..SRR..R...S.RSS...S...S...RRSSS               I
J          .     .     .       ...RS..R.R..R...S..R..S.......SS.S..S              J
K        .S..      R.  ...RS.S.S...SR..S.SS...S.......#..R.                        K
L       ...   R.   S...........SS..SR....SSRRSS..#..R.S.RS..S...S                  L
M         .   .    S..SR.S##.S....R..S.S..R.#.S..RS..R....R                        M
N         .            .R#..S..#SS.RRR.....S.R.#R...RR..R.....                     N
O              .        .R..#.#..RRS.R.R#.R...............                         O
P           S      R    ...#SS#.....S..S..S...S...SS........                       P
Q       ..     S.       .. R.SSS.SSRS...RSS.RSS ...#.RR...R.S.R...                 Q
R       .     .S        .#..#R##R...SSS.SR.S.S....    S.    .S                     R
S                       .S.R...S..#..S..S#...S.S.                                  S
T                 .S.   SS.SSS#.....              ..SS .    R. S..                 T
U       .R     .       .    S.S...SS.S            ..SS .    R. S..                 U
V       S.         .S..       #S..SSS.S..                     R.R R  .            V
W       ..R   S               .                              #.. . .             W
X       . SSS   .#.                                          #.. . .              X
Y            SS.S                                             .. .                Y
Z       .       ...                                          .S.. S .   AA        Z
AA             RR                                             .R. .     AA        AA
AB     ..       ..          S = sausage <-o-> (207)          .S .S R    AB        AB
AC     ..       .           R = rinse <e> (149)                . . .    AC        AC
AD      SS   .              # = sausage <-o-> + rinse <e>      . S .     AD        AD
AE      R.                                                   ...S        AE        AE
AF        ...                                                .SS         AF        AF
AG                                                             #         AG        AG
AH                                                          S            AH        AH
                   1         2         3         4         5         6         7
          1234567890123456789012345678901234567890123456789012345678901234567890
```

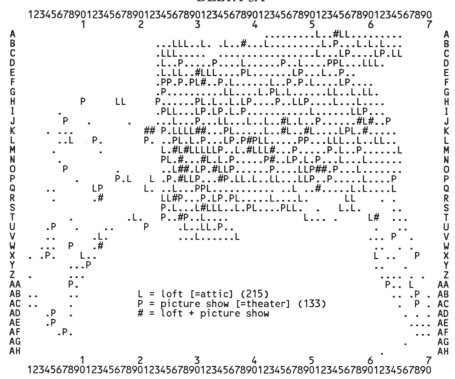

DELTA 6A

```
              1234567890123456789012345678901234567890123456789012345678901234567890
                       1         2         3         4         5         6         7
   A                                            ....F...F...F...F....F                    A
   B                       ......BB. B#..B.........B.F..F..........F                      B
   C                       ..B......  #....B..B.B.............FF...                        C
   D                       ....#....#...B....B....FF.............                          D
   E                       BBB...B#...B..BB..........F.....                                E
   F                       .BB..B.F..B.F....B..F...F.....                                  F
   G                       .B.B..#B.........F.....B.........                               G
   H              .     .    F#        ...B..B#.B.........................                 H
   I              .              ....B....B..B...........................                  I
   J                                .  B..#.B.B....................                        J
   K        F FB.              #.....#BF.F.B....F........B.......F.F..F.                   K
   L        ...      F.     B. B...B....#B.......#..F......F.F.F..                         L
   M        .     .       ...#.B..F......F...........F........F...                         M
   N                        #BBF.BB.................FF..F...                               N
   O              .       ...BBB.B..F........F.F....B.F..F....                             O
   P         .        BB.   ..#..BF#.......F....F...F...F...F.                             P
   Q         ..          .    ..B...F..........F. ... F..F...                              Q
   R         .      B.        .B...B.BF.......F.......   ..  ..                            R
   S                          ......BB.......F.......                                      S
   T              B            .F. ...........         F..F . .  F.  ...                   T
   U        FB    .     .B    .     .BF.......                      .                      U
   V        ..     ..B       .       B..........              ...  .  :                    V
   W        ...                                                F.  . F                     W
   X   . ...     B#..                                           ..  ..                     X
   Y            B..B                                            ..  ..                     Y
   Z   .         ..B                                            ..F. . .                   Z
  AA                 ..                                         ...  ..                    AA
  AB  ..        ..          B = buffalo (fish) (90)            .. ..  .                    AB
  AC  ..        .           F = frogstool [=toadstool] (86)       .  .  .                  AC
  AD  ..                    # = buffalo (fish) + frogstool        . . .                    AD
  AE  ..                                                          ... ..                   AE
  AF  ...                                                          ... ..                  AF
  AG                                                                   .                   AG
  AH                                                                                       AH
                       1         2         3         4         5         6         7
              1234567890123456789012345678901234567890123456789012345678901234567890
```

DELTA 6B

```
              1234567890123456789012345678901234567890123456789012345678901234567890
                       1         2         3         4         5         6         7
   A                                          .....H.HH.....F.........                     A
   B                       ..F.F..... FFH...........#..........H....                       B
   C                       .F....F.. HFFF....FF..H....F.........                           C
   D                       .H.....#..F.H..F..F.F#F...F........                             D
   E                       .......#..H...FF...F...#F.......                                E
   F                       .....F.H.H#..F.##F#.F#......F.....                              F
   G                       .F.....FHH.FFH....F..FF......F...#..                            G
   H                  .F          .F....H..F......H..F.HF.....F.#.F                        H
   I                             F......FF.#F#.....#........FH..#FF                        I
   J        .         .   .    ..#...H.HFF#F..#F...#......FH..#FF#FF.                      J
   K   .          ..           #. F..##.##.F...H..H.#H#FF.F.##.#.HH....H.                  K
   L       ..F     ..          ..  .#....F.F.H..F#.FH#.H.H..#.F#F.###..F                   L
   M       H       .           ..#...###F.F.FH..H.H......H.F.HHFH..F.F#F                   M
   N       .            #       #.HFF#.#FF#...H....#....HH#..#FF.F#.#.F.#.                 N
   O              .           F..FF.#.#F#....#..F........#FHF.H..#FFF..F                   O
   P         .         ...   # .H#.FH#H..F...FFF..H.FH...#..H#.....HF..F                   P
   Q                          .F .F.#..#F#..#..F..HHF .H..F#FFHHF...H..FH                  Q
   R       H        .H        F..FF#.F#.....#F.##H.HF...                                   R
   S                          ......HFF....HF.#..HF...  .   .HF.  ..                       S
   T          F            .H.  .F..H...H....         F... .    .H   ...                   T
   U        .F      .  .#     .     F..F...F#                   FHH .  .                   U
   V        ..       F.H     .       #F.FH.#F#.#                           .               V
   W        ..#  F   ..                                            #  . .                  W
   X   . ...       H..                                             ..  ..                  X
   Y            ....                                               ..  . F                 Y
   Z   .        .F.                                                .... .                  Z
  AA            .H                                                 ..  ..  H               AA
  AB  ..        ..          F = fourteen <-(r)-> (233)            .. ..  H                 AB
  AC  ..        .  .        H = horse <(r)> (169)                  . F . .                 AC
  AD  ..                    # = fourteen <-(r)-> + horse <(r)>        . . .                AD
  AE  ..                                                             ....                  AE
  AF       .H.                                                        .H. .                AF
  AG                                                                                       AG
  AH                                                                   .                   AH
                       1         2         3         4         5         6         7
              1234567890123456789012345678901234567890123456789012345678901234567890
```

DELTA 7A

```
      12345678901234567890123456789012345678901234567890123456789012345678901234567890
               1         2         3         4         5         6         7
A                                              ....H....H.....H...H..H       A
B                          .HH.HH.HH.  ....H........H...H...H.H...H         B
C                          H.HH...HH  C...........H...H..H....H..H          C
D                          .H.H.CH.H...........HH..........H..HH           D
E                          ....H..H.........H..HHHH.#....                   E
F                          ..HH..HHH..H.....H......HC.HH..                  F
G              H     H.     ....H..#.....H.H.H...HC.....C.H...C             G
H                           ...H.......HH...H.C...H....C.H...C              H
I               .           .HH...HH..H..H.H...C.....C.C......C             I
J           .    H      .    ..C....C.........C...H....H...##             J
K            .              HH ...HH.CC.....C..H...H.......HH.HH.          K
L            ...      ..     ..  .....C...C.#...H.#..C....H.....H.         L
M            .        .       ..H.H...#.H..H......H#.......H...H..         M
N                             ...H.#.CH.#..H.H.........H...H...            N
O              .             ....H...#..HH..H....H.H.....HH....HH          O
P           H       H..      ...H..HCC.H...H......H.....HH.HHH..          P
Q           ..      ..        ..HC...HH.H.....HH.....H.....  ..  ..       Q
R           .       ..        H......HH...H......H......  ....  ..         R
S                             ......##............H..  .  ....  ..         S
T            H        .HH      .........             ....  . ....          T
U           ..   .   .  .   H     ...H..H..              ...  H .           U
V           ..   .   ...            ...H.H.....            .. H  .          V
W           ..        .                             H.. H..                 W
X        . ...    C..                               H. .   H               X
Y        .        ....                                ..  . .               Y
Z                 ...                                     .H. .              Z
AA                 ...                                    .H. .  . .         AA
AB   ..           ..       H = hunkers [=backs of thighs] (173)     .# .H .  AB
AC   ..      .            C = clear stone (peach) (39)              .  H .   AC
AD   ..  .               # = hunkers + clear stone (peach)          .  . .. AD
AE    ..                                                            .H.. .   AE
AF   ...                                                             ..H     AF
AG                                                                   .        AG
AH                                                                   .        AH
               1         2         3         4         5         6         7
      12345678901234567890123456789012345678901234567890123456789012345678901234567890
```

DELTA 7B

```
      12345678901234567890123456789012345678901234567890123456789012345678901234567890
               1         2         3         4         5         6         7
A                                              P.PPP#P#PPP...P..FP.#...      A
B                          #PP.P#PPP# PPFPPPFPFP.#P#PPPP..P.F#.FFP....      B
C                          PPPP#FP.#  P#PP#P##F..P#PPPPPPPP.P#PFPF.P.F      C
D                          P#PPPP.##PP.#PPP#P.#PF.PP.##PP.PPFP..F.P        D
E                          ###PPP.P#FP##F#PPPPPF.##.#.#.PP.PP              E
F                          .FP##FPP#PP#PPP.PP##..FFF#.P..#.FP.#FF         F
G                          ##PPPPP.FP..##FPPP.PP..P#P.P.#.P.#.PF#.        G
H              #     P#     P..PP.P..PP.##P.#PPPPPPP.P#PFPP#.PPFF.P.      H
I           P               PPPPPP#F#P#.PPP#.FPPP##PPPPPPPPFFP##PF..      I
J              P    P     P  .PPPP.P#F.PFPFP.F#.#P##P.P#P.PFP.P.F.P.#     J
K         P #P#          #F #.###PFFP.PPP.#.FPPP#F.FPPP.F##FFPFF..F.      K
L          P.P     ##       ## PPPPFPPFF####F#FP#F##.#PFPP#P...P.P.P....   L
M         P          P        #.PFP#FF#F.P.##FPP.PF.PPP#P.P#..#...        M
N          P                  #F.PF.F##P.PP##PPP#.#P.P#..PFP.P#.F.....P    N
O              #          #    PP#P#.FP####P##PPP.P.P....FF.P.#.P.P...PP.   O
P              #          P.#  F P###P.FF.PPPFPPPP.PFP#.##FFP.PF..P.F.P..   P
Q          #P       P#        F# P#F#PF###PP..PP###.P PF. F..#F.F.#P.....F  Q
R          P        #P         P.PP#F#P#P#P#.P.F##PP#P..P     .P  .....     R
S                             P#######FFPP.P.P.#FPPF#PPP  #   P.FP          S
T              #         ###   PPPP##.F##P#         #PP. F     .F  .P.       T
U         #F     P     ##     P   FPPPPP##F#              F      .F .       U
V         #.         PP#               PP#FPP.P##F          F.P #           V
W        PP#  #    P#                                       .P F  F          W
X       P .#.     F#P                                       F P#    F        X
Y        .        PPPP                                       .F  F           Y
Z       P        P.#                                         PF.P P #        Z
AA                #.                                         .PF P           AA
AB   PP          #P       P = pecans <=41> (569)             P. .# .         AB
AC   PF      F            F = forty <-aw-> (332)             #  . # .        AC
AD    .P     #            # = pecans <=41> + forty <-aw->      P #.. .       AD
AE     PP                                                      ...P          AE
AF     .#P                                                                   AF
AG                                                              .             AG
AH                                                              .             AH
               1         2         3         4         5         6         7
      12345678901234567890123456789012345678901234567890123456789012345678901234567890
```

DELTA 8A

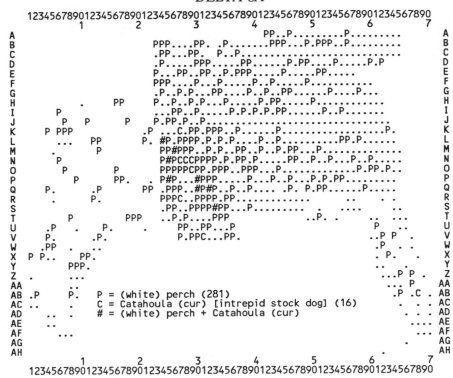

DELTA 8B

DELTA 9A

```
1234567890123456789012345678901234567890123456789012345678901234567890
        1         2         3         4         5         6         7
A                                        L              .....................      A
B                      ..........    ....................              ........      B
C                      ..L......                         ........      C
D                      ...LL.....                                ....      D
E                      ....L...L.L......                    L...      E
F                      .....L.......      L......    L...      F
G             .    L.      ..................L....      ..      G
H                      .L..LLLLL.......              L.....      H
I               .      .L....L.L....                         I
J        . ...          ..  .C.L...C......      L......    L..      J
K         ...  ..      ..  .L..CL..C.C.....              L..      K
L        .        .      .L..L.C..CL......                    M
M         .            CC..#..#.C........L.L......L.LL......      N
N           .      .      ...L.C..CL.....L.L.L....    L..LL...      O
O        .LCL......L..                 .L......      P
P        .  ..      ..  ..LC...L..L...CL....    .L......      Q
Q         .      ..      ...LLLL.....L......L..L      ..  .  .      R
R                      L.....L#.L........LL...      .  ....      S
S        .      .L.  LL.L.......                .L.L...    ..  ..      T
T      ..  .  L.    L    L..LL.....              .. .      U
U      ..    C..      ........LL.              ...      V
W    . ...    .C.                              ...  L      X
X  .                ....                                  ... .      Y
Y .                .....                              ...  .      Z
AA              ..                                     ... .      AA
AB ..      ..      C = coco (grass) [field weed] (20)      .. L. .      AB
AC ..    .      L = loggerhead (turtle) (87)              . ... AC
AD ..  .      # = coco (grass) + loggerhead (turtle)      . . . AD
AE ..                                              .... AE
AF ...                                              ... . AF
AG                                                  L  AG
AH                                              .      AH
        1         2         3         4         5         6         7
1234567890123456789012345678901234567890123456789012345678901234567890
```

DELTA 9B

```
1234567890123456789012345678901234567890123456789012345678901234567890
        1         2         3         4         5         6         7
A                                  H...GH.HHH.GG.H.#HH.H#..      A
B                      H..HHH....  .#H#HGH.H...HHHH.#.G...#G##H##..      B
C                      ...#H...H  H.H.H.HHH.G.H...G#.G##H#HG      C
D                      HH.H..HHHH..HHGHH..H.HG.HGH.HG...#.HH.H#      D
E                      HHH.HGH.GHH#HHHH#..HH.#..HHGHH...#.G#      E
F                      .H.#GHH.H..HH..G.HHH#..H.H...HHGH...HH      F
G            .      HH      HHH....#HH#HHH..H.#.H.H.......G.#HG      G
H                      ..H..#GH.H.#G..HH..G..H..HH......HHHHHG      H
I          H          H....HHH.#GH.HH...H.HH...HHHH#...H#GG      I
J            .  .      .      H..H..GG.HH.HHG.HH.G..#HG..HHHGHG..G#HGG.      J
K      H .HH        HH   .H.HHGHH.....HHHH.HH.HH.H..HHH.H.HH.H.GH..      K
L        .H.      HH   HH  GH.#HH.H#HHHH#HGG.H.HHHHHH..H.GHGHH##.GGH.      L
M        H      H      H.GHHHHHHGH.G#.....H.H..H.H..G#.HH.HH..GHGH.      M
N        .            HGH.HH.##HG.HH#.HHHHH....H#G#HHH.HHHH..H.      N
O              H      GH.GG.#.HH#.GH.HH..H.H..H.G..H.H..HH##H      O
P        .  #      H##  H .HHHHHHH#.G.#.#.HH.H..HHHH.G.GGG..G.H.###      P
Q      GH      H.        ## G.#HHHGG#.HH.HHHHH..  .H. HGHHG..G.G.H..G.      Q
R      H      #H        H.H#HH.HH...H.#H.#HG..HG.HG.H#      ..  G  .      R
S            G          GH#HHHH##.H#..H..G.HHH...   H  #H.#  .      S
T      H#  #      HH#      .HHH#H#H.HH.      HHH. G      .H  ..G      T
U      H#  #    HH    .      #.H.#.#HGH                  H  H.      U
V      H.      GHH      .#H.HH..#HH            .HH #  .      V
W      H.H  G  HH                              HH  .  H      W
X  . H..      H#.                              H .H  H      X
Y            G.H.                              ## H  H      Y
Z    H      ..#                              .H..  . H      Z
AA            H#                              .H. G    AA
AB ..      #G      H = horse <aw> (474)            ..  .. H AB
AC HH      H      G = garden <-{o}-> [low-back] (190)      G  H H AC
AD    HH  .      # = horse <aw> + garden <-{o}->            . . . AD
AE    H.                                        H... . AE
AF      HHG                                        .HH AF
AG                                              .      AG
AH                                              .      AH
        1         2         3         4         5         6         7
1234567890123456789012345678901234567890123456789012345678901234567890
```

DELTA 10A

```
            1234567890123456789012345678901234567890123456789012345678901234567890
                     1         2         3         4         5         6         7
A                                           ........................................          A
B                      ...G..GGG ..#...BG..........................                            B
C                      ..G.B.BG.......................................B.....                   C
D                      G..G....GG....B..#.................................                     D
E                      G.G.GGGGGGG...B#...B.........................                           E
F                      ...GBBB.G.#..B...G........................                              F
G                      ...G.B..B#.#B.......................                                    G
H               .    #G ...#.B#B..B..GB........................                                H
I                    .B....B#B#G..GB.........................B.........                        I
J               .  .    ....#.BB##B.#..#....................                                   J
K         . ...         .. ...BG#BBB..G#.B#.......................                             K
L         ...  .G     .. G...GG#B#GGB#...G.....G..................                             L
M           .       .     ...#..G##B..##G.G.....G..............                                M
N           .                .BG.GB..BB.......................                                N
O           .                .GGGG.......G...................                                 O
P         .        .G.        .....B....G................G....                                P
Q      ..      #.       G# GGB.G.B#B#G.#.......................                                Q
R      .        ..       G...BB..G...................    ..  .                                R
S                        ..G.G...B#GG.....................  .  ...                             S
T         B       ...    .B.G.........................  ..  ...                                T
U      ..  .    ..      G    .....G...............  .  ..                                      U
V      ..    ..  .G           B.........................G. .                                  V
W      ...  .   .G                                    ... .  .                                W
X      . ...                                          ..  .                                   X
Y         G..G                                        .... .                                  Y
Z      .    ...                                       .... . .                                Z
AA         ..                                         ... ..                                  AA
AB   ..       ..       G = gumbo (land) (104)          .. .. .                                AB
AC   ..    .           B = buckshot (land) (81)            . G . .                            AC
AD   ..   .           # = gumbo (land) + buckshot (land)       ... .                          AD
AE       ..                                                    ....                           AE
AF       ...                                                                                  AF
AG                                                            .                               AG
AH                                                          .                                 AH
                     1         2         3         4         5         6         7
            1234567890123456789012345678901234567890123456789012345678901234567890
```

DELTA 10B

```
            1234567890123456789012345678901234567890123456789012345678901234567890
                     1         2         3         4         5         6         7
A                                           ......................P..                         A
B                      #........N.......N...........N.......                                   B
C                      .P#N...  .P...N..N.N.........N....                                      C
D                      .N.N.N...N..N.N..N.N.........N.....NN                                   D
E                      ..N..N#....PN..N...P.......                                             E
F                      .P.P..P#...N............P....                                           F
G                      ...............P....P..........P....N.                                  G
H               .    .N ...P....N....P...PN........                                            H
I                    .P...........N........NN...P..NPN..N..                                    I
J                 .      ....N..........PN..P.......N..N...                                    J
K         . ...         .. ....#N.P...............N........NP..NN.                             K
L         ...  .N     .. ##N..N..N...N.N..PN.......N..N...                                     L
M       P     .  .P       .PN....P.......P....P....#..                                         M
N           .       .     .N..N........................P..                                     N
O         P........        P.......N..NP.......P....P...N...                                   O
P              N..        .NP.NP..NP..P.......N.N...........P                                  P
Q      ..      .#       ....N.P..N.N.......N..........N...                                     Q
R      P        ..       .......N..PPPN......N...    ..  ..                                    R
S                        .N..N........N....... ..                                             S
T         .       N..    .P..P...P...    .#.. P   NN N..                                       T
U      ..  .    P.N      .N.......P           .  ..                                           U
V      ..    ..  .            ..PN...NN.             ..  . .                                  V
W      ...  .                                        ..  .  .                                 W
X      . ..N   P..                                   .#  N                                    X
Y         ....                                       .... . .                                 Y
Z      .    ...                                      .... . .                                 Z
AA         ..                                        ... ..                                   AA
AB   .P      NP       N = neck <{ai}> [<e> onset] (97)  .. .. .                               AB
AC   ..    .         P = pecans <-{o}-> [low-back] (64)     N . . .                           AC
AD   ..   N          # = neck <{ai}> + pecans <-{o}->          ... .                          AD
AE   .N                                                        ....                           AE
AF       ...                                                                                  AF
AG                                                            .                               AG
AH                                                          .                                 AH
                     1         2         3         4         5         6         7
            1234567890123456789012345678901234567890123456789012345678901234567890
```

LOWER DELTA 1A

```
        1234567890123456789012345678901234567890123456789012345678901234567890
                 1         2         3         4         5         6         7
A                                           . . . . . . . . . . . . . . .                    A
B                                . . . . . . . . . . . . . . . . . . . . . . . . .            B
C                                . . . . . . .   . . . . . . . . . . . . . . . . . .          C
D                                . . . . . . . .   . . . . . . . . . . . . . . . .            D
E                                . . . . . . . . . . . . . . . . . . . . . . . . .            E
F                                . . . . . . . . . . . . . . . . . . . . . . . . .            F
G                 . .            . . . . . . . . . . . . . . . . . . . . . . . .              G
H        .                       . . . . . . . . . . . . . . . . . . . . . . . .              H
I        . . .          .        . . . . . . . . . . . . . . . . . . . . . . . .              I
J      .   . . .     .         . .   . . . . . . . . . . . . . . . . . . . . . . .            J
K      .     . .   . .             . . . L . . . . . . . . . . . . . . . . . . . .            K
L      .                      L . . L . . . L . . . . . . . . . . . . . . . . .               L
M                             . . L L . . . L . . L .                                         M
N           .                 . . . L . L . L . . . . . . . . . . . . . . .                   N
O        .          . . L    .  . L L L . . L . # . L . . . L                                 O
P      . .          . .         . . L # # . # # L L L L . . L L                               P
Q      . .          . .         . . # # L L # L L . . L L B . . . . . L . .   . .     . .     Q
R                 L L L         L L # L B L L L L L # # . . . L . . . . L . .  . . .  . . .    R
S            .                  L . B # B L . . # # L #            . . . .    . .    . . .     S
T        . .          L . .       . L L # L # # # . L               . . . .       . . .  .    T
U        . .          . L          . # # # L # . L # L B                              . . .   U
V      . . .       . . L                                           . .        . .     . .     V
W                  . . . .                                         . .         . . .   . .     W
X           . . . .                                                 . .        . . .   . . .   X
Y      .        . .                                                 . . . .    . . . .         Y
Z      .       . . .                                                 . .    . . .     . .      Z
AA                                                                     . . .        . .        AA
AB    . .         . .        L = lagniappe [=something extra] (86)     . . . . . . .  .        AB
AC    . .          .         B = banquette [=sidewalk] (30)              . . .   .   .         AC
AD      . .    .             # = lagniappe + banquette                  . . .   . .           AD
AE      . .                                                                 . . . .           AE
AF        . B .                                                             . . .             AF
AG                                                                           .                 AG
AH                                                                                             AH
                 1         2         3         4         5         6         7
        1234567890123456789012345678901234567890123456789012345678901234567890
```

LOWER DELTA 1B

```
        1234567890123456789012345678901234567890123456789012345678901234567890
                 1         2         3         4         5         6         7
A                                           . . G . . . . . . . . . . . . . .                 A
B                                . . . . . . . . . . . . . . . S . . . . . G . . . .           B
C                                . . . . . . . .   . . G . . . . . . . G . . . G . . . . .     C
D                                . . . . . . . .   . . G . . . . . . . . G . . . G . . . .     D
E                                . . . . . . . .   . . . G . . # .                             E
F                                . . . . . G . . . . . G . . . . G . . .                       F
G                 . .            . . G . # . . . G G . . G G . . . . G . G . . .               G
H        .                       . . S . . . G G . . G G . . . G G . . . G . . . .             H
I        . . .          . .      . . . . S . G .                   . . G . . . . G .           I
J      .   . . .     .           G . . . . . . . G . G . . . . . . G . . # . G . . G . GGGG    J
K      .     . .   . .            . # . . . G . . . . . . . . . . . . . GG . G . G . G .        K
L      .          G . .          . . . . . . . G . . . G . . . . . . . G . G . . . G . . G     L
M                             .      . . . . . G G S . . G G . . . . GGG . GG . GG . . . .     M
N           .                 . . . GGG . . G . . G . . . . . GG . . . GS . . .                N
O        .          G        . . . . GG # G . S . . . . . . . G . G . . . .                    O
P      .            . . .     . G . . . S # . G . . . G . G . . . G . G . . . S . .            P
Q      . .          . .          . . . S . . # . . . . . G . GG . GG . . G . G                 Q
R                 . .             . . . G . G . S . . . . G . G . G . . . S . G        . G     R
S            .                  . . . GS . S . . G . . . GGG . . # . . . .   . . . .    . G    S
T        . .          . . .     . . . G . G . .                    . . . .        . . G       T
U        . .        G . G         G . . . G . G .                               . . G          U
V      . . .        G             . . . SG . . GG . G                           . . G    . .   V
W      . . .    G    GG .                                          . .         . . .           W
X           . . . .                                                 . .        . . .   . . .   X
Y      .        . .                                                 . . . .    . . . .         Y
Z      .       . . .                                                 . .    . . .     . .      Z
AA                                                                     . . .        . .        AA
AB    . .         . .        S = swole [swell, p.p.] (24)             . . . . . . .  .         AB
AC    . .          .         G = garden <-[r]-> (132)                  . . .   .   .           AC
AD      . .    .             # = swole + garden <-[r]->                . . .   . .             AD
AE      . G                                                                . . . .             AE
AF        . . .                                                            . . G .             AF
AG                                                                           .                 AG
AH                                                                                             AH
                 1         2         3         4         5         6         7
        1234567890123456789012345678901234567890123456789012345678901234567890
```

LOWER DELTA 2A

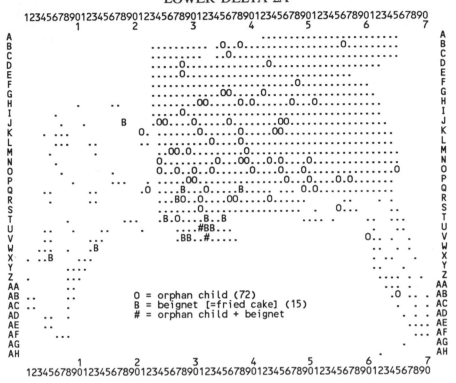

O = orphan child (72)
B = beignet [=fried cake] (15)
# = orphan child + beignet

LOWER DELTA 2B

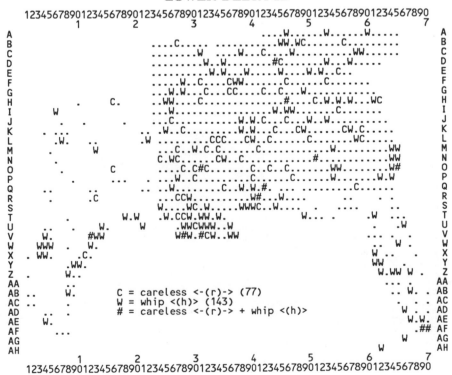

C = careless <-(r)-> (77)
W = whip <(h)> (143)
# = careless <-(r)-> + whip <(h)>

LOWER DELTA 3A

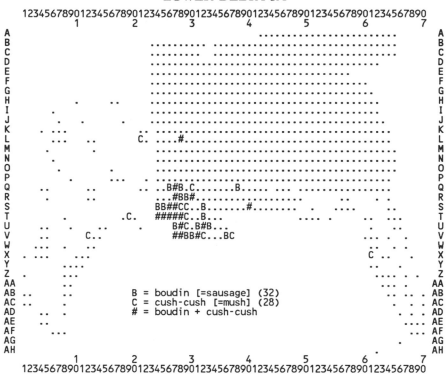

B = boudin [=sausage] (32)
C = cush-cush [=mush] (28)
# = boudin + cush-cush

LOWER DELTA 3B

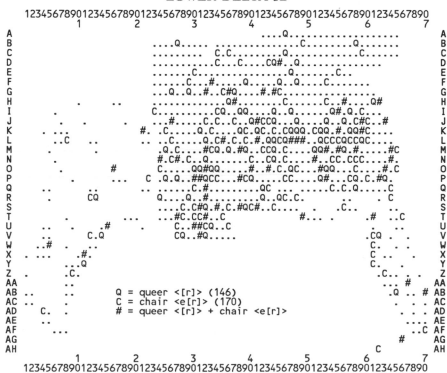

Q = queer <[r]> (146)
C = chair <e[r]> (170)
# = queer <[r]> + chair <e[r]>

LOWER DELTA 4A

```
1234567890123456789012345678901234567890123456789012345678901234567890
        1         2         3         4         5         6         7
A                                         .........J........            A
B              ...................J..........J......              B
C              ..................J.......J...J..             C
D              ...........J.........J...J..J..            D
E              ...............J.....J.....J..JJ..            E
F              ...................J.....J...             F
G              .................J...JJ...J...             G
H        .      ..        .......J....JJ....           H
I                              .....J....J...J..J...          I
J          .#.   .    .      ...J.J................J...         J
K      . .#.           ..    ....G...............J..         K
L       ...    ..      ..  ...JG....G..................        L
M       .    .          .G.....G.........................J.       M
N       .  .      .    .#.J..............................      N
O          .      .G    .#.J.G...........................      O
P                  ...   .GG...JG......................       P
Q    ..          ..    ...  .G...GGJ....................      Q
R     .          ..    JGG.JGG#...................      R
S                      ..JJ.G.G..................       S
T            .      ..G    ..G.G......J      ....    ..  ...    T
U    .G    .     ..    .   G#.JJG....              .  ..    U
V    .   .     ...      G.J.JJ.....               ...  .    V
W    ...  .     ...                        ...  .     W
X  . ...   ....                             ... .      X
Y                                          ..  .  .    Y
Z  .        ...                              ..... .    Z
AA                                            ...  .    AA
AB ..      ..    .#    J = jump the broom(stick) [=marry] (46)    ...  . AB
AC ..      ..         G = (gasper)gou/goo (fish) (32)         . .. .. AC
AD  ..  .          # = jump the broom(stick) + (gasper)gou/goo (fish)  ... . AD
AE                                            .... AE
AF     .G.                                       ... AF
AG                                            .   AG
AH                                          .       AH
        1         2         3         4         5         6         7
1234567890123456789012345678901234567890123456789012345678901234567890
```

LOWER DELTA 4B

```
1234567890123456789012345678901234567890123456789012345678901234567890
        1         2         3         4         5         6         7
A                                    .B.A..............B    A
B              .......... .B............B......A......    B
C              ..........  ..A.A....A.B............    C
D              ...........A......BB#..............    D
E              ......#.B.A..B..........A......       E
F              .......B.B.A...A...B#.B......B....     F
G              ......A.BB...#B.A..#.A#....B.......A   G
H        .    .B      ..#A......B....B......B.....A.A  H
I                    B.....B..B##.BAB.B..B.......B.BB...BBB  I
J          .    .    .    ..B.....B.#..#BBB.#.....A....#..AAA.B.B#  J
K      . ...       B. .A..B.B#B.#..BBB.#B#.B#B...BB..BBB.B.B...  K
L       ...    ..      ..#...#.BB#..BB.#.#BBA.##.BBBB#..B..AB..  L
M       .  .           .B.B...BB#A..B#B..#A#...#..BBB.#.BB.....B  M
N       .B             B..B.#BBB.B...BA#..BB.A...#BABB.B..B..#.  N
O          .      #      ....B.B..BB.....B.B#.#.#...B##B.....A...AB O
P          .        ...  B ##B.B.##BB.BA...#..B..B..#.......#....A#.  P
Q    ..          ..    ..B..B.#.......BB# A..B....BBA....A  Q
R     B      BB         ....BBB.#A....##BBBB.B#.#.         . # R
S                      ......B#..BB..#....B....B .B...  ..  S
T            B      ...  .A.BB.B.BB..  B......#.B. .   .B ...  T
U    ..    .          B..##A#B#B                   U
V    .#    #..          #A.BBB#.B.B             .B# . .   V
W    ...  B   ..                          B.. .   W
X  . .B.  B..                             B .. .   X
Y      ...#                              ..  .    Y
Z  .        ...                             .... .   Z
AA          .B                            ..B A   AA
AB BB      ..    A = cork <oe[r]> (119)            .B .. B AB
AC .#      .         B = church <[r]> (244)         . ... . AC
AD AB            # = cork <oe[r]> + church <[r]>       ... . AD
AE    AB                                       .... AE
AF     .B.                                       .AB AF
AG                                          #  AG
AH                                          A      AH
        1         2         3         4         5         6         7
1234567890123456789012345678901234567890123456789012345678901234567890
```

LOWER DELTA 5A

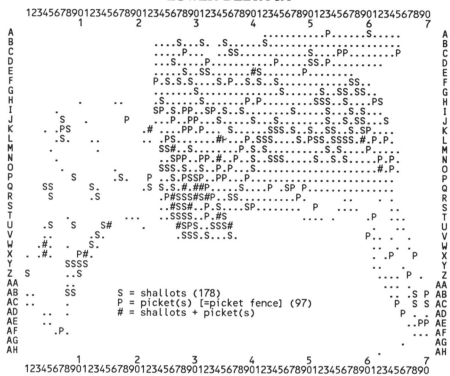

S = shallots (178)
P = picket(s) [=picket fence] (97)
# = shallots + picket(s)

LOWER DELTA 5B

N = New Orleans <ny(ue)aw-> (34)
A = again <-ai/{ai}-> [lax onset] (66)
# = New Orleans <ny(ue)aw-> + again <-ai/{ai}->

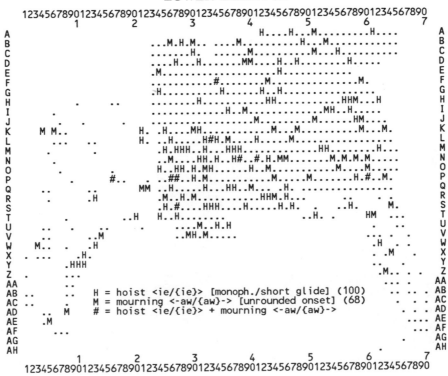

LOWER DELTA 6A

G = guts [=hog intestines/chitlins] (66)
S = scrape (cotton) [=cultivate] (25)
# = guts + scrape (cotton)

LOWER DELTA 6B

H = hoist <ie/{ie}> [monoph./short glide] (100)
M = mourning <-aw/{aw}-> [unrounded onset] (68)
# = hoist <ie/{ie}> + mourning <-aw/{aw}->

LOWER DELTA 7A

P = pave road (50)
G = gar(fish) (90)
# = pave road + gar(fish)

LOWER DELTA 7B

P = pretty <p{r}-> [labial] (80)
T = thirteen <-{r}-> [weakly retroflex] (107)
# = pretty <p{r}-> + thirteen <-{r}->

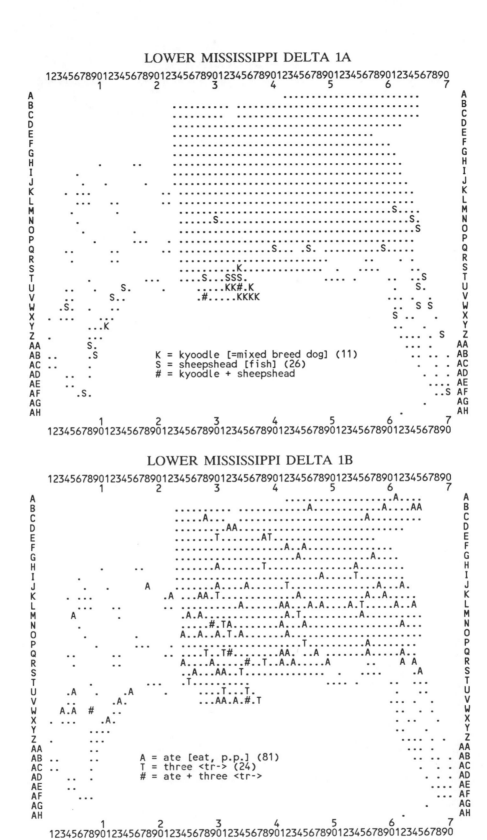

LOWER MISSISSIPPI DELTA 1A

K = kyoodle [=mixed breed dog] (11)
S = sheepshead [fish] (26)
# = kyoodle + sheepshead

LOWER MISSISSIPPI DELTA 1B

A = ate [eat, p.p.] (81)
T = three <tr-> (24)
# = ate + three <tr->

LOWER MISSISSIPPI DELTA 2A

```
        1234567890123456789012345678901234567890123456789012345678901234567890
               1         2         3         4         5         6         7
A                                                    ...I................        A
B                               .......... ............................         B
C                               ....................................           C
D                               ....................................           D
E                               ...I...........................I.             E
F                               .I.................................          F
G                               ..................................          G
H          .      ..            .....P........I......I........              H
I            .        ..        .....P....II..I.................            I
J                               .........I...........I.........            J
K        . I..                  ....  .........................I.          K
L          ...    ..            ..    ....................I.....           L
M          .                    .....PP....................I....           M
N          .          .         ...................................I        N
O          .        .    ...    I...P..#.........................           O
P        .       ..           ..P.P..PP...........................          P
Q          .        ..    .I       .....I......I...........  ..   .         Q
R          .        .I        .....I....I..I..I....I      ..    . .         R
S                              ..I.....................                      S
T                   ...        ..........        .I....    .. ...I          T
U       ..    ..       ...     ...I........          ..I .  .               U
V       .        ..    ..      .....I.....            ..I .   .             V
W                     ...                             ..  .  .              W
X     . ...        ...                                .  .                  X
Y                                                     .. .  .               Y
Z     .      I..                                      .. .                  Z
AA          .I                                        ...  .  AA
AB    ..       ..        P = (potato) pump [=cellar] (11)      I. ... . AB
AC    ..      .          I = irons [=andirons] (33)            . .. . AC
AD    ..    .            # = (potato) pump + irons             . .. . AD
AE    ..                                                       .... AE
AF       ...                                                    . AF
AG                                                             .  AG
AH                                                          .    AH
               1         2         3         4         5         6         7
        1234567890123456789012345678901234567890123456789012345678901234567890
```

LOWER MISSISSIPPI DELTA 2B

```
        1234567890123456789012345678901234567890123456789012345678901234567890
               1         2         3         4         5         6         7
A                                          .....W...W...........             A
B                               .......... .S.......W..W.S............       B
C                               ..........S.................            C
D                               .......W...............W...           D
E                               ......S..........W.WW..W.            E
F                               ......WS.......#W....S...          F
G          .      .S            ...W...S...W...W..W...            G
H                               .....S.W.W.W.W.W...W.W.W..S...      H
I            .        W         ...S..S..W...S........WWS.S...     I
J          . ..W                ..    ...SS.....W........W....     J
K          ...    ..            ..  ..S....W.............W.....    K
L          .                    .....S...W..S....W.....W...W.#    L
M          .          S         ......S..S...S....SS........SS.....W  M
N          .        .    ...    ......#..W.....S...WW...S.SW.W....W....  N
O        .       ..           ..O....SS#...W....W.......W.W.....S..SW..  O
P          .        ..    .       ......S...W.........S..S...          P
Q          .        .         ......S#..W.......W...               Q
R          .        .         S...W.....W          ...W .    .. W...  R
S                   ...        ...S......                            S
T       ..    . .S     .       ..WSS......                           T
U       ..        .            ...                   ...  . .        U
V       ...     .                                    ...   . .       V
W                     SW.                             ... .  .       W
X     . ...                                           .  .           X
Y          ....                                       .W.W W .       Y
Z     .                                               .W. .          Z
AA          ..                                        .W. .   AA
AB    .W       ..       S = shrimp <shw/sw> (53)       . .. . W AB
AC    ..      .         W = wool <[l]> (79)            . .. . W AC
AD    ..    .          # = shrimp <shw/sw> + wool <[l]  . .. . AD
AE    ..                                               W.W. AE
AF       ...                                            ... AF
AG                                                     W  AG
AH                                                  .    AH
               1         2         3         4         5         6         7
        1234567890123456789012345678901234567890123456789012345678901234567890
```

LOWER MISSISSIPPI DELTA 3A

```
      123456789012345678901234567890123456789012345678901234567890123456789 0
               1         2         3         4         5         6        7
A                                         B.B.B...............                   A
B                       ..B.....B..B....BB....BB...B.....B.                       B
C                       ..........BB.........B.....B.....B....BB                  C
D                       .........B...BB......B.........B.                         D
E                       ..B.B..L.....B..B.....B...B....                           E
F                       ...BBB.......B...B..B...B.B...B.B..                        F
G                       ..BBB.........B..B.B...B.B.....B.B.B.                      G
H           .      .B    ..B...L.......B.....BB.....B.                             H
I                       ..B...LB......B........BBB                                 I
J                  .    .    B...L..B...B..B.LBB....B...B....                      J
K       . .B.           .B .#.BL..B....B......LBBB......                           K
L       .B.     ..    BB .BLBB.B...LL......B.B.B.                                  L
M         .           .........BB.....LB...BB...BB.....                            M
N       .        B     L.....LLB.LB.....BBB.L......B.....B                         N
O           B       B.B  .B..BBBB.B..B.B.B......L.                                 O
P      B.      ..          ..B...L....B.B.                                         P
Q        .       ..      ..B...B.L                                                 Q
R         .       ..        ..B.BBB......BL....                                    R
S                       L..  ...B.B.B#BL.B..B                        .L  ...       S
T      .B           .         .BB..L.B..                             . .B          T
U        ..       BB.         .B........                             .B .          U
V              .B.                                                   . .            V
W  B BBB     .BB                                                     .B .           W
X         ..BB                                                                      X
Y    .       ...                                               .... . B            Y
Z           B.                                                        . B           Z
AA      .B.  L = lord god [=log cock/pileated woodpecker] (26)  B. ... .   AB
AB  .B    .  B = bootleg (whiskey) (154)                              . . .     AC
AC  ..    .  # = lord god + bootleg (whiskey)                        . . .       AD
AD  ..  .                                                            ....         AE
AE  ..                                                               .B.           AF
AF   .B.                                                                            AG
AG                                                             .                   AH
AH
               1         2         3         4         5         6        7
      123456789012345678901234567890123456789012345678901234567890123456789 0
```

LOWER MISSISSIPPI DELTA 3B

```
      123456789012345678901234567890123456789012345678901234567890123456789 0
               1         2         3         4         5         6        7
A                                     ...B.......B..AB........                    A
B                       ..........B. ..................B...A....A..B..            B
C                       .......B.....................B.......B..B                 C
D                       .....BB..B.B..B.....A...........B.B                       D
E                       ...........B.................A                            E
F                       ...........B...............                               F
G                       ..................B....                                   G
H           .     ..   B.................                                         H
I                       ............A..                                           I
J                       .........B...........A..B.A..B#                           J
K       . ...           ..  .........B.......B...BA                               K
L       .  .            ....  ........B........A..A.                              L
M         . .     B      .A........B                                              M
N       . .            ....B.......B..B....B....BB.                               N
O           .       ...  .......BB...B...B....B...#                               O
P       .        ...       ....B.A.............BB.                                P
Q       ..       ..        ......B.A..BA..B.                                      Q
R       ..       ..        ....B.A..BA..B...                                      R
S         .   A.A   ...A.A....A.       B...         .A.                           S
T      #.   . B.  .  .B....B...                      A                            T
U          ..#       ..ABAAB.B..                     ...  .                       U
V       ...  ..                                      .. A A                       V
W  . .A.      ..A                                    ..  .                        W
X           ..B#                                     ..  .                        X
Y    B     A..                                            ....  .                 Y
Z                                                          ... .                  Z
AA  ..      AB    A = Charleston <-aw-> (40)              .. .. .                 AB
AB  ..      .     B = Chicago <-aw-> (66)              B  A .                     AC
AC  ..    A       # = Charleston <-aw-> + Chicago <-aw->    ....                  AD
AD  ..                                                      .                     AE
AE   ..B                                                    #..                   AF
AF                                                          .                     AG
AG
               1         2         3         4         5         6        7
      123456789012345678901234567890123456789012345678901234567890123456789 0
```

LOWER MISSISSIPPI DELTA 4A

```
1234567890123456789012345678901234567890123456789012345678901234567890
        1         2         3         4         5         6         7
A                                    ......................              A
B                           ...........................................  B
C                           ...........................................  C
D                           ....C......................................  D
E                           ...........................................  E
F                           ...........................................  F
G                           ...........................................  G
H          .        ..      ...........................................  H
I          .                ...........................................  I
J       . ...               ...........................................  J
K       ...   ..        ..  ...........................................  K
L         ...   ..      .. ..C...CCC.C................................   L
M       ..                  ...........................................  M
N         .                 ......C.....C..C.........................    N
O         .          .  ...  .C......C...C.........................      O
P       ..      ..      ..    .C.......#...........................      P
Q       .       ..          ......C...L....C.......................      Q
R                        .. ..C...C..............   .      .     ..      R
S       .       ...    . .C...C........................  ..       ..     S
T       ..  .      ..   .  .C...L#..L..................   .    ..        T
U       ..    ...       .   ..C.....LCL................     ...  .        U
V       ...  .                                              ...  .       V
W     . ...   ...                                          ...           W
X              ...                                    .C   .      .      X
Y       .     ....                                        .C             Y
Z     .    ....                                           ....  .        Z
AA        ..                                              ....  .        AA
AB    ..       ..         L = locker [=closet] (9)        ..  .. .       AB
AC    ..                  C = Cajun [=rustic] (24)        C   .          AC
AD    ..   .              # = locker + Cajun              .  . .         AD
AE    ..                                                      ....  .    AE
AF     ...                                                               AF
AG                                                          L            AG
AH                                                        L              AH
        1         2         3         4         5         6         7
1234567890123456789012345678901234567890123456789012345678901234567890
```

LOWER MISSISSIPPI DELTA 4B

```
1234567890123456789012345678901234567890123456789012345678901234567890
        1         2         3         4         5         6         7
A                               TT...C.......T..C.......                 A
B                     T........C.........C.................              B
C                   ...T..T.. ..#.........T.......T...C.T..              C
D                   ..T.T...TC........T.......T................T.        D
E                   .C........................................           E
F                   .C.C...T....C.......C.........T             G        G
```

ATCHAFALAYA DELTA 1A

```
1234567890123456789012345678901234567890123456789012345678901234567890
           1         2         3         4         5         6         7
A                                    ........................
B                    .........    ...................   ..........
C                   ..........    ...........................
D                   ..........    ..........................
E                   .........           .F..........
F                ......... .F.    .......................
G        .     ..    .......F.    .......................
H     .        ..      ..F.       ......................
I                                 .......................
J                 .           ..  ....F...................
K     . ...                  ..   .......................
L      ...   .               ..   .......................
M    .....                        ...F..................
N      ..                          .......................
O        .             ...        .......................
P     ..         ..     ...    ..  ....C.#.F..F.........
Q     .         ..                .CC.F#.............
R                                 .CC.C..............    ..    ..
S           ...                   ..CC........        ....  .    ..
T     ..    .    ..      .        ....FC....                .. ...
U     ..          ...             ..FF.......              ...  .
V     ...        ...                                   ...  .. ..
W    . ...      ...                                      ..    .
X                                                      ..  .  .
Y           ...                                        .... . .
Z    .      ...                                        ...  .  .
AA                                                     ... .
AB          ..      C = coulee [=creek bed] (11)       ... .. .
AC  ..     .        F = flood rain [=heavy rain] (14)   . .. .
AD    ..    .       # = coulee + flood rain              . .. .
AE    ..                                                  .... .
AF    ...                                                 ... .
AG                                                          .
AH                                                       .
           1         2         3         4         5         6         7
1234567890123456789012345678901234567890123456789012345678901234567890
```

ATCHAFALAYA DELTA 1B

```
1234567890123456789012345678901234567890123456789012345678901234567890
           1         2         3         4         5         6         7
A                                    ........................
B                    .........   ..................   ..........
C                   ..........   ...........................
D                   ..........   ..........................
E                   .........          ....................
F                ...........     .......................
G        .     ..    .........   .......................
H     .        ..      ..         ......................
I              .    .             .......................
J                 .           ..  .......................
K     . ...         .          .. .......................
L      ...   .               ..   .......................
M    .....                        .......................
N      ..                          .......................
O        .             ...        ....P..................
P     ..         ..     ...    ..  ....P.............
Q     .         ..                .#CC.C.............    ..    ..
R                                 ...C..............        ....  .    ..
S           ...                   ....P........        ....  .    ..
T     ..    .    ..      .        ....P...P..               .. ...
U     ..          ...                                      ...  .
V     ...        ...                                   ...  .. ..
W    . ...      ...                                     ..    .
X                                                      ..  .  .
Y           ....                                       .... . .
Z    .      ...                                        ...  .  .
AA                                                     ... .. .
AB  ..      ..     P = pee/kee [calls to chickens] (5)  . .. .
AC  ..     .       C = cho/choo [calls to hogs] (5)      . .. .
AD    ..    .      # = pee/kee + cho/choo                 .. .
AE    ..                                                  .... .
AF    ...                                                 ... .
AG                                                          .
AH                                                       .
           1         2         3         4         5         6         7
1234567890123456789012345678901234567890123456789012345678901234567890
```

ATCHAFALAYA DELTA 2A

```
      1234567890123456789012345678901234567890123456789012345678901234567890
               1         2         3         4         5         6         7
A                                          ....................                    A
B                                    ...........................                   B
C                                    ...............................               C
D                                    ................................              D
E                                    ..................................            E
F                                    ....................................          F
G                 .         ..       .....................................         G
H                                    ......................................        H
I               .                    ......................................        I
J            . . .  .                ......................................        J
K             ...  ..           ..  ...B...BB.........................            K
L               .                   ...........B..................................  L
M             .                     ...........B....................               M
N           .                       ...........B.B....                            N
O                     B..            ..................................            O
P            . .      .              ...AA...BB......                              P
Q              ..                    ...AA.....B..........B....                    Q
R                                    ..A.B.B.....                       ..    .    R
S                  ...    .          .AA.........                 ....  .          S
T            ..    .    .       .     .BB.A...B                             ..  .  T
U            ..                  ..    ..B..A...B.                     ...  .       U
V            ..          .                                            ... ..       V
W          . ...      ...                                            . .   .       W
X                                                                   .B      .      X
Y                .....                                                    ... .    Y
Z                                                                       .... .     Z
AA             ..          A = croquignole [=doughnut] (9)              .... .     AA
AB       ..      ..        B = coonass [=rustic] (20)                  .. ..  .    AB
AC       ..                # = croquignole + coonass                        . .   AC
AD       ..    .                                                       . . .      AD
AE       ..                                                              ....      AE
AF        ...                                                               .      AF
AG                                                                        .        AG
AH                                                                    .             AH
               1         2         3         4         5         6         7
      1234567890123456789012345678901234567890123456789012345678901234567890
```

ATCHAFALAYA DELTA 2B

```
      1234567890123456789012345678901234567890123456789012345678901234567890
               1         2         3         4         5         6         7
A                                          ........M.............                  A
B                                ....E..E. ....................E.E..M....           B
C                                ................M....M..EMM...............         C
D                                .................................E.......          D
E                                .E...E........M................E.........          E
F                                .M...........M......E.........E...........         F
G                E       .M      ............#E...E.M..E.................            G
H                                ...................E.............E..                H
I                  E   .          ...E.............E...........E..E.               I
J            . ...                 .. .E...E......E.........EE.E....               J
K             ...  ..             ..........E...E..E.M...........                  K
L             .                    ...E.............E.E..........E....             L
M            .                     ..........E......E...E.......                   M
N           .                      EM..............E.M......E.E..........M....E    N
O                     .  ...        ........E.........E.E....                      O
P            ..       .  ..         ..M.M...E...........E..........                P
Q              ..       ..          ....#E.E.E....E......ME...       .M     .      Q
R                                   ..E.............E............                   R
S            E      .M.  .          ...E.........            ....  .   EE  ...     S
T            ..   .  .#    .         E.M..E..M.E                    . M.           T
U            ...  .   ...                                           ... .  M       U
V            ...            .                                      .. . .          V
W          . ...      ...                                         E. ..  E         W
X                .....                                              .. .           X
Y             .  ...                                                .... . .       Y
Z          .                                                       .... .  .       Z
AA             M.          E = et [eat, pret.] (68)                  ... .         AA
AB       ..      ..        M = mushroom <-oo-> (29)                   . .M         AB
AC       ..      .         # = et + mushroom <-oo->                    . . M       AC
AD       ..    .                                                       . . .       AD
AE       ..                                                             ....        AE
AF        ...                                                              .        AF
AG                                                                       .          AG
AH                                                                                  AH
               1         2         3         4         5         6         7
      1234567890123456789012345678901234567890123456789012345678901234567890
```

ATCHAFALAYA DELTA 3A

```
     1234567890123456789012345678901234567890123456789012345678901234567890
            1         2         3         4         5         6         7
A                                           ..........................        A
B                          .......    .....................................   B
C                          ..............................................     C
D                          ............................................       D
E                          ............................................       E
F                          ............................................       F
G        .        ..       ............................................       G
H     .           ..       ............................................       H
I                          ............................................       I
J   . ...                  ............................................       J
K     ...     ..           ............................................       K
L   ..        ..    ..     ............................................       L
M    ..              .     ............................................       M
N        .          ..     ............................................       N
O             ..     .      ...........................................       O
P    ..       ..     ..     ...........................................       P
Q    ..       ..     ..    ...C...C.................        ..       ..       Q
R                          ....B.......                               ..      R
S    ...          .C.#B......                    ....    ..    ..             S
T   ..   .   ..    .        C............        .                            T
U   ..       ...           .B..C.....                       ...  ..           U
V   ..  ...                                                 ...  ..           V
W .  ...      ...                                          .  .  .            W
X          ....                                           ...   .             X
Y .           ....                                        ....  ..            Y
Z                                                         ....  ...           Z
AA        ..                                               ...  ...           AA
AB ..        ..        B = blackjack (land) [=poor soil] (4)   ..  ..  .      AB
AC ..                  C = champignon [=mushroom] (6)          .   . .         AC
AD   ..    .           # = blackjack (land) + champignon       . . .          AD
AE ..                                                         ....  ..         AE
AF   ...                                                       ...  .          AF
AG                                                              .              AG
AH                                                                            AH
            1         2         3         4         5         6         7
     1234567890123456789012345678901234567890123456789012345678901234567890
```

ATCHAFALAYA DELTA 3B

```
     1234567890123456789012345678901234567890123456789012345678901234567890
            1         2         3         4         5         6         7
A                              .s..c....................                      A
B                          ....s.....  ........s.............                 B
C                          .....s......c..c..........c....                    C
D                          ..........#....c.........#.....                    D
E                          ..........................                        E
F                          ......s....s...c......c......c                     F
G        .        ..       ....c............................c.               G
H     .           ..       .s..............s....c.s........c..               H
I                          .s.........s.......s...c...ss...c..                I
J                          .s....................s...ss...c..                J
K   . .s.                  ...                    ......s....                 K
L     ...     ..           ........s...s...ss.s.......s....                   L
M    ..s              .     .......................#...s....s                 M
N    s        ..     .        .......................c.s........s            N
O             ..     .        .......c.s................s....                 O
P    ..       ..     ..    ..  ..c..s.........s.......             ..         P
Q    ..       ..     ..    ...cs..s.........s...s.   c.   s  .                Q
R                          .s..cc........cs......          ..   ..            R
S    ...          s...       ...s.......          ....    ..    ..            S
T   ..   .   ..    .        .s..scs...                                        T
U   ..       .c.           .s........s                      ...  .            U
V   ..  ...   .c                                            ...  .            V
W .  .#.      ...                                          ..   .             W
X   .#.    ....                                           ..   .              X
Y          ....                                           ....  c .           Y
Z                                                         ....  ...           Z
AA        ..                                               ..   .  .          AA
AB ..        ..        C = coffee <-o-> (32)               .   . .            AB
AC ..         .        S = syrup <-e-> (57)                .   s . AC
AD   c.                # = coffee <-o-> + syrup <-e->         .  . .           AD
AE ..                                                        s..c              AE
AF   ...                                                       .s.             AF
AG                                                            s                AG
AH                                                                            AH
            1         2         3         4         5         6         7
     1234567890123456789012345678901234567890123456789012345678901234567890
```

ATCHAFALAYA DELTA 4A

```
       1234567890123456789012345678901234567890123456789012345678901234567890
                1         2         3         4         5         6         7
  A                                            .....................          A
  B                    .......    ........................                    B
  C                    .......    .......................                     C
  D                    ..........................                             D
  E                    .........................                              E
  F                    ........................                               F
  G          .      .. .........................                              G
  H                    ........................                               H
  I        .           ........................                              I
  J                    ........................                              J
  K      . ...    ..   .....S..............                                  K
  L        ...  ..    ..  ...S.............                                  L
  M      .       .         .....S...............                            M
  N      .              .....S................                              N
  O         .        .     .......................                          O
  P      ..       ..    .S .......S.............                            P
  Q      .        ..       ....C................        ..       .         Q
  R                      .S.S...S............             ..      .         R
  S         .     ...    .C...........            ....  ....               S
  T      ..    .     ..    . #S.##....        .               ..    .      T
  U      ..       ...      .#.#.....S.                  ...      .          U
  V      ..         ...                               ...      .           V
  W    . ..       ...                                 ...                   W
  X            ....                                    ..  ..              X
  Y  .                                                 ....  .             Y
  Z                                                    .... ..             Z
 AA         ..                                         ...  .             AA
 AB  ..       ..      C = choupique [fish] (7)          .. ..  .          AB
 AC  ..               S = sacalait [fish] (16)           .  ..            AC
 AD  ..   .           # = choupique + sacalait           ...             AD
 AE  ..                                                   ....            AE
 AF    ...                                                ...  .          AF
 AG                                                         .             AG
 AH                                                                       AH
                1         2         3         4         5         6         7
       1234567890123456789012345678901234567890123456789012345678901234567890
```

ATCHAFALAYA DELTA 4B

```
       1234567890123456789012345678901234567890123456789012345678901234567890
                1         2         3         4         5         6         7
  A                               WC...W...WW...WW...WW...                  A
  B                  WW..WW....  .W.W.CWWW..WW...WWW..#.W.                   B
  C                    .W#..   .W.W.W.W.......W...WWW....W#.                 C
  D                  ..WWW..W..W....WW..W..C.W...W....WWW..                  D
  E                  .W.WW..WW.WW.....W.WW.W..C#W.WW.W                       E
  F                  .WWW#.W.W..W.WW...#..#WC.....W..WW.W                    F
  G                  .W.W.WW...C..CCW.C..C.W.W.....WW.#.                     G
  H          W    WW  W...WC.WWW...WWW.C.....W.W..#.W.#WWW...w               H
  I                   .....#..#.C..WW.WW..W#.W.#W.CWW...                     I
  J         .W     .  W  ...#....W..W...W.W#.W.W.W...WWC..C                  J
  K      W #..         #W W..W#W#....W#..WW..W#..W..W.....CC#W...W..         K
  L       ... W.     .W  ....C...W.W#WWWW.WC..WWC..WW.WW..                   L
  M                    WWWC....W.W.W...W..WC..C..W.WW.W.#W.W...#             M
  N      .             W.WW.W.#W.W...WWW.W....WW.W#.W.W.WW#WWWW....          N
  O         .       C  ...WWCW.W.W.W.#.W..W.WW.WCW..#WW.WWW#..#.WWW#         O
  P                W..  ...##.WW#W.W....C.WW.WCW.#WW.WWW#..#.WWW#            P
  Q      W.     ..    .W WW##W.#.#W##....WW...C. W.W W.CW.W..W....           Q
  R      W      .#      W.W#C#.#.WW.#......W.W.WW..        ..  :    . W      R
  S                     W...WW#WW#W.CC.WWW.#.W.W ..    ..W.      WW          S
  T         .         .W.  W.W#C......#       W....  ..W.    .W W#.          T
  U      .W      .C   #    C.W##W...C               ..       .  C.          U
  V      ..          W#C       ..##W.W.##.                    ..C W ..      V
  W    W.#  #    W.                                            .. W .       W
  X  . .#.     .WW                                        C WW   W          X
  Y                                                        ..  .            Y
  Z  .              ....                                   .##.. . W        Z
 AA         ..                                             ...  W          AA
 AB  ..       ..      C = chest <(t)> (114)                 .W .. W        AB
 AC  ..               W = wound <(d)> (360)                  .  W W        AC
 AD    .W  W          # = chest <(t)> + wound <(d)>          ..  W         AD
 AE  ..                                                      C...          AE
 AF    ...                                                   .#W           AF
 AG                                                          .             AG
 AH                                                                        AH
                1         2         3         4         5         6         7
       1234567890123456789012345678901234567890123456789012345678901234567890
```

ATCHAFALAYA DELTA 5A

```
      12345678901234567890123456789012345678901234567890123456789012345678901234567890
               1         2         3         4         5         6         7
                                               ....S...S...............
A                                   S........S.  ......SSS...........S............  A
B                                ...S....S S....S.........S....S.......  B
C                                .......S....S....S.S....S...S.  C
D                              .S....S......S.....S..S..  D
E                              .S.......S...S.S.S.S..S...S...  E
F                              ...S....S...S......S.S..S...S....S..  F
G                              ...S....S...S...........S.S..S...S....S..  G
H             S       ..    .SS.....S...S...........S....SS..  H
I         S                  .....S...S.........S....S...SS..  I
J      S ...           .     S. .....S.S..S...S..........S...  J
K     S ...         S.  ....S.S...S....S....S.......SSS....  K
L      ..S  ..        ... ....S...S...S............S  L
M     S            .        .....SS....S.......S...SS....S  M
N        .       .         ...S...S....S..........SS....S  N
O          .                 .....S...S...........S........S.  O
P       ..S      ..S.....S...S..S...S....S...S.  P
Q      ..      ..     .. S..SC.....S...S..S. ..S ....S.......  Q
R       .       S.       ...###SS...SS...........S    ..   . S  R
S                        ...S#....SS....S...S....   .  ...    R
T          .        ...  .SS#C...S...                .... .  ...     ..  ...  T
U      S..              ....#CCS.S                   ....  .   .. ...  U
V      S.      S..       .S#SCCSS..S                    S... S  V
W      ...  .   S.                                         ..  . ..  W
X     . ...     ...                                         ... .  .  X
Y           ....                                            ..   .  Y
Z     .       ...                                       ..S. ...  Z
AA                                                          ...  .  AA
AB    ..      ..        S = steps [=stairs/inside] (143)          ..  S.  .  AB
AC    ..      ..        C = charivari [=noisy wedding celebration] (13)   .  . .  AC
AD    ..   .          # = steps + charivari                          ...  AD
AE    ..                                                          ..S.  AE
AF    ...                                                          .SS  AF
AG                                                               S   AG
AH                                                        .    AH
               1         2         3         4         5         6         7
      12345678901234567890123456789012345678901234567890123456789012345678901234567890
```

ATCHAFALAYA DELTA 5B

```
      12345678901234567890123456789012345678901234567890123456789012345678901234567890
               1         2         3         4         5         6         7
A                                        .E....TT.....T.....TTT.  A
B                              .......T.. .........#..T....T.........  B
C                           .TE...... ......T.....T.T..TT.....E.T....  C
D                           ...T.........T..T..........TT.TTE.T..T...  D
E                           ......T.........T.T..T....T.....#TT.T.  E
F                           ...T.............T#.........T...TTT...  F
G                           ....T.......T....#..E.TT..T.T.T.T...T....  G
H           .        ..           .........T...T....T...TTT.E..T.T......  H
I                               .T....T....T.......T...TTT....T...  I
J         T    .     T        .T......E..........E...T.....TTT.....T  J
K      . T.E         ..  T....E..TT....E.TTTE.....ET......  K
L      .T. .  T.      E. .ET...T...T..E..TTE..E...TT...T......  L
M      T     .         .E...TTT...T...T.T......T..........T...  M
N         .      .         ........T...T.T......T.T.......T...  N
O         .     .         .......T...T.T......T.T...T.T...T.  O
P       .     . .TE     .....T.E........TT....ET........T..T.  P
Q      ..     TT     .. T..T.T.........T.T.......T....TE..T....  Q
R      .      .T         ...E......T..EE........    .T ...  R
S                        ....TE..E....T.TT.....  .      ..  S
T         .         ...  T..T.T..TT..                ....  .   .. ...  T
U      .T              ......E......                 ....  .       .E  U
V      .T      T..       E.E......                       ...  .  V
W      ..E  E   ..                                         ..  .  .  W
X     T TT.     .#.                                         .. TE  .  X
Y           T#..                                            ..  .  Y
Z     .       T..                                          .... #  .  Z
AA                                                          ...  .  AA
AB    E.       ..        T = thrashed <{t}> [flapped <r>] (157)   .. .. .  AB
AC    ET       .         E = eggs <{g}> [devoiced] (45)        . . .  AC
AD             .         # = thrashed <{t}> + eggs <{g}>             . .  AD
AE    T.                                                      E... AE
AF     ...                                                    ...  AF
AG                                                            .  AG
AH                                                       .    AH
               1         2         3         4         5         6         7
      12345678901234567890123456789012345678901234567890123456789012345678901234567890
```

LOWER DELTA/WESTERN PLAINS 1A

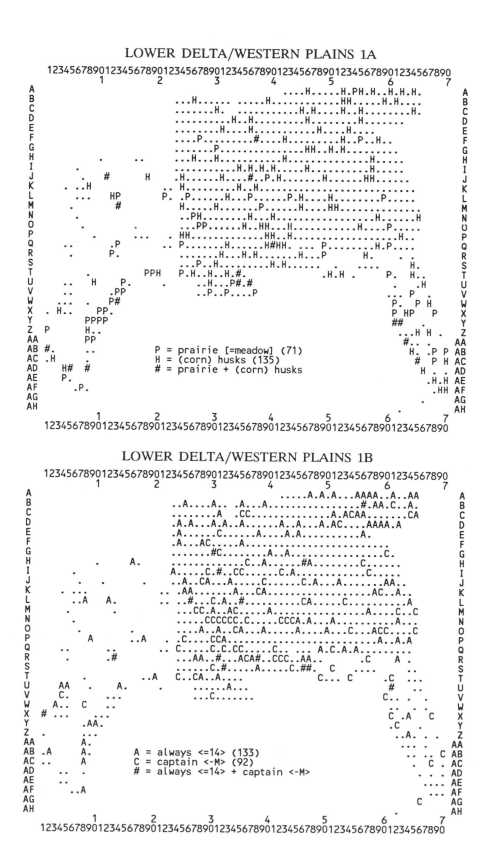

P = prairie [=meadow] (71)
H = (corn) husks (135)
# = prairie + (corn) husks

LOWER DELTA/WESTERN PLAINS 1B

A = always <=14> (133)
C = captain <-M> (92)
# = always <=14> + captain <-M>

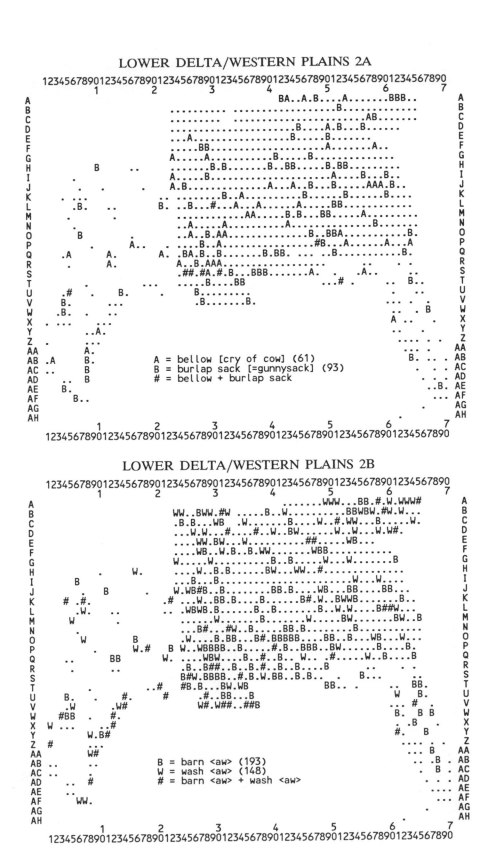

LOWER DELTA/WESTERN PLAINS 2A

A = bellow [cry of cow] (61)
B = burlap sack [=gunnysack] (93)
# = bellow + burlap sack

LOWER DELTA/WESTERN PLAINS 2B

B = barn <aw> (193)
W = wash <aw> (148)
# = barn <aw> + wash <aw>

LOWER DELTA/WESTERN PLAINS 3A

```
     1234567890123456789012345678901234567890123456789012345678901234567890
              1         2         3         4         5         6         7
A                                           .....L......L........L..              A
B                     .....L.... .LB..........L....B........               B
C                     ........ L..........B.....L........               C
D                     ....B....B....B............B..........               D
E                     ..................................L.......               E
F                     .L.............L......B...........               F
G                     ..................................B...L.L..               G
H          #     B.    B....B....B..................               H
I          .          .B.B....#....B..............B....               I
J          B    B      .B...B..L....B..L....B.....B......               J
K     B B.B    .       ..    B#L...B..B....B..........#.               K
L       ...   .B      .B .....BB..LL......               L
M     B        .       ...L...L.L..B..........               M
N     B                ...L.LL..L.L...L........               N
O       B        .     #.B.L...LL....L...B........B.....L.L..               O
P             .    .B.   . ....L.L.....L.......L........L               P
Q     .B      .B      .. BB....L.........L L..BB...               Q
R     .      .B       ..B..B.B.L.......L...               R
S                     ...B............B...  ... ...               S
T       B       ...   .B...........         .... .               T
U     BB   .     .      ..BB.....              .. ..               U
V     .B       B..     B.........L              ... . .               V
W    ... #    .B                              .. L .               W
X . .B.    #B.                                 ..  .               X
Y       BB.B                                   .L .               Y
Z  L       ..B                                 .... .               Z
AA         B.                                  ... .               AA
AB ..     ..      B = blackland (prairie/soil) (79)        .. .. . AB
AC .L     .       L = lunch [=snack] (57)                  . . . AC
AD   .B  .        # = blackland (prairie/soil) + lunch     . . .   AD
AE ..                                                      ....  AE
AF    ...                                                 ...   AF
AG                                                        .    AG
AH                                                                AH
              1         2         3         4         5         6         7
     1234567890123456789012345678901234567890123456789012345678901234567890
```

LOWER DELTA/WESTERN PLAINS 3B

```
     1234567890123456789012345678901234567890123456789012345678901234567890
              1         2         3         4         5         6         7
A                                    .H....H...HOOO...........              A
B                     ...#O.H.O. .............O....O.000...O......          B
C                     .OH.....O ..............00.....O..        C
D                     .......H...0.0......O.......#H..O..O.          D
E                     O..HO.HO...O.......O..O.H..H..H.              E
F                     ..00.0.0......H.....H..............          F
G                     ..00.#.00..#...O..H.HHH...H.H.O......          G
H            .     ..  ...#.O.O........H..00.HH...O..H...          H
I        O            .00..H.....H....H.H.....O.H....H...00          I
J        .    .    H   ...........O....H.000..O..H.O....          J
K     O ..H          ..   ..00.0000......O..O.....H.....          K
L      ...    ..      .O #HO..00......OH.......HO.HO.O.O..H....O.   L
M     .       O       .00...H....0..0......O.........O.H.0..0      M
N       .             .HO.O...0.0..HO.O..........O.H..O..H       N
O        H         .  ..0.0..HO...0.0.........00....OH...00       O
P          ..H  .     H...H........O...H..O..O....00.0       P
Q     OH      .H      H. O...........O......00.....O...00.       Q
R     .       .O      ...0.0...H......H.O....O.    HH  . .       R
S                     OHO...00....000....H.H .  ....   HO       S
T       .      ...   HO.O...O.H.O         .H .    .. .00       T
U     O.  .    O.    .   .....O#.O.                 . . ..       U
V      OH      O..    .0..00#....                   . . O       V
W     O##   .   OH                                  O. O.       W
X H ...      ...                                    O H.  .       X
Y          #H..                                     .. . .       Y
Z  O          O..                                   .00. # H       Z
AA           ..                                      0.0 .       AA
AB #.        OO      H = hand(s) <{d}> [devoiced] (86)        #. ... . AB
AC ..                O = oranges <{oe}-> [lowered onset] (176)   . . . AC
AD O.  .             # = hand(s) <{d}> + oranges <{oe}->      O . O AD
AE  ..                                                        .O.. AE
AF    ...                                                     ... AF
AG                                                             . AG
AH                           O                                 7 AH
              1         2         3         4         5         6         7
     1234567890123456789012345678901234567890123456789012345678901234567890
```

LOWER DELTA/WESTERN PLAINS 4A

```
          1234567890123456789012345678901234567890123456789012345678901234567890
                   1         2         3         4         5         6         7
A                                   .C...C... C.........H...........H............. ...         A
B                                   C.....C.. H...........HH...................C.... B
C                                   C...C....C...........C....H.........C           C
D                                   .C.....................H.H..H.....              D
E                                   ...C.H.#.........                               E
F                                   .....C.......                                   F
G              C     CC             .C...H.....C.....C.                             G
H          H                        ..C....#C..CC.....                              H
I              .      .     H       .#.....C#C.....C#C........CC....                I
J          C HHH                    .. ....CC..C...HH.........C.....                J
K            C.H    .C               .. .....C.CC.....#........C.....               K
L              H                     CC.C.C..........H..C...............C.          L
M            H                       #C...C#.H....#...C.C..............C.           M
N          C                         .#.................C.C..                       N
O                   .C.               ...C..CCC......C.                             O
P         #H    HC                    .. ..HC.CC......C.....                         P
Q          #      ..                  ......CCC........                             Q
R                                     .....C........                                R
S            #                        ..C   #H.......C..       ....  .        ..    S
T         .#   C    C.          .    .C..H.H..H                                     T
U         H.                             ...........                          .C .. U
V        C#.  #    .C                                                              V
W        . ...    .#.                                                      . ...  . W
X            #C.H                                                          .  ..    X
Y        H        ..C                                                      .... . . Y
Z              H.                                                          ... .     Z
AA                                C = cottonwood (tree) (97)               ... .   AA
AB       ..    C.                 H = hackberry (tree) (55)                ... . . AB
AC       ..      .                # = cottonwood (tree) + hackberry (tree)  . . . AC
AD       H.    .                                                           . . . AD
AE         .H                                                              .... AE
AF         .HH                                                             ... . AF
AG                                                                         .     AG
AH                                                                        .      AH
                   1         2         3         4         5         6         7
          1234567890123456789012345678901234567890123456789012345678901234567890
```

LOWER DELTA/WESTERN PLAINS 4B

```
          1234567890123456789012345678901234567890123456789012345678901234567890
                   1         2         3         4         5         6         7
A                                   .........C..G.........G..                      A
B                                   ..........G..................G...              B
C                                   ...........................G...G...           C
D                                   ...............C.....G.G....G....              D
E                                   ............C.G..........G.                   E
F                                   ...........C..C.                              F
G              G     ..             .......C..C..C....G...G.                      G
H          C                        ......C...C..C....CG..C......CC....GG          H
I              .     .       .      ..G...C..G.......G..........G...               I
J          .   ...                  ..G.............C.......G...C.G.              J
K          .                        .. ......C.....G.G......GG.C.G.....C.          K
L       GG#C...G.G.GGG               ..GG#C...G.G.GGG.........GG.C....              L
M          .G.C..........            ..G.C...........G...GC.C....GC.......          M
N          .                        ...G.G.G......#G.............G........        N
O              .                     ...G.............C.C........G...CG.           O
P         ...                        ..G.G.G..GC....G.......G.G.C....G....G         P
Q         ..    C.                   ......C.............C....G.....                Q
R          ..   ..                   ......G...G..G...      .  C.C.                 R
S                                    .......C......                                S
T         .        G..        .      ...G....#..C       GG.. G   .G  . ..          T
U         ..   .   .G         .      .C...G...C               G.. G .             U
V         ..     .C                  .....G..C..                                   V
W        ..G  .   G.                                                        .. . . W
X        . C.G    ..C                                                      .G .  G X
Y              C...                                                        ..C. . C Y
Z        .     ...                                                         ..C. . C Z
AA                                                                         ... .  AA
AB       ..    ..                 G = God <{o}> [low-back] (87)            .C G AB
AC       .C    C                  C = cork <oe{r}> [weakly retroflex] (55) . . . AC
AD       ..   G                   # = God <{o}> + cork <oe{r}>             . . . AD
AE       ..                                                                .... AE
AF       ...                                                               ... AF
AG                                                                  G      AG
AH                                                                        .      AH
                   1         2         3         4         5         6         7
          1234567890123456789012345678901234567890123456789012345678901234567890
```

LOWER DELTA/WESTERN PLAINS 5A

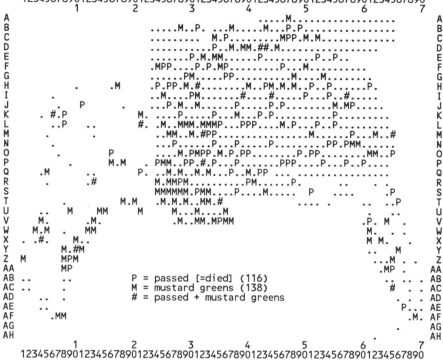

LOWER DELTA/WESTERN PLAINS 5B

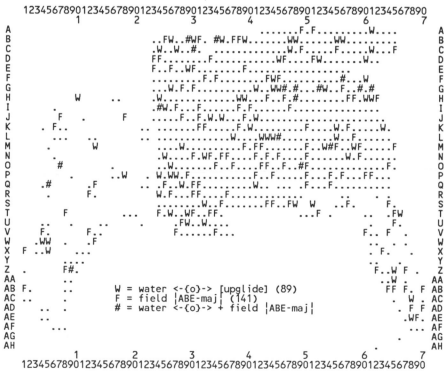

TABLE OF INFORMANTS

001	A	001.04	FLY	99	1	folk	Neva (Johnson)	ET	A/65	A1
002	A	001.01	MLY	82	1	folk	Laurel Bloomery (Johnson)	ET	B/65	A1
003	A	001.03	MMY	79	1	common	Shady Valley (Johnson)	ET	C/65	A1
004	A	001.05	FLY	38	2	common	Laurel Bloomery (Johnson)	ET	A/64	A1
005	A	001.02	FMY	78	3	cultured	Laurel Bloomery (Johnson)	ET	C/64	A1
006	A	002.02	FLY	72	1	folk	Shell Creek (Carter)	ET	C/63	A1
007	A	002.03	MMY	72	3	common	Shell Creek (Carter)	ET	B/63	A1
008	A	002.01	MLY	67	1	common	Carter (Carter)	ET	B/64	A1
009	B	004.02	MMY	82	3	common	Leesburg (Washington)	ET	B/62	A1
010	B	004.01	MMY	79	1	common	Leesburg (Washington)	ET	C/62	A1
011	B	005.01	MLY	66	1	folk	Jackson Chapel (Greene)	ET	D/62	A1
012	C	006.01	FLY	73	1	folk	Big Creek (Sullivan)	ET	A/61	A1
013	C	006.03	MLY	58	1	folk	Holston Valley (Sullivan)	ET	A/62	A1
014	C	006.04	FMY	73	3	common	Bluff City (Sullivan)	ET	A/60	A1
015	C	006.02	MUY	79	3	cultured	Holston Valley (Sullivan)	ET	A/63	A1
016	C	006.05	FMY	19	3	cultured	Kingsport (Sullivan)	ET	A/59	A1
017	C	007.01	MMY	84	1	folk	St. Clair (Hawkins)	ET	A/58	A1
018	D	009.01	FIY	43	1	folk	Rankin (Cocke)	ET	D/61	A1
019	D	009.02	MMY	76	2	common	Bat Harbor (Cocke)	ET	D/60	A1
020	D	009.03	MMY	72	3	cultured	Cosby (Cocke)	ET	D/59	A1
021	D	010.01	MMY	81	1	folk	Talbott (Jefferson)	ET	C/61	A1
022	D	010.02	MMY	21	3	cultured	New Market (Jefferson)	ET	B/61	A1
023	E	014.01	MMY	80	1	folk	Little Sycamore (Claiborne)	ET	A/56	A1
024	E	014.02	FUY	56	3	cultured	Little Sycamore (Claiborne)	ET	A/57	A1
025	F	015.01	MMY	76	1	folk	Wear Valley (Sevier)	ET	D/57	A1
026	F	015.02	MUY	76	2	common	Allensville (Sevier)	ET	D/58	A1
027	F	016.02	FAY	51	3	cultured	Maryville (Blount)	ET	D/56	A1
028	G	017.03	FLY	65	1	folk	Knoxville (Knox)	ET	B/57	A1
029	G	017.04	MLX	71	1	folk	Knoxville (Knox)	ET	B/58	A1
030	G	017.05	FLX	44	2	common	Knoxville (Knox)	ET	B/59	A1
031	G	017.06	FMX	75	3	cultured	Knoxville (Knox)	ET	B/60	A1
032	G	017.02	MUY	60	3	common	Knoxville (Knox)	ET	C/57	A1
033	G	017.08	MMY	17	2	common	Knoxville (Knox)	ET	C/58	A1
034	G	017.07	FMX	31	3	cultured	Knoxville (Knox)	ET	C/59	A1
035	G	017.01	FUY	44	3	cultured	Knoxville (Knox)	ET	C/60	A1
036	H	019.02	MLY	80	1	folk	Jacksboro (Campbell)	ET	A/55	A3
037	H	019.01	FMY	50	3	cultured	La Follette (Campbell)	ET	A/54	A3
038	H	020.03	MMY	70	2	common	Oneida (Scott)	ET	A/52	A3
039	H	020.02	FMY	18	2	common	Robbins (Scott)	ET	A/53	A3
040	I	021.01	FMY	38	2	common	Sweetwater (Monroe)	ET	D/55	A1
041	I	023.01	MLY	82	1	folk	Lenoir City (Loudon)	ET	C/56	A1
042	J	024.01	MLY	89	2	folk	Kingston (Roane)	ET	B/56	A1
043	J	025.01	FMY	81	2	cultured	Wartburg (Morgan)	ET	B/55	A3
044	J	026.01	FLY	86	1	folk	Sequatchie Valley (Cumberland)	ET	B/53	A3
045	J	026.02	MUY	70	2	common	Crossville (Cumberland)	ET	B/52	A3
046	J	026.03	FUY	27	3	cultured	Crossville (Cumberland)	ET	B/54	A3
047	K	028.03	MLY	78	1	folk	Spring City (Rhea)	ET	C/55	A1
048	K	028.02	MUY	77	2	common	Dayton (Rhea)	ET	C/54	A1
049	K	028.01	MMY	17	2	common	Dayton (Rhea)	ET	C/53	A1
050	L	030.01	FLY	69	1	common	Reliance (Polk)	ET	E/57	A1

051	L	031.02	MUY 21 3	cultured	Cleveland (Bradley)	ET	E/56	A1
052	M	032.08	FLX 68 1	folk	Ooltewah (Hamilton)	ET	E/55	A1
053	M	032.02	MLY 62 1	folk	Chattanooga (Hamilton)	ET	E/54	A1
054	M	032.07	MLY 60 1	folk	Chattanooga (Hamilton)	ET	D/54	A1
055	M	032.05	FMY 82 3	common	Chattanooga (Hamilton)	ET	E/53	A1
056	M	032.01	MMY 59 2	common	Hixson (Hamilton)	ET	D/53	A1
057	M	032.04	FUX 74 3	cultured	Chattanooga (Hamilton)	ET	E/52	A1
058	M	032.11	MMY 24 3	cultured	Chattanooga (Hamilton)	ET	D/52	A1
059	N	034.01	FLY 71 1	folk	Dunlap (Sequatchie)	ET	C/51	A1
060	N	034.02	FMY 62 3	cultured	Dunlap (Sequatchie)	ET	C/52	A1
061	O	036.01	MLY 81 1	folk	Ellijay (Gilmer)	UG	F/55	A2
062	O	036.02	FMY 61 2	common	East Ellijay (Gilmer)	UG	F/56	A2
063	O	037.02	MLY 86 1	folk	Chatsworth (Murray)	UG	F/54	A2
064	O#	001.01	FMY 86 1	folk	Blairsville (Union)	UG	F/57	A2
065	O#	003.01	MLY 72 2	folk	Flat Creek (Rabun)	UG	F/59	A2
066	P	038.01	MLX 63 1	folk	Rocky Fac⸴ (Whitfield)	UG	F/53	A2
067	P	038.02	FMY 24 2	common	Dalton (Whitfield)	UG	F/52	A2
068	P	039.01	FMY 69 2	common	Ringgold (Catoosa)	UG	F/51	A2
069	Q	043.01	FLY 63 1	folk	Jasper (Pickens)	UG	G/53	A2
070	Q	044.01	FMY 75 2	common	Hickory Flat (Cherokee)	UG	G/54	A2
071	Q	044.04	FMY 56 2	common	Woodstock (Cherokee)	UG	H/54	A2
072	Q#	004.01	MLY 80 1	folk	Dahlonega (Lumpkin)	UG	G/57	A2
073	Q#	005.01	FMY 64 3	cultured	Cleveland (White)	UG	F/58	A2
074	Q#	006.03	FLX 84 1	folk	Cornelia (Habersham)	UG	G/59	A2
075	R	045.01	MMY 65 2	common	Curryville (Gordon)	UG	G/52	A2
076	R	046.01	FLY 77 1	folk	Kingston (Bartow)	UG	I/52	A2
077	R	047.04	MMX 84 1	folk	Rome (Floyd)	UG	H/51	A2
078	R	047.02	MMY 52 2	common	Rome (Floyd)	UG	I/51	A2
079	R	047.01	FUY 68 3	cultured	Rome (Floyd)	UG	H/52	A2
080	R	048.01	MMY 76 2	common	Menlo (Chattooga)	UG	G/51	A2
081	S	049.01	FLY 72 2	common	Ducktown (Forsyth)	UG	G/55	B1
082	S	050.01	MLY 74 1	folk	Buford (Gwinnett)	UG	H/59	B1
083	S	050.02	MMY 78 1	common	Norcross (Gwinnett)	UG	H/58	B1
084	S	051.01	MLX 69 1	folk	Conyers (Rockdale)	UG	J/58	B1
085	S	051.02	FLY 66 1	folk	Conyers (Rockdale)	UG	I/58	B1
086	S#	007.02	FMY 88 3	cultured	Flowery Branch (Hall)	UG	G/56	B1
087	S#	008.01	FMY 74 2	common	Homer (Banks)	UG	G/58	B1
088	S#	009.01	FMY 74 1	folk	Toccoa (Stephens)	UG	F/60	B1
089	S#	011.01	FMY 73 3	cultured	Jefferson (Jackson)	UG	H/60	B1
090	S#	012.01	FMY 57 2	common	Sandy Cross (Franklin)	UG	G/60	B1
091	S#	013.02	FLY 62 2	common	Colbert (Madison)	UG	H/61	B1
092	S#	014.01	FMY 63 2	common	Hartwell (Hart)	UG	G/61	B1
093	S#	015.01	FMY 71 2	common	Monroe (Walton)	UG	I/59	B1
094	S#	019.01	MMY 76 3	cultured	Elberton (Elbert)	UG	H/62	B1
095	T	052.04	FMY 78 2	folk	Lithonia (De Kalb)	UG	J/56	B1
096	T	052.06	MMY 66 2	common	Decatur (De Kalb)	UG	I/55	B1
097	T	052.03	FMY 45 2	common	Decatur (De Kalb)	UG	J/57	B1
098	T	053.11	MLX 70 1	folk	Atlanta (Fulton)	UG	I/54	B1
099	T	053.15	MMY 58 2	common	Atlanta (Fulton)	UG	H/56	B1
100	T	053.13	MLX 15 2	common	Atlanta (Fulton)	UG	H/55	B1
101	T	053.04	FMY 13 2	common	Atlanta (Fulton)	UG	H/57	B1
102	T	053.08	MMX 52 2	common	Atlanta (Fulton)	UG	I/56	B1

103	T	053.07	MUX 47 3	cultured	Atlanta (Fulton)	UG	I/57	B1
104	T	053.01	FMY 33 3	cultured	Atlanta (Fulton)	UG	J/55	B1
105	U	054.03	MLY 71 1	folk	Marietta (Cobb)	UG	H/53	B1
106	U	054.02	FMY 44 2	common	Marietta (Cobb)	UG	I/53	B1
107	V	057.01	FMY 71 2	folk	Rockmart (Polk)	UG	J/51	B1
108	V	058.01	MMY 81 2	common	Tallapoosa (Haralson)	UG	J/52	B1
109	V	059.01	FMY 79 2	folk	Hickory Level (Carroll)	UG	J/53	B1
110	W	060.01	FMX 71 2	common	McDonough (Henry)	UG	K/56	B1
111	W	061.03	FLX 48 1	folk	Lovejoy (Clayton)	UG	K/55	B1
112	W	061.02	FMY 80 2	cultured	Morrow (Clayton)	UG	J/54	B1
113	W	062.03	MLY 79 1	folk	Inman (Fayette)	UG	K/54	B1
114	W#	022.02	MLY 79 1	folk	Penfield (Greene)	UG	I/60	B1
115	W#	025.01	FLY 73 2	folk	Lincolnton (Lincoln)	UG	I/62	B1
116	X	063.02	MLX 80 1	folk	Newnan (Coweta)	UG	K/51	B1
117	X	063.01	MMY 83 2	common	Newnan (Coweta)	UG	K/52	B1
118	X	063.04	FMY 55 3	cultured	Newnan (Coweta)	UG	K/53	B1
119	Y	065.02	FMX 78 2	folk	Jackson (Butts)	UG	K/57	B1
120	Y	065.01	FUY 77 3	cultured	Jackson (Butts)	UG	K/58	B1
121	Y	066.01	MLY 69 1	folk	Forsyth (Monroe)	UG	K/59	B1
122	Y	067.06	MMY 64 2	common	Macon (Bibb)	UG	L/58	B1
123	Y	067.01	FUY 67 3	cultured	Macon (Bibb)	UG	L/59	B1
124	Y	067.05	FMY 20 3	cultured	Macon (Bibb)	UG	L/60	B1
125	Y#	026.01	MMY 49 1	folk	Monticello (Jasper)	UG	J/59	B1
126	Y#	028.01	MLX 68 1	folk	Sparta (Hancock)	UG	J/60	B1
127	Y#	029.01	MMY 62 2	folk	Warrenton (Warren)	UG	J/61	D1
128	Y#	031.01	MLY 68 1	folk	Appling (Columbia)	UG	I/61	D1
129	Y#	033.01	FLY 62 1	folk	Milledgeville (Baldwin)	UG	K/60	D1
130	Y#	034.01	MMY 63 2	common	Deepstep (Washington)	UG	K/61	D1
131	Y#	037.01	MMY 88 3	cultured	Augusta (Richmond)	UG	J/63	D1
132	Y#	038.01	MMY 69 1	folk	Gough (Burke)	UG	J/62	D1
133	Z	068.01	FMY 77 3	common	Barnesville (Lamar)	UG	L/57	B1
134	Z	069.01	MLX 76 1	folk	Griffin (Spalding)	UG	L/55	B1
135	Z	069.05	FUY 47 2	cultured	Griffin (Spalding)	UG	L/56	B1
136	Z	070.01	MLY 70 1	folk	Thomaston (Upson)	UG	M/55	B1
137	Z	070.02	FUY 66 3	cultured	Thomaston (Upson)	UG	M/56	B1
138	Z	071.02	FMY 84 1	folk	New Hope (Pike)	UG	L/54	B1
139	AA	072.01	FMY 46 2	common	Talbotton (Talbot)	UG	M/54	B1
140	AA	073.01	FLX 65 1	folk	Greenville (Meriwether)	UG	L/53	B1
141	AA	073.02	MMY 64 3	common	Manchester (Meriwether)	UG	M/53	B1
142	AA	074.01	MLY 74 1	folk	Abbottsford (Troup)	UG	L/51	B1
143	AA	074.03	FMY 65 2	common	La Grange (Troup)	UG	L/52	B1
144	AA	075.01	FMY 65 3	cultured	Waverly Hall (Harris)	UG	M/52	B1
145	AB	076.02	FLX 67 1	folk	Fort Valley (Peach)	UG	M/58	D1
146	AB	076.01	MMY 35 3	cultured	Fort Valley (Peach)	UG	M/59	D1
147	AB	078.01	FUY 91 3	cultured	Butler (Taylor)	UG	M/57	B1
148	AC	080.01	MLY 80 1	folk	Hawkinsville (Pulaski)	LG	N/56	D1
149	AC	082.01	MIX 72 1	folk	Vienna (Dooly)	LG	N/57	D1
150	AC	083.02	MMY 70 2	common	Cordele (Crisp)	LG	N/58	D1
151	AC#	042.01	MLY 82 1	folk	Adrian (Emanuel)	LG	K/62	E1
152	AC#	042.02	FLY 70 2	common	Swainsboro (Emanuel)	LG	K/63	E1
153	AC#	044.01	FMY 71 1	folk	Hilltonia (Screven)	LG	K/64	E1
154	AC#	046.01	FMY 71 2	folk	Lollie (Laurens)	LG	L/61	E1

155	AC#	049.01	MMY 61 3	cultured	Statesboro (Bulloch)		LG	L/63	E1
156	AC#	050.01	MMY 89 2	folk	Springfield (Effingham)		LG	L/64	E1
157	AC#	051.01	FMY 68 2	common	Rhine (Dodge)		LG	M/60	E1
158	AC#	054.01	MAY 61 3	cultured	Mt. Vernon (Montgomery)		LG	L/62	E1
159	AC#	056.02	FMY 74 1	folk	Glennville (Tattnall)		LG	M/62	E1
160	AC#	058.01	MMY 67 2	common	Pembroke (Bryan)		LG	M/63	E1
161	AC#	059.01	FMY 76 1	folk	Savannah (Chatham)		LG	M/64	C1
162	AC#	059.02	FMX 45 2	common	Savannah (Chatham)		LG	M/65	C1
163	AC#	059.03	MUY 66 2	cultured	Savannah (Chatham)		LG	N/64	C1
164	AC#	059.04	FMY 22 3	cultured	Savannah (Chatham)		LG	N/65	C1
165	AD	086.02	FLX 73 1	folk	Plains (Sumter)		LG	N/54	D1
166	AD	086.03	FMY 82 1	folk	Americus (Sumter)		LG	N/55	D1
167	AD	086.04	FMY 52 2	common	Plains (Sumter)		LG	N/53	D1
168	AE	087.01	FAY 81 3	cultured	Buena Vista (Marion)		LG	N/52	D1
169	AE	088.01	FLX 67 2	folk	Upatoi (Muscogee)		LG	N/50	D1
170	AE	088.03	MUY 81 3	cultured	Columbus (Muscogee)		LG	M/51	D1
171	AE	088.02	MMY 22 3	cultured	Columbus (Muscogee)		LG	M/50	D1
172	AE	089.01	FLY 77 1	folk	Eelbeck (Chattahoochee)		LG	N/51	D1
173	AF	092.01	FMY 84 1	folk	Surrency (Appling)		LG	N/62	E1
174	AF	093.02	MMY 63 2	common	Blackshear (Pierce)		LG	O/61	E1
175	AF	093.01	MMY 66 3	cultured	Patterson (Pierce)		LG	N/61	E1
176	AF	094.01	FMY 73 3	cultured	Hazlehurst (Jeff Davis)		LG	M/61	E1
177	AF#	060.01	MMY 76 1	common	Mt. Pleasant (Wayne)		LG	O/62	E1
178	AF#	062.01	FLY 72 1	folk	Allenhurst (Liberty)		LG	N/63	E1
179	AF#	063.04	MLX 55 1	folk	Sapelo Island (McIntosh)		LG	O/65	C1
180	AF#	063.01	MMY 76 1	common	Townsend (McIntosh)		LG	O/63	C1
181	AF#	063.03	MMY 74 3	cultured	Darien (McIntosh)		LG	O/64	C1
182	AG	096.01	MMY 80 1	common	Nicholls (Coffee)		LG	O/59	E1
183	AG	098.03	FLY 67 1	folk	Big Creek (Irwin)		LG	N/60	E1
184	AG	098.02	MMY 60 2	common	Ocilla (Irwin)		LG	N/59	E1
185	AG	098.01	MMY 21 3	cultured	Ocilla (Irwin)		LG	O/58	E1
186	AH	100.01	FMY 55 2	common	Tifton (Tift)		LG	O/57	E1
187	AH	101.01	MLY 82 1	folk	Sumner (Worth)		LG	O/56	E1
188	AI	102.03	MLX 65 1	folk	Leesburg (Lee)		LG	O/52	E1
189	AI	102.01	FUY 76 2	common	Leesburg (Lee)		LG	O/53	E1
190	AI	103.03	MMY 68 2	folk	Albany (Dougherty)		LG	O/54	E1
191	AI	103.02	MMY 28 3	cultured	Albany (Dougherty)		LG	O/55	E1
192	AJ	106.04	FLX 70 1	folk	Cuthbert (Randolph)		LG	O/51	E1
193	AJ	107.01	MMY 70 2	common	Georgetown (Quitman)		LG	O/50	E1
194	AJ	108.01	FLX 79 1	folk	Fort Gaines (Clay)		LG	P/50	E1
195	AK	109.02	MMY 80 1	common	St. Marys (Camden)		LG	Q/64	C1
196	AK	109.01	MMY 62 2	common	Woodbine (Camden)		LG	Q/63	C1
197	AK	111.02	FMY 72 1	folk	Folkston (Charlton)		LG	Q/62	E1
198	AK	111.03	MMY 76 1	common	Moniac (Charlton)		LG	R/62	E1
199	AK	112.01	MLY 78 1	folk	Manor (Ware)		LG	O/60	E1
200	AK#	064.05	FLX 74 1	folk	St. Simons (Glynn)		LG	P/64	C1
201	AK#	064.02	FMX 23 3	common	Brunswick (Glynn)		LG	P/63	C1
202	AK#	064.01	FUY 55 3	cultured	Brunswick (Glynn)		LG	P/62	C1
203	AL	114.01	FLY 57 2	common	Homerville (Clinch)		LG	P/61	E1
204	AL	114.04	FLY 51 1	common	Fargo (Clinch)		LG	Q/61	E1
205	AM	116.01	MMY 62 1	folk	Statenville (Echols)		LG	Q/60	E1
206	AM	117.06	FLY 69 1	folk	Valdosta (Lowndes)		LG	P/59	E1

207	AM	117.01	FLX	47	1	folk	Valdosta (Lowndes)	LG	P/60	E1
208	AM	117.05	MLY	30	2	common	Valdosta (Lowndes)	LG	Q/59	E1
209	AM	117.03	FMY	54	3	cultured	Valdosta (Lowndes)	LG	P/58	E1
210	AM	118.01	MMX	74	1	folk	Ray City (Berrien)	LG	P/57	E1
211	AM	118.02	FMY	73	1	folk	Ray City (Berrien)	LG	P/56	E1
212	AN	121.01	FMY	74	1	folk	Moultrie (Colquitt)	LG	P/55	E1
213	AN	122.02	MUY	81	1	common	Thomasville (Thomas)	LG	Q/57	E1
214	AN	122.01	FUY	48	3	cultured	Thomasville (Thomas)	LG	Q/58	E1
215	AO	123.02	FLX	59	1	folk	Flint (Mitchell)	LG	P/53	E1
216	AO	123.03	FMY	70	3	common	Camilla (Mitchell)	LG	P/52	E1
217	AO	123.01	FUY	63	3	cultured	Cotton (Mitchell)	LG	P/54	E1
218	AO	124.01	MMY	76	1	folk	Calvary (Grady)	LG	Q/56	E1
219	AO	125.02	MLY	64	1	folk	Bainbridge (Decatur)	LG	Q/54	E1
220	AO	125.01	FMY	18	2	common	Bainbridge (Decatur)	LG	Q/55	E1
221	AP	126.01	FLY	76	1	folk	Newton (Baker)	LG	P/51	E1
222	AP	127.02	MMY	75	1	folk	Colquitt (Miller)	LG	Q/53	E1
223	AP	127.03	MMY	59	2	common	Colquitt (Miller)	LG	Q/52	E1
224	AP	128.01	MLX	62	1	folk	Blakely (Early)	LG	Q/51	E1
225	AP	129.01	MLY	83	1	common	Donalsonville (Seminole)	LG	Q/50	E1
226	AQ	130.08	FMX	85	1	folk	Jacksonville (Duval)	EF	R/64	C2
227	AQ	130.03	FLX	17	2	folk	Jacksonville (Duval)	EF	S/65	C2
228	AQ	130.02	FLY	80	2	common	Jacksonville (Duval)	EF	S/64	C2
229	AQ	130.06	MMX	57	2	common	Jacksonville (Duval)	EF	T/66	C2
230	AQ	130.07	MMY	14	2	common	Jacksonville (Duval)	EF	T/65	C2
231	AQ	130.04	MMY	53	2	common	Jacksonville (Duval)	EF	T/64	C2
232	AQ	130.09	FMY	20	3	cultured	Jacksonville (Duval)	EF	U/66	C2
233	AQ	130.05	MMX	23	3	cultured	Jacksonville (Duval)	EF	U/65	C2
234	AR	134.03	MLX	72	1	folk	Mason City (Columbia)	EF	T/61	E2
235	AR	134.01	FLY	77	1	folk	Mason City (Columbia)	EF	U/61	E2
236	AR	134.04	MMY	46	2	common	Hopeful Church (Columbia)	EF	T/60	E2
237	AS	139.01	FLY	78	1	folk	Shady Grove (Taylor)	EF	S/57	E2
238	AS	139.02	MLY	39	2	folk	Shady Grove (Taylor)	EF	S/58	E2
239	AT	141.01	FMY	52	2	common	Tallahassee (Leon)	EF	R/57	E2
240	AT	141.02	FMY	18	3	cultured	Tallahassee (Leon)	EF	R/56	E2
241	AT	142.01	FIX	73	1	folk	Sopchoppy (Wakulla)	EF	S/56	C3
242	AT	142.02	FMY	81	1	folk	Sopchoppy (Wakulla)	EF	S/55	C3
243	AT	142.03	MMY	35	2	common	Sopchoppy (Wakulla)	EF	T/54	C3
244	AU	143.01	MMX	71	1	folk	Newberry (Alachua)	EF	V/61	E2
245	AU	143.02	MMY	81	3	cultured	Gainesville (Alachua)	EF	V/62	E2
246	AU	144.02	MMY	73	1	folk	Flemington (Marion)	EF	W/61	E2
247	AU	144.01	FMY	72	3	cultured	Sparr (Marion)	EF	W/62	E2
248	AU	145.01	FLY	37	2	common	Oxford (Sumter)	EF	X/63	E2
249	AU	146.01	FMY	64	2	common	Whitney (Lake)	EF	X/64	E2
250	AV	148.01	MMY	66	1	folk	Jena (Dixie)	EF	V/60	C3
251	AV	150.01	MLX	72	1	folk	Cedar Key (Levy)	EF	X/61	C3
252	AV	150.03	MMY	55	1	common	Cedar Key (Levy)	EF	Y/61	C3
253	AV	150.02	FLY	34	2	common	Cedar Key (Levy)	EF	Y/62	C3
254	AW	153.03	MMY	72	2	common	St. Augustine (St. Johns)	EF	V/67	C2
255	AW	153.01	MUY	77	2	cultured	St. Augustine (St. Johns)	EF	W/67	C2
256	AW	154.01	MIY	80	1	folk	Bardin (Putnam)	EF	V/64	E2
257	AW	154.02	FLY	57	2	common	Bardin (Putnam)	EF	W/65	E2
258	AX	156.01	MLY	56	1	common	Tomoka Farms (Volusia)	EF	X/68	C2

259	AX	156.02	FMY 31 2	common	Port Orange (Volusia)	EF	Z/69	C2
260	AX	157.01	MMY 70 1	folk	Paola (Seminole)	EF	Y/66	E2
261	AX	158.01	FMY 19 3	cultured	Orlando (Orange)	EF	Z/67	E2
262	AX	160.02	MMY 87 1	folk	Fort Meade (Polk)	EF	AB/68	E2
263	AX	160.01	MMY 77 3	cultured	Lake Wales (Polk)	EF	A/67	E2
264	AX	160.03	MMY 19 3	cultured	Fort Meade (Polk)	EF	AB/67	E2
265	AX	162.01	MLY 80 1	folk	Fellsmere (Indian River)	EF	AB/70	C2
266	AY	166.01	MUY 25 3	cultured	St. Petersburg (Pinellas)	EF	AB/64	C3
267	AY	167.01	MIX 88 1	folk	Bealsville (Hillsborough)	EF	AB/65	C3
268	AY	167.08	FLX 45 2	common	Tampa (Hillsborough)	EF	AA/65	C3
269	AY	167.02	MMY 76 2	common	Plant City (Hillsborough)	EF	AA/64	C3
270	AY	167.05	FLX 18 3	common	Tampa (Hillsborough)	EF	Z/63	C3
271	AY	167.03	FMX 33 3	cultured	Tampa (Hillsborough)	EF	Z/64	C3
272	AY	167.04	MMY 65 3	common	Tampa (Hillsborough)	EF	AA/63	C3
273	AY	167.07	MMY 17 2	common	Tampa (Hillsborough)	EF	Z/65	C3
274	AY	167.06	FMY 30 3	cultured	Tampa (Hillsborough)	EF	Z/62	C3
275	AZ	171.01	MMY 77 3	cultured	Fort Ogden (De Soto)	EF	AC/65	C3
276	AZ	173.01	MMY 73 1	folk	Basinger (Okeechobee)	EF	AC/68	E2
277	AZ	176.01	FUY 76 3	cultured	West Palm Beach (Palm Beach)	EF	AC/70	C2
278	AZ	180.01	FUY 20 3	cultured	Fort Myers (Lee)	EF	AD/66	C3
279	AZ	181.01	MMY 19 3	common	Ft. Lauderdale (Broward)	EF	AD/70	C2
280	AZ	183.03	FLX 60 2	common	Miami (Dade)	EF	AF/70	C2
281	AZ	183.01	FLX 42 2	common	Miami (Dade)	EF	AF/69	C2
282	AZ	183.08	FMY 79 2	common	Miami (Dade)	EF	AF/68	C2
283	AZ	183.05	MLX 17 2	common	Miami (Dade)	EF	AE/67	C2
284	AZ	183.04	MMY 59 2	common	Miami (Dade)	EF	AE/68	C2
285	AZ	183.02	FMY 20 2	common	Miami (Dade)	EF	AD/68	C2
286	AZ	183.07	MMY 22 3	cultured	Miami (Dade)	EF	AE/69	C2
287	AZ	183.06	MMX 30 3	cultured	Miami (Dade)	EF	AE/70	C2
288	AZ	184.04	MMY 76 1	folk	Islamorada (Monroe)	EF	AG/66	C3
289	AZ	184.01	FMY 34 2	common	Key West (Monroe)	EF	AH/62	C3
290	BA	185.01	FLY 65 1	folk	Forbus (Fentress)	MT	A/51	A3
291	BA	185.02	FMY 71 2	folk	Glenobey (Fentress)	MT	B/51	A3
292	BB	191.02	FLY 78 1	folk	Portland (Sumner)	MT	B/48	A5
293	BB	191.01	MMY 62 3	common	Portland (Sumner)	MT	A/49	A5
294	BB	191.04	MMY 23 3	cultured	Portland (Sumner)	MT	A/48	A5
295	BC	192.01	FLY 71 1	folk	Springfield (Robertson)	MT	A/47	A5
296	BC	192.02	MMY 88 2	common	Springfield (Robertson)	MT	A/46	A5
297	BC	193.01	FMY 18 2	common	Ashland City (Cheatham)	MT	A/45	A5
298	BD	194.01	FLY 90 1	folk	Fredonia (Montgomery)	MT	A/44	A5
299	BD	196.02	FMY 37 2	common	Stewart (Houston)	MT	A/42	A5
300	BD	196.01	MMY 38 3	cultured	Tennessee Ridge (Houston)	MT	A/43	A5
301	BE	198.01	FIY 82 1	folk	Gainesboro (Jackson)	MT	A/50	A3
302	BE	198.02	MMY 61 1	common	Gainesboro (Jackson)	MT	B/50	A3
303	BF	202.03	MLX 79 1	folk	Watertown (Wilson)	MT	B/49	A5
304	BF	202.01	MLY 80 1	folk	Statesville (Wilson)	MT	C/48	A5
305	BF	202.02	FMY 56 2	common	Statesville (Wilson)	MT	C/49	A5
306	BG	204.08	MMY 53 1	folk	Nashville (Davidson)	MT	B/44	A5
307	BG	204.01	MMY 17 2	common	Nashville (Davidson)	MT	B/45	A5
308	BG	204.06	FLX 19 2	common	Nashville (Davidson)	MT	B/46	A5
309	BG	204.02	FMX 51 3	common	Nashville (Davidson)	MT	B/47	A5
310	BG	204.04	MMY 42 2	common	Nashville (Davidson)	MT	C/44	A5

311	BG	204.03	MMX 32 3	cultured	Nashville (Davidson)	MT	C/45	A5
312	BG	204.07	FUY 80 3	cultured	Nashville (Davidson)	MT	C/46	A5
313	BG	204.05	MUY 26 3	cultured	Nashville (Davidson)	MT	C/47	A5
314	BH	205.01	MMY 19 3	common	Dickson (Dickson)	MT	B/43	A5
315	BH	206.01	FLY 81 1	folk	Waverly (Humphreys)	MT	B/42	A5
316	BH	207.03	MMX 65 1	folk	Centerville (Hickman)	MT	D/43	A5
317	BH	207.01	FLY 81 2	folk	Only (Hickman)	MT	C/42	A5
318	BH	207.02	MMY 72 2	common	Whitehouse (Hickman)	MT	C/43	A5
319	BI	209.02	FLY 96 1	folk	Spencer (Van Buren)	MT	D/47	A3
320	BI	209.03	FLY 76 1	folk	Spencer (Van Buren)	MT	D/48	A3
321	BI	209.01	MMY 81 3	common	Spencer (Van Buren)	MT	D/49	A3
322	BI	211.01	FMY 22 3	cultured	Woodbury (Cannon)	MT	D/46	A5
323	BJ	212.01	FMY 83 2	common	Tracy City (Grundy)	MT	C/50	A3
324	BJ	214.01	FMY 76 1	folk	Winchester (Franklin)	MT	D/51	A3
325	BJ	214.02	MMY 78 2	common	Decherd (Franklin)	MT	E/51	A3
326	BK	217.03	MLY 91 1	folk	Shelbyville (Bedford)	MT	E/48	A5
327	BK	217.02	FMY 54 2	common	Poplins Crossroads (Bedford)	MT	E/49	A5
328	BK	217.01	MMY 68 3	cultured	Normandy (Bedford)	MT	D/50	A5
329	BK	217.04	MMY 28 3	cultured	Shelbyville (Bedford)	MT	E/50	A5
330	BL	219.01	MLY 67 1	folk	Arno (Williamson)	MT	D/45	A5
331	BL	219.02	MLY 65 2	common	Franklin (Williamson)	MT	D/44	A5
332	BM	221.01	MLY 76 2	folk	Lynnville (Giles)	MT	E/47	A5
333	BM	222.01	MIY 71 1	folk	Leoma (Lawrence)	MT	E/45	A5
334	BM	222.03	FMY 76 2	common	Leoma (Lawrence)	MT	E/46	A5
335	BM	222.02	MMY 48 2	common	Ramah (Lawrence)	MT	E/44	A5
336	BM	224.01	FMY 84 1	folk	Collinwood (Wayne)	MT	E/43	A5
337	BN	225.01	FMX 41 2	common	Woodville (Jackson)	UA	F/48	A4
338	BN	225.04	FMY 64 2	common	Stevenson (Jackson)	UA	F/50	A4
339	BN	225.02	MMY 28 3	cultured	Scottsboro (Jackson)	UA	F/49	A4
340	BN	226.05	MLX 69 1	folk	Toney (Madison)	UA	F/46	A4
341	BN	226.01	MLY 78 1	folk	Monrovia (Madison)	UA	F/45	A4
342	BN	226.03	FMY 61 2	common	Huntsville (Madison)	UA	F/47	A4
343	BN	226.06	FUY 27 3	cultured	Huntsville (Madison)	UA	G/47	A4
344	BO	227.02	MIX 84 1	folk	Athens (Limestone)	UA	F/43	A4
345	BO	227.01	FLY 69 2	folk	Athens (Limestone)	UA	F/44	A4
346	BO	229.02	FLX 74 1	folk	Courtland (Lawrence)	UA	G/44	A4
347	BO	229.03	FLX 66 1	folk	Moulton (Lawrence)	UA	G/45	A4
348	BO	229.01	FMY 50 2	common	Town Creek (Lawrence)	UA	G/43	A4
349	BP	230.03	MLY 81 1	folk	Green Hill (Lauderdale)	UA	F/41	A5
350	BP	230.01	MLY 64 2	common	Lexington (Lauderdale)	UA	F/42	A5
351	BP	231.01	FMY 80 2	common	Barton (Colbert)	UA	F/40	A4
352	BQ	232.01	FMY 19 3	cultured	Rainsville (De Kalb)	UA	G/50	A4
353	BQ	233.01	MLY 87 2	folk	Arab (Marshall)	UA	H/49	A4
354	BQ	233.02	MMY 63 1	common	Preston (Marshall)	UA	G/49	A4
355	BR	234.01	FMY 69 1	folk	Blountsville (Blount)	UA	H/47	A4
356	BR	234.02	FMY 61 1	folk	Oneonta (Blount)	UA	H/48	A4
357	BR	235.01	FMY 68 3	cultured	Cullman (Cullman)	UA	G/48	A4
358	BS	236.01	MUY 64 3	cultured	Jasper (Walker)	UA	H/43	A4
359	BS	237.01	MMY 78 2	common	Haleyville (Winston)	UA	H/41	A4
360	BS	237.02	FMY 49 3	common	Haleyville (Winston)	UA	H/42	A4
361	BS	237.03	MMY 65 3	cultured	Addison (Winston)	UA	G/46	A4
362	BS	238.02	MLY 71 1	folk	Winfield (Marion)	UA	H/40	A4

363	BS	238.01	MMX 42 2	common	Bexar (Marion)	UA	G/40	A4
364	BS	239.01	MLX 81 1	folk	Russellville (Franklin)	UA	G/42	A4
365	BS	239.02	FMY 45 2	common	Belgreen (Franklin)	UA	G/41	A4
366	BT	240.01	FMY 86 3	cultured	Centre (Cherokee)	UA	H/50	A4
367	BT	241.01	FLY 89 1	folk	Altoona (Etowah)	UA	I/48	A4
368	BT	241.02	MMY 55 1	common	Gadsden (Etowah)	UA	I/49	A4
369	BT	242.01	FMY 74 3	cultured	Ashville (St. Clair)	UA	I/47	A4
370	BU	243.03	MMY 72 2	common	Birmingham (Jefferson)	UA	H/44	A4
371	BU	243.08	FMY 49 2	common	Birmingham (Jefferson)	UA	H/45	A4
372	BU	243.09	MLX 19 2	common	Birmingham (Jefferson)	UA	H/46	A4
373	BU	243.06	FMX 72 3	cultured	Birmingham (Jefferson)	UA	I/44	A4
374	BU	243.05	MMY 18 2	common	Birmingham (Jefferson)	UA	I/45	A4
375	BU	243.07	MMY 31 3	cultured	Birmingham (Jefferson)	UA	I/46	A4
376	BV	244.06	MMY 80 1	folk	Duncanville (Tuscaloosa)	UA	J/43	B2
377	BV	244.01	FLX 65 1	folk	Fosters (Tuscaloosa)	UA	J/42	B2
378	BV	244.05	FMY 34 2	common	Tuscaloos (Tuscaloosa)	UA	I/43	B2
379	BV	244.02	FMY 60 3	cultured	Tuscaloo (Tuscaloosa)	UA	I/42	B2
380	BV	245.01	MMY 73 3	common	Gordo (Pickens)	UA	I/41	D2
381	BV	246.01	MMY 69 3	common	Fayette (Fayette)	UA	I/40	B2
382	BW	249.02	MMY 76 2	common	Anniston (Calhoun)	UA	J/50	B2
383	BW	249.04	FMY 36 3	cultured	Anniston (Calhoun)	UA	J/49	B2
384	BW	249.01	MMX 47 3	cultured	Piedmont (Calhoun)	UA	I/50	B2
385	BX	250.01	MLY 60 1	folk	Alpine (Talladega)	UA	J/46	B2
386	BX	250.05	FMX 57 3	cultured	Talladega (Talladega)	UA	J/48	B2
387	BX	250.04	MMY 32 3	cultured	Talladega (Talladega)	UA	J/47	B2
388	BX	251.03	MLY 78 1	folk	Shelby (Shelby)	UA	J/45	B2
389	BX	251.02	MMY 55 2	common	Montevallo (Shelby)	UA	J/44	B2
390	BY	252.01	MMY 65 2	common	Roanoke (Randolph)	LA	K/50	B2
391	BY	254.01	MMY 27 3	cultured	Lanett (Chambers)	LA	L/50	B2
392	BY	255.01	MLY 72 1	folk	Alexander City (Tallapoosa)	LA	K/49	B2
393	BY	256.01	FMY 74 2	common	Goodwater (Coosa)	LA	K/48	B2
394	BZ	257.02	MMY 73 2	common	Tallassee (Elmore)	LA	K/47	B2
395	BZ	257.01	MLY 54 2	common	Tallassee (Elmore)	LA	K/46	D2
396	BZ	258.03	FIX 83 1	folk	Prattville (Autauga)	LA	M/42	D2
397	BZ	258.01	FLY 66 1	folk	Booth (Autauga)	LA	L/42	D2
398	BZ	258.04	FMY 51 3	common	Prattville (Autauga)	LA	L/43	D2
399	BZ	259.02	MLX 71 2	common	Clanton (Chilton)	LA	K/45	B2
400	BZ	260.02	FLX 72 2	folk	Centreville (Bibb)	LA	K/44	B2
401	CA	261.02	FLX 73 1	folk	Marion (Perry)	LA	K/42	D2
402	CA	261.01	MMY 68 2	common	Sprott (Perry)	LA	K/43	D2
403	CA	262.03	FLX 72 1	folk	Selma (Dallas)	LA	L/41	D2
404	CA	262.01	FMY 77 3	cultured	Selma (Dallas)	LA	K/41	D2
405	CA	263.01	FMY 16 2	common	Camden (Wilcox)	LA	M/41	D2
406	CB	264.01	FLX 40 1	folk	Greensboro (Hale)	LA	J/41	D2
407	CB	265.01	FMY 58 2	common	Aimwell (Marengo)	LA	L/40	D2
408	CB	265.02	MLY 24 2	common	Demopolis (Marengo)	LA	K/40	D2
409	CB	267.01	FUY 65 3	cultured	Livingston (Sumter)	LA	J/40	D2
410	CC	268.01	FMX 81 1	folk	Auburn (Lee)	LA	L/48	B2
411	CC	268.04	MMY 45 2	common	Opelika (Lee)	LA	L/49	B2
412	CC	268.02	MUY 70 3	cultured	Beehive (Lee)	LA	M/48	B2
413	CC	269.01	MLY 22 3	common	Phenix City (Russell)	LA	M/49	B2
414	CC	270.01	MMX 35 3	cultured	Tuskegee (Macon)	LA	L/47	B2

415	CD	271.01	MMY 71 2	common	Union Springs (Bullock)	LA	M/47	D2
416	CD	272.02	MMY 49 2	common	Montgomery (Montgomery)	LA	L/45	D2
417	CD	272.05	FUY 79 2	cultured	Montgomery (Montgomery)	LA	L/46	D2
418	CD	272.03	FUX 38 3	cultured	Montgomery (Montgomery)	LA	M/45	D2
419	CD	272.01	MMY 27 3	cultured	Montgomery (Montgomery)	LA	M/46	D2
420	CD	273.02	MLY 74 1	folk	Macedonia (Lowndes)	LA	M/43	D2
421	CD	273.03	FMX 73 1	folk	Calhoun (Lowndes)	LA	M/44	D2
422	CD	273.01	FAY 83 3	cultured	Burkville (Lowndes)	LA	L/44	D2
423	CE	274.01	MMY 45 2	common	Louisville (Barbour)	LA	N/48	E3
424	CE	274.02	FMX 26 2	common	Eufaula (Barbour)	LA	N/49	E3
425	CE	275.01	MMY 55 3	cultured	Abbeville (Henry)	LA	O/48	E3
426	CE	276.01	FLY 74 1	folk	Dothan (Houston)	LA	O/49	E3
427	CE	276.02	FLX 44 2	common	Dothan (Houston)	LA	P/47	E3
428	CE	276.04	FMY 47 2	common	Dothan (Houston)	LA	P/48	E3
429	CE	276.03	MUY 44 3	cultured	Ashford (Houston)	LA	P/49	E3
430	CE	277.01	FMY 79 2	cultured	Daleville (Dale)	LA	O/47	E3
431	CE	278.01	MMY 84 1	folk	Geneva (Geneva)	LA	P/45	E3
432	CE	278.02	FLX 69 1	folk	Slocomb (Geneva)	LA	P/46	E3
433	CE	278.03	FMY 78 2	cultured	Geneva (Geneva)	LA	O/46	E3
434	CF	279.01	MMX 90 1	folk	Shady Grove (Pike)	LA	N/44	E3
435	CF	279.03	MMY 73 2	common	Troy (Pike)	LA	N/46	E3
436	CF	279.08	FMX 56 2	common	Troy (Pike)	LA	N/45	E3
437	CF	279.06	MMY 28 3	cultured	Troy (Pike)	LA	N/47	E3
438	CF	281.01	MLX 73 1	folk	Greenville (Butler)	LA	N/43	E3
439	CF	281.03	MMY 68 1	folk	Shacklesville (Butler)	LA	O/42	E3
440	CF	281.02	FMY 55 2	common	Greenville (Butler)	LA	N/42	E3
441	CG	282.01	FLX 78 1	folk	New Brockton (Coffee)	LA	O/44	E3
442	CG	282.02	MMY 77 2	common	New Brockton (Coffee)	LA	O/45	E3
443	CG	282.03	FMY 19 3	common	Enterprise (Coffee)	LA	P/44	E3
444	CG	283.01	MMY 76 1	folk	Gantt (Covington)	LA	O/43	E3
445	CG	283.02	FMY 57 2	common	Andalusia (Covington)	LA	P/43	E3
446	CH	284.01	FLY 59 2	common	Damascus (Escambia)	LA	P/42	E3
447	CH	286.02	FLY 72 1	folk	Peterman (Monroe)	LA	N/41	E3
448	CH	286.01	FMY 49 2	common	Mexboro (Monroe)	LA	O/41	E3
449	CI	288.01	MLX 76 2	folk	Leroy (Washington)	LA	O/40	E3
450	CI	288.02	MLY 78 2	common	Leroy (Washington)	LA	N/40	E3
451	CI	289.01	MLY 85 1	folk	Needham (Choctaw)	LA	M/40	E3
452	CJ	290.01	MMY 50 3	cultured	Apalachicola (Franklin)	WF	T/52	C3
453	CJ	292.04	FLX 58 1	folk	Dalkeith (Gulf)	WF	S/51	C3
454	CJ	292.01	MLY 69 1	folk	Port St. Joe (Gulf)	WF	T/49	C3
455	CJ	292.03	MMY 46 2	common	Port St. Joe (Gulf)	WF	T/50	C3
456	CJ	292.02	FUY 63 3	cultured	Port St. Joe (Gulf)	WF	T/51	C3
457	CK	294.02	MMX 46 3	cultured	Panama City (Bay)	WF	S/47	C3
458	CK	294.01	FMY 46 3	cultured	Panama City (Bay)	WF	S/48	C3
459	CK	296.03	FLX 72 1	folk	St. Joseph (Washington)	WF	R/48	E2
460	CK	296.01	FLY 87 1	folk	Rock Hill (Washington)	WF	Q/49	E2
461	CK	296.02	MMY 42 2	common	Wausau (Washington)	WF	R/49	E2
462	CL	298.01	MMY 71 1	folk	Point Washington (Walton)	WF	S/46	C4
463	CL	298.02	FMX 18 2	common	De Funiak Springs (Walton)	WF	R/47	E2
464	CL	299.03	FIX 76 1	folk	Campton (Okaloosa)	WF	R/46	E2
465	CL	299.02	FIY 72 1	folk	Laurel Hill (Okaloosa)	WF	Q/47	E2
466	CL	299.01	FMY 88 1	common	Laurel Hill (Okaloosa)	WF	Q/46	E2

467	CM	300.01	FMY 77 1	folk	Jay (Santa Rosa)	WF	Q/45	E2
468	CM	301.03	FLX 67 1	folk	Pensacola (Escambia)	WF	S/44	C4
469	CM	301.01	MLY 76 1	folk	Pensacola (Escambia)	WF	S/45	C4
470	CM	301.04	MLY 34 2	common	Barrineau Park (Escambia)	WF	R/44	C4
471	CM	301.02	MUY 64 3	cultured	Pensacola (Escambia)	WF	R/45	C4
472	CN	302.03	MLY 74 1	folk	Stockton (Baldwin)	GA	R/42	E3
473	CN	302.05	MMX 65 1	folk	Marlow (Baldwin)	GA	R/43	E3
474	CN	302.04	MMY 18 2	common	Gulf Shores (Baldwin)	GA	S/42	C4
475	CN	302.02	FMY 70 3	cultured	Stockton (Baldwin)	GA	Q/43	E3
476	CN	302.01	MMY 52 3	cultured	Foley (Baldwin)	GA	S/43	E3
477	CN	303.01	FLX 75 2	folk	Mobile (Mobile)	GA	S/41	C4
478	CN	303.06	FLX 49 2	folk	Mobile (Mobile)	GA	Q/42	C4
479	CN	303.05	MMY 55 2	common	Mobile (Mobile)	GA	R/41	C4
480	CN	303.09	FMY 43 2	common	Bayou La Batre (Mobile)	GA	S/40	C4
481	CN	303.04	MLX 21 2	common	Mobile (Mobile)	GA	Q/41	C4
482	CN	303.08	FMY 84 2	common	Mobile (Mobile)	GA	P/40	C4
483	CN	303.07	MMY 20 2	common	Mobile (Mobile)	GA	P/41	C4
484	CN	303.02	FMY 31 3	cultured	Mobile (Mobile)	GA	Q/40	C4
485	CN	303.03	MMX 31 3	cultured	Mobile (Mobile)	GA	R/40	C4
486	DA	304.01	FMY 80 1	folk	Elkhorn (Henry)	WT	B/41	D3
487	DA	304.02	FMY 49 2	common	Paris (Henry)	WT	B/40	D3
488	DA	306.02	MLY 69 1	folk	Westport (Carroll)	WT	C/41	D3
489	DA	306.01	MMY 49 1	common	Huntingdon (Carroll)	WT	C/40	D3
490	DA	307.01	FMY 32 3	cultured	Dresden (Weakley)	WT	B/39	D3
491	DB	308.01	MMY 78 1	folk	Dyer (Gibson)	WT	C/39	D3
492	DB	309.01	MMY 75 1	folk	Dyersburg (Dyer)	WT	B/38	F2
493	DB	310.01	MMY 85 2	common	Woodland Mills (Obion)	WT	B/36	F2
494	DB	310.02	FMY 58 2	common	Elbridge (Obion)	WT	B/37	F2
495	DB	311.02	FLX 77 1	folk	Tiptonville (Lake)	WT	B/35	F2
496	DB	311.01	MMY 59 2	common	Tiptonville (Lake)	WT	B/34	F2
497	DC	312.01	FLY 76 1	folk	Dunbar (Decatur)	WT	D/42	D3
498	DC	314.01	MMY 69 2	common	Selmer (McNairy)	WT	E/41	D3
499	DC	314.02	FMY 45 2	common	Selmer (McNairy)	WT	E/42	D3
500	DC	316.01	MLY 76 1	folk	Scotts Hill (Henderson)	WT	D/41	D3
501	DD	317.02	MMY 67 2	common	Jackson (Madison)	WT	D/39	D3
502	DD	317.01	MMY 36 2	common	Jackson (Madison)	WT	D/40	D3
503	DD	319.01	MLY 81 1	folk	Brownsville (Haywood)	WT	D/38	D3
504	DD	319.02	FMY 35 2	common	Brownsville (Haywood)	WT	C/38	D3
505	DE	320.02	FMX 65 1	folk	Covington (Tipton)	WT	C/36	F2
506	DE	320.01	MMY 71 1	folk	Covington (Tipton)	WT	C/35	F2
507	DE	321.02	FLX 76 1	folk	Fulton (Lauderdale)	WT	C/34	F2
508	DE	321.03	FMY 60 2	common	Ripley (Lauderdale)	WT	C/37	F2
509	DF	322.01	MMY 49 2	common	Bolivar (Hardeman)	WT	E/38	D3
510	DF	322.04	MMX 65 3	cultured	Bolivar (Hardeman)	WT	E/39	D3
511	DF	322.02	FUY 58 2	cultured	Bolivar (Hardeman)	WT	E/40	D3
512	DG	324.09	FLX 72 1	folk	Memphis (Shelby)	WT	D/34	F2
513	DG	324.08	MLY 73 1	folk	Memphis (Shelby)	WT	E/34	F2
514	DG	324.04	FMX 16 2	common	Memphis (Shelby)	WT	D/35	F2
515	DG	324.01	MUX 64 3	cultured	Memphis (Shelby)	WT	E/35	F2
516	DG	324.07	FMY 17 2	common	Memphis (Shelby)	WT	D/36	F2
517	DG	324.03	MMY 30 3	cultured	Memphis (Shelby)	WT	E/36	F2
518	DG	324.06	MUX 35 3	cultured	Memphis (Shelby)	WT	D/37	F2

519	DG	324.05	MAY 56 3	cultured	Memphis (Shelby)	WT	E/37	F2
520	DH	325.01	MLY 72 2	folk	Iuka (Tishomingo)	UM	F/38	D4
521	DH	325.02	FMY 80 3	cultured	Iuka (Tishomingo)	UM	F/39	D4
522	DH	327.01	FMY 15 2	common	Corinth (Alcorn)	UM	F/37	D4
523	DH	328.01	FMX 18 2	common	Ripley (Tippah)	UM	G/39	D4
524	DH	328.02	FMY 18 2	common	Ripley (Tippah)	UM	G/38	D4
525	DI	330.02	MMX 82 1	folk	Holly Springs (Marshall)	UM	F/36	D4
526	DI	330.01	FAY 75 3	cultured	Holly Springs (Marshall)	UM	F/35	D4
527	DI	332.01	FUY 85 2	cultured	Hernando (De Soto)	UM	F/34	F2
528	DJ	333.01	MUY 87 1	common	Tunica (Tunica)	UM	F/33	F2
529	DJ	334.01	MMY 81 3	cultured	Marks (Quitman)	UM	G/33	F2
530	DJ	335.01	MLX 74 1	folk	Sherard (Coahoma)	UM	H/31	F2
531	DJ	335.02	MUY 85 2	common	Friars Point (Coahoma)	UM	G/32	F2
532	DK	338.02	MMX 73 1	folk	Houston (Chickasaw)	UM	I/35	D4
533	DK	338.01	MMY 25 3	cultured	Houston (Chickasaw)	UM	I/36	D4
534	DK	339.02	MMY 69 1	folk	Saltillo (Lee)	UM	H/38	D4
535	DK	339.01	FMY 67 2	common	Tupelo (Lee)	UM	H/39	D2
536	DK	340.01	MMY 86 1	folk	Toxish (Pontotoc)	UM	I/37	D4
537	DK	340.02	MMX 77 2	common	Pontotoc (Pontotoc)	UM	G/37	D4
538	DK	340.03	FMY 81 2	common	Pontotoc (Pontotoc)	UM	H/37	D4
539	DL	343.01	MMY 64 3	common	Holcomb (Grenada)	UM	I/34	D4
540	DL	345.02	MMY 70 1	folk	Enid (Tallahatchie)	UM	H/33	D4
541	DL	345.01	FMY 18 2	cultured	Charleston (Tallahatchie)	UM	H/32	D4
542	DL	346.01	MIY 65 1	folk	Oxford (Lafayette)	UM	G/35	D4
543	DL	346.02	MLX 64 1	folk	Lafayette Springs (Lafayette)	UM	G/36	D4
544	DL	346.03	FMY 75 3	cultured	Taylor (Lafayette)	UM	H/35	D4
545	DL	346.04	FMX 63 3	cultured	Oxford (Lafayette)	UM	H/36	D4
546	DL	346.05	MUY 80 3	cultured	Burgess (Lafayette)	UM	H/34	D4
547	DL	347.01	MMX 30 3	cultured	Crowder (Panola)	UM	G/34	D4
548	DM	348.01	FLY 69 1	folk	Drew (Sunflower)	UM	I/32	F3
549	DM	349.01	MUY 81 3	cultured	Benoit (Bolivar)	UM	I/31	F3
550	DM	350.01	FLX 63 1	folk	Leland (Washington)	UM	J/32	F3
551	DM	350.02	MUY 51 3	cultured	Greenville (Washington)	UM	J/31	F3
552	DN	351.03	FLX 66 2	folk	Columbus (Lowndes)	UM	I/39	D2
553	DN	351.01	MUY 47 3	cultured	Columbus (Lowndes)	UM	J/39	D2
554	DN	352.02	FLY 99 1	folk	Mashulaville (Noxubee)	UM	K/37	D2
555	DN	352.03	MLX 68 1	folk	Brooksville (Noxubee)	UM	K/39	D2
556	DN	352.01	MMY 77 2	common	Macon (Noxubee)	UM	K/38	D2
557	DN	354.01	FMY 81 2	common	Starkville (Oktibbeha)	UM	I/38	D2
558	DN	354.03	FLX 22 3	common	Starkville (Oktibbeha)	UM	J/38	D2
559	DO	356.01	MMY 83 2	common	Chester (Choctaw)	UM	J/36	D5
560	DO	356.02	MMY 69 2	common	Ackerman (Choctaw)	UM	J/37	D5
561	DO	359.01	MLY 58 1	folk	Kosciusko (Attala)	UM	K/33	D5
562	DO	359.04	FMY 85 2	common	McCool (Attala)	UM	K/36	D5
563	DO	359.05	FMY 46 2	common	Kosciusko (Attala)	UM	K/35	D5
564	DO	359.06	MMX 37 3	cultured	Kosciusko (Attala)	UM	K/34	D5
565	DP	361.01	FLY 80 1	folk	Jefferson (Carroll)	UM	J/34	D5
566	DP	361.02	FLX 31 2	folk	Vaiden (Carroll)	UM	J/35	D5
567	DP	363.02	MUY 86 2	common	Greenwood (Leflore)	UM	I/33	F3
568	DP	363.01	MMY 56 2	common	Greenwood (Leflore)	UM	J/33	F3
569	DQ	364.01	MMX 73 2	common	Klondike (Kemper)	LM	L/39	D5
570	DQ	365.01	FMY 75 1	folk	Lockhart (Lauderdale)	LM	M/39	D5

571	DQ	367.02	FLX 24 2	common	Philadelphia (Neshoba)	LM	L/37	D5
572	DQ	367.01	MMY 44 2	common	Bogue Chitto (Neshoba)	LM	L/38	D5
573	DR	371.03	MLX 87 1	folk	Eden (Yazoo)	LM	L/35	F3
574	DR	371.01	FMY 63 1	folk	Pleasant Hill (Yazoo)	LM	L/34	F3
575	DR	371.04	FUY 80 3	cultured	Freerun (Yazoo)	LM	M/36	F3
576	DR	371.02	MUY 42 1	common	Pleasant Hill (Yazoo)	LM	L/36	F3
577	DS	372.02	FMX 77 1	folk	Vicksburg (Warren)	LM	M/32	F3
578	DS	372.03	FLY 68 1	folk	Redwood (Warren)	LM	L/33	F3
579	DS	372.01	MAY 87 3	cultured	Vicksburg (Warren)	LM	L/32	F3
580	DS	374.02	MLX 78 1	folk	Mayersville (Issaquena)	LM	K/31	F3
581	DS	374.01	FUY 77 3	cultured	Mayersville (Issaquena)	LM	K/32	F3
582	DT	375.01	MMY 76 1	folk	Quitman (Clarke)	LM	N/39	E4
583	DT	377.01	MLY 77 2	common	Trenton (Smith)	LM	N/37	E4
584	DT	377.02	FMY 65 3	cultured	Wicker (Smith)	LM	M/37	E4
585	DT	378.01	MLX 52 1	folk	Pulaski (Scott)	LM	M/38	E4
586	DU	379.04	MLX 88 2	folk	Edwards (Hinds)	LM	M/33	D5
587	DU	379.02	MMX 77 1	folk	Edwards (Hinds)	LM	N/34	D5
588	DU	379.05	MMY 78 1	folk	Raymond (Hinds)	LM	O/34	D5
589	DU	379.07	FMX 13 2	common	Jackson (Hinds)	LM	M/35	D5
590	DU	379.03	FMX 66 3	cultured	Jackson (Hinds)	LM	M/34	D5
591	DU	379.06	MMY 19 3	cultured	Jackson (Hinds)	LM	N/35	D5
592	DU	379.01	FMY 70 3	cultured	Jackson (Hinds)	LM	N/36	D5
593	DV	381.01	MLX 74 1	folk	Lorman (Jefferson)	LM	N/31	E4
594	DV	381.02	MLY 68 2	common	Lorman (Jefferson)	LM	N/32	E4
595	DV	381.03	FLY 50 1	folk	Lorman (Jefferson)	LM	N/33	E4
596	DV	382.01	MMX 78 1	folk	Little Springs (Franklin)	LM	O/33	E4
597	DW	384.01	MMY 78 2	common	Leakesville (Greene)	LM	P/39	E4
598	DW	386.01	FMX 81 3	cultured	Hattiesburg (Forrest)	LM	P/38	E4
599	DW	386.02	FMY 19 3	cultured	Hattiesburg (Forrest)	LM	O/39	E4
600	DW	387.05	MLX 84 1	folk	Soso (Jones)	LM	N/38	E4
601	DW	387.03	FLY 69 2	common	Soso (Jones)	LM	O/38	E4
602	DW	387.04	FLX 40 3	common	Soso (Jones)	LM	O/37	E4
603	DX	388.01	MIY 72 1	folk	Baxterville (Lamar)	LM	P/36	E4
604	DX	388.02	FMY 78 2	common	Lumberton (Lamar)	LM	P/37	E4
605	DX	392.01	FMY 85 1	folk	Weathersby (Simpson)	LM	O/36	E4
606	DY	394.01	MMY 95 1	folk	Holmesville (Pike)	LM	P/35	E4
607	DY	396.02	MMY 85 2	common	Bogue Chitto (Lincoln)	LM	P/34	E4
608	DY	396.03	FMY 72 2	common	Brookhaven (Lincoln)	LM	O/35	E4
609	DZ	399.02	MLX 85 1	folk	Lessley (Wilkinson)	LM	P/30	F4
610	DZ	399.03	MLX 73 2	common	Woodville (Wilkinson)	LM	P/31	F4
611	DZ	399.04	FUX 75 3	cultured	Woodville (Wilkinson)	LM	P/32	F4
612	DZ	400.01	FIX 70 1	folk	Sibley (Adams)	LM	O/30	F4
613	DZ	400.02	MMY 52 2	common	Natchez (Adams)	LM	O/31	F4
614	DZ	400.04	MMX 58 3	cultured	Natchez (Adams)	LM	O/32	F4
615	DZ	400.03	FAY 79 3	cultured	Natchez (Adams)	LM	P/33	F4
616	EA	401.03	MUY 75 2	common	Vancleave (Jackson)	GM	Q/39	E4
617	EA	401.02	MLY 51 2	common	Pascagoula (Jackson)	GM	S/39	C4
618	EA	401.01	MAY 83 2	cultured	Moss Point (Jackson)	GM	R/39	C4
619	EA	402.02	MLY 85 1	folk	Biloxi (Harrison)	GM	R/38	C4
620	EA	402.04	MMX 87 1	folk	Biloxi (Harrison)	GM	S/38	C4
621	EA	402.03	MLY 53 2	common	Biloxi (Harrison)	GM	Q/38	C4
622	EA	402.06	FMX 17 2	common	Gulfport (Harrison)	GM	S/37	C4

623	EA	402.01	FMY 66 2	common	Saucier (Harrison)	GM	R/37	E4
624	EA	404.01	FMX 33 3	cultured	Red Creek (Stone)	GM	Q/37	E4
625	EB	405.01	MLY 84 2	common	Kiln (Hancock)	GM	R/36	E4
626	EB	405.02	MUY 70 2	common	Kiln (Hancock)	GM	S/36	E4
627	EB	406.02	MLX 79 1	folk	Carriere (Pearl River)	GM	Q/35	E4
628	EB	406.01	FLY 73 1	folk	White Chapel (Pearl River)	GM	Q/36	E4
629	EB	406.03	MMY 27 3	cultured	Picayune (Pearl River)	GM	R/35	E4
630	EC	407.02	MLY 67 1	folk	Slidell (St. Tammany)	EL	S/34	E4
631	EC	407.01	MMY 62 3	cultured	Slidell (St. Tammany)	EL	S/35	E4
632	EC	408.01	MLY 79 2	folk	Bogalusa (Washington)	EL	Q/34	E4
633	EC	408.02	MMY 60 2	common	Bogalusa (Washington)	EL	R/34	E4
634	EC	409.02	FLY 78 1	folk	Kentwood (Tangipahoa)	EL	R/33	E4
635	EC	409.01	MMY 59 2	common	East Fork (Tangipahoa)	EL	Q/33	E4
636	ED	410.01	MLY 84 1	folk	Livingston (Livingston)	EL	S/33	E4
637	ED	412.02	MLX 73 1	folk	Clinton (E. Feliciana)	EL	Q/32	E4
638	ED	412.01	MMY 72 2	common	Clinton (E. Feliciana)	EL	R/32	E4
639	ED	413.01	MLY 81 1	folk	Zachary (E. Baton Rouge)	EL	S/30	F4
640	ED	413.03	MLX 67 1	folk	Zachary (E. Baton Rouge)	EL	S/31	F4
641	ED	413.05	MLX 46 2	common	Zachary (E. Baton Rouge)	EL	S/32	F4
642	ED	413.06	MMY 70 3	cultured	Baton Rouge (E. Baton Rouge)	EL	T/30	F4
643	ED	413.04	FMY 39 2	common	Zachary (E. Baton Rouge)	EL	T/29	F4
644	ED	413.07	MMY 47 3	cultured	Baton Rouge (E. Baton Rouge)	EL	T/31	F4
645	ED	413.02	FMY 23 3	cultured	Baton Rouge (E. Baton Rouge)	EL	U/29	F4
646	ED	414.01	MMY 75 1	folk	St. Francisville (W. Feliciana)	EL	Q/31	F4
647	EE	416.01	FLX 77 1	folk	Boothville (Plaquemines)	EL	V/37	F4
648	EE	416.02	FLY 46 1	common	Boothville (Plaquemines)	EL	U/36	F4
649	EE	416.03	FMY 24 2	common	Boothville (Plaquemines)	EL	V/36	F4
650	EE	417.01	FLX 83 2	folk	New Orleans (Orleans)	EL	V/35	F4
651	EE	417.09	MLY 67 1	folk	New Orleans (Orleans)	EL	U/35	F4
652	EE	417.02	FLY 68 2	common	New Orleans (Orleans)	EL	U/34	F4
653	EE	417.06	FLY 81 2	common	New Orleans (Orleans)	EL	V/34	F4
654	EE	417.05	MLX 22 2	common	New Orleans (Orleans)	EL	V/33	F4
655	EE	417.07	FMX 31 3	cultured	New Orleans (Orleans)	EL	T/35	F4
656	EE	417.03	MMY 18 2	common	New Orleans (Orleans)	EL	T/34	F4
657	EE	417.04	MUY 33 3	cultured	New Orleans (Orleans)	EL	T/33	F4
657X	EE	417.13	MUY 86 2	cultured	New Orleans (Orleans)	EL	U/33	F4
657Y	EE	417.11	MUY 53 3	cultured	New Orleans (Orleans)	EL	T/32	F4
657Z	EE	417.12	MUY 58 3	cultured	New Orleans (Orleans)	EL	U/32	F4
658	EE	418.01	FMY 66 1	folk	Grand Isle (Jefferson)	EL	V/32	F4
659	EE	418.02	MMY 43 2	common	Grand Isle (Jefferson)	EL	V/31	F4
660	EF	421.01	MLX 87 1	folk	Ardoyne (Terrebonne)	EL	V/30	F5
661	EF	421.02	FMY 65 1	common	Little Bayou Black (Terrebonne)	EL	V/29	F5
662	EF	421.03	FMY 35 2	common	Schriever (Terrebonne)	EL	V/28	F5
663	EF	422.01	MLY 86 1	folk	Morgan City (St. Mary)	EL	V/27	F5
664	EF	423.01	MMY 57 3	cultured	Labadieville (Assumption)	EL	U/27	F5
665	EF	425.02	MLX 82 1	folk	Donaldsonville (Ascension)	EL	U/30	F5
666	EF	425.01	MMY 87 1	common	Donaldsonville (Ascension)	EL	U/31	F5
667	EG	427.01	MLX 80 1	folk	Olivier (Iberia)	EL	T/27	F5
668	EG	427.02	FMY 69 2	common	Loreauville (Iberia)	EL	T/28	F5
669	EG	428.01	FLY 67 1	folk	Bayou Chene (St. Martin)	EL	S/29	F5
670	EG	429.04	FMY 87 1	folk	Grosse Tete (Iberville)	EL	R/30	F5
671	EG	429.02	FMY 38 2	common	Bayou Sorrel (Iberville)	EL	U/28	F5

672	EG	431.01	MMX 84 1	folk	Mix (Pointe Coupee)	EL	R/31	F5
673	EG	431.02	MMY 68 3	cultured	New Roads (Pointe Coupee)	EL	Q/30	F5
674	FA	432.01	MMY 82 1	folk	Piggott (Clay)	AR	B/31	F1
675	FA	432.02	FMY 47 2	common	Piggott (Clay)	AR	B/32	F1
676	FA	434.03	FMX 67 2	folk	Blytheville (Mississippi)	AR	E/33	F1
677	FA	434.01	FMY 73 1	common	Blytheville (Mississippi)	AR	D/33	F1
678	FA	435.01	MMY 68 1	folk	Bay (Craighead)	AR	D/32	F1
679	FA	435.02	FMY 31 2	common	Bay (Craighead)	AR	D/31	F1
680	FA	435.03	MUY 43 3	cultured	Jonesboro (Craighead)	AR	C/31	F1
681	FB	439.01	MLY 65 1	folk	Cave City (Sharp)	AR	D/28	A6
682	FB	439.03	FMY 67 1	folk	Ash Flat (Sharp)	AR	B/30	A6
683	FB	439.04	MLY 64 1	common	Evening Shade (Sharp)	AR	C/30	A6
684	FB	439.02	MMY 62 2	common	Evening Shade (Sharp)	AR	C/29	A6
685	FB	440.01	FUY 53 3	cultured	Salem (Fulton)	AR	B/29	A6
686	FB	441.02	MLY 82 1	folk	Melbourne (Izard)	AR	C/28	A6
687	FB	441.01	MMY 35 2	common	Lafferty (Izard)	AR	D/27	A6
688	FC	444.03	FMX 77 1	folk	Forrest City (St. Francis)	AR	E/30	F1
689	FC	444.02	FLY 82 2	folk	Forrest City (St. Francis)	AR	E/31	F1
690	FC	444.01	FMX 55 2	common	Forrest City (St. Francis)	AR	E/32	F1
691	FC	444.04	FMY 49 2	common	Forrest City (St. Francis)	AR	F/30	F1
692	FD	448.02	FMY 93 2	common	Searcy (White)	AR	D/30	A6
693	FD	448.01	FMY 48 2	common	Searcy (White)	AR	D/29	A6
694	FD	450.02	MMY 70 1	folk	Des Arc (Prairie)	AR	E/28	A6
695	FD	450.01	FMY 49 2	common	Des Arc (Prairie)	AR	E/29	A6
696	FE	452.01	MLY 85 1	folk	Rondo (Lee)	AR	F/29	F1
697	FE	453.01	FMX 84 1	folk	Helena (Phillips)	AR	F/31	F1
698	FE	453.03	MMY 53 2	common	West Helena (Phillips)	AR	F/32	F1
699	FE	453.02	MUY 69 2	cultured	Helena (Phillips)	AR	G/31	F1
700	FE	454.01	MUY 84 1	folk	Stuttgart (Arkansas)	AR	G/30	F2
701	FF	455.01	MLY 72 1	folk	Dudley Lake (Jefferson)	AR	G/29	F2
702	FF	455.02	MUY 53 3	cultured	Pine Bluff (Jefferson)	AR	H/29	F2
703	FF	456.01	FMY 74 2	folk	White Oak (Cleveland)	AR	I/28	F2
704	FG	458.01	FMX 61 1	folk	Little Rock (Pulaski)	AR	F/26	F2
705	FG	458.09	MMY 85 1	folk	Little Rock (Pulaski)	AR	F/27	F2
706	FG	458.08	FMY 72 2	common	Little Rock (Pulaski)	AR	F/28	F2
707	FG	458.05	FLX 17 2	common	Little Rock (Pulaski)	AR	G/26	F2
708	FG	458.06	FMX 43 2	common	Little Rock (Pulaski)	AR	G/27	F2
709	FG	458.04	FMY 17 2	common	Little Rock (Pulaski)	AR	G/28	F2
710	FG	458.07	MMX 22 3	cultured	Little Rock (Pulaski)	AR	H/26	F2
711	FG	458.02	MMY 46 3	cultured	Little Rock (Pulaski)	AR	H/27	F2
712	FG	458.03	FMY 23 3	cultured	Little Rock (Pulaski)	AR	H/28	F2
713	FH	459.01	FMY 86 2	common	Greenbrier (Faulkner)	AR	E/27	A6
714	FH	459.02	MMY 41 2	common	Greenbrier (Faulkner)	AR	E/26	A6
715	FH	462.01	FLY 77 1	folk	Pee Dee (Van Buren)	AR	D/26	A6
716	FI	463.01	MMY 84 1	folk	Mountain Home (Baxter)	AR	B/28	A6
717	FI	465.01	FMY 71 1	folk	Hilltop (Searcy)	AR	C/26	A6
718	FI	465.04	MMY 49 2	common	Baker (Searcy)	AR	B/27	A6
719	FI	465.03	FAY 55 3	cultured	Marshall (Searcy)	AR	C/27	A6
720	FI	468.01	FMY 80 2	common	Valley Springs (Boone)	AR	B/26	A6
721	FJ	469.01	MMY 76 1	cultured	Berryville (Carroll)	AR	B/25	A6
722	FJ	470.01	MMY 75 1	common	Sulphur Springs (Benton)	AR	B/23	A6
723	FJ	471.01	MLY 62 1	folk	Winslow (Washington)	AR	D/24	A6

724	FJ	471.03	FMY 33 2	common	West Fork (Washington)	AR	C/24	A6
725	FJ	471.02	MMY 52 3	cultured	Fayetteville (Washington)	AR	B/24	A6
726	FJ	473.01	FLY 86 1	folk	Mulberry (Crawford)	AR	E/24	A6
727	FJ	475.01	MMY 77 1	folk	Lamar (Johnson)	AR	C/25	A6
728	FK	477.01	MUY 85 2	common	Wing (Yell)	AR	E/25	A6
729	FK	477.02	MMY 42 3	cultured	Danville (Yell)	AR	D/25	A6
730	FK	479.03	FMY 73 1	common	Fort Smith (Sebastian)	AR	C/23	A6
731	FK	479.01	FMY 57 2	common	Fort Smith (Sebastian)	AR	D/23	A6
732	FK	479.02	MMY 29 3	cultured	Fort Smith (Sebastian)	AR	E/23	A6
733	FK	480.01	MMY 70 1	folk	Gate (Scott)	AR	F/23	A6
734	FK	481.04	MMY 68 1	folk	Hatton (Polk)	AR	G/23	A6
735	FK	481.03	FMY 80 3	cultured	Mena (Polk)	AR	F/24	A6
736	FK	481.01	FMY 56 2	common	Mena (Polk)	AR	G/24	A6
737	FL	483.02	MMY 83 1	folk	Hot Springs (Garland)	AR	F/25	A6
738	FL	483.01	FMY 51 2	common	Hot Springs (Garland)	AR	G/25	A6
739	FL	483.03	FMY 23 3	cultured	Hot Springs (Garland)	AR	H/25	A6
740	FM	488.01	FMY 77 1	folk	Hearn (Clark)	AR	I/26	A6
741	FM	488.02	FUY 40 3	cultured	Arkadelphia (Clark)	AR	I/27	A6
742	FN	491.02	MMY 76 1	folk	De Queen (Sevier)	AR	H/23	A6
743	FN	491.01	MMY 66 3	common	Lockesburg (Sevier)	AR	H/24	D6
744	FN	494.02	MMY 86 1	folk	Texarkana (Miller)	AR	I/24	D6
745	FN	494.01	MMY 64 2	common	Texarkana (Miller)	AR	J/24	D6
746	FN	495.01	FAY 60 3	cultured	Lewisville (Lafayette)	AR	J/25	D6
747	FN	497.01	MMY 75 3	cultured	Cale (Nevada)	AR	I/25	D6
748	FO	501.01	MMX 84 1	folk	El Dorado (Union)	AR	J/26	D6
749	FO	501.03	FMY 68 2	common	El Dorado (Union)	AR	J/27	D6
750	FO	501.04	FMY 62 2	common	Strong (Union)	AR	J/29	D6
751	FO	501.02	MUY 68 3	cultured	Junction City (Union)	AR	J/28	D6
752	FP	503.02	MMY 31 2	common	Arkansas City (Desha)	AR	H/30	F2
753	FP	503.04	FMY 23 3	cultured	Dumas (Desha)	AR	I/29	F2
754	FP	506.02	MLX 70 1	folk	Lake Village (Chicot)	AR	I/30	F2
755	FP	506.01	MMY 45 2	common	Lake Village (Chicot)	AR	J/30	F2
756	FQ	507.01	MLX 75 1	folk	Lake Providence (E. Carroll)	WL	K/30	F2
757	FQ	507.02	MMY 55 2	common	Lake Providence (E. Carroll)	WL	L/30	F2
758	FQ	508.01	FLY 83 2	folk	Oak Grove (W. Carroll)	WL	K/29	F2
759	FQ	509.02	MLX 62 1	folk	Tallulah (Madison)	WL	M/31	F2
760	FQ	509.01	MUY 65 3	cultured	Omega (Madison)	WL	L/31	F2
761	FQ	510.01	FLX 91 1	folk	Cooters Point (Tensas)	WL	N/29	F2
762	FQ	510.02	MUY 82 2	common	Delta Bridge (Tensas)	WL	N/30	F2
763	FR	514.03	MLY 92 1	folk	Spearsville (Union)	WL	K/26	F2
764	FR	514.01	MLY 76 2	common	Mount Union (Union)	WL	K/27	F2
765	FR	514.02	FMY 47 2	common	Spearsville (Union)	WL	L/27	F2
766	FR	515.02	FLX 72 1	folk	Sterlington (Ouachita)	WL	K/28	D6
767	FR	515.03	FLY 70 1	folk	West Monroe (Ouachita)	WL	M/29	D6
768	FR	515.05	FLX 38 3	common	Monroe (Ouachita)	WL	L/29	D6
769	FR	515.01	MMY 36 2	common	Monroe (Ouachita)	WL	M/30	D6
770	FR	515.04	MUY 55 3	cultured	Monroe (Ouachita)	WL	L/28	D6
771	FS	518.01	MLX 88 1	folk	Ruston (Lincoln)	WL	N/27	D6
772	FS	518.02	MMY 73 1	folk	Antioch (Lincoln)	WL	M/28	D6
773	FS	521.01	MMY 77 1	folk	Germantown (Webster)	WL	L/26	D6
774	FT	523.06	MIX 82 1	folk	Shreveport (Caddo)	WL	K/25	F6
775	FT	523.04	MLY 87 1	folk	Spring Ridge (Caddo)	WL	N/24	F6

776	FT	523.02	FMY	36	2	common	Shreveport (Caddo)	WL	L/25	F6
777	FT	523.07	MMX	18	2	common	Shreveport (Caddo)	WL	M/25	F6
778	FT	523.03	FUY	79	2	cultured	Shreveport (Caddo)	WL	M/24	F6
779	FT	523.01	FMY	23	3	cultured	Shreveport (Caddo)	WL	K/24	F6
780	FT	523.08	MMY	20	3	cultured	Shreveport (Caddo)	WL	L/24	F6
781	FU	524.01	FAY	88	1	folk	Grand Cane (De Soto)	WL	O/24	F6
782	FU	525.01	MLY	80	1	folk	Coushatta (Red River)	WL	M/26	F6
783	FU	525.02	MLY	69	2	common	Coushatta (Red River)	WL	N/25	F6
784	FU	526.04	MLX	69	1	folk	Natchitoches (Natchitoches)	WL	M/27	F6
785	FU	526.01	FMY	88	1	common	Robeline (Natchitoches)	WL	O/25	F6
786	FU	526.03	MLY	67	1	folk	Provencal (Natchitoches)	WL	O/26	F6
787	FU	526.02	MUY	42	3	cultured	Natchitoches (Natchitoches)	WL	N/26	F6
788	FU	527.01	MMY	76	1	folk	Many (Sabine)	WL	P/24	F6
789	FV	528.02	MLX	67	1	folk	Hawthorne (Vernon)	WL	R/24	E5
790	FV	528.01	MLY	85	1	folk	Anacoco (Vernon)	WL	Q/24	E5
791	FV	528.03	MMY	51	2	common	Hawthorne (Vernon)	WL	Q/25	E5
792	FV	529.01	FMY	95	1	folk	Hopewell (Beauregard)	WL	R/26	E5
793	FV	529.02	MLY	67	2	common	De Ridder (Beauregard)	WL	R/25	E5
794	FW	531.01	MLY	77	1	common	Winnfield (Winn)	WL	O/27	F6
795	FW	532.01	MMY	85	2	common	Colfax (Grant)	WL	P/25	F6
796	FW	533.03	FLX	71	1	folk	Pineville (Rapides)	WL	P/26	F6
797	FW	533.02	MLY	72	1	folk	Bayou Rapides (Rapides)	WL	P/27	F6
798	FW	533.01	MMY	56	2	common	Alexandria (Rapides)	WL	Q/26	F6
799	FX	535.01	MMY	77	2	common	New Era (Concordia)	WL	O/29	F6
800	FX	536.02	MMY	76	1	folk	Enterprise (Catahoula)	WL	O/28	F6
801	FX	536.01	FMY	46	2	common	Harrisonburg (Catahoula)	WL	N/28	F6
802	FX	537.01	MLX	84	1	folk	Marksville (Avoyelles)	WL	P/29	F5
803	FX	537.03	MMY	84	1	folk	Marksville (Avoyelles)	WL	P/28	F5
804	FY	538.01	MUY	57	2	common	Opelousas (St. Landry)	WL	Q/29	F5
805	FY	539.02	FMY	76	1	folk	Chataignier (Evangeline)	WL	Q/28	F5
806	FY	539.01	MLY	48	2	common	Ville Platte (Evangeline)	WL	Q/27	F5
807	FY	540.02	MLY	82	1	folk	Ridge (Lafayette)	WL	S/27	F5
808	FY	540.03	FLX	55	1	folk	Ridge (Lafayette)	WL	R/28	F5
809	FY	540.01	MMY	52	2	common	Lafayette (Lafayette)	WL	S/28	F5
810	FY	541.01	MMY	83	1	folk	Iota (Acadia)	WL	R/27	F5
811	FY	541.02	MMX	38	1	folk	Church Point (Acadia)	WL	R/29	F5
812	FY	542.01	MMY	87	1	folk	Pecan Island (Vermilion)	WL	T/25	C5
813	FY	542.02	FMY	65	1	common	Pecan Island (Vermilion)	WL	T/26	C5
814	FZ	544.02	FLY	87	1	folk	Bell City (Calcasieu)	WL	S/26	E5
815	FZ	544.03	MMY	68	2	common	Lake Charles (Calcasieu)	WL	S/24	E5
816	FZ	544.01	FMY	36	3	cultured	Lake Charles (Calcasieu)	WL	S/25	E5
817	FZ	545.01	MLY	67	2	folk	Cameron (Cameron)	WL	T/24	C5
818	GA	547.03	MMX	89	1	folk	Indian Hill (Newton)	UT	P/22	E5
819	GA	547.02	MMY	70	1	folk	Wiergate (Newton)	UT	Q/22	E5
820	GA	547.01	FMY	42	3	cultured	Wiergate (Newton)	UT	Q/21	E5
821	GB	558.03	FLX	66	1	folk	Pine Flat (Nacogdoches)	UT	O/16	E5
822	GB	558.01	FMY	76	2	common	Nacogdoches (Nacogdoches)	UT	P/17	E5
823	GB	558.02	MLY	37	2	common	Harmony (Nacogdoches)	UT	P/16	E5
824	GB	558.04	FMY	42	3	cultured	Nacogdoches (Nacogdoches)	UT	P/18	E5
825	GC	560.01	FLY	76	2	folk	Tyler (Smith)	UT	L/12	E5
826	GC	560.03	MMY	53	3	common	Tyler (Smith)	UT	L/13	E5
827	GC	560.02	FUY	30	3	cultured	Tyler (Smith)	UT	M/13	E5

828	GC	567.03	FLX 67 2	common	Marshall (Harrison)	UT	K/21	E5
829	GC	567.01	FMY 80 1	common	Marshall (Harrison)	UT	K/22	E5
830	GC	567.04	FMX 23 3	cultured	Marshall (Harrison)	UT	L/21	E5
831	GC	567.02	MMY 32 3	cultured	Marshall (Harrison)	UT	L/22	E5
832	GD	570.02	MMY 82 2	folk	Texarkana (Bowie)	UT	I/23	E5
833	GD	570.01	MLY 27 2	common	Texarkana (Bowie)	UT	J/23	E5
834	GD	573.01	MMY 29 3	cultured	Mount Pleasant (Titus)	UT	J/18	E5
835	GD	576.02	MLX 58 1	folk	Chicota (Lamar)	UT	H/17	E5
836	GD	576.01	MLY 61 1	folk	Belk (Lamar)	UT	H/16	E5
837	GE	579.01	FMY 86 3	common	Greenville (Hunt)	UT	J/11	D7
838	GE	582.01	MMY 93 1	folk	Denison (Grayson)	UT	H/10	D7
839	GE	583.01	MLY 74 1	folk	Valley View (Cooke)	UT	I/06	D7
840	GE	584.01	FLY 79 1	folk	Denton (Denton)	UT	J/07	D7
841	GF	585.01	FLY 70 1	folk	Fort Worth (Tarrant)	UT	K/04	D7
842	GF	586.05	FLX 64 2	common	Dallas (Dallas)	UT	K/06	D7
843	GF	586.03	FMX 42 2	common	Dallas (Dallas)	UT	K/07	D7
844	GF	586.04	FUY 85 3	cultured	Dallas (Dallas)	UT	K/08	D7
845	GF	586.01	FMY 16 2	common	Dallas (Dallas)	UT	L/06	D7
846	GF	586.02	MUY 29 3	cultured	Dallas (Dallas)	UT	L/07	D7
847	GF	586.06	MMX 32 3	cultured	Dallas (Dallas)	UT	L/08	D7
848	GG	591.01	FMY 71 3	cultured	Palestine (Anderson)	UT	P/09	D7
849	GG	593.01	MMY 69 3	cultured	Corsicana (Navarro)	UT	O/07	D7
850	GG	594.01	MMY 68 2	common	Waxahatchie (Ellis)	UT	N/06	D7
851	GG	595.01	FMY 84 2	common	Venus (Johnson)	UT	M/05	D7
852	GG	598.02	FMY 73 1	folk	Waco (McLennan)	UT	Q/05	D7
853	GG	598.01	FMY 80 1	common	Waco (McLennan)	UT	Q/04	D7
854	GH	600.01	MMY 77 2	common	Temple (Bell)	UT	R/05	D7
855	GH	604.01	MMY 74 1	folk	Caldwell (Burleson)	UT	T/08	D7
856	GH	611.06	MLY 88 1	folk	Huntsville (Walker)	UT	R/12	D7
857	GH	611.02	FMX 71 3	cultured	Huntsville (Walker)	UT	R/13	D7
858	GH	611.07	MAY 67 3	cultured	Huntsville (Walker)	UT	Q/12	D7
859	GH	611.03	FUY 41 3	cultured	Huntsville (Walker)	UT	Q/13	D7
860	GI	616.03	FLX 69 1	folk	Beaumont (Jefferson)	UT	T/19	C5
861	GI	616.02	MLY 64 2	common	Beaumont (Jefferson)	UT	T/20	C5
862	GI	616.04	MMY 30 2	common	Port Arthur (Jefferson)	UT	U/21	C5
863	GI	616.01	FUY 47 3	cultured	Beaumont (Jefferson)	UT	T/18	C5
864	GJ	618.01	FLX 75 1	folk	Houston (Harris)	UT	U/15	C5
865	GJ	618.04	MLY 72 1	folk	Houston (Harris)	UT	U/14	C5
866	GJ	618.03	MLX 15 2	common	Houston (Harris)	UT	V/14	C5
867	GJ	618.07	MMY 15 2	common	Houston (Harris)	UT	V/13	C5
868	GJ	618.06	MUX 53 3	cultured	Houston (Harris)	UT	V/12	C5
869	GJ	618.05	FUX 30 3	cultured	Houston (Harris)	UT	W/12	C5
870	GJ	618.02	FUY 33 3	cultured	Houston (Harris)	UT	W/13	C5
871	GJ	619.01	MMY 79 3	cultured	Galveston (Galveston)	UT	X/12	C5
872	GK	623.02	FLX 91 1	folk	Bay City (Matagorda)	LT	X/10	C6
873	GK	623.01	FLY 86 1	folk	Caney (Matagorda)	LT	X/11	C6
874	GK	623.03	MMY 67 2	common	Matagorda (Matagorda)	LT	Y/11	C6
875	GL	625.03	MMY 75 1	folk	Mission Valley (Victoria)	LT	Y/08	D8
876	GL	625.01	FLY 29 3	common	Victoria (Victoria)	LT	Y/09	D8
877	GL	625.02	MUY 44 3	cultured	Victoria (Victoria)	LT	Y/10	D8
878	GL	628.01	FUY 59 3	cultured	Tivoli (Refugio)	LT	Z/10	C6
879	GL	629.01	MMY 83 2	common	Goliad (Goliad)	LT	Z/09	D8

880	GM	636.01	MMY 79 1	folk	Schulenburg (Fayette)	LT	W/08	D8
881	GM	636.02	FMY 59 2	common	Warrenton (Fayette)	LT	U/09	D8
882	GM	638.02	MMY 76 1	folk	Austin (Travis)	LT	U/05	D8
883	GM	638.01	FMY 82 2	common	Austin (Travis)	LT	U/04	D8
884	GM	640.02	MMY 90 1	common	New Braunfels (Comal)	LT	V/05	D8
885	GM	640.01	FMY 72 1	common	New Braunfels (Comal)	LT	V/04	D8
886	GN	645.03	FLY 53 2	common	San Antonio (Bexar)	LT	W/03	D8
887	GN	645.08	MMY 65 2	common	San Antonio (Bexar)	LT	W/04	D8
888	GN	645.04	MLX 17 2	common	San Antonio (Bexar)	LT	W/05	D8
889	GN	645.01	FUY 16 2	common	San Antonio (Bexar)	LT	X/03	D8
890	GN	645.02	FMX 41 3	cultured	San Antonio (Bexar)	LT	X/04	D8
891	GN	645.05	FAY 25 3	cultured	San Antonio (Bexar)	LT	X/05	D8
892	GO	647.01	MMY 73 3	cultured	Hondo (Medina)	LT	X/01	D8
893	GO	651.02	FLY 58 1	folk	Laredo (Webb)	LT	AB/01	D8
894	GO	651.03	MMY 74 2	common	Encinal (Webb)	LT	Z/01	D8
895	GO	651.01	MUY 40 3	cultured	Laredo (Webb)	LT	AB/02	D8
896	GO	652.01	MIY 77 1	folk	San Ygnacio (Zapata)	LT	AC/02	D8
897	GO	652.02	MLY 71 2	common	San Ygnacio (Zapata)	LT	AC/01	D8
898	GO	653.01	MUY 68 2	common	Roma-Los Saenz (Starr)	LT	AD/05	D8
899	GO	653.02	FUY 40 2	common	Roma-Los Saenz (Starr)	LT	AD/04	D8
900	GO	655.02	MMY 53 2	common	Falfurrias (Brooks)	LT	AC/08	D8
901	GO	655.01	FMY 29 2	common	Falfurrias (Brooks)	LT	AD/08	D8
902	GP	659.01	MMY 23 3	cultured	Sinton (San Patricio)	LT	Z/08	D8
903	GP	660.03	FMX 86 1	folk	Corpus Christi (Nueces)	LT	AA/09	C6
904	GP	660.01	MMY 84 2	common	Corpus Christi (Nueces)	LT	AA/08	C6
905	GP	660.02	FMY 29 3	cultured	Corpus Christi (Nueces)	LT	AB/08	C6
906	GP	660.04	FAY 72 3	cultured	Corpus Christi (Nueces)	LT	AB/09	C6
907	GQ	664.01	FUY 86 2	common	McAllen (Hidalgo)	LT	AE/05	D8
908	GQ	664.02	FMY 20 3	cultured	Edinburg (Hidalgo)	LT	AE/04	D8
909	GQ	665.03	FLY 56 1	folk	Brownsville (Cameron)	LT	AF/06	C6
910	GQ	665.01	MMY 69 2	common	Brownsville (Cameron)	LT	AF/07	C6
911	GQ	665.02	MUY 43 3	cultured	Brownsville (Cameron)	LT	AF/08	C6

INDEX OF GRID COORDINATES

A/42 299	B/48 292	C/56 041	D/62 011	F/36 525
A/43 300	B/49 303	C/57 032	E/23 732	F/37 522
A/44 298	B/50 302	C/58 033	E/24 726	F/38 520
A/45 297	B/51 291	C/59 034	E/25 728	F/39 521
A/46 296	B/52 045	C/60 035	E/26 714	F/40 351
A/47 295	B/53 044	C/61 021	E/27 713	F/41 349
A/48 294	B/54 046	C/62 010	E/28 694	F/42 350
A/49 293	B/55 043	C/63 006	E/29 695	F/43 344
A/50 301	B/56 042	C/64 005	E/30 688	F/44 345
A/51 290	B/57 028	C/65 003	E/31 689	F/45 341
A/52 038	B/58 029	D/23 731	E/32 690	F/46 340
A/53 039	B/59 030	D/24 723	E/33 676	F/47 342
A/54 037	B/60 031	D/25 729	E/34 513	F/48 337
A/55 036	B/61 022	D/26 715	E/35 515	F/49 339
A/56 023	B/62 009	D/27 687	E/36 517	F/50 338
A/57 024	B/63 007	D/28 681	E/37 519	F/51 068
A/58 017	B/64 008	D/29 693	E/38 509	F/52 067
A/59 016	B/65 002	D/30 692	E/39 510	F/53 066
A/60 014	C/23 730	D/31 679	E/40 511	F/54 063
A/61 012	C/24 724	D/32 678	E/41 498	F/55 061
A/62 013	C/25 727	D/33 677	E/42 499	F/56 062
A/63 015	C/26 717	D/34 512	E/43 336	F/57 064
A/64 004	C/27 719	D/35 514	E/44 335	F/58 073
A/65 001	C/28 686	D/36 516	E/45 333	F/59 065
A/67 263	C/29 684	D/37 518	E/46 334	F/60 088
B/23 722	C/30 683	D/38 503	E/47 332	G/23 734
B/24 725	C/31 680	D/39 501	E/48 326	G/24 736
B/25 721	C/34 507	D/40 502	E/49 327	G/25 738
B/26 720	C/35 506	D/41 500	E/50 329	G/26 707
B/27 718	C/36 505	D/42 497	E/51 325	G/27 708
B/28 716	C/37 508	D/43 316	E/52 057	G/28 709
B/29 685	C/38 504	D/44 331	E/53 055	G/29 701
B/30 682	C/39 491	D/45 330	E/54 053	G/30 700
B/31 674	C/40 489	D/46 322	E/55 052	G/31 699
B/32 675	C/41 488	D/47 319	E/56 051	G/32 531
B/34 496	C/42 317	D/48 320	E/57 050	G/33 529
B/35 495	C/43 318	D/49 321	F/23 733	G/34 547
B/36 493	C/44 310	D/50 328	F/24 735	G/35 542
B/37 494	C/45 311	D/51 324	F/25 737	G/36 543
B/38 492	C/46 312	D/52 058	F/26 704	G/37 537
B/39 490	C/47 313	D/53 056	F/27 705	G/38 524
B/40 487	C/48 304	D/54 054	F/28 706	G/39 523
B/41 486	C/49 305	D/55 040	F/29 696	G/40 363
B/42 315	C/50 323	D/56 027	F/30 691	G/41 365
B/43 314	C/51 059	D/57 025	F/31 697	G/42 364
B/44 306	C/52 060	D/58 026	F/32 698	G/43 348
B/45 307	C/53 049	D/59 020	F/33 528	G/44 346
B/46 308	C/54 048	D/60 019	F/34 527	G/45 347
B/47 309	C/55 047	D/61 018	F/35 526	G/46 361

G/47 343	H/57 101	J/25 746	K/31 580	L/35 573
G/48 357	H/58 083	J/26 748	K/32 581	L/36 576
G/49 354	H/59 082	J/27 749	K/33 561	L/37 571
G/50 352	H/60 089	J/28 751	K/34 564	L/38 572
G/51 080	H/61 091	J/29 750	K/35 563	L/39 569
G/52 075	H/62 094	J/30 755	K/36 562	L/40 407
G/53 069	I/06 839	J/31 551	K/37 554	L/41 403
G/54 070	I/23 832	J/32 550	K/38 556	L/42 397
G/55 081	I/24 744	J/33 568	K/39 555	L/43 398
G/56 086	I/25 747	J/34 565	K/40 408	L/44 422
G/57 072	I/26 740	J/35 566	K/41 404	L/45 416
G/58 087	I/27 741	J/36 559	K/42 401	L/46 417
G/59 074	I/28 703	J/37 560	K/43 402	L/47 414
G/60 090	I/29 753	J/38 558	K/44 400	L/48 410
G/61 092	I/30 754	J/39 553	K/45 399	L/49 411
H/10 838	I/31 549	J/40 409	K/46 395	L/50 391
H/16 836	I/32 548	J/41 406	K/47 394	L/51 142
H/17 835	I/33 567	J/42 377	K/48 393	L/52 143
H/23 742	I/34 539	J/43 376	K/49 392	L/53 140
H/24 743	I/35 532	J/44 389	K/50 390	L/54 138
H/25 739	I/36 533	J/45 388	K/51 116	L/55 134
H/26 710	I/37 536	J/46 385	K/52 117	L/56 135
H/27 711	I/38 557	J/47 387	K/53 118	L/57 133
H/28 712	I/39 552	J/48 386	K/54 113	L/58 122
H/29 702	I/40 381	J/49 383	K/55 111	L/59 123
H/30 752	I/41 380	J/50 382	K/56 110	L/60 124
H/31 530	I/42 379	J/51 107	K/57 119	L/61 154
H/32 541	I/43 378	J/52 108	K/58 120	L/62 158
H/33 540	I/44 373	J/53 109	K/59 121	L/63 155
H/34 546	I/45 374	J/54 112	K/60 129	L/64 156
H/35 544	I/46 375	J/55 104	K/61 130	M/05 851
H/36 545	I/47 369	J/56 095	K/62 151	M/13 827
H/37 538	I/48 367	J/57 097	K/63 152	M/24 778
H/38 534	I/49 368	J/58 084	K/64 153	M/25 777
H/39 535	I/50 384	J/59 125	L/06 845	M/26 782
H/40 362	I/51 078	J/60 126	L/07 846	M/27 784
H/41 359	I/52 076	J/61 127	L/08 847	M/28 772
H/42 360	I/53 106	J/62 132	L/12 825	M/29 767
H/43 358	I/54 098	J/63 131	L/13 826	M/30 769
H/44 370	I/55 096	K/04 841	L/21 830	M/31 759
H/45 371	I/56 102	K/06 842	L/22 831	M/32 577
H/46 372	I/57 103	K/07 843	L/24 780	M/33 586
H/47 355	I/58 085	K/08 844	L/25 776	M/34 590
H/48 356	I/59 093	K/21 828	L/26 773	M/35 589
H/49 353	I/60 114	K/22 829	L/27 765	M/36 575
H/50 366	I/61 128	K/24 779	L/28 770	M/37 584
H/51 077	I/62 115	K/25 774	L/29 768	M/38 585
H/52 079	J/07 840	K/26 763	L/30 757	M/39 570
H/53 105	J/11 837	K/27 764	L/31 760	M/40 451
H/54 071	J/18 834	K/28 766	L/32 579	M/41 405
H/55 100	J/23 833	K/29 758	L/33 578	M/42 396
H/56 099	J/24 745	K/30 756	L/34 574	M/43 420

M/44 421	N/53 167	O/61 174	Q/05 852	R/29 811
M/45 418	N/54 165	O/62 177	Q/12 858	R/30 670
M/46 419	N/55 166	O/63 180	Q/13 859	R/31 672
M/47 415	N/56 148	O/64 181	Q/21 820	R/32 638
M/48 412	N/57 149	O/65 179	Q/22 819	R/33 634
M/49 413	N/58 150	P/09 848	Q/24 790	R/34 633
M/50 171	N/59 184	P/16 823	Q/25 791	R/35 629
M/51 170	N/60 183	P/17 822	Q/26 798	R/36 625
M/52 144	N/61 175	P/18 824	Q/27 806	R/37 623
M/53 141	N/62 173	P/22 818	Q/28 805	R/38 619
M/54 139	N/63 178	P/24 788	Q/29 804	R/39 618
M/55 136	N/64 163	P/25 795	Q/30 673	R/40 485
M/56 137	N/65 164	P/26 796	Q/31 646	R/41 479
M/57 147	O/07 849	P/27 797	Q/32 637	R/42 472
M/58 145	O/16 821	P/28 803	Q/33 635	R/43 473
M/59 146	O/24 781	P/29 802	Q/34 632	R/44 470
M/60 157	O/25 785	P/30 609	Q/35 627	R/45 471
M/61 176	O/26 786	P/31 610	Q/36 628	R/46 464
M/62 159	O/27 794	P/32 611	Q/37 624	R/47 463
M/63 160	O/28 800	P/33 615	Q/38 621	R/48 459
M/64 161	O/29 799	P/34 607	Q/39 616	R/49 461
M/65 162	O/30 612	P/35 606	Q/40 484	R/56 240
N/06 850	O/31 613	P/36 603	Q/41 481	R/57 239
N/24 775	O/32 614	P/37 604	Q/42 478	R/62 198
N/25 783	O/33 596	P/38 598	Q/43 475	R/64 226
N/26 787	O/34 588	P/39 597	Q/45 467	S/24 815
N/27 771	O/35 608	P/40 482	Q/46 466	S/25 816
N/28 801	O/36 605	P/41 483	Q/47 465	S/26 814
N/29 761	O/37 602	P/42 446	Q/49 460	S/27 807
N/30 762	O/38 601	P/43 445	Q/50 225	S/28 809
N/31 593	O/39 599	P/44 443	Q/51 224	S/29 669
N/32 594	O/40 449	P/45 431	Q/52 223	S/30 639
N/33 595	O/41 448	P/46 432	Q/53 222	S/31 640
N/34 587	O/42 439	P/47 427	Q/54 219	S/32 641
N/35 591	O/43 444	P/48 428	Q/55 220	S/33 636
N/36 592	O/44 441	P/49 429	Q/56 218	S/34 630
N/37 583	O/45 442	P/50 194	Q/57 213	S/35 631
N/38 600	O/46 433	P/51 221	Q/58 214	S/36 626
N/39 582	O/47 430	P/52 216	Q/59 208	S/37 622
N/40 450	O/48 425	P/53 215	Q/60 205	S/38 620
N/41 447	O/49 426	P/54 217	Q/61 204	S/39 617
N/42 440	O/50 193	P/55 212	Q/62 197	S/40 480
N/43 438	O/51 192	P/56 211	Q/63 196	S/41 477
N/44 434	O/52 188	P/57 210	Q/64 195	S/42 474
N/45 436	O/53 189	P/58 209	R/05 854	S/43 476
N/46 435	O/54 190	P/59 206	R/12 856	S/44 468
N/47 437	O/55 191	P/60 207	R/13 857	S/45 469
N/48 423	O/56 187	P/61 203	R/24 789	S/46 462
N/49 424	O/57 186	P/62 202	R/25 793	S/47 457
N/50 169	O/58 185	P/63 201	R/26 792	S/48 458
N/51 172	O/59 182	P/64 200	R/27 810	S/51 453
N/52 168	O/60 199	Q/04 853	R/28 808	S/55 242

S/56	241	V/12	868	Z/63	270		
S/57	237	V/13	867	Z/64	271		
S/58	238	V/14	866	Z/65	273		
S/64	228	V/27	663	Z/67	261		
S/65	227	V/28	662	Z/69	259		
T/08	855	V/29	661	AA/08	904		
T/18	863	V/30	660	AA/09	903		
T/19	860	V/31	659	AA/63	272		
T/20	861	V/32	658	AA/64	269		
T/24	817	V/33	654	AA/65	268		
T/25	812	V/34	653	AB/01	893		
T/26	813	V/35	650	AB/02	895		
T/27	667	V/36	649	AB/08	905		
T/28	668	V/37	647	AB/09	906		
T/29	643	V/60	250	AB/64	266		
T/30	642	V/61	244	AB/65	267		
T/31	644	V/62	245	AB/67	264		
T/32	657Y	V/64	256	AB/68	262		
T/33	657	V/67	254	AB/70	265		
T/34	656	W/03	886	AC/01	897		
T/35	655	W/04	887	AC/02	896		
T/49	454	W/05	888	AC/08	900		
T/50	455	W/08	880	AC/65	275		
T/51	456	W/12	869	AC/68	276		
T/52	452	W/13	870	AC/70	277		
T/54	243	W/61	246	AD/04	899		
T/60	236	W/62	247	AD/05	898		
T/61	234	W/65	257	AD/08	901		
T/64	231	W/67	255	AD/66	278		
T/65	230	X/01	892	AD/68	285		
T/66	229	X/03	889	AD/70	279		
U/04	883	X/04	890	AE/04	908		
U/05	882	X/05	891	AE/05	907		
U/09	881	X/10	872	AE/67	283		
U/14	865	X/11	873	AE/68	284		
U/15	864	X/12	871	AE/69	286		
U/21	862	X/61	251	AE/70	287		
U/27	664	X/63	248	AF/06	909		
U/28	671	X/64	249	AF/07	910		
U/29	645	X/68	258	AF/08	911		
U/30	665	Y/08	875	AF/68	282		
U/31	666	Y/09	876	AF/69	281		
U/32	657Z	Y/10	877	AF/70	280		
U/33	657X	Y/11	874	AG/66	288		
U/34	652	Y/61	252	AH/62	289		
U/35	651	Y/62	253				
U/36	648	Y/66	260				
U/61	235	Z/01	894				
U/65	233	Z/08	902				
U/66	232	Z/09	879				
V/04	885	Z/10	878				
V/05	884	Z/62	274				

INDEX

aunt <o> 433
aunt <ont> 177
aunt <{a}nt> 177
auto 65
automobile 65
auxiliary, deleted 70, 277
awake <!Awaik=41> 235
awakened <*AwaikNd=414> 235
awkward 190
awoke <*Awoek=41> 235
axle 61
azalea 166
baa 99
(baby) buggy 320
baby buggy 169
(baby) carriage 287
baby carriage 169
baby lima 144
back 105
back of 28
back porch 29
back road/street 84
back up 105
back yonder (way) 136
backed out 206
backhouse 32
backlog 22
backstick 22, 313
backward <bakw[R]d=14> 109
backward <bakwRd=14> 109
backwards <bakw[R]dz=14> 109
backwards <bakw[R]d{z}=14> 109
backwards <bakwRdz=14> 109
backwards <bakwRd{z}=14> 109
backwood(s) 183
bacon 121-123, 263
bacon rind 123
bad 123, 125, 189
bad (day) 14
bad man 223
bag 53-54, 74, 258
bag |O..-e..| 54, 299
bag |O..-k..| 54, 299
bag swing 63
bait 156
bait worm 157
bait/fish bait 157
baker 47, 347
baker('s) bread 119, 420
bakery (bread) 119
baking chicken/hen 264
balcony 29
bale 112
ball 209
Baltimore <bawltAmoer=143> 218
Baltimore <bawltImoe[r]=143> 218
Baltimore <bawltImoer=143> 218
band 59
bank 40
bank, (potato) 40, 404
banquette 86, 467
Baptist <bab-> 282
Baptist <babdIs(t)=14> 221
Baptist <babdIst=14> 221
Baptist <babtIs(t)=14> 222
Baptist <bab{t}Is(t)=14> 222
Baptist <baptIs(t)=14> 222

Baptist pallet 76
bar(row) 96
barbed(-)wire (fence) 44
barbiturates 255
barbwire (fence) 44
barefoot(ed) (coffee) 87, 358
barf 204
barn 38
barn <bawrn> 36
barn <bo[r]n> 36
barn <born> 36
barn <bo{r}n> 36
barn <b{o}[r]n> 36
barn <b{o}rn> 36
barn <aw> 484
barn <{o}> 381
barn loft 37
(barn) lot 305
barn lot 40, 310
barn owl 151
barnyard 40
barrel 52
barrel <barL=14> 52
barrel <berL=14> 52
barrel <-er-> 322
barrel <-(r)-> 375
barrels <barLz=14> 52
barrow 96
barrow <barA=14> 97
barrow <bor(A)> 97
barrow <borA=14> 97
barrow <-or-> 402
base 237
baseball 274
basket 57, 258
basket <baskIt=14> 57
basketball 274
bass (fish) 154
bastard (child) 173
bateau 67, 376
bath cloth 50, 383
bath rag 50
bath towel 51
bathroom 32, 259, 270
bathtub gin 133
Baton Rouge <batNruej=143> 220
Baton Rouge <batNruej=341> 220
Baton Rouge <batNruezh=341> 220
Baton Rouge <-j> 285
Baton Rouge <-zh> 460
batten 30
batter bread 116
battercake 116
battercakes 119, 387
bawl 99, 311
bay 80, 162, 166
bayou 80-81, 457
be fresh 92, 322
be seated 130
be[V-p] 70
be[V-q] 70
beads 74
bean |-A..| 144
bean |A[B/G]E| 144
bean(s) 144
beard <bi[r]d> 186
beard <bird> 186

beard <bi{r}d> 186
beard <byird> 186
beard <{d}> 421
beard <ee> 416
beard <r> 309
beard <[r]> 367
beard |D.B/-| 186
beard |D.E/-| 186
beard(s) 147
beast 90
beat 195
beating 172
beau 205, 387
beautiful 269
beautiful <bew{d}IfL=144> 222
beautiful <byuedIfL=144> 223
beautiful <byue{d}AfL=144> 223
beautiful <byue{d}IfL=144> 223
beautiful (day) 13
became ill 196
became sick 196
(be)cause 221
because 221
bedroom 25
bedroom <bedruem=13> 25
bedroom <b{e}druem=13> 25
bedrooms <bedruemz=13> 25
bedspread 76
bee 160
beech 162
beefsteak 262
beer 133, 265
bees [v.] 70
(be)fore 223
before 223
beg (your) pardon, (I) 137
began <#bIgan=41> 242
began <*bIgan=41> 242
begin 210
begin <!bAgin=41> 242
begin <!bIgen=41> 242
begin <!bigin=31> 242
begin <!bIgin=41> 242
begin <#bIgen=41> 242
begin <#bIgin=41> 242
begin <*bIgen=41> 242
begin <*bIgin=41> 242
begun <#bIgun=41> 242
begun <*bIgun=41> 242
behind 28
beholden 149
beignet(s) 119, 468
believe, I 229
bellow 99, 484
belly 121
belly bust 231
belly buster 231
belly dive 232
belly flop 232
below 208
bench 61
bend 233
(Ber)muda grass 42
Bermuda (grass) 42
Bermuda shorts 266
best friend 272
best man 207

buddies 273
buddy 273
buffalo (fish) 154, 462
buggy, (baby) 169, 320
buggy shafts 59
buggy whip 53
bulb 56
bulb <boo[l]b> 57
bulb <bu(l)b> 57
bulb <bu[l]b> 57
bulb <bulb> 57
bulb <(l)> 369
bulb <[l]> 289
bulb |NAD| 57
bulb |NAD-faj| 57
bulge 73
bulge <boolj> 73
bulge <bulj> 73
bulge <[l]> 411
bulge <oo> 364
bulge out 73
bulk <boolk> 136
bulk <bulk> 136
bulk <[l]> 379
bulk <oo> 390
bull 90
bull dagger 268
bull grass 42
bull nettle 165
bull tongue (plow) 60, 328
bullfrog 156
bullheaded 194
bum 254, 257
bumbershoot 75
bumblebee 160
bump 251
bumpkin 183
bums 182
bunch 209
bunch (beans) 144
bunch butter bean 144
bundle 112
buns 116
bureau 24
burial 201
burlap 54
burlap bag 54
burlap sack 54, 484
bursitis 202
burst <!bu[r]st> 52
burst <!burst> 52
burst <!bus(t)> 52
burst <!bu{r}st> 52
burst <#burst> 52
burst <*bu[r]st> 52
burst <*burst> 52
bursted <#burstId=14> 52
bursted <*burstId=14> 52
burying ground 200
bus 250
bush (beans) 144
bushed 195
bushel 55
bushel(s) 112
business district 247
bussing 206
bust <!bust> 52

busted 400
busted <#bustId=14> 52
busted <*bustId=14> 52
buster (plow) 60
butch 268
butcher <booch[R]=14> 123
butcher <boochR=14> 123
butcher <booch{R}=14> 123
butt 259
butter bean(s) 144, 296
buttermilk 126
by and by 196
by golly 227
by the time 223
bye 9
byroad 84
cab 250
cabbage(s) 143
cabin(et) 26
cable car 214
Cajun(s) 181, 183, 271, 477
cake 265
calaboose 253
calf 104, 189
calf <kaf> 92
calf <k{a}f> 92
caliche (dirt) 78
caliche (road) 83, 447
call girl 253
calm <ko(l)m> 194
calm <ko[l]m> 195
calm <k{o}[l]m> 195
calming 19
calming down 19
calve 92
came <#kaim> 243
came <*kaim> 243
can 53
can <kan> 149
can <ken> 149
can <kin> 149
can't <ai> 303
can't <kain(t)> 149
can't <kaint> 149
can't <kant> 149
can't <kent> 149
can't <k{a}nt> 149
can't call 239
can't recall 239
can't remember 239
can't/don't recall 239
can't/don't (re)member 239
can't/don't remember 239
Canadians 272
canal 79
cancer stick 259
candle bug 159
candle fly 159, 391
candy pulling 209
cane patch 42
cane syrup 135, 412
Cannonball 148
canoe 67
cantaloupe 147
Canucks 272
canyon 80
caouaine 158

Cap 181
cap(ped) 112
capital 215
Captain 181
captain 181
captain <kap(t)M=14> 178
captain <kaptN=14> 178
captain <-M> 483
car 65, 251
car <kawr> 446
car <ko[r]> 65
car <kor> 66
car <ko{r}> 66
car <k{o}[r]> 66
car <k{o}r> 66
car <(r)> 388
car |S../-| 66
car |T../-| 66
carbuncle 198
careless <karlIs=14> 192
careless <ke[r]lIs=14> 192
careless <kerlIs=14> 192
careless <ky-> 343
careless <-(r)-> 468
careless <-r-> 430
careless weeds 42
carp (fish) 154
carpet sweeper 258
carriage, (baby) 169, 287
carry 235-236
carry(ing) 59
carrying on 201
cars <korz> 66
cart 169
cartridge <kortrIj=14> 63
cash 256
casings 102
casket 201
casterize 98
castrate 98
cat squirrel 153, 426
(cat) wants out 215
(cat) wants to get out 215
cat(fish) 154
Catahoula (cur) 88, 464
catawampus(ed) 214, 356
catawba 163
catawba worm 157
catch <!kach> 237
catch <!kech> 237
catch <!kich> 237
catch him/it/them 88
catching <@kechN=14> 237
cater-corner(ed) 214
catfish 298
Catholics 270
cathouse 253
cattle 100
Caucasian 180
caught <#kawt> 237
caught <#kot> 237
caught <*kawt> 237
caught <*kot> 237
caught (a) cold 196
causeway 248
ceasing 19
cedar 163

desk <d{ai}sk> 212
desk(s) <-st> 417
desks <des(ks)> 212
desks <desk(s)> 212
desks <desks> 212
desks <d{ai}sk(s)> 212
deuce and a quarter 249
devil 223
devil <devL=14> 223
diagonal 248
diagonal(ly) (across) 214
diamond 266
diamondback 158
did 458
did <#did> 244
did <*did> 244
didn't use to 192
died 200
(died) from 200
(died) of 200
(died) with 200
dinghy 67
dinner pot 48
dip 128, 332
diphtheria <dipthirI(A)=314> 202
diphtheria <dipthirIA=3144> 202
diphtheria <-(A)> 417
dirt <du[r]t> 84
dirt <durt> 84
dirt <du{r}t> 84
dirt <{r}> 414
dirt chimley/ney 21
dirt dauber 160, 284
dirt (road/street) 83, 85
dirty-clothes basket 258
dirty-clothes hamper 258
disc (harrow) 61
disc (plow) 60
dish towel 49-50
dishcloth 49-50
dishrag 49-50
dismisses 210
disremember 239
ditch 79-81
div <#div> 231
div <*div> 231
divan 24
dive <!diev> 231
dive <*diev> 231
dived <#dievd> 231
dived <*dievd> 231
dives <&dievz> 231
divider 247
dividing line 247
diving <@dievN=14> 231
Dixie Queen 148
do <!dew> 244
do <!due> 244
do-for 24
do, I 34
do (the) chores, (time to) 103
do up, (time to) 103
do you? 35
do you have the time? 11
do/does/done what (now)? 137
do[V-p] 35
dock 83

dodge ball 274
dodger 117
does 34
does <&duz> 244
does he do 34
does he/she/it 34
does not 35
doesn't 35
dog 89, 117, 269
dog <d{aw}g> 88
dog <d{ou}g> 88
dog <{aw}> 294
dog <{ou}> 387
dog |QFC-qfb| 88
dog |QMC-qfb| 88
dog bread 118
dog irons 21, 315
dogbit 355
dogbit <#dawgbit=13> 90
dogbitten <#dawgbitN=134> 90
doggone (it) 227
dogs 21
dogs <d{aw}gz> 88
dogtrot 260
dogwood 163
doll up 73
(don't know) for sure 35
don't know, (I) 35
don't recall 239
don't reckon, I 230, 245
don't (re)member 239
don't remember 239
don't think, I 245
don't you? 34
don't/didn't dare 150
don't/didn't think so, I 245
don't[V-p] 35
done [+ v.] 280
done <#dun> 244
done <*dun> 244
done[+A] 149
done[+V] 149
donkeys 272
door <doe(r)> 30
door <doe[r]> 30
door <doer> 30
door <doe{r}> 30
doorstep(s) 28
dope 254-255
dope addict 255
double 90
double modal 151
double plow (stock) 60
double shovel (plow) 60, 321
double singletree 59
double team 91
doubletree 59
dough 256
doughnut 119
dove 429
dove <#doev> 231
dove <*doev> 231
down |O..-| 208
down |R..-| 208
down at 208-209
down in 208
down to 208

down yonder 136
downers 255
downpour 15
downtown 247
dozens 273
drag <!drag> 60
drag (harrow) 61, 328
dragged <#dragd> 60
dragged <*dragd> 60
dragging <@dragN=14> 60
dragonfly 160
drain 79
drain <drain> 79
drain <dreen> 79
drain ditch 80
drainage ditch 80
draining <drainN=14> 79
draining <drainNG=14> 79
draining <-ee-> 418
drank 424
drank <#drank> 130
drank <#drenk> 130
drank <*draink> 129
drank <*drank> 129
drank <*drenk> 129
draw 80
draw <!draw> 246
drawed 336, 353
drawed <#drawd> 246
drawed <*drawd> 246
drawn <#drawn> 246
dream <!dreem> 235
dream <#dreem> 235
dream <*dreem> 235
dreamed <#dreemd> 235
dreamed <*dreemd> 235
dreaming <@dreemN=14> 235
dreamt <#dremp> 235
dreamt <#drempt> 235
dreamt <*dremp> 235
dreamt <*drempt> 235
dreamt <*drimp> 235
dreary (day) 14
dredge ditch 80
dress (nice/well) 73
dress shoes 267
dress up 73
dresser 24
dressing 118, 128
drew <*drew> 246
drew <*drue> 246
dried apples 140
dried fruit 140
dried peaches 140
drink 351
drink <!drenk> 129
drink <!drink> 129
drink <#drink> 130
drink <*drink> 130
drinked <#drinkt> 130
drinked <*drinkt> 130
drinking fountain 249
drive 86
drive <!driev> 31
drive-in 257
drive you (home) 236
driven <#drivN=14> 31

johnboat 68
john(ny) 32
johnny 33
johnny house 33, 349
johnnycakes 118
Johnson grass 42, 449
join <joyn> 222
joined <joynd> 222
joined <j{oy}nd> 222
joint 254
joint <joynt> 187
joint <j{oy}nt> 188
joints <joynts> 188
joints <j{oy}nts> 188
joints |J../-| 188
joints |Q[O/X]./-| 188
jolly 190
judge <juj> 178
judge <ju{j}> 178
judge <j{u}j> 178
judge <ui/{ui}> 371
judge <{u}> 382
jug 53
juice harp 58, 290
July <jA-> 449
July <jAlie=41> 6
July <juelie=13> 6
July <juelie=31> 6
jump board 63
jump rope 274
jump suit 71
jump(ed) the broom(stick) 207, 470
jumper/jumping 157
jumper(s) 71
jump(ing) board 63
June <jewn> 6
June <juen> 6
June <ew> 408
jungle bunny 180
junior high (school) 269-270
junk 27
junk house 27
junk house/shed 32
junk room 27
junkie 255
just <jus(t)> 184
just <just> 184
just <j{i}s(t)> 184
just <j{i}st> 185
just (a)bout 184
just fine 202
just like 172
jute sack 55
K oil 66
kale 145
kee-/ki- 107
keep (the) house 27
keg 53
keg <kag> 57
keg <kaig> 57
keg <keg> 57
keg <ai> 348
kegs <kegz> 57
kegs <kagz> 57
Kentucky <kintukI=314> 217
Kentucky <kNtukI=414> 217
kernel 138, 140

kerosene 66
kerosene oil 66, 409
kettle 48
kettle <ke{r}L=14> 48
kettle <ke{t}L=14> 48
kettle <ki/kyi-> 319
kettle <ki{r}L=14> 48
kettle <ki{t}L=14> 48
kettle <ky-> 344
khaki pants 72
khaki(s) 72
kick the can 274
kickball 274
kicked him 206
kicked (off) 200
kicked the bucket 200
kiddy/kitty 107
kids 169
killing frost 20
kiln, (potato) 40
kin 174
kin people 174
kind 190
kind of 224
kindling 22
kindling wood 23
kindly 224, 354
kinfolks 174
kingfish 155
kissing 206
kitchen 26
kitchen closet 26
Kleckley Sweet 148
knack/knickknack 128
knee knockers 266
kneel <!neel> 234
kneel <*neel> 234
kneeled 326
kneeled <*neeld> 234
knelt <*ne[l]t> 234
knelt <*nelt> 234
knew <*new> 241
knew <*nue> 241
knew <*nyue> 241
knickers 266-267
knife <nief> 49
knife <n{ie}f> 49
knives <nievz> 49
knives <niev{z}> 49
knives <n{ie}vz> 49
knob 81, 315
knob <nob> 82
knocked up, (got) 171
knoll 81
knot 23
know, I 35
knowed <#noed> 241
knowed <*noed> 241
Knoxville <noksvil=13> 219
Knoxville <noksvL=14> 219
Knoxville <-L> 331
kope 105
Krauts 271
kw- 105
kwo/kwu 103
kwope 105
k(w)-p 105

kyoodle 89, 474
L-shape(d) (house) 260
ladder 251
lady of the evening 253
lady of the night 253
lagniappe 232, 467
laid 453
laid <*laid> 234
laid out 210
lamb chops 264
lamp 67
lamp oil 66, 384
land (turtle) 159
land('s) sake(s) 227
landing 83
lane 85-86
lanky 191
lantern 67
lap(ping) 31
launch <lawnch> 67
launch <lonch> 67
launch <l{aw}nch> 67
Laundromat 28, 257
laundry 28
laundry basket 57
laurel 166, 335
lavatory 270
(law and) order <oe-> 366
law and order <lawN(d)oerdR
  =3414> 215
lawn 86, 214
lawn mower 261
lawyer |-e..| 177
lawyer |-m..| 177
lay 100
lay <!lai> 234
lay <*lai> 234
lay preacher 177
layer/laying hen 436
laying 19
laying <@laiN=14> 234
laying hen 100
layman 177
lazy 182
lead 108
lead horse 108
lead mule 108
leaf rake 262
learned <*lurnd> 240
learning 211
learnt <*lu[r]nt> 240
learnt <*lurnt> 240
ledge 82
left ear <lefti[r]=13> 186
left ear <leftir=13> 186
leftover(s) 132
leg <laig> 188
leg <leg> 188
leg <l{ai}g> 188
leg <l{e}g> 188
leg <ai> 420
leg <{e}> 409
leg |-e..| 189
leg |-m..| 189
leg of lamb 264
Lesbian 268
lets out 210

of, (died) 200
of, (quarter) 367
off 94, 193
off (the bed), (fell) 94, 303
off (the horse), (fell) 94
off of 94
off of (the bed), (fell) 94
off of (the horse), (fell) 94
often <awfN=14> 185
often <awftN=14> 185
often <-fN> 445
often <-ft-> 289
oh 227
oh, boy 227
oh, dear 227
oh, my 227
oh, yeah 226
oh, yes 226
oil 67, 440
oil <oy> 432
oil <oyl> 66
oil <{oy}l> 66
oil |-e..| 66, 451
oil |-m..| 66
oil (road) 84
oilstone 64
OK 202, 226
Oklahoma <oeklAhoemA=3414> 218
Oklahoma <oeklIhoemA=3414> 218
okra <oekrA=14> 143
okra <oekrI=14> 143
okra <oek{r}A=14> 143
okra <oek{r}I=14> 143
old 124-125
old lady 166
old man 166-167
Old Scratch 223
old woman 167
oldest 170
on 204
on <aw/{aw}> 433
on account of 221
on (it) 71
on (his) stomach, (sick) 204
on purpose 245
on, (wait) 238
once <wuns> 5
once <wunst> 5
once <wunts> 5
one <won> 1
one <wun> 1
one <o> 322
onion <unyN=14> 142
onion sets 143
onions 143
onions <unyNz=14> 142
onions <unyN{z}=14> 142
open 139
open stone 140
open stone/seed (peach) 326
open (up) 210
opera house 213
operate on 99
orange 164
orange <orNj=14> 141
oranges <o-> 305
oranges <orNjIz=144> 141

oranges <ornjIz=14> 141
oranges <{oe}-> 485
orchard 162
orchard <awrchRd=14> 138
orchard <{oe}[r]ch[R]d=14> 138
orchard <{oe}rchRd=14> 138
order <oe-> 366
ornery 194
orphan 174
orphan <aw(r)fN=14> 174
orphan <aw[r]fN=14> 174
orphan <awrfN=14> 174
orphan <{oe}[r]fN=14> 174
orphan <{oe}rfN=14> 174
orphan child 174, 468
ought not (to) 150
ought not to have 150
ought not to [X-0] 150
ought not [P-0] have 150
ought to 149-150
ought to [X-0] 150
oughtn't (to) 150
oughtn't [P-0] have 150
ours 114
out 95
out in 208
out of 17, 95
out of (bed), (fell) 94
out of (the bed), (fell) 94
out of wedlock 173
out there/here 136
out yonder 136
out [P-0] 17
out [P-0] (the bed), (fell) 94
outdoor toilet 33
outhouse 32-33
outside child 174
outside faucet 51
outside stairs 28
outside toilet 33
oven 47
over at 208-209
over in 208
over there/here 136
over to 208-209
(over) yonder 278
over yonder 136
overalls 72
overalls <oevArawlz=143> 72
overalls <oevRawlz=143> 72
overalls <oev{R}awlz=143> 72
overcast (day) 14
overflow 15
overhauls 72
overpass 248
owl 151-152
owl <owl> 152
owl <{a}l> 152
owl <{ow}l> 152
owl |-j..| 152
owl |-m..| 152
oxfords 267
oxteam 91
oysters <oyst[R]z=14> 156
oysters <oystRz=14> 156
oysters |QF./-| 156, 296
oysters |QM./-| 156, 296

Pa 167
pack 236
paddle boat 68
paddling 173
paddy wagon 252
Page(-)wire (fence) 44
pageboy 268
pail 46-47, 258, 433
pair 75, 91
pair <pa[r]> 91
pair <par> 91
pair of beads 75
pair (of horses) 91
pair (of mules) 91
pair (of oxen) 91
pair of pants 72
pal 273
pale 189
pale fence 43
paling fence 43
paling(s) 43
pallet 76, 298
palm 164
palm <po[l]m> 187
palm <pom> 187
palm <p{o}[l]m> 187
palm <p{o}m> 187
palm <a> 410
palm <{o}> 436
pan 47
pancakes 120
panel 250
pantry 26
pants 72
Papa 167, 169
paper <paip[R]=14> 54
paper <paipR=14> 54
paper <paip{R}=14> 54
paper bag 53
paper clip 250
(paper) poke 314
paper poke 53
paper sack 53
Pappy 167
parallel (parking) 248
parasol 75
pardon (me) 137
parents <parNts=14> 168
parents <perNts=14> 168
parents <-e-> 431
parish road 85
parish seat 215
park 214
parking, angle 248
parking deck 248
parking garage 248
parking lot 248
parkway 86
parlor 21, 39
part load 56
part of a load 56
partner 273
party 209, 274
pass 82
pass(ed) 200
passed 487
passed away 200

safe 40
said no 207
salad tomato(es) 141, 367
salad/sallet 145, 364
salami 264
salt <saw(l)t> 136
salt <sawlt> 136
salt <(l)> 419
salt |.A./-| 136
salt |.F./-| 136
salt bacon 121, 450
salt meat 121, 123, 459
salt (meat/pork) 121
salt pork 121
salt-rising (bread) 116
salt/salted (pork) 123
sample 70
sample <sampL=14> 70
sand (land/soil) 79
sand (road) 84-85
sandals 267
sandspur (grass/weeds) 42
sandy (land/soil) 79
sandy loam (land/soil) 79
sapsuck(er) 152
Sarah <sairA=14> 177
Sarah <serA=14> 177
Sarah <-ai-> 377
Sarah <-e-> 442
sassafras 164
sat <#sat> 131
sat <*sa(t)> 130
sat <*sat> 130
Satan 223
Saturday <sa{d}RdI=144> 8
Saturday <sa{t}[R]dI=144> 8
Saturday <sa{t}Rdai=143> 8
Saturday <sa{t}RdI=144> 8
Saturday <sa{t}{R}dI=144> 8
Saturday night special 253
sauce 128, 390
sausage 125, 264
sausage <sawsIj=14> 123
sausage <sawsI{j}=14> 123
sausage <sosIj=14> 123
sausage <s{o}sIj=14> 123
sausage <-o-> 461
Savannah <sAvanA=368> 220
Savannah <sIvanA=414> 220
saw 262
saw <#saw> 243
saw <*saw> 243
saw bench 62
saw (boss/cow) 103
saw rack 62
sawbuck 62
sawhorse 62
sawyer 157
say it/that again/over 137
say/said what, (now)? 137
scallions 143, 435
Scandinavians 272
scarce <skars> 231
scarce <ske[r]s> 231
scarce <skers> 231
scarce <ske{r}s> 231
scarce <i> 346

scarce <{r}> 437
scared 192
scholar 178
schoolchild 178
schooling 211
schoolma'am 176
schoolmarm 176
schoolmistress 176
schoolteacher 176
scooter (plow) 60, 379
Scots 271
scrap 70
scrape (cotton) 41, 472
scrape(r) 60
scrapple 125
screech owl 151, 281
screech owl <skreechowl=13> 151
screech owl <skreech{ow}l=13> 151
screech owl <sk{r}eechowl=13> 151
screen porch 29
screened-in porch 29
scrinch owl 151
scrooch 234
scrooch down 234
scrooch owl 151, 338
scuttle 64
sea turtle 158, 437
seasoning (meat) 121
seat 215
second <sekN(d)=14> 4
second <sekNd=14> 4
second <sekNt=14> 4
second crop 111
second cutting 111
second growth 111
secondary (road) 85
secondhand(ed) (clothes) 267
secretary <sek(r)AterI=1434> 178
secretary <sek(r)IterI=1434> 178
secretary <sekrAterI=1434> 179
secretary <sekrIterI=1434> 179
secretary <-k(r)-> 415
section harrow 61
sedan 249
see <!see> 243
see you home 236
see you later 9
seed <#seed> 243
seed <*seed> 243
seed, (cherry) 279
seed, (peach) 289
seed(s) 138-140
seen <#seen> 243
seen <*seen> 243
seesaw 63, 288
seesawing 63
senior high (school) 270
sensitive 194
September <septemb[R]=134> 7
September <septemb[R]=314> 7
September <septembR=134> 7
September <septembR=314> 7
September <septimb[R]=314> 7
September <septimbR=314> 7
September <-[R]> 454
September <-tim-> 407
serenade 208, 350

sermon 222
sermon <su[r]mN=14> 222
sermon <surmN=14> 222
sermon <su{r}mN=14> 222
serve yourself 131
service road 85
set 100
set <!se(t)> 130
set <!set> 130
set <#se(t)> 131
set <#set> 131
set <*se(t)> 130
set <*set> 130
set down 130
set (in his ways) 194
sets 143
settee 24, 380
setting <@setN=14> 130
setting (hen) 100
seven <sebM=14> 1
seven <sebM=14> 304
seven <sevN=14> 1
seven <se{v}M=14> 1
(seven)-thirty 12
seventh <sebMth=14> 5
seventh <sevNt=14> 5
seventh <sevNth=14> 5
seventh <-b-> 413
seventh <-M-> 406
seventy <sebMdI=144> 3
seventy <sebMtI=144> 3
seventy <sevNdI=144> 3
seventy <sevNtI=144> 3
sh- 107
shad 155
shade-tree (mechanic) 177
shades 25
shaft(s) 59
shag 268
shall, I 205
shallots 143, 471
shallots <shalAts=14> 143
shallots <shelAts=14> 143
shallots <-el-> 378
shank(s) 189
sharpener 65
shavings 23
she 113
she and I 113
sheaf 112
shed 32, 37-39, 101
sheepshead 155, 474
sheepy 106
shelf 22
shell 140, 144
shell (road) 84-85, 429
shellcracker 155
shelling 144
shelly (bean) 144, 344
shelter 32, 101
shinbone 189
shindig 210
shine 134
shiner 161, 399
shinny (whiskey) 134, 422
shin(s) 189
shiplap 31